悔過会と芸能

佐藤道子著

法藏館

悔過会と芸能＊目次

序論

第一部

第二部

凡例

本書では、表記の意味を明確にするために必要と思われる場合、次の記号を用いて表記の助けとした。

・法会の名称は「　」で括った。
・一座の法要、あるいはそれに準ずる作法の名称は『　』で括った。
・法要を構成する段落の名称は［　］で括った。
・法要の特定勤修形式は＝　＝で括った。
・声明の曲名は〔　〕で括った。
・一連の声明曲で構成された包括曲名は《　》で括った。

悔過会と芸能

序論

懺悔と祈願の法会

はじめに

およそ宗教活動に宗教儀礼を欠かすことはできないが、仏教各宗派でも、法要と呼ばれる儀礼のさまざまな形式が用いられ、とり行われてきた。わが国においては、新宗・新派の樹立に伴って法要形式も多様化し、展開形式も生じて現在に至っている。

中でも講経・論義、読経、悔過の事例は仏教受容の初期以来数多く、修学・祈願・供養などの法会に不可欠の儀礼だったことがうかがわれる。たとえば推古十一年十月の小墾田宮《おわりだのみや》における安宅経講説（『太子伝暦』上）や同十四年の聖徳太子による勝鬘経・法華経講説（『日本書紀』二十二）、白雉三年四月の内裏における無量義経講説と論義（『日本書紀』二十五）。また白雉二年十二月の遷宮に伴う一切経読誦と安宅・土側経読誦（『日本書紀』二十五）や天武六年八月の飛鳥寺における設斎と一切経の読誦（『日本書紀』二十九）。あるいは皇極元年七月の祈雨の大乗経転読と悔過（『日本書紀』二十四）、朱鳥元年六月の天武天皇不予による川原寺の燃燈供養と大斎悔過、同じく七月の宮中での悔過（『日本書紀』二十九）、持統五年六月の止雨の悔過と誦経などがそれである。

仏教儀礼の動向を通して日本仏教史の一側面を探るという観点からは、まずこれら古代的儀礼の系譜を明らかにすることが必須であろう。中でも、悔過の儀礼すなわち『悔過法要』（以下『悔過作法』の通称を用いる）を軸としてとり行われる「悔過会」は、法会史の主流とはなり得なかったものの、懺悔という仏教の根本的行為に根ざして成立しながら、現世利益的除災招福の国家行事として、あるいは祈年《としごい》の民俗行事として普及伝播し、芸能性を加えるという方向性をも伴いながら多様に展開した。その個性は注目すべく解明すべき魅力に満ちている。

この、悔過会の複合性に注目し、伝存事例や諸資料の収集・分析によって、その史的展開の経緯を明らかにすることが大きなテーマとなった。幸い大小の苦境をくぐって伝存するかなりの事例があり、それらの総合体ともいうべき東大寺修二会と共に比較考察することができ、悔過会の基本的法要形式や、尊別・地域別の特色などの現状を具体的に確認することができたのは大きな収穫だった。その作業からさかのぼって、点を線とし、線を流れとしようと試みたのが本書に収めた諸篇である。伝統を継承するという営為の中で、守られ、切り捨てられ、付加され、展開し、消滅し、あるいは再生しなど、さまざまに個々の歴史を刻みつつ、悔過会は伝え継がれてきた。それらを総括して、所期のごとく流れとして把握するには遺漏も多く、目的には程遠い。今後を目指し温めている幾つかのテーマがないわけでもないが、あえて現段階での区切とした。ここでは、収載した論考を踏まえながら、その橋渡しともなるべき補遺的な考察を加え、悔過会の初期から最盛に至るまでの展開を概観する。

一　初期の悔過会

史料上に見出される最初期の悔過事例ははじめに挙げた通りで、七世紀後半に見出される。いずれも、「悔過」と記されるだけで、当時の、法会という認識の度合いや法要と呼ばれる儀礼形式などは明確でない。また、「悔過」

を実施する目的は祈雨・癒病・止雨など、現世における除災を専らとし、仏前に懺悔して罪過を悔い改めることを目的とはしていない。従って「悔過」の意義や実態を確実には摑み難いし、当時はおそらく法式《ほっしき》が定まる以前の流動的な時期だったと推測されるから、諸例を一律に扱うことの可否も伴うけれども、まずは『日本書紀』における悔過会の記述を手懸りに、当時の「悔過」の意味を確認しておく。なお、引用は日本古典文学大系『日本書紀』により、当用漢字表内の文字は当用漢字字体を用いた。

a　戊寅、（中略）蘇我大臣報曰、可㆘於㆓寺々㆒転㆗読大乗経典㆖。悔過如㆓仏所㆑説、敬而祈㆑雨。○庚辰、於㆓大寺南庭㆒、厳㆓仏菩薩像與㆓四天王像㆒、屈㆓請衆僧㆒、読㆓大雲経等。（皇極元年七月戊寅・庚辰条）

b　丁亥、勅之、遣㆓百官人等於川原寺㆒、為㆓燃燈供養㆒。仍大斎悔過也。（天武朱鳥元年六月丁亥条）

c　秋七月己亥朔庚子、（中略）是日、僧正僧都等、参㆓赴宮中㆒、而悔過矣。（中略）丙午、請㆓一百僧㆒、読㆓金光明経於宮中㆒。（天武朱鳥元年七月己亥朔庚子・丙午条）

d　戊子、詔曰、此夏陰雨過㆑節。（中略）其令㆘公卿百寮人等、禁㆓断酒宍㆒、摂㆑心悔過㆖。京及畿内諸寺梵衆、亦当五日誦㆑経。庶有㆑補焉。（持統五年六月戊子条）

掲出した事例の中のaは、前月来の日照りの対処策として種々試みた雨乞いも効果がないため、蘇我大臣（蝦夷）の発議でとり行ったという。その直接的手段は、大寺《おほでら》（百済大寺か）の南庭《えじょう》を会場として仏・菩薩・四天王の像を荘厳し、多数の僧侶を請じて大雲経を読むことであった。経説の効験で雨が降ることを期待したわけで、悔過はその前提的な必要条件だった、と解釈される記述である。

事例b・cの場合は、天武帝の病気回復を願って行われたという。この年五月末以来、講経、安居、諸寺清拭、大赦、卜占など、あらゆる手段が講じられている。その一環として、bでは川原寺で燃燈供養を行い、大掛かりに斎を設け悔過を行ったという。この場合の主眼は燃燈供養にあり、設斎・悔過は願意達成のための菩薩行の証として添えられた、と考えられる。

cの場合は、僧尼統轄の任にある僧侶が宮中で悔過を行い、その七日後に、宮中に百僧を請じて金光明経の読経を行ったという。悔過から一七日《いっしちにち》を経て読経会が行われたわけで、その日数を勘案すると、この悔過も読経の効果を大ならしめるための前提的な潔斎だった可能性が想定される。

最後の事例dは、三箇月に及ぶ長雨を止めるべく出された詔勅の文言である。その手段として、俗界の公卿・官人には酒肉を断って至心に悔過すべきことを求め、京・畿内諸寺の僧侶には五日間の誦経を命じ、僧俗合力しての効験が計られている。この場合の悔過は、在俗の人々にとって実行可能な手段とされていたであろう善行であり、複雑な儀式よりひたすらな懺悔の心情を求めているように思われる。

このように、初期の悔過事例を再見して想定されるのは、悔過が願望成就の直接的手段と認識されていたのではなく、その前提条件として、あるいは補助的手段として重視されていた状況である。本尊に除災安楽を請い願うに際して、納受を促すために悔過が重んじられたと考えられよう。中でも、事例aの蘇我大臣の言という、「悔過すること仏の説きたまふ所の如くして、敬《いや》びて雨を祈《こ》はむ」には、敬虔《けいけん》な心情となおざりならぬ悔過の有り様をうかがうことができるように思う。そこで、この事例の周辺にいま少し注目することとした。

事例aの「大雲経等を読ましむ」に相当すると思われる経典として、『大雲輪請雨経』・『大方等大雲経請雨品』第六十四・『大雲経請雨品』第六十四（以上、『大正蔵』一九）がある。同本異訳で共通の内容を説くから、仮に『大雲輪請雨経』に基づいて述べれば、経典に掲げる仏名を誦持礼拝した者は苦厄を免れ安楽を得、人間世界は順調に季節が巡り、薬草樹木が林をなし、五穀も成熟する、という。

またその神呪の功徳を説く段では、誦呪によって雨障が除かれ、とりわけ請雨の効能は顕著で、降雨と共に飢饉や疫病などを除く、と説く。このように、諸願望の達成を可能ならしめる経説であるが、そのために行うべき方法に言及する中に、興味深い記述がある。日照りの時に雨乞いをしようとするならば、「其請雨主必於一切諸衆生等起慈悲心、若有比丘及比丘尼必須戒行本来清浄、若曾違犯尼薩耆罪乃至衆学、皆須已前七日七夜殷重懺悔、若在俗人亦須於前七日七夜、日別須受八関斎戒、乃至請雨行道之日、悉須清浄無得懈慢、」という一節である。請雨に際して、出家・在家を問わず主催者に身心清浄の条件が厳しく求められたことが明らかであり、犯過に際しての懺悔に触れてもいる。出家者がかつて尼薩耆罪《にさつぎざい》（財物の取り扱いについて犯した罪）から衆学《しゅがく》（修行僧の衣食住に関する規則に背いた罪）に及ぶ罪を犯していた場合は、事前に七日七夜の間、丁重に懺悔すべしと定め、過去・現在にわたる戒行の受持を求める厳格さや、在家者にも七日七夜にわたる八斎戒の受持や請雨行道の際の懈慢を戒めるなど、法会にたずさわる者の潔斎は重大な条件であったらしい。

翻って前掲の事例aを思い返すと、その記述の中の「悔過」が、雨乞いの直接的手段ではなく、その前提的条件に当たると指摘したのが符合する。大雲経を読誦して請雨を行う場合、経説を忠実に実行するとすれば、実施者の持戒清浄は絶対条件であり、違背したとき、懺悔は必須の要件となる。事例aの「悔過如㆓仏所㆒説、敬而祈㆑雨」という文言は、経説が直ちに実行に連なった当時の状況を語っているのではあるまいか。

事例aによって、その依拠した経典に考察を加え、以上の結果を得たが、それは、事例b・c・dの悔過との共通点でもある。主眼となる願意達成の直接的手段としてではなく、その前提的、あるいは補助的手段として初期の悔過は存在した。しかしそれは形式的・付随的なものではなく、「大斎悔過」(b)・「参赴宮中、而悔過矣」(c)・「摂㆑心悔過」(d)などの表記が示すように、法会の本質を負託された重要要素だった、と見て誤りはあるまい。

再び『大雲輪請雨経』に戻る。この経典は、戒行受持の必須を説く前記の文言に続いて、請雨の壇法を説き作法に触れるが、具体的には諸仏礼拝・焼香散花・奉請諸仏等・護身法・結界法・回向などの作法を拾うことができる。眼目の読経については「高声読誦此経及呪昼夜不絶」と記し、経と神呪を声高らかに、昼夜中断することなく読誦せよという。これを一七日もしくは二七日、長くとも三七日続ければ必ず雨が降る、というのだが、読経に専念しなかったり、慈悲心のない人、身心穢《けが》れた人は除く、と明記してある。行者の清浄をいかに重視したかは、ここにも明白である。

前記の作法を、第二章以下で扱う『悔過法要』の典型的な構成形式と比較すると、かなり異同がある。最大の相違は請雨作法の中心が［読経］にあるのに対して、『悔過法要』の中心が［称名悔過］にある点である。一方は不断の読経によって、経典の呪力の発動を願い、他の一方は称名礼拝を重ねて、本尊の威力の顕現を願う。中心部の作法の相違に従って、儀礼の構成にも差異を生ずるのは当然である。ただし、双方とも除災与楽の祈願という、同一の目的をもつから、共通の構成要素があるのもまた当然で、請雨作法に見た諸仏礼拝・焼香散花・結界法の一部・回向などは『悔過法要』にも共通する要素である。

双方の最大の共通点は、清浄を重んじ持戒に努める点であり、そのゆえに「悔過」「悔過会」の呼称が定着し、継承され続けたものと思われる。第二章に記すように、八世紀半ば以降、法式が定まり、また本尊別の名を冠した悔過が出現するが、その傾向に伴うかのように「読経悔過」の名称が見出される。(1) まだ確証を得るに至ってはいないが、この「読経悔過」が、『大雲輪請雨経』の請雨作法に見た、読経を主とし諸仏礼拝を従とする儀礼の系譜に連なる法要形式だった可能性がありはしないか、と考えている。

ともあれ、七世紀後半における「悔過」は、〝未確立の悔過会〟ともいうべき側面を伴っているが、法会にたずさわる者の身心清浄が根本条件であり、そのための悔過懺悔が不可欠であったことは明らかと言えよう。

二　悔過会の確立

文献上に現れる悔過会は、必ずしも恒常的に脚光を浴びることはなく、また催行形態も固定的ではない。間欠的に見え隠れしながら、浮上する度に新しい展開を見せるのが、その特色である。

たとえば、第一章で検討した事例に見るように、初期の悔過会は攘災・癒病などを目的として臨時にとり行われ、その表記も「悔過」と記されるばかりで、具体的な形態については推測の域を出ない。以後半世紀ほどの空白の後、八世紀半ばに再び出現する記述では阿弥陀・薬師・十一面・吉祥など尊別に分化し、「悔過之法」（傍点は筆者が付した。以下同）と表記されるすがたがある。(2)「悔過の法」という表現からは、悔過の儀礼形式、すなわち法要形式が形成されたことが推測されるし、「阿弥陀悔過」「薬師悔過」など尊別の悔過が出現した事実には、『悔過作法』の基本形式から分化した尊別悔過の存在が想像される。伝存例を分析して類推すると、分化は、法要の中心部に据えた［称名悔過］の詞章を、個々の本尊にふさわしい詞章とすることで成立した。［称名悔過］を主とする「法」の出現によって悔過懺悔の心意表出が主となり、さらにその詞章の展開によって尊別の対応が可能となった、と考えられる。また、悔過会の恒例行事化を推測させる事例もこの時期に見出される。(3)これらは、この時期、法会としての悔過会の形態が確立しつつあったであろうことを意味する。七世紀末からの大きな展開である。

これらの事柄を象徴するかのように、この時期、わが国で声明――仏教声楽曲――の詞章が制作されていた可能性を示す表記が、懺悔悔過の声明である［唱礼］において見出される。『正倉院文書』所収の「智識優婆塞等貢進文」

（以下「貢進文」と記す）に記載の「唐唱礼」と「唱礼一具倭」の表記がそれである。単に「唱礼」と記す一般的表記と異なるこの事例については、かつて「唱礼」の意義や用法を考察し、中国伝来の「唱礼」に対してわが国で制作された「唱礼」が存在した可能性を指摘したが、(4)ここで再びその表記の背景を考えたい。まず「唐唱礼」を修得項目として挙げていた溝辺浄土は十九歳、河内国安宿郡上郷岡田里の戸主従八位下溝辺広津の戸口と記され、天平八年（七三六）十二月の日付がある。一方、修得項目に「唱礼一具倭」と記された百斉連第（弟）麻呂は十六歳、左京五条五坊の、戸主百斉連弟人の戸口で、浄行六年、師主は元興寺平摂という。貢進の年月は不明だが、師僧の平摂は、天平十五年（七四三）以降神護景雲三年（七六九）まで経疏の貸借等に名が見え、(5)ことに天平期にはしばしばその名が見られるから、弟麻呂の貢進も八世紀半ばのことと考えてよい。

以上二例を含む「貢進文」の記載に基づいていま改めてこの二例に注目すれば、以下の状況もあり得たかと思う。「唐唱礼」を修得していたという溝辺浄土の本貫河内国安宿郡は、古くから難波と大和を結ぶ交通の要衝であり、渡来氏族の止住地であった。(6)戸主広津は「従八位下」と記されており、この位階は大国における少目に相当するから、地方官吏としてしかるべき立場にあった人でもあろうか。河内安宿の地が外来文化を核とし、かつ中央との接触の密な土地柄だった点などを考え合わせると、浄土を推挙するに際して、自余の「唱礼」と区別する意味で「唐唱礼」と明記した可能性が考えられる。当時「唱礼」を巡って新しい展開があったとすれば、その情勢を踏まえて、正確を期すために特に「唐唱礼」と表記したと考えられはしまいか。

一方、「唱礼一具倭」を修得していたという百済連弟麻呂は、平城京内の元興寺にほど近い五条五坊を本貫としており、その姓から帰化系氏族だったことは明らかである。元興寺の平摂を師主として浄行六年を経たという実績共々、当時の仏教界の動向と無縁ではあり得なかった人物像が想定される。師主平摂もまた、東大寺・造東大寺司・新薬師寺・内裏などとの経疏貸借にしばしば名が見え、天平十六年以降の史料には「大徳」と記す例もあるから、経疏に精通していたことが想像される。仏教界全般の情報に疎かったはずもない。弟麻呂が、尊別に新しく制作されたであろう声明の詞章を修得することは十分可能だったはずである。

「貢進文」に、修得項目として「唱礼」を掲げる二十一事例の中、「唐」と「倭」を弁別的に記す二例から、「唱礼」を巡る八世紀半ば前後の様相を、このように推測する。

「貢進文」に見る前記二例の表記は、前述のように史料上に「悔過之法」の表現が現れ、また本尊ごとに分化したと想定される悔過会の転換期と時を同じくして現れる。法要の、基本形式から尊別に固有な形式を制作する場合の一般的手段や、『悔過作法』にみるその具体例については別稿で述べた(8)。尊別の固有表現が顕著に表れる「称名悔過」が「唱礼」に相当する声明と考えられることはかつて考察した通りである(9)。

以上の対応関係から、「唐唱礼」と「唱礼一具倭」の表記は尊別悔過に分化しつつあった時代背景を映すものと考える。具体的には、流動的だったその傾向は、まだ一般に定着するには至っていなかった。従って実修者も極めて限られていたという状況が想定される。溝辺浄土と百済連弟麻呂の修得項目として記された数少ない二種の表記は、流動して定着に向かいつつあった悔過会を語り、半世紀近い空白の間に、外来の礼懺儀礼を踏まえつつ、新しい表現にも挑んだ当時の動きをも語っていると思う。

以上が、悔過会を巡る八世紀半ばの様相である。第一章で考察した七世紀後半を振り返ると、その変化には歴然たるものがある。悔過の法が定まり、尊別悔過が制作されて、悔過会は法要自体に懺悔色がより際立ち、諸本尊個々の誓願力に頼ることで、祈願の目的はより多様性を加えたはずである。称名礼拝という懺悔の苦行を法要の中心に据えることで、かつて願望成就の祈りの前提的位相にあった悔過は、願望達成の手段として機能することになった。もちろん、初期の事例以来、悔過会に課されていた持戒清浄の性格は変わらない。

三　悔過会の展開

延暦十三年（七九四）の平安遷都に伴う仏教界刷新の制が、悔過会の催行にどのような影響を及ぼしたか、明確にはわからないが、少なくとも天長年中（八二四〜八三三）までは宮中や諸国国分寺、また東西二寺などでの薬師悔過・阿弥陀悔過・釈迦悔過などの勤修例を拾うことができる。これらを含めて、平安前期の悔過会の動向に関しては山岸常人氏の精細な論考があり(10)、蛇足を加える必要もないのだが、法会の構成と勤修形態の面から、悔過会の展開的様相に注目しておく。

悔過会は、昼夜六時に『悔過作法』を勤修するのが八世紀半ば以来の形態と考えられる。悔過経典の説や伝存事例、また貢進文にみる「唱礼六時皆」の表記などによって得た結論である(11)。天長期までの尊別悔過も、その基本形態を踏襲していたと思われる。ところが、天長十年に至って「諸国疫癘、夭亡者衆、」のため、諸国に命じて練行僧を請じ「三ケ日内、昼転金剛般若経、夜修薬師悔過、」（『続日本後記』巻二）せしむべき勅が出される。以後昼に読経または転読、夜に悔過を修すという併修形態が急激に増えて承和十四年（八四七）まで続き(12)、以後は後述する変化を伴いながら九世紀後半に至る。

昼夜六時の勤行とは、一日を昼三時夜三時に分割して、各時ごとに勤行する形態で、昼を晨朝・日中・日没、夜を初夜・半夜（中夜）・後夜に区分する。従って、昼に読経（転読）、夜に悔過と明記するこれらの事例では、昼夜六時に勤修する『悔過作法』の中、昼三時を読経法要に割き充てた、と考えてよい。この時期に勤修される悔過は

「薬師悔過」、読（転）経の所用経典は「金剛般若経」または「大般若経」が頻用されている(13)。右二経の中、大般若経は六〇〇巻という最大規模の経典であり、奈良時代以来、攘災祈願には特に重用されてきた。その規模から、転読形式を用いてもかなりの勤修時間を必要とし、三時の悔過に相当し得る。一方の「金剛般若経」は般若経典群の一つではあるが、一切の執着を離れるところに無上の真実がある、という「空《くう》」の思想を説き、一巻で完結する小規模な経典である。これを、昼三時の悔過法要に代えて用いるにはそれなりの理由が求められねばならないが、次の事例をもとに一つの解釈を述べておく。

『続日本後記』承和元年四月丙午（二十六）条に「疫癘頻発、疾苦稍多、仍令京城諸寺、為天神地祇、転読大般若経一部、金剛般若経十万巻、以攘災気也」という記述がある。同年の四月丙戌（六）条には「防災未萠、兼致豊稔、」ことを願って、畿内七道諸国の国分寺で「三ケ日内、昼則転金剛般若経、夜則修薬師悔過、」の勅が発せられているから、災厄を未然に防ぐ目的で先に実施した転経・悔過の効果がなかったために、重ねて災気を除くべく転経が行われたことになる。そして、その時転読された金剛般若経は「十万巻」だったというから、十万回の転読が行われたと解釈される。数を尽くすことは自我（執着）を離れる手段となり、それは経説の発動を促して真の智慧を完成させることに連なる。金剛般若経転読への期待は、繰り返しの効果にあったのではないか。引用したこの事例は以上の解釈を可能にさせ、大般若経転読との相乗効果を期待した構成と理解することができる。

ここで悔過と読経の併修形態に立ち戻る。薬師悔過と金剛般若経転読を一セットとして勤修する場合の転読部分に、前掲「十万巻」に類する勤修形態を想定すれば、読（転）経（以下、読経とのみ記す）の数を重ねて勤修することで悔過の功徳を成就させる効果が期待され、昼三時の『悔過作法』の勤修に劣らぬ意義が生まれるだろう。またその効果は、大般若経転読に匹敵するものと確信することもできただろう。

天長十年以降に多出する、昼に読経を夜には悔過をという併修事例に、以上の解釈を加えれば、悔過会の構成形態のあり得べき一つとして納得できる。ただし、この時点で、身心の清浄を保ち称名礼拝の苦行を重ねる功徳によって、災禍を払い福徳を招く、という第二章で見たような悔過会の形態と認識は半減し、祈願成就という目的意識を直截に打ち出す方式に転換した事実は否めず、そこに、悔過会の明らかな質的展開が指摘されるのである。

さて、悔過と読経併修の事例が出現する前後から、新たに仏名会《ぶつみょうえ》が出現する。仏名経に基づき、過去・現在・未来の三世諸仏を礼拝懺悔する法会で、三箇夜、三時に勤修するのが本儀である。諸仏の名号を唱えて礼拝を繰り返し、その懺悔行の功徳で罪障消滅・太平豊楽を祈願する法会だから、本旨は悔過会と変わらない。また、法会の構成や法要の次第は本書で扱う悔過会と系譜を異にしながら、近縁関係を指摘できる。これらについての法要形式からの考察は別稿に述べた。[14] ここで指摘したいのは、仏名会の隆盛に反比例するように埋没してゆく悔過会のすがたである。

これまで述べた悔過と読経の併修という悔過会の構成形態は、天長十年（八三三）六月の事例が初見であった。その三年前、天長七年閏十二月戊寅（八）に「延名僧十口於禁中、三箇夜、懺礼仏名経」（『日本紀略』）したという。これが仏名会の初出事例と考えられる。[15] 以後承和二年（八三四）、承和五年（八三八）と宮中での間欠的勤修例[16]を経て、承和十三年（八四六）には、五畿七道諸国で三箇日の勤修を恒例とすべき旨の勅が出されて[17]諸国に広まる契機となる。さらに十年余を経た天安二年（八五八）以降、仁和二年（八八六）まではほぼ毎年、内裏を中心に勤修例が記載され、年末三箇夜の年中行事として定着するさまを追うことができるし、その盛行は十二世紀前半に至る。[18]

昼に転読、夜に悔過という悔過会の勤修事例は、前述のように天長十年から承和十四年までの十数年に数多く見出されたのだが、あたかもこの時期、仏名会は盛行に至る前段階にあったわけである。その仏名会が恒常的に記載される天安二年以降には、『悔過作法』と確認できる勤修例はほとんど姿を消す。読経と悔過の併修という構成形態にも変化が生じ、講経や転経と礼懺の昼夜分修、あるいは講経や転読と誦呪などを昼夜に分修する組み合わせに転ずる。[19]このような悔過会衰退の現象を伴いつつ九世紀末に至り、以後、悔過会は新たな法会構成——二時勤行型——で出現するまでの百年近くは、存在感の希薄な法会として推移することになる。

仏名会に座を譲った趣はあるものの、悔過会が存在意義を失ったわけでないことは、『延喜式』に「吉祥悔過」[20]（諸国国庁・壱岐島分寺）・「地蔵悔過」[21]（嘉祥寺）・「読経悔過」[22]（京畿内諸寺）・「正月悔過」[23]（延暦寺定心院・同釈迦堂）・「悔過」[24]（崇福寺）の事について、当該部署で行うべき規定が記されていること、『三宝絵詞』に「阿難悔過」（西院）・「吉祥の悔過」（大極殿）について記していることなどからも推測される。『延喜式』の撰上は延長五年（九二七）、『三宝絵』の成立は永観二年（九八四）だから、少なくともここに掲げられた悔過会が、十世紀においてて、なおざりにできない恒例行事と認識されていたことは疑えない。残念ながらそれぞれの具体的な勤修形態はわからないが、『三宝絵詞』下巻の「御斎会」の項には「公大極殿をかざり、七日夜を限りて、昼は最勝王経を講じ、夜は吉祥の悔過を行はしめたまふ。[25]」の記述があり、当時の御斎会の実態——最勝王経講会——とは相違するものの、[26]講経と悔過の併修という記憶が失せていなかった、と読み取れる例もある。また『延喜式』には薬師寺大般若経会について「読経幷悔過」（玄蕃寮）の記載がある。[27]法会の名称から、大般若経の転読を主眼とする祈願会で悔過を併修するという、悔過会の正副が逆転した形態を推測するが、それもまた悔過会の展開形態の一つを示すものであり、ある意味で、悔過と読経の併修形態の行き着いた果て、と見ることができるだろう。

ここで、九世紀半ば以降のこのような推移を反映した、悔過会の展開形態の一つかもしれぬ僅かな痕跡に触れておきたい。読経と悔過併修の名残りを示すかとも思われる以下のことである。

別稿で、悔過会の祈願部分に相当する『大導師作法』の法要形式を検討した。[28] その結果、『大導師作法』に二種の形式があること、[29] その中のB形式と名付けた一種は、南都に伝存する六時型の悔過会のみに勤修される形式であり、その形式が、既存の『読経法要』に基づくバリエーション形式と考えられることを述べた。[30] また『大導師作法』が、『悔過作法』に含まれていた祈願的な側面を強調し、独立した一座の法要として付加されたものと考えた。[31]

以上に加えて、本章のはじめには、読経と悔過併修の法会形態について、昼三時の読経法要と夜三時の悔過法要の勤修を想定し、そこに悔過重視から祈願重視への質的展開があると述べた。悔過会の窮極の目的は現世利益的諸願望の成就にあり、それは時代や地域に左右されるものではない。従って九世紀に新しく出現した祈願重視の併修形態が、南都の悔過会に影響することは大いにあり得る。とはいえ、南都には七世紀半ば以来、形成・定着を果たしてきた実績があり、伝統的勤修形態がある。

このような状況にありつつ南都の悔過会に祈願重視の色彩を加えるとすれば、伝統的な六時の『悔過作法』の勤修形態は残しながら、祈願の作法すなわち『大導師作法』を加える、という手段があり得る。事実、伝存する南都の事例にはその想定を納得させるものがあった。[32] さらに、『大導師作法』(B形式)が、『読経法要』の形式を踏まえて制作されたであろう、という考察結果と、平安京を中心に出現した読経と悔過併修の事実を思い合わせると、南都における『大導師作法』制作の動きは、中央の併修形態の影響の下に生まれた、という推測が可能になる。

現在、南都諸寺の伝存事例の次第が必ずしも同一でなく、大枠の共通性と部分的な個性を持つことをかつて指摘したが、[33] いま、改めて平安京における読経と悔過併修の悔過会を背景に置いて南都の有り様を考えると、この、中央における新しい展開が、南都における『大導師作法』の形成を促した可能性が浮上する。具体的には昼に『読経法要』を、夜に『悔過作法』を勤めるという中央の動きに触発されて、南都では、六時の『悔過作法』プラス『大導師作法』という組み合わせで、祈願重視の法会形態が創出された、と考えることができるのではないかと思う。ささやかな痕跡から手繰り寄せた推論ではあるが、南都における悔過会の展開を考えるひとつの試みである。

四　悔過会の変貌

摂関期も最盛近い十一世紀前後から、悔過会は三度表舞台に姿を現す。ことに院政期から鎌倉時代を通じて、御願寺や摂関家の私寺を中心とする催行例はおびただしく、正月にとり行うのを「修正」、二月に行うのを「修二月」と表記する年中行事となっている。(34)「修正」は一月八日から一七日《いつしちにち》、「修二月」は二月中の一箇日というのが催行の基本で、諸寺の修正をそちこち聴聞して回る公卿達のさまが目に浮かぶ盛行ぶりだが、そこには災厄除癒の切実な願望も、悔過会本来の行法的緊張感も、全く見出すことができない。

「修正」「修二月」という呼称の初出は、天禄元年（九七〇）七月十六日付の「天台座主良源起請」（以下「良源起請」と記す）に記す「右修正・二月行道衆、」の記述とされるが、(35)その関連で『延喜式』の一例に注目する。同書所載の延暦寺定心院（良源住房）の悔過は「正月悔過」と記されているが、この行事には本尊・諸尊をはじめ出仕僧への布施や塩を毎年送付すべく規定されており、(36)この法会に公的な性格があったことを示している。しかも定心院は良源の活動本拠だから、由緒ある行事がおろそかに扱われるはずもない。『延喜式』に記す「正月悔過」から「良源起請」の「修正・二月」という呼称への変化には、なんらかの理由があったのではないかと思う。ことに十一世紀に頻出する事例には、すべて「修正」「修二月」の呼称が用いられているから、「良源起請」に記されたそれも、延暦寺内に限定された呼称だったとは考え難い。むしろ、この事例は、十世紀後半以降の平安京周辺ですでに通用しはじめていた呼称が、「良源起請」の記述に反映したという可能性を考えるべきではないかと思う。叡山という地の利、良源という座主の存在の大きさ、いずれから見ても情報伝達が遅滞するはずはないからである。「良源起請」の文言では、修正会・修二月会の「行道衆」が「音用作法」に習熟すべきことを求めているから、この時『悔過作法』が勤仕されていたことは間違いないが、法会全体の構成はわからない。ただ、時代は下るが、慶長十年（一六〇五）の本奥書をもつ「楞厳院《（ママ）りょうごんいん》修正古実」(37)によれば、二七日の期間を前半と後半に分けて大導師・陀羅尼《だらに》衆・六時衆・参堂衆が参仕し、六時（『悔過作法』）と陀羅尼を交互に唱え、結願の日には、六時の一座と『大導師作法』を略形式で勤修していた、と思われる。結願には鬼走りや牛王宝印の作法が記されている。以上を勘案すると、横川には読経と悔過併修という、九世紀前半に多く行われた形態の名残りと、十一世紀以降盛行した新たな悔過会のかたちが同居して伝え続けられた可能性も考えられる。もしそうだとすれば、「良源起請」に記す「修正・二月」の文言は、必ずしも法会催行上の実質的変化――併修型から二時型への――を意味するものではなく、伝統的な法会形態を踏襲しつつ、時流に応じた新呼称を採用したという状況が想定されなくもない。

　ともあれ、天禄元年以降新たな名称で浮上してきた悔過会は、法会の構成も一新した姿を現わす。法会分類上「二時型」と名付けたそれは、『悔過作法』一座と『大導師作法』一座の組み合わせを基本として構成されており、悔過会確立当初の意義と形態を思い合わせると、その変貌は著しい。実質的には『悔過作法』一座によってのみ、悔過会としての面目が保たれている、とさえ見えるこの法会構成は、悔過色の減退という、本質的な意義の転換を覆いようもなく語るものである。

　二時型の悔過会については、これまでに法会の構成や法要の次第の面から分析を進めてきたが、その結果『大導師作法』（A形式）が、仏名会の『初夜導師作法』を範として成立した、という検討結果を得た(38)。また、規範となった仏名会の『初夜導師作法』の法要形式は、奈良時代以来、顕教系の代表的法要形式であった『四箇法要』に基づいて制作され、寛平二年（八九〇）以前に成立していたであろうと考えた。[39] 以上の事柄は、一六〜一七頁に述べた史的事実――仏名会が盛行に向かうと同じ時期に悔過会が衰退に赴く――と照応する。それは、二つの法会の盛衰に相関性があったことを示唆するものだが、仏名会の『初夜導師作法』は『四箇法要』を踏まえながら、段落ごとに［教化］という和文の声明を織り込むという工夫を施し、それによって導師の力量を計り、聴聞者の興味を促すに十分な側面を獲得した。導師は勤仕の際に新作の［教化］を披露して自らの才を示し、聴聞の殿上人はそれを聞き所として期待し評価の種とする。いわば世俗アピール型の法要形式が出現したわけである。必然的に仏名会は人々の耳目を集め、盛行におもむく。一方、同類の法会ながら、懺悔の苦行を前提とする悔過会は、それゆえに衰退を余儀なくされ、仏名会の法要形式を踏まえた『大導師作法』が成立するに至って新たな再生を果たした、というのが、あり得べき経緯ではないかと思う。

「良源起請」の文言に遅れること十七年、永延元年（九八七）正月の円融寺での勤修例を初見として、以下万寿二年（一〇二五）の法成寺、延久五年（一〇七三）の円宗寺、寛治七年（一〇九三）の法勝寺など、修正会の記述には「初夜」・「後夜（または大導師）」の表記が見られ、これらが二時型の悔過会であることが確認される。[40] 以後その勤修例は急速に増加して、京内諸寺で年中行事化してゆくさまが明らかである。さらに、現在各地に伝存している事例の多くが二時型の構成を保っている、という事実によって、この構成形態は典型が完成した後に各地に広がり定着した、と考えられるから、その影響が少なからぬものであったことがうかがわれる。残念ながら、そのゆくたてはまだ解明できないのだが、法会に付加された音楽的荘厳性や呪的芸能性によって、世俗の親近を得たことは間違いない。以下は、その萌芽とも思われる一例である。

明らかに二時型の勤修例と分かる初見は、円融寺における永延元年（九八七）正月六日のそれであるが、その二年前、『小右記』永観三年（九八五）正月十三日条に左の記述がある。

申時許参給円融寺、（中略）酉時許到御寺、院儲公卿以下饗、令参御堂給、先是掃部所奉仕御装束、立軽幄、公卿以下女房等候所云々、御導師給禄大掛、被修御諷誦布百端、本寺以音楽供養、有童舞等、後夜未被行之前還御、

円融院が、譲位の翌年の正月十三日に、円融寺の法会に参じたさまを記す。期日といい時刻といい、（『初夜』の表記を欠いてはいるが）修正会における二時型の悔過と見て誤りはあるまい。ただし「令参御堂」が、『初夜』の聴聞を含むのか、童舞等賞翫のためのみかは不明であり、『後夜』の勤行の前に還御した、というから、主眼が芸能賞翫にあったことは間違いない。公卿以下に酒食を設け、掃部所が公卿・女房などの伺候所として幄舎をしつらえる、などの記述にも、悔過会本来の緊張感はなく、遊興性が際立っている。

円融院は譲位の翌寛和元年（九八五）出家し、同年九月円融寺に遷住、以後正暦二年（九九一）二月の崩御まで、同寺が院の御所であった。その間、御遊・歌遊・童舞御覧等がたびたび催されており、時に「事甚奇恠」[41]と批判されたりもしているから、その好みも並ならぬものがあったに違いない。修正会に「本寺以音楽供養」の色彩が加わったのも、その反映と考えられなくもない。以後、院政期に相次ぐ御願寺の建立とその修正会に指摘される荘厳性や耽美《たんび》性、芸能性などは、以下に記すように、本来円融寺の特色だった側面が拡大投影されて定着を果たした、という展開を想定することができるのではないか、と思う。

そこで改めて、「本寺以音楽供養」の表記に注目したい。（他寺とは異なり）本寺では音楽を以て供養するのだ、と特記することで、他寺における同様の法会（修正会）と対比し、「本寺」（円融寺）の特色を示しているわけである。ここに言う「音楽」の実態がつかめないのが残念だが、少なくともこの記述から、当時、諸寺において二時型

の悔過会を正月に勤修する状況があったこと、しかし円融寺における音楽による供養形態は一般的ではなかったさまが推測される。それは、他にさきがけて音楽（管絃）的荘厳性を加えた悔過会の存在を語っている。

円融寺の、音楽による供養について思いを巡らせば、［三十二相］に思い至る。かつて修正会『大導師作法』の［三十二相］を考察し、声明曲［三十二相］と雅楽との合奏曲として成立した「三十二相本曲」「三十二相急曲」の成立の背景に、源博雅の関与があり得ることを指摘した。(42) さらに博雅と敦実親王、敦実と源雅信・仁和寺僧正寛朝、寛朝と円融院という密接な人脈・血脈、傑出した音楽の才を語る挿話などを勘案して、永延元年の円融寺修正会において、［三十二相］が楽を伴っていた可能性を指摘した。(43) いま取り上げた寛和元年の同寺修正会にみる「本寺以音楽供養」の記述は、以上の指摘を裏書きするごとくである。十世紀後半は、あたかも前記の人達の活躍の時期であり、雅楽と声明の合奏を試みるに十分な環境もあった。また、［三十二相］が、二時型悔過会の眼目ともいうべき『大導師作法』の構成要素の中で、最も荘厳性の濃い一段であり、のみならず『悔過作法』そのものを象徴する意義を担うとさえ想定し得る一段であることなどを考えると、(44) 雅楽を伴う［三十二相］の勤修は特記に価する新演出だったと理解される。「本寺以音楽供養」の表記は、そのような背景を潜めているのではないかと思う。それは時代の好みや要請を語るものでもあるが、悔過会が大きく変貌した画期を示すものとも言えよう。

以上、悔過から悔過会へ、六時の勤行から二時の勤行へ、懺悔重視から祈願重視へ、苦行性から荘厳性へ、さらに芸能性へと、法会の本質にもかかわる変貌を重ねつつ時を経てきた悔過会の足取りを概観した。至心懺悔の功徳が巡り及んで他者を利益し、諸願望の成就に至る、という根本認識が薄れゆき、絶対者の本誓力に頼って願望の実現のみを目指す、その方向性は時代と共に加速する。それは、僧俗を含めて具縛者の赴く必然の方向性でもあろうか。しかし一面では、時代の要請に応じた柔軟性があったればこそ変貌が果たされ、継承が果たされた、と見ることもできるだろう。

以上のごとく、二時型の悔過会が出現するまでの起伏を追うにつけても、悔過会の全体像を明らかにする道筋の遠さを改めて思う。取り組むべき幾つかのテーマを残し、また本稿では第一部・第二部に収めた論考の補いを兼ねたための重複や精粗混交も生じた。もろもろの不備はお許し頂きたい。

註

(1)『続日本紀』宝亀元年十月丙辰条、『日本後紀』延暦十五年七月辛亥条・同二十四年八月九日条、『続日本後紀』承和六年六月癸丑条など。ただし、延暦二十四年の例は「悔過読経」と記す。

(2) 拙稿「悔過法要の形式」、本書七四～八〇頁参照。

(3) 註(2)に同じ。本書七四～七五頁。

(4) 拙稿「「唱礼」について」、本書三二五～三二八頁参照。

(5) 竹内理三・山田英雄・平野邦雄編『日本古代人名辞典』第六巻(吉川弘文館、一九七七年)に項目詳記。原文は『大日本古文書』(東大史料編纂所)・竹内理三編『寧楽遺文』中・下巻(東京堂出版、一九八一年)に所収。

(6) 上田正昭『道の古代史』(淡交社、一九七四年)五四～五五頁・二〇二頁参照。

(7)『大日本古文書』八巻、五四二頁・同十一巻、四二七頁・同三巻、四七八頁参照。

(8) 拙稿「法要の形式と内容」、本書四七～五〇頁参照。

(9) 拙稿「「唱礼」について」、本書三二一～三四八頁に収載。

(10) 山岸常人「悔過から修正・修二会へ」(『南都仏教』五二号、東大寺図書館、一九八四年)。

(11) 拙稿「悔過法要の形式」の第一章、「「唱礼」について」、本書三二六～三三〇頁参照。

(12)『続日本後紀』承和元年四月丙戌条・同四年四月丁巳条・同年六月壬子条・同年七月甲子条・同七年六月丁巳

条・同八年正月乙亥条・同年三月庚戌条・同十四年十一月癸未条など。

（13）註（11）の例では、承和四年七月条には経典名・尊名を記さず、承和八年正月条の事例は薬師経読誦と結界悔過、同十四年十一月条の事例は金剛般若経と十一面法の組み合わせであるが、他は大般若経か金剛般若経と薬師悔過の組み合わせである。読（転）経のみの例では右二経の転読が圧倒的に多い。

（14）拙稿「悔過会　中世への変容」、本書二八〇～二八三頁参照。

（15）註（13）の論考では承和五年（八三八）初修としたが、『日本紀略』の記述に従い、天長七年初修に改めた。

（16）『続日本後紀』承和二年十二月庚寅条に「聖上始於清涼殿、限三夜裏、礼拝仏名経」とあり、同五年十二月巳亥条に「天皇於清涼殿、修仏名懺悔、限以三日三夜、」とある。

（17）『続日本後紀』承和十三年十月乙未条に「勅、仰五畿内七道諸国、限以三ケ日、令修仏名懺悔事、（中略）自今以後、立為恒式」とある。

（18）『三代実録』『吏部王記』『政事要略』『小右記』等参照。

（19）昼に講経または転経、夜に礼懺の例は『続日本後紀』嘉祥二年五月戊辰条や『三代実録』貞観十五年二月戊午条に、また昼に講経や転読、夜に誦呪などの例は『三代実録』貞観元年四月十八日条の願文・同九年五月癸亥条・同十七年壬戌条・元慶四年十二月庚寅条・仁和二年七月壬午条の延最奏文などに見られる。

（20）『延喜式』玄蕃寮・主税上・主税下。

（21）『延喜式』大蔵省・大炊寮・主殿寮・造酒司。

（22）『延喜式』玄蕃寮。

（23）『延喜式』大蔵省・大膳下。

（24）『延喜式』玄蕃寮。

（25）江口孝夫校注『三宝絵詞』下（現代思想社、一九八二年）に拠る。

（26）『延喜式』太政官以下、御斎会に関する記述は、すべて最勝王経の講説のみである。

（27）「凡薬師寺大般若経会、毎年起七月廿三日、尽廿九日、一七日、請僧沙弥各卅口、読経幷悔過、沙弥読金剛般若経、」と記されている。

（28）拙稿「悔過会　中世への変容」、本書二五五～三〇二頁に収載。

（29）註（28）の論考、本書二六五～二七一頁参照。
（30）註（28）の論考、本書二七〇～二七一頁参照。
（31）註（28）の論考、本書二七二～二七三頁参照。
（32）東大寺修二会・薬師寺修二会。註（28）の論考、本書二七一頁参照。
（33）註（28）の論考、本書二六五～二七四頁・二八〇～二九七頁参照。
（34）主要な実例は、拙稿「悔過会　中世への変容」、本書二八八頁に掲出してある。
（35）前掲註（9）の山岸論文による。
（36）『延喜式』大蔵省・大膳下の当該項に記されている。
（37）叡山文庫蔵別当代蔵書六二一―六八七。表題に「棱（ママ）厳院修正古実」、内題に「横川中堂古実」とある。
（38）註（28）の論考、本書二八七～二八九頁参照。
（39）註（28）の論考、本書二八八頁参照。
（40）『小右記』・『左経記』・『太府記』・『中右記』などに拠る。実例の本文は、註（28）の論考（本書二八八頁）に掲出してある。
（41）『小右記』永観三年三月廿九日条に、「明日可覧童舞之由、忽有被召仰者、事甚奇恠、御乳母加賀死去之後、其程非幾、臨時宴楽、人可為難、」とある。
（42）拙稿「悔過会　中世への変容」本書二七七～二七九頁参照。
（43）註（42）の論考、本書二九六～二九七頁参照。
（44）註（42）の論考、本書二八三～二八五頁参照。

法要の形式と内容

現在、わが国の仏教教団の宗派数は一七〇ほどもあります。そのいずれもが、それぞれの理念に基づいて宗教活動を行っているわけです。

宗教活動を行うにあたって、教理と儀礼とは車の両輪のように欠かすことのできないものとされています。これは仏教に限らず、すべての宗教に共通のことですが、一般に仏教的な儀礼のことを法会《ほうえ》とか法要《ほうよう》と称しています。ここでは、ある目的で行われる寺事《てらごと》を総括的に指す場合を法会と呼び、また、法会で僧侶が勤修する、定まった次第の儀式を指す場合を法要と呼ぶことにします。そしてここでは、法要の組み立て方や会場《えじょう》の形態などによって表現されるさまざまな内容を、時の流れを考慮しながら、いくつかの具体例を挙げてたどってみようと思います。

一　宗派と法要

仏教がわが国に公に伝えられたのは六世紀の半ばとされていますが、法要と呼ぶべき形式を備えた儀礼が、その当時に伝えられたか否かはわかりません。しかし、『日本書紀』崇峻元年三月の条に「戒むことを受くる法を問ふ」

という記述も見られますから、仏教公伝以降のかなり早い時期に、戒律に関する作法のような基本的なことがらに関しては、よりどころとすべきなんらかの儀礼形式も伝えられたであろうと考えられます。しかし八世紀末、奈良時代の末までの仏事の大半は、僧侶に斎食《さいじき》を施す設斎《せっさい》と、経典を講じ論ずる講経会《こうきょうえ》の記録で占められ、その他の記録としては除災与楽を祈願する悔過会《けかえ》・読経会《どきょうえ》、僧尼の修身のための安居《あんご》・布薩《ふさつ》などが挙げられる程度です。これらの中、設斎・安居・布薩は、供養や修身のために斎食を設け読経したり経典を講じたりする内容だったようですから、とりたてていうべき固有の法要形式はなかったと思われます。ですから、この時期までは、多目的に勤修される論義法要が軸となり、悔過法要・読経法要などが目的に応じて勤修される程度で、法要の種類や形式がそれほど多彩であったとは考えられません。また八世紀半ばまでに伝来し、奈良の大寺院を拠点に活躍した南都六宗と呼ばれる各宗は、宗門というより学問的な系列の違いとして認識されていたようですから、現在のように、宗派によって法要形式を異にするということもなかったようです。天平勝宝四年（七五二）の東大寺大仏開眼供養会《かいげんくようえ》が、一万人を超える僧侶を集めて、いわゆる万僧供養《まんぞうくよう》を行い得たのも、このような背景があってのことと考えられます。

さて、わが国で宗団としての宗派が確立したのは九世紀初頭のことです。まず最澄による天台宗が、次いで空海による真言宗が成立します。以後、平安時代を通じて、この二宗がわが国宗教界の声望を競うことになります。平安時代初期の入唐留学僧の求法精神は熾烈ともいえるもので、日本天台宗・日本真言宗の確立はその一つの現れですが、自らの血とし肉とした思想教義と共に、新しい法要形式も導入されましたし、空海や円仁のように、自分で法要の次第を制作する人も出現して、法要の種類も一挙に多様さを加えます。ことに、この時期に伝えられた正系の密教の、目にも耳にもきらびやかな法要は、奈良時代までの法要とは趣を異にする特色をもっています。もちろん、奈良時代に盛行した法要形式は、引き続いて南都の諸宗で用いられていたわけですし、その多くは天台・真言両宗にも引き継がれました。
法華三昧《ほっけざんまい》・常行三昧《じょうぎょうざんまい》・御影供《みえく》・曼荼羅供《まんだらく》・理趣三昧《りしゅざんまい》などがこの時代の代表的な法要の一例です。ここに挙げた法要のうち、法華三昧と常行三昧は天台宗の、理趣三昧は真言宗の法要ですが、御影供と曼荼羅供は天台・真言両宗で勤修されます。しかし、御影供にしても曼荼羅供にしても、法要の名称は同じでありながら、その内容が天台宗と真言宗では異なることに注意しなければなりません。

たとえば御影供法要の場合、供養すべき師の御影画像を掲げてその偉業を偲び讃えるための法要という意味では共通していますが、真言宗で供養すべき対象とするのは弘法大師空海ただ一人ですのに、天台宗では天台大師智《ち》顗《ぎ》・伝教大師最澄・慈覚大師円仁・智証大師円珍の四人のための供養法要とします。法要の次第も、天台宗の場合は同一で、供養すべき師への弔詞（祭文《さいもん》）と讃嘆の声明（画讃《がさん》）を中心に据え、その前後に梵・漢・和とりどりの声明を配して追慕讃嘆します。ただし、個々の人柄や足跡をたどる［祭文］や［画讃］の唱句がその人ごとに異なりますから、順序次第は同じでも、決して画一的ではないわけです。天台宗にとって甲乙つけがたく重要な存在である四人の先師を、平等に丁重に供養しようという姿勢を、ここにはっきりと見ることができます。

これに対して真言宗の場合の法要は、理趣経法《りしゅきょうぼう》という修法を導師が修し、これと同時進行のかたちで御影供導《みえくどう》師《し》が唱えごとを、職衆《しきしゅう》が理趣経を読誦する。これを軸として、供物を献じたり［唄《ばい》］［散華《さんげ》］などの声明を唱誦するという、密教的な勤修形態をとります。その上この法要には、正式・略式幾通りかの勤修のしかたがあります。真言宗にとって、特に傑出した存在である空海を供養するために、空海が請来し、真言宗で特に尊重する理趣経を以てする。またその方法を幾通りにも変化させて手を尽くす。この姿勢は、先に述べた天台宗の場合とはいささか異なります。天台・真言両宗の確立過程の相違が法要形式を通してうかがわれる一つの例なのです。このように、法要形式の一つを取り上げても、それぞれに異なる背景を反映していますから、同一名称の法要でも、同一形式・同一内容とは限りませんし、法要の形式や内容からその背景となる時代相や宗派の在り方を追求することもできるわけです。

平安時代以降、仏教は外来の宗教の域を脱し日本の宗教として定着します。その過程で、また、定着した思想がさらに展開してゆく過程で、それぞれの理念や主張を表現するにふさわしい法要形式が求められたのは当然のことでしょう。新しい宗派が誕生し、あるいは別派が分立するという状況は、必然的に新しい法要形式をも誕生させることになったのです。

十二世紀末から十三世紀にかけて、融通念仏宗・浄土宗・臨済宗・浄土真宗・曹洞宗・日蓮宗・時宗など、いわゆる鎌倉新仏教と称される諸宗が成立し伝来して、日本仏教の流れが大きく転換しました。律・華厳・密教・法華・浄土・禅など、さまざまな思想の流れが、宗派として確立したわけです。この事実が儀礼形式に反映しないわけはありません。曹洞宗を開いた道元や時宗を開いた一遍のように、宗派を名乗ることを意図しなかった宗祖もあり、融通念仏宗の良忍、浄土宗の法然、浄土真宗の親鸞などの宗祖は、形式を整えるより、平易簡明に念仏の功徳を説き広める生涯でしたから、それぞれの宗派の法要形式の種々が確定するまでの経緯はまちまちです。ここでその経緯や個々の法要形式の特色を挙げることはいたしませんが、現世の利益を捨てて阿弥陀如来に帰依し、極楽往生を願うという浄土思想からは、念仏を主体とする法要形式の種々が生まれましたし、あくまで精神統一によって悟りの境地を体得しようとする禅の思想によって、坐禅や布薩・懺法など、実践修行的な法要が重んじられました。仏教の日本的展開という大きな流れの中からは、講式《こうしき》と称される和文の声明曲を軸に組み立てられた法要形式も作られ、盛行を見ました。このような経緯を経た後、江戸時代初期の黄檗宗の伝来を最後に、徳川幕府による鎖国と諸形式の固定化の時代を迎えて、仏教の思想や儀礼の新たな展開も影をひそめ、旧習を守り伝える姿勢が打ち出され、継承され来って現在の仏教教団に連なっているのです。

二　法会と法要

法会は、祝いごととか願いごとなど、必ずしかるべき目的をもって開催されます。その目的は種々さまざまですが、おおよそ分類すると次のような項目が挙げられます。懺悔《さんげ》、祈願《きがん》、慶讃《けいさん》、供養《くよう》、修善《しゅぜん》、論義《ろんぎ》・説法《せっぽう》、伝戒《でんかい》・伝《でん》法《ぼう》、実践修行《じっせんしゅぎょう》、その他、です。たとえば堂塔を建立すれば慶讃の法会が催され、祖師の命日には供養の法会が催され、修学・修行の功を積んだ僧侶のために伝法の法会が催されるという類です。そして、これらの目的を表明し達成すべく勤修されるのが法要なのです。ですから、法要は法会に欠かすことのできぬものであり、法会を開催するにあたって、法要は最も重視されることになります。

また、法会を開催するとひとくちにいっても、非常に盛大なものから簡素なものまで、これもさまざまであり、毎月開催されるもの、一年に一回、また数年に一回というものもあり、臨時の法会もある、という具合です。月ごとに催される法会としては、その寺院や宗派の開山・開祖などの忌日法会が多く、年ごとに催されるものには、開山・開祖の祥月命日、春秋の彼岸やお盆、正月・十二月など年の節目の祈願等があります。また、何年か何十年かに一回というものには、僧侶の資格認定の法会や高僧の遠忌などがあり、臨時に催されるものには、晋山、仏像開眼、堂塔の落慶などがあります。月例の法会は小規模で、一日で終了するのが通例ですが、年ごとの法会の特殊なものとか、何年かに一回、または臨時の法会は概して大規模で、一週間・二週間にわたる大がかりな場合もあります。

以上のように法会の規模や軽重がさまざまですから、当然、これに対応して法要の規模や軽重にも考慮が払われ、さまざまな勤修の形態が生まれます。一つの法会に数種類の法要が勤修される場合もあれば、一つの法要を正式な形で勤修したり略式に勤修したりする表現手段もあるわけですが、このことに関しては、後に実例を挙げますから、ここでは具体例を省きます。ただ、どのように大がかりな法会で数多くの法要を勤修する場合でも、どのように簡素な法会で簡略な法要を勤修する場合でも、その法要は、必ず法会の趣旨にふさわしいものでなければなりません。法会の趣旨にふさわしい法要ということは、法会の目的を的確に表明し得る内容を備えた法要ということになります。そこで、ここでは、法会の目的と、その目的を表明し達成する手段としての法要とのかかわり方を、幾つかの具体例に即して眺めてみようと思います。

通仏教的な法会の場合

法会には通仏教的なものもあり、宗派ごと寺院ごとに固有のものもあり、また幾つかの宗派に共通するものもあります。仏生会《ぶっしょうえ》・涅槃会《ねはんえ》、彼岸会《ひがんえ》・盂蘭盆会《うらぼんえ》、修正会《しゅしょうえ》・修二会《しゅにえ》などは通仏教的な法会ですが、たとえば仏生会は釈尊の生誕を祝いその徳を讃えて心に刻み、また盂蘭盆会は祖先に供物を供えて冥福を祈り、修正会は年の初めに祈願をこめるというように、宗派にかかわらぬ共通の目的と開催時期とがあります。しかし、このような場合でも、通宗派的な特定の法要が勤修されるとはかぎりません。宗派ごとの主張や寺院ごとの事情によって選択された法要が、それぞれに勤修されます。例を修正会にとってみますと、『悔過法要《けかほうよう》』を勤修するところもあれば『大般若転読法要《だいはんにゃてんどくほうよう》』を勤修するところもあり、また『護摩供法要《ごまくほうよう》』を勤修するところもある、という具合です。『悔過法要』は、本尊の前で懺悔礼拝して人間の罪や咎の許しを請い、その後、来る年の平安豊穣を祈るという内容の法要で、南都諸宗の多くの寺院で勤修しますし、天台宗でも、また数は多くありませんが真言宗の寺院でも勤修するところがあります。『大般若転読法要』は、護国・除災の経典と称される大般若波羅蜜多経を転読する内容の法要で、天台宗、真言宗、曹洞宗・臨済宗・黄檗宗など禅系の各宗でも勤修いたします。『護摩供法要』は、護摩を焚いて人々の息災増益を祈願する内容の、密教修法を軸とする法要ですから、真言・天台両宗の寺院で勤修されます。これらは、修正会に勤修される法要の代表的な事例ですが、このほかにも、浄土宗では玉体安穏・万民豊楽を祈願する［宣疏《せんしょ》］と［護念経《ごねんきょう》］を軸にした法要を、浄土真宗では観無量寿経の読経や［正信偈《しょうしんげ》］と［念仏］を軸にした法要が勤修されております。

このように、通宗派的な法会であっても、通宗派的な法要形式が用いられるわけではありませんし、同一の宗派の同一法会でも、法要形式は必ずしも一定しておりません。言い換えれば、一つの法会の目的を表現するための手段は幾通りもあるということです。表現形式としての『悔過法要』は懺悔の礼拝行であり、『大般若転読法要』は経典の読誦であり、『護摩供法要』は護摩を焚く修法であって、次第形式は互いに全く異なります。しかしそのいずれもが、新しい年を迎えるに際して、年穀の実りや人々の無事息災を願う心を、直截に表現しています。どの表現形式を用いるかは、所属宗派の根本理念、各寺院の歴史と現状などの条件が働いて決定されることになるわけです。

宗派ごとに固有の法会の場合

一方、宗派ごとに固有の法会の場合には、それぞれの宗派の特色を示す法要が勤修される例が多くなります。前節で挙げた天台宗と真言宗の御影供で勤修する『御影供法要』や、浄土宗の御忌会《ぎょきえ》で勤修する『御忌法要《ぎょきほうよう》』、浄土真宗各派の報恩講《ほうおんこう》で勤修する各種の法要など、それぞれの宗祖への謝恩供養会での法要がその最たるものです。『御影供法要』の特色については先に述べましたが、『御忌法要』の場合は法然上人への嘆徳の文を中心に据え、前後に仏説阿弥陀経の読誦や念仏行道を行います。浄土真宗の場合は、本願寺派・大谷派・高田派・仏光寺派など、分派して一〇派を超えますが、それぞれに正信偈や報恩講式など、親鸞聖人の教えの詞や聖人讃嘆の詞を中心に据え、念仏を唱えます。いずれも浄土系の宗派らしい特色が明確です。宗派ごとに固有の法会というのは、概してその宗派にとって特別に意義深い法会ですから、法要の組み立て方にも、それぞれの宗派の理念に基づいた独自性を表出する意図が働くのは当然と申せましょう。

　ここで、視座を法要に置き換えてみることにいたします。

法要には、特定の目的にのみ勤修される法要と、多目的に勤修される法要とがあります。また、その二通りのそれぞれにも、特定宗派でのみ勤修される法要と、幾つかの宗派にわたって勤修される法要とがあります。それは、法要が、その形式によって限定的な趣旨を表現するものと、多角的な趣旨に適うものとがあるからです。以下は、この四通りそれぞれの具体例です。

特定目的・特定宗派の法要

特定の目的で特定の宗派に限って勤修される法要としては、いま挙げた各宗ごとの祖師供養会の法要が代表的な事例です。この区分に属する法要は、法要自体の目的表出が明確であり、かつその表現形式にもそれぞれの宗派の独自性が見られるのは先に記した通りです。

特定目的・多宗派の法要

次に、特定の目的で幾つかの宗派にわたって勤修される法要の代表的な例としては、先に挙げた『悔過法要』があります。南都の諸宗をはじめ、天台宗・真言宗でも用いられることは先にも記しましたが、この法要の勤修目的が〝迎春の祈願〟にありますので、どの宗派でも修正《しゅしょう》（月）会《え》・修二《しゅに》（月）会《え》と称する法会でしか勤修しませんし、勤修の時期も当然春先に限られます。

これに対して、同じように特定の目的で多くの宗派の法会に勤修される法要ではありますが、法会の名称も勤修の時期も個々別々で、一見して同じ法要を勤修する法会とは思えぬ場合があります。華厳宗では方広会《ほごえ》、法相宗や聖徳宗では慈恩会《じおんね》、天台宗では法華《ほっけ》大会《だいえ》、高野山真言宗では山王院竪精《さんのういんりっせい》、真言宗豊山派では伝法大会《でんぽうだいえ》などと称する法会で勤修される『竪義《りゅうぎ》論義《ろんぎ》法要《ほうよう》』がその代表的な事例です。

この法要の目的は、僧侶の学識力量のほどを判定することにあり、竪者《りっしゃ》と呼ばれる受験僧が、何人かの問者《もんじゃ》と呼ばれる先輩僧と、特定の論題について論義を重ね、研鑽の成果のいかんについて判者《はんじゃ》の判定を仰ぐ、という内容のものです。この場合は、法要の形式は共通でも、それを勤修する法会の成立事情や変遷のしかたは宗派ごとに異なりますから、法会の名称も勤修時期も個々に異なる結果になるわけです。

多目的・特定宗派の法要

第三に、特定の宗派でのみ、多目的に勤修される法要として、これも先に記した真言宗の『理趣三昧法要』、真言宗・天台宗それぞれの『曼荼羅供法要』などが挙げられます。どちらも、各種の慶讃・供養・祈願など、さまざまな目的の法会に多用されます。ですから、ある意味ではその宗派を代表する法要形式とみることができるのですが、さまざまな目的で勤修される、ということは、その法要が限定的な内容をもたぬことを意味します。ここに挙げた法要を例にとれば、『理趣三昧法要』は、真言宗で常日頃最も重んずる理趣経を、声を揃え節をつけて読誦行道し、経典の教えを心に銘記しようというものですから、慶びごと・偲びごと・願いごとなど、いずれにもふさわしい法要であり、真言宗を代表する法要であり得るわけです。また『曼荼羅供法要』は、曼荼羅つまり仏世界を讃嘆供養する法要ですから、これまた当然多目的に用いられるわけですし、密教的世界の象徴としての曼荼羅を供養する法要は、まさに密教系の宗派を代表する法要といえるわけです。ですから、この区分に属する法要は、種々の法会の眼目の法要として据えられますし、幾日にもわたる大法会には、必ず他の法要と併せて勤修されます。

多目的・多宗派の法要

最後に、多くの宗派にわたり、しかも多目的に勤修される法要としては『講経論《こうきょうろん》義《ぎ》法要《ほうよう》』『四箇《しか》法要《ほうよう》』などが挙げられます。顕教系の法要としては、ほとんどあらゆる目的の法会にふさわしい普遍性が特色です。『講経論義法要』は、講師《こうじ》と呼ばれる師僧が経典の内容・意義を講じ、それに対して問者《もんじゃ》と呼ばれる弟子僧が疑義を呈し、問答往復を重ねて疑義を説き明かしてゆきます。経典の講義は、仏教の受容理解のための第一歩であり、かついつの時代にも必要とすることです。また『四箇法要』は、「唄《ばい》」「散華《さんげ》」「梵音《ぼんのん》」「錫杖《しゃくじょう》」という四曲の声明を軸に組み立てて、本尊を讃嘆し、三宝を供養し、眷属諸神に法楽を捧げるという内容の法要で、法要自体が限定的な目的内容を表出しませんから、宗派を特定せずに用いることができます。ですから、この法要の末尾に、特定の目的を表明する部分を付加すれば、その目的を表明することができるわけです。このような普遍性が、『四箇法要』を多くの宗派のさまざまな目的の法会に通用するものとした、とも考えられます。翻って、これらの法要が、わが国で宗団としての宗派が確立する以前に完成し盛行していたことを考えれば、宗派の独自性を主張しない法要形式ゆえに、多くの宗派で多目的に勤修され得るのだとも言えるようです。

三　法要の形式と内容

前節に述べたような法要の内容表現の相違は、ひとえに法要の組み立て方によって生まれます。そしてその組み立ての基本となるのが声明です。

声明の種類、旋律やリズム、唱法などもまた多彩なものがありますが、梵文・漢文・和文のいずれを用いても、また韻文・散文などどのような形式をとっても、詞章によって、曲ごとに種々の意味が表現されます。たとえば礼《らい》拝《はい》・荘厳《しょうごん》・讃嘆《さんだん》・称名《しょうみょう》・懺悔《さんげ》・祈願《きがん》・啓白《けいはく》・論義《ろんぎ》・教導《きょうどう》・法楽《ほうらく》・回向《えこう》などがそれです。ですから、曲の選択と配列によって、特定の趣旨を表現する法要形式を作ることが当然可能となります。

この基本的な表現法に加えて、礼拝・行道などの所作や楽器が加わったり、修法を行ったりすることで、より明確な表現が可能となりますし、会場《えじょう》の荘厳や法具の用い方などもそれを助けます。具体例を挙げれば、礼拝にも坐礼《ざらい》・立礼《りゅうらい》・胡跪礼《こきらい》・長跪礼《ちょうきらい》・蹲踞礼《そんこらい》・起居礼《ききょらい》・五体投地礼《ごたいとうちらい》など軽重の種々があり、行道にも散華《さんげ》行道《ぎょうどう》・念仏《ねんぶつ》行道《ぎょうどう》・読経《どきょう》行道《ぎょうどう》・誦呪《じゅじゅ》行道《ぎょうどう》・結界《けっかい》行道《ぎょうどう》など、意味合いを異にする諸種の行道があり、呪法にも密教修法の種々もあれば、神道的・修験道的な呪法もあります。楽器にしても鈴《れい》・貝《かい》・錫杖《しゃくじょう》・鐃《にょう》・鈸《はち》・磬《けい》・鏧《きん》・木魚《もくぎょ》・柝《たく》・双盤《そうばん》・太鼓《たいこ》などが、いろいろの用途に用いられます。会場の荘厳や法具の用い方も、顕教的な法要と密教的法要とでは異なりますし、悔過法要、祖師供養や曼荼羅供養、論義の法要など、それぞれに特色のある形態をとります。

表Ⅰ 大般若転読法要　△印は省略することもある項、ゴシックは(1)の形式と共通する項、・印は(2)の形式と共通する項。

	進入部	勤修部 導入部	勤修部 展開部	勤修部 主部	勤修部 後置部	勤修部 別修部	勤修部 終結部
(1) 天台宗(a)		**三礼文** **如来唄**	**神分** **表白** **発願** **五大願**	**転読大般若経**	△**結願作法** （細目略）		**心経** **本尊真言** **十六善神名号** **回向**
(2) 同(b)	列讃 着座讃	△・唄（始段唄） ・散華（中段釈迦） ・対揚 ・諸天讃	**神分** **表白** **発願** **五大願**	**転読大般若経** ・理趣分転読作法 （細目略）	**結願作法** （細目略）		諸天讃 **心経** **本尊真言** **十六善神名号** 総願 **総回向**
(3) 真言宗智山派(a)		**三礼文** **如来唄**	**発願** **四弘誓願**	**転読大般若経**	**結願作法** （細目略）		**心経** **般若菩薩呪** **十六善神名号** 土地鎮守神等名 一字金輪呪 **回向**
(4) 同(b)		・唄（始段唄） ・散華（中段釈迦） ・対揚	**発願** **四弘誓願**	**転読大般若経** 導師供養法 （心経法　釈迦法等　細目略）	**結願作法** （細目略）		**心経** **般若菩薩呪** **十六善神名号** 土地鎮守神等名 一字金輪呪 **回向**
(5) 曹洞宗		献供 ・浄道場	△宣疏 **心経**	**転読大般若経** ・理趣分読誦	大悲呪 観音経 （または金剛経） 消災呪等		**回向**
(6) 臨済宗		献供	**心経**	**転読大般若経** ・理趣分読誦	観音経 大悲呪 消災呪	献供 尊勝陀羅尼 消災呪	**回向**

法要の種々は、このようにさまざまな要素を付加して組み立てられますから、表現の幅も多岐にわたり、数多くの法要形式が存在することになります。

表Ⅰとして掲げるのは、各宗の『大般若転読法要』の勤修形式の幾つかです。この法要は、第二節にも記しましたように、天台・真言・禅系の各宗派にわたって勤修される法要です。転読の初例は文武天皇大宝三年（七〇三）と言われ、わが国で最も古い伝統をもつ法要の一つと申せますし、いつの時代にも重んじられた法要です。その背

法要の組み立て　表Ⅰの、(1)　天台宗(a)の法要形式の内容を略述すると次のようになります

- 勤修部
  - 導入部
    - **三礼文**……仏法僧の三宝に帰依する心を以て本尊に礼拝する
    - **如来唄**……比類なく美わしい如来を讃美しつつ会場を鎮める
  - 展開部
    - **神　分**……仏法守護の諸神を会場に呼び迎える
    - **表　白**……法会勤修の趣旨を申し述べる
    - **発　願**……法会勤修に際しての願意を申し述べる
    - **五大願**……上求下化の総願をとなえる
  - 主　部
    - **転読大般若経**……大般若経六〇〇巻を転読してその教えを確認する
  - 後置部
    - **結願作法**……転読作法の欠けた部分を補い、経の意義を確認する
  - 終結部
    - **心　経**……会場に来臨した諸神に法楽の読経を捧げる
    - **本尊真言**……願意成就を改めて本尊に祈念する
    - **十六善神名号**……大般若守護の十六善神に祈念する
    - **回　向**……法会の功徳があまねく一切に巡り及ぶことを願う

景を反映して法要形式も宗派ごとにアレンジされ、また宗派によってはさらに幾通りかの勤修形式に分かれたりしていて、一様ではありません。これらの異同を対照することで、法要の組み立て方の意図、基本的な共通性、宗派による特殊性などを考えてみようと思います。

三九頁に掲げた「法要の組み立て」をご覧いただくと、導入部から終結部まで、法要の目的表現は実に明快ですし、過不足なく整った形式を備えていることが、直ちにおわかりだと思います。法要の形式だけを見ると難解だと思われがちですが、一つひとつを分析してゆくと、理に適った組み立て方から、その表現しようとする内容を汲み取ることができるものです。

表I―(2)は、(1)と同じ天台宗の法要形式です。一見してわかるように、基本的な要素は(1)と変わりませんが、構成要素が増えて規模が大きくなっています。拡大部分の主眼は理趣分転読作法にあり、大般若経六〇〇巻の第五七八巻に当たる般若理趣経を特に取り出して転読することで、六〇〇巻というぼう大な経典の肝要を銘記する意味で加えられたと考えられます。法要の主要部分に、このように意義ある要素が加えられたことで、前後に、会場進入の所作に伴う讃歌（列讃《れつさん》・着座讃《ちゃくざさん》）や会場荘厳（散華《さんげ》）や諸尊讃嘆（対揚《たいよう》・諸天讃《しょてんざん》）を添えてバランスを取り、均衡のとれた形式としたのが(2)の形式です。法要は、勤修する精神の発露であると共に、あくまで儀礼ですから、形式の整斉を意図するのは当然ですし、表A―(1)と(2)の形式にも、以上の意図は明確に表現されています。なお、(2)の形式に加えられた〔列讃〕〔着座讃〕〔諸天讃〕は、通常は密教的な法要に用いられる声明です。この二つの法要形式については、顕教的な法要、密教的な法要という視点から、後に再び取り上げてみようと思います。

共通性と特殊性

ここで改めて表I—⑴~⑹を通観してみますとすべての形式に骨格の共通性が歴然と浮き上がってきます。宗派のいかんにかかわらず、『大般若転読法要』が具備すべき要素が、この共通項に示されているわけです。反面、共通しない部分に、宗派ごとの特色を読み取ることができるはずです。

真言宗智山派の二つの形式（表I—⑶・⑷）は、天台宗の両形式に、それぞれほぼ合致します。大きな相違は、天台宗⒝の形式の理趣分転読作法《りしゅぶんてんどくさほう》に対応する部分に、真言宗智山派⒝の形式では導師供養法《どうしくようぼう》が置かれていることです。この［導師供養法］は、［転読大般若経］と同時進行する部分で、職衆の大般若経転読と並行して導師が修法を行います。修法を加えることは、願意の達成をより確実にしようという意図によるものですが、顕密併修を標榜する天台宗と、密修に拠る真言宗の立場の違いが、この中心部の相違にくっきりと表現されていて、ほぼ同じ次第をとりながらも、それぞれの宗派らしさを見事に表しているのです。

表I—⑸・⑹は、禅系二宗の勤修形式ですが、この場合は、必要最小限の構成要素で組み立てられた簡潔さが特色の第一となっています。また［大悲呪《だいひしゅ》］［消災呪《しょうさいしゅ》］など禅系各宗で常に誦読して重んずる呪を用いて禅宗らしい色彩としていると思われますし、他宗では後置部で神々の法楽のために読誦する［心経《しんぎょう》］を展開部に置いて、大般若経六〇〇巻の精髄と称される般若心経をまず読誦して、職衆すべてがその精髄を心に銘記し、その後転読を行うという次第になっています。あくまで自らの悟りを目指す禅宗らしさが、心経読誦の意味を転換することで鮮明に打ち出されていると思うのです。

講式法要

表IIに掲げるのは『講式《こうしき》法要』の組み立てです。この法要は、『大般若転読法要』と異なり、中世以降急速に各

表II　講式法要

	導入部	展開部	主部	後置部	終結部
(1) 天台宗 六道講式	三礼文 如来唄	表白 勧請 四奉請 阿弥陀経	講式文（一段） 念仏 伽陀 講式文（二段） 念仏 伽陀 …………（三段）～（五段） 講式文（六段） 念仏 伽陀	結章文 念仏	回向伽陀 結願作法（細目略）
(2) 真言宗智山派 舎利講式	勧請 勧請伽陀 奠供	祭文 舎利伽陀	講式文（一段） 伽陀 講式文（二段） 伽陀 講式文（三段） 伽陀	舎利和讃 釈迦念仏 舎利礼	奉送 回向伽陀 回向句 結願作法（細目略）
(3) 浄土真宗本願寺派 報恩講式	総礼頌 至心礼	表白	講式文（一段） 念仏 和讃 講式文（二段） 念仏 和讃 講式文（三段） 念仏 和讃	歎徳文 念仏	回向句

（主部・展開部・導入部・後置部・終結部はすべて勤修部に属する）

宗に広まった法要形式です。神仏を讃嘆したり高僧の事績を述べる講式文が主軸となっています。

講式文は、和文で綴る語り物的な内容をもっていますので、これを何段かに分けて唱えるのが、各宗派に共通した特色です。宗派による相違は、段の切れ目にはさむ念仏や伽陀《かだ》、和讃《わさん》などの選曲や挟み方、主要部の前後の部分の組み立て方などに表れます。ここに掲げた例以外にも、真言宗や曹洞宗で『四箇法要《しかほうよう》』を用いて組み立てる形式などがあります。講式文読誦の作法は恵心僧都《えしんそうず》が制作したと伝えられていますし、講式文そのものは永観《ようかん》律師《りっし》・興教大師《こうぎょうだいし》・明恵上人《みょうえしょうにん》などの作と伝えられるものもあって、日本で制作された法要形式なのですが、表IIの例でもわかるように、基本的には従来の法要の組み立て方に則って作られています。

『大般若転読法要』と『講式法要』の数例を比較しながら、法要の組み立て方、目的表現の異同、相互の関連性と特殊性やその意味などを考えてみました。もちろん、これは一例に過ぎませんが、たまたま聴聞の折があったとき、このような接し方をすると、法要の世界がずっと広がりをもってくると思います。

顕立《けんだて》と密立《みつだて》

天台宗と真言宗で用いられる言葉ですが、顕（教）立の法要、密（教）立の法要を意味します。両者の基本的な相違は、顕立の法要には導師の修法がなく、密立の法要では導師が修法を行う点にあります。この基本的な相違に従って職衆の唱える声明も規制され、密立の法要では、要所要所に梵語や漢語の讃嘆歌が配されますから、法要の

表Ⅲ　四箇法要立講経論義法要（天台宗）

勤修部			
導入部	展開部	主部	終結部
総礼 唄（始段唄） 散華（中段釈迦） 梵音 錫杖	表白 神分 諷誦文 呪願文 発願	挙経題 経釈 論義問答	総礼

表Ⅳ　二箇法要付金剛界立理趣三昧法要（真言宗）　△印は省略にも。下段は修法

勤修部		
導入部	展開部	前置部
△総礼伽陀 唄（云何唄） 散華（中段大日） 対揚	表白 神分 唱礼 勧請 五大願	前讃〔四智梵語讃 大日讃 または心 略梵語讃 不動讃〕
普礼 塗香 護身法 洒水加持供物等 浄地観仏等		結界 道場観 請車大鉤召等 結界 献閼伽 華座

勤修部		
主部	後置部	終結部
中曲理趣経〔勧請句 読経 善哉〕 合殺 拾回向	後讃〔四智漢語讃 心略漢語讃 仏讃〕	三力偈 礼仏 回向 △回向伽陀
振鈴 十七段印言 理供養 事供養 四智梵語讃 普供養 祈願・礼仏 入我我入観 正念誦等 字輪観等	後供養 献閼伽 後鈴 撥遣	

組み立て方そのものの相違となるわけです。

表Ⅲ・Ⅳとして、顕立と密立の法要形式を代表する二つの事例を掲げました。

表Ⅲは、経典の意義内容を学ぶための講義と質疑応答を内容とする法要形式であり、表Ⅳは理趣経を読誦して、各人が心に銘記することを内容とします。このような内容ですから、法要の形式もさまざまに展開し得ますし、庭儀や奏楽がついたりもしますが、ここには代表的な形式をそれぞれに一つだけ取り上げ、その勤修部分だけを掲げました。

表Ⅲの導入部に、〔唄〕〔散華〕〔梵音〕〔錫杖〕があります。この四曲を用いる法要を『四箇法要』と称することは、先にも記しました。これに対して表Ⅳのように〔唄〕〔散華〕の二曲を用いる法要を『二箇法要《にかほうよう》』と申します。一般に『四箇法要』は顕立、『二箇法要』は密立、『一箇法要』は顕密両様に用いると申しますが、これらに共通した特色は、いずれもが限定的な目的内容を表現しない点にあります。本尊讃嘆や三宝供養など、普遍的な内容を表現しているのです。ですから、その末尾に、ある目的を表現する部分を付加して、一つの法要形式とします。表Ⅲは『四箇法要』に講経論義の部分を付加して一つの法要形式としたものですし、表Ⅳは『二箇法要』に『理趣三昧法要』を連結して、大がかりな一つの法要形式としたものです。

『四箇法要』は、表Ⅲの例のように必ず顕立の法要として用いられます。天台宗では顕立の諸法要中でも『講経論義法要』のときだけにこの『四箇法要』を用いますが、南都諸宗では悔過会《けかえ》の『大導師作法』とか『後夜作法』などと呼ばれる法要などにも用い、曹洞宗では『羅漢《らかん》講式法要』に用います。

『二箇法要』は密立に用いる、というのは注釈を必要とします。表Ⅳでは導師が修法を行い、職衆が梵語や漢語の讃嘆歌を次々と唱誦するという、いかにも密教立の法要らしい組み立て方になっています。ところが、表Ⅰ―(2)は、『二箇法要』が付き［列讃］［着座讃］［諸天讃］を備えながら、導師の修法がありません。また表Ⅰ―(4)は、『二箇法要』と導師の修法を勤修しますが、梵語・漢語の讃歌を欠いています。

表Ⅰ―(2)・(4)のような形式は、密立とは申しません。顕密合行《ごうぎょう》の法要と申します。ですから『二箇法要』は必ずしも密立に用いられるとは限りません。ただし、もう一度表を見直してください。ひとくちに『二箇法要』は［唄］［散華］で構成されるといっても、表Ⅰ―(2)・(4)の［唄］は［始段唄《しだんばい》］であり、［散華］は上中下三段構成の中段で釈迦讃嘆の唱句を用います。表Ⅳの［唄］は［云何唄《うんがばい》］であり、［散華］の中段は大日讃嘆の唱句を用います。［唄］は同名異曲、［散華］は讃える本尊を異にするわけです。ですから密立というときの『二箇法要』は、漢音で唱誦する［云何唄］と密教の教主である大日如来を讃える［散華］を用いて構成されているということになります。

さて、密立の法要の主眼は導師の修法にあります。本尊供養や経供養、さまざまの祈願などがその内容ですが、法要の形式が目的によって異なるように、修法もその目的によって手順が異なります。しかし顕教の行法とは違って修法の内容を声や所作に表現せず、袖の下で印を結び、難解な真言を微かに唱えたりするだけですから、外からはその内容をうかがい知ることはできません。そこで表Ⅳの修法を取り出して、次頁にその内容を略述してみました。私どもの理解の及ばぬ難解さに満ち満ちていると思われる密教の修法ですが、このように理解してみると意外に具体的であり、合理的でもあり身近なものでもあることに驚くのです。なお、密教の仏世界は金剛界と胎蔵界の別がありますので、導師の修法には、いずれにも金剛界立と胎蔵界立の二通りがあります。ここに記しましたのは金剛界立の理趣経法の手順ですが、胎蔵界立になると手順が異なります。

導師の修法の組み立て（金剛界立理趣経法）　**表Ⅳ**の下段の内容を略述すると次のようになります

- 勤修部
  - 導入部
    - 普　礼……修法開始に際しての本尊や曼荼羅諸尊への礼拝
    - 塗　香……清らかな香で身を浄める
    - 護身法……透徹した身心を持ち修法を成就させるために自らの身を結界する
    - 洒水加持供物等…清らかな香水で修法の場や供物を浄めなどする
    - 浄地観仏等……さらに会場を浄め本尊を心に思って一体となる
  - 展開部
  - 前置部
    - 結　界……諸魔退散と善神来臨を願って会場を結界する
    - 道場観……会場を観念の上の浄土とする
    - 請車大鉤召等……本尊の乗り給う車をお迎えする
    - 結　界……本尊を迎えた浄土に諸魔の入らぬよう厳重に結界する
    - 献閼伽……本尊に清らかな香水を献ずる
    - 華　座……本尊の御足を受ける花座を捧げる
  - 主　部
    - 振　鈴……修法の眼目部分の開始を告げ知らせる
    - 十七段印言……諸尊の印明を結誦して供養する
    - 理供養……塗香・華・燈・焼香等の六種印明を結誦して諸仏の浄土を供養する
    - 事供養……塗香・華・燈・焼香・飲食等を献供し一切諸仏に供養する
    - 四智梵語讃……大日如来の徳を称讃する
    - 普供養……諸尊にあまねく供養する
    - 祈願・礼仏……願意を述べて達成を願い本尊を拝する
    - 入我我入観……本尊の身と行者の身とが全く一体になることを観想する
    - 正念誦等……本尊の真言百八遍を誦して求めることの成就を願う
    - 字輪観等……本尊の意と行者の意とが全く一体になることを観想する
  - 後置部
    - 後供養……修法を終わるにあたり改めて供養する
    - 献閼伽……修法を終わるにあたり改めて香水を献ずる
    - 後　鈴……修法の終了を告げ知らせる
    - 撥　遣……自身の心に思い迎えまた会場に勧請した本尊を本来の浄土に奉送する
  - 終結部

この修法を助けるために、職衆もさまざまの声明を唱えたり、行道や礼拝をしたりするのですが、主部で経文を読誦する形式を「経立《きょうだて》」、真言を唱える形式を「呪立《しゅだて》」と称しています。ですから表Ⅳの形式は「密立の経立」の法要形式ということになります。

法要形式の正略

小さな功徳も、回数を重ねると大きな功徳になる、という考え方があります。「六時の勤行」と称して、一日六回も繰り返して勤修する『悔過法要』などは、その典型的な一例です。また、宗派によっては、その宗派を代表する法要として、なにかにつけて勤修する法要があります。真言宗の『理趣三昧法要』や天台宗の『法華懺法』『例時作法』、浄土真宗各派の『正信偈念仏和讃法要』などがその例です。

このように勤修回数の多い法要では、しばしば幾通りかの勤修形式が用いられます。一つの基準となる法要形式から制作された幾つかのバリエーション形式である場合が多いのですが、これは変化を求める精神的欲求の表れでもありましょうし、所要時間とかかわる現実的な問題から求められたものでもありましょう。この場合、正略の関係にある法要形式のすべてが、正式から略式への変化をたどったとは申せません。基準となる形式から、より丁重な形式へという変化もあり得るのですが、ここではその追求はいたしません。ただ、変化のさせ方の種々を、幾つかの事例を挙げて記してみようと思います。

これまでに掲げた事例の中、表Ⅰ―⑴と⑵、⑶と⑷の関係は単純に正略の関係とは申せませんが、一般に『一箇法要』を『二箇法要』や『四箇法要』に対して略法要とする認識はあるようです。また、全体の構成を変えずに、部分的な構成要素を加えたり除いたりして正略の関係の法要形式とすることはよくありますから、この二組の形式

表Ⅴ　悔過法要（聖徳宗）

(1)初　夜

勤修部				
導入部	展開部	主部	後置部	終結部
供養文 如来唄 散華 梵音	大呪願	称名悔過 宝号 発願 請影向 如法念誦 祈請諸願	大懺悔	心経 後行道 発願 五大願 宝号

(2)日没・晨朝

勤修部		
導入部	展開部	主部
供養文 如来唄 散華	小呪願	称名悔過 祈請諸願

は一応正式と略式の関係にあると考えてもよかろうと思います。

また、表Ⅳの場合は修法壇を二壇構え三壇構えにして同時進行させる大規模な勤修のしかたもありますし、逆に『二箇法要』をカットする勤修のしかたもあります。このように、基本的な組み立てを崩さずに、ひとまとまりの他の形式を加えたり除いたりして、正と略の形式を作るという方法もあります。

表Ⅴとして掲げたのは、法隆寺（聖徳宗）の『悔過法要』の正式と略式の例です。一日六回繰り返される勤行の、正式に勤修する『初夜《しょや》』と略式に勤修する『日没《にちもつ》』『晨朝《じんじょう》』の次第です。

表Ⅴの(1)と(2)とは、明らかに正と略の関係にあります。しかもこの略形式は、実に思い切った略し方をしています。導入部で「梵音」を省き、展開部で「大呪願《だいしゅがん》」に代えて「小呪願《しょうしゅがん》」を用い、主部は肝要の「称名《しょうみょう》悔過《けか》」と「祈請諸願《きしょうしょがん》」だけを、唱句を半分以下にして残し、あとは名残りなく切り捨てるという方法を用いているわけです。それでも正式の形式が表現する法要の目的は、損うことなく略形式に具備されているのです。一日六回ずつ、三日なり一週間なり繰り返し勤修する法要には、このような簡略化も必要なのでありましょう。

以上は、法要の構成次第を変更して正・略とする例でしたが、表Ⅵとして掲げるのは、ある部分の唱句を約めて略形式とする例です。東大寺（華厳宗）の『悔過法要』の『初夜』と『半夜《はんや》』の「称名悔過」の部分の唱句を選びました。法要の構成次第は表Ⅵ―⑴（聖徳宗）と大同小異です。

ここでは、本来の『初夜』の唱句を最大限に切り詰め、その代わりに「南無」を加えて、趣を異にする『半夜』の唱句としながら、本来の諸尊讃嘆の表現を失わぬ配慮があります。眼目の部分で略すことの限界を示す好例だと思います。

表Ⅵ 悔過法要（華厳宗）［称名悔過］の唱句

初夜	半夜
南無毘盧舎那仏	南無毘盧舎那仏
遍周法界盧舎那仏	南無盧
登霞聖霊成正覚	―
恩徳広大不可量	―
令法久住利有情	―
補陀落山観宝宝殿釈迦尊	南無釈
当来教主慈氏尊	南無弥勒
去来現在常住三宝	去来
聖智海遍照荘厳王如来	聖
一切如来応正等覚	切
金光獅子遊戯如来	南無金
白蓮華眼無障礙頂熾盛功徳光王如来	南無光
万徳円満美音香如来	南無美
観音本師阿弥陀如来	南無阿
観音本体正法明如来	南無正
普光功徳仙王如来	普光
舎利形像補図宝塔	舎利形
十一面神呪心経	十
十一倶胝諸仏所説神呪心経	十一倶胝諸
（以下略）	（以下略）

表Ⅶ ［供養文］の略式唱句

―― 天台宗の場合
━━ 華厳宗〈悔過法要〉の場合

一切恭敬　敬礼常住三宝
是諸衆等　人各胡跪
厳持香華　如法供養
願此香華雲　遍満十方界
供養一切仏　化仏並真法
菩薩声聞衆　受此香華雲
以為光明台　広於無辺界
無辺無量　作仏事
供養已一切恭敬

唱句を省略する方法としては、このほかに、一曲の前後を生かして途中を省略する方法や、一曲の一部分だけを生かして他の大部分を省略する方法などがあります。表Ⅶは、［供養文《くようもん》］の略し方の一例です。

天台宗で用いる省略法は、一曲の中の前後二箇所にある同じ唱句を重ねて、その中間を省略する方法で、前半の「雲」から後半の「雲」に移行するので「雲飛び」という優雅な省略名までつけられています。このほかに「厳持香華」の「華」から「受持香華雲」の「華」に移って間を省略する「華飛び」も用いられます。

華厳宗で用いる省略法は、一曲の枢要の一句だけを、とりたてて唱誦する方法ですが、この場合は、その一句さえも省略されて「辺無量」だけで一曲の唱誦に代えるのです。

このほか、［九条錫杖《くじようしやくじよう》］のように、一曲が何段かで成り立っている場合には、初段・二段・九段を唱誦して、中間を省くという具合に、ある段を丸ごと省略する方法などがしばしば用いられます。

そのほかに、唱誦法や旋律の有無による正と略の表現のしかたもありますが、それは法要形式とは別の問題になりますので、ここでは取り上げません。

四　会場《えじよう》のかたち

法要勤修の場は、堂の大小や建築構造などによっておのずと制約を受けますから、職衆の並び方や修法壇のしつらえなども統一的ではありません。ここには、割合目に触れやすい一般的な座配を主にした、代表的な会場配置例を記しました。

①は最も一般的な会場配置図です。須弥壇の正面に導師の礼盤《らいはん》を置き、前机には六器《ろつき》を飾り、脇机には塗香《ずこう》・

①

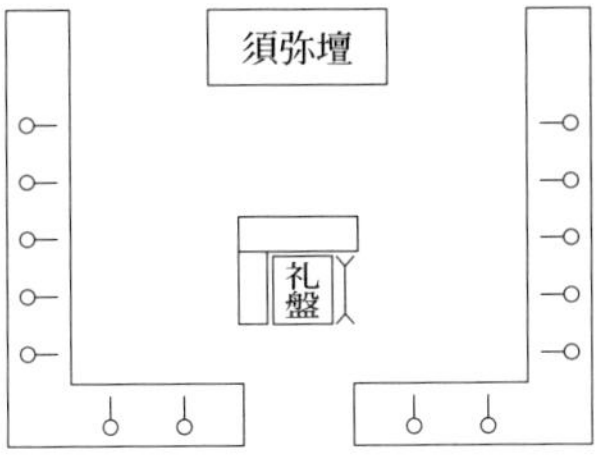
須弥壇
礼盤

②

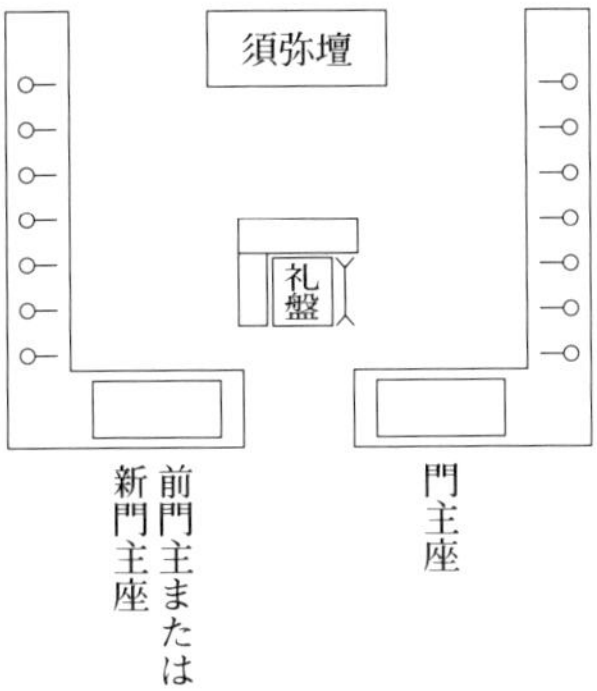
須弥壇
礼盤
前門主または新門主座
門主座

③

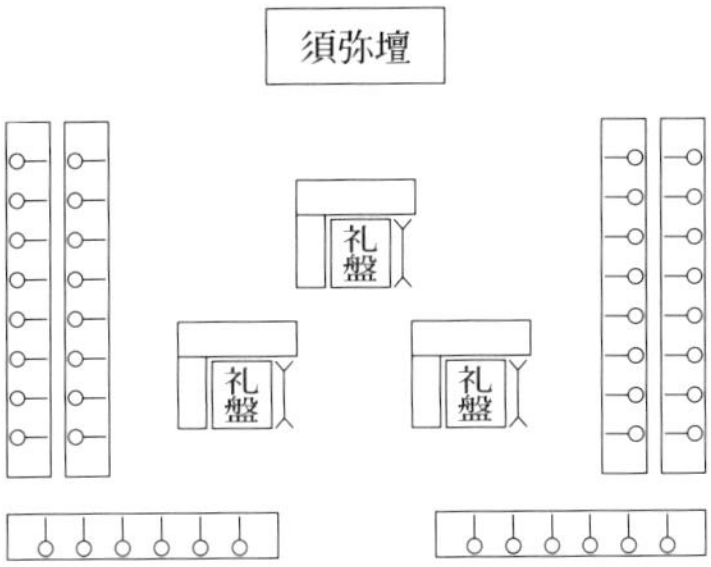
須弥壇
礼盤
礼盤
礼盤

④

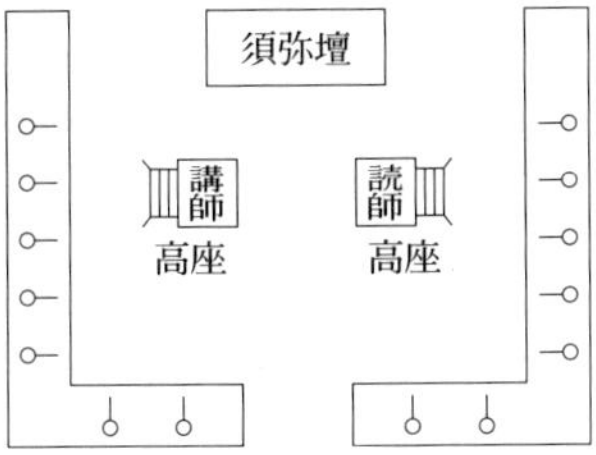
須弥壇
講師
高座
読師
高座

⑤

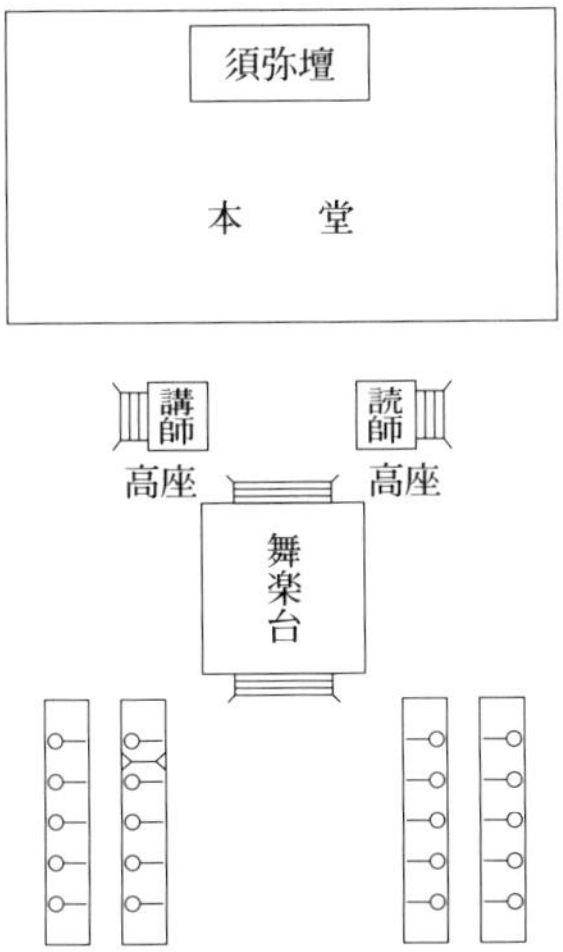
須弥壇
本　堂
講師
高座
読師
高座
舞楽台

⑨

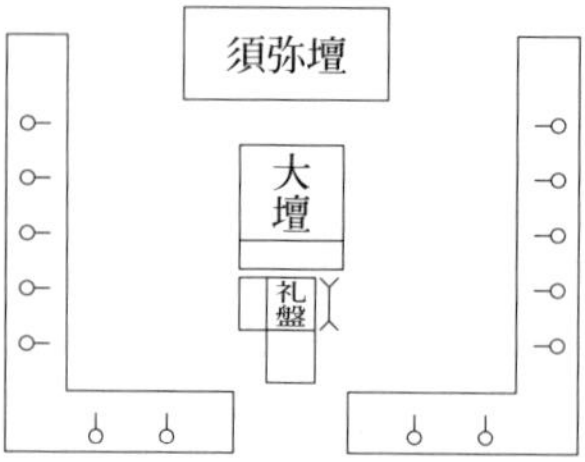
須弥壇
大壇
礼盤

⑥

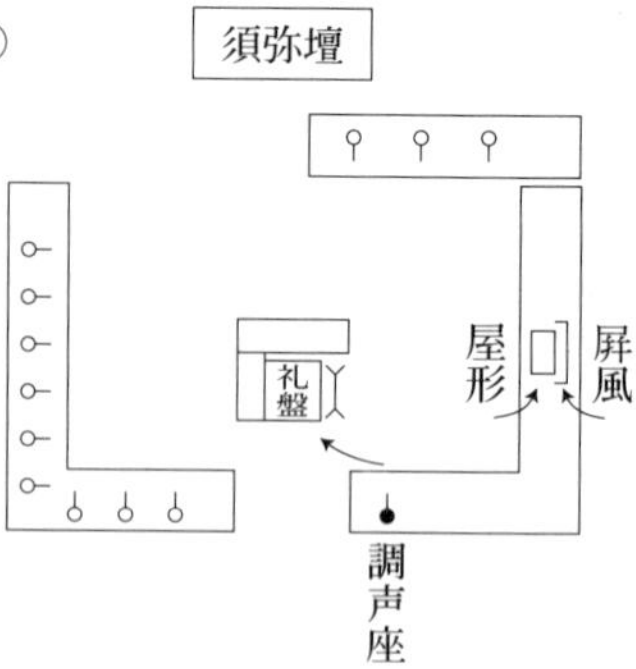
須弥壇
礼盤
屋形
屏風
調声座

⑦

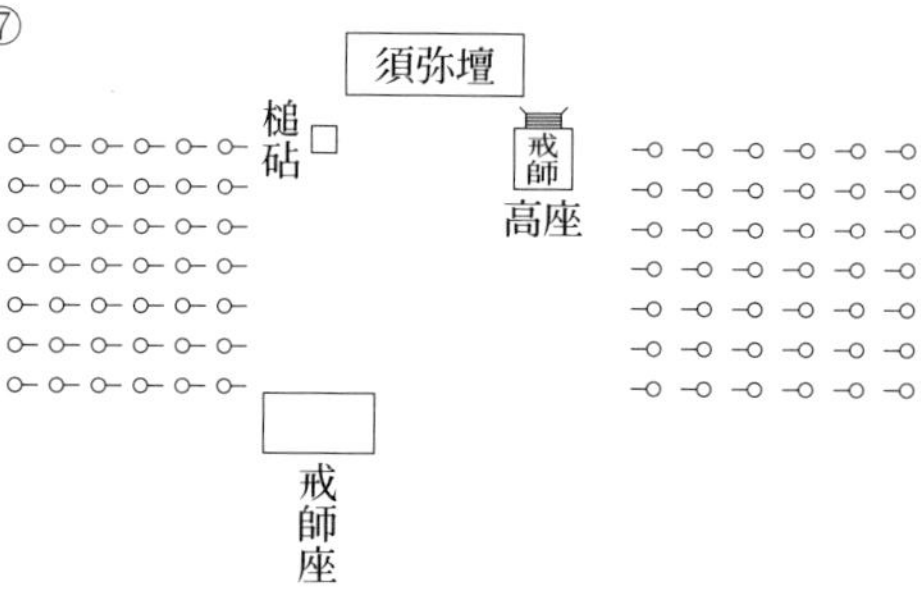
須弥壇
槌砧
戒師
高座
戒師座

⑩

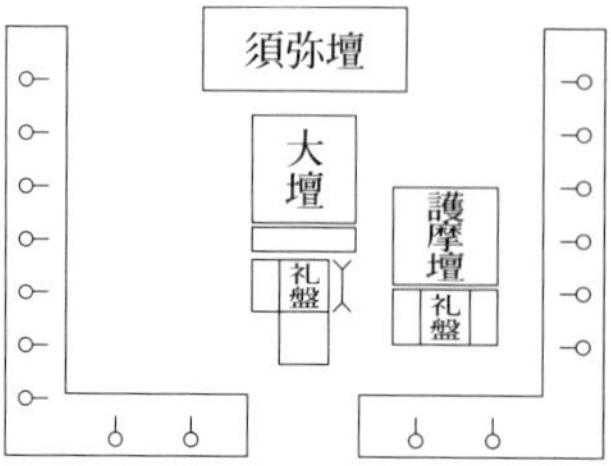
須弥壇
大壇
礼盤
護摩壇
礼盤

⑧

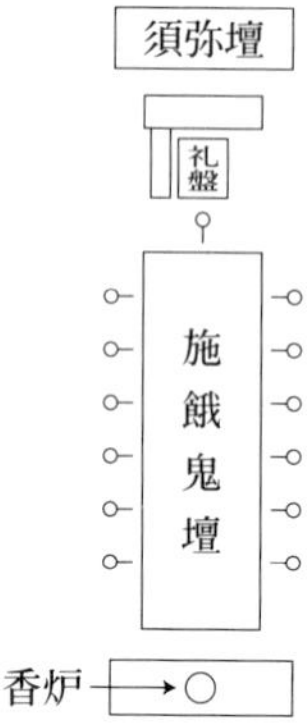
須弥壇
礼盤
施餓鬼壇
香炉

焼香《しょうこう》・洒水器《しゃすいき》などを置き、右脇に磬《けい》を置きます。

須弥壇と礼盤を縦軸に、正面から左右にかぎの手に職衆の座をしつらえます。このとき、正面中央に近い座を上座とする場合と、左右奥を上座とする場合があり、前者を「口上座《くちじょうざ》」、後者を「奥上座《おくじょうざ》」と申します。

なお、①に近い形で、職衆が正面一列に並ぶ座配や、左右に分立する座配などがあります。

②は①に近いのですが、正面の左右に一畳台を置いて、門主、前門主または新門主の座とする浄土真宗のかたちです。

③は、①を大がかりにしたような形で、導師が左右に脇導師《わきどうし》を従えて礼盤に上る場合です。このようなときは職衆の数も多くなります。浄土宗の御忌会《ぎょきえ》のような大法会で、『日中《にっちゅう》』と『逮夜《たいや》』の法要にはこのかたちをとり、左右の前列には、「式師《しきし》」と呼ばれる声明法式《ほっしき》の専門家が並び、その後に大勢の出仕僧が並びますが、日常的な法要では用いません。

④は『講経論義法要』の、一般的な配置です。須弥壇の前方左右に講師《こうじ》と読師《とくし》の座をしつらえます。多くは数段の階段と屋根のついた高座《こうざ》を用いますが、屋根のない高座や礼盤を用いる場合もあります。この場合、問者は自席から質問を発します。

⑤は『庭儀《ていぎ》講経論義法要』の場合で、お堂の前の野外が会場となります。顕教的な法要としては最も大がかりな形式ですから、法要に舞楽を織り交ぜて、華やかに執行されます。この場合、論義の問者は、自席を離れて舞楽台中央に着座して、ここから質問を発します。

⑥は『御懺法講《おせんぼうこう》法要』の場合です。このときは供養すべき高貴な人の座を象徴する白木の屋形をしつらえ、屏風で囲います。須弥壇の斜め前方には、宮中から出仕の大臣・大納言・少納言の席をしつらえ、職衆は左方にかぎの

手に並びます。職衆の出仕直後に屋形の扉を開き、退出直前に扉を閉じて、貴人の御前で法要を勤修する形式を取っています。

⑦は禅宗の『布薩会《ふさつえ》法要』の独特な配置です。この法要は、自らの罪過を懺悔して身を修めるための法要ですから、禅宗ではことに重んずべき法要として大規模に勤修されますので、左右最前列に役僧が並び、その後に一〇〇人以上の僧が出仕します。戒師は初めは戒師座に坐り、出仕僧の浄めや人数の確認などが終わってから高座に上って［説戒］を勤めるという段取りになっています。

⑧は、黄檗宗の『施餓鬼法要』の独特な配置で、須弥壇の前に施餓鬼壇を階段状にしつらえます。出仕僧は奥ほど高い位置に着座することになりますが、この法要では座らずに腰掛けて勤修します。法要の間、施主は自由に階下の台上の香炉に線香を立て、礼拝いたします。堂の内にも外にも、施主の施入した供物が所狭しと並べられ、まことに賑やかですし、中国人の施主が多いので、異国的な華やかさに満ちています。

⑨は密教法要の最も一般的な配置で、導師の礼盤の前に大壇《だいだん》と称する修法壇がしつらえられ、宝塔《ほうとう》・四面器《しめんき》・金剛盤《こんごうばん》などの供養具が、きらびやかに整然と飾られています。このような形を一壇構えと申します。

⑩は、大壇の傍に護摩壇をしつらえた形で、導師の修法と並行して、護摩師が護摩修法を行います。これを二壇構えと申しますが、大がかりになると、三壇・四壇・五壇と修法壇が増えて、しつらえた壇の前に掲げた尊像に対して、それぞれの修法が行われます。

以上はほんの一例に過ぎませんが、このような会場の諸形態も、法要の内容とかかわって定着してきたわけですから、聴聞の折には、法要と共に関心を寄せると、また別の興味にもつながってゆくと思います。

第一部

呪術から芸能へ——能・狂言の母胎

修正会・修二会と称される法会と、その法会に勤仕する呪師の存在。また呪師が司る修法と、その外的な所作を代行する猿楽呪師の存在。さらに、猿楽呪師に淵源する薪猿楽と、薪猿楽の修二会からの独立。これらが一つの流れとして論究され明確になるに従い[1]、猿楽芸の母胎として修正・修二の法会に改めて目を向ける必要もあろうかと思う。ここでは、現存する修正会・修二会から呪師の宰領する呪禁の作法を取り上げ、その呪術性と芸能的指向性を検討してみたい。ただし、ここで対象とする修正・修二会とは、悔過懺悔の法要を主軸として構成され、一般に「悔過会《けかえ》」と称される法会に限定する。

悔過会は、諸種の法会の中で最も呪的色彩の濃い法会である。明確な呪的目的で勤修される密教修法の法会は別として、呪物を多用し、呪的所作を行い、民間の呪的習俗を摂取するなどの特色は他の法会に類がない。わが国への仏教伝来の初期に、仏教の実践的修行の根本である戒律と禅定に関する師僧（律師・禅師）の渡来と共に、呪禁を職掌とする呪禁師が渡来している[2]ことは、わが国における仏教受容の姿勢の一面を象徴的に示していると思われるが、悔過会の成立はその具体的な結実と見ることができるのではあるまいか。

悔過会成立の過程を記録によってたどってみると、その初期には、折々の目的にふさわしい経文の読誦を法要の主軸としていたようである。雨乞いのために大雲経を読誦し(3)、病気平癒を願って薬師経を読誦する(4)などがそれである。経文は、当初感覚的には一種の呪文であったろうから、経文読誦の行為には当然呪力の発生が予想される。時を経て天平時代半ばになると、「薬師悔過」(5)「薬師悔過之法」(6)などの表記が散見し、これによって固有の法要形式が定着しつつあった状況が推測される。さらに五穀豊穣・万民快楽を祈願する「正月悔過」(7)として恒例の年中行事化したのは奈良朝後期以降のことであったと考えられる。定着した法要の構成形式がどのようなものであったか、具体的には不明であるが、「……礼レ仏転レ経、一日行道、縁二此功徳一、欲レ得二平復一」(『東大寺要録』一本願章)や「一、七ケ夜間漸尽二三千仏名一、六時行道各三返、初後夜真言三百返、」(『興福寺修二月縁起』)などによって、この法要が礼仏・読経・行道などを主とするものであり、絶対者である本尊の御名を唱えながら礼拝を重ね、また讃嘆行道するなどして、その威力の発動を促すという呪術性が濃厚だったことが推測される。しかし、この時点で呪師の修法の存在を示す記録は、ない。

現存する悔過会の中、呪師が出仕するのは東大寺・薬師寺・興福寺の修二会と法隆寺の修正会とである。また、呪師という特定の役名はないが、法要の構成名称として『法呪師《ほずし》』『立役《たちやく》』と称する部分を備え、その内容に南都諸寺の悔過会に見る呪師の修法との共通性を示す大分県国東の岩戸寺・成仏寺・天念寺の修正会がある。以上、これまでに調査を行った一九箇寺院二六法会の中、七箇寺院七法会に呪師の存在を追うことができるのだが、それぞれの法会の始行年を、その伝えるところに従って記すと左の通りとなる。

東大寺二月堂修二会—天平勝宝四年(8)(七五二)

薬師寺修二会—嘉祥二年(9)(八四九)

興福寺西金堂修二会—貞観十二年(10)(八七〇)

興福寺東金堂修二会―万寿四年[11]（一〇二七）
法隆寺金堂修正会―承暦二年[12]（一〇七八）
国東諸寺修正会―養老二年[13]（七一八）頃

これら諸法会で勤修される呪師の修法は、基本的には同一の構成をとる。その拠るところは、弘法大師空海（七七四～八三五）の作とされる『十八契印《じゅうはちげいいん》』または寛平（宇多）法皇（八六七～九三一）の作とされる『十八道念誦次第《じゅうはちどうねんじゅしだい》』と考えられ、呪師作法のいずれもが右の行法次第に則った形式を示している。『十八契印』は密教的諸修法に通用する基本的な印契作法を説いたものであり、『十八道念誦次第』はそれに基づいた最も基本的な修法の形式である。この作法が、悔過会にどのような経緯で組み入れられたかを追求するのは本稿の目的ではないが、本来呪的性格の明らかな悔過会に、平安新仏教の精華ともいうべき密教修法の投影がみられるのは決して不思議ではないし、空海が弘仁元年（八一〇）から同五年（八一四）まで東大寺別当の地位にあったことを考えると、正系の密教作法の南都悔過会への投影は、むしろ当然だったといえるかもしれない。

悔過会は、先に引用した『興福寺修二月縁起』にも記されているように、一日六時《ろくじ》に法要を勤修するのが本来である。そしてこの六回の勤行には軽重の別があり、初夜・後夜の二時《じ》が主要な時《じ》として最も重く勤められるのが通例である。呪師の修法は、この初夜か後夜に勤修される。次頁に、現行悔過会における呪師修法の構成次第を表にして掲げた。表Ⅰ・Ⅱ・Ⅲの構成形式の比較から勤修内容の比較におよび、そこに呪術から芸能化への方向を探ってゆこうと思う。

表Ⅰは東大寺修二会における呪師作法の次第である。連日、初夜と後夜に勤修される。現存する七法会の呪師作法の中で形式・内容ともに最も整い、宗教儀礼らしい端正さを示すものである。その次第を大まかに追ってみると、

表Ⅰ　東大寺

- ・呪師作法
  - 普頌
  - 貝（吹貝三段）
  - 護身法（印明五種）
  - 啓白
  - 香水加持
  - 洒水
  - 前結界二段
  - 諸尊勧請
  - 四王勧請
  - 後結界三段
  - 四智梵語讃
  - 三力偈

- ① 普頌・貝（吹貝三段）
- ② 護身法（印明五種）
- ③ 啓白
- ④ 香水加持・洒水・前結界二段
- ⑤ 諸尊勧請・四王勧請
- ⑥ 後結界三段
- ⑦ 四智梵語讃・三力偈

表Ⅱ　岩戸寺・成仏寺・天然寺

- ・法呪師
  - 加持道場
  - 敬礼偈
  - 護身・礼仏・勧請（真言五種）
  - 礼仏文
  - 貝
  - 神勧請呪
  - 護身法（真言三種）
- ・後夜導師作法
  - 三十二相
  - 神分導師作法
  - 縁起導師作法
- 米華
- 普頌
- 開白
- 香水加持
- 香水棒加持（加持十六段）
- ・立役
- 四方固メ

表Ⅲ　薬師寺・興福寺

- ・呪師作法
  - 勧請（印明二種）
  - 普頌
  - 護身法（印明五種）
  - 啓白
  - 香水加持
  - 洒水
  - 前結界二段
    - 五悔
    - 浄土変印明
    - 三力偈
    - 迎請本尊（印明五種）
    - 四智梵語讃
  - 諸尊勧請
  - 四王勧請
  - 後結界三段
    - 呪師走り（剣三段）
    - 〃（拳印）
    - 〃（鈴三段）
    - 帰座作法

①修法に先立って諸魔降伏の五大明王を勧請し、諸神を驚覚させ威力を奮起させるべく、貝を吹き合わせる。
②修法を無事成就させるために、自ら透徹した身心を保つべく、自らを結界する。
③法会の趣旨を述べ、諸魔退散と護法善神の守護を祈願する。
④香水《こうずい》を加持して霊力を強め、その香水で道場を浄め、呪文によって道場の下方と四方を結界する。
⑤荘厳し結界した道場に、改めて護法諸尊、特に道場守護の四天王を勧請する。
⑥善神の来臨を仰いだ後、再び呪文によって道場の上方も結界し、さらに密縫の呪と本尊の呪で隈なく結界する。
⑦呪禁の修法を終えるにあたり、諸尊を讃嘆供養する。

以上のように、まことに首尾整った構成である。ある意味では演劇的な構成ともいえるし、内容に立ち入ってみれば、その呪的道具立てや所作、唱誦法などに、すでに芸能的とさえいえる要素が含まれている。たとえば、呪師はこの修法のときに限り金襴の帽子をかぶり、華々しく異風に呪禁の行道をして回る。行道の回数は七回。その中、④の洒水行道《しゃすいぎょうどう》では大きく腕を回して洒水の型を様式的に行い、右足を軸にして後ざまにくるっと回転する「とんぼ返り」という所作を行う。⑤の勧請行道で、高らかに振鈴しては朗々と勧請の句を唱える一方、④⑥の結界行道では秘密めかして呪文をつぶやき、横被《おうひ》の下で印を結んで行道する。①の普頌《ふじゅ》を唱えるときは、音程も低く非常に不明瞭な発音から一転して音程を高め、大声に唱え終わる唱誦法を用い、これと同時に堂を揺がして法螺貝が鳴り響く。さらに、貝は南北呼応してリズミカルな吹き合わせに移行する。貝も鈴も洒水の水も明らかな呪物でありながら、貝の高音と低音を意識的に使い分けて掛け合いの面白さを聞かせたり、鈴の音の強弱で緊張感を盛り上げたりもする。宗教儀礼としての呪師の修法に見られる以上のような芸能的色彩には、呪術が、他者に対して働きかけるわざであるという本質的な能動性に、一定の次第と方式が与えられ、それが繰り返されてゆく間に育ってゆく必然的な指向性が示されていると思う。

東大寺修二会呪師作法に対して、表Ⅱに掲げた国東諸寺の修正会における修法はかなり際立った特殊性を印象づける。密教的な修法のもつ呪術性はほとんど影をひそめ、自然発生的な民間習俗に根ざした呪術性が著しい。修法という言葉も用いず、呪師という役名もない。ところが、その構成形式を比較してみると、東大寺の呪師作法との共通性を明確に指摘できる。

表Ⅱに見るように、国東諸寺では初夜の勤行のあとに『法呪師《ほずし》』と称される呪禁の作法が勤められ、引き続いて［三十二相《さんじゆうにそう》］『神分導師作法《じんぶんどうし》』『縁起《えんぎ》導師作法』など一連の祈願作法があり、その後に『立役《たちやく》』と称される呪禁の作法が再び勤められる。右の中［三十二相］以下の祈願作法は、その内容から他寺における後夜の勤行に相当するものであることが明らかである。また、『法呪師』と『立役』とを一連の作法としてつなげてみると、そこに東大寺に見た呪師作法との類似性が明らかに浮かび上がってくる。東大寺系の呪師作法を二分して、その前半部分を初夜の勤行に、後半部分を後夜の勤行に付随させたのが国東諸寺の形式と考えられはしないか。国東諸寺における修正悔過会執行の過程は明らかでないし、国東一帯の寺院が中世以降天台宗に所属して今日に至っているため、この法会にも天台的な影響がみられ、南都との直接的なかかわりは伝説以外にはたどれない。しかし国東半島の諸寺院が宇佐八幡の勢力下にあったことや、上代における宇佐八幡と朝廷、あるいは東大寺との関係を考え合わせると、宇佐八幡を媒体とする中央文化摂取の可能性は大いにあり得たと思う。従って国東諸寺の悔過会呪禁作法と東大寺系の呪師作法との関連性を否定し去ることはできない。

以上『法呪師』『立役』と称される部分の構成形式に、密教的修法のそれとの共通性を見たのではあるが、しかしその呪的方式にはかなりの相違がある。表Ⅰに掲げた東大寺の呪師作法では、契印《けいいん》と真言《しんごん》の念誦が作法の主体であった。これに法螺貝と金剛鈴という呪物による驚覚の作法と、香水による浄めの作法が加わる。これに対して、国東諸寺の作法では一貫して香水棒《こうずいぼう》（ゴンズイとも。山ハゼやカシワの若木を用いる。長さ三尺弱のものの、中間三〜五箇所を薄く削りかけてケズリバナに仕立ててある）と呼ばれる呪物が主役となり、拍子に合わせて床を踏み香水棒を打ち合わせる呪術が所作の主体となる。真言は所作を囃す歌詞となり、秘密めいた修法の面影は全く失われている。このように変貌した修法に密教的な名残りを求めるとすれば、『法呪師』の最初に、香水棒と太刀・鈴を持って無言で鈴を振りながら床を踏み、くるっと一回転して、堂内を巡り歩いて加持する所作と、『立役』の最後に、再び香水棒と太刀・鈴を持って結界と勧請の句を唱えて回る所作を挙げるのみであろう。ここには、仏教的呪術と民俗的呪術が混然と同居し、呪的所作と芸能的所作とがひとしなみに存在している。それは、先に表Iに基づいて東大寺修二会に見た呪術から芸能への指向性が、ひときわ明確に具体的な所作となって定着したものと考えてよかろうと思う。

今一つ、『法呪師』と『立役』との関連に注目しておきたい。先に、右の二作法は一連の修法の次第を二分したものではないかと考えた。現在『法呪師』は役を割り当てられた僧侶が、また『立役』は出勤の僧侶全員が二人ずつ交代で勤めるが、『法呪師』と『立役』との相互関係は、本来法呪師に対する猿楽呪師の存在と同様の対比的な関係にあったのではあるまいか。作法の名称、僧侶の服装、場の転換、唱句や所作の相違などに、その痕跡が残されているように思う。具体例を挙げれば、第一に、『法呪師』『立役』という名称は、本来それを勤める役柄に発した名称とも考えられる。第二に、現在『法呪師』は袍服《ほうぶく》に七条《しちじょう》袈裟《げさ》という盛装で勤め、『立役』は小袖に道服《どうぶく》、輪《わ》袈裟《げさ》という平常の服装で勤める。そこに本来の役柄の違いが示されているとも考えられる。

第三に、『法呪師』は畳敷の堂内で勤め、『立役』はその畳を上げて板敷の場で勤める。『立役』になると下駄をはき、床を踏んで跳びはねる所作が連続するが、ここで畳を上げるのは演技を行う舞台のしつらえを意味するとも考えられる。第四に、『法呪師』には振鈴・吹貝・礼拝など、仏教的修法の色彩がかなり残っており、真言そのものにフシやリズムをつけた唱句を用いる。これに対して『立役』ではリズムに乗って米をまき散らしたり香水棒を打ち合わせたりという呪術的ではあるが演技の要素の目立たしい所作を行い、唱句も七五調の和文に囃子詞をつけたり、または七言四句〜六句の漢詩体の唱句の最後に「香水《こうずい》陀羅尼《だらに》のオンソワカ」という呪詞を添えて囃すなど、換骨奪胎の趣がある。つけ加えれば、『立役』の主軸となる香水棒加持の部分は〈立香水《たちこうずい》〉〈不空羂索《ふくうけんじゃく》香水〉〈滅罪《めつざい》香水〉など一六段の唱句があってこの部分に特別に重点が置かれているし、香水棒を打ち合わせる所作にも「打香《うちこう》水《ずい》」「初打開《はつうちひら》キ」「八葉《はよう》」「打開キ」などの名称が与えられ、型として認識されている。

以上、ごく大まかに表Ⅱの構成に見られる呪術性と芸能性の対置と、それを演ずるわざに関して問題点を記したが、国東諸寺の悔過会は僻地にあって独特な展開を示した特殊例と思われるから、短絡的に結論めいたものを出すことはできない。しかし、法呪師とその代行者の存在、また密教修法とそのもどきとしての呪禁作法の一形態、あるいは法会そのものと法楽《ほうらく》の芸能とのかかわりなど、興味ある問題を追求する手がかりとなる要素を内包していると考えることはできよう。

表Ⅲは、薬師寺・興福寺・法隆寺という法相宗系の寺院における呪師作法の次第である。その中、法隆寺は秘法として他見を許さないので省き、興福寺の場合は実地調査を行っていないので、法則《ほっそく》（法要の次第内容を記した作法書）の記載に拠った。この形式は、表Ⅰに掲げた東大寺系の形式の中心部に、五悔《ごげ》以下の、本尊を迎えて接待する内容の作法が加わった形式であるが、修法全体の意味するところは東大寺と全く異ならない。この表で問題となるのは、むしろ終結部に点線で囲んだ［呪師走り］と称される部分である。薬師寺と興福寺は、共に法相宗の名刹であり、現在でも慈恩会《じおんね》（慈恩大師の忌日法会。法相宗における最も重要な法会）の法要には相互に参加し合うほど交渉は深い。表Ⅲに掲げた悔過会呪師作法にしても、［呪師走り］の部分を除いてはその構成次第を全く同じくする。ところが終結部の［呪師走り］ばかりは薬師寺だけに加えられていて、興福寺では全く省かれている。そこで、［呪師走り］の部分が何を意味し、なぜ呪師作法に加えられたかが問題となる。

先に東大寺の呪師作法について、修法の次第を追ってその意味を記した。薬師寺の場合もこれと同じで、呪師は、自ら身を浄め、法会の趣旨を述べ、道場を結界し、本尊を迎え、護法諸神を勧請する。以上は『十八道念誦次第』に拠った正規の修法である。この後、薬師寺の呪師は須弥壇の陰に入り、呪師帽をかぶって再登場する。背を丸め、身をちぢめるような姿勢をとってまず剣を両手に構え、天を指して堂内を小走りに一周。次に地を指して一周。三回目には左手で天を、右手で地を指し、四方正面でくるっと「とんぼ返り」をしながら一周。という具合に行道して回る。次には拳印《けんいん》を結んで腰に当て、四隅で「とんぼ返り」をしながら一周。最後に鈴を持ち、身をかがめたまま小走りに三周して［呪師走り］を終わる。［呪師走り］は、明らかに正規の修法の外想《げそう》――本来内面的なものを、表面に表して見せる――としての所作であり、本来の密教修法の形式に後から加えられたものである。剣三段の行道は剣の呪力によって邪悪鬼神の侵入を防ぐ。つまり正規の修法の結界作法に相当する。拳印は如来拳印とも称し、浄土を観想するときに用いる。つまり本尊を迎える作法に相当する。鈴三段の行道は鈴の音で護法諸尊の目を覚まし、その威力を奮い立たせる。つまり諸尊勧請の作法に相当する。要するに［呪師走り］は、難解な密教的修法のもどきとして付け加えられた部分であることが明らかである。東大寺の呪師作法の場合は、宗教儀礼として非常に整い、夾雑部分のない呪師の修法自体に、すでに芸能的指向性のあることを指摘したが、薬師寺の呪師作法は、もどき（擬き）――模倣するわざ――の部分を付加することで是非の論なく芸能性を付加した形式ということになる。

以上、現存する悔過会における呪師作法を、その形式的な特色によって三系統に分類し、それぞれの形式にみられる呪術的性格と芸能的性格、またその具体的表現の特色について考察した。そこには呪術から芸能への変貌を暗示する幾つかの方向性が認められる。表Ｉの東大寺呪師作法に見たのは、密教の正系的呪法の形式と、その形式を厳然と保ちながらも、呪法自体に付与された芸能的性格が次第に演技を目指す方向性であった。表Ⅱの国東諸寺の呪的作法に見たのは、表Ｉの形式をよりどころとしながら果敢にデフォルメの手を加え、また他の呪法をも摂取して、仏教儀礼としての形式を保ちながらも固有の宗教にとらわれない大らかさと、呪術即芸能ともいうべき芸能性を盛り込む方向性であった。表Ⅲの薬師寺呪師作法に見たのは、呪的儀礼にもどきの部分を付加し、もどく演技による芸能化への方向性であった。呪術から芸能への流れを探る上に、これらのどれが古く、どれが新しいと早急に断定することはできないし、宗教的呪術と芸能的演技との境界をどこに見出すかも困難な問題である。

能・狂言という完成した芸能の源に猿楽・田楽の芸があり、それらが寺社との濃いかかわりの中に育成変貌を遂げたものであることは確実でも、具体的な流れとして捉えることはなかなかむずかしい。猿楽とのかかわりで無視することのできない呪師という存在にしても、宗教的呪術者としての存在と呪的演技者としての存在を、寺社の行事や芸能の流れの中に確実に位置させることは今後の問題である。本稿がその作業への小さな踏み石となれば幸いである。

註

（1）能勢朝次『能楽源流考』（岩波書店、一九三八年）、森末義彰『中世芸能史論考』（東京堂出版、一九七一年）、表章「薪猿楽の変遷」（『観世』一九七七年・七～八月号）など。

（2）（敏達六年）冬十一月……百済国王付二還使大別王等一、献二経論若干巻、幷律師、禅師、比丘尼、呪禁師、造仏工、

写真Ⅰ

写真Ⅱ

造寺工六人一（『日本書紀』巻二十）

（3）（皇極元年）秋七月……可下於二寺々一転中読大乗経典上悔過如二仏所レ説、敬而祈レ雨、……屈二請衆僧一、読二大雲経等一（『日本書紀』巻二十四）

（4）（養老四年）八月……壬午、令下二都下卌八寺一一日一夜読中薬師経上……為レ救二右大臣病一也。（『続日本紀』巻八）

（5）（天平十六年）十二月……令下二天下諸国一、薬師悔過上七日、（『続日本紀』巻十五）

（6）（天平十七年）九月……天皇不予、……又令三京師畿内諸寺及諸名山浄処行二薬師悔過之法一（『続日本紀』巻十六）

（7）（天平宝字三年）六月……伏見、天下諸寺、毎年正月悔過、稍乖二聖願一、（『続日本紀』巻二十二）

（8）『東大寺要録』（国書刊行会、一九八二年）巻第四諸院章による。

（9）『新黒草紙』（『大日本仏教全書　寺誌叢書（二）』、第一書房、一九七八年）による。

（10）『興福寺修二月縁起』（『大日本仏教全書　寺誌叢書（三）』、第一書房、一九七八年）による。

（11）註10に同じ。

（12）『古今一陽集』（いかるが舎、一九四七年）による。

（13）半田康夫「修正鬼会」（『くにさき』吉川弘文館、一九六〇年）に伝説として記載。天念寺所蔵「修正導師作法」の巻末奥書にあるという。

写真Ⅰ　東大寺の呪師作法(1)。横被の下で印を結び、呪文を黙誦しながら結界行道をする。

写真Ⅱ　東大寺の呪師作法(2)。金剛鈴を振り鳴らし、四王勧請をする。

写真Ⅲ

写真Ⅳ

写真Ⅴ

写真Ⅵ

写真Ⅲ　国東成仏寺の法呪師。香水棒と鈴と太刀を持ち、呪禁の作法を行う。装束は盛装だし、床を踏む所作も静かである。

写真Ⅳ　国東天念寺の立役。平常の服装に下駄ばき、香水棒を打ち合わせては跳びはねる。

写真Ⅴ　薬師寺の呪師作法。「とんぼ返り」でくるっと回りながら結界行道してゆく。このときはまだ呪師帽をかぶらない。

写真Ⅵ　薬師寺の呪師走り。呪師帽をかぶり鈴を持ち、小刻みに走って堂内を巡る。

悔過法要の形式——成立と展開

はじめに

〝悔過会〟と称される法会がある。皇極紀の祈雨の悔過（『日本書紀』皇極元年七月戊寅条）が初見と考えられ、以後、わが国の法会史上に見え隠れしながら、現在まで勤修され続けてきた。法隆寺の修正会や東大寺・薬師寺の修二会のように世間の耳目を集めるものもあれば、毛越寺・鶴林寺・大分県国東の諸寺の修正会のように、地域の行事としてつつましく伝承されているものもある。以上の例でもわかるように、悔過会がその長い生命を保ち得た要因として、祈年《としごい》を目的とする法会——修正会・修二会——として定着したことが挙げられ、これまでにも、民間における祈年の習俗とのかかわりについての指摘や考察は行われてきた。(1) また、時代思潮とのかかわりで悔過会を論ずることも行われてきた。(2) しかし、悔過会の根幹をなす法要——悔過法要——についての考察は不充分なままに推移してきたように思われる。本稿では、その反省に立って悔過法要そのものに注目し、披見し得た悔過法要の次第本に基づいて、まず法要形式を確認し、その典拠を探り、次いで本尊によって異なる声明の詞章から、それぞれが典拠とした経典を特定し、さらにはその展開の様相をたどってみたいと思う。

一　悔過法要の基本形式

1　伝存事例にみる法要形式

「悔過会」という呼称は、悔過法要を勤修する法会を意味する。この悔過法要に関しては、かつて懺悔滅罪の経説に基づく礼仏悔過の自行作法の存在と、その作法の、自行から利他への展開の蓋然性について考察を行い、その線上に悔過法要があることを指摘した。[3] 現存する悔過法要は、すべて利他の典礼――しかも祈年という特定の目的をもつ――としてのみ存在しており、これまでに確認したその数は五一例を数える。またその他に、法要の次第本のみ伝存し行事の催行は絶えてしまった事例四二例がある。いずれも、南都系・天台系・真言系の諸宗派に伝承されており、浄土系・禅系など、中世以降に成立した諸宗派の寺院における伝承事例はこれまでに出会うことがない。これは悔過法要に関する特色のひとつと考えられる。また伝存地域も、東北地方から北九州に至る広域におよんでいるが、京都・奈良両府県を中心とする近畿地方には特に伝存事例が集中しており、これも悔過法要に固有の特色と考えられる。

これらの事例は、声明の詞章によって法要の勤修対象となる本尊をほぼ特定することができるが、大日（二例）・仏頂尊（七例）・釈迦（四例）・薬師（一七例）・阿弥陀（九例）の諸如来、十一面観音（一五例）・千手観音（一一例）・如意輪観音（三例）・准胝観音（一例）・不空羂索観音（一例）・地蔵（二例）・弥勒（一例）の諸菩薩・吉祥（八例）・毘沙門（三例）・弁才天（一例）の諸天の他に、舎利（一例）・曼荼羅（一例）等を本尊とする事例を挙げることができる。

前記諸事例を比較対照してみると、法要の次第には必ずしも完全な同一性はなく、また本尊を同じくする法要でもその詞章にはかなりの異同がある。厳密に言えば、全く同一の次第・同一の詞章を共有する例は、ごく少ないと言ってよい。全国各地のさまざまな宗派の寺院に、長い年月をかけて伝承されてきた悔過会の歴史を思えば当然のことでもあろう。しかし、一面で明らかなことは、法要の概略の次第がほぼ全事例に共通している点であり、ひとつの基本形式を共有すると考えられることである。以下次頁に掲げた表に基づいて、法要形式に関する異同を具体的に検討する。

表Ⅰは、悔過法要の現行事例三例（b・c・d）と、文献から採集した十二世紀末の次第（a）、唐の智昇撰の集諸経礼懺儀に基づく次第（α・β）を対照したものである。以上の中、α・βについては節を改めて取り扱うこととする。事例bは兵庫県加古川市の鶴林寺（現在天台宗）修正会で勤修されている吉祥悔過、事例cは奈良市東大寺（華厳宗）修二会の十一面悔過、dは奈良市薬師寺（法相宗）修二会における薬師悔過である。以上三例の構成名称は、それぞれの寺院における呼称を用いたが、次第本に名称を記さぬものには筆者が名称を与えた。また東大寺・薬師寺の修二会（c・d）は、一日六時《ろくじ》に勤行が行われ、六時それぞれの次第に多少の異同があるので、初夜の次第に依拠した。事例aは、『吉記』承安四年（一一七四）二月九日条の記述に基づいて再構成した次第である。従って、必ずしも構成要素すべてを尽くしているとは限らないが、法要の構成はかなり明確に知り得る。この事例の構成名称は、すべて『吉記』の記載に従った。

以上の四例を通観すると、法要の導入部（A）に同一性があり、展開部（B）における［呪願］、中心部における［称名悔過］と［諸願］、後置部（D）における［大懺悔］がそれぞれ共通の位置に配されていることがわかる。注目すべきは、四例に共通のこれらの要素が、悔過法要において重要な意義をもち、悔過法要を悔過法要たらしめ

表I

	A	B	C	D	E
集諸経礼懺儀　上巻　α	供養文 散華行道 如来唄	｜ 呪願	｜ 称名悔過 ｜ ｜ ｜ ｜ ｜ ｜	大懺悔 発願 懺悔偈	行道 ｜ ｜ ｜ 持呪行道 後唄 回向偈 三礼文 破偈 仏名経
集諸経礼懺儀　上巻　β	同上 同上 同上	｜ 同上	｜ 同上 ｜ ｜ ｜ ｜ ｜ 諸願	五悔 小発願 六念	｜ ｜ ｜ 三礼文 大集経呪 宝号（三唱） 総願 ｜ ｜ ｜
a 最勝光院修二会［非現行『吉記』による］	同上 唄 散華行道	｜ 同上	散願 礼拝 ｜ ｜ ｜ ｜ ｜ 一切諸願　乱声	懺悔 ｜ ｜	行道 ｜ ｜ ｜ 加持香水 行道 回向 ｜ ｜ ｜
b 鶴林寺修正会［現行　吉祥悔過］	同上 如来唄 散華	｜ 同上	｜ 称名悔過（前・後二段） ｜ ｜ ｜ 奉請 如法念誦 仏名（内容ハ諸願）	大懺悔 小懺悔（内容ハ発願） 破偈	心経行道 発願 五大願 守護句 持呪行道 宝号（請尊） 回向文 ｜ ｜ ｜
c 東大寺修二会［現行　十一面悔過］	同上 同上 同上	｜ 同上	｜ 同上 宝号（上・中・下三段） 五体 発願（後半七日間） ｜ ｜（文明本ニハアリ） 五仏御名（内容ハ諸願）	同上 同上 同上	心経 加持発願（終盤三日間　文明本ニハナシ） ｜ ｜ 後行道（終盤三日間ハ　香水加持行道） ｜ 同上 ｜ ｜ ｜
d 薬師寺修二会［現行　薬師悔過］	同上 同上 散花行道	梵音 同上	｜ 登願（称名悔過） 宝号（三唱） ｜ 発願 唱名号（内容ハ奉請） 如法念誦 祈請（内容ハ諸願）	同上 ｜ ｜	心経・牛王加持行道 発願 五大願 教化 行道 仏名 ｜ ｜ ｜ ｜

ている要素と言える点である。

まず、導入部の［供養文］は法華懺法・阿弥陀懺法・観音懺法など、罪障懺悔を本旨とする法要の導入部や、礼懺作法のはじめに多く用いられる、いわば懺悔の前段階の作法である。展開部の［呪願］は、本尊を讃え法会の趣旨を述べる作法。中心部の［称名悔過］は、本尊を讃嘆しながら礼拝行によって罪障懺悔の心意を表す。また［諸願］は懺悔の功徳と本尊の本願力によってもろもろの具体的願望の達成を祈る作法である。引き続く後置部の［大懺悔］は、過去・現在・未来にわたる自己の罪過を懺悔する作法である。四例から得た共通要素の意義を求めればすべて悔過の本義に帰結し、これらの要素によって悔過法要の骨格は成立する、と言っても過言ではない。

ここで、以上四例の比較に際して、依拠すべき次第本のない事例aを、あえて掲げた意図に触れておきたい。法要の次第を比較考察するに際しては、地域・宗派による異同と共に時代差による異同を考慮する必要がある。しかし諸寺のご好意でこれまでに拝見できた悔過法要の次第本に、書写年を明記してある例は多くない。また奥書の年紀のあるものには江戸中期以降のものが多く、特に十五世紀以前にさかのぼる例は稀となる。事例bの鶴林寺ご所蔵の次第本は、嘉吉三年（一四四三）筆の原本を元禄十一年に筆写した旨の奥書のある貴重な例であり、現在もこの次第に則って実修されている。また事例cは東大寺の現行次第であるが、同寺観音院ご所蔵の次第本に文明十七年（一四八五）浄憲筆の旨が記されてあり、その次第と現行次第との異同を注記によって示した。従って、事例b・cによって十五世紀半ばの次第はある程度把握し得るし、b・c・dによって現次第との比較も可能である。そしてさらにそれ以前にさかのぼる事例として求めたのが事例aである。a〜dの比較対照によって、現在の悔過法要の形式が、少なくとも十二世紀末の形式以来、その骨格を変えなかったことは明らかと言えよう。

以上の考察を裏書きするように、掲出四例に見た前述の共通点は、掲出事例に限らず、二、三の例外を除く大方の事例に共通する。宗派も地域も本尊も異なる九〇余りの事例に、共通の要素が消滅もせず位置も変わらず伝え継がれ、二十世紀末の現在になお存在しているということは、この法要が、わが国において勤修の初期から固定した基本形式をもっていたこと、また、実修者が、この法要を重要な法要と認識し、その認識が支えとなって勤修され続けてきたことを推測させるものではなかろうか。

悔過法要の構成に見る共通性と、それについての所見は概略以上の通りである。以下、これに対する相違点に考察をおよぼすのが順当であるが、表Iにも明らかなように相違は個々さまざまである。そこにそれぞれの特色があり、特色に込めた意図をうかがうことができるが、それは悔過法要の展開にかかわる問題であり、法要形式の典拠を探ろうとする現段階にはふさわしくないと思われるので、相違点の検討は第二章「尊別の悔過法要」以下に譲る。ただ、相違点の比較によって、悔過懺悔の色彩の濃い形式・祈願の色彩の濃い形式・中庸の形式の三系列に分類し得る、というごく大まかな傾向を指摘するにとどめておく。三系列のそれぞれに検討を加えることは、悔過法要形式の展開の様相の把握につながるはずである。

2　悔過会の定着と悔過法要

前節で、現行の悔過法要の主たる構成要素が、時代や地域・宗派など異なる諸条件を課せられながら、基本的には変わることなく推移したことを確認し、またその事実は、悔過会が定着の当初から規範となる法要形式をもっていたことを語り、実修者がそれを重要法儀と認識し、特に重視したことを語るものと考えた。しかし、法要の次第に基づく事実の確認は十二世紀末を上限とするにとどまった。

周知のように、悔過会は皇極紀に初出以後、持統朝における天武帝病気平癒祈願（『日本書紀』朱鳥元年六月丁亥条、同、朱鳥元年七月庚子条)、聖武朝における年穀成熟の祈願(『続日本紀』天平十一年七月甲辰条)、孝謙朝における年初一七日の祈願(『続日本紀』天平勝宝元年正月丙寅条)などを経て、称徳朝神護景雲元年(七六七)には畿内七道諸国の国分寺において「天下太平、風雨順時、五穀成熟、兆民快楽」のための「吉祥天悔過之法」を行うべき勅が発せられ(『続日本紀』神護景雲元年正月己未条)、悔過会が国家行事的色彩を加えてゆく情況をうかがうことができる。また天平宝字三年(七五九)に僧慈訓らが「正月悔過」の停止を求めた奏文(『続日本紀』天平宝字三年六月丙辰条)に「毎年正月悔過」の文言があり、宝亀三年(七七二)の詔勅(『続日本紀』宝亀三年十一月丙戌条)に「宜於天下諸国々分寺、毎年正月一七日之間、行吉祥悔過、以為恒例」とあり、悔過会の恒例行事化の方向性を知ることもできる。

これらの情況を踏まえてその勤修法要に注目すれば、天平十七年(七四五)の聖武帝不予に際しての平癒祈願に「又令京師畿内諸寺及諸名山浄処、行薬師悔過之法」(『続日本紀』天平十七年九月癸酉条)と記述され、また前記神護景雲元年の勅に「吉祥天悔過之法」と記されてあることなどによって、少なくとも八世紀半ばの悔過会には定まった法式が存在し勤修されていたと考えることができる。ことに、前記事例で「畿内諸寺及諸名山浄処」や「畿内七道諸国」の「国分金光明寺」で勤修すべき勅令が発せられているということは、国分寺をはじめ諸寺諸名山では、勅令に対応して「悔過之法」を直ちに勤修することが可能なはずであったことを示しており、かなりの普及度をさえ推測させるものがある。「吉祥天悔過之法」初出の三年前、天平宝字八年の史料として正倉院文書に「吉祥悔過所」の名が見出されるのは、その証であろう(4)。

上代の悔過事例は、七世紀半ばから末にかけて数例を拾うことができるが、持統朝以前の悔過には、法式の勤修を推定させるより、本来の懺悔——斎戒と称名礼仏による——と読経——転読による経説の具現化——を推定させるものが多い。[5] そして、その系譜に連なる持統五年（六九一）の陰雨を止めるための悔過（『日本書紀』持統五年六月戊子条）以後、暫く勤修例は絶え、約半世紀を経た天平十一年（七三九）に前記の年穀成熟祈願の悔過（五穀成熟経転読と悔過）が出現し、以後悔過会の事例はその数を増す。「悔過之法」の表記が現れるのはまさにその時期であり、引き続いて悔過会の恒例化を示す事例が現れることとなる。以上の経緯から、悔過作法の法要形式としての形成の時期を八世紀前半と考え、そのことが悔過会の恒例化を促した、という可能性を想定している。

七世紀半ばから八世紀半ばにかけての、悔過会の以上のような在り方には、前節で悔過法要の考察から得た所見との明らかな照応がある。まず、悔過会がその定着過程において国家行事的色彩を次第に強めたことによって、実修者に悔過法要重視の認識が生まれるのは必然の結果と考えられる。次に、国家的恒例行事として全国的規模で催行された悔過会に、定まった法式があったとすれば、規範となるべきその法式を遵守する姿勢は強固になるであろうし、またその結果が、法要次第の根幹部に変動のない伝承を可能ならしめたと考えられる。現存の事例が広域・多宗派にわたりながら、中世以前に開宗の諸宗派においてのみ伝承されている、という事実も、前述の照応を裏書するもののように思われる。

これらのことがらは、現存する悔過法要の形式の源を、奈良朝以前の経軌に求めるべきことを示すものである。以上の考察に従って、次節では悔過法要の形式についての典拠を、奈良朝現在の経軌に求めることとする。

3　悔過法要形式の典拠

奈良時代に存在した経軌に関して、『写経より見たる奈良朝仏教の研究』[6] は詳細な研究と共に「奈良朝現在一切経疏目録」を付している。この目録を基に悔過関係の経軌を選び、その中の、作法に言及しているものを『大正新脩大蔵経』

(以下『大正蔵』と略記)によって参照した。①仏説文殊悔過経・②仏説仏名経(特に巻第八・九)・③五千五百仏名神呪除障滅罪経・④金光明最勝王経(特に巻第二・三・八)・⑤仏説舎利弗悔過経・⑥大乗三聚懺悔経・⑦菩薩五法懺悔文・⑧七仏八菩薩所説大陀羅尼神呪経・⑨仏説十二仏名神呪校量功徳除障滅罪経・⑩仏説称讃如来功徳神呪経・⑪仏説観薬王薬上二菩薩経・⑫往生礼讃偈・⑬集諸経礼懺儀がそれである。

右記の諸経(①〜⑪)は、基本的に懺悔の重要性を説くが、特に称名号と礼仏(②・③・④・⑧・⑨・⑩・⑪)または礼仏(⑤・⑥)を恭敬心の発露とし、当該経典や陀羅尼の読誦を勧め(①・②・③・④・⑤・⑧・⑨・⑩)、懺悔の功徳による滅罪除障(①〜⑪)や得福利益(②・③・④・⑤・⑧・⑨・⑩)、およびその善根が巡りおよんで一切衆生の皆悉満足に至る(②・③・④・⑥・⑧・⑩)ことを説く。また、礼拝の対象となる諸仏の名号を列記し(②・③・④・⑧・⑩・⑪)、懺悔文を記し(①・④・⑤・⑥)、懺悔・随喜・勧請・回向・発願などを経て菩提に至る段階を記す(④・⑥・⑦・⑨・⑩)など、悔過法要の構成要素と直接にかかわる要素を多分に見出すことができる。しかし、これらの経典の中に、経説の次第を素直に法要の次第に移項できるほど整った作法として記されているものはなく、先に掲げた表Iの事例a〜dの次第の典拠は、別に求めるのが妥当と考える。

今回参照した一三点の経軌の中、⑫往生礼讃偈と⑬集諸経礼懺儀は、中国で撰述されたものである。前者は唐の善導撰で、願生浄土を求める人が日夜六時に修すべき作法を述べてあり、後者は唐の智昇撰で、諸経典から懺悔礼拝に関する部分を集めて上下二巻にまとめた作法集とも言えるものである。いずれも、懺悔を基本とし、その表出には称名号と礼仏を説き、滅罪除障と得福利益の功徳を説いている。ちなみに、集諸経礼懺儀(以下礼懺儀と略称)の巻下には往生礼讃偈を収載している。ただし、願生往生を専らに説く往生礼讃偈は、その思想においても構成次第においても、前記①〜⑪の諸経典と異なり、また現存悔過法要の次第とも合致しない。従って最終的に参照すべく残ったのは『礼懺儀』巻上である。

礼懺儀と悔過法要とのかかわりは、これまでも漠然と考えられていた。しかし、確認には至っていないように思うので、それを試みることとした。先にも述べたように礼懺儀は諸経から懺悔の作法の重要部分を集めて一連の次第としているが、その際、個々の次第の初・結の部分などを、略したり除いたりしている場合があるように思われる。おそらく、自明と考えられる部分についての処置であろう。その辺りを勘案して、まず再構成を試みた。この場合、同書には作法を構成する段落ごとの名称は記載されていないので、段落名は、段落ごとの詞章に基づいて筆者が付した。以上の作業から作成した礼懺儀の再構成次第の中、冒頭の二形式が、現行の悔過法要に最も近いものとして挙げられる。表Ⅰに掲げたαとβがそれである。

ここで改めて表Ⅰに立ち戻ると、α・βともに、先に考察した事例a〜dの共通性をそのまま備えていることが確認される。すなわち、導入部の〔供養文〕・〔散華行道〕・〔如来唄〕の組み合わせによる荘厳作法（〔散華〕と〔如来唄〕の次第は現行諸例と入れ替わる）や、展開部の〔呪願〕、中心部の〔称名悔過〕と〔諸願〕、後置部の〔大懺悔〕など、いずれもa〜dと同じ位置に配置されており、また終結部を〔持呪行道〕や〔回向〕で締めくくる点も共通している。以上によって形式上の共通性は明らかである。ただし、〔呪願文〕の詞章は現行事例のいずれとも異なるし、〔称名悔過〕における礼懺儀の諸仏名と同じ仏名を用いる事例は、現行事例に認められない。付言すれば、礼懺儀の事例αの場合、記載された諸仏名は、「此二十五仏名、出仏名経第八巻」の後記があり、一二巻本の仏名経に依拠していることがわかる。またβの場合は観仏三昧海経巻十に同じ仏名を見出すことができる。〔大懺悔〕の詞章は現行諸事例と大同小異であり、事例βの小発願は、事例b・c（鶴林寺・東大寺）の〔小懺悔〕とほぼ同文である。

以上の結果から、悔過法要の構成に関しては、礼懺儀あるいはその原拠となった経軌が範となった、と考えて誤りはないように思う。

事例α・βの原拠となり得る儀軌として、礼懺儀の成立以前に成立したと考えられる、唐智顗撰述の法華三昧懺儀や方等三昧行法、梁武帝の時代に制作されたという慈悲道場懺法、北魏の頃に成立し宋時代に再編したという金光明最勝懺儀などを参照したが、(7)これらは構成形式上、必ずしも現存悔過法要の形式と共通するとは思えない。従って悔過法要の諸形式の典拠として、現時点では礼懺儀の、特に巻上が最も有力と考える。

この章では、三節にわたって悔過法要の構成形式の典拠を、現存する諸事例の形式からさかのぼって追い求め、礼懺儀（集諸経礼懺儀）にたどりついたが、その名目は『大日本古文書』十二巻に天平勝宝五年五月七日類収として所載の「未写経律論集目録」に見出される。ただし、同書のわが国への伝来の経緯も、この目録が記された年も不明である。

二　尊別の悔過法要――「称名悔過」の段にみる

1　悔過法要の尊別分化

悔過会は、文献に所出の初期においては単に「悔過」とのみ記され、本尊あるいは経典によって区別する例はない。法要の勤修対象となる尊名を冠した個々の名目が記されるようになるのは、八世紀半ば以降のことである。

尊別の分化を示す悔過は、天平十六年（七四四）の「薬師悔過」（『続日本紀』天平十六年十二月壬辰条）以降、奈良時代末までに「十一面悔過」「千手千眼悔過」「吉祥悔過」「阿弥陀悔過」などが見出される。この中、「阿弥陀悔過」については、正倉院文書神護景雲元年八月三十日の「阿弥陀悔過資財帳」に、天平十三年三月に存在した資財を記してあるから、「阿弥陀悔過」はこの年に勤修された可能性が濃い（後述）。そうとすれば、これが尊別悔過の初見となる。

前章で考察した「悔過之法」の表記の出現と軌を一にして尊名分化の事例が出現することは暗示的だが、以後時代の流れや信仰の多様化に伴って諸尊別の悔過法要が成立を重ねたと考えられ、現在、第一章のはじめに列記したような各種の尊別悔過法要の次第が伝存している。次節以下ではこれら多種の事例の中から、奈良時代の史料に見出される前掲五種の悔過法要を取り上げ、個々の成立情況や意義を視野に入れながら、尊別の特色が最も表出される［称名悔過］の部分に注目し、その詞章に基づいて、それぞれが依拠した経典と、伝存事例相互の検討を行う。検討の資料として、現存する諸次第の中から、尊別に当該部分の詞章を抜き出して比較表を作成した。なお、この比較検討作業は先に掲げた表Ⅰの、区分Cに相当する部分全般にわたって行い、それらを総合して結論を見出すつもりであるが、まずこの章ではその中の［称名悔過］に限定して検討を行い、似下の諸段については章を改めて検討を加える。

2　吉祥悔過

悔過と現世利益

悔過法要の本尊を尊別に一覧すると、現存事例にしても奈良時代所出の事例にしても現世利益的な本尊が多い。福徳財宝を司る吉祥天を本尊とする吉祥悔過はその最たるものであろう。

悔過は、本来、字義通り懺悔の心意表出の作法であり、主として称名礼仏という表現手段がとられた(8)。しかし、はじめに述べたように、現存する悔過会は祈年の法会としてのみ伝存しており、奈良時代以前の文献に所出の事例にしても、臨時の除災招福から恒例の祈年会に至る現世利益的定着過程があとづけられる。〝懺悔という形態をとる祈願〟それが定着した悔過会の性格である。悔過会のこの性格は、わが国の禊祓の観念との類縁性で説かれることが多く[9]、事実その類縁性によって悔過会が根強く定着したと思うのだが、一面で経説そのものに内包される懺悔得福の思想が大きく作用していると思う。たとえば、律典に属する仏説舎利弗悔過経には、仏道を求める人が一日六時に十方諸仏を礼拝して懺悔すれば、「十方諸仏皆以中正廻教天下人、(中略)、仏以経道雨於天下、故生侯王四天王、上至三十三天、上豪貴富楽、」と説いている。日常生活で自らを律すべき作法を説く律典においてすら、悔過の功徳を「上豪貴富楽」という現世利益的表現で説いている。また奈良時代に法華経と共に最も重視された金光明最勝王経には、業障によって罪を造ったとき、昼夜六時に「合掌恭敬一心専念、口自説言、帰命頂礼、現在十方一切諸仏、」すべしと言い、一切の罪障が懺悔によって除滅することを説き、さらに「若有願生富楽之家多饒財宝、復欲発意修習大乗、亦応懺悔滅除業障、欲生豪貴婆羅門種刹帝利家、及転輪王七宝具足、亦応懺悔滅除業障」と説く。富家に生まれて多くの財宝を得、学問を志し、上流階級に生まれ、統治者に必有の人材宝物を持つことなど、ここには実社会の現実的願望を獲得する手段としての懺悔の重要性が示されている。右に引用した経説に限らず、大方の悔過経典には悔過と現世利益とが直截的な因果関係で説かれており、それを思えば、悔過会の現世利益的法会としての定着は、経説に胚胎した必然の結果と考えてよい、と思う。

吉祥悔過と催行寺院

前章でたどったように、国家的行事として恒例化した悔過会は吉祥悔過であった。その後宝亀二年（七七一）に一時停止（『続日本紀』宝亀二年正月辛未条）され、翌宝亀三年再び「天下諸国々分寺」における恒例行事と定められ（『続日本紀』宝亀三年十一月丙戌条）、承和六年（八三九）に国分寺から国庁に場を変更せしめられる（『続日本後紀』承和六年九月己亥条）などの措置を受けながら、『延喜式』では、正月八日から十四日までの諸国国庁における催行が規定されている。この間に、陸奥・出雲・壱岐など各地の正月悔過に関する記事が文献に見出されるから[10]、正月恒例の吉祥悔過の滲透度はかなりのものがあった、と考えるべきであろう。

次頁に、図Ⅰとして、次第本の伝存する吉祥悔過の事例を、現行・非現行を問わず掲げた。古代文化圏に属する各地の大寺・古寺に伝存し、また大和・若狭・陸奥の国分寺の名を見出すのが興味をひくところである。掲出諸寺の中、法隆寺・鶴林寺・陸奥国分寺・中尊寺では、現在も毎年勤修している。非現行四例（東大寺・薬師寺・一乗寺・若狭国分寺）の中、東大寺所用と考えた次第本は同寺観音院のご所蔵で、天明八年七月廿四日に自性院良海が記した旨の奥書がある。東大寺の吉祥悔過は、はじめ吉祥堂で行われ、天暦八年同堂が焼失した後、羂索院に移してとり行い、寺内の律宗僧が勤仕したという[11]。同会は、十三世紀末には存在していた[12]。しかし、江戸末期の年中行事には見当たらず、催行は絶えていたのかもしれない。筆者自性院良海は二月堂修二会にも参籠して両堂衆の最高所役である和上も勤めている[13]。これらのことから、良海が吉祥悔過に勤仕したか否かは別として、東大寺所用の次第と推定した。

薬師寺の次第は大原勝林院ご所蔵の『魚山叢書』第四十七に収められてあり、薬師寺本を天保十年に書写し、さらに安政四年に書写した旨の奥書がある。同寺の吉祥悔過に関しては、『黒草紙』に金堂と八幡宮の催行にかかわる記事がある[14]。また『薬師寺濫觴私考』には「修正吉祥行法自朔日至七日八幡宮学侶、自七日至十四日金堂々学雑居」の記載があって[15]双方の勤仕集団が異なっていた可能性もあるので、当該次第が何れの次第であると断定はできない。

播磨の古寺である法華山一乗寺所用の次第本は、薬師寺のそれと同じ『魚山叢書』第四十七に所収のもので、「右幡《ママ》州法花山所用作法也」と注記され、文化十一年十一月書写の次第を嘉永四年九月に写したという。[16] 一乗寺では、明治末期頃までは修正会の法要として悔過法要を勤修していた可能性があり、中絶が惜しまれる。

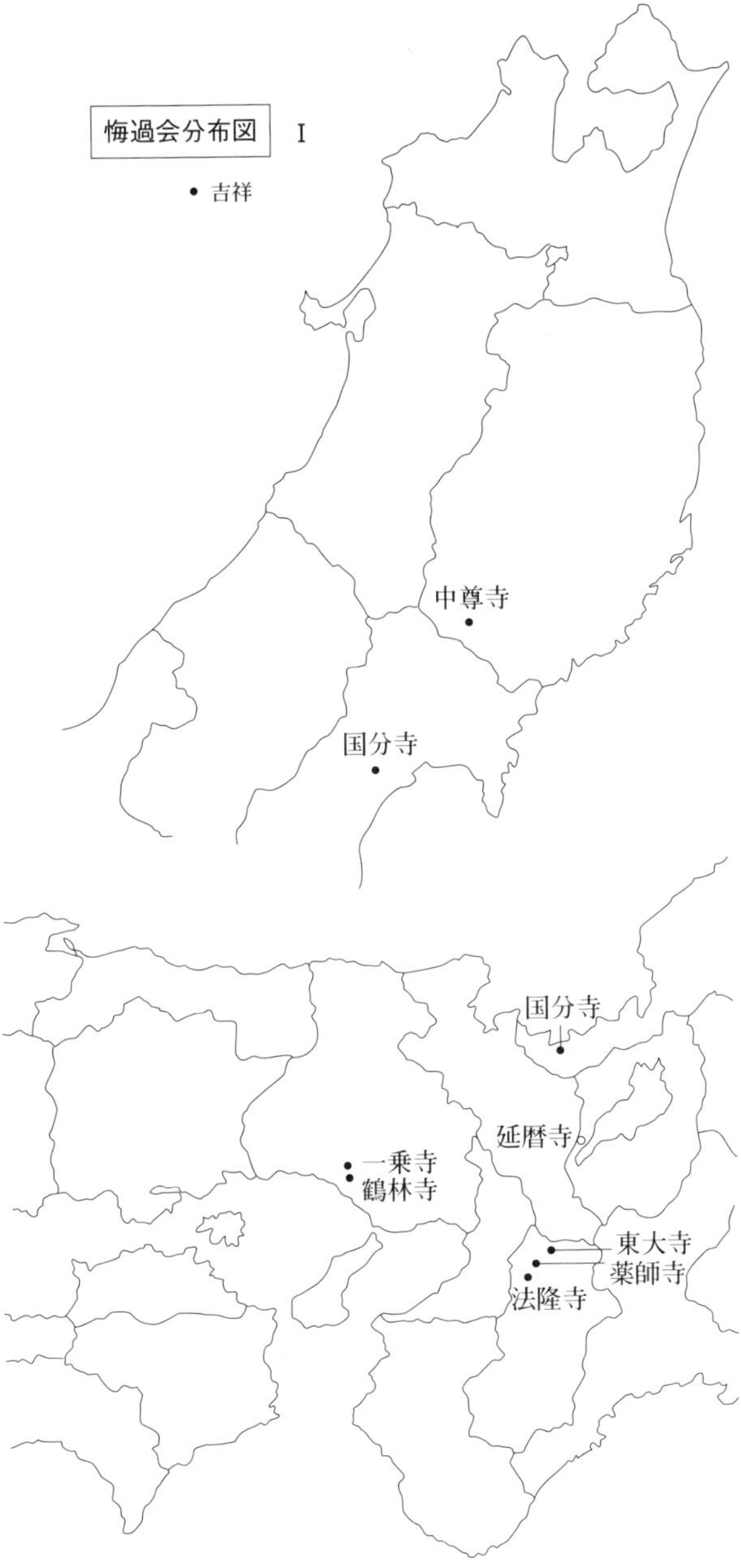

若狭国分寺の次第は若狭神宮寺にご所蔵のものである。表紙に「国分寺　吉祥悔過」と記され、元和二年十一月十七日書写の奥書がある。

特殊事例として仮に延暦寺所用と考えた一本は、叡山文庫ご所蔵の「金光明吉祥悔過次第」の内題をもつもので、通常の悔過法要とも懺法法要とも構成を異にしている。しかし、内容は金光明最勝王経に依拠して自懺悔・他懺悔を行い、また称名礼拝や行道を行い、饒財宝・成五穀・皆令満足を実現して諸有情を利益せしめようというものである。そして、その称名礼拝の詞章は悔過法要の当該部分の詞章と変わらない。次第の終わりに「右、鈔山家之文、備主法行事、」云々とあり、明和八年に「台門苾芻普見」が記している。あるいは自行の作法であるかもしれないが、広くご教示を得るよすがにと思い、特殊事例として記載した。

吉祥悔過の典拠

本稿末尾に掲げた表Ⅱ（一九二〜一九五頁）は、吉祥悔過の典拠を明らかにし、寺院ごとの異同を比較検討するために作成した詞章対照表である。尊別の特色は、法要次第の中、［称名悔過］の部分に明確に表現されるので、諸次第本からその部分の全詞章を抜き出し、縦軸を寺院別に、横軸を詞章の意義別に区分して、九例を掲出した。またこの詞章に対応する経典の文言を、『大正蔵』を基に最上欄に掲げた。掲出に際して、各次第本の詞章はなるべく原資料の表記に従ったが、明らかな誤字を改め、常用漢字は常用漢字字体を用い、俗字を必要に応じて統一するなどの手を加えてある（縦欄・横欄ともに複数頁にわたる分割掲出となった。一覧のための不便はご海容頂きたい）。

［称名悔過］は、前述の通り法要の中心をなす部分で、本尊を讃嘆し礼拝して懺悔の心意を表出する。従ってそ

の詞章は勤修対象となる本尊に即した文言を用いることになり、尊別に異なる詞章構成となる。吉祥悔過の場合は、一切十方三世諸仏として十二仏（区分B）六菩薩（E）を挙げ、これを軸にして前後・中間に広大な仏世界の諸尊（A・C）や祈句（D・F）を加えて構成されている。

吉祥悔過については、早くから金光明最勝王経の大吉祥天女品・大吉祥天女増長財物品に基づいていることが指摘されている。

吉祥天に関する経典としては、右の他に仏説大吉祥天女十二名号経・仏説大吉祥天女十二契一百八名無垢大乗経・仏説陀羅尼集経巻第十などがあり、それぞれに吉祥天の誓願力によって一切の業障災厄を除滅し、富貴豊饒を得、一切の願望が成就することを説いている。しかし、受持すべき仏菩薩の名号には異同があり、いずれも表Ⅱア～ケのB・Eの名号とは一致しない。この点で、右の諸経典を吉祥悔過の典拠とすることは妥当でないと考えられる。これに対して、表Ⅱ最上欄に掲げたように、金光明最勝王経の大吉祥天女品・増長財物品（以下財物品と略記）に記す尊名は、ア～ケの詞章に見る尊名と同一である。また区分Cの「南無瑠璃金山宝花光照吉祥功徳海如来」や「南無金光明最勝王経」の詞章は、同経の大吉祥天女品や財物品で、至心に供養し読誦すべし、と説く経説に基づくと考えられ、区分Dの二句は同じく大吉祥天女品で、経典受持の功徳を説く偈文に所出の文言である。

以上、「称名悔過」の詞章との比較によって、吉祥悔過法要が金光明最勝王経の前記二品に拠って成立していることを確認した。

諸寺の吉祥悔過

表ⅡにおけるA～Fの区分は、各尊別の「称名悔過」のいずれにも、ほぼ該当させ得る区分である。Aは仏世界讃嘆の部分で、特定の本尊に対する讃嘆に入る前に、普遍的な仏世界を称揚するが、経典の「南無十方三世諸仏」の一句を敷衍していることが明らかである。Bは眼目の仏名讃嘆の部分で、吉祥悔過では本尊と縁の深い諸仏の名号を列挙する詞章構成をとる。CはBを補足する総括的讃嘆部分。Dは仏名讃嘆を行うことによって期待すべき窮極の願意を表明する部分。Eは、Bに対応して再び仏名を讃嘆する部分である。吉祥悔過では、本尊有縁の菩薩名を列挙する。Fは［称名悔過］の終結の総祈句と考えられる。

前記区分それぞれの意義の中、Dにみる具体的願意、Fにおける総括的祈句のほかに、Aの後半やCの後半に、それぞれ祈句を挿入しているが、このように随所に祈願の意義を添える点も、尊別いずれの［称名悔過］にも共通している。このような構成には、先に述べた悔過経典における現世利益——懺悔即諸願成就——の側面が明らかに反映していると言えるだろう。

以下、吉祥悔過に限定して記せば、吉祥悔過法要の［称名悔過］の段の構成は、諸寺の次第すべてに共通である。ただし個々に比較をおよぼしたとき、おのずと異同が見出され、そこになんらかの傾向を指摘することができる。いささか細部におよぶが、個々の異同に触れておきたい。

まず事例ア（東大寺）の場合は、区分Aの仏世界讃嘆の部分で、宇宙の本源たる毘盧舎那仏、一切世界に遍満する盧舎那仏、衆生済度の教主たる釈迦牟尼仏、と次第し、蓮華蔵世界の広大無辺の仏智が影向して真理を証明することを願い、次に吉祥天の過去世仏である瑠璃金山宝花光照吉祥功徳海如来、最後に過去・現在・未来にわたる一切世界の諸仏を掲げる、という整然たる構成がみられる。これを受けて、区分B・Eには経典に列記する仏名を前後二段に分け、前半の仏名をBに、後半の菩薩名をEに掲げ、その中間のCに経典の名を掲げる。原典には「称彼仏名及此経名号、而申礼敬、」とあり、経説を体して挿入した句と考えられるが、このように次第した後、終結の

Ｆで本尊吉祥天の名号を掲げて締めくくる。

以上のように、事例アでは［称名悔過］の全段を通じて、明確な理念と経説に忠実な姿勢とで、過不足のない構成が印象づけられ、また具体的な願意を表明せず、ひたすら仏経の讃嘆に終始している点に、懺悔の本来的な称名讃嘆を思わせるものがある。いま、この事例アを基準として、事例イ以下に考察をおよぼしてみようと思う。

区分Ａの部分で、イ（薬師寺）の場合は、四句目の祈句の代わりに当該寺の根本本尊である薬師如来の讃嘆句を加える。事例ウ（法隆寺）では、薬師・弥勒両如来を加えて、釈迦如来と共に過去・現在・未来三世の救世仏を具体的に掲げ、その代わりに「一切十方三世諸仏」という包括的表現の句を省いている。また、ウ～オ（法隆寺・鶴林寺・一乗寺）では、「令法久住利有情」の祈句を加え、特にウでは「慈光偏照除災与楽」という具体的な願意を表明している。以上、Ａの部分に関しては、事例イ～オの諸例が事例アに比べるとより具体的な構成をとり、そこに個々の意図を投影しているとみることができるだろう。

区分Ｃの部分になると、事例ウ～オには、区分Ａの敷衍的な要素が見出され、基本的には吉祥天の過去世仏——瑠璃金山宝花光照吉祥功徳海如来——をはじめとして、それを含む仏世界全体を称揚するかたちとなっている。特に事例ウには、その傾向が明らかである。

さて区分Ｂ・Ｅにおける諸尊名は、全ての事例に共通しており、［称名悔過］における最重要部分が、実に忠実に伝承され続けてきたということを証明していると思うのだが、事例ウにおいて本来の「○○仏」を「○○如来」とし、「○○菩薩」を「○○菩薩摩訶薩」とする表現には、尊称を加えることで、一層の荘厳性を表現する意図が看取される。一方、事例オ～ク（一乗寺・中尊寺・陸奥国分寺・若狭国分寺）においては諸尊名に省略や脱落があり、事例ウと相反する方向への展開がみられ、儀礼形式の展開の方向性にひとつの示唆を与えている。

立ち戻って事例イ（薬師寺）に注目したい。事例イと事例アとの相違は、前述した第四句目の相違以外は、吉祥功徳海如来の掲出位置の違いとDの具体的願意の有無のみである。そして原典欄との比較によっても明らかなように、事例アにはなく事例イにある詞章は原典に存在しており、ある意味ではより原典に近いということができる。原典からの詞章の摂取の違いから生じた事例アとイとの相違は、願望の具体的表現の有無ということになる。先にも述べたように、事例アに見たのは、懺悔の本来的な形態ともいうべき仏・経讃嘆という表出形態であった。それに対して事例イには「諸天降雨随時節、地味増長成五穀」の句が経典から摂取され、実に明快な願望が表出されている。事例アを懺悔型と考えれば、事例イは祈願型と言ってよかろうと思う。そのいずれが悔過法要成立時の原型に近いかはわからない。しかし少なくともこの二例には、原典に忠実に依拠しながら色合いを異にする法要が形成される、その典型を見ることができる。

吉祥悔過法要の［称名悔過］の部分の詞章を比較対照した結果、この部分に関しては、諸寺の事例に大きな差異のないことが明らかとなった。しかし基本的な共通性を共有しつつおのずから［称名悔過］に託する意図の差異が表れていることが指摘された。次節以降、同様の方法で各尊別の検討を続けることとする。それぞれの検討を経て、［称名悔過］に表明される意味を明らかにしたい。

3　薬師悔過

薬師悔過の消長

第二章「尊別の悔過法要」のはじめに記したように、尊別の悔過の中で薬師悔過の出現は早い。『続日本紀』天平十六年・天平十七年の記事（前出）の後、正倉院文書天平宝字六年四月一日の「造東大寺司告朔解」には「薬師悔過所」の名も見えるから、薬師悔過は奈良時代後半には確実に存在の場を与えられていたはずである。

さらに、平安時代に入ると、薬師悔過の勤修例は数を増す。「薬師悔過」と明記するものだけを拾っても、延暦十五年（七九六）十月に宮中において一七箇日間（『日本後紀』同年十月甲申条）、延暦二十四年（八〇五）二月には天皇不予によって諸国の国分寺に祈らしめ（『日本後紀』同年二月己未条）、天長四年（八二七）正月に東寺・西寺において一七箇日間（『類聚国史』仏道五）、天長十年（八三三）六月には諸国疫癘の攘災のため諸国において三箇日間（『続日本後紀』同年六月癸亥条）、承和元年（八三四）四月には防災豊稔の祈りのため畿内七道諸国の国分寺において三箇日間（『続日本後紀』同年四月丙戌条）、承和四年（八三七）六月には疫癘を防ぐため五畿七道諸国の国分寺において三箇日（『続日本後紀』同年六月壬子条）、承和七年（八四〇）六月には疫癘と不雨の銷殃受祐のため五畿内において七箇日間（『続日本後紀』同年六月丁巳条）、承和九年（八四二）三月に攘災豊年の祈りのため五畿内七道諸国国分寺において三箇日間の勤修などが挙げられる。

奈良時代から平安前期にかけてのこれらの事例に明らかなように、薬師悔過は病気平癒・災害除去・豊作祈願などを目的としてとり行われており、催行目的は、前節で検討した吉祥悔過と基本的に変わることはない。ただし、吉祥悔過が年初の恒例行事としての定着に赴いたのに対して、薬師悔過は不慮の災害――特に病難・疫難――に対応する臨時的な催行を位置づけられている点に、両悔過の相違がある。

わが国における薬師信仰の表れとして、早く用明天皇の病気平癒を願っての薬師像造立があり、以後、天武帝の薬師寺および本尊の造立発願、光明皇后の新薬師寺建立など、いずれも皇后あるいは天皇の病気快癒を願っての作善があった。養老四年（七二〇）には藤原不比等の病を救わんがための薬師経読経があり、前掲天平十六・十七年の薬師悔過勤修に至るまで、薬師信仰は病癒と不可分に推移している。これは、薬師十二大願に見る広大無辺の薬師の本誓の中の、特に第七願が、奈良時代以前の薬師信仰の骨格となっていたことを示すものである。薬師信仰に基づく「薬師悔過」という儀礼形式が、病癒祈願を主目的とする臨時的法会として位置づけられたのは、そのひとつの表れであろう。

吉祥悔過の典拠となった金光明最勝王経が、上代における僧尼必修の経典の第一とされていたこと、またこの経典の重視が金光明四天王護国之寺の建立をうながし、その流れの上に御斎会が定着したことなど、金光明最勝王経に対する一貫した尊重の事実を考え合わせると、吉祥悔過と薬師悔過の有り様の相違もうなずける。

ただし、九世紀半ば近い前掲天長十年以降の薬師悔過の事例をみると、その勤修時期が三月・四月・六月など季節の変わり目に集中し、またその時期の勤修例がすべて昼に金剛般若経（または大般若経）の読誦、夜に薬師悔過の勤修という併修形態をとっている。金剛般若経は大般若経に含まれる般若経典であり、大般若経は災厄消除の経典として重んぜられた経典である。薬師悔過が、季節の変わり目を選んで般若経典の読誦と組み合わせて勤修されるようになったのは注目されるところで、薬師悔過の勤修意義が、病癒祈願という限定的意義から広義の災禍消除に転じ、それに伴う鎮護国家的意義の増加と恒例化への萌しを生じた経緯がうかがわれる。もっとも、薬師悔過と大般若経転読併修の攘災手段は定着には至らず、九世紀半ば以降大般若経転読のみが「季御読経」と称する公的行事として定着し、薬師悔過は歴史の表舞台から次第に姿を消すこととなる。すなわち、承和十年（八四三）の内裏における除災には「読薬師経於清涼殿、修薬師法於常寧殿、転大般若於大極殿、」（『続日本後紀』同年五月丙申条）の組み合わせ、同年八月の物怪には「於大極殿転読大般若経、亦分卅僧、於真言院修法、」（『続日本後紀』同年八月庚申条）、承和十二年の物怪に対しては「於紫宸清涼常寧等殿及真言院、転読大般若経、兼修陀羅尼法、」（『続日本後紀』同年三月壬子条）、嘉祥三年（八五〇）の国祈のためには「屈七十僧於東宮、転読大般若経、別請七僧於清涼殿、修法印呪、」(『文徳実録』同年十月丁卯条)など、大般若転読と密教修法の組み合わせによる除災が行われており、また仁明帝の病癒祈願にも七仏薬師法が修される(『続日本後紀』嘉祥三年三月丁酉条)など、攘災の手段としての悔過は明らかに密教修法にその座を譲ったとみえる。この事実に先立つ承和元年(八三四)の空海の奏文が、顕密二趣を論じて「浅略趣者、如大素本草等経論説病源分別薬性、陀羅尼秘法者、如依方合薬服食除病、」(『続日本後紀』同年十二月乙未条)と説いて真言加持の優位を主張し、これによって翌承和二年から後七日御修法が宮中恒例行事となった。この事実に象徴される正系密教の教学・修法の進出が、薬師悔過の公的行事としての定着を阻んだ可能性は大きい。

薬師悔過は、病癒祈願から広義の災禍消除へと勤修意義を展開させ、恒例化するかに見えながら明確な存続を果たさなかった。しかしその成立の根本にある病癒への期待は人間の切実な願望ゆえに消滅するはずがなく、またその発展的意義を担う儀礼も捨て去られることはなかったらしい。たとえば『延喜式』に記す薬師寺大般若会が毎年七月二十三日から一七箇日「読経幷悔過」(『延喜式』玄蕃寮)とあるのは、稲作の豊凶を分ける時期の大般若経転読と薬師悔過の併修に疑いなく、十世紀前半に、中央における動向とは別に、しかるべき地域しかるべき寺院において薬師悔過が定着を果たしていたことを推測させるものである。

平安初期における薬師悔過の盛行については「御霊の祟りの予防と排除のために修されたもの」という観点から論じられてもいる。[17] 九世紀初期から中期にかけて、物怪の出現は頻出し、読経・祈禱が行われ、御霊信仰が顕在化してゆく。当時のこのような風潮が、薬師悔過の勤修に反映したことはあり得る。しかし、もしその風潮が当時の薬師悔過の盛行を促したとすれば、たとえば御霊慰撫などの詞章が法要の次第に加えられるなど、なんらかの痕跡を残すと思われるが、尊別の他の悔過との比較の段階では薬師悔過にその痕跡を確認できず、是非の判断には至っていない。いずれ改めて考察を試みたいと思う。

薬師悔過と催行寺院

図Ⅱに掲げたのは薬師悔過の次第本確認事例である。南都を中心として四方に広がりを見せ、古代文化圏に属す

悔過会分布図　Ⅱ

る各地の古寺・大寺に残されている点は吉祥悔過の場合と同様だが、北九州の国東半島に集中的な伝存がみられるのは特色というべきであろう。ただし、現在も勤修しているのは、岩戸寺・成仏寺（交互に隔年の勤修）と天念寺（毎年）のみである。

尊別悔過の伝存事例の数は、薬師悔過が最も多い。また中絶事例は国東の弥勒寺・長安寺・両子寺のみで、その他はすべて現行事例である。国東の場合も、現在は前記三寺のみの催行となっているが、かっては一帯の諸寺がそれぞれにとり行っていたと言い[18]、中絶した現在でも、前記三寺の勤行には中絶寺院からも出仕するのが例となっており、地域の行事としての継続がはかられている。つまり、岩戸寺・成仏寺の場合は両子寺を境とする東側（東満山）の地域全体の行事として残り、天念寺の場合は、同じく西側（西満山）一帯の行事として残された、というのが現状であり、単なる中絶とはいささか情況を異にする。

これら国東一帯の諸寺院が、古くからすべて薬師悔過を勤修していたとは考えられないが、宇佐八幡が、薬師・弥勒の二仏を本尊とすべき託宣によって神宮寺が建立された[19]、という習合譚によっても推測されるように、国東一帯に薬師信仰が盛んであったことは確かで、主たる寺院二八箇寺の中九箇寺が薬師如来を本尊としている。薬師悔過の次第本のみが残り、薬師悔過のみが勤修されている現状も、偶然とばかりは言えないものがある。

国東の諸寺は山岳修行の霊場にはじまり、宇佐八幡の勢力下にあって組織化され、平安末期には六九箇寺を数えたという[20]。図Ⅱに掲出の弥勒寺は宇佐八幡の神宮寺である。また宇佐神宮寺の平安時代の年中行事として「吉祥御願」「修二会」が行われていたというが[21]、そのおおよその次第は現在と変わらない。国東諸寺における悔過会の勤修は、宇佐八幡の存在を背景として中央の文化を容易に吸収し、最澄以来の叡山とのかかわりの中でさまざまの法要形式を摂取し移植した、その成果だったのではないかと考えている。

なお、特殊事例として掲げた愛知県滝山寺の場合は、法要の次第はほぼ悔過法要に準じているが、中心部に本尊および十二神将の真言を配し、通常の悔過法要の［如法念誦］の部分（第四章第三節参照）が特に強調されている。その結果［称名悔過］の部分が切り捨てられたかたちと考えられ、今回の詞章対照表には掲出の意味をもたない。従って、前掲図Ⅱに特殊事例として掲出するにとどめた。

薬師悔過の典拠

本稿末尾に掲げた表Ⅲ（一九六〜一九九頁）は、薬師悔過の典拠を明らかにし、諸寺の異同を比較検討するための［称名悔過］詞章対照表である。掲出の意図や形式は吉祥悔過の場合と全く同様で、最上欄に経典所出の文言、以下ア〜コの一〇欄に諸寺薬師悔過法要から［称名悔過］の全詞章を掲げた。ここでは、所依経典の文言との比較対照のために、事例ア（薬師寺）に基づいて薬師悔過における［称名悔過］の構成を一覧する。

区分Aは、吉祥悔過の場合と同じく、あまねく仏世界を讃嘆するいわば定型部分である。Bで薬師如来の分身仏を称讃し、Cで薬師如来のいます仏世界を讃嘆し、さらにDでは本尊の誓願力と神呪を称讃した後、Eの総祈句で締めくくる。中心となるのはもちろんB〜Dで、ここに薬師悔過を特色づける詞章が配される。

薬師如来に関する経典としては、薬師琉璃光如来本願功徳経（『大正蔵』一四）・仏説薬師如来本願経（『大正蔵』一四）・仏説灌頂抜除過罪生死得度経（『大正蔵』二一）・薬師琉璃光七仏本願功徳経（『大正蔵』一四）などがあるが、すべて奈良時代以前に請来されている。いずれも、東方浄瑠璃世界の主尊薬師琉璃光如来が、一二の誓願——薬師十二大願——を以て現世の衆生を済度し、現世の人々が受ける種々の災難——七難九横——を救い、広大無辺の仏力によって世を利益することを説いている。また本尊の脇侍仏として日光月光の二尊が従い(22)、仏法守護の十二神将が眷属神として従うことも説いている。ただし、この中の薬師琉璃光七仏本願功徳経（以下『七仏薬師経』と略記）のみは、右の経説に加えて薬師如来の分身仏の存在を説き、分身六仏がそれぞれの世界に住し、本仏とは別のそれぞれの誓願に基づいて衆生済度に努めている、と説く。

以上の薬師諸経の経説と、表Ⅲの諸事例を対照すると、すべての事例の区分Bに分身仏の名が列挙されている点で七仏薬師経以外を典拠とする可能性が薄れる。また諸経に記す十二大願の訳語を比較すると、七仏薬師経のそれが区分Dの詞章に最も近いことや、陀羅尼の功徳を明瞭に説くことも直接的な影響をうなずかせる。以上によって、七仏薬師経を薬師悔過の典拠として特定した。

なお、後に述べるように、事例オ〜コでは区分DとCの部分の欠如がみられる。しかしこれらの事例にも、区分Bにおける分身六仏はすべて存在しているので、表Ⅲに掲げた全事例が七仏薬師経を典拠としている、という判断は変わらない。

諸寺の薬師悔過

諸寺の薬師悔過が七仏薬師経に基づいて成立していることを前提として、改めて事例ア〜コを通観すると、南都系の四寺（ア〜エ）の場合は区分Dの部分が全部分に対して大きな比重を占めているのに、事例オ以下の他の寺院では全く欠如していることがわかる。また、高野山系の二寺（オ・カ）には区分Cの部分が残存しているが、太山寺と若狭神宮寺（キ・ク）ではかろうじて名残りをとどめながらも消滅に近い形態となっているし、さらに国東諸寺（ケ）では、それも全く失われている。九二頁図Ⅱに見た薬師悔過の伝存事例は、南都を中心としてあたかも同心円を描くような広がりを見せているのだが、その広がりに対応して［称名悔過］の後半が消滅してゆく感がある。

［称名悔過］一段にみるこの展開は、本来この部分に課せられていた〝懺悔の称名礼拝〟の意義の減少を意味する。薬師悔過が、病気の平癒や疫禍物怪の退散を祈るという、切実な願望を以て催行されていたとき、懺悔の心情は特に濃密だったであろう。しかし、催行が年中行事化し伝播地域が広がるにつれて、その認識が稀薄になるのも否めぬなりゆきであろう。諸寺薬師悔過の［称名悔過］にみる前述のような展開は、このような流れの中に生じた結果と言えるのではないかと思う。

この推測を裏付けると思われる事実がある。事例キ・ク（太山寺・若狭神宮寺）の場合は、［称名悔過］が全般的に短縮された代わりに、引き続く［発願］（二二八〜二三五頁の表Ⅲ—続に掲出）で、経典に説く七難の一つひとつを挙げてその除難を願う。さらに［奉請］［如法念誦］の段落を経て後、再び「南無薬師如来聖朝安穏、南無薬師如来伽藍安穏、……」と、本尊の名号を頭記して大小さまざまの願意を述べる。このとき、太山寺では一句ごとに礼拝を行う。ここには明らかな祈願重視と、副次的に添えられた懺悔の表現がみられる。また事例コ（四天王寺）の場合は、区分Bで変則的仏名を列挙するが、それに引き続く［諸願］の段で「本願聖霊浄仏国土南無薬師如来、登霞聖霊成等正覚南無薬師如来、……」と、本尊の名号を一句ごとに添えて願意を述べる（表Ⅲ—続の［諸願］の部分）。以上はすべて本尊の威神力を頼みに願望の達成を願うものであり、懺悔の心情の稀薄化は現実的祈願の顕在化と表裏をなして形成されたと考えられる。事例コに見た、現世利益の本尊に向かって来世を祈るような事実も、祈願重視の延長上にあるひとつの展開と考え得るだろう。

前節のはじめに記したように、悔過会は懺悔という形態をとる祈願であり、称名礼拝による懺悔を前提として願望の達成が約束されることを期待する。しかし、薬師悔過においては、その前提条件を簡略化して直截的な願望表明に至る形態がより多く伝存している。そこに悔過法要に対する認識の変化が読み取れる。前節で取り上げた吉祥悔過にも、懺悔型と祈願型を分別し得る要素があった。しかしその相違は、薬師悔過に見た展開の様相とは比べようもなくささやかである。薬師悔過諸事例にみる懺悔型から祈願型への展開は、広大無辺の仏力を以て現世の衆生の苦悩を救う、という薬師如来の本願そのものに胚胎するところであり、また吉祥悔過のような国家的統制を受けることなく諸方に定着した結果によるものであろう。

以上のような展開を示す諸事例の中で、南都諸寺におけるそれが、経典に忠実な詞章と懺悔型の形式を保っているのが注目されるが、それはおそらく、南都が悔過会成立定着の本拠ともいうべき地域であり、また『延喜式』に確認した薬師寺大般若会のように、本格を保つべき条件の下に在ったことなどによるもの、と考えている。南都郊外の霊山寺（事例エ）の場合、構成上の骨格を保ちながらも思い切った詞章の省略が行われているが、この事例には、南都の中心を離れた富雄の山中で伝統の継承を果たしたために、独自性を発揮し得た当該寺の立場が反映されていると見ることも可能ではあるまいか。

4　十一面悔過

観音悔過の周辺

第一章に挙げたように、本尊別の伝存悔過事例で十一面悔過は一五例を確認しているが、これは薬師悔過の一七例に次ぐ数である。しかも、その他に千手悔過一一例・如意輪悔過三例・准胝悔過一例・不空羂索悔過一例があり、観音悔過を一括すると他を圧する数となる。そして、これら悔過会の本尊となったのは、すべて密教的変化観音である。

速水侑氏は、わが国における観音信仰について、「現世利益を含みつつも亡者追善を基調とする性格」を以て飛鳥・白鳳期を経過し、奈良時代に至って「鎮護国家的効験を期待され」るようになったこと、奈良時代におけるその信仰が密部観音経典に基づくものであったこと、密部観音経典の大量書写が完了した天平十年代後半から、密部変化観音の造像が盛んになったことを明らかにされている。[23] また別に聖武皇后光明子の写経事業に密部観音経典に対する強い関心が読み取れる、という興味深い指摘もある。[24]

現世利益を求める密教的変化観音への信仰が、観音悔過という表現をとることは、悔過会の性格上必然のなりゆきであったと思われるが、事実正倉院文書には、天平勝宝五年（七五三）以降、「十一面悔過所」「十一面悔過衆」「千手千眼悔過所」の名が計四例見出され、[25] また『東大寺要録』巻第七所収の「東大寺権別当実忠二十九个条事」（以下「実忠二十九箇条」と略記）には、実忠が天平勝宝四年から十一面悔過に奉仕した旨が記されてあり、[26] 八世紀半ばにおける十一面悔過・千手悔過の存在を知ることができる。前述した「薬師悔過」の初出以後、「吉祥悔過所」の初出以前の時期である。右の「実忠二十九箇条」に関しては、すでに山岸常人氏が周到な検討を加えておられ、[27] 実忠の天平勝宝四年からの十一面悔過奉仕のことも容認されているので、これらの史料によって、当時の観音悔過の有り様をいささかなりとも考えてみたい。

正倉院文書には「十一面悔過所」に関して左の二例が見出される。[28]

(一) 陀羅尼集経一部十二巻 一切経内者 竹綵帙　牙籤

右、依次官佐伯宿祢判官石川朝臣天平勝宝五年二月一日宣、奉請紫微中台十一面悔過所、使舎人刈田益熊、

知呉原 生人

上馬甘

(二)　陀羅尼集経一部十二巻在帙占　法花経一部八巻在帙占
十一面経二巻玄奘三蔵訳
右、依板野命婦宣、奉請十一面悔過所、使舎人弥伊加保
天平勝宝五年五月一日撿出他田水主

右によれば、天平勝宝五年二月一日の宣旨によって、陀羅尼集経を紫微中台十一面悔過所に奉請し、また同年五月一日にも宣旨によって陀羅尼集経・法華経・十一面経が十一面悔過所に奉請されている。山岸氏は、「実忠二十九箇条」の検討によって、右の史料と実忠の十一面悔過奉仕との関連を、実忠は「天平勝宝四年に、羂索院に付属する一小堂宇を建立して、十一面悔過勤修を開始した。良弁とも親しく、玄昉の影響等もあって密部系統に関心の深かった光明子は、十一面悔過作法を修することのできるこの良弁の高弟を採用して、天平勝宝五年から、紫微中台で十一面悔過を行わせることにした。」と考察された。(29) 先にも触れたように、光明子が密部経典に関心を寄せたことについては指摘されており、それを踏まえての右の考察には説得力がある。また、神亀五年（七二八）に、光明子が皇太子基王――わが子でもある――の病に際して、一七七軀の観音像と一七七巻の経典を敬造し、「礼仏転経、一日行道」して平復を祈った（『続日本紀』神亀五年八月甲申条）のは、観世音菩薩を本尊とする悔過と考えられるから、光明子の周辺で観音悔過の法要形式が形成され得る可能性は大きい。しかし、天平勝宝五年に、十一面悔過所で行われたであろう十一面悔過が、特定の法要形式を成していたと考えるには、ためらいがある。

前掲(一)・(二)で、十一面悔過所に奉請された経典の中、陀羅尼集経は、その巻四に十一面観音の神呪の功徳、諸仏讃嘆による懺悔、供養法などを説く。また法華経は、巻八の観世音菩薩普門品に観世音菩薩の本誓力と称名の功徳

を説く。天平勝宝五年の十一面経（十一面神呪心経）は、十一面観音の神呪の威力と供養作法を説く。天平勝宝五年のこの時、これらの経典を奉請したことの意味は、依拠する経典を特定せず、本尊にふさわしい諸経典の読誦と礼仏を行うことにあり、実態としては神亀五年の「礼仏転経、一日行道」に近いものだったのではないか、と思う。特定の経典に基づく法式が定まったとき、関連経典のあれこれを悔過所に奉請する意味はなくなるはずである。この視点に立って、右の時期を法要形式の形成されつつあった段階と考えれば、この時の経典奉請の意味は理解できるように思う。

千手悔過の場合は如何であろう。

正倉院文書天平宝字二年八月十七日の「造東寺司牒」に、千手千眼悔過所の存在を示す次の記載がある。(30)

造東寺司　牒菅原寺三綱務所
千手千眼経伍拾巻黄紙黄漂（ママ）綺帯朱頂軸
右、得佐官平栄師今月八日口状云、被少僧都慈訓師同日宣偁、件経為転読千手千眼悔過所奉請者、今依宣旨、随写畢、奉請如件、故牒、
天平宝字二年八月十七日主典正八位上安都宿祢「雄足」（自署）
次官従五位下高麗朝臣（大山）

天平宝字二年八月八日の、少僧都慈訓の宣旨によって、東大寺写経所が、千手千眼経転読のための同経を写し、八月十七日に、菅原寺の千手千眼悔過所に奉請した、という内容である。従ってこの時、千手千眼悔過所では、千

手千眼経の転読が行われたことが明らかである。この時、東大寺写経所では、宣旨を受けて二〇〇巻の千手千眼経を書写しているが、同月九日には興福寺・元興寺にも五〇巻ずつが検納されており、山階寺（興福寺）の五〇巻は転読のためであることが明記されている。(31) 以上は、この時、菅原寺の千手千眼悔過所をはじめとする諸寺において、経典転読の形式による千手悔過が行われていたことを示すものである。

十一面悔過といい千手悔過といい、七五〇年代における観音悔過の勤修形態を僅かの史料に基づいて推測する限り、当時、尊別の観音悔過は、固有の法式を確立するに至っていない情況であったように思われる。

ここで、再び実忠に立ち戻る。「実忠二十九箇条」で、実忠は自らが十一面悔過に奉仕したことを「合七十年自去天平勝宝四年至大同四年毎年二月一日二七ケ日間奉仕如件」と記している。天平勝宝四年から大同四年まで七〇年という数は合わないが、悔過会の奉仕については自負するだけの実績はあったと考えられる。たとえば、正倉院文書宝亀四年正月二十八日の「倉代西端雑物下用帳」によれば、十一面悔過衆僧座料として畳と帳が実忠に付されているが、この畳や帳はおそらく二月堂十一面悔過所用のものであり、それが実忠に付されているのは、実忠が法会の代表的立場にあったことを示すものであろう。また「実忠二十九箇条」に記す事績のひとつに、近江志賀山寺の読経悔過に宝亀五年から奉仕したこと、また十二月の朝廷の悔過に際して、「奉供仏聖両座油、幷悔過衆僧手火、仏斵薫炭等、今至于卅五年、猶不断止也、」と、私財を投じての奉仕が記されてあり、実忠の悔過会に対する熱意と行動の並ならぬものであったことがうかがい知られる。

前述のような実忠の行動と実績を前提にして観音悔過を考えるとき、二月堂修二会の創始者を実忠とする伝承に蓋然性が加わる。十一面悔過は、その法式が未確立であったと推定される天平勝宝五年の頃から、先行の尊別悔過に倣っての、固有の次第を確立するための積極的な歩みが、実忠を中心に行われたのではなかろうか。

平安時代に入ると、史料上に「十一面悔過」という表記は見られなくなる。承和四年（八三七）に「人主安穏、黎庶和楽」のために五畿内七道諸国に告知して、国分寺において浄行僧七口による「一七日夜薫修十一面之法」が行われている（『続日本後紀』承和四年六月乙未条）が、以後公的な観音悔過の明らかな勤修例は見出せない。

観音悔過に関する確実な史料は、ここに引用した範囲を出ない。観音悔過が国家的行事としては定着を果たさなかったことが大きな原因となっているのではあるまいか。

しかし、たとえば『日本霊異記』（中巻―第一一）に、聖武天皇の御世のこととして紀伊国伊刀の郡桑原の狭屋寺での鄙びた十一面悔過が描かれ、『三宝絵詞』（下―正月御斉会）には「公大極殿をかざり、七日夜を限りて、昼は最勝王経を講じ、夜は吉祥の悔過を行はしめたまふ。」という公的悔過と共に、「この月の一日より、もしは三夜五夜七夜山里の寺々の大きなる行ひなり。」（下―二月修二月）という山里の私的な悔過をも描いているから、九世紀初めから十世紀末頃に、私的・地域的悔過が処々に定着していたことは疑いない。

十一面悔過と催行寺院

図Ⅲは、十一面悔過の次第本確認事例である。平城京とその周辺部への集中が明らかである。この中の東大・中ノ川旧観音・中宮・法隆・松尾・長谷・清水・観菩提の諸寺は現行事例であり、興福・薬師・長弓・大御輪の四箇寺は非現行事例である。

非現行事例の中、興福寺の次第本は、表紙に「観音悔過　三十二相」と記され、また表紙右寄りに別筆で「興福寺伝承」、左下に「釈迦院」の記載がある。別本「毘沙門悔過」の末尾に、蓮華院で阿弥陀・毘沙門・観音の諸悔過を、干支によって勤修し分ける旨の記載があるから、興福寺で観音悔過が行われたことは確かだが、この次第がそのためのものであったかどうかはわからない。

薬師寺所用と推定した一本は、現在大正大学付属図書館に所蔵されている。表紙と扉に「十一面悔過、阿弥陀悔過」とあり、両悔過が合綴されている。また扉の題名の右肩に「小別当」、題名の下右に「快

悔過会分布図　Ⅲ

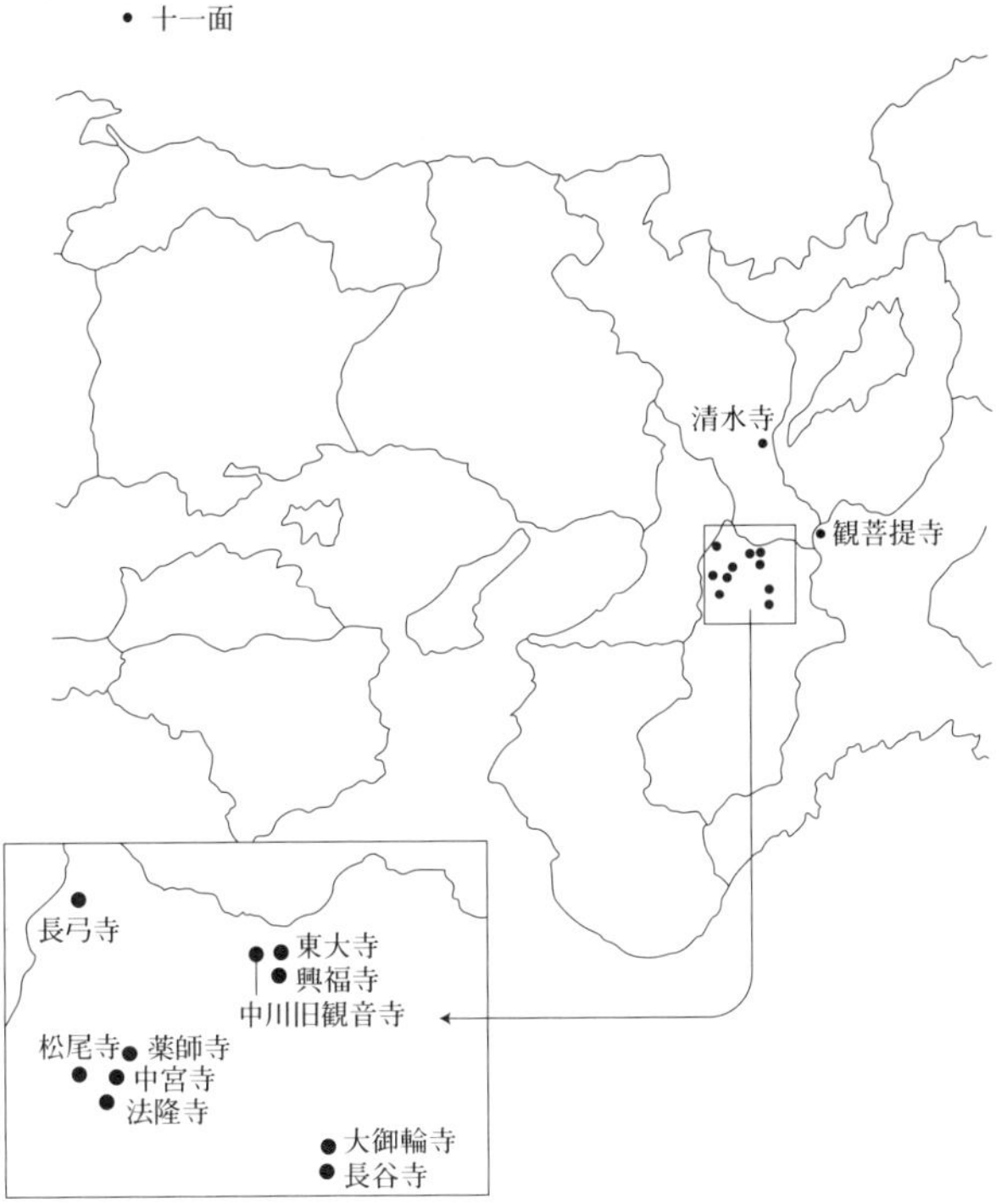

興」と記され、奥書に「寛延三庚午歳菊月上漸」とある。同寺の「黒草紙」「新黒草紙」など[32]には、右の両悔過が勤修された事実を見出すことはできないが、十一面観音像が現存しており、古くは講堂に阿弥陀繍仏、食堂に金銅阿弥陀仏[33]があって、十一面悔過と阿弥陀悔過の次第の合綴があり得ること、「神分」の文言に「殊ニハ法相擁護、(中略)別而当寺鎮守八幡三所、」とあり、薬師寺に適合すること、などの理由によって薬師寺所用の次第と推定した。しかし、その初・結の部分に唐招提寺修正に関する書入れがあり、また、現在唐招提寺の修正会には薬師寺からも参加する習慣があるのだが、

江戸中期には唐招提寺の金堂・阿弥陀堂の「十一面観音懺」「阿弥陀懺」に薬師寺の僧侶が出仕する習わしが定着していたと思われる[34]から、唐招提寺所用と考えるべきかもしれない。

大御輪寺所用と推定したものは、現在興福寺に所蔵されている。表紙に「十一面悔過」、右下に「高遵」、左端に「大御輪寺住」とあり、「永正十年癸酉極月日書之」の奥書がある。高遵が如何なる人か、また大御輪寺所用のものか否か確定はできないが、大御輪寺の本尊が現在の聖林寺十一面観音であること、大御輪寺が大神神社の神宮寺であり、大神神社に古くから行われている疫神鎮遏の「鎮花祭」に呼応して、神宮寺で悔過が行われる可能性は十分に考えられること、次第の中の「神分」に、「別而者当社大神」の文言があること、などの理由で大御輪寺における十一面悔過の勤修があり得た、と考え、ここでは大御輪寺所用とした。

長弓寺では、昭和初期頃までは修正会として悔過法要が勤修されていたというが、[35]次第本の表紙には「修正会法規」、内題に「十一面悔過」と記されている。奥書には「明治四十年二月十五日　円生院宥祥拝書」とあり、末尾に、明治維新以後廃絶した法会を興し、本来は初・後夜二座だった法要を一座とし、二月堂六時作法によって刪訂した趣が述べられている。

先に触れたように、伝存事例が山城清水寺と観善提寺以外はすべて奈良県下に集中している点が看過し難いところであり、また、いずれも「名山浄処」というにふさわしい地域の、由緒ある寺院であることが特色である。その限定的な伝存地域から考えて、おそらくは奈良中期を起源とするであろう十一面悔過勤修の伝統が、公的行事としての脚光を浴びることなく、地域の信仰に支えられて静かな継承を果たした、と考えるのだが、その中にあって、二月堂の十一面悔過があらゆる悔過会を圧する規模と形式・内容を確立し、不退の行法として伝承され続けてきた過程は、まだ究明されていない。

十一面悔過の典拠

本稿末尾に掲げた表Ⅳ（二〇〇〜二〇五頁）は、表Ⅱ（吉祥悔過）・表Ⅲ（薬師悔過）と同じく、［称名悔過］の詞章を通して、十一面悔過の典拠と諸寺の異同を確認するための詞章対照表である。ここでも、前二種の例と同様に事例ア（東大寺）を基に［称名悔過］の構成を一覧し、引き続いてその典拠を確認する。

区分Aは、表Ⅱ・表Ⅲと同様、汎仏世界讃嘆の定型部分である。区分B以下は十一面観音の世界に限定しての讃嘆部分となるが、まずBでは観世音菩薩の過去世における有縁仏を掲げ、続くCで十一面観音の神呪を称讃する。Dでは、十一面観音の像容を讃嘆し、それを通して誓願力の発動を願い、Eの総祈句で締めくくる。

さて、十一面観音に関する経典としては、仏説陀羅尼集経巻第四（『大正蔵』八）・仏説十一面観世音神呪経（『大正蔵』二〇）・十一面神呪心経（『大正蔵』二〇）・十一面観自在菩薩心密言念誦儀軌経（『大正蔵』二〇）などがあるが、十一面悔過の典拠となった経典を求めるには、十一面観音の像容（D）の表現を比較するのが最も的確である。

事例ア〜コのいずれもが、当前三面・左辺三面・右辺三面・当後一面・頂上一面の一一面で二臂の像容である。これに対して十一面観自在菩薩心密言念誦儀軌経は四臂像を説いているから、典拠としてはふさわしくない。残る三経典は、一一面二臂の像容を説く。この場合、その形容の文言にはそれぞれ異同があるが、概して十一面神呪心経（α）に対して他の二経（β）に表現の共通性が認められる。仮に、相好形容の初二句を比較すると、αでは「当前三面作慈悲相、左辺三面作瞋怒相」であり、βでは「当前三面作菩薩面、左廂三面当（神ニナシ）作瞋面」となる。また二臂の表現は、αの場合「左手執紅蓮花軍持、展右臂以掛数珠及作施無畏手」であり、βの仏説十一面観世音神呪経は「左手把澡瓶、瓶口出蓮花、展其右手以串瓔珞施無畏手」、仏説陀羅尼集経では「左手把一澡缶、其澡缶口挿一蓮華、右臂垂下、展其右手、以串瓔珞施無畏手」となる。紛れもなく、α、すなわち十一面神呪心経の表現が、次第本の詞章に近い。また区分Bの仏名にしても、βの二経典に見出されるのは「百蓮華眼無障礙頂熾盛功徳光王如来」のみである。

以上の比較対照によって、十一面悔過の依拠経典を十一面神呪心経と特定した。これまで東大寺二月堂の十一面悔過の典拠は『十一面神呪心経』とされてきたが、それは、二月堂のみならず十一面悔過すべての事例に当てはまることが明らかとなった。

諸寺の十一面悔過

表Ⅳに見るように、［称名悔過］一段の、諸寺の次第にみる構成はほぼ共通している。詞章も基本的には変わらない。その中で指摘したいのは、区分Dの十一面の面相を列挙する部分である。事例ア〜ウは面相を正面・左・右・後・頂上の順に列挙した後「南無頂上仏面除疫病、南無最上仏面願満足」の二句に願意を託して称揚している。これに対して事例エ〜コでは、面相ごとにその相貌の威力を掲げて讃嘆している。それは個々の威力の発動による除災招福への願意の表明であり、事例ア〜ウに比べて、より願望表出が明らかとなる。

以上を、吉祥悔過・薬師悔過に倣って分類すれば、事例ア〜ウを懺悔型、エ〜コを祈願型と称することができるだろう。付け加えれば、これら面相の威力を具体的に示す詞章は経文から引用されているのだが、経文では相貌列挙の部分とは別に、相貌の意義を敷衍して説く部分に記された文言である。おそらく悔過法要の祈願的要素が顕在化する過程で、経文の別の部分から引用し、法要の詞章として挿入されたものであろう。

次に区分Aに言及しておきたい。これまでにも記したように、この部分は汎仏世界を讃嘆する定型部分である。

ところが、尊別悔過を吉祥・薬師・十一面とたどってくると、汎仏世界の表現の変化が分明となる。吉祥悔過の場合、初三句は、ほぼ全事例において毘盧舎（遮）那仏・盧舎（遮）那仏・釈迦牟尼仏と次第しており、華厳経的仏世界を以て、汎仏世界を表現した（表Ⅱ）。薬師悔過では、一〇例の中七例は吉祥悔過と基本的には同じだが、残る三例（キ・ク・ケ）では異なる詞章で汎仏世界を表現している。全事例を通じて、区分Aの句数が増加する傾向もみられる（表Ⅲ）。さて、十一面悔過はどうかというと、事例ア～エの場合は、吉祥悔過と同じ詞章を基本としながら、中間に祈句を加える詞章構成となる傾向がある。これに対してオ～コは薬師悔過の事例ケとの共通性がある。この場合は、普遍的真理そのものである法身仏・衆生の求めに応じて顕現する応身仏・さまざまに変化して衆生を済度する化身仏の三身を列記し、それによって、汎仏世界を表現している。本論では、仮に前者を同体型、後者を三身型と称する。いま、十一面悔過の区分Aを、詞章の異同によって二つのグループに分け、さきに取り上げた区分Dの二つのグループと対比すると、区分Dで懺悔型とした事例が、区分Aではほぼ同体型に属し、区分Dで祈願型とした事例が、区分Aではほぼ三身型に属することとなる。この対応関係については、他の尊別諸悔過を通観した上で結論づけるつもりだが、後にも述べるように、悔過会の展開を考える場合のひとつの指針となるように思う。

最後に、事例ウの特殊性に触れておく。表Ⅳに見るように、清水寺の場合は［称名悔過］のあとに［如法念誦］・［念誦発願］と称する部分が続き、その後、「南無如意之手」「南無合掌之手」を各五返繰り返して本尊を讃嘆した後「南無大悲護念成善願」の祈句でこの部分を締めくくる。［称名悔過］が完結した後に再び現れる本尊讃嘆は、一種の念押し的な意義と考えられるが、次節の千手悔過の詞章を参照すると明らかなように、「如意之手」「合掌之手」は千手観音の像容を示す文言であり、通常の二臂・四臂の十一面観音の像容にはふさわしくない。清水寺の場合は、本尊の「金色八尺十一面四十手[36]」の像容に基づいて、十一面悔過の詞章に千手悔過の詞章の一部が付加された可能性も考えられる。また、この部分は次稿に述べる［宝号］の形成展開ともかかわると思われるので、留意すべき特殊な事例として触れることとした。

5　千手悔過

千手悔過と催行寺院

千手悔過は、十一面悔過に次いで次第本の伝存事例が多い。千手観音を正しくは千手千眼観世音菩薩と称するが、十一面観音が、一一の面相によってその広大な威力を象徴していたように千手観音の一〇〇〇の手と一〇〇〇の眼も、広大無辺の慈悲の手と無辺自在の智恵眼を象徴するという。共に変化観音の代表格である。

前節のはじめに記したように、密教的変化観音は、正系密教請来以前から信仰を集めており、奈良時代には「千手千眼悔過所」も存在していた。その実態の一端については前節で触れたところであり、観音悔過をめぐる当時の情況にも触れたので、ここでは特に触れることをしないが、その信仰の広がりは各地に残された数多くの千手観音像を通してうかがうことができる。

次頁図Ⅳに、千手悔過の次第本確認事例を掲げた。前述吉祥・薬師・十一面の諸悔過の場合も、伝存地域にそれぞれの特色が見られたが、千手悔過の場合は、東西に帯状の伝存地域が存在しているのが特色である。ことに、吉祥悔過・薬師悔過・十一面悔過のいずれもが、平城京周辺部に、より高い伝存密度を示していたのに対して、千手悔過の場合は、むしろ拡散型とでもいうべき伝存状況を示している。

図Ⅳに掲出した寺院の中、若松・清水・松尾・近江・性海・西大の諸寺では現在も勤修されているが、長命・十輪・光明・弘法の諸寺では現在行われていない。

中絶事例の中、長命寺所用の一本は叡山文庫に所蔵されてあり[37]、表紙に「長命寺修正会作法（附）仁王講作法」と記されている。次第の中の［神分］の文言に「郡内ノ鎮守大嶋奥津嶌等、」とあり、近江八幡市の長命寺と考えら

れる。同寺の本尊は千手観音であり、観音霊場として知られているが、いつ頃まで勤修されていたかは不明である。十輪寺・光明寺・弘法寺の場合は、いずれも戦後の社会変動の中で中絶を余儀なくされたもので、次第本もそれぞれの寺院に伝承されており、復元可能な間に再興されることが切に望まれる。

以上の他に金沢文庫にご所蔵の一本[38]と叡山文庫に寄託の二本[39]を参照させて頂いたが、三本とも現時点では勤修寺院を確定するに至っていない。

千手悔過の典拠

これまでの例に倣って、まず本稿末尾に掲出の表V（二〇六～二一三頁）を取り上げる。最上欄に経典所出の文言を、以下ア～ケの各欄に諸寺の千手悔過から［称名悔過］の詞章を掲げたが、まず事例ア（松尾寺）に基づいて千手悔過の［称名悔過］全体の構成を一覧し、その後所依経典を確認する。

区分Aは、他の諸悔過と同じく、一切世界の諸仏讃嘆の部分である。B・Cで千手観音の世界に焦点が定まり、千手観音の一二印明をはじめ過去有縁の仏名を称讃し、Dで千手観音の四〇手の持物とその功徳を列記し、終わりに祈句を添える。そして最後にEの定型的総祈句で全体を締めくくる。

事例アを基に瞥見した千手悔過の［称名悔過］一段の構成は以上の通りだが、千手悔過には指摘すべき特色がある。その一は、事例アに基づく区分が全事例に共通の区分ではなく、特殊な区分とすべき事例（ク・ケ）があること、その二は、区分Cの部分に、［称名悔過］以外の要素が付加された事例（イ・エ・オ・キ）があること、である。この二特色については後述するが、特にその一については、付加部分にかなり重要な意義があり、［称名悔過］の前後の構成とかかわってくる。従って、［称名悔過］の考察に限定した本章で取り扱うと混乱を生ずる恐れがある。以上の理由で、この点に関しては第四章以降で総合的に考察を加えることとし、ここでは、付加部分の有無によって、より祈願の意義が濃くなり、本源的な懺悔の意義が二義的になる、その傾向を指摘しておきたい。

さて、千手観音に関する経典としては、㈠千手千眼観世音菩薩広大円満無礙大悲心陀羅尼経・㈡千手千眼観世音菩薩大悲心陀羅尼・㈢千手千眼観世音菩薩姥陀羅尼身経・㈣千眼千臂観世音菩薩陀羅尼神呪経などがあり、いずれも『大正蔵』巻第二〇に収められている。

千手悔過が依拠した経典としてまず対照すべきは、表Vの、区分Dに列記する千手観音四〇手の表現であるが、前掲四経典の中、四〇手を説くのは前二者のみである。後者の中、㈢には大手一八臂の印相や持物を掲げ、㈣には具体的な持物の表記がないから、四〇手を列記する諸寺の事例には適合しない。また前二者の中、㈡は四〇手の諸印相や持物を列記するが、その第一に「若為一切飢渇有情及諸餓鬼得清涼者、当於甘露手」を挙げ、甘露印と真言を記している。これに対して㈠はこれを記さず、諸寺の事例にもこの詞章はない。さらに、㈠と㈡における四〇手の記載順を諸寺の詞章と対照すると、㈠の記載順が諸寺のそれに対応する。以上によって、前掲四経典の中、㈠の千手千眼観世音菩薩広大円満無礙大悲心陀羅尼経を千手悔過の所依経典と考えた。

諸寺の千手悔過

表Vで明らかなのは、千手悔過が、千手観音の四〇手に象徴される無量の救護力にひたすらすがる形態をとっていることで、たとえば表Ⅱ—吉祥悔過の区分B・Eと比較すると、その表現の具体性に大きな懸隔のあることが一見して明らかである。薬師悔過や十一面悔過との比較においても、その感は深い。

しかし、右のような総括的傾向はありつつ、なお千手悔過諸事例における相互の異同はあり、そこにそれぞれの特色を見出すことができる。

事例ア～ウの場合、四〇手の持物とその功力を一句ごとに掲げている。その一つひとつを讃嘆礼拝することで、千手観音の功力の発動を願う形態をとっている。これに対して事例エでは、千手の功力を示す文言が省略され、さまざまな持物を持つ手を列挙し、事例オではさらに略されて、持物そのものを列挙する。詞章が省略されるにつれて、功力の発動を願う明確な表現が薄れる。

事例カの場合は、事例ア～エの「南無〇〇之手」の表現の代わりに「南無〇〇三昧」の表現が用いられ、四〇の持物に象徴される千手観音が、三昧の境に入って衆生済度の功力を発動することを願う。

事例キの場合は、今、明確な解釈を記すことができない。通常四〇手に表現する像容を、事例キでは二七手に表現している。持物の記載順からも、四〇手の単なる省略とは考え難い。また他の事例で「〇〇之手」と表現する部分を「〇〇之子」と表現している点も、単なる転訛なのか、なんらかの意味があるのか、判断がつきかねる。この点についてはご教示を頂ければ幸いである。

事例クは、表Ⅴに見るように、特殊な区分で構成され、また性海寺と近江寺とで次第を共用している例である。両寺は、共に兵庫県明石川の上流に位置しているが、次第の共用については、近江寺の「牛玉導師作法」の奥書に「右一巻明治四十三年晋山直後ノ修正会ニ際シ性海寺本堂用ノ作法ヲ謹写シ貳拾年間護持セルモ、」云々の文言があり、明治末期にはすでに共用していたことがわかる。近江・性海二寺を含んで「明石八山」と呼ばれる周辺の古寺では、時流の影響を受けながら相互に助け合って修正会を護持してきた経緯があり、その経緯の中から生じた形態と思われる。

この詞章は、区分Dの部分で、前述の諸事例と異なっている。そして、相違する詞章の中、「南無大悲三昧思惟手」から「南無大悲三昧離苦相」までは、千手観音ではなく、如意輪観音の像容・持物を表しており、後半の「南無能施財宝如意手」から「南無能逢善友宝箭手」が千手観音の像容を示す部分となる。つまり、事例クは、如意輪悔過と千手悔過を合わせて作成された次第ということになるわけだが、近江寺の本尊が十一面千手観音であり、性海寺の本尊が如意輪観音であることを思い合わせると、本来はそれぞれの本尊にふさわしい悔過法要を別個に勤修していたものが、相互交流の間に、どちらにも対応できる合成形式を生んだ、と考えるのが自然ではないかと思う。しかし、その合成の時点の特定はできていない。

事例ケの清水寺の場合も、他と異なる特殊な区分で構成され、かつ［称名悔過］以外の要素の付加された事例である。その詞章は、表Ⅳと対照すると明らかなように同寺の十一面悔過の詞章構成に非常に近い。清水寺では、本堂の修正会で十一面悔過を、奥の院の修二会で千手悔過を勤修しており、この次第は奥の院のものである。本堂の十一面悔過に関しては、前項で、本尊の像容に基づいて十一面悔過の詞章の後に千手悔過の二句を加えた可能性を指摘した。千手観音を本尊とする奥の院の場合、当然千手悔過が勤修されるはずである。しかし、区分Dにみる詞章構成は、四〇手の像容で表現する他寺の千手悔過と異なり、十一面悔過の詞章に則ったもの、直接的には本堂のそれに基づいたものと思われる。ただ、すべてを本堂の次第に依拠しているわけではなく、十一面の相好を列挙したあとに祈句を加えて一区切とし、改めて［本誓願］［如法念誦］［念誦発願］を加えている。この部分が本堂の次第と相違し、千手悔過の性格を明示する部分となっている。

［本誓願］は、千手悔過の典拠となった千手千眼観世音菩薩広大円満無礙大悲心陀羅尼経の偈文に基づいて、本尊の誓願力の具現化を願う部分であり、引き続く［如法念誦］も千手陀羅尼の力で誓願力を発動させる部分である。これを添えることで、奥の院の法要は紛れもなく千手悔過たり得ることとなる。おそらくは、十一面悔過の転用に

よる勤修意義の不足を補う意味の工夫であったろう。

［本誓願］は、事例イ―区分Cや、事例カ―区分Eにも加えられている。付加された位置が事例によってまちまちだということは、千手悔過の基本形式が確立した後に付加されたであろうことを語るものだが、［本誓願］を付加する意図は、悔過会が担う現実的願望の達成という意義を、より明確なものとすることにあったはずである。

諸寺の異同を比較すると、千手悔過には、前述した三種の尊別悔過には指摘されなかった、寺院単位での個性を指摘することができる。それは、千手悔過が拘束されぬ立場にあって自発的な勤修が可能であったことや、法要の展開形式を工夫するのに不可欠の習熟度がすでに土壌として存在していたことなどを示しているように思う。

最後に、区分Aの冒頭に目を留めておく。前節で言及したように、十一面悔過では区分Aの初めの詞章に、毘盧舎（遮）那仏・盧舎（遮）那仏・釈迦尊と次第する同体型と、法身・応身・化身と次第する三身型とがあった。千手悔過の場合、前者に松尾寺・十輪寺・清水寺が属し、後者に光明寺・西大寺・弘法寺・若松寺・近江寺・性海寺が属する。ただし、十一面悔過では三句構成だったのが、千手悔過では二句または一句に約めて表現されている。また長命寺・金沢文庫本の場合は、密教の五智を五句で表現している。汎仏世界を表現するこの三系列の、第一を華厳系、第二を法相系、第三を正密系と仮に考え、それぞれの伝存地域と寺院を考え合わせると、ある対応関係を想定し得るように思う。尊別悔過のすべてにわたってその考察を行ったときに、区分Aの冒頭の唱句は、なんらかの意義を示唆するはずである。

6　阿弥陀悔過

奈良時代における阿弥陀悔過の存在を示す史料は、第二章のはじめに記した正倉院文書の「阿弥陀悔過資財帳」一例である。そこには、東大寺阿弥陀院の阿弥陀悔過勤修に用いる料物が種々記されているが、この堂は、「右、以天平十三年三月造作畢、」[40]の記載によって、同年三月の悔過会執行のために建立されたと考えられており、また「右、以天平宝字六年三月会時奉納」[41]の記述と併せて、毎年三月に勤修されたものと考えられている。[42]

記載の料物から推測される阿弥陀悔過の実態を、大野達之助氏は「浄土三部経を読誦したこと、音楽を奏したことはほぼ間違いないであろうし、極楽浄土変と浄土の山水花鳥を描いたらしい厨子があることから、さらに憶測すると、悔過といってもただ罪過を懺悔するだけではなく、それと同時に極楽の荘厳を歎美し微妙な楽音に浸って、往生浄土の報果を願ったものではないかと思う。」と述べておられる。[43]また井上光貞氏は、阿弥陀悔過を「浄土教的要素と密教儀礼的要素とをともに包含しているところの、死者追善の目的の法会」であり、奏楽を伴うのは「花時亦以レ花祭、又用二鼓吹幡旗一、舞而祭」という民間の追善儀礼を思い起こす、として、「特定の人の死者儀礼ではなく、亡魂・疫病一般を鎮圧するための儀礼ではなかったかと思う。」と述べておられる。[44]

先述した諸尊の悔過で、除災招福の意義は、吉祥悔過から十一面悔過、薬師悔過、さらには千手悔過と、具体化し顕在化した。当初の阿弥陀悔過の意義は、その実態と共に推測の域を出ないけれども、「亡魂・疫病一般を鎮圧するための儀礼」とする井上氏のご指摘には共感がある。十一面悔過と催行寺院の項で触れた大神神社の鎮花祭と大御輪寺の十一面悔過という対応関係、および、鎮花祭もここに掲げた阿弥陀悔過も、共に季節の変わり目である三月に催行されるという対応関係、これらは、死者追善の儀礼を通して死霊を慰撫し、死霊による災害を止めようとする意義を思わせ、窮極的には災厄防止という現世利益の目的に連なるものではなかったか、と思う。

奈良時代の阿弥陀信仰は、多くは死者追福と把握され、[45]また観相念仏が主流であったと説かれている。[46]その信仰が、自らの浄土往生や口称念仏に展開するには、なお年月を必要とする情況であった。悔過会に通底する現世利益の意義は、奈良時代の悔過において、例外を生まなかったのではなかろうか。

平安初期に、多度神宮寺や興福寺でも阿弥陀悔過が行われていたという。(47) おそらく、それは奈良時代に存在した阿弥陀悔過の系譜に連なるものであったろう。次項で検討を加えようとする阿弥陀悔過の伝存事例は、その系譜とは異なる形成過程の下に成立したもののように思うのだが、その辺りに主眼を置きつつ、これまでと同様の方法で事例を追ってみたい。

阿弥陀悔過の催行寺院

伝存する阿弥陀悔過には二つの系列がある。一尊の悔過に二つの系列があるのは阿弥陀悔過のみだが、ひとつは天台系諸寺の常行三昧堂修正会に用いられたもの（a）、いまひとつは平安京周辺の寺院での修正会所用のもの（b）である。次頁の図Vに、その二系列を、記号を分けて記した。

aの系列（記号●）では、毛越寺のみが現行事例であり、延暦寺・日光輪王寺・慈恩寺は中絶事例である。その他に叡山文庫ご所蔵の二本がある。現行事例の毛越寺の場合は現在も常行堂で勤修しており、中絶事例にしても、叡山文庫本を除くいずれもが常行三昧堂の修正作法であると明記しているから、この法要が常行三昧堂とかかわり深いことは明らかである。特に毛越寺ではこの次第を「常行三昧法則」と称し、慈覚大師直伝の古様の次第、という誇りと共に勤修し続けている。

中絶事例の中、延暦寺所用としたものは『魚山叢書』第四只博士口決に所収の「修正唱礼作法」で、天保九年三月十四日に「覚朗（淵カ）法印自筆円珠上人先徳之本」を覚秀が書写しており、「唱礼導師者叡山常行堂修正作法」である旨

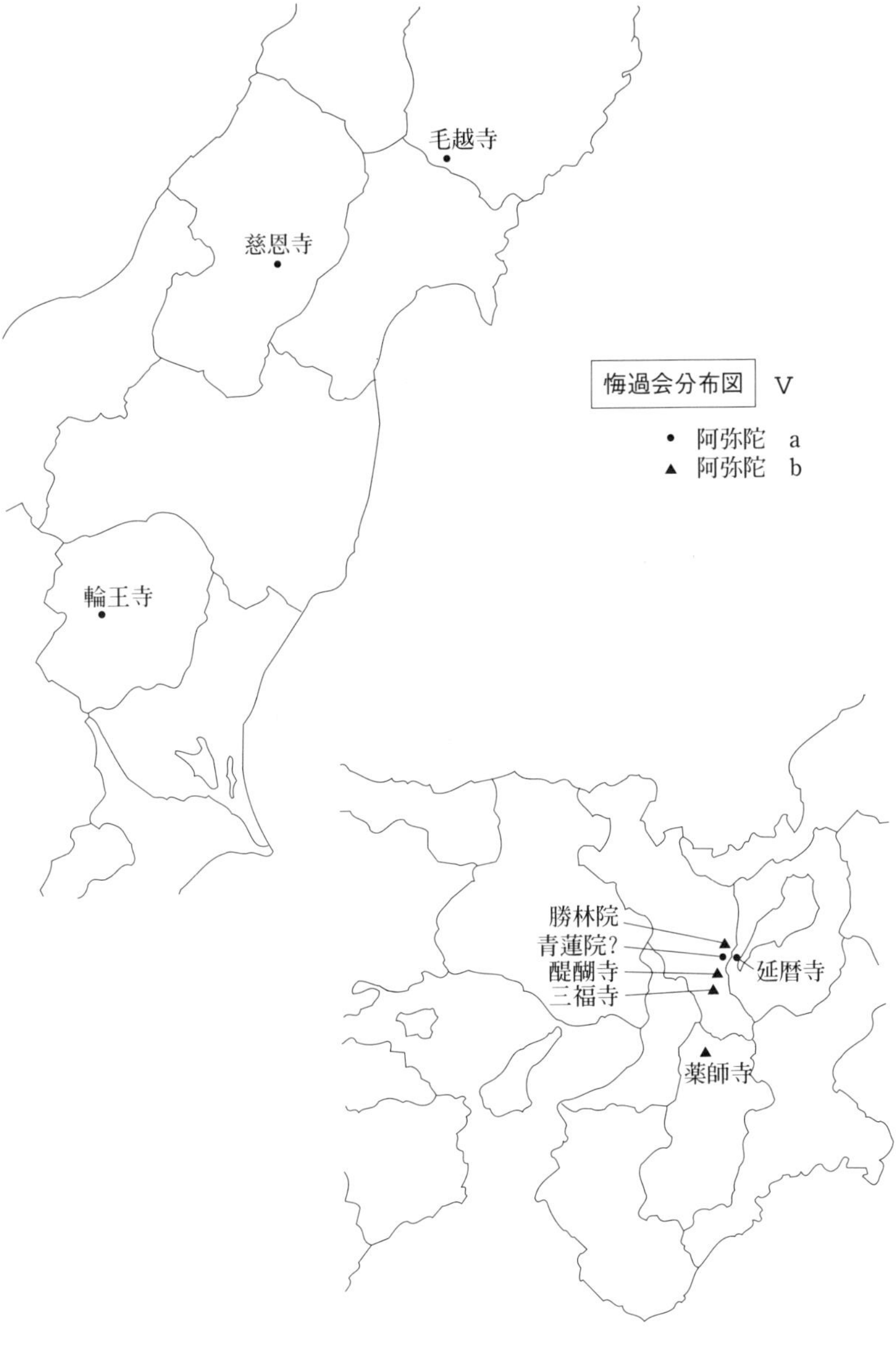
毛越寺
慈恩寺
輪王寺
悔過会分布図　V
• 阿弥陀　a
▲ 阿弥陀　b
勝林院
青蓮院?
醍醐寺
三福寺
延暦寺
薬師寺

の奥書がある。前記、叡山文庫にご所蔵の二本の中、一本[48]はこれと同じ内容である。

輪王寺の場合は、法要の次第本としては披見していない。しかし、常行堂に施入された声明本――応永四年丁丑八月十一日に如法阿闍梨栄重が施入したと奥書に記す――に、「常行堂修正作法」と題して一連の声明が記されてあり、これに基づいて判断した。

慈恩寺ご所蔵の次第は、現行の本堂修正会と表裏一帖に記され、「常行堂法則」の内題がある。奥書には「文化十三丙子年十月廿日、金剛仏子普明宥勝」と記されている。慈恩寺は少なくとも平安時代には存在しており、永正元年（一五〇四）の火災焼失前に常行堂も存在していたらしい[49]から、この次第を同寺所用のものと推定した。

叡山文庫ご所蔵の、他の一本[50]は「修正初夜導師作法」の表題と「修正初夜導師次第私」の内題があり、奥書には「本云承久三年正月廿六日於粟田口御房小対妻隔屋書写了」「延文五年正月廿日於白川光明寺殿書写之、権少僧都信聡」など五つの年紀があり、「文化十年癸酉秋八月以葛川明王堂古本令書写者也、台嶽法曼院大僧都真超／同十一年甲戌三月十四日於里坊一校合了」で終わっている。延暦寺本と少異がある。奥書の文言から、もと青蓮院周辺の修正会に用いられたものでもあったろうかと思われる。

一方のbの系列（記号▲）でも、現行事例は大原勝林院（事例エ）のみである。

中絶事例の中、醍醐寺所用の次第（ア）と推定したのは同寺ご所蔵のものである。披見した四本の中、一本には表紙に「阿弥陀悔過私」、表紙右下に「覚観」、内題に「阿弥陀悔過」と記され、奥書に「右慈心院僧正俊賢以御口授写之者也／寛政十二年庚申二月三日於中谷竹坊書写之者也、延命坊覚観」とある。[51]醍醐寺には、この他に釈迦悔過・准胝悔過の次第も所蔵されてあり、金堂、准胝堂、上・下清滝宮などにおける悔過勤修も明らかだし、前記奥書に見る「慈心院僧正御口授」の文言や慈心院をはじめ金堂・無量光院など、主要堂宇に阿弥陀像が安置されていたことなどを勘案して、醍醐寺所用の次第と考えた。これとごく僅かに詞章を異にする別本[52]もある。

三福寺所用の一本（イ）は醍醐寺に所蔵されている。表紙に「阿弥陀悔過」、右端に「摩尼坊」と記され、「安永第八正月上旬候、於円明院東窓以古本書写之耳、少僧都淳覚」および「毎歳炭山村宮寺三福寺所用也」の奥書がある。[53]「円明院」は『醍醐寺新要録』上巻に記す「円明房」であろう。三福寺は醍醐寺領炭山村の、炭山八幡宮の神宮寺であったというから、醍醐寺とのかかわりも深いはずである。前記醍醐寺所用の別本と［称名悔過］の詞章を共有し、僅かに法要末尾のみを略してある点などからも、相互のかかわりの深さを推し測ることができる。

薬師寺所用と考えた次第（ウ）は、十一面悔過と合綴された、大正大学ご所蔵のものである。その所見はすでに述べたので、ここには記さない。

この他に叡山文庫にご所蔵の一本[54]がある。これは勝林院本を写した旨の奥書があるが、実修の有無も場所も不明である。

阿弥陀悔過の典拠

本稿末尾に掲げた表Ⅵ（二一四〜二一九頁）は、前述した阿弥陀悔過a・b二系列の詞章比較表である。a・bともに、最上欄に経典所出の文言を記し、以下の欄に諸寺の［称名悔過］の詞章を掲げてある。

a系列の事例ア〜ウは、前項にも記したように、常行堂という限定的な場で用いられている。その構成を一覧すると、区分Aは三世諸仏を、区分Bでは十方諸仏を、区分Cには三宝を、区分Dは過去諸仏を掲げており、この部分のみで阿弥陀悔過の詞章と判断することは難しく、後半の阿弥陀経の読誦と念仏の部分を併せて判断したのだが、法要全体の構成も典型的な悔過法要の構成とはいささか異なっている。この法要については、前項にも記したように、一部の伝承者には古式の常行三昧という認識があり、勤修の場を考え合わせると、その可能性は否定できない。しかし、現行の天台宗所用の常行三昧次第と比較すると、法要の後半部の、阿弥陀経読誦と念仏を中心とする構成に共通性はあるものの、前半部分の構成には、常行三昧より法華懺法の次第との近縁性が濃いように判断される。法要全体の構成から判断すると、常行三昧・法華懺法のいずれよりも、七二頁の表Ⅰに掲げた礼懺儀（集諸経礼懺儀）所収の、αの次第が最も近い。また表Ⅵ―aに掲げた［称名悔過］の詞章は、現行の常行三昧・法華懺法の詞章とは全く対応しない。

前述のことがらから、常行三昧堂所修のこの形式を、常行三昧の古式と特定することはできず、むしろ、礼懺儀のαの形式に相当する懺悔の自行作法に、阿弥陀経の読経と念仏など一連の部分を加えて阿弥陀悔過としての形式を整えたのが、この法要形式ではないか、と考えているが、この点に関しては後に再び触れることとしたい。

さて、表Ⅵ―aのよりどころを、掲出諸例の詞章に基づいて求めると、区分Aはこれまでと同じく導入部の定型部分であるが、区分B・Cは三十巻本仏説仏名経（以下仏名経と略称）の巻第一に、また区分Dは同経第二に対応する文言を見出すことができる（ただし、区分Bの仏名列挙の順は異なる）。十二巻本仏名経には、区分Cの対応部分がなく、Dにも小異があるから、現時点では三十巻本の仏名経を、阿弥陀悔過a系列の［称名悔過］の典拠と考えた。

尊別悔過では、各尊別の特色が［称名悔過］に表現されるのが通例であり、本論ではそれを前提として考察を行ってきたわけだが、阿弥陀世界を直接には描かない阿弥陀悔過―aの［称名悔過］は例外である。この事実を、先に述べた礼懺儀との類縁性を基に、いま一度振り返ってみたい。

阿弥陀悔過―aの形式が典型的な悔過法要の形式ではないこと、その最も近い形式が礼懺儀のα（表Ⅰ参照）であることは先に述べた。表Ⅰに掲げたように、αの形式には「称名悔過」の段がある。そこには導入部で一切世界の諸仏を称揚した後に、十二巻本仏名経の巻第八所出の二十五仏名が列記されており、またこの法要の終結部を仏名経の読誦で締めくくっている。つまり礼懺儀に記すαの形式は、仏名経に基づく悔過作法と考えられる。このαの形式の詞章、すなわち十二巻本仏名経に依拠して成立した詞章から、さらに三十巻本仏名経に基づく詞章が形成されることは容易に推測される。さらに憶測を加えれば、三十巻本に基づく詞章は、先に記したようにあらゆる仏世界、また三宝すべてを対象としているから、その作法は、尊別を限定しない汎仏世界的悔過作法になるわけだが、これに阿弥陀経と念仏を加えれば、阿弥陀仏世界を対象とする限定的作法が成立する。以上のような過程で阿弥陀悔過―aの作法が成立したとすれば、それが常行三昧堂における自行作法として定着する可能性は大いにあり得るし、悔過の作法という共通性によって修正会の法要となる蓋然性も大きい。この推測を容認すれば、〃古式の常行三昧〃という伝承はゆえない伝承ではないのかもしれない。ただし、この問題は軽々に結論を出せるものではなく、仏名会や常行三昧とのかかわりなどと共に、改めて考察すべき課題である。

最後に仏名経の十二巻本と三十巻本に言及すると、「奈良朝現在一切経目論」に掲げるのは十二巻本であり、承和十三年（八四六）の、諸国仏名悔過の執行を求める太政官符[55]にも「夫万三千之宝号、二十五之尊名」とあるから、平安初期までは十二巻本が主流であったと考えられる。従って阿弥陀悔過―a系列の法要形式の成立を、東大寺阿弥陀院の阿弥陀悔過勤修の時点までさかのぼらせるには疑問がある。

ここでb系列に視点を移す。この系列の事例は、平安京周辺の、貴族社会とのかかわり深い寺院に主として伝存する点に特色がある。この系列の「称名悔過」の構成は、区分Aが汎仏世界の讃嘆、区分Bには極楽浄土に生ずるための定善十三観を、区分Cには同じく浄土往生のための三観九品の散善を述べ、区分Dの祈句で締めくくる。これらの事例は、基本を同じくしながら、個々に詞章の増減や異なる表現を試みている点に特色がある。

阿弥陀悔過が典拠とすべき経典としては当然浄土三部経が挙げられる。いずれも奈良時代以前に請来されているが、わが国への浄土三部経の請来の第一は無量寿経であり、奈良時代に入ってから阿弥陀経が読誦経典として盛行し、次代の天台浄土教に至って観無量寿経が中心となったという[56]。ところで阿弥陀悔過―bの諸事例では、前述のように定善・散善の十六観――阿弥陀浄土に生ずるための十六の観法――が詞章の中心となっているが、この十六観を説く経典は観無量寿経（仏説観無量寿経）のみであり、他の二経にはそれがない。従って阿弥陀悔過―b系列の典拠は観無量寿経と特定することができる。吉祥悔過以降これまで考察した諸悔過が、すべて現世における利益満足を期待することが明らかだったのに対して、この場合は来世の願生極楽浄土を祈ることを明らかな目的としている。また、その詞章をみると、前述諸尊の悔過に見た経文の直接的依用――仏名・相好・本誓など――から一歩を進めて、経説を咀嚼して詞章化する、という特色を見出すこともできる。そこに、悔過会の本質的な変容と、その背後にある仏教信仰の深化・展開をうかがうことができるのだが、悔過会のこのような展開は、平安中期以降の浄土信仰を背景とする数多くの造寺・造像の営為と、特に院政期以降のこれら諸寺における修正会・修二会の盛行の中で形成確立したものと考えられる。一方、浄土思想の広汎な展開にもかかわらず、伝存事例が平安京周辺の貴族社会との深いかかわりと共に存在した寺院に多く見出されるのは、一般社会の悔過会に対する期待があくまで現世の除災招福にあり、浄土思想に基づく阿弥陀悔過の盛行が貴族社会における盛行にとどまった、という推測を生じさせるのである。

以上、伝存事例の「称名悔過」を通して考察した阿弥陀悔過からは、正倉院文書に見出す「阿弥陀悔過所」の勤修法要を想定することはできない。それは、おそらく伝存事例で確認した形式が、わが国における浄土信仰の多様な展開の中に形成され、定着・伝存したものであり、奈良時代における阿弥陀悔過とは異なるものと考えるべきことを示している、と思うのである。

三　悔過法要――懺悔色と祈願色

第一章と第二章では、まず悔過法要の基本形式を伝存事例から遡行して確認し、わが国における悔過会成立の過程における悔過法要形成の時期と、法要形式の典拠を考察した。次いで奈良時代の史料にその名の見える吉祥悔過・薬師悔過・十一面悔過・千手千眼悔過・阿弥陀悔過の諸尊別悔過法要を取り上げ、それぞれが依拠した経典を確認した上で、収集した諸事例の法要の構成や［称名悔過］の詞章を比較検討し、懺悔の心情表明の部分を通して尊別悔過個々の特色や意義などを確認した。

第三章以下では、第二章に引き続き、悔過法要の中心部における［称名悔過］以外の主要部分を取り上げ、その詞章の比較考察を通して各尊別悔過の動向を追う。さらに第一章以下の考察の結果を集約することで、悔過会という、古代に淵源し、かつ現代にまで伝承されてきた法会の、消長・展開の一端を明確にしたいと思う。

さて、これまでに詞章を比較した［称名悔過］は、本尊世界やそのすがたを讃美し、本尊の誓願や威力を讃嘆しつつ懺悔の礼拝を繰り返して罪障の消滅を乞う意義をもつ一段であった。［称名悔過］を中心に据えた法要形式が「悔過法要」と呼称されるゆえんもここにあるのだが、次いで詞章の比較を行うのは、［称名悔過］に引き続く［発願］［如法念誦］［諸願］などの諸段で、ここでは、本尊の救済力の発動を求め、さまざまの願望を具体的に開陳する。これらは、礼拝懺悔することの功徳が種々の願望の成就をもたらす、という経説にのっとり、また雑密的呪力の発動を期待して法要の構成要素となったと考えられるが、わが国において、悔過会が祈年を目的とする法会としてのみ定着した事実を思えば、この部分こそが法要の眼目であり、これに先立つ［称名悔過］はその前提部分だという解釈も成り立つほどの意義をもつ、とさえ考えられる。

ここで、先に掲出した悔過法要の構成表を再び確認しておきたい。本稿で検討の対象としているのは七二頁の表I―Cの部分であるが、まず悔過法要の形式上の典拠となったと考えられる集諸経礼懺儀所載の二形式の中、αの形式では、Cの部分が［称名悔過］のみで構成されている。引き続くDの部分は、総括的に懺悔の心意を表出する［大懺悔］と、その善根が他に巡り及ぶことを願う［発願］と、それを確認する［懺悔偈］で構成されている。従って、αの形式は、明らかに称名礼拝による懺悔の心情表出に主眼が置かれている、と判断される。

βの形式ではどうかというと、Cの部分が［称名悔過］と［諸願］で構成され、［諸願］の詞章には「為諸龍神等風雨順時、為天皇天后聖化無窮、為十方施主六度円満、為四方寧静兵甲休息、為三塗八難受苦衆生、」など、現実的・具体的願意が連ねられ、その目的の下に三宝を讃嘆している。続くDの部分では、懺悔の至情を以て諸尊に帰依・懺悔・随喜・勧請・回向を行う［五悔］と、衆生が煩悩を離れて悟りに目覚めることを願う［小発願］、僧侶のあるべきすがたを念ずる［六念］と次第する。従って、βの形式では懺悔の心意表出を主眼としながらも、その功徳によってかくありたいと望まれる願意が明瞭に表出されており、そこに、懺悔という行為による願望成就への期待を読み取ることができる。

以上のように、集諸経礼懺儀に所載のα・β両形式には、懺悔の発露を専一とする構成と、懺悔の功徳による願望成就への期待を加味した構成という、悔過法要の本質にかかわる差異のあることが指摘された。その差異は、おそらくこれらを祖型として成立したであろう諸寺の悔過法要形式にも指摘され、法要の性格を示す要素となっている。本章では表Ⅰに掲出した諸例の、特にCの部分に目を向けて、その差異と個々の特色を確認しておく。

表Ⅰ—aの最勝光院修二会の場合は、［礼拝（称名悔過）］をはさんで［散願］と［一切諸願］を前後に配置する。詞章は一切不明だが、ここで具体的な願意が述べられたと考えられる。［一切諸願］と同時進行する［乱声］は、大音（声）を挙げて諸神を驚覚させ、その威力の発動を促す呪的作法と考えられるから、［一切諸願］の達成をより確実なものとするために配置されている、と解釈できる。これを、先に検討したα・βの場合と比較すると、最勝光院の次第のCの部分には、願望の達成にかけられた、より大きな期待が看取され、そこに比重を置いた形式と考えることができるだろう。

同じくbとして掲げた鶴林寺修正会の吉祥悔過の場合は、［称名悔過］に引き続いて、本尊に随伴する諸眷属を法会の場に請じ迎える［奉請］と、本尊の真言を誦して、その本誓力の発動を祈念する［如法念誦］を配しており、そのあとに［仏名］を配して願意を述べる。神聖無比な真言の呪力で願望成就の力を発させようとする［如法念誦］は、前出a形式における［乱声］に相当する。民俗的呪法に対して雑密的呪法が用いられているわけだが、いずれも除災与楽の実現を目指す一段を形成している。さらに、この形式における［奉請］の意義——諸悪を砕破する眷属諸神を勧請してその威神力による加護を期待する——を考えると、「仏名」と称する［諸願］の前段階により大きな比重を加えた、すなわち、願望の達成をより強固に目指す構成ということができる。従って、構成形式からみたbの形式は、aの形式からさらに祈願の色彩を強めた形式ということができるだろう。

cの東大寺修二会十一面悔過の場合はいかがであろう。この形式では、［称名悔過］に引き続いて、本尊の名号を唱える［宝号］が加わる。［宝号］の唱句は、上段「南無観自在菩薩」、中段が「南無観自在」、下段は「南無観」と変化し、計六〇回以上が繰り返し唱えられ、まさに懺悔の称名礼拝を説く経説の如法の実践、というべき一段となっている。続く［五体］は、五体を地になげうつという形態をとる懺悔の真情表現の一段である。［称名悔過］から［五体］に至る一連の作法によって、東大寺修二会の場合は懺悔の意義が際立って鮮明となる。その後、［発願］で本尊の誓願を自らの誓願としてその実現を果たすべく願意を述べ、さらに［五仏御名］と称する一段で、本尊の神呪の威力がもたらすであろう効能を述べることを以て成就すべき願意としている。ただし、この［五仏御名］の唱句は極端に略された文言となっており、その唱句から意味を読み取ることは難しい。なお、現在は消滅しているが、室町時代の次第本[57]には［五仏御名］の前に［如法念誦］の一段が記されているから、真言の威力による願望成就の意義が現在より明確に表現されていたはずである。しかし、いずれにしても［宝号］［五体］にみる懺悔の意義の表現は、これまでに考察した諸形式のいずれにも増して濃厚であり、基準形式との比較においても、いちだんと懺悔重視に傾いた形式と見ることができる。

最後に掲げたdは、薬師寺修二会の薬師悔過である。この形式は、「登願」と呼称する［称名悔過］から［宝号］と次第する点がcの東大寺修二会の形式と共通しているが、dの［宝号］は、c形式のそれの下段に相当する「南無薬」の唱句を三回唱えるだけであり、称名礼拝という形態で表現する懺悔の意義は、c形式の場合と比較すべくもなく小さい。また、c形式における［五体］に相当する部分もない。またそのあとに［発願］が配される点はc形式と同様だが、引き続いて、「唱名号」と称する［奉請］、［如法念誦］、［祈請］と称する［諸願］と次第しており、その構成はbの鶴林寺の形式と共通している。つまり、［登願（称名悔過）］から［祈願（諸願）］に至る部分の前半はc形式と共通し、後半はb形式と共通するわけで、b形式（鶴林寺）よりは懺悔の色彩が濃く、c形式（東大寺）よりは祈願の色彩の濃いのがd形式（薬師寺）ということができる。掲出諸事例の構成にみた特色から、b形式を祈願型、c形式を懺悔型と名付けるとすれば、d形式は中間型と称すべきであろう。

以上、表Iに掲げた諸例によって、悔過法要の、特にCの部分が表現する意義を、個々の構成次第の比較という手段で試みてみたが、比較によって明らかとなったのは、法要の中心部で表現される懺悔の意義と祈願の意義の比重に差異のあることであった。事例の一つひとつにみる特色として把握されたその差異は、一面で、この部分が個々の表現意図を反映させるべき部分であることをも示している。

懺悔による証果得脱を本義とする悔過の作法に、懺悔の意義が表出されるのは当然のことである。また、副次的意義として祈願の意義が添えられることも、経説に基づく必然性として、第一章「悔過法要の基本形式」以来述べてきたところである。そして、懺悔と祈願という、表裏をなす二つの意義は、悔過法要の形式が成立し、尊別悔過に分かれ、全国的に勤修の場を広げる、という展開の間にその比重をさまざまに変えることとなり、表Iをもとに考察したような結果をもたらした、と考えられる。

以上の考察とかかわると思われるので、法要形式の展開の必然性に言及しておきたい。

表Iに掲出したaからdの四例は奥書によって書写年の明らかな事例であり、それを年代順に並べてある。これを一見すると、aからdへと順次構成要素が増加する傾向がみられ、それは、特に法要の眼目となるCの部分に目立たしい。

法要は、法会にとってはその催行目的を表明し達成するための最重要要素となるから、勤修法要の選択やその勤修形式の適・不適はなおざりにできない。それだけに、法要はそれぞれの基本形式を守りつつ、さまざまの条件や状況に応じて、意義の強調・抑制・付加・転換などの対応を求められるから、必ずしも固定的に推移するとは限らない。悔過法要の形式にみる展開も、そのような背景を負っているはずである。掲出事例が、a形式からd形式へと構成要素を増加させつつ展開し、その増加要素によって祈願の、あるいは懺悔の意義をより強めて幾つもの形式を成り立たせてゆく事実が語るのは、悔過法要の勤修がもたらすであろう効果への期待が、法要の構成にも変化をおよぼすほど切実だったであろうことである。それはまた、悔過会の存在意義の大きさを語るものでもある。

この章で考察したのは、依拠事例を含む僅か六例であり、かつCの部分の構成次第を通してのみのものであった。しかし、ここに導き出された結果は、悔過法要考察の根本に据えるべき問題を含んでいる。その前提の下に、第四章と第五章では尊別悔過の伝存事例にみるこの部分の詞章を具体的に考察し、これまでの比較考察と併せて、悔過法要の中心部に見出される願意表出の種々を明らかにしたい。

四　祈願の前提——［発願］［奉請］［如法念誦］

悔過法要において、祈願が懺悔を前提として成就することはこれまでに重ねて述べてきた。また第一章の表Ⅰ—β形式（七二頁）のように、懺悔を目的とする礼懺作法に、すでに［諸願］の段落を備えた形式のあることも確認した。［称名悔過］［諸願］という必要最小限の要素で構成されるこのβ形式は、十方三世の諸仏諸菩薩への称名礼拝の後、具体的願意の一句ごとに「敬礼常住三宝」の文言を付しており、その文言から察すると、前段に引き続いて［諸願］の段でも礼拝を伴いつつ願意を述べる、という形態が想定される。それは、懺悔の自行作法として成立した悔過法要形式の原初的形態を想像させるものがある。

今回考察するのは［称名悔過］に続く祈願の意義表出の部分が主眼となる。しかし、考察すべき伝存諸事例には、表Ⅰ—βのごとく［称名悔過］から直ちに［諸願］へと次第する例はごく稀であり、その多くは［諸願］の前にその前提的要素を配している。

悔過法要で［諸願］の前に配置される要素としては、［発願］［奉請］［如法念誦］が最も一般的である。［称名悔過］の礼拝行は行者の功徳となる。その功徳は他をも利益する。［発願］は、行者としていかに他を利すべきか、かくあるべし、と述べ、その実現のための加護を願う一段であり、［奉請］は、かくあるべしと願う行者の誓願成就のために、本尊や眷属諸神の来臨を仰ぎ、その守護による所願成就を重ねて祈る一段であり、［如法念誦］は、本尊の真言の呪力で、守護力のより強固な発動を願う一段である。この章では、以上の三部分を順次取り上げ、その詞章を中心に考察を進める。

1　発　願

発願の詞章構成―初・結部

さて、本稿末尾の表Ⅱ―続からⅥ―続（二二〇〜二五四頁）を一覧する。掲出の諸尊悔過において、［発願］を欠く事例は、吉祥悔過九例中七例、薬師悔過一〇例中二例、十一面悔過一二例中一例、千手悔過一一例中一例であり、阿弥陀悔過は六例のすべてに［発願］がある。吉祥悔過に［発願］を欠く事例の多いのが他と異なる特色であり、逆に千手悔過では［発願A］と［発願B］という二種の［発願］が存在する点が、他と異なる特色となっている。なお、第二章では阿弥陀悔過a・b両形式の［称名悔過］について考察を行ったが、その中のa形式には、今回考察する部分がない。そのため部分的考察段階ではa形式に触れず、最終的考察段階で改めて取り上げることとする。

本筋に立ち戻ってまず［発願］の詞章を一覧すると、その句数も内容も、唱句の正略も一定しないように見えるが、試みに初・結の文言で括ってみた。初・結部には、多くの事例に共通する普遍的な文言を用いることが多いゆ

表Ⅶ［発願］の詞章パターン

①
- 初句　利益安楽　一切有情
- 結句　證知證誠　（所）願成弁

　吉　祥…法隆寺
　薬　師…薬師寺・新薬師寺・霊山寺・法隆寺（結句ヲ欠ク）
　十一面…東大寺・長弓寺・観菩提寺・松尾寺・法隆寺・長谷寺・中宮寺・大御輪寺・薬師寺・中ノ川旧観音寺・興福寺

②
- 初句　興隆仏法　利益有情
- 結句　證知證誠　（所）願成弁　マタハ御願成弁

　薬　師…花園村中南・金剛峯寺・奈良県野迫川村

③
- 初句　住持仏法　利有情故
- 結句　證知證誠　哀愍加護　マタハ所願成弁

　薬　師…太山寺・若狭神宮寺（三句トモ）
　阿弥陀…醍醐寺・三福寺・薬師寺・勝林寺・叡山文庫本

④
- 初句　為諸衆生　得安楽故
- 結句　證知證誠　哀愍護念　マタハ所願成弁

　千　手…十輪寺・弘法寺・西大寺（結句ヲ欠ク）

⑤
- 初句　発菩提心　利益安楽
- 結句　皆以證得　無上菩提

　千　手…若松寺

⑥
- 初句　十地　利有
- 結句　成等世世成正覚

　千　手…近江寺・性海寺

⑦
- 初句　仰願本尊　唯願大日
- 結句　證知證誠　所願成弁

　吉　祥…東大寺

えである。「至心発願」という、発願の決意を表明する最初の句は全事例に共通しているので省くが、続く第二句（具体的発願の初句）と最終句との組み合わせは表Ⅶに掲げた七通りとなる。尊別にみると、十一面悔過はすべて①のパターン、阿弥陀悔過はすべてが③のパターンで統一されているのに対して、吉祥悔過では①と⑦の、薬師悔過では①・②・③の、千手悔過では④・⑤・⑥のパターンという、複数の用例が見られる。またこの中の④・⑤・⑥は千手悔過のみに用いられ、②は花園村中南・金剛峯寺、および奈良県野迫川村[58]など、高野山支配の地域に用例が限定されている。

［発願］の初句と結句の詞章パターンに見られるこの実態は、［発願］が共通の規範を持たず、おそらく段階的に定着し、その過程で任意の文言を採用（作成）し得る流動性があったことを想像させる。しかも、幾つかのパターンのある事例においては、［発願］の結句の前に［奉請］が挿入されたり（吉祥悔過―事例ウ、薬師悔過―事例ア・エ・オ・カ・キ・ク）、結句が消滅したり（薬師悔過―事例イ、千手悔過―事例エ）、結句に神呪讃嘆の文言をさらに添えたり（千手悔過―事例イ・オ）など、［発願］という一段の構成におよぶ詞章の不安定も指摘される。このような不安定さも、先に述べた流動性を裏付けるものであり、［発願］が、悔過法要形式の形成・展開を考える際になんらかを示唆する部分であることを示すように思われる。

発願の詞章構成―中間部

［発願］の初・結部に関する考察は概略以上の通りであるが、以下に、初・結の句にはさまれた中間部分を、初・結部の詞章パターンと関連させながら考察を加える。再び本稿末尾の諸表（一二一〇〜一二五四頁）と前掲の表Ⅶ（一二三〇頁）を参照して頂きたい。

初句と結句の詞章が全事例に共通していた十一面悔過と阿弥陀悔過の場合は、中間部の詞章もほぼ共通している。ことに十一面悔過の場合は、十一面神呪心経の文言を忠実に採用し、十一面観音の神呪心を行者の心として衆生を利益すべく発願する、という意図が明瞭である。ただし、掲出事例の個々を比較すると唱句に正略の異同があり、そこにおのずから表現意図の軽重が指摘される。一方、阿弥陀悔過の詞章は経文に依拠せず、現世・来世の得安楽を願う。極楽浄土に引接する阿弥陀如来の本願に忠実な表現ではあるが、現世利益的色彩の濃い他の諸尊悔過に比べると、「一生之後　極楽往生、上品蓮台　悟無生故、」などの文言は異例であり、この表現に、死者追福による死霊の慰撫といった奈良時代的意義よりは、平安浄土教的引接浄土の意義をみるのである。

薬師悔過の初・結の詞章パターンは三種、表Ⅶに掲出の①・②・③であるが、中間の詞章はほぼこれに対応するように、四つのグループに括ることができる。以下、その三種のパターンごとに中間部を確認する。

まず①に属する事例ア・イ・エは、正略の違いはあるが詞章構成は共通している。表現するところは、所依経典の所説から薬師如来に特に期待すべき誓願力を抽出して行者の発願とした、と考えられる。これと同じ①に属する事例ウは、十一面悔過の［発願］と全くの同文が用いられており、事例ウ本来の詞章であるか否か疑わしい。またパターン②に属する事例オ・カの場合は、経説に直接は依拠せず、真言系諸宗派で一般的に用いる［対揚］（仏法を称揚し、三宝の興隆や聖朝の安穏を祈誓する偈文。その意義に［発願］との共通性がある）の詞章に近い詞章構成となっており、この例においても、この法要本来の詞章と考えることに疑問が残る。パターン③に属する事例キ・クは、経典の二箇所から文言を採用して、薬師如来の本誓に基づく具体的かつ長い詞章を用いている。

千手悔過の［発願］に、形式を異にするA・B二種のあることは先に述べた。二四四～二五一頁に掲げた表Ⅴ―続に見るように、A部分が他の諸尊の［発願］に相当し、B部分は千手悔過固有の形式の［発願］となっている

(第二章では、この部分に［本誓願］の名称を与えた)。ここではまずAの部分について述べる。

千手悔過には、初・結の句の詞章に④・⑤・⑥の三パターンが見られた。この中④に属する事例イ・エ・オは、共通の詞章構成をもちつつ多少の異同が見られる。その文言は経文からは採らず、本尊の誓願力に特に期待すべき文言を連ねている。その点は薬師悔過の事例ア・イ・エに通ずるものがある。また⑤のパターンに属する事例キと、⑥に属する事例クは、非常に簡略な詞章構成となっており、よりどころを特定することも表現意図を確認することもできない。しかし、この事例を含めて、千手悔過の場合も初・結の詞章パターンと中間部のそれとは対応しており、［発願］という段落を考えるに際してのポイントとなる点は変わらない。

吉祥悔過の場合は、①のパターンに一例（事例ウ）、⑦のパターンに一例（事例ア）があるのみで、パターンごとの詞章の比較はできないが、いずれも経文に直接依拠することをせず、特に事例アは、天台系の［対揚］との類似を思わせる詞章構成である点や「仰願本尊　唯願大日」の文言ではじまる点に、吉祥悔過本来の詞章としては違和感が感じられる。

発願Bの場合

以上［発願A］の形式を概観してきたが、ここで千手悔過の固有形式である［発願B］に言及しておく。この一段は、千手悔過全事例にあるわけではなく、一一例中の四例（ア・イ・カ・ケ）に配置されている。その詞章は、所依経典の発願文を忠実に採用しているが、事例ごとに部分的な省略がなされ、全く同一の詞章という例はない。しかし、いずれも本尊の大悲にすがって証果の世界に至ろうとする長大な詞章構成であることは共通しており、特に事例ケでは、後続の［諸願］段の具体的諸願の文言を欠き、この一段に［諸願］の意義を担わせるなど、願意表出の主要部分とする意識が看取される。

四例の中、事例イでは［発願A］と［発願B］が併存しているが、他の三例は［発願B］のみで構成されているから、千手悔過の場合はA・Bいずれかを以て［発願］の意義を表明するのが本来の形式で、事例イは特殊な例と考えてよかろうと思う。しかし前項の考察を含めて、千手悔過の［発願］に他の諸尊悔過に見られぬ多様性がある、という点は、今後の考察に際しても等閑視できないこととなるはずである。

悔過法要の発願段

以上、諸尊悔過の［発願］について、その詞章を中心に通観した。その過程で詞章の構成や文言の共通性・異同・特色などを確認し、いくつかの問題点を指摘し疑問を提出してきた。それらを振り返りながら、悔過法要における［発願］の有り様に再び注目してみたい。

これまでの考察で明らかになったように、諸尊悔過の掲出諸事例で［発願］の一段を欠く例は少ない。しかしその詞章構成は必ずしも一定せず、異同の差も大きい。また他の尊別悔過からの詞章の転用や、［発願］と共通の意義をもつ天台・真言の［対揚］からの投影の可能性も指摘された。これらは、悔過法要において、［発願］が構成要素として定着するまでに、〝曲折の時〟を経たことを推測させる。

たとえば吉祥悔過の場合、掲出事例九例中の七例には［発願］の段がない。そして［発願］のある二例の中の一例（事例ア）には、前記のように天台系の［対揚］との類似性が指摘された。残る一例（事例ウ）は、吉祥悔過の［発願］にふさわしい詞章構成をとっているが、引き続く［奉請］の段に薬師悔過のそれの詞章を転用したり、法要の構成そのものに複合性があるなど、特定の部分にとどまらぬ特殊性がみられる点を勘案すると、この［発願］

が、必ずしも本来の構成要素であったとは言い得ない。

以上の理由で、現存する吉祥悔過の［発願］二例には後代の付加的要素があると想定し、この法要は本来［発願］という構成要素をもたぬ形式ではなかったかと推測するのである。この推測が正しいとすれば、現存する吉祥悔過の諸事例に［発願］の段を欠くものが多いという事実は、原型がそのままに伝えられて来た結果という解釈が成り立つだろう。

一方、たとえば十一面悔過の場合、一〇例中の一例を例外としてすべてに［発願］の段がある。吉祥悔過と逆の例である。前述のように、その詞章は十一面観音の誓願力を経文からそのまま摂取し、しかも諸事例においてその詞章を忠実に伝承している。この事実は、十一面悔過の［発願］がこの法要本来の構成要素であり、かつ当初から定まった詞章で構成されていたことを推測させる。例外的な事例オにしても、他の事例と共通の詞章に「仰願十方諸三宝」以下の四句を加えたものである。その付加部分は、前半の誓願が成就するよう諸仏の加護を祈る内容であり、第二章で考察したこの事例の特色——願意強調の姿勢——が、ここにも反映していると考える。また、［発願］を欠く唯一の事例ウは、これも第二章に述べたように、十一面悔過と千手悔過の合体を思わせる特殊な法要形式であり、他と同列に比較するのは不適当と考える。十一面悔過の［発願］部分にみる例外的な二例を右のように解釈すると、十一面悔過の場合は、法要形式確立の当初から［発願］が構成要素として存在した、と考えるのが自然であろうと思う。それはまた、強固な伝承意識に支えられつつ本来の形式を遵守し続けてきたひとつのすがたともいうべき事象であろう。

十一面悔過に似て、掲出事例すべてに［発願］の一段がある阿弥陀悔過の場合は、全事例の詞章に共通性があり小さな異同も少ない。従ってこの［発願］は、阿弥陀悔過に当初から配された構成要素と考え得る。しかしその詞章には前述したように欣求極楽の浄土思想が反映しており、また伝存事例が平安京周辺の寺院を主としているという特色もある。これらを考え合わせると、阿弥陀悔過の場合は、すでに法要形式の確立した先行悔過に則って制作され、従って［発願］も既存の定型に則って、阿弥陀悔過としてふさわしい詞章が作られた可能性が大きい。詞章に異同が少ないのは、当初の完成度を示すもの、と理解できる。

以上三種の尊別悔過の［発願］の有り様から、以下の図式を想定する。すなわち、［発願］の有無という点で対極に位置する吉祥悔過と十一面悔過の両形式を典型として、諸尊悔過の［発願］部分は多様に展開しつつ次第に［発願］を備える形式への方向が定まり、阿弥陀悔過に至った、という図式である。この想定に従って先に確認した薬師悔過・千手悔過の［発願］の多様性を振り返ると、両者をその展開過程に位置づけることができるだろう。

たとえば薬師悔過には、［発願］を欠く事例（国東諸寺・四天王寺）と［発願］のある事例（その他の諸寺）があった。そして後者の場合、その初・結の詞章に三つのパターンがあり、パターンごとにほぼ対応する中間部の詞章が見出された。その中のパターン①を用いるグループ（薬師寺・新薬師寺・霊山寺、および正暦寺[59]）は南都の寺院に限られている。一方、奈良県下に伝存事例が集中している十一面悔過の初・結部は、全事例がパターン①で統一されていた。十一面悔過の［発願］を、［発願］の一典型とみる視点からすれば、前記の現象は、十一面悔過のこの部分が薬師悔過に影響した、と解釈し得るだろう。またパターン②を用いるグループ（金剛峯寺・花園村および野迫川村[60]）は高野山支配の特定地域に限定されており、特定地域におけるバリエーションとみることができる。さらにパターン③のグループ（太山寺・若狭神宮寺）の場合は全体の詞章が整い、かつ初・結の文言が阿弥陀悔過と同一パターンである点を勘案して、流動を経た後の形態という可能性を考えている。

千手悔過の多様性については、薬師悔過ほどの見通しを持つことができない。法要形式の全体に特異性が著しいゆえ、部分的な特色にも複雑な経緯があり得るから、展開の過程も単純であったとは考えられない。その中で、初・結句のパターン④に属する三例（十輪寺・弘法寺・備前西大寺）は、明らかに十輪寺の詞章から順次文言の省略が行われており、東から西へという伝播の道程を想定することができる。またパターン⑤・⑥に属する若松寺・近江寺・性海寺を加えてその伝播地域の広さを思い、これに［発願］の多様さを重ね合わせると、悔過法要の、地方における伝播と定着に際して起こり得べき必然性の一面が語られているように思う。

以上のように、薬師悔過・千手悔過は、［発願］定着の過程を考えるための示唆を含んでいる。その示唆するところを拾い上げて一応の解釈を試み、吉祥悔過と十一面悔過を両極に位置させて阿弥陀悔過に至る、という図式を描いてみた。しかし、これはあくまで［発願］一段についての考察である。引き続いて次節では［発願］に続く［奉請］の段に考察の目を向けることとする。

2　奉　請

本稿末尾の諸表（二二〇～二五四頁）に見るように、［奉請］もまた悔過法要の構成要素として必ずしも安定的ではない。諸尊別にその構成要素としての有り様を一覧すると、吉祥悔過九例中の七例、薬師悔過一〇例中の七例に、また阿弥陀悔過は六例中五例に［奉請］の段があり、この中、吉祥悔過の三例と薬師悔過の二例は、［如法念誦］をはさんでA・B二部分に［奉請］を配している。これに対して十一面悔過一二例と千手悔過一一例はすべて［奉請］の段を欠いている。右の諸尊別悔過の実態でまず注目されるのは、前節で［発願］を検討した際に明らかになった事実――［発願］が吉祥悔過の多くの事例に存在せず、十一面悔過のほぼ全事例に存在した――に対して、いま検討しようとしている［奉請］ではその存否が逆転しているという事実である。そこで、ここでは吉祥悔過の詞章の検討からはじめることとする。

吉祥悔過の場合

吉祥悔過には、［奉請A］のみを構成要素とする事例はない。［奉請B］のみの事例はエ・カ・キ・ク（鶴林寺・中尊寺・陸奥国分寺・若狭国分寺）の四例、A・Bが並存する事例はイ・ウ・ケ（薬師寺・法隆寺・叡山文庫本）の三例である。以上の他に、［奉請］の段はないけれども、［諸願］の段に奉請の句をもつ事例ア（東大寺）がある。

これらの中、まず並存事例ウ（法隆寺）の［奉請A］の詞章をみると、薬師悔過の事例ア・イ（薬師寺・法隆寺）の［奉請A］とほぼ同文である。後者の場合は、奉請の対象が薬師如来およびその眷属諸尊であり、薬師悔過の［奉請］段としてふさわしい。ところが、吉祥悔過の事例ウではその詞章の中間に「護世威徳多聞天　十方一切諸三宝」の文言を挿入した詞章構成となっている。吉祥天は多聞天の妃とされているから、この挿入句によって、事例ウの詞章は辛うじて吉祥悔過の［奉請］として機能し得る、そのように解釈すべき詞章構成である。となれば、吉祥悔過事例ウの［奉請A］の部分は、薬師悔過のそれを取り入れ、手を加えて成立した、と考えてよかろう。法隆寺には吉祥悔過・薬師悔過・十一面悔過の三悔過が並存しているが、その面からも法要形式の相互影響はあり得べきことと思われる。

事例イ（薬師寺）の［奉請A］の詞章は事例ウとは全く異なり、事例ケ（叡山文庫本）との共通性が大きい。すなわち、事例ケの前半と同文の詞章をもつ。しかも最終句は半句で切り捨て、意味をなさない。従って事例イは、事例ケを範とした省略形と考えて誤りはあるまい。

［奉請B］に目を転ずると、ここにも事例イと事例ケとの共通性が指摘される。事例イの詞章の終わりから三句

目以外はすべて事例ケの詞章に見出されるが、両者を比較すると、吉祥天の影向を得て実現させたい具体的願望を、事例ケから選択して構成したのが事例イの詞章だ、ということがわかる。さらに、事例イに基づきながら多少文言を差し替えて構成したのが事例ウと考えられる。

上記のように、［奉請］A・Bを通して事例イが事例ケの詞章を範とし、大きな影響を蒙っていることは明らかであり、また［奉請B］において、事例ウが、事例イを経由して事例ケを範としていることも疑いない。

事例ケは、八四頁にも述べたように「金光明吉祥悔過」と題する吉祥悔過の一種だが、その次第は必ずしも他の事例と一致せず、また類例というべき他の事例も見出せぬ特殊な一例である。奥書によって叡山所伝の次第ということは確かだが、いずれの場、いかなる目的で用いられたかも不明である。しかし、第二章で考察した［称名悔過］の尊名やここで考察した［奉請］の近縁性を通して、事例ケと事例イ・ウなどの間には切り離すことのできない関連性が認められる。

ただし——矛盾するようだが——右に述べた三者の対応関係は、現在追求している吉祥悔過法要にとっては、あくまで標準的事例の一部にみられる特殊事例の投影という対応関係である。そしてその観点に立てば、事例イ・ウにおける［奉請］の段は吉祥悔過本来の構成要素ではなく、悔過法要形式の展開過程で付加された部分と考えるのが自然である。特に事例ウの［奉請A］に薬師悔過の影響がある、ということなどを考え合わせると、その感は深い。

次に［奉請B］のみを構成要素とする事例エ・カ・キ・クに目を留めておく。

事例ク（若狭国分寺）の詞章は、初句の「至心勧請　大吉祥天」のみ。その他を極端に切り捨ててしまった結果かと思われるが、他の事例との比較は困難である。

事例エ（鶴林寺）の場合は、初句の「我等奉請吉祥天」で始めながら、最後は「仰願本尊瑠璃光　真言祕密一切誦」で締めくくり、引き続く［如法念誦］で薬師如来の真言を誦す。この首尾一貫しない混淆形態は、前記［奉請A］の事例ウを思い起こさせるが、少なくとも吉祥悔過の本来的形態とは考えられない。

事例カ・キ（中尊寺・陸奥国分寺）の場合は「教請（諸）大悲吉祥天」や「仰願大悲功徳天（南無）来入道場宿住座（自在）」の文言や願意の処々に、事例イ・ウのバリエーション（ということは、事例ケのバリエーションでもある）とも見られる表現があるから、この事例にも吉祥悔過成立当初の形態を想定することは難しい。

吉祥悔過の［奉請］の詞章を一つひとつ検討すると、この法要の本来の構成要素と納得できる事例はなく、逆に薬師悔過の影響や、別系の成立と考えるべき特殊事例の影響を受けて形成された一段、と把握すべき詞章表現を見出す結果となった。

薬師悔過の場合

薬師悔過の場合は、［奉請A］のみを構成要素とする事例が多い。事例ア・イ・エ・オ・カ（薬師寺・法隆寺・霊山寺・花園村・金剛峯寺）がそれである。一方［奉請］がA・B二部分で構成されているのは、事例キ・ク（太山寺・若狭神宮寺）である。この場合、AとBの間に［如法念誦］が配置される点は、吉祥悔過と変わらない。

前記の［奉請A］のみで構成される事例に共通しているのは、［発願］最終句の、定型的かつ［発願］の最終句として最もふさわしい「證智（知）證誠　所願成弁」の文言が［発願］から離れ、［奉請A］の最終句となっている点である。要するに［発願］の終結部に［奉請A］を挿入した構成であり、その結果、［奉請A］は諸尊を奉請する意義にとどまらず、［発願］でかくあるべしと決意した願意が、諸尊の影向を蒙り加護を得て証明され成就することを願うという、意義の展開に及んでいる。このような展開のゆえであろうか、[奉請]本来の意義を示すはずの影向を乞う文言が欠落して、一見[発願]の一部としか考えられない事例(エ・オ・カ)の方が多く、本来の奉請の意義を残している事例としては、ア・イを挙げ得るのみである。

右に述べた事実は、[奉請]A・Bの並存する事例キ・クではさらに顕著となる。この二例は、共に[奉請A]の部分ではエ・オ・カと同じく奉請の意義を失った詞章構成となっている。そして、奉請の意義は、むしろ[奉請B]において表現されている。つまり、この形式における[奉請A]の部分は実質的には[発願]の最終句として機能しており、首尾整った詞章構成をもつ[奉請B]において、新たな奉請の意義が表明される結果となっている。

薬師悔過の[奉請]の段には、以上のような意義の展開がみられ、その事実は、[奉請]が薬師悔過成立当初の構成要素であったことに疑問を抱かせる。しかしいまはその事実の指摘にとどめ、後に再び触れることとしたい。なお、[奉請A]の部分の詞章が事例ア・イを基にして展開し、[奉請B]の詞章が事例キから展開したであろうことは間違いあるまい。

阿弥陀悔過の場合

阿弥陀悔過の[奉請]はすべて一段構成で、A・Bに分かれる事例はない。その詞章もほぼ共通しており、吉祥悔過・薬師悔過に比べて異同が少ないのが特色である。またその詞章には薬師悔過の[奉請]のバリエーションとも考え得る文言があり、阿弥陀悔過の[奉請]が単独で成立したとは考えられない。たとえば、事例エ(勝林院・叡山文庫本)の場合、詞章の前半部分と結句は薬師悔過の事例キ・ク(太山寺・若狭神宮寺)のパターンに拠っていると考えられるし、本尊弥陀如来とその眷属諸尊を掲げる点は、薬師悔過の事例ア・イ(薬師寺・法隆寺)とのかかわりを思わせる。

全体の構成が整い、諸事例間の詞章の異同が少なく、文言が阿弥陀世界に則して制作されているということの［奉請］の特色は、先に検討した阿弥陀悔過の［発願］と軌を一にしている。［奉請］の一段に再び指摘されたこの事実は、法要形式の確立した先行悔過を規範として制作されたであろう阿弥陀悔過、という推測を改めて想起させるのである。

悔過法要の奉請段

諸尊悔過［奉請］段の詞章の考察結果を振り返り、また掲出した十一面悔過・千手悔過のどの事例にも［奉請］段が存在しない、という事実を思い合わせると、［奉請］は悔過法要本来の構成要素と考えるより付加的展開部分とみるべきではないか、という思いに傾く。そこで、諸尊悔過それぞれの所依経典に立ち戻ってみると、十一面神呪心経・千手千眼観世音菩薩広大円満無礙大悲心陀羅尼経（以下、千手経と略称）・薬師琉璃光七仏本願功徳経（以下、七仏薬師経と略称）には、諸尊勧請について説く部分はなく、観無量寿経は、十六観の中で像想観・真身観などの観法を説くけれども、観法を通して影向を求める、という意義をもたないから、十一面・千手・薬師・阿弥陀の諸悔過においては、所依経典の経説を踏まえて［奉請］段が成立するという必然性はない。その意味でも、［奉請］段は悔過法要形式の展開過程において形成された可能性が濃くなる。十一面悔過・千手悔過に［奉請］の段がないことの理由の一半はそこに求められるだろう。

しかし第一章に述べたように、表Ⅰ—β形式（七二頁に掲出）の［五悔］は、帰依・懺悔・随喜・勧請・回向と次第する一段だから、懺悔の作法において諸尊勧請の意義は早くから認識されていたはずである。また、吉祥悔過の所依経典である金光明最勝王経では、滅業障品に、滅除し難い四種の業障を消滅させる四種の方法を「一者、於十方世界一切如来、至心親近、説一切罪、二者、為一切衆生、勧請諸仏、説深妙法、」と記し、さらに勧請の功徳を具体的に細かく説いているから、同経で滅罪を成ずるための勧請が重視されていたのは明らかである。吉祥悔過の直接の典拠は、同経の大吉祥天女品・大吉祥天女増長財物品（以下、財物品と略称）と考えられるが、この法要の成立に際して当該品以外の部分が全く無視されることはあるまい。むしろ、なんらかの反映があってしかるべきだと思う。ここでは、そのような観点から、本稿末の表Ⅱ—続（二二〇〜二二三頁）の事例アを再見してみたい。

右の事例は、吉祥悔過諸事例の中で［奉請］の段を配置せぬ数少ない一例である。しかし先に触れたように、［諸願］の詞章の第二句に「南無応我勧請来影向」の文言があり、引き続く「南無常住妙花福光薗云々」の句と共に、本尊吉祥天を奉請する意義を明確に表現している。従って、事例アにおけるこの部分は、［奉請］という段構成には至らぬ「奉請」部分とみることができる。

吉祥悔過が大吉祥天女品と財物品に基づいて成立したとすれば、滅業障品の所説が法要の構成要素として一段を成し得なかったのは当然でもあろう。反面、滅罪のための勧請を重視するその所説を、［諸願］の詞章の一部として取り入れるという手段もまたあり得べきことではあるまいか。

法要形式の成立当初に萌芽的存在であった勧請の意義が、その重要性を説く経説を踏まえ、また別系列として成立した形式の刺激を受けてその存在意義を確立し、［奉請］という一段を付加するに至る。さらに伝播と定着を重ねる過程で詞章の異同を来す。以上は、吉祥悔過［奉請］段の詞章を所依経典とのかかわりで考察して提出するひとつの仮説である。

薬師悔過の［奉請］の段が、所依経典の経説に基づいて成立する必然性のないことは先に述べた。また［発願］

の終結部に挿入するかたちで付加された可能性についても述べた。吉祥悔過に［奉請Ｂ］の事例が多く、薬師悔過に［奉請Ａ］の事例が多い事実も、稿末の表に明らかである。いま、これらの点について吉祥悔過と薬師悔過を思い合わせると、両者が形成過程を共有し、相互影響の下に展開を果たしたとは考えられない。そこで、薬師悔過独自の展開を想定して本稿末尾の表Ⅲ—続（二二八〜二三五頁）を再見する。

［奉請Ａ］が、事例ア・イを基にして展開したであろうことは先に触れた通りだが、その詞章の変化を一つひとつ比較すると、先に考察した［発願］との照応に思い当たる。すなわち、［発願］の詞章パターンに対応して［奉請］の詞章の異同を括ることができる点である。一三〇頁の表Ⅶに掲げたパターン①の詞章グループと［奉請］の事例ア・イ・エが対応し、以下パターン②のグループと事例オ・カが、パターン③のグループと事例キ・クが、という詞章上の対応を示す。ただし、事例エ〜クは文言の省略が甚だしいため、厳密な対応関係を証することはできないが、初・結の定型句の詞章や「不捨」の表現などで、一応の異同を判断しての結果である。

以上の対応関係が語るのは、薬師悔過においては、［発願］と［奉請］が一連の構成要素として認識され、その展開過程においても連動的な相関関係を保って推移し来ったであろうことであり、その点に他の諸尊悔過と異なる薬師悔過の特色のひとつが見出されるのである。

3　如法念誦

［如法念誦］は、本尊の真言を繰り返し誦して本尊の本誓力を発動させ、発動した呪力による願望成就を図ろうとする一段であり、この段を欠く事例は少ない。ただし法要構成上の位置は一定でない。大別すれば［発願］のあと（十一面悔過・千手悔過・阿弥陀悔過）と［奉請］のあと（吉祥悔過・薬師悔過）の二様に分けられるが、その

中で［発願］もしくは［奉請］がA・Bの二部構成になっている吉祥・千手・薬師悔過の中の前二者では、［如法念誦］も二部構成となっており、事例によって［発願］もしくは［奉請A］のあとに［如法念誦］を配す、またはBの後に配す、A・B双方のあとに配すなど、種々の構成形態がある。

［発願］のあとに配される［如法念誦］は、行者が他を利益するために発した種々の誓願に真言の呪力を添え、願成就をはかる意義がある。また［奉請］のあとに配される［如法念誦］は、法会の場に勧請した諸尊の威神力が真言の呪力を得てますます威力を増し、願望が成就することを願う意義がある。いずれにしても帰するところは同じだが、ここでは［発願］・［如法念誦］と次第する形式と、［奉請］・［如法念誦］と次第する形式とに分けて、まず概観する。

発願に続く如法念誦

本稿末尾の表Ⅳ—続から表Ⅵ—続（二三六～二五四頁）にみるように、［発願］・［如法念誦］と次第する十一面・千手・阿弥陀の、尊別三悔過の中、前二者には［奉請］の段がない。阿弥陀悔過は［発願］・［奉請］の段を共に構成要素としているが、［発願］段に引き続いて［如法念誦］を配し、［奉請］段のあとに配する事例はない。

［如法念誦］の詞章といえば、もちろん本尊の真言ということになるが、用いるべき呪に大呪・小呪の別があり、繰り返しの返数も一〇八、一〇〇、七、五、三返など事例ごとの異同が大きい。また「如法念誦」の文言だけで真言の種類や返数が明記されない場合もある。「念誦」という言葉が示すように、真言は本来心に念じあるいは小声に誦すべき性質のものだから明記する必要がないとも考えられるし、また繰り返しの返数にしても、経典に説く返数は目的と状況に応じて異なるから、諸事例間に異同が生ずることは十分にあり得る。

諸事例の中には［如法念誦］の段を欠く千手悔過の事例ウ・エ・キ（光明寺・備前西大寺・若松寺）があり、真言の代わりに宝号を唱える事例ア（松尾寺）がある。また、本尊以外の真言を用いる十一面悔過の事例ウ（山城清水寺）と千手悔過の事例ク（近江寺・性海寺）もあり、以上が特殊例となっている。

これらの中、真言念誦を行わぬ事例に関しては、千手悔過法要の全般に顕著な非定型性の解明の中で解答が出ると思うが、いまは明確な解釈を用意できない。また本尊以外の真言を用いる事例に関しては以下のように考える。十一面悔過の事例ウで「千手陀羅尼」を用いるのは、清水寺の本尊が「十一面四十手」の像容であることと、金堂修正会に十一面悔過を、奥の院修二会に千手悔過を勤修することから生じた現象とみられ、第二章で考察した［称名悔過］の特殊性と同根の現象と考える。また千手悔過の事例クで「聖観音真言」を用いるのは、十一面観音を本尊とする近江寺と、如意輪観音を本尊とする性海寺が次第を共有する、という特殊性に対応して、多種の変化観音の中で最も基本的な聖観音の真言を用いる結果となった、と考える。これも［称名悔過］にみた特殊性と照応するものである。

以上のように解釈した上で表Ⅳ―続から表Ⅵ―続（二三六〜二五四頁）を改めて通観すると、十一面悔過・阿弥陀悔過は、すべての事例にわたって、本尊呪による［発願］の成就の意図を確認することができるが、注目したいのは［発願］の終結部の詞章と［如法念誦］とのかかわりである。

十一面悔過の［発願］では、十一面神呪心経に基づく願意一〇句を連ねたあと、「我今念誦、秘密神呪、證知證誠、所願成弁」で締めくくるのが終結部の定型となっている。自ら発した誓願を秘密の神呪の呪力に託し、発願の真実心が証明され達成されるように、と結ぶこの文言は直ちに［如法念誦］に連なる必然性をもつ。そして十一面悔過では、締めくくりのこの詞章構成がほぼ全事例に共通している。

阿弥陀悔過の場合も、形式は十一面悔過と共通している。しかし、「念持秘密、大陀羅尼」のあとに「唯願本尊、極楽界会（弥陀如来）」の句を加えたり、結句を「哀愍加護」の文言で結ぶ（事例エ）などによって、［発願］に、行者の誓願の真実を証明し達成する意義が薄れ、ひたすら本尊弥陀如来に頼り願う姿勢が濃くなっている。

また千手悔過の場合は、前記の定型的表現が多様に変化し、個々の事例ごとにそれぞれの表現形式を用いて「所願成弁」を願うという個性が見られる。

奉請に続く如法念誦

本稿末尾の表Ⅱ―続と表Ⅲ―続（二二〇〜二三五頁）によって、［奉請］・［如法念誦］と次第する吉祥悔過と薬師悔過の中の、吉祥悔過では事例の多くが［発願］の段を欠き、一方、薬師悔過には［発願］と［奉請］が共存する事例の多いことはすでに確認した。吉祥悔過の中、例外的に［発願］が存在している事例ア（東大寺）は［奉請］の段を欠き、［如法念誦］は［発願］の後に配置されている。

個々の事例にみる真言念誦の、繰り返しの返数の異同については前項に述べた通りである。また本尊以外の真言を用いるという例外的事例は薬師悔過にはないが、吉祥悔過にはかなりの例外がある。たとえば、事例ウ（法隆寺）では［如法念誦A］に多聞天の真言と宝号が、［如法念誦B］に吉祥天の真言と宝号が配されている。金光明最勝王経四天王護国品には多聞天の神呪の功徳が述べられ、また吉祥天を多聞天の妃とする説を考え合わせれば、［奉請A］のあとには多聞天真言を配し、［奉請B］のあとに吉祥天真言を配した意味は理解できるが、［奉請A］の詞章が薬師悔過のそれのアレンジである事実などを考え合わせると、この部分も吉祥悔過における展開的付加部分と考えるべきであろう。また事例エ（鶴林寺）の場合は［奉請］・［如法念誦］共にB部分に配されているが、所用真言は薬師真言である。ここで薬師真言を用いる必然性はないはずだけれども、［奉請］段の詞章を見ると、初めに吉祥天を勧請し、引き続く詞章を「仰願本尊瑠璃光、真言秘密一切誦」の文言で締めくくっているから、終結の文言に対応して［如法念誦］では薬師真言が用いられる結果となった、と考えられる。それは、法要の性格からすれば本末転倒というべきことがらではあるけれども、部分的な対応関係としては納得できる。事例ウといい、この事例エといい、吉祥悔過の一部にみる薬師悔過との相互影響関係は記憶しておくべきだろう。さらに特殊例を指摘すると、事例ケ（叡山文庫本）では［如法念誦A］に「請召ノ呪」を配し、事例カ（中尊寺）では［如法念誦B］に「勧請真言」を配している。右の二事例における［如法念誦］の意義は本尊を勧請することにあり、他の事例における意義——本尊の威神力の発動を願う——とは異なっている。勧請の本義に則して考えれば、［奉請］に次いで勧請の真言が配置されるのは決して特殊ではないはずだが、悔過法要において、この形式は特殊例となっている。

さて、吉祥悔過と薬師悔過の中、薬師悔過では［奉請］がA・B二段構成になっている事例があるにもかかわらず、［如法念誦］はすべて［奉請A］の直後に配置されている。また、その［奉請A］はすべて、前述のごとく［発願］の終結部に挿入されている。右の二点を再認識した上で、薬師悔過の［発願］の終結部と［奉請A］の終結部の詞章に注目したい。

事例ア〜クの［発願］の段は、「我今念誦、秘密（光明）神呪、一百八遍」で締めくくるのが定型であり、［奉請A］の結句は「證知證誠、所（御）願成弁」で終わるのがほぼ定型である。いま、仮に右の句にはさまれた部分——［奉請A］の主部——を除外してみると、「我今念誦、秘密（光明）神呪、一百八遍、證知證誠、所（御）願成弁」となる。この文言が、前項で考察した十一面悔過［発願］段の終結部の展開形態であることは疑いなく、同時に、［如法念誦］が、悔過法要の構成要素として組み入れられた当初には、［発願］の直後に配置される一段であったことを確信させるのである。

以上のように、薬師悔過の［如法念誦］の構成には、ひとつの方向性を見通すことが可能な統一形態があった。これに対して、吉祥悔過の当該部分には特殊事例があまりに多い。事例ア・ウ・エ・カ・ケの特殊性については、すでに述べた。残る四事例の中、事例イ（薬師寺）は［如法念誦］に真言を用いず、「南無大吉祥天菩薩」の宝号を二一返唱える。事例オ（一乗寺）は［発願］［奉請］［如法念誦］をすべて欠く。事例キ・ク（陸奥国分寺・若狭国分寺）は［奉請］に続く［如法念誦］で吉祥天真言を用いており、最もあり得べき形式と言えるが、事例クの［奉請］は「至心勧請、大吉祥天」という初句のみの詞章構成で、標準的事例とはなり得ない。事例キの場合は、［奉請］の段の詞章の中の「地味増長成五穀」だけは三返繰り返す、という点に、祈願の意義の強調がみられ、これも標準的事例とはなり得ない。

前述のように、吉祥悔過の［如法念誦］の段は、すべて［奉請］の段の直後に配されている、という形式上の共通性がありながら、その詞章に事例ごとの特色が際立つのは、吉祥悔過における［如法念誦］が、構成要素としての安定を欠いていたことを示すように思う。それはまた前述の考察結果――［如法念誦］が本来は［発願］の直後に配置される段だったであろうこと、また、吉祥悔過の本来の法要形式に［発願］の段はなかったであろうこと――と無縁ではあり得ず、悔過法要形式の展開過程における一階梯という視点からの、重ねての考察対象たり得る。その意味で、後に再び取り上げることとする。

十一面悔過と如法念誦

諸尊悔過の［如法念誦］を、法要の構成次第によって二系列に分け、それぞれに考察を進めた結果、［如法念誦］の段が［発願］段に続くべき構成要素である蓋然性を見出した。また、尊別の、特に十一面悔過にその傾向の明らかなことを指摘した。ここでは以上の考察を受けて、十一面悔過の［発願］と十一面神呪心経の文言との対比を通じて、［発願］・［如法念誦］と次第する法要形式を再見してみたい。

本稿末尾の表Ⅳ―続（二三六～二四三頁）によって［発願］部分の経文とその詞章を対照すると、十一面悔過において、行者が発する誓願の一つひとつはすべて経文に掲げる十一面観音の本誓力に由来しており、文言もそのまま採用している。ただし、「我今念誦」以下終結部の文言は経文に依拠せず、神呪を念ずる決意と締めくくりの祈句の文言となっており、続いて［如法念誦］の段に入る。従ってこの段の終結部分は経文とかかわりがないと思われる。

［如法念誦］に続く［諸願］の段には、神呪の読誦によって生ずる無量の功徳――四趣十悪からの解放――が具体的に述べられる。この部分にも経文からの濃密な影響が見られるが、経文の冒頭には「是故若有浄信善男子善女人等、欲受持読誦此神呪者、」とあり、行為の主体が「善男子・善女人」であることが明らかである。となると、前記［発願］の終結の句には、経文とかかわる意義が想定されるように思う。

［発願］段の終わりから［諸願］段の始めに相当する部分の経説は（経文の掲出は省いたが）、［発願］部分で述べた神呪の威力の敷衍と証明・受得の経緯を述べており、内容上の展開はない。従って、経説の意義は十一面観音の神呪心の威力を説き、証明し、その持誦を諸人に勧めることに直ちに連なることになる。この経説を踏まえている［発願］終結部の「我今念誦、秘密神呪」の文言は、まさに神呪の持誦を勧める経説に応えての決意表明であり、

「證知證誠、所願成弁」の文言は、その真実心の証明と誓願達成の祈誓となる。そして［如法念誦］で神呪の持誦を実行するに至る。この段取りは、行者の経説に対する純粋な対応を示すものであり、一見、経文とは無関係に見えた文言にも、明らかな経説との関連を見出すのである。

経説に忠実に依拠し、経文を忠実に写した十一面悔過のこの部分は、表Ⅳ—続に見るように、諸事例を通じて大きな異同はない。(61)［発願］に見た状況と同様の現象である。法要形式成立時の基盤の確かさと、経説の適切な依拠が完成度の高い形式を確立し、それを遵守する基となったことがそこに示され、また先に述べた、［発願］と［如法念誦］を連動的一部分と想定する考察に蓋然性を加えることにもなるだろう。

悔過法要の如法念誦段

以上、本尊の真言を誦する一段を追って、その配置される位置や意義の異同、前後の詞章との対応関係、経説とのかかわりなどを確認してきた。前後の段落を含めて一貫した整合性の認められる十一面悔過と阿弥陀悔過、［奉請］の後に位置する［如法念誦］が、［発願］とのかかわりを暗示する薬師悔過、多様で標準的事例を特定し難い吉祥悔過と千手悔過など、その表現形式は多岐にわたる。しかし、それらの多様性の中から、十一面悔過の整合性が、この部分の成立・展開を探るひとつのポイントとして浮上してきた。一方、本来は［発願］の段をもたぬ法要形式ではなかったかと推測した吉祥悔過が、この部分に多くの特殊例をもつ多様性を示し、それが［発願］と［如法念誦］をペアの関係とみる糸口となり、同時に、吉祥悔過という法要形式の成立と展開を考えるための貴重なポイントともなる可能性が見出された。その他の諸尊悔過にみたそれぞれの特色も、悔過法要の展開を証明する要素となるはずである。個々の段落ごとに示される尊別悔過の特色が集積されたときに見出されるであろう方向性を期待して、いまは次の段落の考察に移る。

五　願意表出――〔諸願〕の段にみる

本稿の考察部分が、どの段も窮極的には祈願に連なることは初めに述べた通りである。これまで順次考察を重ねた〔発願〕・〔奉請〕・〔如法念誦〕の諸段は祈願達成のための前提部分であり、これから取り上げようとする〔諸願〕こそが最終目的たる願意の具体的表現部分となる。

悔過会が祈年の法会として定着した時点で、その法会は地域社会や国家・民族を代表すべき性格を付与され、その祈りには風雨順時・五穀成熟・聖朝安穏・国家安穏・天下泰平・万民豊楽など、普遍的願意が要求されることとなった。そのために、本来個々の独自性を伴って多様に赴くべきこの一段にも、諸事例間の詞章の共通性を処々に見出すのである。しかし、〔諸願〕の段は普遍的願意の列挙のみで成立するほど形式的ではなく、願意を開陳するに当たっての、本尊の誓願力や神呪力の顕揚、あるいは地域や寺院によって異なる願望の強調部分の差異、またこの部分への懺悔の心情の投影の有無などがあるから、尊別、また事例別の幅はかなりのものがある。以下に、それらの異同を比較考察するが、考察に当たって、〔諸願〕段をその表現内容によって区分し（本稿末尾諸表の〔諸願〕段の点線による区分）、区分ごとに縦覧する。

諸願段の区分

〔諸願〕の段は単に願意を重ねるのみではなく、願意表出に至る要素を加えて構成されている。その構成区分は、尊別に相違し、また事例個々の相違もあるけれども、ほぼ次に掲げる共通の表現意図を指摘することができる。

第一区分…神呪の讃嘆（または発願）と本尊（または所依経典）讃嘆
第二区分…本尊（または所依経典）の功力を具体的に列挙し、衆生饒益の威力を知らしめる
第三区分…願意の具体的開陳
第四区分…終結の祈請

以上が、諸事例から集約した願意表出の典型的次第である。

吉祥悔過の場合

前掲の区分に従って吉祥悔過の［諸願］段を一覧すると、第二区分と第四区分は事例によって存否が異なるけれども、四区分で構成されている。第一区分に神呪讃嘆の詞章をもつ事例ウ・エ・カ・キ（法隆寺・鶴林寺・中尊寺・陸奥国分寺）は、すべて［如法念誦］の段をもつ事例であり、［如法念誦］の段を欠く事例はすべて神呪讃嘆なしに本尊讃嘆の詞章となるから、第一区分の神呪讃嘆が［如法念誦］の段を受けているのは明らかである。続く本尊讃嘆の詞章は財物品の文言を基に本尊世界を称揚するが、事例オ〜ク（一乗寺・中尊寺・陸奥国分寺・若狭国分寺）の場合は本尊の誓願と像容の讃嘆が主となっており、本尊讃嘆の表現は、ほぼ二様になっている。

第二区分では、大吉祥天女品の所説をもとに、金光明最勝王経の功力を種々列挙するが、委曲を尽くした事例ウ（法隆寺）から簡潔な表現をもつ事例ア・イ・ク（東大寺・薬師寺・若狭国分寺）、祈句のみの事例エ・オ（鶴林寺・一乗寺）、第二区分を欠く事例カ・キ（中尊寺・陸奥国分寺）まで、異同はさまざまである。

第三区分で、眼目の願意を述べる。この区分の詞章を欠く事例がないのは当然のことながら、長短さまざまに掲

げられる願望の中、「聖朝安穏、天下安穏、地味増長、五穀成熟」が欠くべからざる基本的願意であることが確認される。一方で「蚕養如意」の文言が、地方寺院に多い点は、地域性の表れとも考えられる。また事例エ（鶴林寺）の「南無頂上仏面除疫療、南無最上仏面願満足」は、十一面悔過の［称名悔過］段からの転用であろう。願望開陳の最後に、諸願の達成を願う祈句を添えて締めくくるのは全事例に共通する定型的表現である。

第四区分は、衆生の煩悩を断つべく懺過礼拝することを、諸菩薩はじめ一切の賢聖衆に改めて祈請する終結部であるが、他の諸尊悔過でほぼ定型化している詞章を用いるのは事例エ（鶴林寺）のみであり、異なる詞章をもつ事例カ・ケ（中尊寺・叡山文庫本）の他は、すべてこの区分の詞章を欠く。［諸願］段にみる吉祥悔過の、他と異なる特色である。

十一面悔過の場合

十一面悔過の［諸願］も、前掲の四区分で構成されている点は吉祥悔過と同様である。ただし、第一区分では神呪讃嘆の詞章が主となり、本尊讃嘆の詞章が「（南無）十一面大悲者」の一句に集約されている点が吉祥悔過と異なる。また、第一区分・第二区分の詞章全般に、所依経典の文言の直接的摂取が明らかであるが、この点には、吉祥悔過に比べてより濃密な経典依拠の姿勢が読み取れ、第一区分では神呪の威力による功力が、第二区分では名号の尊貴と名号称念の功徳が経文に則して具体的に述べられている。第一区分の神呪讃嘆が［如法念誦］の段を受けている点は、吉祥悔過と同様である。ただし、十一面悔過の場合は全事例に［如法念誦］の段があるから、それに対応して全事例に神呪讃嘆の詞章がある。以上の諸点によって、十一面悔過［諸願］段の第一・第二区分の詞章には、他の諸尊のそれに比べて際立った統一性が指摘されるのだが、ここでも事例ウ（山城清水寺）は例外的で、前記のように［如法念誦］で千手陀羅尼を用い、これを受けて［諸願］の最初句に千手悔過の文言「南無一宿五遍」を用いており、ここにも千手悔過との混淆がみられる。

第三区分に関しては吉祥悔過の場合との大きな相違はないが、基本的願意以外の文言に、吉祥悔過にはみられなかった太上天皇、国母儲君、長者殿下、官長上綱などの利益を祈る統治階層中心の願望表現と願意の数の増加傾向がみられ、反面、吉祥悔過の詞章で地域色を表すとみた「蚕養如意」の願意表出は、一例も見出すことができない。

第四区分では、この部分の詞章を欠く事例ウ・キ・ク・コ（山城清水寺・中宮寺・大御輪寺・薬師寺・興福寺）以外は、すべて「南無諸大菩薩摩訶薩云々」の定型的詞章による祈請句が用いられている。

以上、十一面悔過では、［諸願］の前半部分に十一面神呪心経の直接的影響が指摘され、また、それがほぼ全事例に共通して見出せる、という特色が明らかとなった。そしてその特色は、これまでに考察してきた［称名悔過］以下［如法念誦］に至る諸段にも共通する特色であり、十一面悔過が、その中心部において十一面神呪心経の影響を強く受けていることを証すものである。

薬師悔過の場合

薬師悔過の［諸願］は、前記二悔過と異なる五区分で構成される。その相違点は、通常の区分の第二を欠き、通常の第三区分の尾部に、十二神将の名を一区分として掲げるため、第三区分が分割されることである。

まず第一区分は、吉祥・十一面両悔過の第一区分と同じく神呪讃嘆と本尊讃嘆の詞章構成となっている。しかし概してその句数は少なく、特に本尊讃嘆部では名号を唱える例をみるのみで、これは前記十一面悔過の諸例に近い。また第一区分の詞章を欠く事例ケ・コ（国東諸寺・四天王寺）に［如法念誦］の段がない、という照応も、前記二悔過と同様である。特殊例として、事例ウ（新薬師寺）の、第一区分を主とする全般に、十一面悔過の事例ア（東大寺）の文言の転用が指摘される。

前記のように第二区分に相当する詞章はないから、直ちに通常の第三区分に相当する願意表出部分となるが、この部分で、願意の一句ごとに「南無薬師如来」と、本尊の名号を加える事例キ・ク・コ（太山寺・若狭神宮寺・四天王寺）があり、この形式には、あるいは第二区分を備える形式からの影響が考えられるかもしれない。

諸願意の表出に続く第三区分に、薬師如来の眷属十二神将を列挙する事例キ（太山寺）がある。眷属神の守護による願意達成がその目的であることは明らかで、願意列記の終結部の祈句を切り離し、その部分に挿入するかたちで十二神将の名を掲げ、その終わりに切り離した祈句を添えて締めくくっている。この手法は［発願］と［奉請］とのかかわりで確認した手法と全く同工であり、悔過法要の形式が展開してゆく際の常套的手段だった、と考えてよいように思う。

なお、前記祈句の最終句は、願意表出の締めくくりであると同時に、［称名悔過］の締めくくりとも考え得る場合があり、本稿末尾の表Ⅲ（一九六〜一九九頁）に掲げた［称名悔過］Eにこの最終句を用いる例がある。最終区分の祈誓の詞章は、定型に則りつつも、「南無諸大菩薩摩訶薩云々」という定型的文言を「南無日光月光諸大菩薩云々」とするなど、薬師世界に限定された表現の加わった事例のあることが注目される。

薬師悔過の［諸願］段には吉祥・十一面両尊のそれとの類縁性がいくつか指摘された。またその詞章に、経文からの直接的摂取は指摘できない。諸事例間の詞章の共通性も少ない。これらを考え合わせると、薬師悔過の［諸願］段には、悔過法要形式における流動的側面が想定されるように思うが、中心部諸段の考察を総合して、いま少し明確にしたいと思う。

千手悔過の場合

これまでにも折々に触れたように、千手悔過の構成次第はまことに不統一であるが、［諸願］もその例外ではなく、前記のような標準的区分を指摘し得る事例は、ない。しかし諸事例を通観すると、本稿末尾の表V―続（二四四～二五一頁）に見るように、不定型ながら四区分の構成が考えられる。

第一区分における［如法念誦］と神呪讃嘆の照応関係はほぼ前出三悔過と同様であるが、詞章は必ずしも一様ではなく、また本尊讃嘆の表現にしても、事例ア（松尾寺）が吉祥悔過に、事例イ・ケ（十輪寺・山城清水寺）が十一面・薬師両悔過に相当し、事例エ（備前西大寺）は［如法念誦］の段を欠く場合の神呪讃嘆欠落の例に相当させ得るが、その他の事例はこれらに属さず、［称名悔過］との複合形態や、繁簡区々の詞章構成など、特殊な表現をとる事例が多い。なお、第二章ではこの部分に［念誦発願］の仮称を与えてある。

第二区分に相当する部分があるのは事例カ・ケ（長命寺・金沢文庫本・山城清水寺）であるが、いずれも［称名悔過］の詞章（カは十一面悔過、ケは千手悔過）の一部を用いている。(62)［諸願］の段と［称名悔過］の段との混淆は第一区分においても指摘したところであり、千手悔過における大きな特色となっている。

第三区分に至って、他の諸悔過と同様の、諸種の願意開陳部分となる。諸事例に配された詞章によって、千手悔過においても、この部分が［諸願］の中心部分であることが示されるのだが、そこにもなお例外的表現が見出される。たとえば事例ア・ク・ケをはじめとして、具体的願意の表出が概して簡略であることや、掲出事例の半ばを超える事例イ・ウ・エ・カ・クに、阿弥陀如来の名号や過去聖霊の後世を祈る文言が加わることなどである。特にこれまで検討した吉祥・十一面・薬師の諸悔過の場合、ほとんどの事例において現世の願意が述べられており、後世を祈る現象は、薬師悔過の事例コ以外は千手悔過で初めて出現する。事例イ（十輪寺）に出現する阿弥陀如来の名号は、千手観音の本師として位置させたと解釈できるけれども、込められた意義は願生浄土の後世祈願であろう。第四区分は、これまでに見た定型的祈請の句が事例の多くを占めるが、例外的文言をもつ事例カ（長命寺・金沢文庫本）、この部分を欠く事例エ・ケ（備前西大寺・山城清水寺）がある。

千手悔過［諸願］の段には、他の諸悔過と基本的なところで共通性を保ちながらも、著しい特色がある。そしてこの特色は［称名悔過］の考察から得た千手悔過の特色でもある。悔過法要における両輪――懺悔と祈願――の、いずれの部分にもみられるその特色は、千手悔過法要形式の成立と無縁に形成されたものではあるまい。その辺りの考察は、次章での課題と考えている。

阿弥陀悔過の場合

阿弥陀悔過［諸願］段の構成は最もシンプルで、標準的四区分の前半部分を切り捨て、諸願意の開陳と終結の祈請という二区分の構成となっている。ただし、［諸願］段の前に［宝号］の一段を加えるという、前出諸悔過にない特色がある。

願意開陳の部分の詞章で特記すべきは、すべての事例が初句に「南無安養浄土諸仏聖衆」を掲げている点で、現世利益の祈願を本旨とする悔過法要の諸願表出を、弥陀浄土への帰依からはじめる、という特異性がある。この出だしから推測されるように、まず過去者のための祈りが配置され、その後に現世の祈りが続く、という詞章構成となっており、しかも、その特色が全事例に共通している点に、千手悔過に見た傾向をさらに押し進めた姿勢が感じられる。詞章の句数が少ない事例は少ないなりに、多い事例は多いなりに、整った構成をみることができるのも、阿弥陀悔過の特色ということができるだろう。

終結の祈請の文言は、ほぼ定型句を用いているが、事例ェ（勝林院・叡山文庫本）で、「観音勢至」の文言を特に加え、「声聞縁覚一切賢聖」を除いている点に、弥陀世界の強調がうかがわれる。

阿弥陀悔過の［諸願］段にみた特色は、しかし［諸願］段のみの特色ではない。先に考察した［発願］や［奉請］の段にも、また［称名悔過］の段にも指摘されたことである。詞章が整然たる構成をとること、諸事例間の異同が少ないこと、経説の直接的依拠による詞章というより、深められた理解に基づく詞章という印象を与えること、などである。これらの特色が指し示す阿弥陀悔過の性格は、次章で改めて取り上げることになる。

阿弥陀悔過で付け加えておくべきことがある。この［諸願］の前に［宝号］の一段があることは先に触れた。その詞章は十二光仏に対する称名礼拝の句で構成されている。阿弥陀如来の無量の光明を、一二種の名号で表現した「十二光仏」への礼拝は、すなわち阿弥陀如来への礼拝ということになり、悔過法要の一段としての存在意義は大きい。その［宝号］をこの位置に配したことの意味を考えておきたい。

阿弥陀悔過の［諸願］段は、標準的形式における前半部分を欠く。その欠如部分とは、神呪や本尊の讃嘆であり本尊の威力を知らしめる部分である。そしてこの部分は必ずしも諸悔過において安定的ではなく、たとえば薬師悔過や十一面悔過に詞章の簡略化や欠落がみられた。注目したいのは、薬師悔過［諸願］段の願意開陳に際して、願意の一句ごとに「南無薬師如来」の文言を加える事例（キ・ク・コ）があったこと、また千手悔過［発願Ｂ］の段で、発願句の一句ごとに「南無大悲観世音」の文言を用いる事例（ア・イ・カ・ケ）があったことである。これらの名号部分を独立させて一段を構成し、［諸願］の前半部分の代わりに配置したのが阿弥陀悔過［諸願］段の前に置かれた［宝号］ではないか、と思う。すでにお気付きかと思うが、阿弥陀悔過の所依経典について、［称名悔過］の段は観無量寿経からの摂取が確認された（一二二頁参照）。しかし、観無量寿経には十二光仏を説かず、浄土三部経の中でそれを説くのは無量寿経のみである。従って［宝号］段の所依経典は無量寿経ということになり、法要の中心部に二つの経典の投影をみるのである。ここにも阿弥陀悔過の成立や悔過法要形式に関する考察のポイントが求められるのではないか、と思う。

悔過法要の諸願段

諸尊悔過の［諸願］段を縦覧して、諸尊ごとの願意表出の特色を確認した。そこに見出したのは、またしても十一面悔過の形式上の整合性と経典依拠の緊密さであり、阿弥陀悔過の形式上の完結性と浄土思想の投影であり、千手悔過の個性であった。また吉祥悔過には、形式にも経典依拠の姿勢にも、十一面悔過に匹敵する要素を見出し、しかしながら必ずしも統一的でない多くの事例を見、薬師悔過には基本的形式を踏まえながらの流動性が指摘された。これらの考察結果を、［称名悔過］以下の諸段の考察と共に総合的に比較再考し、法要形式を通しての悔過法要の成立と展開の諸相をさらに追求する。

六　諸尊悔過の成立と展開

これまでの考察結果で明らかなように、悔過法要の形式は尊別にかなりの異同を示す。従ってその成立と展開を総合的に把握するためには、まず尊別悔過個々の位置づけを必要とする。この章では、これまでの方法——法要の主たる構成要素ごとに諸事例間の比較を行う——に対して、考察の対象とした全構成要素を、いわば横断的に振り返り、尊別の特色をもとにそれぞれの位置づけを行う。またその結果から悔過会を一連の流れとして把握できれば、と願っている。

1　吉祥悔過

称名悔過にみた傾向

第二章の［称名悔過］の段の考察によって、吉祥悔過に指摘されたことがらは、概略以下の通りであった。

1　その構成や詞章に諸事例間の差異が少なく、基本的な共通性を共有している。

2　諸仏名を主とするその文言には、依拠経典からの忠実な摂取が確認される。

3　事例ア（東大寺）には過不足ない構成と仏経讃嘆に終始する懺悔の心意表出、事例イ・ウ・オ（薬師寺・法隆寺・一乗寺）には、ささやかながら具体的願意の表出、事例ウ（法隆寺）には尊称による荘厳性の付加、事例オ〜ク（一乗寺・中尊寺・陸奥国分寺・若狭国分寺）には主要な詞章の省略や脱落が指摘され、他に、特殊事例ケ（叡山文庫本）には事例アに近い懺悔中心の表現が指摘された。

構成要素の再検討

抄出した前記事項と［発願］以下の考察結果を併せ、吉祥悔過の法要中心部をここで再検討してみよう。

第三章以下の考察で指摘した最大の事項は、吉祥悔過の［発願］・［奉請］段が、この法要形式の成立当初からの構成要素ではなく、その展開過程で加えられた、と想定されるという点であった。［発願］の段を欠く事例が圧倒的に多いこと、［発願］段のある僅か二例の中の一例に、天台的要素がみられること、［奉請］段の詞章に、別尊あるいは別系のそれの詞章が大きく影響していること、以上がその理由であった。

またこれらの考察との関連で、［如法念誦］の段も、展開的付加要素である可能性を指摘した。［如法念誦］が、本来は［発願］の直後に配置される段だったと考えられること、吉祥悔過の［如法念誦］が、すべて［奉請］の直後に配され、しかも本尊真言を用いず、多聞天・薬師如来・勧請の真言などを用いる特殊例が多いこと、がその理由であった。

さらに、第四章では触れなかった［散華］の段を取り上げる。本稿末尾の表Ⅱ―続（二二〇〜二二七頁）の事例イ・ウ（薬師寺・法隆寺）には［如法念誦B］のあとに［中散華］の段がある。法要導入部の定型的一段である［散華］に対して［中散華］と称しているが、この段は、通常の悔過法要にはない。事例イ・ウにこの段が存在するのは、この事例の［奉請B］段が事例ケ（叡山文庫本）の影響を濃厚に受けている（一三九頁参照）ことと無縁ではなく、［中散華］も事例ケの［散華］の影響によって付加された部分と考える。特に事例ウの場合、［奉請A］・［如法念誦A］で多聞天を、［奉請B］・［如法念誦B］で吉祥天を勧請しているから、異なる本尊のために［散華］を二度行うという意義づけも可能であろう。以上の理由で、［中散華］は、ある必然性を伴う付加部分であり、本来の構成要素からは除外すべきと考える。

前述の推定に従って、［発願］から［中散華］に至る諸段を、吉祥悔過本来の構成要素から除外し得ると仮定して表Ⅱ―続を一覧すると、すべての事例において［称名悔過］から直ちに［諸願］に続く次第が浮上する。そしてその次第は、七二頁に掲げた表Ⅰの、集諸経礼懺儀所収のβの次第に、まさに相当することになる。

ここで、いま一度本節のはじめに記した吉祥悔過の特色を思い返すと、［称名悔過］の段の詞章には所依経典の文言の忠実な摂取が確認されたのだが、表Ⅱ―続に明らかなように、引き続く［発願］から［中散華］諸段の詞章は所依経典からの直接的摂取とは言い難く、諸事例間の共通性も統一を欠く。そのため、この部分では諸事例に通ずる基本型を指摘し難い。そして［諸願］の段の詞章に、再び経文からの影響を見出すのである。

これらの事実は、吉祥悔過の原初的法要形式が、集諸経礼懺儀所収のβ形式のごとくシンプルな礼懺作法を範とし、金光明最勝王経の経説を踏まえて制作されたことを頷かせる。全国各地に定着し伝承される間に、本来のシンプルさゆえに他の悔過の影響による付加を容易にした。その結果［発願］から［中散華］の諸段をそれぞれに付加するといった種々の展開形式を生んだ。しかし、この展開の過程にあっても、［称名悔過］や［諸願］などの原初的な構成部分は変化することが少なく、忠実な伝承が続けられた。それがこれまでの考察結果が示す吉祥悔過のすがたではあるまいか。

右の観点に立つとき、［諸願］の第一区分の神呪讃嘆や第四区分の祈請の句も、展開的付加部分と考えることができるだろう。また事例ウの、各部分に明らかな荘厳性も、事例エの、［諸願］第三区分にみた十一面悔過からの転用句なども、展開過程における現象のひとつとみることができるだろう。

［称名悔過］で、明確な理念に基づく過不足ない詞章構成と、経説に則して仏経讃嘆による懺悔の表出を重んじた事例ア（東大寺）は、［発願］と［如法念誦］を付加しており、［発願］の文言に後世（天台）の影響を感じさせるものがあるけれども、［諸願］段の詞章は、これも経説に則った過不足のない構成で成り立っている。この事例における［発願］と［如法念誦］の付加には、後出の同寺十一面悔過の影響が考えられるが、その他の諸段については、事例アを典型と見做して誤りあるまいと思う。以上の点を考慮して、現段階では吉祥悔過法要の基準形式として、事例アを挙げたいと思う。

2　十一面悔過

称名悔過にみた傾向

主として大和に伝存事例が集中している十一面悔過の場合、［称名悔過］の段に指摘されたのは、以下の諸点であった。

1　一段の構成・詞章は、諸事例を通してほぼ共通している。
2　十一面の相貌を中心とする本尊世界讃嘆の詞章は所依経典の文言に忠実である。
3　前記の基本的共通性を共有しながら、事例ア〜ウ（東大寺・長弓寺・山城清水寺）の詞章に比較して、事例エ〜コ（観菩提寺・松尾寺・法隆寺・大和長谷寺・中宮寺・大御輪寺・薬師寺・中ノ川旧観音寺・興福寺）には願望表出が明らかであり、前者を懺悔型、後者を祈願型と称することができる。
4　最初の三句の表現に、同体型と三身型と名付けた二様があり、事例ア〜エは前者に、事例オ〜コは後者に属する。
5　事例ウ（山城清水寺）は、千手悔過との混淆部分をもつ特殊例である。

構成要素の再検討

列記した十一面悔過の［称名悔過］にみる特色の中、1・2は吉祥悔過にも指摘した点である。また第四・第五章の考察部分においても、それは両悔過に共通する特色として見出された。ただし、両者が基本的な共通点をもちながらも［発願］・［奉請］両段の有無を異にするなど、少なからぬ相違もある。それらの異同については、これまでに述べた通りである。

次に、3に掲げた懺悔型と祈願型の詞章表現に関して、本稿末尾の表Ⅳ—続（二三六〜二四三頁）によってこれまでには触れなかった部分を取り上げる。十一面悔過では［称名悔過］の直後に［宝号］の段を配する事例が五例ある。その中の事例ア（東大寺）は特にこの段に力点が置かれ、本尊の名号を三段に分けて六〇数返唱え、引き続いて六根懺悔の祈句を唱える構成をとる。それはいうまでもなく称名悔過礼仏の具現化であり、［称名悔過］に引き続く、懺悔心発露の極まったというべき一段である。従ってこの事例には、他の諸事例に比べて際立った懺悔重視の姿勢をみるのである。

さらに、事例アでは、引き続く［発願］[63]と［諸願］で、詞章の全句に著しい省略の手法を用いている。この場合、詞章のすべてにわたって一句ごとに短縮する方法をとり、特定の一部分を一括して切り捨てるという短縮法はとらない。そのため、幸いに本来の詞章を推測することができる。具体的に記せば、［発願］では初・結の句以外は毎句文言の頭一字を唱え、残りを省く。［諸願］では、毎句後半の文言を省くのだが、その省略部分が次第を追って増加するのである。要するに［宝号］によって懺悔の意義が著しく強調されたのに反比例して、祈願の意義の稀薄化が図られた、という図式が想定されることとなる。

［発願］欄に示したように、十五世紀半ばの旧次第では［発願］の省略部分が現在より少なかった。また［宝号］の繰り返しの返数も二〇〇回に及んでおり、事例アが、この当時以後もさらに流動を重ねたことを知ることができる。

事例アの［宝号］以下を右のように観察すると、その［宝号］段は本来の詞章構成にはなく、懺悔強調の志向に伴って著しく拡大した部分、と考えるのが妥当ではないかと思う。また事例イ・オ・ケの［宝号］に、事例アの影響を想定することも可能となる。この視点で本稿末尾の表Ⅳと表Ⅳ―続（二〇〇～二〇五頁・二三六～二四三頁）とを再見すると、［称名悔過］から［発願］［諸願］に至るすべての部分の詞章に、所依経典の文言からの直接的摂取が明らかとなる。それは、前項で考察した吉祥悔過を思い出させるものである。吉祥悔過の場合も、本来の構成要素とは考えられない部分を除外してみたとき、その詞章に、所依経典の文言からの摂取が明らかに指摘された。十一面悔過と吉祥悔過に見出される共通のこの特色は、悔過法要成立時の、法要形式制作の姿勢、あるいはその手法を物語るものではあるまいか。

右の結果を踏まえて、掲出した諸事例をいま一度比較してみよう。［称名悔過］の考察で、懺悔型と祈願型の区別は、表ⅣのDの部分に願意表出の文言があるかないかを判断基準とした。その結果事例ア～ウを懺悔型、エ～コを祈願型とした。また第五章で指摘した、［諸願］段にみる統治階層のための願望開陳と願望の数の増加傾向（一五五頁参照）は、主として事例オ～コに見出される。さらに思い起こせば、［称名悔過］の段における初三句の比較で、事例ア～エは同体型に属し、事例オ～コは三身型に属するという事実があった（一〇七頁参照）。これらの事実を総合すると、十一面悔過が、十一面神呪心経という経典に忠実に依拠して成立しながら、明確な意図の下に懺悔重視と体制的祈願重視という二つの方向を求めて展開した、と考えることが可能ではあるまいか。

この場合、二系列の一方の事例ウ（山城清水寺）には千手悔過との混淆部分が余りに多く、事例イ（長弓寺）は、明治維新後の再興時に二月堂の作法によって删訂した(64)、という事情があるから、安易に系列を云々するわけにはいかない。そこで右二例を除外すると、事例ア（東大寺）と、これに対する事例オ～コの系列が想定され、その中間に事例エ（観菩提寺）が位置することになる。

事例アは、東大寺二月堂の修二会次第である。先に、二月堂修二会が実忠によって天平勝宝四年の頃始修されたという説[65]を踏まえて、十一面悔過という固有の法式が、その頃から確立への歩みを進めたのではないかと述べた（二〇一頁参照）。またこの法会の勤仕者が、東大寺上院地域に止住していた僧団で、十二世紀初頭以前は法華堂衆をはじめとする堂衆層が主たる担い手であったという説[66]を踏まえて、この法会に対する強固な継承意識と独特な自律性についてもかつて論じた。[67]〝不退の行法〟という認識と実態は、現在に至るまで、脈々と生きている。長い歴史をたどってこの法会に見出すのは、単なる利他の法会としての有り様ではなく、まさに〝行法〟としての有り様であった。そしていま、事例アにみる、他の事例にはない懺悔重視の形態は、まさに二月堂修二会にふさわしいと思われる。

懺悔型と祈願型の前後関係は、以上によっても懺悔型の成立を先と考えるべきであろうし、［諸願］段にみる願意の内容の差異も、それを納得させるものがある。また、［諸願］段の前半で、事例アにはありながら、他のほとんどの事例に存在しない文言――南無能救種種苦難、誦得菩薩解脱法門、持得諸仏大悲智蔵、滅除無始三業罪――を、事例アが他の事例に後れて経文から採用したと考えるより、祈年の祈願という法会の性格から、いささか抽象的なこれらの文言を切り捨てたのが、事例ア以外のほとんどの事例にみる詞章構成だと考えてよい、と思う。

以上によって、十一面悔過法要の本来の形式は事例アに求めるべきだと考えるが、その当初の形態を確定することはまだできない。ただし、［発願］や［諸願］段の省略法にみる限り、ある部分を一括して切り捨てる方法を取らず、一句ごとに一部分を残して短縮し、形式上は全句を生かしているから、本来の形態を尊重する姿勢は通底して存在した、と推測し得るわけで、解明の糸口を伝存形態に求めることも不可能ではあるまい。いずれにしても、十一面悔過が吉祥悔過と共に所依経典に依拠するところが非常に大きかったことは明らかとなった。

3　薬師悔過

称名悔過にみた傾向

諸寺の薬師悔過で［称名悔過］の詞章表現に指摘されたのは、概略以下のことがらであった。

1　伝存事例は諸悔過の中で最も多く、南都を中心として同心円を描くような、各地への広がりがみられる。

2　事例ア〜エ（薬師寺・法隆寺・新薬師寺・霊山寺）として掲げた南都諸寺の事例に、経典の文言に忠実な詞章がみられるが、事例オ・カ（花園村・金剛峯寺）、事例キ・ク（太山寺・若狭神宮寺）、事例ケ・コ(68)（国東諸寺・四天王寺）と、地方への広がりと共に後半部を中心に詞章の消滅が顕著になる。それは懺悔の意義の減少を意味している。

3　前記2と表裏をなして顕在化する願望の表現が、特に事例キ・ク・コ（太山寺・若狭神宮寺・四天王寺）などに顕著に指摘される。

4　前記2・3によって、薬師悔過の［称名悔過］の段には懺悔型と祈願型の別が指摘されるが、南都諸寺の事例には懺悔型と称すべき形式が保たれている。

構成要素の再検討

［称名悔過］に指摘した上記特色を、吉祥悔過・十一面悔過の特色と思い合わせてみると、大きな相違点が見出される。すなわち、吉祥悔過・十一面悔過における［称名悔過］の詞章は、ほぼ全事例を通して共通しており、大同小異の小異が考察の手がかりとなったのに対して、薬師悔過の場合は、［称名悔過］の中心となるB・C・Dの

中のC・D部分に詞章を欠く事例を数多く見出す、という、大きな差異が指摘される。具体的には、前記2に記した通り、事例ア～エ、オ・カ、キ・ク・ケ・コの順に詞章の省略の度合いが大きくなるのだが、法要の眼目部分にみるこの現象は、悔過法要の本質にかかわる展開を示すと考えてよい。これまでにも触れたが、伝存状況に類似性のある吉祥悔過と比べても、それは明らかである。そこで、この問題を念頭に置きながら、本稿での考察結果を振り返ってみたい。

第四章の考察で、［如法念誦］は、［発願］の直後に配されるのが本来の構成形式と思われること、薬師悔過の［奉請A］が［発願］の終結部に挿入するかたちで、［発願］と［如法念誦］との間に配置された一段であり、［奉請B］は［奉請A］から欠落した奉請の意義を、改めて表現する働きを担って配置された一段であろうこと、薬師悔過において、［発願］と［奉請］が、一連の構成要素として連動的な詞章展開を示していること、などのことがらを指摘した。また、諸事例の当該部分を詞章パターンで分類比較した結果、［発願］と［奉請］の両段を通して、事例ア・イ・エ、オ・カ、キ・クと、両段を欠くケ・コの四グループに分けられることが確認された（事例ウは、十一面悔過の詞章を転用した例外的事例である）。

右の結果は、［称名悔過］の考察で得た詞章消滅の度合いによる分類結果と、ほぼ完全に合致する。要するに、薬師悔過の場合は、［称名悔過］のみならず、［発願］・［如法念誦］を経て［奉請］に至る一連の部分を通して、グループ単位で幾つかの展開形式が成立したであろうことになる。このような展開のしかたには、なんらかの意味があるのではないか、と思う。

前述のように、薬師悔過の［称名悔過］の段には懺悔型と祈願型の別が指摘され、いま、［称名悔過］から［奉請］に至る諸段に、連動的な展開形式の形成をみた。ここで改めて表Ⅲと表Ⅲ—続（一九六～一九九頁・二二八～

二三五頁）に目を向ける。

［諸願］段の第二区分は、具体的な願意表出の部分であるが、事例キ〜コには一見して願意表出の句数の多いことがわかる。特にキ・クでは［発願］段でも祈願に通ずる具体的表現で本尊の誓願を挙げ、キ・ク・コの［諸願］段では願意の一句ごとに本尊の名号を加えて達成を願う、という、念の入った表現形式をとる。一方でこれらの事例では、［称名悔過］のD部分だけでなく、Cの部分のほとんどを欠き、［称名悔過］における懺悔の意義の表出が最も稀薄となっている。

また事例オ・カの場合は、［諸願］の段における願意表出は他に比べて顕著とは言えない。しかし［発願］段にみる発願の句は、そのまま祈願の句たり得る内容であり、ここですでに具体的な願意を表出している、とみることができる。これらは、［称名悔過］においてDの部分を欠く事例であり、事例キ〜コに比べるとその度合いは薄れるけれども、明らかに懺悔よりも祈願の意義が強調されている。

以上が［称名悔過］の考察で祈願型とした事例であるが、二表をつき合わせてみると、［称名悔過］にみる懺悔の意義の減少は［諸願］にみる祈願の意義の増加と明らかに照応しており、ここにも、これまでにみてきたと同様の連動的な展開形態をみるのである。しかも、この場合は懺悔から祈願へという、重要な意義の転換を伴っており、法要の中心部分にみる、一連の形式上の展開には、懺悔重視から祈願重視への意識が大きく作用しているという見方ができる。

右に対して、事例ア〜エは［称名悔過］の考察で懺悔型とした南都諸寺の事例である。四例の中、事例アには［諸願］段全体の構成・詞章のバランスの良さと、過不足ない願意の表出が認められる。この特色は、［諸願］段のみならず、［称名悔過］以下の諸段にも共通しており、全体を通して整った形式を保っている。

事例イは、［諸願］段の主要部分を欠き、具体的な願意を掲げない。これに対して［称名悔過］では、事例アと全く同一の詞章構成となっているから、この事例は著しく懺悔の色彩が濃い、ということになる。

事例ウでは［諸願］段の祈願の句数が少なく、しかも思い切った省略詞章となっている。対する［称名悔過］の詞章は、D部分では事例ア・イにほぼ同じく、C部分には眷属諸尊を加えて称揚しているから、やはり懺悔の色合いが濃い。

事例エでは［諸願］段の祈願の句数の増加が目立つ。しかし［称名悔過］のD部分の詞章と共に、毎句思い切った省略法を用いている。従って、祈願型への鮮明な変化とは言えないけれども、祈願色の増加が認められる。

以上が［称名悔過］の考察で懺悔型とみた諸事例の、［諸願］段周辺にみる対応関係である。濃淡の度合いを異にしながら、いずれも懺悔型と称すべき表現を指摘できるのが事例ア〜エであり、それが［称名悔過］から［諸願］まで、一貫して指摘し得るものであることが明らかとなった。

以上、検討してきた諸事例の表現形式が、成立当初のままであるはずは、もちろん、ない。背後に幾多の変遷を重ねているはずである。しかし、懺悔を重視する、あるいは祈願を重視する、というような基本理念は、大きく転換することなく継承され来っていると考えるのである。

懺悔と祈願という、悔過法要における根本的意義が、幾つかのグループ単位で濃淡さまざまに表現され、南都の懺悔色から地域の広がりと共に祈願色を強める、という薬師悔過の展開過程は、吉祥・十一面両悔過と異なる大きな特色である。第二章では、その点を薬師如来の本願そのものに胚胎し吉祥悔過のような国家的統制の外にあって定着したゆえ、と解釈した。祈願部分の考察を加えても、その解釈は基本的に変わらない。しかし、［発願］以下の構成要素にみる付加的性格や、詞章構成にみる経典依拠の度合いなどを考え合わせると、薬師悔過の法要形式の成立を、吉祥悔過・十一面悔過より早い時点に想定するのは不適切と考える。［発願］の考察で試みた、吉祥悔過・十一面悔過の二形式を典型とする展開過程上に薬師悔過が位置する、という推論を、法要の中心部全体の考察を終えたいま、改めて提出したいと思う。

なお、薬師悔過の諸事例の中で、他の事例の規範となったと解釈し得る事例を挙げるのは難しいが、南都諸寺の事例の［称名悔過］に、整った基本形式と詞章が保たれ、またその初めの三句が、吉祥悔過と同じ同体型であること、などが解決の糸口となるかもしれない。特に事例ア（薬師寺）に見られる詞章構成の整斉と、『延喜式』に薬師寺大般若会の勤修法要を「読経幷悔過」（『延喜式』玄蕃寮）と記載する事実を思い合わせると、薬師寺修二会の薬師悔過には遡及可能な蓋然性があり得、それを肯定すれば、事例アを基準的事例とみることが可能となる。ちなみに、掲出諸事例の中で法会始行の時期を伝えるのは、「養老年間の始修」という伝承をもつ国東諸寺と、薬師寺の修二会を「右之法会者、七十四代鳥羽院御願嘉承二年丁亥始、」と記す『新黒草紙』(69)の記述と、法隆寺の修二会を「弘長元年辛酉二月八日始之、」と記す『寺要日記』(70)の記述である。

4　千手悔過

称名悔過にみた傾向

東西に広く帯状の依存地域が見出される千手悔過の場合、［称名悔過］の考察結果はおおよそ左記のごとくであった。

1　変化観音の多面多臂に象徴される無量かつ具体的な救護力を讃嘆する表現は、直ちに願意の表出となり得る。この特色は、千手悔過に最も顕著に指摘される。

2　詞章表現が統一的でなく、個々に表現を異にする事例が多い。
3　区分Aの初めの詞章表現に、同体型・三身型以外の、五智型と名付けた形式が加わる。また三身型の場合は一句に集約して表現している。
4　［称名悔過］一段の中に他の構成要素が混在する事例が多く、法要の構成そのものに特殊性が認められる。
これらの特色には他の諸悔過に見出せぬ千手悔過固有のものが多く、特色というより特殊性というべき面が指摘された。

構成要素の再検討

前記に引き続く考察部分に指摘されたのは、［発願］にA・Bの二種があり、その中のAは他の諸尊悔過の［発願］に相当する詞章構成と意義をもつが、初・結の句の詞章パターンに千手悔過固有のものがある。またBは、他の諸尊悔過に類例のない一段である。次に、通常は［発願］の直後に配される［如法念誦］に、定型的事例が少ない。さらに、［諸願］段の構成が不統一であることや、願意表出に、過去聖霊のための祈句を加える事例（イ・ウ・エ・カ・ク）が増えることなどであった。しかもこれらの諸段が、［称名悔過］を分断するかたちで不特定の部分に配置され、法要の構成に統一性を欠く、という特色をみた。

考察したすべての部分に指摘される千手悔過の特殊性と、諸事例間の非統一性は、千手悔過がその定着過程で基準とすべき事例をもたなかったことを想定させる。もちろん下敷きとなる悔過法要の基本形式は存在しており、既存部分を基に個別の表現意図を以て種々の展開形式が形成されたのであろう。その展開の末が、現存する諸形式と考える。

右の視点で、いま一度本稿末尾の表V—続（二四四〜二五一頁）によって［発願B］を取り上げる。［発願］段にA・Bの二種があるのは千手悔過の特色だが、特に［発願B］は全一一例中の五例に配され、この法要の構成要素として軽からぬ分量と意義が示されている。すなわち、千手経では千手観音の広大円満無礙なる大悲心陀羅尼の大威力を説き、その持誦に際してはまず発願し、次いで至心に本尊千手観音の名号と本師阿弥陀如来の名号を称念し、その後に陀羅尼を誦せ、と説く。［発願B］の詞章は、千手経に「先当従我発如是願」と説く発願文そのものと、名号（事例イ・カ）であり、［発願B］・［如法念誦B］と次第する構成は、まさに経説に基づいて配された構成である。千手悔過の［発願A］には、他の諸尊悔過と共通の詞章構成と意義が認められた。ということは、他の諸尊悔過にみる［発願］・［如法念誦］の構成に、千手経の経説を体して［発願B］・［如法念誦B］を付加したのが事例イ・カ・ケであり、［発願B］のみを付加したのが事例アということになる。付加事例が奈良・京都・滋賀各府県下に、非付加事例が兵庫・岡山・山形各県下に認められるのも、法要形式の展開と伝播についての示唆を含んでいるように思う。

千手悔過法要の構成にみる独自性と［発願B］にみる付加的要素を思い合わせると、伝存する多様な展開形式の背後に、それを可能とした日本の仏教の、普及滲透のすがたを看取することができるのではあるまいか。

5　阿弥陀悔過

称名悔過にみた傾向

第二章で阿弥陀悔過と考えた法要形式には異なる二系列があり、仮にa・bに分けて考察した。そのa形式に指摘されたのは、以下のことがらであった。

1　伝存事例が、すべて天台系寺院の常行三昧堂修正会の所用、と限定されている。
2　法要全体の構成が、悔過法要の典型的な構成とは異なり、集諸経礼懺儀所収のαの形式に近い。
3　この法要を〝古式の常行三昧〟と認識する事例がある。現行の常行三昧とは構成も詞章も異なるけれども、常行三昧堂における自行作法から転じた法要形式という可能性はある。
4　［称名悔過］の詞章は三十巻本仏名経に依拠しており、この部分だけで阿弥陀悔過とは判断できない。
また、右と異なる系列のｂ形式に指摘されたことがらは、以下の通りである。
1　伝存事例が、平安京周辺の貴族社会とかかわり深い寺院に集中している。
2　詞章が往生極楽のための定善・散善を主として構成されている。明らかな欣求浄土の理念は、他の諸悔過の現世安楽の理念からの展開的特色をなしている。
3　諸事例の詞章には、経文からの直接的依用から転じて、経説を咀嚼した上での詞章化が認められ、背景となる信仰の深化がうかがわれる。

構成要素の再検討

阿弥陀悔過二系列の中のａ形式は、本稿で考察の対象とした部分をすべて欠いているため、触れることをしなかったが、ｂ形式について確認されたのは、［称名悔過］の考察結果との共通項の多い以下の諸点であった。
1　［発願］・［奉請］の段に、極楽往生を願う文言が加わり、［諸願］段の願望開陳を弥陀浄土への帰依からはじめ、過去者への祈りを優先させるなど、前記ｂ形式の2と同様の現世利益から欣求浄土への根本理念の展開がみられる。

2　すべての段に挙げられる詞章の整斉や事例ごとの詞章表現に、前記b形式の3と同様のこなれた経説の摂取や、信仰の深まりがうかがわれる。

3　［奉請］・［宝号］両段の詞章構成に、薬師悔過や千手悔過の影響も考えられ、先行する諸尊悔過の存在を想定することができる。

以上のように、阿弥陀悔過のb形式の場合は［称名悔過］から［諸願］に至るどの部分の考察結果にも、浄土信仰の投影が指摘され、またその事実から推測される悔過法要の変容が指摘された。現世の豊穣安穏への祈りから、過去・現在を祈り来世の浄土往生を祈るという志向が際立って顕在化する。また一面で、このような変化に呼応するように、経説を踏まえつつも経文の直接的依用には赴かず、自在かつ洗練された詞章表現と、意義明確でバランスのとれた構成という特色が明らかである。そこに、［発願］や［奉請］あるいは［宝号］の存否を通して諸尊悔過にみた〝揺れ〟の収束がみられ、ある意味での悔過法要の到達形態が印象づけられるのである。

さて、第四章と第五章で考察の対象とした［発願］から［諸願］までを欠くa形式である。［称名悔過］の段にみた前記a形式の特色は、b形式の特色とはあまりに相違する。第二章では、その特殊性に基づいて、この形式を汎仏世界的悔過作法に阿弥陀経と念仏を加えて成立した阿弥陀悔過と想定し、本来の自行作法が利他の法要に転じた可能性を推測した（一二〇頁参照）。いま、改めて祈願に関わる部分を欠くことの意味を確認して、右の推測を追認したい。この形式は、法要の中心部に懺悔部分のみを配置し、祈願部分を欠くことで、悔過会の窮極的目的とは合致しないことが明らかである。一方祈願の前段階である懺悔部分は明確に存在し、それを含めて全体の構成が集諸経礼懺儀のα形式に近いということは、この法要が懺悔を目的とする自行作法として確立した法要であったことを語る。ひたすら礼仏懺悔する功徳が願望成就に連なる、という経説を思えば、その自行作法は利他の法要として勤修すべき意味がある。阿弥陀悔過のａ形式が備えている悔過法要の原点ともいうべき要素が、天台宗の自行作法から悔過会所用の法要への展開を促した。それがこのａ形式ではあるまいか。

七　悔過法要の成立と展開

五種の尊別悔過を、法要中心部の構成要素ごとに考察し、その結果を集約して、個々に典拠から展開に至るすがたを求めてきたが、ここでこれらを総合して、悔過法要を流れとして確認しておきたい。

1　成　立

礼懺儀礼と悔過法要

最初に述べたように、現在、悔過会の全事例が祈年という特定の催行目的によってのみ伝承されている。それは、そこで勤修される法要が一年の豊穣安楽・除災招福を祈る典礼と認識され、その認識が定着し継承され来ったことを示しているが、本論では、それが原初的には僧尼自らの懺悔の修行法にあることを考察の前提とした。懺悔が仏道修行の根本行であること、経説にみる自行から利他への展開の必然性、奈良時代における懺悔行の盛行などを、右の前提のよりどころとしている。(71)

［称名悔過］以下、法要中心部の考察によって、吉祥悔過には展開的過程での付加部分があると推定した。そしてその部分を除いた形式と阿弥陀悔過―ａの形式とに、集諸経礼懺儀所収の形式との共通性を見出し、自行作法から利他典礼への展開を確認した。

もちろん、右の二形式そのものを悔過会本来の法要形式と認めるわけにはいかない。しかしこの二つの形式が悔過法要の原初的形態を示唆するものであろうことは間違いあるまい。特に八世紀半ばに国家的年中行事と規定された（七五頁参照）のが吉祥悔過であることを思い合わせると、その成立基盤が脆弱であったはずはなく、依拠すべき儀礼形式を持たなかったとも思えない。その意味でも、吉祥悔過の伝存形式には、今後さらに追求の目を向けるべき、と考える。

雑密経典と悔過法要

十一面悔過の場合も、経文に忠実な詞章と掲出諸事例相互の共通性が特色であった。吉祥悔過・阿弥陀悔過――aと異なるのは、伝存地域が、南都を中心とする奈良県北部に集中し、隣接する京都・三重両府県に僅かな広がりを見るのみであり、かつ雑密経典に基づいて制作されている点である。

十一面悔過の伝存地域の一極集中的現象と事例個々の異同の少なさには、その成立・伝播の地域性と私的な性格が推測され、規範となった事例の確固たる存在感によって周辺に影響を与えたことが想像されるが、いま、伝存事例をもとに規範的事例を想定すれば、やはり東大寺二月堂のそれ（事例ア）を挙げざるを得ない。第二章にも述べた二月堂と実忠の存在、また〝不退の行法〟の認識の下に伝承されてきたその歴史、法要形式の整斉など、規範たるべき条件は十分と言ってよい。しかし二月堂の十一面悔過に確認した特色――他に抽んでて鮮明な懺悔の意義と、それに対する祈願の意義の減少――は、伝存次第の比較においては、必ずしも規範たり得ていない。その辺りについて再考の必要があろうと思う。

十一面悔過が、十一面神呪心経を典拠として成立していることは第二章似下で確認した通りで、疑いない。この経典は、その名の通り十一面観音の神呪の大威力を説き、神呪を受持読誦する者が得べき功徳を説き、その作法を説く経典であり、懺悔の功徳や礼拝の作法に触れる文言はない。しかし、称名号については「若有称念百千倶胝那庾多諸仏名号、復有暫時於我名号至心称念、彼二功徳平等平等、諸有称念我名号者、一切皆得不退転地、離一切病脱一切障一切怖畏、及能滅除身語意悪、況能於我所説神呪、受持読誦如説修行、当知是人於無上菩提、則為領受如在掌中」とその功徳を説く。従ってこの経説が十一面悔過の［称名悔過］・［宝号］の成立に連なることは十分考えられる。ただし、ここでの称名号は懺悔の表出としてより、離苦証果の手段として説かれており、また称名号の功徳を説いた後に「況能於我所説神呪」と表現しているから、明らかに神呪称念を称名号の上位に置いている。この経説を忠実に理解すれば、［如法念誦］の段こそがより重視すべき重要部分となるわけで、そこに雑密経典らしい性格がうかがわれる。

十一面神呪心経が、称名を懺悔の表現とはせず、神呪称念に次ぐ離苦証果の手段と説き、神呪の大威力による衆生救済を根本に据える経典であること、その経典に依拠して十一面悔過が成立していることは、悔過法要の本質的な転換を示す。懺悔の功徳がもたらす諸願成就から、神呪の威力が約束する願望如意への転換であり、懺悔という前提条件は二義的となり神呪の威力の発動こそが重要となる。第四章「発願・奉請・如法念誦」の考察で、吉祥悔過の［如法念誦］が構成要素としての安定を欠いていた事実をみた。また［如法念誦］が本来［発願］の直後に配される段であり、十一面悔過にはそれが必然性を以て存在すること、吉祥悔過には本来［発願］の段がなかったであろうことをも述べた。これら両者にみる差異を改めて思い返すと、そこに、大乗経典と雑密経典という所依経典の性格の相違が浮上してくるのである。二月堂修二会が創始された天平勝宝四年（七五二）以前に「薬師悔過之法」が存在し（七五頁）、「唱礼」と称される称名礼拝の作法が存在している。[72] 律典や大乗経典に基づいてすでに形成されていたであろう悔過儀礼に範を求め、雑密の経説に基づいて、神呪の呪力によるより大きな功力を期待したのが十一面悔過の法要形式ではなかったか、そこに実忠の創造的意欲が働いたのではないか。十一面悔過の成立には、以上のことが考えられはしないだろうか。

では、なぜ、十一面悔過の規範と考えるべき二月堂の十一面悔過が、他の事例に比べて鮮明な懺悔型となっているのか。[宝号]を重く、[発願]以下を軽くしたその表現形式は、経説と矛盾する方向性を示し、礼懺系の意義表出をより強めたものと思わせるのだが。その点に関して、いまは以下のような二月堂修二会の性格に原因を求めておきたい。

二月堂修二会の、十二世紀初期以前の実態は不明である。しかし、十二世紀半ばまでに現在に近い法会の形態が確立しており、世間で「南無観寺」と称せられるほどの認識を得ていた。またこの法会は、自律的機能をもつ参籠集団によって運営され、いかに困難な情況下にあっても、法会継続の熱意と行動が中絶を救う、という歴史を繰り返して今日に至っている。これは、東大寺の他の法会にはない特色であり、二月堂修二会の、寺内における特殊な位置づけを示すものでもある。以上はかつて述べたことがらだが、(73)その事実を通して把握されるのは、修二会を〝行法〟と認識する姿勢である。それは、まさしく衆生の罪を衆生に代わって懺悔する〝行法〟を意味し、二月堂に〝悔過堂〟の性格が存続していたことを思わせる。前記の「南無観寺」の呼称は、[宝号]の段での名号連呼が世間に印象づけられていた証であり、十二世紀半ばの二月堂十一面悔過に懺悔型の表現が濃厚であったことがうかがわれる。ただし、この時点における[発願]以下のバランス——つまり懺悔型的色彩と祈願型的色彩の度合い——を量ることはできない。ただ、段落ごとの考察で述べたように、[発願]以下の詞章の省略に際して、一句ごとに一部分を残して短縮する方法が用いられ、原型の面影が残り、それによって基本的には他の諸例と同じ詞章構成であったことがわかるから、事例アすなわち二月堂修二会の十一面悔過を規範とする原型が他の諸寺に広まり定着して以後に、規範事例アにひときわ懺悔色が加えられた、という経過を推測している。

以上、十一面神呪心経という雑密経典に依拠することによって生ずるであろう悔過法要の本質的転換が、その規範と考えるべき事例においては果たされなかった事実をみた。それは二月堂の特殊性に原因を求めることができるけれども、その背景には、礼懺作法から出発した悔過法要という本質的な意義が大きく作用していたことを考えるべきではないか、と思う。さらには、ここに取り上げた三種の尊別悔過の法要形式に、自行の作法からの展開的意義を担って利他の典礼がかたちづくられる際の、さまざまな姿勢と試みが窺われるように思うのである。

2 展開するかたち

疫疾流行の時代

奈良時代に分化する諸尊悔過の中、薬師悔過の初出は吉祥悔過や十一面悔過より早く、また「薬師悔過所」も存在した。さらに平安時代初期の悔過事例として史料上に現れるのは、薬師悔過が最も多い。これらのことは、先に述べた（七五頁、八八〜九一頁参照）通りであり、ここで「展開」という視点で薬師悔過を取り上げるのは、あるいは当を得ぬことかもしれない。しかし、第四章「発願・奉請・如法念誦」・第五章「諸願」で考察し第六章「諸尊悔過の成立と展開」にまとめたように、法要の形式や詞章構成からは、吉祥・十一面両悔過との交流をうかがわせつつ、両悔過に後れての展開形式（特に［発願］［奉請］［諸願］段の一部）とみるべきことがらが指摘されており、前項で扱った諸悔過とは同列に考えにくい。歴史上に存在したことを示す記事と、現存する法要形式から想定される判断とは、このように矛盾する。

右の矛盾を解く鍵を、［発願］から［奉請］の段に求められはしないか、と思う。第四章の［発願］段の考察で、［発願］の有無という点で対極に位置する吉祥悔過と十一面悔過の両形式を典型として、諸尊悔過の［発願］部分は多様に展開しつつ次第に［発願］を備える形式への方向が定まったと考え、南都諸寺の薬師悔過の［発願］に、十一面悔過の影響があることを指摘した。また［奉請］段の考察でも、薬師悔過の［奉請］が本来の構成要素ではなく、［発願］の終結部に挿入するかたちで付加された可能性を指摘した。

右の推論に従って［発願］から［奉請］の部分を除外すると、［称名悔過］［宝号］［諸願］、あるいは［称名悔過］［諸願］というシンプルな次第となる。七仏薬師経には昼夜六時の称名礼拝の功徳を説き、その善根と如来の本願力が諸難を救うことが主として説かれ、神呪称念の守護力を添えて説いているから、シンプルな原形式の存在はあり得たであろう。しかしその推測を現存する諸事例に基づいて成り立たせるには、諸事例間の詞章の異同の大きさがためらいとなる。従っていまは、天平十七年（七四五）に、早くも「行薬師悔過之法」（『続日本記』天平十七年九月癸酉条）と記された薬師悔過の、原初的な形式を推定する手がかりとして、［発願］から［奉請］の諸段を省いた形式を挙げ、今後の追求の望みを託したい。

なお、九世紀初めに史料上に数多く現れる薬師悔過を「御霊の祟りの予防と排除のために修せられたもの」という説を、[74]ある得べきこととは思いながら第二章で疑問を呈した（九一頁参照）。御霊の慰撫という具体的な目的があった場合、それは法要のどこか――おそらく［諸願］の段――に表現されるはずだと思うゆえである。しかし掲出事例の［諸願］段に述べられた願意をみると、聖朝安穏・天下安穏・地味増長・成五穀など、すべての悔過に共通な願意の他に、疾病・病苦・疫病を除く薬師悔過固有の願望が掲げられている（事例ア・オ・カ・キ・ク）が、御霊慰撫の文言はなく、関連する「滅除呪詛」の文言は一例（事例ク）に見出すのみである。一方、当時の史料に

「薬師悔過」と記された勤修例をみると、天皇不予・疫癘攘災・防災豊年・疫旱消除を目的として催されているから、その目的と［諸願］段の文言は明らかに照応する。この事実から、九世紀初めの薬師悔過盛行の事象に御霊信仰の背景をみるよりは、頻発する疫難・病難・旱難などの攘災を目的として、薬師十二大願に象徴される無辺の仏力を頼り、特に病癒への期待を込めて薬師悔過が選ばれた、と考えたい。もしその目的がこの時期の薬師悔過の盛行を招いたとすれば、除疾の願望を掲げる事例（ア・オ・カ・キ・ク）の形式、すなわち［発願］から［奉請］の段を備える形式が、九世紀初期にすでに存在していた、と考えてよいかもしれない。

千手悔過と六道思想

これまで幾度か指摘したように、千手悔過は法要の構成形式の不統一、事例ごとに指摘される詞章構成の個性など、多くの点で他の尊別悔過と相違するが、先にその相違点を通して、既存形式を下敷きにして展開的に成立したことを確認した。特に［発願Ｂ］から［如法念誦Ｂ］の部分にそれは明らかであった。

［発願Ｂ］の詞章が、千手経に掲げる発願文そのものであることは先に記したが、それは、千手観音の大いなる慈悲心を頼りに、本尊の誓願力をわが誓願として真理を見極め、人々の苦を除き、人界の苦を超越し、絶対世界に至ろうとする。そしてその時、地獄・餓鬼・修羅・畜生世界の苦患もおのずから消滅することを願う。

［発願Ｂ］に示された、観音力によって人界の苦を超え、六道輪廻の苦から逃れることを発願する思想は、現世利益のための発願から、生死輪廻の業からの救済を願う発願への転換を示しており、その意味において、［諸願］段に加わった、登霞聖霊・本願聖霊・貴賤霊等の成正覚や生極楽を願う祈句に表現された、過去聖霊のための祈りと照応する。それは、悔過法要に託された現世利益的意義からの、歴然たる展開を示すものだが、速水侑氏によれ

ば、わが国の観音信仰は飛鳥白鳳期においては追善的性格を主流とし、奈良時代の密教的受容と共に、除災招福の呪術性重視への変容を示したという。[75] この信仰形態は平安時代にはさらに展開して、十世紀の貴族社会における観音信仰には、「明らかに旧来の呪術的現世利益的観音信仰とは異なる、苦海に溺れる五濁衆生の苦を代わり受けるという観音大悲に対する信仰が成立し」、「日本人にとっては人の生を現世から解き放し過去と未来とに押し広める新しい信仰[76]」としてわが国に受け容れられた六道輪廻思想を基盤として、日本の浄土信仰が発達する、という。そして「六観音信仰は、六道輪廻から浄土への往生を求めるという面において、阿弥陀信仰と同一の基盤に成立したものと考えられる。」と説く。

右の論に導かれて千手悔過を振り返ると、千手悔過の［発願B］や［諸願］には、六道輪廻思想を基盤として浄土信仰に向かう、その時代背景が明らかに反映しているとみることができる。十世紀の観音信仰を基盤とするその法要形式を、悔過法要の展開的形態と把握するゆえんである。

3　収　束

浄土思想と悔過法要

以上、阿弥陀悔過―a・吉祥悔過・十一面悔過という、それぞれに統一性を保ちながら互いに異なる三形式を通して、悔過法要の成立に至る片鱗を見、薬師悔過・千手悔過の流動的な形式に、悔過法要の展開的側面を見出したが、最後に、種々の展開を経た後に収束に至ったとみられる阿弥陀悔過―bの形式について、法要勤修の周辺を一見しておきたい。

延長三年（九二五）の左大臣藤原忠平による法性寺新堂供養、永観元年（九八三）の円融帝御願による円融寺落慶供養をはじめとして、十世紀半ば以降、摂関家や院を中心とする貴顕の私寺・御願寺の建立が相次ぎ、これと相まって仏事の盛行をも招く。中でも、これらの寺々では建立後間もない時期から修正会を勤修する例が少なからず、[77]院政期には公卿社会の重要な年中行事となっていたらしい。[78]これら修正会は、その法会構成から推測すると悔過会と考えて誤りないと思われるが、[79]この場合の悔過法要は、もちろん諸寺諸堂の本尊にふさわしい尊別悔過だったはずである。また法成寺・法勝寺・尊勝寺などでは阿弥陀堂で修正会が行われたことが明らかだから、[80]そこでは阿弥陀悔過が勤修されたと考えてよい。これらの状況から、阿弥陀堂の建立が盛行した十一世紀初期から十二世紀にかけて、[81]阿弥陀悔過の法要形式は完成していた、と考えて誤りあるまい。

最後に、阿弥陀悔過―bの形式にみた特色――現世利益的性格の濃い他の諸尊悔過と異なる願生浄土の意義の増加――については次に掲げる辻善之助氏の説がすべてを語っていると思う。すなわち、平安時代中期の浄土信仰について、「当時の信仰は、一方に於ては、弥陀の安養浄土に生れんことを夢みつつ、尚此の世の安穏栄華を祈る。即ち其の信仰には、尚現世的の意味が多いと認めなければならない。[82]」という。そのような背景を考えれば、祈年の悔過法要として阿弥陀悔過が定着したことも、現世の安穏豊楽と共に来世の浄土往生が祈られたことも、さらに伝存事例が平安京周辺の貴族とのかかわり深い寺院に多いことも、悔過会そのものの必然的展開形態として納得することができる。またその流れの中に、薬師悔過や千手悔過にみた浄土思想の萌芽的表現を、改めて位置させることも可能であろう。

おわりに

数ある尊別悔過の中から、奈良時代の文献にその名の現れる五尊の法要形式を取り上げ、法要中心部の構成次第と詞章の異同を通して、悔過法要の成立と展開の様相を把握しようというもくろみで稿を起こした。伝存する諸事例を手がかりに、悔過法要の典拠を明らかにし、その表現形態を通して個々の基準形式を探り成立の前後関係を探る試みの中で、当該部分の構成要素を一段ごとに取り上げ、掲出事例すべての詞章表現を比較したため、記述はかなり煩雑となった。反面では触れるべきを省いたことがらもある。心残りは多い。しかし、この作業で悔過会の輪郭に多少の具体性を加えることはできたように思うし、今後この考察結果を手懸りに、尊別個々の形式を、より明確に定置させることも不可能ではないと考えている。

註

（1）五来重『仏教と民俗』正・続（角川書店、一九七六・七九年）。笹谷良造「お水取りの民俗学的研究」・「同上（その二）」（『南都仏教』三号・二二号、南都仏教研究会、一九五七年・六八年）など。

（2）中野玄三『悔過の芸術』（法藏館、一九八二年）。速水侑『観音信仰』（塙書房、一九七〇年）。『南都仏教』五二号、一九八四年—二月堂特集。堀池春峰「二月堂修二会と観音信仰」（『南都仏教史の研究』上・東大寺篇（法藏館、一九八〇年）。山岸常人「東大寺二月堂の創建と紫微中台十一面悔過所」（『南都仏教』四五号、一九八〇年など。

（3）拙稿「「唱礼」について」（『東洋音楽研究』五〇号、東洋音楽学会、一九八六年、本書三一一〜三四八頁に再録）。

（4）『大日本古文書』五巻、四六九頁に「吉祥悔過所」、同一六巻、四三四頁に「南吉祥悔過所」の記載がある。

（5）『日本書紀』皇極元年七月戊寅条には「転読大乗経典、悔過如仏所説、」とあり、同天武朱鳥元年六月丁亥条には

「為燃燈供養、仍大斎之悔過」、同七月己亥条には「僧正僧都寺、参赴宮中而悔過矣」、同丙午条には「請一百僧、読金光明経於宮中」など。

（6）石田茂作、東洋文庫、一九六六年。

（7）いずれも『大正新脩大蔵経』所収。

（8）註（3）拙稿参照。

（9）『堀一郎著作集』第一巻（未来社、一九七七年）。速水侑前掲註(2)同書、七六〜八三頁など。

（10）『類聚三代格』巻二造仏々名事条に記載する貞観十八年六月十九日付太政官符には、陸奥鎮守府における勤修が記されており、『三代実録』元慶元年八月二十二日条には、神護景雲二年正月二十四日の官符により、出雲国が毎年勤修していたことが記され、『延喜式』主税条には壱岐嶋分寺の吉祥悔過供養料が規定されている。

（11）『東大寺要録』巻四諸院章の吉祥堂の項に「吉祥御願於此院修之、天暦八年吉祥院焼失、由之移羂索院行之、」とあり、同諸会章正月の頃に「吉祥御願（始自八日修之、七箇夜於羂索院行之、但律宗、高野天皇始被修之）」とある。

（12）東大寺教学部編『東大寺』（学生社、一九七三年）所収の「東大寺年中行事」に拠る。

（13）『東大寺二月堂修二会の研究』史料篇（中央公論美術出版、一九七九年）所収の『二月堂修中日記』の享和二年の項に、和上役でその名が見える。

（14）『大日本仏教全書』寺誌叢書二所収の弘安二年六月二日の補任状、および康永二年十一月四日の書留に拠る。

（15）同右所収。

（16）住職の記憶では、明治十年頃まで鬼追式があり、その頃の法要が悔過法要であったように思う、という。

（17）中野前掲註(2)同書、一一二〜一一八頁参照。

（18）岩戸寺・成仏寺住職談。

（19）中野幡能『宇佐宮』（吉川弘文館、一九八五年）七七頁参照。

（20）前掲註(19)同書九三頁参照。

（21）前掲註(19)同書一四七〜一五〇頁参照。

（22）『薬師琉璃光如来本願功徳経』と『七仏薬師経』では「日光遍照・月光遍照」とし、『仏説灌頂抜除過罪生死得度経』では「日曜・月浄」としている。

(23) 速水前掲註(2)同書、一七～一一三頁参照。
(24) 石田茂作『写経より見たる奈良朝仏教の研究』(東洋文庫、一九六六年)。
(25) 『大日本古文書』四巻九二頁・一二巻四四〇頁・一三巻四八五頁・二一巻二三五頁参照。
(26) 「奉仕十一面悔過事
合七十年(自去天平勝宝四年至大同四年毎年二月一日二七ケ日間奉仕如件)」と記されている。
(27) 山岸前掲註(2)論文。
(28) 『大日本古文書』四巻九一～九二頁、同一二巻四四〇頁所収。
(29) 山岸前掲註(2)論文二八頁。
(30) 『大日本古文書』一三巻四八五頁所収。
(31) 同右一三巻四八一～四八三頁参照。
(32) 『大日本仏教全書』寺誌叢書二所収の諸史料。
(33) 「薬師寺縁起」(『大日本仏教全書』寺誌叢書二)の講堂および食堂の項に記載。
(34) 「薬師寺新黒草紙」(『大日本仏教全書』寺誌叢書二)の正月条に「一、同三日於招提寺金堂十一面観音懺一座読経等」・「一、九日於招提寺阿弥陀堂阿弥陀懺読経」とあり、享保期には唐招提寺の両会に出仕していたことがわかる。
(35) 住職談。
(36) 「清水寺縁起」(『大日本仏教全書』寺誌叢書一)の記述による。
(37) 多紀蔵五三三―七二五頁。
(38) 上野学園日本音楽資料室の写真資料に拠る。表紙に「千手悔過」と二字の梵字が記され、大懺悔後半以降を欠く。
(39) 双厳院寄託。現在未公開。
(40) 『大日本古文書』五巻六七七頁参照。
(41) 同右五巻六七八頁参照。
(42) 井上光貞『日本浄土教成立史の研究』(山川出版社、一九五六年)三五頁。大野達之助『上代の浄土教』(吉川弘文館、一九七二年)一二三～一二五頁など。
(43) 大野前掲註(42)同書一二五頁。

(44) 井上前掲註(42)同書三七〜三八頁。
(45) 井上前掲註(42)同書。藤島達朗「阿弥陀信仰の史的展開」(民衆宗教史叢書『阿弥陀信仰』、雄山閣、一九八四年)参照。
(46) 大野前掲註(42)同書一一七〜一二八頁。
(47) 井上前掲註(42)同書三五頁。
(48) 般舟院蔵内典七—五八—八四。
(49) 阿部西喜夫「慈恩寺概史」(『山形県文化財報告書』二四、一九八三年)によれば、永正五年の慈恩寺再建のための勧進帳に、焼失前の常行堂釈迦堂に一切経を納めてあったことが記されている、という。
(50) 無動寺蔵一三四—二〇一。
(51) 醍醐寺宝蔵二五九函四号2。
(52) 同右二五九函四号三・二〇六函八八号。
(53) 同右二六七函四号。
(54) 無動寺蔵九—二一。
(55) 『類聚三代格』巻第二造仏々名事条所収。
(56) 井上前掲註(42)同書四七〜四八頁。
(57) 東大寺観音院ご所蔵の「二月堂時作法」(文明十七年の奥書がある)。同じく龍蔵院ご所蔵の「二月堂作法」(奥書に英憲自筆の次第本である旨の記述がある。英憲は文明十五年から天文三年までの参籠が記録されている)。
(58) 第一章・第二章執筆後に調査を実施した事例。
(59) 第一章・第二章執筆後、西瀬英紀氏のご教示により加えた事例。
(60) 前掲註(58)。
(61) 事例ウは例外で、この部分に千手悔過の当該部分の文言が混入している。
(62) 事例カでは「南無最上仏面願満足、南無頂上仏面除疾病」の句、事例ケでは「南無如意之手、南無合掌之手」の句が相当する。
(63) 東大寺では、この段を「五(後)仏御名」と称している。

(64) 同寺ご所蔵次第本の奥書による。
(65) 山岸前掲註(2)論文。
(66) 永村眞「平安前期東大寺諸法会の勤修と二月堂修二会」(『南都仏教』五二号、一九八四年)参照。
(67) 拙稿「伝統芸能の保存組織のあり方の研究―東大寺修二会の伝承基盤―」(『芸能の科学』一七、東京国立文化財研究所芸能部、一九八九年、本書三八六~四二九頁に改題再録)参照。
(68) 事例コは特殊例で、[称名悔過]区分Bに、阿弥陀悔過―a形式の[称名悔過]区分Dの詞章を転用し、最後に三句を加えて薬師悔過の詞章としている。
(69) 『大日本仏教全書』寺誌叢書第二所収。
(70) 『法隆寺史料集成』六(ワコー美術出版、一九八四年)所収。
(71) 前掲註(3)。
(72) 同右参照。
(73) 前掲註(67)。
(74) 中野玄三『悔過の芸術』(法藏館、一九八二年)一一二~一一八頁参照。
(75) 速水侑「観音信仰の伝来と展開」(民衆宗教史叢書⑦『観音信仰』雄山閣、一九八二年)一七八頁参照。
(76) 同右一八三頁。
(77) 寛仁四年(一〇二〇)に阿弥陀堂が、治安二年(一〇二二)に金堂が建立された法成寺で、万寿二年(一〇二五)の修正会(左経記)、承暦元年(一〇七七)建立の法勝寺で同五年(一〇八一)の修正会(帥記)、康和四年(一一〇二)建立の尊勝寺で翌五年の修正会(中右記)、大治三年(一一二八)建立の円勝寺で翌四年の修正会(長秋記)など、それぞれに勤修例を確認することができる。なお、森末義彰氏が『中世芸能史論考』に引用しておられる尊経閣本『小右記』寛和三年(九八七)正月六日条によれば、この日円融院で修正会が勤修されている。円融院伽藍の落慶供養は永観元年(九八三)というから、十世紀末に、その傾向が存在した事例として挙げることができる。
(78) 年中行事関係の諸史料を比較すると、吉祥悔過以外の悔過会を年中行事として挙げる例は少なく、「師遠年中行事」に至って法成寺の阿弥陀堂・薬師堂・金堂・法勝寺阿弥陀堂、円宗寺金堂それぞれの修正会と、白川新阿弥陀堂、法勝寺常行堂、転輪院の修二会が細字で補われ、「師元年中行事」では右に加えて法勝寺十斎堂、尊勝寺・最勝寺・法勝各金堂、京極殿の修正会が記載されており、「師光年中行事」になるとさらに法成寺十斎堂、尊勝寺阿弥陀堂、円正寺《ママ》・成勝寺・延勝寺各金堂、蓮華王院の修正会と、蓮華蔵院、宝荘厳院、勝光明院の修二月会が加わり、法勝寺十斎堂の修正会と白川新阿弥陀堂の修二会は除かれるという推移がある。これら諸寺の修正会が、平安末以降には大外記の家柄として記載を必要とする行事となっていたことが、右の記載によって知られるが、それは、とりもなおさず院政期以降において諸寺の修正会が、年中行事としての認識を得ていたことを示すものである。

(79) たとえば、法成寺阿弥陀堂の修正会について、『左経記』万寿二年正月四日条には「被修無量寿院正月、上達部殿上人多以参会、及亥剋事始、神分導師懐命、阿闍梨及暁更錫杖之間、以綿被諸僧等、事了僧俗分散、」とあり、この修正会が一月四日のみの法会で、開白に神分導師作法があり、(悔過法要のあと)大導師作法の終結部の[錫杖]の時に、綿を以て諸僧への被物として法会を終了したことが察せられる。平安後期において主要寺院金堂修正会の催行期間は一七日、阿弥陀堂のそれは一日のみだったようだが、神分導師作法・初夜導師作法(悔過法要)・大導師作法と、三座の法要を勤修する法会の構成は、悔過会の基本的な構成パターンである。

(80) 『中右記』寛治六年正月四日条、同八年正月六日条、嘉承元年正月六日条などに、これら諸寺の阿弥陀堂修正会が記されている。

(81) 諸寺阿弥陀堂の建立は、寛仁四年(一〇二〇)の法成寺、承暦元年(一〇七七)の法勝寺、長治二年(一一〇五)の尊勝寺、永久二年(一一一四)の蓮華蔵院、大治三年(一一二八)の円勝寺、大治四年の証菩提院、天承元年(一一三一)の成菩提院などが挙げられる。

(82) 辻善之助『日本仏教史』第一巻上世篇(岩波書店、一九六九年)、六二〇頁。

区分	A	B	C
金光明最勝王経大吉祥天女品・同　増長財物品	— — — — — — — 南謨一切十方三世諸仏	南謨宝髻仏 南謨無垢光明宝幢仏 南謨金幢光仏 南謨百金光蔵仏 南謨金蓋宝積仏 南謨金花光幢仏 南謨大燈光仏 南謨大宝幢仏 南謨東方不動仏 南謨南方宝幢仏 南謨西方無量寿仏 南謨北方天鼓音王仏	— — 南謨琉璃金山宝花光照吉祥功徳海如来 —
ア　東大寺	南無毘盧舎那仏 遍周法界盧舎那仏 — 鷲峰山頂最勝教主釈迦尊 大悲影向證誠法事 瑠璃金山宝花光照吉祥功徳海如来 — — 南無一切十方三世諸仏	南無宝髻仏 南無無垢光明宝幢仏 南無金幢光仏 南無百金光蔵仏 南無金蓋宝積仏 南無金花光幢仏 南無大燈光仏 南無大宝幢仏 南無東方不動仏 南無南方宝幢仏 南無西方無量寿仏 南無北方天鼓仏	— — — —
イ　薬師寺	同　上 南無盧舎那仏 — 経王教主釈迦尊 十二大願薬師如来 — — — 同　上	同　上 同　上 同　上 同　上 同　上 同　上 同　上 同　上 同　上 同　上 同　上 南無北方天鼓音仏	— — 南無瑠璃金山宝花光照吉祥功徳海如来（二返） —
ウ　法隆寺	同　上 遍周法界盧遮那仏 — 鷲峰山頂最勝教主釈迦尊 同　上 当来導師弥勒如来 令法久住利有情 慈光偏照除災与楽 —	宝髻如来応正等覚 無垢光明宝幢如来 金幢光如来 白銀光蔵如来 金蓋宝積如来 金華光幢如来 大燈光如来 大宝幢如来 東方不動如来 南方宝幢如来 西方無量寿如来 北方天鼓雷音如来	四維上下一切如来 十方三世一切三宝 瑠璃金山宝花光照吉祥功徳海如来（二返） —
エ　鶴林寺	南無毘盧遮那仏 南無遍周法界盧遮那仏 — 南無一代教主釈迦尊 南無大悲影向證知證誠 — 南無令法久住利有情 南無十方三世仏	南無宝髻仏 南無光明宝幢仏 南無金幢光仏 南無金光蔵仏 南無金蓋宝積仏 南無花光幢仏 南無大幢光仏 南無大宝幢仏 南無不動仏 南無宝幢仏 南無無量寿仏 南無天鼓音仏	— — 南無功徳如来 南無当来導師弥勒慈尊

□ハ　非現行事例

C	D	E	F
―― 至心読誦是金光明最勝王経	能令地味常増長 諸天降雨随時節	南謨妙幢菩薩 南謨金光菩薩 南謨金蔵菩薩 南謨常啼菩薩 南謨法上菩薩 南謨善安菩薩	――
―― 南無金光明最勝王経	―― ――	南無妙幢菩薩 南無金光菩薩 南無金蔵菩薩 南無常啼菩薩 南無法上菩薩 南無善安菩薩	南無大吉祥天女菩薩
―― 金光明最勝王経	諸天降雨随時節 地味増長成五穀	同　上 同　上 同　上 同　上 同　上 同　上	――
舎利形像浮図宝塔 南無災障消除金光妙典	南無諸天降雨随時節 南無地味増長成五穀	南無妙幢菩薩摩訶薩 南無金光菩薩摩訶薩 南無金蔵菩薩摩訶薩 南無常啼菩薩摩訶薩 南無法上菩薩摩訶薩 南無善安菩薩摩訶薩	――
南無舎利形像善面宝塔 南無成就厳勝王仏	―― ――	南無妙幢菩薩 南無金光菩薩 南無金蔵菩薩 南無常啼菩薩 南無法上菩薩 南無善安菩薩	娑婆世界世無畏者利益有情

区分	A	B	C
オ　一乗寺	南無毘盧遮那 南無遍周法界 ― 南無鷲峰山 南無大悲影向 ― 南無令法久住 ― 南無一切十方	南無法仏 南無無垢光明 南無金銅光仏 南無白金光仏 南無金花光道 南無金戒宝積 ― 南無大宝幢 南無東方不動 南無西方無量寿仏 南無南方宝道 南無北方天鼓	― ― 南無瑠璃金山 南無当来導師
カ　中尊寺	― 南無盧遮那仏 ― 南無釈迦牟尼仏 ― ― ― ― 南無十方三世仏	南無宝鐥仏 南無無垢光明幢仏 南無金花光幢仏 ― 南無金蓋宝積仏 ― 南無焼光仏 南無大宝幢仏 南無東方不動仏 南無南方宝幢仏 南無西方無量古仏 南無北方玄垢雷音仏	南無瑠璃功徳海如来 ― 南無瑠璃金山宝花光仏 ―
キ　陸奥国分寺	南無毘盧遮那仏 南無盧遮那法仏 ― 同　上 南無無量寿持仏 南無弥勒光衆仏 ― ― ―	南無宝髪生利仏 南無無垢光明宝幢仏 南無金幢光照仏 ― ― 南無金花光幢仏 ― 南無大幢和光仏 同　上 同　上 南無西方無量寿仏 南無北方天鼓仏	― ― 南無瑠璃金山宝花光照吉祥功徳海如来 南無一切諸仏甚深行処
ク　若狭国分寺	南無諸仏（三返） ― ― 無有鷲峰 ― ― ― ― 一切	南無宝鐥 無垢 南無金幢 南無百金 南無金蓋 南無金華 南無大燈 南無大宝 南無東方 南無南方 南無西方 南無北方	― ― 瑠璃金山（三返） ―
ケ　叡山文庫所蔵 金光明吉祥悔過	南謨諸仏同体法身仏 南謨諸仏同意応身仏 南謨諸仏同時化身仏 南謨常在鷲山最勝教主釈迦牟尼世尊 南謨大悲影響証知証成釈迦牟尼世尊 南謨我依教授祈請所願釈迦牟尼世尊 ― 南謨一切十方三世諸仏	南謨宝髻仏 南謨無垢光明幢仏 南謨金幢光仏 南謨百金光蔵仏 南謨金蓋宝積仏 南謨金花光幢仏 南謨大燈光仏 南謨大宝幢仏 南謨東方不動仏 南謨南方宝幢仏 南謨西方無量寿仏 南謨北方天鼓音仏	― ― ― ―

C	D	E	F
南無舎利行蔵 ――	南無五穀成就 ――	南無妙銅菩薩 南無宝浄菩薩 南無金像菩薩 南無常啼菩薩 ―― 南無善雲菩薩	――
―― 南無諸仏甚深行処国護持 国界金光明最勝王経	―― ――	南無妙幢菩薩 南無金光菩薩 ―― ―― 南無宝蔵菩薩 南無善安菩薩	――
―― 南無護持国界金剛明最勝 王経	―― ――	南無妙幢守菩薩 南無金光護菩薩 ―― 南無常啼音菩薩 南無法上鎮菩薩 南無善安益菩薩	――
―― 無有最浄	―― ――	南無妙幢 ―― ―― 南無常啼 南無法上 南無善安	至心勧請大吉祥天
―― ――	―― ――	南謨妙幢菩薩 ―― 南謨金蔵菩薩 南謨常啼菩薩 南謨法上菩薩 南謨善安菩薩	――

表Ⅲ　薬師悔過

区分	A	B	C
薬師琉璃光七仏本願功徳経	｜ ｜ ｜ ｜ ｜ ｜ ｜ ｜ ｜ ｜ ｜ ｜	有世界名曰光勝、仏号善名称吉祥王如来 有世界名曰妙宝、仏号宝月智厳光音自在如来 有世界名曰円満香積、仏号金色宝光妙行成就如来 有世界名曰無憂、仏号無憂最勝吉祥如来 有世界名曰法幢、仏号法海雷音如来 有世界名曰善住宝海、仏号法海勝慧遊戯神通如来 ｜ ｜	有世界名浄琉璃、仏号薬師琉璃光如来 彼仏世尊…発十二大願
ア　薬師寺	南無毘盧舎那仏 遍周法界盧舎那仏 ｜ ｜ 楽音樹下正法教主釈迦尊 令法久住利有情 当来導師弥勒如来 十方三世塵刹土 ｜ ｜ ｜ ｜	無勝浄土善名称吉祥王如来 妙法浄土宝月智厳光自在王如来 円満香積浄土金色宝光妙行成就如来 無憂浄土無憂最勝吉祥王如来 宝幢浄土法界雷音如来 善住法界浄土法界勝恵遊戯神通如来 ｜ ｜	南無帰命頂礼浄瑠璃浄土薬師如来 南無円満十二殊勝願王薬師如来
イ　法隆寺初夜・後夜	同上 同上 ｜ ｜ 同上 同上 同上 同上 ｜ ｜ ｜ ｜	同上 同上 同上 同上 同上 同上 ｜ ｜	同上 同上
ウ　新薬師寺	同上 同上 登遐聖霊成正覚 恩徳広大不可量 令法久住利有情 楽音樹下釈迦如来 当来教主慈氏尊 去来現在常住三宝 三世十方一切諸刹 一切如来応正等覚 ｜ ｜	善名称吉祥如来 宝月智厳光音如来 金色宝光妙行如来 無憂最勝吉祥如来 法住法界雷音如来 法界勝慧遊戯如来 天下安穏病除神呪 恒河仏説大陀羅尼	南無浄瑠璃世界種種荘厳 南無十二浄願医王薄伽
エ　霊山寺	南無毘盧遮那 周遍法界盧舎那 ｜ ｜ 楽音樹下正法 令法久住利 当来導師弥勒 十方三世塵 ｜ ｜ ｜ ｜	無勝浄土善名 妙法浄土宝月 円満香積浄土金色宝光 無憂浄土無憂最 法幢浄土法界 善住宝界 ｜ ｜	帰命頂礼浄瑠璃 円満

E	D	C
…一切衆生皆得安楽	第一大願…自身光明照無辺界 第二大願…斯等衆生…髄作衆事 第三大願…智慧方便…皆得無尽 第四大願…行邪道者…菩提正路 第五大願…堕悪趣者…還得清浄 第六大願…諸根不具…皆得端厳 第七大願…暫聞我名衆病消散 第八大願…願捨女身…転成男子具丈夫相 第九大願…種種邪見之徒…生正見 第十大願…有情王法所拘…皆得解脱 第十一大願…有情飢火所悩…随意飽満 第十二大願…身無衣服…荘厳具…皆令満足 ＊七難九横ヲ詳説 光中演説大陀羅尼	一名日光遍照 二名月光遍照
南無平等利益無辺界	南無身光遍照無辺界 南無衆生所作令満足 南無智恵方便財宝自在 南無邪倒衆生能摂受 南無破戒衆生還具浄戒 南無諸根不具具根点恵 南無一聞名号衆病悉除 南無転女成男具丈夫相 南無邪見衆生成正覚 南無王法之難令解脱 南無飢渇衆生飽満足 南無貧無衣服荘厳具足皆令満足 南無七難九横令消除 南無還念本誓慈悲護念 南無光中演説随願即得大陀羅尼	
同上	同上 同上 同上 同上 同上 同上 同上 同上 同上 同上 同上 同上 同上 同上 同上	
南無利益安楽諸有情	同上 同上 同上 同上 同上 南無諸根不具根点恵 同上 同上 同上 同上 同上 南無貧無衣服荘厳具皆満足 同上 南無光中演説随願即大 南無大慈悲説根本大陀羅尼	南無金色烏瑟光明相 南無日光遍照菩薩摩訶薩 南無月光遍照菩薩摩訶薩 南無十二神将饒益有情
平等利益	心光 衆生 智恵 邪到 破戒 諸根 一聞 転女 邪見 王法 飢渇 貧無 七難 還念 光中	

区分	A	B	C
オ　花園村［遍照寺本ニヨル］	南無毘盧舎那 南無周遍界盧舎那仏 南無一代教主釈迦尊 ― 南無令法久住利有情 南無正法威光除災難 南無十方三世塵刹土 南無龍下樹下成仏道 南無娑婆化主施無畏者 南無八万十二甚深法蔵 南無還念本願護持国 南無帰命頂令十二大願	南無無勝浄土善称名吉 祥王如来 南無妙法浄土法月智厳 光音自在王如来 南無円満香積浄土金色 法光妙行成就王如来 南無無憂浄土無憂最勝 吉祥王如来 南無法幢浄土法界香音 如来 南無善住法界浄土法界 勝恵遊戯神通王如来 ― ―	南無浄瑠璃浄土薬師瑠 璃光如来 南無十二大願度衆正
カ　金剛峯寺	南無毘盧遮那仏 遍周法界盧舎那 一代教主釈迦尊 ― 令法久住利有情 正法威光除災難 十方三世塵刹土 龍華樹下成仏道 娑婆化主施無畏 八万十二甚深法蔵 還念本願護持国土 帰命頂令十二大願	南無無勝浄土 南無妙法浄土 南無円満香積浄土 南無無憂浄土 南無法幢浄土 南無善住法界浄土 ― ―	南無浄瑠璃浄土 同　上
キ　太山寺	南無十方諸仏本来功徳 南無十方諸仏因縁果満 南無十方諸仏八相成道 ― ― ― ― 南無楽音樹下念仏教主 ― ― ― ―	南無無勝浄土宝月智厳 光音 南無妙法浄土善名称 南無円満香積浄土金色 宝光妙行 南無無憂浄土無憂最勝 南無宝幢浄土法界雷音 如来 南無善住宝蓋浄土法界 勝恵 ― ―	南無浄瑠璃浄土十二大 願 ―
ク　若狭神宮寺	南無十方諸仏本来具徳 同　上 同　上 ― ― ― ― 楽音 ― ― ― ―	無勝 妙法 円満 無憂 善住 法幢 ― ―	浄瑠璃 ―
ケ　国東諸寺［長安寺本ニヨル］	南無諸仏同体法身如来 南無諸仏同意応身如来 南無諸仏同事化身如来 南無賢劫太子遠龍教主 釈迦尊 南無令法久住利有情 南無諸天護法各増威光 南無六所権現威光自在 南無楽音樹下医王善逝 南無十方三世微塵刹土 ― ― ―	南無無勝浄土善各辞 南無円満香清浄土金色 法光妙 南無妙浄土宝月智厳光 南無覚浄土無覚最勝 南無法幢浄土浄界香音 如来 南無善住法蓋浄土法界 勝 ― ―	― ―
コ　四天王寺	南無毘盧遮那仏 南無盧舎那仏 ― ― ― ― ― ― ― ― ― ―	南無毘婆尸仏 南無尸棄仏 南無毘舎浮仏 南無拘留孫仏 南無拘那含牟尼仏 南無迦葉仏 南無釈迦牟尼仏 南無薬師瑠璃光如来	南無無量寿仏 南無四大天王

C	D	E
南無一聞名号悪病除愈 南無日光月光遍照菩薩 南無十二神将同守護		還念本願成大願
南無随願即得無量悉地 南無一聞名号悪病除愈 同　上 同　上		同　上
	我等念誦結願神呪	
	我等念誦結願礼呪	
	［諸願］	南無大悲護念成御願
	［諸願］	南無大悲護念成大願

表Ⅳ　十二面悔過

▨ハ非現行事例

	区分	十二面神呪心経	ア　東大寺	イ　長弓寺	ウ　山城清水寺	エ　観菩提寺
A		―	南無毘盧舎那仏	同上	南無毘盧遮那	南無毘盧遮那仏
A		―	遍周法界盧舎那仏	同上	遍周法界遮那	南無周遍法界盧遮那仏
A		―	登霞聖霊成正覚	―	―	去来現在一切三宝
A		―	恩徳広大不可量	―	―	―
A		―	令法久住利有情	補陀落山観音宝殿釈迦尊	―	聖智海遍照荘厳体
A		―	補陀落山観音宝殿釈迦尊	令法久住利有情	補陀落山観音	補陀落山観音宝殿釈迦尊
A		―	当来教主慈氏尊	同上	―	―
A		―	去来現在常住三宝	同上	―	南無去来現在常住三宝
A		―	―	―	―	―
B		敬礼聖智海遍照荘厳王如来	聖智海遍照荘厳王如来	聖智海徧照荘厳王如来	正智海遍照荘厳王如来	―
B		敬礼一切如来応正等覚	一切如来応正等覚	同上	―	南無一切如来応正等覚
B		―	金光師子遊戯如来	金光獅子遊戯来如	金光師子遊戯如来	南無金光師子遊戯如来
B		有仏出世、名百蓮花眼無障礙頂熾盛功徳光王如来	白蓮華眼無障礙頂熾盛功徳光王如来	百蓮華眼無障礙頂熾盛功徳光王如来	白蓮華眼無障礙頂色盛功徳光王如来	南無白蓮華眼無障礙願 南無熾盛功徳光王如来
B		復過於此有仏出世、名美音香如来	万徳円満美音香如来	同上	万徳円満未応如	南無万徳円満普光如来
B		―	観音本師阿弥陀如来	同上	同上	南無観音本師阿弥如来
B		―	―	―	過去四恩成仏道	―
B		―	観音本体正法明如来	同上	同上	南無観音本体正法名如来

B	C	D
― ―	― ― 此神呪心一切諸仏同所称讃同所随喜 一切如来憶持守護 我身作大居士…便於生死超四万劫誦持此呪 由此威力能救一切…	当前三面作慈悲相 当前慈悲面…自身上所求如意 当前慈悲面…所患除愈悪鬼退散 左辺三面作瞋怒相 左辺瞋面…令怨賊軍不得前進 右辺三面作白牙上出相 当後一面作暴悪大笑相 頂上一面作仏面像 最上仏面…能令疫病一切消除 ― 諸頭冠中皆作仏身
普光功徳仙王如来 舎利形像補図宝塔	十一面神呪心経 十一倶胝諸仏所説神呪心経 南無一切諸仏同讃随喜 南無一切如来憶持守護 南無居士生死超四万劫 南無娑婆世界能化主 南無十一面大悲者	南無当前三面慈悲相 ― 南無左辺三面瞋怒相 ― 南無右辺三面白牙相 南無当後一面慕咲相 南無頂上一面如来相 南無頂上仏面除疫病 南無最上仏面願満足 南無諸頭冠中住化仏
普光功徳山王如来 ―	十一面具大威力神呪心経 同　上 一切諸仏称讃随喜 ― 一切如来憶持守護 仙人見仏得無生忍 居士生死超四万劫 娑婆世界施無畏者 南無十一面大悲尊	当前三面慈悲相 ― ― 左辺三面瞋怒相 ― 右辺三面白牙相 ― 当後一面暴笑相 頂上一面如来相 頂上仏面除疫病 最上仏面願満足 諸頭冠中住化仏
同　上 ―	― 瑠璃金山法花光照吉祥功徳海如来 当来導師 ― 護持世界金光明最 南無居士 南無娑婆 十一	南無当前三面 ― ― 南無左辺三面 ― 南無右辺三面 ― 南無当後一面 ― 南無頂上仏面（五返） 南無最上仏面（五返） ―
南無普光功徳山王如来 ―	南無十一面倶胝大威神呪心経 南無十一面倶胝諸仏諸説 南無一切諸仏同随喜 南無一切諸仏同称讃 南無一切如来憶持守護 南無仙人見仏得無生忍 南無令士生死超四万劫 ― 南無十一面大悲者	南無当前三面慈悲相 南無前三慈面求如意 南無前三悲面除鬼病 南無左辺三面瞋怒相 南無左辺三面伏怨相 南無右辺三面白牙相 ― 南無頂上一面如来相 南無頂上仏面除鬼病 南無最上仏面願満足 南無諸願冠中住仏

D	左手執紅蓮花軍持	南無左紅蓮華鉀持手	左紅蓮華軍持手	—	南無左紅蓮華具持手
	展右臂以掛数珠及作施無畏手	南無右桂数珠施無畏手	右掛数珠施無畏手	—	南無右数珠施無畏手
	具瓔珞等種種荘厳	南無衆宝瓔珞荘厳体	衆宝瓔珞荘厳体	—	南無衆宝瓔珞荘体
	—	—	—	—	南無毘那楽伽除障難
	—	—	—	—	南無仙那夜伽所求如意
	—	南無無量神仙所囲繞	無量神仙諸囲繞	—	南無無量神仙衆囲遶
	—	南無大慈悲説根本等呪	大慈悲説明根本等呪	—	南無大悲放与根本正体
E	為欲利益安楽諸有情故説此神呪	南無利益安楽諸有情	利益安楽諸有情	南無利益安楽諸有情	同　上
	—	—	—	證知證成諸願成弁	—
	—	—	—	〔如法念誦〕	—
	—	—	—	〔念誦発願〕	—
	—	—	—	南無如意之手（五返）	—
	—	—	—	南無合掌之手（五返）	—
	—	—	—	南無大悲護念成善願	—

区分	A									B							
オ 松尾寺 法隆寺	南無諸仏同体法身如来	｜	諸仏同意応身如来 ＊法ニ南無アリ	｜	諸仏同事化身如来 ＊法ニ南無アリ	補陀落山観音宝殿釈迦尊	当来教主慈氏尊	去来現在常住三宝	｜	聖智海遍照荘厳王如来	一切如来応正等覚	金光師子遊戯如来	白蓮花眼無障礙頂熾盛功徳光王如来	満徳円満美音香如来 ＊法 満↓万	観音本師阿弥陀如来	｜	観音本体正法明如来
カ 大和長谷寺	同上	｜	南無諸仏同意応身如来	｜	南無諸仏同事化身如来	｜	｜	南無去来現在常住三宝	南無去来現在一切三宝	南無聖智海遍照荘厳王如来	南無一切如来応正等覚	南無金光師子遊戯如来	南無白蓮華眼無障礙頂熾盛功徳光王如来	南無万徳円満美音香如来	南無観音本師阿弥陀如来	｜	南無観音本体正法明如来
キ 中宮寺 大御輪寺	同上	｜	同上	｜	同上	｜	｜	同上	同上	南無正智海遍照荘厳王如来	同上	同上	同上 ＊大 華↓花	南無満徳円満美音如来 ＊大 美音↓美音香	同上	｜	同上
ク 薬師寺	同上	｜	同上	｜	同上	｜	｜	去来現在常住三宝	｜	正智海遍照荘厳王如来	一切如来応正等覚	金光師子遊戯如来	白蓮花眼無障礙頂戴熾盛功徳光如来	満徳円満美音香如来	観音本師阿弥陀如来	｜	観音本体正法明如来
ケ 中ノ川旧観音寺 「」内ハ称エズ	南無諸仏同体「法身如来」	｜	南無諸仏同意「応身如来」	｜	南無諸仏同事「化身如来」	｜	｜	南無去来現在「常住三宝」	｜	南無正智皆遍照「荘厳王如来」	南無一切如来「応正等覚」	南無金光獅子「遊戯如来」	南無白蓮花眼「無障礙眼熾」	南無万徳円満「美音香如来」	南無観音本師「阿弥陀如来」	｜	南無観音本体「正法明如来」
コ 興福寺	南無諸仏同躰法身「如来」	｜	諸仏同意応身「如来」	｜	諸仏同事化身「如来」	｜	｜	去来現在常「住三宝」	｜	正智海遍照荘「厳王如来」	一切如来応正「等覚」	金光師子遊戯「如来」	白蓮華眼無障礙頂熾盛功徳光	万徳円満美音「光如来」	観音本師阿「弥陀仏」	｜	観音本体正法明「如来」

B	普光功徳山王如来 *法 山↓仙	南無普光功徳山王如来	南無普光功徳仙王如来	普光功徳山王如来	南無普光功徳「山王如来」	普光功徳山王「如来」
	舎利形像浮図宝塔	—	—	—	—	—
C	—	南無十一面具大威力神呪心経	同　上	同　上	南無十一面大威徳「神呪心経」	南無十一面具大威力「神呪心経」
	十一倶胝諸仏所説神呪心経	南無十一倶胝諸仏所説	南無十一倶胝神呪心経 *大 十一↓十一面	十一面倶胝諸仏所説	南無十一面倶胝「諸仏所説」	十一倶胝諸仏「所説」
	南無一切如来称讃随喜	南無一切諸仏同称讃	南無一切諸仏同講讃	一切諸仏同称歎	南無一切如来「憶持守護」	一切諸仏同「称讃」
	—	南無一切諸仏同随喜	同　上	一切諸仏同随喜	南無一切諸仏「同随喜」	一切諸仏同「随喜」
	南無三世諸仏憶持守護	南無一切如来憶持守護	同　上	一切如来憶持守護	—	一切如来憶持「守護」
	南無仙人見仏得無生忍	同　上	同　上	仙人見仏得無生忍	南無仙人見仏「得無生忍」	仙人見仏得無「生忍」
	南無居士生死超四万劫	同　上	同　上	居士生死超四万劫	南無居士生死「超四万劫」	居士生死超四万「功徳」
	南無娑婆世界能化主	南無娑婆世界施無畏者	同　上	—	南無娑婆世界	娑婆世界「施無畏者」
	南無十一面大悲者	同　上	同　上	十一面具大悲者	南無十一面具「大悲者」	十一面「大悲名」
D	南無当前三面慈悲相	同　上	同　上	同　上	南無当前「慈悲者」	南無当前「三面慈悲相」
	南無前三慈面求如意	南無前三慈面求如相	南無前三慈面求如意	同　上	南無前三慈面「求如意」	南無前三「慈面求如意」
	南無前三悲面除鬼病	同　上	同　上	南無前三慈面除鬼病	南無前三悲面「除百鬼毒」	南無前三
	南無左辺三面瞋怒相 *以下 法ニ南無ナシ	同　上	同　上	同　上	南無右辺三面「瞋怒相」	南無左辺
	南無左辺三面伏怨賊	南無左瞋三面伏怨相	同　上	同　上	南無左瞋三面「伏怨相」	南無左瞋
	南無右辺三面白牙相	同　上	同　上	同　上	—	南無右辺
	南無右白三面能救護	南無右瞋三面破魔軍相	—	南無右瞋三面破魔軍相	—	南無右瞋
	南無当後一面暴呪相 *法 呪↓咲	南無当後一面暴咲相	同　上	南無頂上一面如来相	南無当後一面「暴咲相」	南無当後
	南無頂上一面如来相	南無頂上仏面如来相	南無頂上一面如来相	南無当後一面暴咲相	南無頂上一面「如来相」	南無頂上
	南無頂上仏面除疫病	南無頂上仏面除疫相	南無頂上仏面除疫病 *大 疫病↓病疫	同　上	南無最上仏面「願満足」	—
	南無最上仏面願満足	同　上	同　上	同　上	—	南無最上
	南無諸頭冠中住化仏	南無諸頭冠中住仏身	南無諸頭冠中住化仏子	南無諸頭冠中住仏身	南無諸頭冠中「住仏身」	南無諸頭

D	E
南無左紅蓮華軍持手　*法　華→花 南無右桂数珠施無畏手　*法　桂→掛 南無衆宝瓔珞荘厳体 ｜ ｜ 南無無量神仙所囲繞　*法　繞→遶 南無大慈悲施根本等呪	南無利益安楽諸有情 ｜ ｜ ｜ ｜ ｜ ｜
南無左紅蓮花軍持手 南無右執錫杖無畏手 同　上 ｜ ｜ 南無無量神仙衆囲繞 南無大慈悲説根本等呪	同　上 ｜ ｜ ｜ ｜ ｜ ｜
南無左紅蓮華軍持手　*大　華→花 南無右桂数珠施無畏者 同　上 ｜ ｜ 南無無量神仙衆囲遶 同　上	南無利益安楽一切有情　*中ニハナシ ｜ ｜ ｜ ｜ ｜ ｜
南無左紅蓮華持手 南無右樹数珠施無畏 同　上 ｜ ｜ 南無無量神仙衆囲繞 南無大慈悲説根本呪	南無利益安楽諸有情 ｜ ｜ ｜ ｜ ｜ ｜
南無左紅蓮華「軍持手」 南無右樹数珠「施無畏手」 南無衆宝瓔珞「荘厳体」 ｜ ｜ 南無無量神仙「衆囲繞」 南無大慈悲説「根本等説」	南無利益安楽「説有情」 ｜ ｜ ｜ ｜ ｜ ｜
南無左紅 南無右掛 南無衆宝 ｜ ｜ 南無無量 南無大慈悲	南無利益 ｜ ｜ ｜ ｜ ｜ ｜

表V 千手悔過

区分	千手千眼観世音菩薩広大円満無礙大悲心陀羅尼経	ア 松尾寺	イ 十輪寺	ウ 光明寺	エ 備前西大寺
A	｜	南無毘盧遮那仏	南無毘盧遮那	南無法身応化三身如来	同上
	｜	遍周法界毘盧遮那仏	遍周法界盧舎那仏	｜	｜
	｜	大悲影向證知證誠仏	｜	｜	｜
	｜	補陀落山観音宝殿釈迦尊	補陀落山惣持教主釈迦尊	南無補陀落山惣持教主釈迦尊	南無補陀落山観音宝殿釈尊
	｜	令法久住利有情	令法久住利群情	｜	｜
	｜	龍華樹下成正覚	当来導師弥勒菩薩	南無当来導師弥勒慈尊	｜
	｜	十方三世微塵刹土	去来現在常住三宝	南無十方三世微塵刹土	｜
B	｜	円満十二殊勝願	同上	南無円満十二殊勝願	｜
	｜	万徳円満美音香如来	｜	｜	｜
	｜	観音本師阿弥陀如来	観音本師無量寿如来	南無観音本師無量寿如来	観音本師無量寿如来
	｜	｜	｜	｜	｜
	｜	観音本体正法明如来	同上	南無観音本体正法明如来	観音本体正法明如来
	｜	普光功徳仙王如来	同上	南無普光功徳仙王如来	普光功徳千王如来
	｜	｜	｜	｜	｜
	｜	舎利形像普図宝塔	舎利形像浮図宝塔	南無舎利形像普図宝塔	龍華樹下
C	｜	広大円満無礙大悲心	八万法蔵甚深了義	南無八万十二甚深聖教	十方三世
	｜	｜	南無大悲観世音願我早同法性身	南無普賢大士文殊像	円満十二
	｜	九十九億諸仏所化	南無弘誓大願利益安楽諸有情	南無九拾九億諸仏所説	舎利形像
	｜	｜	[発願]	南無利益安楽諸有情	八万宝蔵
	｜	｜	[雷声]	南無広大円満随心自在	千王
	｜	｜	[如法念誦]	｜	弘誓
	｜	｜	[本誓願]	｜	[発願]
	｜	｜	[本尊名号] 七返	｜	｜
	｜	｜	[弥陀名号] 七返	｜	｜

C	D
｜ ｜ ｜ ｜ ｜ ｜ ｜ ｜ ｜	若為富饒種種珍宝資具者当於如意珠手 若為種種不安求安穏者当於羂索手 若為腹中諸病当於宝鉢手 若為降伏一切魑魅鬼神者当於宝剣手 若為降伏一切天魔神者当於跋折羅手 若為摧伏一切怨敵者当於金剛杵手 若為一切処怖畏不安者当於施無畏手 若為眼闇無光明者当於日精摩尼手 若為熱毒病求清涼者当於月精摩尼手 若為栄官益職者当於宝弓手 若為諸善朋友早相逢者当於宝箭手 若為身上種種病者当於楊枝手
｜ ｜ ｜ ｜ ｜ ｜ 娑婆世界施無畏者 千手千眼大悲者 弘誓大願深如海	南無如意之手饒財宝 南無羂索之手得安穏 南無宝鉢之手療腹病 南無宝剣之手調魍魎 南無跋折羅手降大魔 南無金剛杵手摧怨敵 南無施無畏手離怖畏 南無日摩尼手明眼暗 南無月摩尼手涼熱悩 南無宝弓之手栄官爵 南無宝箭之手逢善友 南無楊柳之手治万病
［念誦千手陀羅尼］ ｜ ｜ ｜ ｜ ｜ 南無十一面観世音 南無千手千眼大悲者 ｜	同上 同上 同上 南無宝剱之手除鬼魅 南無跋折羅手除大魔 同上 同上 南無日摩尼手明眼闇 南無月摩尼手除熱病 南無宝弓之手栄官職 同上 南無楊柳之手除万病
｜ ｜ ｜ ｜ ｜ ｜ 南無娑婆世界施無畏者 同上 ｜	同上 南無羂索之手得安楽 同上 南無宝剣之手除魍魎 南無跋折羅之手降大魔 同上 南無施無畏手明眼闇 同上 南無月摩尼手涼熱悩 同上 同上 南無楊柳之手治万病
｜ ｜ ｜ ｜ ｜ ｜ 同上 同上 ｜	南無如意之手 担無羂索之手 南無宝鉢之手 南無宝剱之手 南無跋折羅之手 南無金剛杵手 南無施無畏手 南無日精摩尼手 南無月精摩尼手 南無宝弓之手 南無宝箭之手 南無楊柳之手

D

若為除身上悪障難者当於白払手	南無白払之手除障難	同上	同上	南無白法之手
若為一切善和眷属者当於胡瓶手	南無胡瓶之手和合衆	同上	同上	南無胡瓶之手
若為辟除一切虎狼犲豹諸悪獣者当於旁牌手	南無傍排之手除悪獣	同上	同上	南無傍排之手
若為一切時処好離官難者当於斧鉞手	南無鉞鉾之手除官難	南無鉞斧之手離官難	南無越斧之手除災難	南無鉞斧之手
若為男女僕使者当於玉環手	南無玉環之手多僕使	同上	同上	南無玉環之手
若為種種功徳者当於白蓮華手	南無白蓮花手満功徳	南無白蓮華手満功徳	南無白蓮花手満功徳	南無白蓮花手
若為欲得往生十方浄土者当於清蓮華手	南無青蓮花手生浄土	南無青蓮華手生浄土	南無青蓮花手生浄土	南無青蓮花手
若為大智慧者当於宝鏡手	南無宝鏡之手開恵眼	同上	同上	南無宝鏡之手
若為面見十方一切諸仏者当於紫蓮華手	南無紫蓮花手見諸仏	同上	同上	南無紫蓮花手
若為地中伏蔵者当於宝篋手	南無宝篋之手賜伏蔵	同上	同上	南無宝篋之手
若為仙道者当於五色雲手	南無五色雲手登仙道	同上	同上	南無五色雲手
若為生梵天者当於軍遅手	南無鍕持之手生梵天	同上	同上	南無軍持之手
若為往生諸天宮者当於紅蓮華手	南無紅蓮花手生天宮	南無戟矟之手摧逆賊	南無紅蓮花手生天宮	南無紅蓮花手
若為辟除他方逆賊者当於宝戟手	南無戟鞘之手摧逆賊	南無紅蓮華手生天宮	南無戟矟之手摧逆賊	南無戟矟之手
若為召呼一切諸天善神者当於宝螺手	南無法螺之手呼天神	同上	同上	南無宝螺之手
若為使令一切鬼神者当於髑髏杖手	南無髑髏之手令鬼神	同上	南無髑髏之手人鬼神	南無髑髏之手
若為十方諸仏速来授手者当於数珠手	南無数珠之手授仏身	南無数珠之手授仏手	同上	南無数珠之手

D	若為成就一切上妙梵音声者当於宝鐸手	南無宝鐸之手梵音声	同上	同上	南無宝鐸之手
	若為口業辞弁巧妙者当於宝印手	南無宝印之手言巧弁	同上	同上	南無宝印之手
	若為善神龍王常来擁護者当於具尸鉄鉤手	南無鉄鉤之手龍神護	同上	同上	南無鉄鉤之手
	若為慈悲覆護一切衆生者当於錫杖手	南群錫杖之手慈悲護	同上	同上	南無錫杖之手
	若為一切衆生常相恭敬愛念者当於合掌手	南無合掌之手為敬愛	南無合掌之手為愛敬	同上	南無合掌之手
	若為生生之衆不離諸仏辺者当於化仏手	南無化仏之手常奉仕	南無化仏之手生仏土	南無化仏之手常奉仕	南無化仏之手
	若為生生世世常在仏宮殿中…当於化宮殿手	南無宮殿之手不胎蔵	同上	同上	南無宮殿之手
	若為多聞広学者当於宝経手	南無宝経典手広多聞	南無宝経之手広多聞	南無宝経典手広多聞	南無宝経典手
	若為従今身至仏身菩提心…当於不退金輪手	南無金輪之手不退転	同上	同上	南無合輪之手
	若為十方諸仏速来摩頂授記者当於頂上化仏手	南無頂上之手得授記	南無頂上之手授摩頂	南無頂上之手得授記	南無頂上之手
	若為果蓏諸穀稼者当於蒲萄手	南無蒲桃之手成五穀	同上	同上	南無蒲桃之手
	――	南無四十之手余諸願	南無四十之手成諸願	南無四十之手与諸願	南無四十三昧
	――	南無千眼照見千手護持	同上	同上	南無千眼照見
E	――	南無利益安楽諸有情	――	南無十一面大悲者	南無伽藍安穏
	――	――	――	――	南無当所権現
	――	――	――	――	南無貴賤霊等
	――	――	――	――	南無聖朝安穏
	――	[宝号]	[諸願]	[諸願]	南無大悲護念成大願
	――	[本誓願]ニ続ク	[雷声]ニ続ク	[大懺悔]ニ続ク	[大懺悔]ニ続ク

区分	A	B	C
オ 弘法寺	南無法身応化三身如来 ｜ ｜ 補陀洛山観音宝殿釈迦尊 令法九住 龍花樹下 十方三世	円満十二 ｜ 観音本師 ｜ 観音本体 普光功徳 万徳円満 舎利形像	八万宝蔵 普賢大士 九十九億 利益安楽 南無広大円満随心自在 [念誦神呪] [発願] [如意念誦] 南無神呪（二返）
カ 長命寺 金沢文庫	南無清浄法界体性智 金剛堅固円鏡智 福徳荘厳平等智 智恵荘厳観察智 作変化身成事智 補陀落山観音宝殿 ｜	｜ ｜ ｜ ｜ 観音本体已成正覚 ｜ ｜ ｜	｜ ｜ ｜ ｜ 南無千光仏性発大誓願 ＊金 性↓所 ｜ ｜ ｜ ｜
キ 若松寺	南無法身受用変化身如来 ｜ ｜ 補陀落山観世音 令法久住利有情 当来導師弥勒氏尊 円満十二修習願	十方三世応正等覚 観音本地無量寿仏 観音本体正法明如来 普光功徳光王如来 舎利形像普図宝塔	南無光王仏性発大弘誓心 [発願] ｜ ｜ ｜ ｜ ｜ ｜ ｜
ク 近江寺 性海寺	南無法身応化三身如来 ｜ ｜ 一代教主釈迦尊 当来導師弥勒慈尊	円満十二所権現 ｜ ｜ ｜ ｜ ｜ ｜ ｜	｜ ｜ ｜ ｜ ｜ ｜ ｜ ｜ ｜
ケ 山城清水寺	南無毘盧舎那 遍周法界舎那 ｜ 補陀落山観音 ｜	｜ ｜ ｜ 万徳円満未応如 観音本師阿弥陀如 過去四恩成仏道 観音本体正法明如来 普光功徳仙王如 当来導師 ｜	南無広大円満 ｜ 九十九億 一切 南無居士 ｜ ｜ ｜ ｜

C	D
南無三世 南無大恩 南無当来 南無十二 南無極楽 南無常住 ｜ 南無千手 ｜	南無如意 南無羂索 南無宝鉢 南無宝剱 南無跋折羅 南無金剛 南無施無畏 南無日摩尼 南無月摩尼 南無宝弓 南無宝箭 南無楊柳枝
｜ ｜ ｜ ｜ ｜ ｜ ｜ 南無千手千眼大悲者 ｜	南無如意三昧饒財宝 南無羂索三昧得安穏 南無宝鉢三昧療腹病 南無宝剱三昧調魍魎 南無跋折羅手降大魔 南無金剛杵手摧怨敵 南無施無畏手離怖畏 南無日精三昧明眼闇 南無月精三昧除熱病 南無宝弓三昧栄官職 南無宝箭三昧逢善友 南無楊柳三昧除万病
｜ ｜ ｜ ｜ ｜ ｜ 南無娑婆世界施無畏者 南無千手千眼大悲心 南無十一面具大悲者	南無如意之子有如財宝 南無剣着之子有得安穏 ｜ 南無宝剱之子有除魍魎 南無縛曰羅之子有五大魔 南無乙野之子有除火難 南無普跋之子有隆福徳 南無宝羅之子有古天神 南無独瑠之子有銭鬼神 南無日魔之子有離怖畏 南無月魔之子有除障難 南無金輪之子有不退転
｜ ｜ ｜ ｜ ｜ ｜ ｜ ｜ 南無帰命頂礼十一面観世音	南無大悲三昧思惟手 南無難度衆生能度相 南無大悲三昧按山手 南無八風不動利他相 南無大悲三昧蓮華手 南無能示衆生不染相 南無大悲三昧摩尼手 南無願求衆生能満相 南無大悲三昧金輪手 南無能転法輪滅罪相 南無大悲三昧念珠手 南無三途衆生離苦相
｜ ｜ ｜ ｜ ｜ ｜ ｜ ｜ 十一	南無当前三面 南無左辺三面 南無右辺三面 南無当後一面 南無頂上仏面（五返） 南無最上仏面（五返） 南無衆宝瓔珞 南無利益安楽諸有情 ［本誓願］ ［如法念誦］ ［念誦発願］ 南無如意之手（五返）

D

南無白払	南無白払三昧除障難	南無化仏之子有浄峰地	南無大悲三昧離苦相	南無合掌之手（五返）
南無胡瓶	南無胡瓶三昧和眷属	南無鐵空之子有龍天神	南無大悲示現一髪羅刹	
南無傍排	南無傍排三昧除悪獣	南無残智之子有諸梵天	南無大悲示現十一面	
南無鉞斧	南無鉞斧三昧離官難	南無白蓮華之子有清浄道	南無大悲示現大勢至	
南無玉環	南無玉環三昧多僕使	南無合掌之子有余授放	南無大悲示現馬頭明王	
南無白蓮華	南無白蓮三昧満功徳	南無錫杖之子有慈悲覆	南無大悲示現多羅女	
南無青蓮花	南無青蓮三昧生浄土	南無白払之子有除障難	南無大悲示現不空羂索	
南無宝鏡	南無宝鏡三昧開恵眼	南無紫蓮華之子有見諸仏	南無大悲示現三十三身	
南無紫蓮花	南無紫蓮三昧見諸仏	南無方非之子有除悪趣	南無能施財宝如意手	
南無宝篋	南無宝篋三昧得伏蔵	南無具蓮華之子有諸天供	南無能施巧弁宝印手	
南無五色雲	南無五色三昧雲手登山道 *金 登↓得	南無宝弓之子有余害退	南無悲願無尽施提沙手	
南無軍持	南無鉀持三昧生梵天 *金 鉀↓軍	南無無勝之子有寿仏数	南無能治万病楊柳手	
南無紅蓮花	南無紅蓮三昧生天宮	南無五色雲之子有清浄土	南無能施音声宝鐸手	
南無戟鞘	南無戟鞘三昧除逆賊	南無施無畏之子有離怖畏	南無能施智慧宝鏡手	
南無宝螺	南無宝螺三昧呼天神	南無揚柳之子有地満病	南無能与官位宝弓手	
南無髑髏	南無髑髏三昧令鬼神	南無法非之子有成五穀	南無能逢善友宝箭手	
南無珠数	南無珠数三昧授仏手	南無四十之子有有諸願	南無相好光曜超日月	

E	D
南無三十 南無八十 南無天衆 ―― ［諸願］ ［乱声］ニ続ク	南無宝鐸 南無宝印 南無鉄鉤 南無錫杖 南無合掌 南無化仏 南無宮殿 南無宝経 南無金輪 南無頂上 南無蒲桃 南無四十 南無衆宝
我今念誦「慈悲蔵」 *「」内　長ニハナシ ―― ―― ――*金ハ［本誓願］ ［宝号・発願］ ［加法念誦］ニ続ク	南無宝鐸三昧梵音声 南無宝印三昧言巧弁 南無鉄鉤三昧龍神護 南無錫杖三昧慈悲護 南無合掌三昧為受敬 *金　受敬→敬愛 南無化仏三昧常値仏 南無宮殿三昧離胎蔵 南無宝経三昧広多聞 南無金輪三昧不退転 南無頂上三昧得受記 *金　受→授 南無蒲桃三昧成五穀 南無普門塵数諸三昧 ――
―― ―― ―― ―― ［諸願］ ［大懺悔］ニ続ク	―― ―― ―― ―― ―― ―― ―― ―― ―― ―― ―― ―― ――
南無蓮華部中諸眷族 南無十仏天如来 南無還念本誓来影向 南無金剛蔵王 南無執金剛神 ―― ［発願］ ［念誦］ニ続ク	南無非愛衆生如一子 ―― ―― ―― ―― ―― ―― ―― ―― ―― ――
南無大悲護念成善願 ―― ―― ―― ［大懺悔］ニ続ク ――	―― ―― ―― ―― ―― ―― ―― ―― ―― ―― ―― ―― ――

表VI　阿弥陀悔過 a

▨ ハ非現行事例

区分	A	B	C
三十巻本　巻第一・ 仏説仏名経　巻第二	― ― ― ― ― ―	南無東方阿閦仏 南無南方普満仏 南無西方無量寿仏 南無北方難勝仏 南無東南方治地仏 南無西南方那羅延仏 南無西北方月光面仏 南無東北方寂諸根仏 南無下方実行仏 南無上方無量勝仏	南無過去未来現在諸仏 敬礼舎利形像浮図廟塔 次礼十二部尊経大蔵法輪 敬礼十方諸大菩薩摩訶薩 敬礼声聞縁覚一切賢聖
ア　毛越寺 延暦寺	南無清浄法身毘盧遮那仏 南無円満報身盧遮那仏 *延　遮→舎 南無千百億化身釈迦牟尼仏 南無当来下生弥勒尊仏 南無十二上願薬師瑠璃光仏 南無極楽世界阿弥陀仏（三返）	同上 南無東南方持地仏 南無南方普満仏 南無西南方那羅延仏 南無西方無量寿仏 南無西北方月光面仏 南無北方難勝仏 同上 南無上方無量勝仏 南無下方実行仏	南無過現未来尽十方空界一切諸仏 南無舎利経像浮図宝塔 *毛　経→形 南無十二部尊経甚深法蔵 南無諸大菩薩摩訶薩衆 南無声聞縁覚一切賢聖僧
イ　日光輪王寺	同上 南無円満報身盧舎那仏 同上 同上 同上 同上（一返）	同上 同上 同上 同上 同上 同上 同上 同上 同上 同上	同上 南無舎利形像浮図宝塔 同上 同上 同上
ウ　慈恩寺	南無清浄法身毘盧舎那仏 同上 同上 同上 同上 同上（二返）	同上 同上 同上 同上 同上 同上 同上 同上 同上 南無下方宝行仏	同上 南無舎利尊像浮図宝塔 同上 南無諸大菩薩摩訶薩 南無声聞縁覚一切賢聖像
エ　叡山文庫	南無清浄法身毘盧サタ仏 南無円満報身盧サタ仏 同上 同上 同上 同上（二・三返　南無ナシ）	同上 同上 同上 同上 同上 同上 同上 同上 同上 南無下方実行仏	同上 南無舎利形像浮図宝塔 同上 南無諸大菩薩摩訶薩衆 南無声聞縁覚一切賢聖僧

D

南無毘婆尸仏
南無尸棄仏
南無毘舎浮仏
南無拘留孫仏
南無拘那含牟尼仏
南無迦葉仏
南無釈迦牟尼仏

日中作法

南無毘婆尸仏
南無尸棄仏
南無毘舎浮仏
南無拘留孫仏
南無拘那含牟尼仏
南無迦葉仏
南無釈迦牟尼仏

表VI　阿弥陀悔過b

区分	観無量寿経	ア　醍醐寺1	イ　醍醐寺2 三福寺	ウ　薬師寺	エ　勝林院 叡山文庫
A	—	南無清浄法界体性智	同上	同上	同上
	—	金剛堅固円鏡智	同上	—	同上
	—	福徳荘厳平等智	同上	南無福徳荘厳平等智	同上
	—	智慧荘厳観察智	智恵荘厳観察智	南無智恵荘厳観察智	同上
	—	作変化身成事智	同上	南無作変化身成事智	同上
B	—	南無極楽化主弥陀善逝	同上	同上	同上
	—		—	南無弥陀善逝諸化仏	—
		南無観音勢至諸聖衆	観音勢至諸聖衆	南無観音勢至諸聖衆	同上
	正坐西向…是為日想	—	南無西方浄土弥陀善逝	南無西方日想安養浄土	南無西方日想安養浄土
	次作水想…見氷映徹作琉璃想	南無水想氷徹瑠璃浄土	同上　*三　想→相	同上	南無水想清浄瑠璃浄土
	下有金剛七宝金幢擎琉璃地	南無七宝金幢光明浄土	同上	同上	南無超過三界所行浄土
	各有百億花幢無量楽器以為荘厳	南無百億花幢楽音浄土	同上	南無百億花幢楽音樹下	南無大如蓮華荘厳浄土
	見彼国地了了分明…是為地想	南無地想明了荘厳浄土	同上	—	南無八功徳水澄明浄土
	一一観之作七重行樹想	南無七重宝樹光曜浄土	同上	—	南無無熱無悩清浄浄土
	妙真珠網弥覆樹上	南無真珠羅網荘厳浄土	同上	—	南無七重宝樹荘厳浄土
	妙華宮殿…諸天童子自然在中	南無妙花宮殿天童浄土	同上	—	南無金縄界道分明浄土
	幢幡無量宝蓋…映現三千大千世界	南無幢蓋普現大仙浄土	同上	—	南無衆宝楼閣照明浄土
	池水七宝所成…雑色金剛以為底沙	南無七宝池中金砂浄土	同上	—	南無伽陵頻伽妙音浄土
	常讃念仏…是為八功徳水想	南無八功徳水随念浄土	同上	南無八功徳水随金浄土	—
	其摩尼水流注華間…其声微妙	南無法華流泉法音浄土	同上　*三　華→花	南無法花流衆法音浄土	—

▒＝非現行事例

B

化為百宝色鳥和鳴哀雅	南無衆鳥妙音称讃浄土	同上	同上	―
衆宝国土…有五百億宝楼	南無宝楼閣照明浄土	同上	南無衆宝楼閣照明浄土	―
有無量諸天作天伎楽	南無天人伎楽光満浄土	南無天人妓楽充満浄土	南無人夫妓楽充満浄土	―
有楽器懸諸虚空…不鼓自	南無空中楽音法輪浄土	同上	―	同上
鳴				
蓮花一一葉作百宝色	南無百宝荘厳蓮花座	同上	―	同上
一一摩尼珠放千光明	南無摩尼宝珠放光座	同上	―	同上
此蓮花台…宝幢…宝縵如	南無花台幢鬘殊妙座	南無花台幢鬘珠妙座	―	同上
夜摩天宮				
一心繋念諦観…三藐三仏	南無一心諦観三尊像	同上	同上	同上
陀				
各有一仏二菩薩像遍満彼	―	―	南無三尊遍満円妙法	南無三尊遍満聞妙法
国				
無量寿仏身…閻浮檀金色	―	―	南無弥陀如来真金体	南無弥陀如来真金体
仏身高…恒河沙由旬	南無高広難量尊徳身	同上	南無高広難量尊特身	同上
眉間白毫…如五須弥山	南無眉間白毫五須弥相	同上	同上	同上
―	―	―	弥陀尊礼敬滅罪令得仏	―
―	―	―	過去空王仏眉間白毫相	―
―	―	―	我今礼弥陀亦当復如是	―
仏眼清浄如四大海水	南無眼睛分明四大海相	南無眼精分明四大海相	同上	同上
身諸毛孔演出光明如須弥	南無身毛放光如山王	同上	南無身毛弥陀妙山王	南無身毛放光如山王相
山				
彼仏円光如百億三千大千	南無円光百億三千界	同上	同上	同上
世界				
円光中有…恒河沙化仏…	南無無量化仏菩薩衆	同上	同上	同上
無数化菩薩				
無量寿仏有八万四千相	南無八万四千相好光	同上	同上	同上
光明遍照十方世界念仏衆	南無遍照十方念仏者	同上	同上	同上
生摂取不捨				
―	南無無量功徳荘厳体	同上	―	同上
亦応観観世音菩薩	南無左辺蓮台観世音	同上	同上	―

B	摩尼妙宝以為天冠…一立化仏	南無摩尼天冠如来住	同上	—	—
B	—	—	—	南無無量由旬紫金体	—
B	有無量無数百千化仏	南無高毫光仏衆囲遶	同上	南無毫光仏衆囲繞	—
B	其光柔軟普照一切	南無身光五道衆生現	同上	同上	—
B	以此宝手接引衆生	南無慈悲宝手能引摂	同上 ＊三 手→珠	同上	—
B	除無数劫生死之罪	南無滅除無数生死罪	同上	同上	—
B	次観大勢至菩薩	南無右辺蓮台大勢至	同上	同上	—
B	作紫金色…一一宝華有五百宝台	南無無量蓮台紫金体	同上	—	—
B	肉髻如鉢頭摩花…有一宝瓶	南無肉髻青蓮宝瓶相	同上	—	—
B	盛諸光明普現仏事	南無光明普現諸仏事	同上	—	—
B	—	南無身光遍照十方界	同上	同上	—
B	—	南無智慧消滅三途苦	南無智恵消滅三途苦	南無智照滅三途苦	—
B	除無数劫阿僧祇生死之罪	南無滅除無数生死罪	同上	南無滅除無数三死罪	—
B	作是観者不処胞胎常遊諸仏浄妙国土	南無永離胎生遊仏土	同上	南無永離胎逝仏土	同上
B	見生於西方極楽世界	南無念生西方蓮花中	同上	同上	南無念生西方生極楽
B	於蓮華中結跏趺坐	南無見仏聞法結跏坐	同上	南無見仏聞法結跏座	南無見仏聞法結跏座
B	阿弥陀仏神通如意於十方国変現自在	南無随縁変現無量身	南無随機変現無量身	—	南無随縁変化無量身
C	願生彼国者発三種心即便往生	南無三心浄業往生極楽	同上	—	南無三心浄業生極楽
C	不必受持読誦方等経典善解義趣	南無善解大乗往生極楽	同上	—	南無善解大乗生極楽
C	発無上道心…願求生極楽国	南無大菩提心往生極楽	同上	—	南無大菩提心生極楽
C	受持五戒…願求生於西方極楽世界	南無戒行具足往生極楽	同上	—	南無戒行具足生極楽

C	一日一夜持八戒斎…願求生極楽国	南無随応戒品往生極楽	同上	―――	南無随分持戒生極楽
	孝養父母…即生西方極楽世界	南無孝養聞法往生極楽	同上	―――	南無孝養聞法生極楽
	聞如是諸経名故…称仏名故…我来迎汝	―――	南無聞経称仏往生極楽	―――	南無聞経称仏生極楽
	如此罪人…迎接此人…即得往生	南無聞仏衆徳往生極楽	同上	―――	南無聞仏衆徳生極楽
	作不善業…称仏名故…往生極楽世界	南無十念称名往生極楽	同上	―――	南無十念称名生極楽
	―――	南無恒沙塵数往生極楽	同上	―――	南無恒沙塵数功徳海
D	―――	南無我今念誦慈悲呪	同上	―――	我今念誦慈悲呪
	―――	「発願」ニ続ク	「発願」ニ続ク	「発願」ニ続ク	「発願」ニ続ク

表II—続　吉祥悔過

区分	呪願	前作法	称名悔過	発願	奉請A	如法念誦A	奉請B
金光明最勝王経大吉祥天 女品・同　増長財物品							
ア　東大寺	請呪願文アリ		[称名悔過] A～F	至心発願 仰願本尊　唯願大日 真言威力　天衆地類 倍増法楽　聖朝安穏 増長福寿　利益安楽 一切有情　伽藍安穏 興隆仏法　我今念誦 秘密神呪　證智證誠 所願成弁		如法念誦 ＊真言記載ナシ	
イ　薬師寺	小呪願		[称名悔過] A～E		我等奉為　大吉祥天 応神呪声　来影此所 就座而坐　摂受供養 令諸――――	南無大吉祥天菩薩（廿一返）――	我等奉為　大吉祥天 称名礼拝　本師如来 亦復帰礼　大吉祥天
ウ　法隆寺	大呪願 初・後以外ハ小呪願		同　上	至心発願 利益安楽　一切有情 除一切患　不吉祥故 滅除一切　悪業障故 永離自他　貧賤報故 為令増益　諸福徳故 増長一切　諸善法故 為令護持　諸仏法故 我今念誦　秘密神呪	仰願薬師瑠璃光 日光月光菩薩等 十二神将護法者 各々眷属諸薬叉 護世威徳多聞天 十方一切諸三宝 還念本誓来影向 証智証誠願成弁	〈多聞天真言〉 南無護世威徳多聞大天（三返）	一心奉請　大慈悲者 大吉祥天　称名礼拝 念誦真言　応神呪声
エ　鶴林寺	小呪願		[称名悔過] A～F				我等奉請吉祥天 至心希請率土中 消除解脱一切難

▒ハ非現行事例

奉　請　B

還念本願　成就所願
故我帰命　実語邀請
大慈悲者　*大吉祥天
慈悲願故　*酬我等請
*次第本ニハ酬トアリ
従福光園　七宝宮殿
来赴影向　常住国界
飢饉疾病　百怪七難
諸不吉祥　皆悉消滅
地味増長　五穀成就
衣服豊饒　万姓快楽
我等今者　如是願求
恭敬供養　尊重讃歎
大神力者　大吉祥天
若如所言　不是虚者
於我所請　勿令空尒
如所願求　悉皆成就

従福光園　七宝宮殿
来赴此処　就座而坐
還念本誓　常住国界
聖朝安穏　御願円満
地味増長　五穀成就
衣服飲食　無非豊饒
万姓安楽　諸不吉祥
皆悉銷除　永断不起
我等今者　恭敬供養
尊重讃嘆　大神力者
令諸希求　速得成弁
如所求願　於我所請
勿令空爾　於我所請
勿令空爾　一切諷誦

令得円満諸善願
仰願本尊瑠璃光
真言秘密一切誦

如法念誦B	中散華	諸願
		爾時大吉祥天女復白仏 言世尊北方薜室羅末 擎天王城名有財去城不 遠有園名日妙華福光 中有勝殿七宝所成世 尊我常住彼若復有人 欲求五穀日日増多倉庫 盈溢者応当発起敬信之 心浄治一室瞿摩塗地 応画我像種種瓔珞周匝 荘厳：：実言邀請大吉祥 天発所求願若如所言 是不虚者於我所請勿令 空爾于時吉祥天女知 是事已便生愍念令其宅 中財穀増長即当誦呪請 召於我先称仏名及菩薩 名字一心敬礼 （以下略） 〈財物品〉 是金光明最勝王経者我 当専心恭敬供養此等法 師所謂飲食衣服臥具 医薬及余一切所須資具 皆令円満無有乏少若 昼若夜於此経王所有句 義観察思量安楽而住 令此経典於贍部洲広行 流布為彼有情已於無量
		｜ ｜ ｜ ｜ 一切恭敬南無大吉祥天女 菩薩 南無応我勧請来影向 南無常住妙花福光薗 南無七宝所成勝宮殿 南無大地菩薩現天女形 南無面容端正如満月身 ｜ 善根饒益有情界 貧乏有情饒財宝 ｜ 永除飢饉成豊饒 天災地変令消除 無量災難令解脱
	［中散華］	｜ ｜ ｜ ｜ 南無恭敬供養大慈悲者 大地菩薩現天女相 常住妙光福光園 ｜ 衆宝瓔珞荘厳体 ｜ ｜ 善権饒益有情界 貧乏有情饒財宝 地味増長成五穀 永除飢饉成豊稔 風雨随節地味 百穀万菓常豊稔
〈吉祥天真言〉（百八返） 南無大吉祥天菩薩（三返） ｜ ｜	［中散華］	南無灌頂法句得大勝利 南無一誦即除諸悪業障 南無即至其所令願得遂 南無見聞覚知所求如意 南無恭敬供養大慈悲者 南無八地菩薩現天女相 南無衆宝瓔珞荘厳妙体 南無常住妙華福光園中 南無七宝宮殿恒快楽 ｜ ｜ 南無善権饒益諸有情界 南無能除貧乏吉慶天 南無塵垢不染蓮花女 南無衆宝瓔珞厳餝天 南無能与珍宝具財天 南無衆善根本白色天
〈薬師真言〉（廿一返） ｜ ｜ ｜		南無神呪威力消除業障 神呪威力消除災難 ｜ ｜ ｜ 南無大地菩薩権現 南無常住妙花普光薗衆 南無七宝所成勝宮殿 南無衆宝瓔珞荘厳体 ｜ ｜ ｜ ｜ ｜ ｜ ｜ ｜

諸　願

百千仏所種善根者　常使
得聞不速隠没　復於無量
百千億劫　当受人天種種
勝楽　常得豊稔永除飢饉
　一切有情恒受安楽　亦
得値遇諸仏世尊於未来世
　速證無上大菩提果　永
絶三塗輪廻苦難：：能令
無量百千万億衆生受諸快
楽　乃至所須衣服飲食資
生之具　金銀瑠璃車渠馬
瑙珊瑚虎珀真珠等宝悉
令充足：：
由能如是持経故
自身眷属離諸衰
所須衣食無乏時
威光寿命難窮尽
能令地味常増長
諸天降雨随時節
令諸天衆咸歓悦
及以園林穀果神
叢林果樹並滋栄
所有苗稼咸成就
欲求珍財皆満願
随所念者遂其心
仏告大吉祥天女　善哉善
哉　汝能如是憶念昔因
報恩供養　利益安楽無辺
衆生　流布是経功徳無
尽〈大吉祥天女品〉

［大懺悔］

｜
｜
｜
｜
｜
｜
｜
｜
聖朝安穏増法楽
天下安穏万民豊楽
｜
｜
｜
｜
｜
｜
｜
｜
｜
地味増長成五穀
大伽藍安穏興隆正法
｜
一切善願皆令満足
｜
｜

［大懺悔］

｜
｜
｜
｜
｜
｜
｜
｜
聖朝安穏増福寿
大政天王成御願
諸大施主増福寿
｜
天下安穏成五穀
伽藍安穏興正法
所司大衆増福寿
庄所封郷常豊稔
地子封物如法進納
｜
｜
｜
｜
｜
｜
大悲護念成所願
｜

［大懺悔］

南無能除災横大名称
南無常護仏法蓮花眼
南無滅除癡暗大光曜
南無永離飢饉施食者
南無身心飽足施飲者
南無所求如意宝光天
南無永除諸苦大吉祥
南無還念本誓来影向
南無聖朝安穏増宝寿
｜
南無諸大施主名成御願
｜
南無天下安穏成五穀
南無伽藍安穏興正法
南無所司大衆増福寿
南無庄所封戸常豊稔
南無地子封物如法進納
｜
｜
｜
｜
｜
南無三界六道平等利益
南無大悲護念成御願
｜

［大懺悔］

｜
｜
｜
｜
｜
｜
｜
南無還念本願慈悲護
南無聖朝安穏増宝寿
南無天下法界利有情
南無国土安穏興正法
南無国吏安穏成善願
南無庄内安穏諸人快楽
南無伽藍安穏興隆仏法
南無年頭頭番成大願
南無大施主等安穏寿福
南無満堂大衆成所願
南無頂上仏面除疫療
南無最上仏面願満足
南無地味増長成五穀
南無蚕養如意万斤利益
｜
南無一切所願皆令満足
大悲護念成大願
三界六道利有情
南無諸大菩薩摩訶薩声聞
縁覚一切賢聖普為四恩三
有法界衆生永断除三障己
帰命礼

区分	呪願	前作法	称名悔過	発願	奉請A	如法念誦A	奉請B
オ 一乗寺	請呪願文アリ		［称名悔過］A～E				
カ 中尊寺	小呪願（文言小異）		同上				我等宝心真実言 教請大悲吉祥天 令法久住護国界
キ 陸奥国分寺	小呪願		同上				我等至心真実言 教諸大悲吉祥天 令法久住護持国界
ク 若狭国分寺	請呪願文アリ		［称名悔過］A～F				至心勧請　大吉祥天 —— ——
ケ 叡山文庫所蔵金光明吉祥悔過	——	悔過前呪法 ［散華頌］［勧請頌］ ［自懺悔］［他懺悔］ ［受戒頌］［発願頌］	［称名悔過］A～E		我等奉請　大吉祥天 応神呪声　来影此処 就座而坐　摂受供養 今所希求　速得成弁 若如所言　是不虚者 於我所請　勿令空爾 ——	〈請召ノ呪〉（七返） ——	我等奉為　大吉祥天 称名礼拝　本師如来 金光明経　最勝王典

奉　請　B

	風雨順時除災難	｜	｜	亦復帰命　大慈悲者
	地味増長成護国	地味増長成五穀（三返）	｜	還念本願　成就所願
	永除賊乱刀兵難	永除貧乏飢渇苦	｜	故我帰命　実言邀請
	聖朝安穏成豊楽	降伏賊乱呇兵難	｜	南無大神力者大吉祥天
	天下安穏成宝寿	｜	｜	大悲願故　酬我等請
	利益安穏有情故	利益安楽有情故	｜	従福光苑　七宝宮殿
	仰願大悲功徳天	同　上	｜	来赴影嚮　常住此処
	来入道場宿住座	南無来入道場宿自在	｜	於諸仏子　常当護念
	開遂宝蔵施財宝	開薗宝蔵施財宝	｜	身心安穏　寿命増長
	｜	｜	｜	心中所願　悉令成満
	｜	｜	｜	南無大慈悲者大吉祥天
	｜	｜	｜	至心希請　率土之内
	｜	｜	｜	飢饉疫病　百怪七難
	｜	｜	｜	諸不吉祥　皆悉消滅
	｜	｜	｜	普天之下　地味増長
	｜	｜	｜	風祥雨順　五穀成就
	｜	｜	｜	衣食豊饒　百情安楽
	｜	｜	｜	我等今者　如是欲楽
	｜	｜	｜	恭敬供養　尊重礼拝
	｜	｜	｜	大不思議　大神力者
	｜	｜	｜	我等所請　勿令空尒
	｜	｜	｜	如諸願楽　速令成就
				（中略）
	｜	｜	｜	一切恭敬　我今帰依
	｜	｜	｜	去来現在　常住三宝
	｜	｜	｜	瑠璃金山　宝花光照
	｜	｜	｜	吉祥功徳海如来応正等覚
	｜	｜	｜	金光明最勝王経大吉祥天
	｜	｜	｜	無上大功徳田
	｜	｜	｜	無上有大恩徳
	｜	｜	｜	恭敬供養　哀愍摂受

如法念誦B	中散華	諸　願
		｜ ｜ ｜ ｜ ｜ ｜ ｜ ｜ 南無修法 ｜ ｜ ｜ ｜ ｜ ｜ ｜ ｜
勧請真言一切誦 ｜ ｜ ｜		南無一切諸仏護頂苦 南無一切宝成諸仏苦 南無一切諸仏平等苦 南無一切諸仏受持苦 ｜ 南無八地菩薩現天女相 南無還念本願慈悲父 南無弘誓平等慈悲母 南無衆宝瑠璃荘厳体 南無左持如意摩尼手 南無右手垂下与諸願 ｜ ｜ ｜ ｜ ｜ ｜
〈吉祥天真言〉 ｜ ｜ ｜		南無一切諸仏潅頂句 南無一切諸仏定我句 南無一切諸仏平等句 南無一切諸仏持誦句 南無一切明王本誓句 南無八地菩薩現天女相 南無還念本誓慈悲母 南無善根饒益有情故 南無弘誓平等慈悲父 南無左持如意摩尼珠 南無右手水下与諸願成弁 ｜ ｜ ｜ ｜ ｜ ｜
同　上 ｜ ｜ ｜		｜ ｜ ｜ ｜ ｜ ｜ 無常住 ｜ 周法 南無左如 南無右無 南無位等 南無福徳 南無六牙 南無善言 ｜ ｜
［散華］ 南無瑠璃金山宝花光照吉祥功徳海如来（三返） 南無金光明最勝王経（三返） 南無大吉祥天女菩薩摩訶薩（三返）		｜ ｜ ｜ ｜ ｜ ｜ 南無常住妙花福光苑 七宝所成勝宮殿 南無衆宝瓔珞荘厳身 ｜ ｜ 善権饒益有情界 南無貧乏有情饒財宝 地味増上成五穀 南無永除飢饉常豊稔 自身眷属離諸衰 南無所須資具皆満足

諸願

［大懺悔］

南無還念

南無伽藍
南無大施主
南無善根
南無慈心
南無国里
南無郡内
南無永除
南無満幢

南無年頭

［大懺悔］

南無聖朝安穏万民与楽
南無天災地夭皆消滅

南無地味増長成五穀
南無蚕養如意皆令満足
南無常住界会諸方言衆
南無心中所願皆令満足

南無北方吠室羅座野
南無邪宅倶
前勝界衆生

［大懺悔］

南無聖朝安穏増宝寿
南無天下安穏万民快楽
南無天衆諸願皆令満足
南無天災地憂皆悉消除
南無伽藍安穏興隆仏法

南無慚愧懺悔六根罪障

南無地味増長成五穀（三返）
南無蚕養如意令満足
南無幸ヒ給ヒ常住之如来
南無一切諸願令満足

［大懺悔］

南無聖朝
南無国家

南無帰命
南無頂上
南無地味
南無蚕養
南無一切
大悲護念成御願

［歓喜呪］［回施結願］［解界］［奉送］

永離三途輪廻苦
南無当受人天殊勝楽
令證無上菩提果
南無還念本誓慈悲影嚮
来赴我請常護念
南無擁護国家除障難
摧伏摩怨離怖畏
南無一切患難令消滅
身心安穏増寿命
南無今世後世能与楽
心中所願令満足
南無普天之下得安穏
利益安楽諸有情

南無所願成弁大吉祥天女
菩薩摩訶薩
南無十方無量恒沙菩薩摩
訶薩衆
南無阿難陀等一切声聞縁
覚賢聖衆

区分	呪願	称名悔過		宝号	発　願
薬師瑠璃光七仏 本願功徳経					念彼如来所有本願　読誦 此経思惟其義　演説開示 　随其所願　求長寿得長 寿　求富饒得富饒　求官 位得官位　求男女得男女 　一切皆遂　若復有人忽 為悪夢見諸悪相　或怪鳥 来集　或於其家百怪出現 　此人若以上妙資具恭敬 供養彼諸仏者　悪夢悪相 諸不吉祥　悉皆隠没不能 為患（中略） 復次大徳阿難　若　刹帝利 灌頂王等災難起時　所謂 人衆疾疫難　他国侵逼難 自界叛逆難　星宿変怪難 日月薄蝕難　非時風雨難 過時不雨難　彼刹帝利灌 頂王等　爾時当於一切有 情起慈悲心　放大恩赦脱 諸幽厄苦悩衆生　如前法 式供養諸仏　由此善根及 彼如来本願力故　令其国 界即安穏　風雨順時穀稼 成熟　国内衆生無病安楽 又無暴悪薬叉等神共相悩 乱　一切悪相悉皆隠没
ア　薬師寺	大呪願 初・後夜以外小呪願	［称名悔過］A～E		南無薬（三返）	至心発願 利益安楽　一切有情 除一切病故　滅一切悪故 随所楽願　皆令救遠 ― ― ― ― ― ― ― ― 我今念誦　光明神呪
イ　法隆寺 初夜・後夜	同上	同上		同上	同上 同上 同上 同上 ― ― ― ― ― ― ― ― 同上
ウ　新薬師寺	―	同上			同上 同上 除一切　滅一切 為止不吉　為却悪夢 為遮非時　欲除 得調　有憂得安 有怨得和　魔鬼皆消 心所皆称 ― ― ― ― 我今　秘密
エ　霊山寺	請呪願文アリ 前半ノミ、今ナシ	同上			同上 同上 除一切病　滅一切悪 随所　皆称 ― ― ― ― ― ― ― ― 我今　光明

発願	奉請A	如法念誦	奉請B	諸願
而刹帝利灌頂王等 皆得 増益寿命色力無病自在 大徳阿難 若帝后妃主儲 君王子 大臣輔相宮中婇 女百官 黎庶為病所苦 及余厄難 亦応敬造七仏 形像 読誦此経 然燈造 幡 放諸生命 至誠供養 焼香散花 即得病苦銷除 解脱衆難				
一百八遍	仰願薬師瑠璃光如来 日光月光菩薩等 十二神将護法等 各各眷属諸夜叉 還念本誓来影向 證知證誠成願弁	〈真言百八返〉 ｜		南無有大威徳大陀羅尼 南無九十億百千那由他恒 河沙仏説大陀羅尼 南無念誦百八滅十悪 ｜ ｜ ｜
同上	同上 同上 同上 同上 同上 ｜	〈薬師真言百八返〉 ｜		同上 同上 南無 ｜ ｜ ｜
證知 諸願成弁		項目アリ ＊今ナシ		一切恭敬 南無瑠 一誦即除 一誦能 南無能 誦得 持得 念誦
一百八遍	仰願本尊 薬師如来 ｜ ｜ ｜ 還念本願 證知證誠 所願成弁	如法念誦 ＊真言記載ナシ		南無有大威徳大陀羅尼 九十 念誦 ｜ ｜ ｜

	臨寿	
	薬師	
	名号	
	称讃	
	滅除	
	無量	
南無天災地変令消除	聖朝	天災
南無飢渇疾病令消除		飢饉
南無聖朝安穏増宝寿		聖朝
南無東宮諸王増宝寿		太上
南無文武百官増宝寿		諸宮
南無諸大施主除災与楽	施主等	大施
南無大伽藍安楽興隆仏法		諸大
南無所司大衆各成悉地		良与
	大伽藍	伽藍
南無天下安穏万民豊楽	天下	同上

	諸願			
		宮毘羅大将 跋折羅大将 迷企羅大将 頞儞羅大将 末儞羅大将 娑儞羅大将 因陀羅大将 波夷羅大将 薄呼羅大将 真達羅大将 朱社羅大将 毘羯羅大将	此十二薬叉大将……我等 相率皆同一心乃至尽形 帰仏法僧誓当荷負一切 有情為作義利饒益安楽 随於何処城邑聚落空閑 林中若有此経流布読誦 或復受持七仏名号恭 敬供養者我等眷属衛護 是人令脱衆難所有願求 悉令満足	
［大懺悔］	南無地味増長成五穀 南無三界六道平等利益		南無一切所願皆令満足 南無大悲護念成善願	南無諸大菩薩摩訶薩声聞 縁覚一切賢聖普為四恩三 有法界衆生永断除三障礼 仏懺悔
［大懺悔］				
［大懺悔］	地味 三界		一切	
［大懺悔］	同上		同上 大悲護念成大願	

区分	呪願	称名悔過		宝号	発願
オ 花園村［遍照寺本ニヨル］	請呪願文アリ	［称名悔過］A～C・E	［香水］		至心発願 興隆仏法　利益有情 天衆地類　各増威光 伽藍安穏　当所明神 勧請諸神　倍増法楽 各増法楽 行疫神等　永離業道 弘法大師　行願円満 登霞聖霊　成等正覚 貴賤霊等　皆成仏道 聖朝安穏　御願円満 伽藍安穏 我今念誦　秘密真言
カ 金剛峯寺	同上	同上			同上 同上 同上 伽藍安穏　丹生高野 勧請神等　一百余所 同上 同上 同上 同上 同上 同上 伽藍安穏　天下安穏 同上
キ 太山寺	同上	［称名悔過］A～D			同上 住持仏法　利有情故 聖朝安穏　増福寿故 十方施主　願円満故 十二大願　皆円満故 永断魔羂　破無明故 厭媚虫道　令消滅故 為求長寿　得長寿故 為求富饒　得富饒故 為求官位　得官位故 為求男女　得男女故 悪夢悪相　皆消滅故 疾疫難故 防禦他国　侵逼難故 令無自害　反逆難故 消散星宿　変怖難故 消除非時　風雨難故 消滅過時　不雨難故 滅除九横　不吉祥故 十二神将　令守護故 我等安住　真如法性 至心念誦　薬師如来
ク 若狭神宮寺	同上	同上			同上 同上 聖朝安穏　増長宝寿 国吏安穏　増長福寿 国土安穏　万民豊楽 同上 同上 厭魅虫道　令消滅故 同上 同上 同上 同上 同上 令無自界　反逆難故 消散星宿　変化難故 同上 同上 同上 十二神将　恒守護故 同上 薬師如来　大陀羅尼
ケ 国東諸寺［長安寺本ニヨル］	小呪願	［称名悔過］A・B			
コ 四天王寺	同上	同上			

悔過法要の形式

発願	奉請A	如法念誦	奉請B	諸願
一百八遍	御願本尊 地蔵菩薩　不捨本誓 ｜ ｜ ｜ 證知證誠　御願成弁	如法念誦		南無真言威力除業障 真言威力障災難 ｜ ｜ ｜ ｜
同上	御願本尊　薬師如来 不捨 ｜ ｜ ｜ 同上	同上 〈真言七返〉		南無真言威力除 真言威力除難 ｜ ｜ ｜ ｜
大陀羅尼　二十一遍	仰願本尊　瑠璃光仏 ｜ ｜ ｜ 證智證誠　哀愍加護	同上 ＊真言記載ナシ	至心奉上　我等念誦 薬師如来　大陀羅尼 二十一遍　仰願本尊 無縁慈故　哀愍納受 至心奉上　我等法中 容煩悩故　攀縁覚観 多不如法　大大慚愧 哀愍納受　所願成弁	南無本願聖霊　除身重 病 南無結願神呪　成正覚 南無結願神呪　不歴四 趣 南無結願神呪　難苦横 死 南無結願神呪　超越衆 苦 南無円満十二　殊勝願
一百八遍	同上 ｜ ｜ ｜ 證智證誠　哀愍加護 所願成弁	同上 〈薬師呪〉	同上 同上 随分呪返　仰願本尊 無縁慈故　｜ 至心懺悔　我等法中 同上 多不如法　大大懺悔 同上	｜ 南無結願神呪　除身重 罪 同上 同上 同上 同上

諸願

｜
｜
｜
｜
｜
｜
南無聖朝安穏増宝寿
南無天衆地類倍増威光
｜
｜
｜
｜
｜
｜
｜
南無伽藍安穏興隆仏法
南無天下安穏万民豊楽
南無頂上仏面除疫病
南無最上仏面願満足
｜
｜
｜

｜
｜
｜
｜
｜
｜
南無聖朝安穏
南無大衆安穏
南無伽藍安穏
｜
｜
｜
｜
｜
｜
｜
南無天下安穏
同上
同上
｜
｜
｜

南無薬師瑠璃光如来
｜
｜
｜
｜
南無薬師如来聖朝安穏
｜
南無薬師如来伽藍安穏
南無薬師如来護持大施主
｜
｜
南無薬師如来天下豊楽
南無薬師如来滅除重罪
南無薬師如来滅除疾病
南無薬師如来身心安楽
南無薬師如来所求如意
南無薬師如来所願成弁
南無薬師如来施与福智
南無令法久住利有情
南無天災地変令消滅
南無頂上仏面除疾病
南無最上仏面願満足

同上（三返）
｜
｜
｜
｜
｜
同上
南無薬師如来天下安穏
南無薬師如来寺内安穏
南無薬師如来護持我等
南無薬師如来滅除業障
南無薬師如来滅除病苦
南無薬師如来滅除七難
南無薬師如来滅除九横
南無薬師如来滅除飢饉
南無薬師如来滅除呪詛
南無薬師如来身心安楽
南無薬師如来所求如意
南無薬師如来所願成弁
南無令法
南無興隆
南無国吏
南無国土

南無伽藍護法威光増益
南無行疫神等永離業道
南無聖朝安穏増宝寿
南無外朝安穏増福寿
｜
｜
｜
｜
｜
｜
南無天下安穏万民快楽
｜
｜
｜
南無天災地変令消除
｜
｜

本願聖霊浄仏国土 南無薬師如来
等霞聖霊成等正覚 南無薬師如来
先帝聖霊證大菩提 南無薬師如来
先師聖霊安穏浄土 南無薬師如来
有縁霊等往生極楽 南無薬師如来
聖朝安穏増長宝寿 南無薬師如来
国土安穏興隆正法 南無薬師如来
伽藍安穏興隆仏法 南無薬師如来
院内安穏除災与楽 南無薬師如来
諸大施主増長福寿 南無薬師如来
天下安穏万民豊楽 南無薬師如来
｜
｜
｜
同上
｜
｜

諸願				
南無地味増長成五穀 ― ― ―		南無一切諸願令満足 大悲護念成御願	南無諸大菩薩摩訶薩声 聞縁覚一切賢聖普為四 恩三有法界衆生断除三 障礼仏懺悔	［大懺悔］
同上 ― ― ―		一切所願令満足 大悲護念成大願	南無諸大菩薩摩訶薩声 聞縁覚一切賢聖普為四 恩三有法界衆生永断除 三障礼仏懺悔	［大懺悔］
同上 ― ― ―	南無宮毘羅大将 南無伐折羅大将 南無迷企羅大将 南無安底羅大将 南無頞儞羅大将 南無珊底羅大将 南無因達羅大将 南無波夷羅大将 南無摩虎羅大将 南無真達羅大将 南無招杜羅大将 南無毘羯羅大将	南無一切所願皆令満足 大悲護念成善願	南無日光遍照月光菩薩 南無十二神将恒守護 普為四恩三有法界衆生 永断除三障礼	［大懺悔］
南無地味 南無蚕養 ― ―		南無一切 大悲護念成大願		［大懺悔］
南無地味増長成五穀 南無蚕養如意皆令満足 南無山内安穏諸人快楽 南無三界六道離苦得楽		南無一切所願皆令満足 南無大悲護念成御願 ＊右一句［称名悔過］ Eニ配当	南無日光月光諸大菩薩 摩訶薩声聞縁覚賢聖衆 普為四恩三有法界衆生 永断除三障礼仏懺悔	［大懺悔］
同上 ― ― ―		南無一切所願令満足 南無大悲護念成大願 ＊同上	南無日光遍照月光菩薩 十二神将恒守護 普為四恩三有法界衆生 永断除三障礼仏懺悔	［大懺悔］

表IV—続　十一面悔過

区分	呪願	称名悔過	宝号		発願
十一面神呪心経					我有神呪心　名十一面具大威力　十一倶胝諸仏所説　我今説之 欲利益安楽一切有情
ア　東大寺 「」内ハ称エズ	大呪願 初・後夜以外小呪願	[称名悔過]　A～E	南無観自在菩薩 (二四返＊旧ハ五〇返) 南無観自在 (二一返＊旧ハ三〇返) 南無観 (一九返位 ＊旧ハ二〇返) ＊旧ハ南無百返	南無帰命頂令大慈大悲観自在尊 南無頂上仏面　最上仏面 帰命日天子　本地観世音 為度衆生故　普照四天下 一称一礼者　滅罪除苦悩 現世安穏楽　臨終住正念 往生安楽「国」 慚愧懺悔六根罪障	至心発願 利益安楽「一」切「有情」
イ　長弓寺	小呪願	同上	南無観自在菩薩 ― ― ―		同上 利益安楽　一切有情
ウ　山城清水寺	同上	同上			
エ　観菩提寺	同上	同上			至心発願 利益安楽　一切有情

▒ハ非現行事例

発願	如法念誦	諸願
除一切病故　滅一切悪故 為止一切不吉祥故 為却一切悪夢想故 為遮一切非時死故 欲令諸悪心者　得調浄故 有憂苦者　得安楽故 有怨対者　得和解故 魔鬼障礙　皆消滅故 心所願求　皆称遂故 世尊我不見世間若天若魔 若梵若沙門若婆羅門等 以此神呪防護其身　受持 読誦書写流布　而為一切 災横魔障　刀杖毒薬厭禱 呪術所能害者（中略）		是故若有浄信善男子善女 人等　欲受持読誦此神呪 者応当恭敬至心繋念 每晨朝時如法清浄　念誦
＊以下旧ハ「ヨリ省略 除「一切「病苦」　滅「一切「悪故」 為「止「一切」　不「吉祥故」 為「却「一切」　悪「夢想故」 為「遮「一切」　非「時死故」 欲「令「諸悪故」　得「調「浄故」 有「憂「苦者」　得「安楽故」 有「怨「対者」　得「和解故」 魔「鬼「障礙」　皆「消滅故」 心「所「願故」　皆「称遂故」 我「今「念誦」　秘「密神呪」 ― ― ― ― 證知「證誠」　所願成弁	如法念誦 〈百返〉 ＊今ナシ	一切恭敬南無十「一面具 大威力神呪心経」
除一切病故　滅一切悪故 為止一切　不吉祥故 為却一切　悪夢想故 為遮一切　非時死故 欲令諸悪　得調浄故 有憂苦者　得安楽故 有怨対者　得和解故 魔鬼障礙　皆消滅故 心所願求　皆称遂故 我今念誦　秘密神呪 ― ― ― ― 證知證誠　所願成弁	同上 〈神呪百返〉	南無十一面具大威力神呪 心経
	同上 〈千手陀羅尼五返〉	南無一宿五遍
除一切病故　滅一切悪故 ― 為却一切　悪夢想故 為遮一切　非時死故 欲令諸悪　得調浄故 有憂苦悩　得安楽故 有怨対者　得和解故 魔鬼障礙　皆消滅故 心所願求　皆称随故 我念念誦　秘密神呪 二十一遍　唯願本尊 ― ― 證知證誠　所願成弁	同上 〈十一面大呪七返〉	敬礼三宝敬礼一切三宝聖 智海遍照荘厳王如来敬礼 一切応正等覚敬礼十一面 観自在菩薩摩訶薩大悲者

此呪一百八遍　若能如是
現身獲得十種勝利　何等
為十　一者身常無病　二
者恒為十方諸仏摂受　三
者財宝衣食受用無尽　四
者能伏怨敵而無所畏　五
者令諸尊貴恭敬先言　六
者蠱毒鬼魅不能中傷　七
者一切刀杖所不能害　八
者水不能溺　九者火不能
焼　十者終不横死　復得
四種功徳勝利　一者臨命
終時得見諸仏　二者終不
堕諸悪趣　三者不因険厄
而死　四者得生極楽世界
（中略）
復得諸仏大悲智蔵一切善
薩解脱法門　由此威力能
救一切牢獄繫閉　杻械枷
銷臨当刑戮　水火風賊虫
毒厭禱　人非人等種種苦
難……世尊我此神呪有大
威力　若誦一遍即能除滅
四根本罪　及五無間令無
有余　況能如説而修業者
……世尊我由此呪　名号
尊貴難可得聞　若有称念
百千倶胝那庾多諸仏名号
復有暫時於我名号至心
称念　彼二功徳平等平等
諸有称念我名号者　一
切皆得不退転地　離一切
病脱一切障一切怖畏　及
能滅除身語意悪
（以下略）

一誦即除「四根本罪」	一誦即除四根本罪	｜	南無一誦已除四根罪
一誦能「滅五無間罪」	一誦能滅五無間罪	｜	南無一誦能滅五無間罪
南無能「救種種苦難」	｜	｜	｜
誦得「菩薩解脱法門」	｜	｜	｜
持得「諸仏大悲智蔵」	｜	｜	｜
念誦「百八現身十利」	念誦百八現身十利	現身獲	｜
臨寿「後四種勝利」	臨命終時四種勝利	｜	｜
十一面「大悲者」	南無十一面大悲尊	十一	南無帰命頂礼大悲者
名号「尊貴難得聞」	名号尊貴難得聞	｜	南無名号尊貴難得聞
称讃「名号滅重罪」	称讃名号滅重罪	｜	南無称讃名号滅重罪
滅除「無始三業罪」	滅除無始三業罪	｜	｜
無量「災難令解脱」	天災地妖皆伏滅	｜	南無無量災難令消滅
｜	飢饉疫病悉消除	｜	南無貴賤霊等成仏道
｜	一切諸難皆得勝	｜	｜
聖朝「安穏増宝楽」	聖朝安穏増宝寿	｜	南無聖朝安穏増宝寿
施主等「安穏除災患」	王公百官万民安	｜	｜
｜	四時調和風雨順	｜	｜
｜	｜	｜	｜
｜	｜	｜	｜

諸　願		
― 大伽藍 ― ― ― ― 天下「安穏興正法」 「地味」 ― ― 「三界」 「一切」 ― ― ―	「南無諸大菩薩摩訶薩声聞縁覚一切賢聖普為四恩三有法界衆生永断除三障礼仏懺悔」	〔大懺悔〕
― ― ― ― ― ― ― 地味増長成五穀 寺中院内皆安全 人法興隆不退転 三界六道同利益 一切諸願皆満足 ― ― 大悲護念成悉地	南無諸大菩薩摩訶薩声聞縁覚一切賢聖普為四恩三有法界衆生永断三障礼仏懺悔	〔大懺悔〕
― ― ― ― ― ― ― ― ― ― ― ― 南無如意之手（五返） 南無合掌之手（五返） 南無大悲護念成善願		〔大懺悔〕
― 南無伽藍安穏興正法 ― ― ― ― ― 南無地味増長成五穀 南無天下安穏万民与楽 南無天下安穏万民与楽 ― ― ― ― 南無頭○願主成善願	南無諸大菩薩摩訶薩声聞縁覚一切賢聖普為四恩三有法界衆生永断除三障礼仏懺悔	〔大懺悔〕

区分	呪願	称名悔過	宝号		発願	
オ 松尾寺 法隆寺	大呪願 初・後夜以外 小呪願 ＊松 請呪願文アリ	［称名悔過］A〜E	南無観自在菩薩（大声三返・小声三二返） ＊松ハ返数記載ナシ	南無大慈大悲十一面観自在菩薩	至心発願	利益安楽 一切有情
カ 大和長谷寺	―	同上			同上	同上
キ 中宮寺 大御輪寺	請呪願文アリ	同上 ＊中ハA〜D			同上	同上
ク 薬師寺	同上	同上			同上	同上
ケ 中ノ川旧観音寺 「」内ハ称エズ	同上	同上	南無観自在菩薩（百八返或ハ三三二返）		同上	同上
コ 興福寺 「」内ハ称エズ	小呪願	同上			同上	同上

諸願	如法念誦	発願
南無十一面具大威力神呪心経	如法念誦 ——	除一切病故　滅一切悪故 為止一切　不吉祥故 為却一切　悪夢想故 為遮一切　非時死故 諸悪心者　得調静故 有憂苦者　得安楽故 有怨対者　得和解故 魔鬼障礙　皆消滅故 心所滅故　皆称遂故 我念念誦　秘密神呪 仰願十方諸三宝 観音本師弥陀尊 大慈大悲観自在 還念本誓哀愍我 証知証誠　願成弁
同上	同上 〈大呪百八返〉 ＊今ハ小呪百八返	同上 同上 同上 同上 諸悪心者　得調浄故 同上 同上 同上 心所求願　皆称遂故 同上 —— —— —— —— 證知證誠　所願成弁
同上	同上 〈念誦百八返〉 ＊大　記入ナシ	同上 同上 ——　悪無想故 為遮一切　悲時死故 欲令諸悪者　得調浄故 同上 同上 魔鬼障等　得和解故　＊大　同上 心所願求　同上 同上 —— —— —— —— 同上
南無具威力神呪心経	同上〈真言七返〉 [大懺悔] [牛王加持・発願]	同上 同上 為却一切　悪無想故 同上 欲令一切　諸悪心者 得調静故　得安楽故 同上 魔障礙　皆消滅故 同上 同上 —— —— —— —— 同上
南無十一面具大威力神呪心経	如意念誦 ＊真言記載ナシ	同上 同上 ——　悪無想故 ——　非時死故 欲令諸悪者　得調静故 有憂苦者　得安楽故 有悪対者　得和雅故 魔鬼障礙　皆消滅故 同上 同上 —— —— —— —— 證知所成　所願成弁
南無十一面具大威力「神呪心経」	—— 〈大呪百返〉	除一切「病故」　滅一切「悪故」 為止「一切」不吉祥故 —— 為遮「一切」非時死故 欲令諸悪　得調静故 有憂苦者　得和解故 魔鬼障礙　得安楽故 有怨対者　皆消滅故 心所願求　皆福遂故 同上 —— —— —— —— 證知諸誠　所願成弁

諸願

南無一遍即除四根本罪　＊法ニ南無ナシ	南無一誦即除四根本	同上	一誦即除　四根本罪	南無一誦即除「四重大悲」	一誦即除四根「本罪」
南無一誦能滅五無間罪　＊法ニ南無ナシ	同上	同上	一誦能滅　五無間罪	南無一誦能滅「五無間罪」	一誦能滅「五無間罪」
南無能救一切種種苦難　＊以下「　」内ハ法ニナシ	――	――	――	――	――
「南無受得菩薩解脱法門」	――	――	――	――	――
「南無持得諸仏大悲智蔵」	――	――	――	――	――
「南無念誦百八現身十利」	南無念誦威力現身十利	南無念誦百八現身十利	念誦百八　現身十利	南無念誦百八「現身十利」	念誦百八「現身十利」
「南無臨寿終期四種勝利」	南無臨命終時四種勝利	同上	臨命終時　四種勝利	南無臨命終時「四重勝利」	――
「南無十一面具大悲者」	南無十一面大悲者	同上	十一面具大悲者	南無十一面大悲者	十一面「四種勝利」
「南無名号尊貴難得聞」	同上	名号尊貴難得聞	同上	南無名号尊貴	名号尊貴
――	南無称讃名号滅重罪	――	称讃名号滅重罪	南無称讃名号「滅重罪」	称讃名号
「南無天災地変令消除」	――	天災地変令消除	同上	――	天災地変
「南無無量災難未然解脱」	――	――	無量災難令解脱	――	――
――	――	――	――	――	――
「南無聖朝安穏増宝寿」	南無聖朝安穏増宝寿	聖朝安穏増宝寿	同上	南無聖朝安穏「増宝寿」	聖朝安穏
「南無国母儲君増宝寿」	南無太上天皇玉体堅固	太上国母儲君増宝寿	太上天皇増宝寿	南無天災地変令消除	太上天皇
「南無諸大施主除災与楽」	南無国母儲君春秋不限	大施主等増福利	長者殿下御願円満	南無太上天皇「安穏寿」	長者殿下
――	南無長者殿下御願円満	国家豊楽興正法	――	南無国母安穏「増宝寿」	大法主安穏
――	南無百官君寮各願満足	――	――	南無大施主安穏「増宝寿」	諸大法主

	諸願															
[大懺悔]	｜	「南無大伽藍安穏興隆仏法」	「南無所司大衆各成悉地」	｜	｜	｜	「南無天下安穏万民豊楽」	「南無地味増長成五穀」	｜	｜	「南無三界六道平等利益」	｜	｜	｜	「南無大悲護念成善願」	「南無諸大菩薩摩訶薩声聞縁覚一切賢聖普為四恩三有法界衆生永断除三障礼仏」
[大懺悔]	｜	南無大伽藍安穏興隆仏法	南無官長上綱法体堅固 ＊今ナシ	南無所司大衆各成善願 ＊今ナシ	南無諸大施主等増福寿	南無住持仏法得自在	南無天下安穏万民豊楽	南無地味増長五穀成就	｜	｜	｜	｜	｜	｜	同上	南無諸大菩薩摩訶薩声聞縁覚一切賢聖衆普為四恩三有法界衆生永断除三障礼仏懺悔
[大懺悔]	｜	伽藍安穏興隆仏法	｜	｜	｜	｜	｜	地味増長成五穀	｜	｜	三界六道平等利益	住持仏法得自在	｜	｜	大悲護念成善願	
[総祈句][五大願]	｜	同上	国土安穏諸人快楽	｜	頭番施主除災与楽	｜	天下安穏万民豊楽	地味増長五穀	住持仏法得自在	｜	三界六道同利益	｜	｜	｜	同上	
[大懺悔]	南無諸大施主「安穏寿」	南無伽藍安穏「興隆仏法」	南無国家豊楽「興正法」	｜	｜	｜	天下安穏「万民豊楽」	南無地味増長「成五穀」	｜	｜	南無三界六道「平等利益」	南無施主仏子等「同得楽」	住持仏法「得自在」	｜	南無大悲護念「成善願」	南無諸大菩薩摩訶薩縁覚声聞普為四恩法界
[大懺悔]	伽藍安穏	伽藍安穏	国家豊楽	｜	｜	｜	天下安穏	地味増長	住持仏法	｜	三界六道	｜	｜	｜	大悲護念	

表V―続　千手悔過

区分	呪願	発願　A			法誦如念A
千手千眼観世音菩薩広大円満無礙大悲心陀羅尼経					
ア　松尾寺	アリ（詞章ハ不明）	［称名悔過］A～E			南無観自在菩薩（三三返） 南無帰命頂礼大慈大悲千手千眼観自在菩薩（三返）
イ　十輪寺「」内ハ称ヱズ	請呪願文アリ	［称名悔過］A・B ［称名悔過］C …… 南無大悲観世音 願我早同法性身 南無弘誓大願 利益安楽諸有情	至心発願　為諸衆生　得安楽故 除諸病故　得寿命故 得富饒故　滅除一切 悪業罪故　離障難故 増長一切　諸功徳故 成就一切　諸善種故 遠離一切　諸怖畏故 速能満足　諸希求故 今正読誦　秘密神呪	［雷声］ 仰願本尊千手千眼・阿弥陀如来大慈悲者 證知證誠　哀愍護念	如法念誦 ＊真言記載ナシ
ウ　光明寺	同上	［称名悔過］A～E			
エ　備前西大寺	同上	［称名悔過］A・B ［称名悔過］C …… 舎利形像 八万宝蔵 千王 弘誓	至心発願　為諸衆生　得安楽故 除一切　得寿命 得豊饒　滅除 悪業　離障 増長　白法 成就　諸善 遠離　諸怖 ――― ―――		

▒ハ非現行事例

発　　願　　B
若有比丘比丘尼優婆塞優 婆夷童男童女欲誦持者 於諸衆生起慈悲心　先当 従我発如是願 南無大悲観世音 　願我速知一切法 南無大悲観世音 　願我早得智慧眼 南無大悲観世音 　願我速度一切衆 南無大悲観世音 　願我早得善方便 南無大悲観世音 　願我速乗般若船 南無大悲観世音 　願我早得越苦海 南無大悲観世音 　願我速得戒定道 南無大悲観世音 　願我早登涅槃山 南無大悲観世音 　願我速会無為舎 南無大悲観世音 　願我早同法性身 我若向刀山　刀山自摧折 我若向火湯　火湯自消滅 我若向地獄　地獄自枯竭 我若向餓鬼　餓鬼自飽満 我若向修羅　悪心自調伏 我若向畜生　自得大智慧
｜ ｜ ｜ ｜ ｜ 　同上 同上 　同上 ｜ 　同上 同上 　同上 ｜ 　同上 同上 　同上 ｜ 　同上 同上 　同上 ｜ 　同上 同上 　同上 我若向刀山火湯 　刀山自摧折 　火湯自消滅 我若向地獄餓鬼 　地獄枯竭 　餓鬼飽満 我若向修羅畜生 　修羅悪心調伏 　畜生得大智恵
九十九億諸仏所説 三世諸仏同讃随喜 初地聞呪超第八地 南無娑婆世界施無畏者 南無大悲観世音 　同上 同上 　願我早得智恵眼 南無大悲観世音 　同上 同上 　同上 南無大悲観世音 　同上 同上 　同上 南無大悲観世音 　同上 同上 　同上 南無大悲観世音 　同上 ｜ ｜ ｜ ｜ ｜ ｜ ｜ ｜ ｜ ｜ ｜

発願B	如法念誦B	諸願
発是願已　至心称念我之 名字　亦応専念我本師阿 弥陀如来　然後即当誦此 陀羅尼神呪		一宿誦満五遍　除滅身中 百千万億劫生死重罪（中略） 一切十悪五逆　謗人謗法 破斎破戒　波塔壊寺偸僧 祇物汚浄梵行　如是等一 切悪業重罪悉皆滅尽　唯 除一事於呪生疑者　乃至 小罪軽業亦不得滅　何況 重罪　雖不即滅重罪　猶 能遠作菩提之因　復白仏 言世尊　若諸人天誦持大 悲心呪者　得十五種善生 不受十五種悪死也 （中略） 阿難白仏言　世尊此呪名 何云何受持　仏告阿難 如是神呪有種種名 一名広大円満 一名無礙大悲 一名救苦陀羅尼 一名延寿陀羅尼 一名滅悪趣陀羅尼 一名破悪業障陀羅尼 一名満願陀羅尼
		我等至心発誓 為令有情安楽故 除諸病苦得寿命 得大富饒自在故 滅除重罪離怖畏 増長自法功徳故 成就諸善離障難 速能満足諸衆故 唯願本尊悲者 證知證誠願成弁 ［如法念誦］ 南無広大円満隋心呪 南無一宿五返滅無量罪 南無一聞神呪超 南無誦持獲得十五勝利 南無千手千眼観自在 南無大慈大悲除災与楽 南無興隆仏法得自在
南無観世音菩薩（七返） 南無阿弥陀仏（七返）	―― 〈千手陀羅尼〉（三返）	随分一宿満五遍 十悪五逆皆消滅 十五善生令満足 十五悪怨皆消滅 南無十一面観世音 南無千手眼大悲者 ［称名悔過］D・E
		―― ―― ―― ―― 南無娑婆世界施無畏者 南無千手千眼大悲者 ［称名悔過］D

諸願			
一名随心自在陀羅尼 一名速超上地陀羅尼（以下略）			
南無今世後世広作仏事	― ― ― ― ― ― ― ― ― ― ― 一切諸願皆令満足 ―	南無諸大菩薩摩訶薩声聞縁覚一切賢聖普為四恩三有法界衆生永断除三障礼仏懺悔	［大懺悔］
	― ― ― 聖朝安穏増長宝寿 天下安泰万民与楽 伽藍永久興隆仏法 十方施主除災与楽 風雨和順地味増長 四生　各処発心 一切諸願令満足 ［雷声］ 南無西方願主阿弥陀如来 南無大慈大悲千手観世音菩薩 大悲護念成諸願	南無諸大菩薩摩訶薩声聞縁覚一切賢聖衆「普為四恩三有法界永除三障礼仏懺悔」	［大懺悔］
	南無天衆地類　倍増法楽 南無山王行疫　離業道 南無本願聖霊　成正覚 南無貴賤霊寺　成仏道 南無聖朝安穏　増法楽 南無天下安穏　万民与楽 南無伽藍安穏興正法 南無縁結同伴成善願 南無十方施主同利益 ― 南無地味増長成就五穀 ― ― 南無一切諸願令満足 南無大悲護念成善願	南無諸大菩薩摩訶薩声聞縁覚一切賢聖普為四恩三有法界衆生断除三障礼仏懺悔	［大懺悔］
	南無伽藍安穏 南無当所権現 南無貴賤霊等 ― 南無聖朝安穏 ― ― ― ― ― ― ― ― ― 南無大悲護念成大願 ＊右五句［称名悔過］ニ配当 E		［大懺悔］

区分	呪願	発願A				如法念誦A
オ 弘法寺	小呪願	[称名悔過] A・B [称名悔過] C …… 南無広大円満随心自在	我今念誦大悲神呪 一宿五遍　陀羅尼呪 娑婆世界　施無畏者	至心発願 為諸衆生　得安楽故 得豊饒故　得寿命故 ――　滅除一切 悪重罪故　離障難故 増長一切　白法諸悪故 成就一切　諸善根故 遠離一切　諸怖畏故 速能満足　一切諸希求故 ――	我今念誦大悲神呪 一宿五遍陀羅尼呪 南無千手千眼大悲者 証知証誠　所願成弁	如意念誦 ＊真言記載ナシ
カ 長命寺 金沢文庫	同上 長ハ請呪願文ノミ	[称名悔過] A〜D	[称名悔過] E 我今念誦「慈悲蔵」 ＊「」内ハ長ニナシ			
キ 若松寺	請呪願文アリ	[称名悔過] A・B	[称名悔過] C 南無光王仏性発大弘誓心	至心発願 発菩提心　利益安楽 諸有所故　皆以證得 無上菩提 [称名悔過] C 南無娑婆世界施無畏者 南無千手千眼大悲心 南無十一面具大悲者 [称名悔過] D		
ク 近江 性海寺	同上	[称名悔過] A〜D	[称名悔過] E 南無蓮華部中諸眷属 南無十仏天如来 南無還念本誓来影向 南無金剛蔵王 南無執金剛神	同上 十地　利有 天衆　後夜 後加 成等世世成正覚		
ケ 山城 清水寺	小呪願	[称名悔過] A〜C	[称名悔過] D …… 南無頂上仏面（五返） 南無最上仏面（五返） 南無衆宝瓔珞 南無利益安楽諸有情			

発　願　B

＊以下「」内ハ長ニナシ
南無大悲観世音
「願我速知一切法」

「願我早得智恵眼」
南無大悲観世音
「願我速度一切衆」

「願我早得善方便」
南無大悲観世音
「願我速乗般若船」

「願我早得越苦海」
南無大悲観世音
「願我速得戒定道」

「願我早登涅槃山」
南無大悲観世音
「願我速会無為舎」

「願我早同法性身」
「我若向刀山刀山自摧折
我若向火湯火湯自消滅
我若向地獄地獄自枯渇
我若向餓鬼餓鬼自飽満
我若向修羅悪心自調伏
我若向畜生畜生自得大智
恵」

南無大悲
我速知一切法

我早得智恵眼
南無大悲
我速度一切衆

我早得善方便
南無大悲
我速乗般若船

我早得越苦海
南無大悲
我速得戒定道

我早登涅槃山
南無大悲
我速会無為舎

我早同法性身
我若剣山火湯向
剣山折摧火湯自消滅
我若地獄餓鬼向
地獄枯渇餓鬼自飽満
我若修羅畜生向
修羅悪心調伏畜生自
得大智恵

発願 B		如法念誦 B	諸願	
		奉行仰本尊密呪施命念誦 〈千手陀羅尼〉（五返） 南無神呪（二返）	[称名悔過] C …… 南無千手	[称名悔過] D 南無三十　南無八十 南無天⿰⻊衆 *右三句ニ配当　[称名悔過] E 南無勧請　南無行疫 南無伽藍　南無貴賤 南無聖朝　南無国史
南無自在王如来 「南無」観自在菩薩	「我今念誦慈悲蔵 広大円満随心呪 仰願本尊赴本願」 證智證明哀愍我 證智證誠願成弁	如法念誦 〈千手陀羅尼〉（一返）	至心念誦大慈悲蔵 広大円満無礙大悲 大陀羅尼随分数返 仰願本尊観世音 千手千眼大悲者 普門示現諸三昧 薬王如意慈悲「蔵」 不越本誓三昧耶 神力「加」持我三密 *長　密→宝 住持仏法利生事 慈悲哀愍早満足 南無広大円満無礙大悲 南無広大円満能救苦 南無広大円満能延寿 南無広大円満滅悪趣 南無広大円満破業障 南無広大円満能満願 南無広大円満随心自在	
			南無権現（二返）	
		―― 〈聖観音真言〉（二一返）	南無真言　真言	
	南無弘誓大願 證智證誠　所願成弁	如法念誦 〈千手陀羅尼〉（五返）	南無一宿五遍 一聞神 現身獲 十一	

	諸願
［大懺悔］	南無国土　南無頭番 南無諸大　南無天下 南無三界 ［乱声］ 南無頂上仏面除疾病（三返） 南無最上仏面願満足円満（三返） ― 南無地味増長成五穀（三返） ― 南無蚕養如意得自在（三返） 南無一切諸願令満足（二返） 南無大悲護念成大願 南無諸大菩薩摩訶薩声聞縁覚一切賢聖普為四恩三有法界衆生永断三障礼仏懺悔
［大懺悔］	南無広大円満速超上地 南無最上仏面願満足 南無頂上仏面除疾病 ＊長　疾病→荘厳 南無千眼照見千手護持 「南無登霞聖霊成正覚」 「南無本願聖霊生極楽」 ― 南無聖朝安穏増宝寿 南無無品親王増宝寿 ＊長 南無国吏安穏増福寿 「南無摂政殿下増宝寿」 南無大法主安穏増宝寿 ＊長　法→施　宝→福 南無十方施主除災難 南無天下安穏万民豊楽 南無地味増長成五穀 南無伽藍安穏興隆自在 ＊長　自在→仏法 南無満堂大衆成善願 南無一切諸願令満足 ＊長　令→皆令 「為仏神仙来証誠」 「南無四摂八供諸大菩薩密迹金剛恒守護普為四恩三有法界永断除三障礼仏懺悔」
［大懺悔］	― ― ― ― 南無聖朝安穏増福寿 ― ― ― ― ― 南無伽藍安穏興隆仏法 同上 ― 南無蚕養如意満足 南無満堂如意成善願 南無大悲護念成大願 南無諸大菩薩摩訶薩
［大懺悔］	増有帝　三十八所 牛頭天王　天龍八部 本願聖霊　貴賤霊等 ― 聖朝安穏　五穀安穏 ― ― ― ― ― ― ― ― ― 南無大悲護念成菩提 南無諸大菩薩摩訶薩声聞縁覚一切賢聖普為四恩三有法界衆生厄難厄煩悩永離衆難成無上道
［大懺悔］	南無如意之手（五返） 南無合掌之手（五返） ＊右二句［称名悔過］ニ配当 D ― ― ― ― ― ― ― ― ― ― ― ― ― 南無大悲護念成善願 ＊右一句［称名悔過］ニ配当 E

表VI―続　阿弥陀悔過b

▒ハ非現行事例

区分	呪願	称名悔過	発願	如法念誦	奉請	宝号
無量寿経						或照一由旬二三四五由旬 如是転倍乃至照一仏刹 是故無量寿仏　号無量 光仏　無辺光仏　無礙光
ア　醍醐寺1	小呪願	〔称名悔過〕A～D	至心発願 住持仏法　利有情故 滅罪生善　離障難故 一生之後　往生極楽 上品蓮台　悟無生故 自他同證　大菩提故 念持秘密　大陀羅尼 唯願本尊　極楽界会 證知證誠　所願成弁	如法念誦 〈阿弥陀真言百返〉	至心奉請　滅罪業障 秘密神呪　随分呪遍 仰願本尊弥陀仏 観音勢至薩 還念本誓哀愍我 一生之後能引摂	南無四十八願弥陀種覚 南無一心敬礼無量光仏 南無一心敬礼無辺光仏 南無一心敬礼無礙光仏
イ　醍醐寺2 三福寺 「」ハ醍ニナシ	請呪願文アリ	同　上	同　上 同　上 同　上 同　上 同　上 同　上 同　上 同　上 同　上	同　上 〈阿弥陀真言「百返」〉	至心奉請　滅除業障 同　上 同　上 同　上 同　上 同　上	同　上 同　上 同　上 同　上
ウ　薬師寺	同　上	〔称名悔過〕A～C	同　上 同　上 滅罪生善　離生難故 同　上 同　上 同　上 仰願弥陀尊　弥陀如来 同　上	同　上 〈阿弥陀大呪七返〉		同　上 同　上 同　上 同　上
エ　勝林院 叡山文庫	小呪願	〔称名悔過〕A～D	同　上 同　上 聖朝安穏　増宝寿故 諸徳大衆　滅罪生善 順生決定　得生極楽 上品蓮台　悟無生忍 自他同證　大菩提故 我等念誦　大陀羅尼 唯願本尊　弥陀如来 證知證誠　哀愍加護	同上 〈同　上〉	至心奉請　消除業障 秘密神呪　随分呪遍 仰願本尊　弥陀如来 観音勢至　諸大菩薩 哀愍加護　所願成弁	同　上 同　上 同　上 同　上

宝号	諸願
仏 無対光仏 炎王光仏 清浄光仏 歓喜光仏 智慧光仏 不断光仏 難 思光仏 無称光仏 超日 月光仏 其有衆生遇斯光 者 三垢消滅身意柔軟歓 喜踊躍善心生焉 若在三 塗勤苦之処 見此光明皆 得休息無復苦悩 寿終之 後皆蒙解脱 無量寿仏光 明顕赫照曜十方諸仏国土 莫不聞知 不但我今称 其光明 一切諸仏声聞縁 覚諸菩薩衆 咸共歎誉亦 復如是（以下略）	
南無一心敬礼無対光仏 南無一心敬礼光炎光仏 南無一心敬礼清浄光仏 南無一心敬礼歓喜光仏 南無一心敬礼智恵光仏 南無一心敬礼不断光仏 南無一心敬礼難思光仏 南無一心敬礼無勝光仏 南無一心敬礼超日月光仏	南無安養浄土諸仏聖衆 南無理源大師増法楽 — 南無聖朝安穏増長福寿 — 南無大樹殿下増長福寿 — 南無諸大施主増長福寿 南無天下安穏万民豊楽 — — —
同上 同上 同上 同上 同上 同上 同上 同上 同上	同上 — 南無本願尊霊往生極楽 — 同上 南無国母安穏増長福寿 南無摂政殿下増長福寿 南無関白殿下増長福寿 同上 同上 — — —
同上 南無一心敬礼炎王光仏 同上 同上 同上 同上 同上 同上 同上	南無安養浄土諸聖衆 南無令法久住利有情 南無修行六度不退 南無貴賤霊等成仏道 南無聖朝安穏増宝寿 南無大政天王成悉地 南無国母摂録成御願 南無大臣諸卿成善願 南無文武百官念得所望 南無五畿七道人民豊楽 南無天下諸人皆得福寿 南無一結諸衆成悉地 南無念仏大衆往生極楽 南無諸大施主増長福寿
同上 同上 同上 同上 同上 同上 同上 南無一心敬礼無称光仏 同上	南無安養浄土諸仏聖衆 南無伽藍安穏興隆仏法 南無登霞聖霊成等正覚 ＊叡 成等正覚→生極楽 南無本願聖霊證大菩提 ＊叡 證大菩提→成生覚 南無聖朝安穏天長地久 南無国母諸宮増長宝寿 ＊叡 増長宝寿→玉体安穏 南無無品親王貴体安穏 ＊叡 貴→玉 南無摂政殿下御願円満 南無当院貫主恵命長遠 南無諸大施主増長福寿 南無満堂大衆各願円満 ＊叡 各願円満→悉地成就 南無院内安穏除災与楽 ＊叡 除災与→諸人快 南無庄内安穏諸人快楽 ＊叡 人快→民豊 南無一切難患皆令消除 ＊叡 皆ナシ

諸願		
南無満堂大衆成善願 南無地味増長成五穀 南無一切所願令満足	南無大悲護念成善願 南無諸大菩薩摩訶薩声聞縁覚一切賢聖普為四恩三途八難受苦衆生永断除三障礼仏懺悔	[大懺悔]
同上 同上 同上	大悲護念成善願 同上 同上 同上 同上	[大懺悔]
南無満堂大衆成善願 南無伽藍安穏興隆仏法 南無天災地変令消除 同上 同上	南無大悲護念成善願 南無諸大菩薩摩訶薩声聞縁覚一切賢聖普為四恩三有法界衆生永除三障礼仏懺悔	[大懺悔]
南無天下安穏万民豊楽 南無地味増長成熟五穀 *叡 熟ナシ 同上 〈起居念廿一返〉	大悲護念成大願 南無観音勢至諸菩薩摩訶薩普為四恩三有法界衆生永断除三障礼仏懺悔	[大懺悔]

悔過会　中世への変容

はじめに

人間を、六根を具備するゆえに犯過をまぬがれぬ存在と把握して、仏教は懺悔の功徳を説く。法に従い、至心に懺悔して罪のゆるしを乞えば、諸仏の納受を得て罪業は消滅し、仏果を得るに至る。さらには、その功徳が巡り及んで他をも利し、諸願望が成就する、というのである。

この理念に則って、懺悔作法は仏道修行の最も基本的な作法として仏教教団成立の初期から存在していたが、自らの証悟得果を求める自行作法は、衆生を摂入し利益する利他作法への展開をも伴って、各種の懺悔作法が成立し実修され、継承されてきた。

ここで取り上げようとする〝悔過会〟は、これらの中で、懺悔礼拝の功徳を以て願望成就を祈願する〝祈年〟の法会として定着し、継承されてきたものである。明らかに利他的な性格を与えられたこの法会は、懺悔作法を願望達成の前提手段とし、祈願作法を主目的とする法会形態をとっている。その史的な経緯を把握すべく、これまでに悔過会の懺悔部分の法要――悔過作法――について、法要形式や声明に関する考察を試みてきた(1)。今回は、これに引き続く祈願専一の法要――大導師作法――を取り上げる。考察にあたっては、悔過会の法会構成と大導師作法の存在形態、大導師作法の法要形式などを分析して実態を把握し、その実態が示唆する問題点を通して大導師作法の形成過程を考える。またその導入部分に配された声明「三十二相」を手がかりとして、悔過会の展開的一側面を追求してみたい。

一　悔過会の構成と祈願作法

1　法会の構成

八世紀以来の歴史と、ほぼ日本全域にわたる伝播、南都諸宗および天台・真言両宗派という汎宗派的継承、在家の深い関与などが背景となって、現存する悔過会には法会の構成要素の多様さ、という点が特色の一つとして指摘される。本論末尾に掲出した表Ⅰは、これまでに収集した諸事例の構成要素を概観すべく作成したものであるが、通覧すると、『悔過作法』と『大導師作法』が大多数の事例に共通して存在しており、この二法要が悔過会に不可欠の要素であることが、一見して明らかである。また『牛王導師作法』もこれに準ずる共通要素であるが、これは、本来一七日または二七日にわたってとり行われる悔過会の、結願作法として勤修される法要で、連日勤修される基本的な構成要素とは性格を異にする。従って、今回『牛王導師作法』については言及せず、前記の二作法を軸に、この法会の最も基本的な構成を把握しておきたいと思う。

表Ⅰ（三〇三～三一〇頁）の掲出事例を、さらに個々の構成形態によって次の五項に分類した。分類に際して、現行の形態と異なる旧形態が、次第本などで明らかにされる場合は、旧形態を重視した。中絶事例については、伝存する次第本の記載をよりどころとし、構成の不明確なものは除いた。

一　六時型《ろくじ》
二　三時型《さんじ》
三　二時型《にじ》
四　前置作法を伴う二時型
　ア礼懺作法＋二時　イ唱礼導師作法＋二時　ウ法華懺法＋二時　エ例時作法＋二時　オ神分導師作法＋二時　カ鎮守作法＋二時
五　その他

六時型　分類項目第一の「六時型」は、一日六時――日中・日没・初夜・半夜・後夜・晨朝――に勤行をとり行うのを基本形態とする。具体的には、六時の『悔過作法』と初・後夜の『大導師作法』という組み合わせを基準として、これに初・後夜の『呪師作法』を加える事例や、『大導師作法』を六時の中の特定の時《じ》に充て、当該時の『悔過作法』を省く事例、日によって特定の時の勤修を省く事例なども含めた。

この形態に相当する事例としては、法隆寺（金堂・夢殿）修正会、同寺（西円堂）修二会、東大寺（二月堂）修二会、薬師寺（金堂）修二会、大和松尾寺修正会・修二会などが挙げられる。この他に、東大寺吉祥会の可能性もあり得る同寺図書館所蔵本の事例がある。(2)この形態の事例が、すべて南都の由緒ある大寺に集中している点が注目される。

三時型　分類項目第二の「三時型」は、一日三時の勤行を行う形態である。この場合は、小導師・大導師・小導師と次第しており、『小導師作法』が『悔過作法』に相当する。これまでに収集したこの形態の事例としては醍醐寺（金堂・准胝堂・清滝宮）修正会が挙げられるのみである。

二時型　第三の「二時型」は、初・後夜の二時に勤行を行う形態で、初夜に『悔過作法』を、後夜に『大導師作法』を勤修するのが定型である。従って、この事例の多くは『悔過作法』を『初夜導師作法』と称し、『大導師作法』を『後夜導師作法』と称している。この形態の伝存事例は最も数が多く、地域も特定できない広がりがある。

二時型の事例を列記すれば、中尊寺・毛越寺（常行堂）・慈恩寺（常行堂）・若松寺・陸奥国分寺・延暦寺（転法輪堂）・長寿寺・松尾寺・来迎院・勝林院・観菩提寺・東大寺（大仏殿）・大和長谷寺・朝護孫子寺・矢田寺・奈良県中ノ川旧観音寺・同野迫川村旧徳蔵寺(3)・四天王寺・光明寺・近江寺・性海寺・鶴林寺・備前西大寺などの修正会、山城清水寺・新薬師寺・大和長谷寺・矢田寺・中ノ川旧観音寺・四天王寺などの修二会が挙げられる。

前置作法を伴う二時型　第四の「前置作法を伴う二時型」とは、前項の変型ともいうべき形態で、初夜に『悔過作法』、後夜に『大導師作法』を勤修する点は二時型と変わらないが、冒頭に別の法要一座もしくは二座を加える。加える法要は個々に異なるが、いずれにも必然性があり、意図的に付加されたことは明らかである。すなわち、ア～エの付加作法は、いずれも『悔過作法』と同類の懺悔の意義をもつ法要であり、これを加えることで、悔過会の根本にある懺悔の意義が、より強調される。またオ・カの場合は、どちらも神祇を法会の場に勧請して守護を願い法会の目的成就を願う法要で、祈年という現実的な目的を達成するために重要な意義がある。『悔過作法』の多くは、本尊の眷属や仏法守護の諸神を勧請してその威力の発動を願う一段を具備しており、その一段を強調し独立させた形態と見ることができるだろう。

右の諸形態の中、ア（礼懺作法前置）の事例としては金剛峯寺（金堂・大塔）の修正会があり、真言宗の寺院にふさわしい『金剛界礼懺』一座をまず勤め、次いで『悔過作法』の勤修となる。

イ（唱礼導師作法前置）の例としては、大和西大寺の修正会・修二会がある。この事例で注目すべきは、前置する法要（唱礼導師作法）が、毛越寺・慈恩寺・延暦寺などの常行堂修正会で勤修される『悔過作法』と同一の法要——特殊形式の阿弥陀悔過——であり、五仏頂悔過の前に阿弥陀悔過を勤修する、という異例の形態となる。従って、三時型の構成と考えるわけにはいかないが、常行堂型の阿弥陀悔過を「古様の常行三昧」と認識している例があり[4]、また西大寺で『唱礼導師作法』に付加される「五念門」が『常行三昧』の一部である点などを思い合わせると、この事例は、後に記すエの特殊例と考えるべきかもしれない。

ウ（法華懺法前置）の事例としては、慈恩寺（本堂）の修正会と、岩戸寺・成仏寺・天念寺・長安寺など大分県国東半島諸寺の修正会がある。国東諸寺の修正会の場合は、法会全体の構成に地域的特色があり、いくつかの要素が混入していて標準的な事例とは言い難いが、結論的には二時型に法華懺法を前置した構成と考えて差し支えない、と判断した。

エ（例時作法前置）の例としては、長命寺と弘法寺の修正会がある。前者は現行の次第と同様の『例時作法』を前置していたことが明らかだが、後者の場合はその具体的な次第や詞章は明確でない。

オ（神分導師作法前置）には、法勝寺・高山寺・仁和寺の修正会が事例として挙げられるが、仁和寺の場合は、『法呪師』と『神分導師』の二座の作法を前置しており、神祇の守護に呪的修法の威力を加えて、法会の目的の成就をより確固たるものにする、という意義に発した形態と考えられる。また法勝寺の場合は、初夜と後夜の勤行の合間に「呪師猿楽」の芸能がある。以上の二例は、院政期に盛行した呪師の有り様を想起させる事例である。

カ（鎮守作法前置）の例としては、和歌山県花園村の修正会が挙げられる。祈年の法会に、地域共同体の神の守護を祈る法要を加えるという、地方的展開を示す一例と言えるだろう。

その他　第五の「その他」の項では、第一から第四の各項に相当しないさまざまな形態が挙げられる。たとえば、変則的な二時型に『護摩供』を前置する唐招提寺の修正会、『悔過作法』の首部に三礼・如来唄・三十二相を付加したかたちで、二時型とも三時型とも分類不可能な長久寺修正会、三時型（後夜・日中・初夜と称す）の構成をとりながら、『例時作法』や国東諸寺の修正会の片々たる文言が混在して、法要としての整合性に欠ける佐賀県竹崎観音の修正会、構成上の名称は前記分類の第四に属し、懺法・神分導師・初夜・後夜と称しながら、法要の内容が著しく変化している滝山寺修正会などである。これらは、いずれも前掲の分類形態のバリエーションと考えられるけれども、その経緯を解きほぐすことは容易ではあるまい。

なお、『悔過作法』または『大導師作法』の一方を欠く事例も相当数ある（表I参照）。悔過会の本来のかたちは、後にも述べるように六時の『悔過作法』の勤修にあった、と思われるから、悔過会の構成を考える場合にはこれらも分類項目を立てて事例を挙げるべきであり、考察を加えるべきである。しかし、これらの多くは中絶事例であって、現在の収集資料から本来の形態を確認することが困難なものが多い。そのため、あえてこの形態を分類項目に掲げなかった。

2　六時型と二時型

本節では、第一節「法会の構成」で分類を試みた悔過会構成上の諸形態の中、悔過会の史的展開を考えるポイントとなると思われる六時型と二時型を主たる考察の対象とし、必要に応じて他の形態にも考察を及ぼす。

①　六時型

前節で明らかなように、分類形態の第一に挙げた六時型の事例は、数の上では一〇例に満たず、伝存地域も南都一帯に限られている。全国的に数多くの伝存事例を見出すことのできる二時型とは、この意味で全く対照的である。祈年という共通の目的、修正・修二という同一の催行時期、しかも基本的に同種の法要を勤修しながら、現実に示される対照的なこの特色は、悔過会の史的展開を暗示する要素として見過ごすことはできない。六時の勤行形態と二時の勤行形態との関連性の有無が興味をひくところである。

かつて、『悔過作法』の法要形式について考察を行い、法要の構成次第の典拠を『集諸経礼懺儀』巻上に求めた。[5]同書は、題名に明らかなように、諸経典から礼仏懺悔の文を集めてまとめた悔過作法集ともいうべきものである。従って『集諸経礼懺儀』を典拠とした『悔過作法』が、名称の通り悔過懺悔の意味をもつ法要として成立したことは疑いない。

また、悔過経典の多くが、懺悔の心情を表現する手段として、日夜六時に称名礼仏の作法を勤修すべしと説くこと、奈良時代に「唱礼」と称する声明を中心とする称名礼仏の作法が存在したこと、しかもそれは一日六時に勤修すべき作法だったと考えられること。以上についても後掲の考察で明らかにした。[6]

これらの考察結果を勘案し、また悔過会が少なくとも八世紀半ばには成立していたことを思い合わせれば、悔過会の最も重要な法要が『悔過作法』であり、悔過会の本来の構成形態はこの『悔過作法』を日夜六時に勤修するというかたちであった、と考えて誤りはないと思う。そこで、この視点に立って、六時型の事例の再検討を試みる。

六時型の事例の中、『悔過作法』を六時すべてに勤修するのは、東大寺と薬師寺の修二会の二例である。いずれも、初・後夜には『悔過作法』に加えて『大導師作法』と『呪師作法』を勤修する。『大導師作法』を付加することで、祈願的側面を明示し強調する形態である。これに対して、法隆寺の場合は、六時を『悔過作法』とその他の作法に分けて勤修し、全体で六時の勤行の形態をとる。たとえば金堂の修正会では日中に金光明最勝王経の講讃[7]と読経の二作法を、半夜には『大導師作法』に類する祈願の作法と『呪師作法』を勤修し、夢殿の修正会と西円堂修二会では、日中に「祈禱」と称する簡略な『読経作法』を、半夜には神名帳の読誦を主とする『神分作法』を勤修する。東大寺所蔵本の吉祥会[8]の場合は、法隆寺金堂の修正会の構成から金光明最勝王経講讃の作法と『呪師作法』を省いたかたちである。松尾寺の修正・修二両会は、現次第と旧次第の異同が大きく、旧次第の記述と伝聞に頼る結果となったが、日中に『読経作法』、半夜に『大導師作法』、晨朝に『牛王導師作法』を充てたかと思われる[9]。これら『悔過作法』に代えて勤める諸作法は、すべて祈願の意義をもつから、法隆寺以下の事例は、『悔過作法』の勤修回数が減少して懺悔の意義が弱まり、代わりに祈願的な側面が強調された形態ということができる。

悔過会における「六時型」の諸事例の法会構成が必ずしも一様でなく、それは、個々の事例ごとに祈願の意義の表現手段が異なっているためであることが以上で明らかとなったが、この点に関連して思い合わせられるのが『悔過作法』そのものの展開の様相である。先に悔過会の根幹的法要として『悔過作法』を取り上げ、その法要の構成や段落ごとの意義、詞章の異同などを比較考察した[10]。そこに見出されたのは、本来の形態からの展開過程で理念と表現に変化を生じた姿であった。すなわち、懺悔礼拝の功徳が願望の達成をもうながす、という根本理念から、讃嘆礼拝を行ずることで本尊の威力を発動し諸願の成就を願う、という理念への展開であり、その展開は、願望表現の明確化と肥大化という、詞章表現の変化を伴っていたのである。法会の根幹となる法要にこのような展開的変化があれば、その傾向は当然法会全般に波及するであろう。六時型の諸事例にみた祈願的要素の増加傾向も、おそらく、『悔過作法』そのものの展開と相互に関連しつつ生じた現象であろう。また事例ごとに法会構成や祈願色の濃淡を異にしている事実も、そのことを示唆するものと思われる。

② 二時型

前項でも触れたように、悔過会二時型の諸事例には、六時型とは対照的な特色が指摘される。東北から九州に至る広範な地域に散在し、多数かつ汎宗派的な諸寺院で勤修されながら、事例のほとんどが、初夜に『悔過作法』、後夜に『大導師作法』という組み合わせで構成されている。例外的な形態としては、右の二座の法要を連続した一座の法要として勤修する矢田寺・近江寺・性悔寺の修正会と、『大導師作法』の代わりに『例時作法』を勤修する長寿寺の修正会、また密教的な『唱礼導師作法』を勤修する長谷寺の修正・修二会が挙げられるが、前者は単なる便宜的な対応の結果としての形態であり、後二者は所属宗派の色彩を反映した展開形態として頷くことができる。事例の個々に構成上の異同がみられた六時型の場合とは、この点でも対照的である。

二時型にみる以上のような画一的法会構成は、この形態が悔過会の典型として認識され固定した後、急速に各地への広がりを果たした可能性を想像させる。本来、六時の『悔過作法』の勤修で成り立っていた懺悔重視の法会が、次第に祈願重視に傾いた結果、勤修形態が変化し、最終的には、悔過と祈願の比率を同じくする『悔過作法』と『大導師作法』各一座の勤修という構成で定着し、伝播した。六時型と二時型にみる対照的な特色は、このような経緯を暗示するものではあるまいか。その展開の経緯を明確にあとづけるには至っていないが、以下に一、二の事柄を記して、推測の補いとしておきたい。

その一は、六時型以外の分類に属する事例の中で、初夜に勤修する『悔過作法』を「六時作法」と称する事例があることである。たとえば、二時型に属する延暦寺西塔、大原来迎院・西林院、また勝林院ご所蔵の『魚山叢書』鼻之筥第三二所収の「声秘集」などは、修正初夜導師の次第本に「六時作法」の内題を付している。以上はすべて仏頂尊を本尊とする『仏頂悔過』であり、叡山およびその周辺には、修正会の初夜に勤修する『仏頂悔過作法』を日夜六時に勤修すべき（勤修していた）法要とする認識があったことが推測される。また、前置作法を伴う二時型に属する大和西大寺の修正・修二会で、初夜に勤修する『五仏頂悔過作法』の次第本にも、内題に「五仏頂悔過」と「六時作法」が並記されている。[11] さらに、『魚山叢書』鼻之宮第四十七に「愛宕山本」として所収の『地蔵悔過作法』も「六時作法」と題されている。従って二時型の修正会初夜の『悔過作法』と「六時作法」との相関的認識は、必ずしも叡山周辺にとどまるものではなかったと考えられる。この事実は、悔過会の本来の形態が日夜六時の『悔過作法』の勤修にあり、その認識が浸透していたために、法会の構成形態が変化した後に至るまで、次第本の題名に名残りをとどめることとなった、という可能性を想定し得る。

その二は、前置作法を伴う二時型における前置作法として、懺悔の意義をもつ法要が多数を占めることである。第一節「法会の構成」にも記したように、この分類に属する事例の前置作法はいずれも悔過会に付される必然性があるが、特に懺悔の意義をもつ法要は、悔過会の根本的意義との縁で付加されたであろうことは疑いない。しかし、他方では悔過会が悔過の色彩を弱め、祈願の色彩を強めつつ展開したことも明らかであり、右の事実はその展開に逆行するようにみえる。この現象に解釈を与えるとすれば、以下の可能性が考えられるだろう。すなわち、六時の勤行という本来の形態から初・後夜二時の勤行形態に転ずるという新しい流れが顕在化したとき、他方で、変化への反動として、逆に悔過会の根本義への回帰志向が働くという可能性である。伝統的行事における回帰志向を是認すれば、新しい二時型の法会構成の定着に伴って、礼懺系の別作法を前置する形式が生まれる可能性を否定することはできまい。

以上、六時型と二時型それぞれの特色を通して、悔過会の本質的な変貌の一端を垣間見た。次節では、勤修される法要に注目し、その変貌の姿をいましばらく追ってみる。

3　二種の大導師作法

これまで、悔過会における祈願の法要を『大導師作法』の呼称で一括記述してきた。しかし、この呼称は特定固有の法要形式を指すわけではなく、法会の統括者である大導師が自ら導師を勤める、という意味で通用してきた呼称である。従って、その勤修法要を形式によって分類すれば、個別に名称が与えられるはずの幾つかの形式がある。とは言っても、その法要形式は全く不統一に多数あるわけではなく、ほぼ二系列に括ることができる。

表Ⅱに、右二系列の代表的な法要次第を掲げたが、収集事例の大多数――特に二時型の法会構成に属する事例のほとんど――は、表Ⅱ―Aの次第と同一、またはそのバリエーションの形式である。次いで表Ⅱ―Bの次第とそのバリエーション形式が見られる。後者は六時型に属する事例がほとんどを占めている。

右の他に、所属宗派や地域性による転化形式の幾つかが指摘されるが、ここでは、表Ⅱ―A・Bの二系列を考察の対象とする。

①　A形式とその系列

表Ⅱ―Aに掲げた法要形式の次第を見ると、導入部―aは［礼仏頌］と［三十二相］を主体としており、法要開始に際しての本尊への礼拝と、如来の優れた相好を挙げてほめたたえる作法が開幕の要素となる。続く導入部―bには、［如来唄］［散華］［梵音］を配して道場や仏世界を荘厳する。中心部の［表白］［神分］［祈句］で法会の趣旨を明らかにし、仏世界の諸尊・諸神を勧請し、具体的な願意を述べる。末尾の［勧請］は［神分］［祈句］の念押し的な総括部分である。終結部には［供養浄陀羅尼］［六種］［錫杖］(12)を配して、供養・回向・法楽を捧げ、締め

表Ⅱ『大導師作法』の次第

	大導師作法 導入部—a	大導師作法 導入部—b	大導師作法 中心部	大導師作法 終結部
A 大原勝林院修正会 法勝寺修正会	礼仏頌 三度拝 三十二相（法勝寺ハ「発楽」トアリ） 讃嘆頌文（法勝寺ナシ） 仏名 教化	*唄（如来唄） *散華 *梵音 仏名 教化	表白 神分・祈句 後誓 教化 勧請	供養浄陀羅尼 六種 *錫杖 仏名 教化 回向句
B—1 東大寺二月堂 修二会（初夜）	貝 三礼文	如来唄	神分—序分 神名帳 神分—総神分 祈句 加供帳 祈句 風誦文 祈句	回向文
B—2 法隆寺金堂 修正会（半夜） 東大寺蔵本吉祥会	〃	〃	表白 神分 〃	普供養真言 六種 呪願 発願 破偈 〃

くくりとする。また、前記構成の主要段落ごとに［仏名］［教化］を配して、当該部分の意義の敷衍をはかる。

この法要形式の特色の第一は、法要のはじめに、［三十二相］という如来の相好を讃美するかなり長文の声明が配され、通常の法要形式に比べて首部の比重が重いこと。第二に、［如来唄］［散華］［梵音］［錫杖］（表中の＊印）の四曲を用い、顕教的法要を代表する『四箇法要』によりながら、［錫杖］を終結部に移して別の機能をもたせ、『四箇法要』からの展開的表現が試みられていること。[13] 第三に、主要な段落の末尾に［仏名］［教化］を配し、［教化］という和文の声明の表現力を用いて、段落ごとの意義を和らげ敷衍している点に、法要形式の明らかな和様化の事実が指摘されることである。

さて、このA形式のバリエーションである。収集事例相互の異同を、その細部に至るまで指摘すると、かなり煩雑なことになる。そこで、ここでは本稿の目的に応じた大まかな括り方で、四つのバリエーションに分類することとする。

一　読誦文付加型
二　部分的欠落型
三　仏名・教化欠落型
四　三十二相移行型

読誦文付加型　基本的形式に、神名帳・諷誦文・荘厳文・縁起文・花餅帳・勤書・差定・仏名経など、多彩かつ長文の読誦作法を挿入する。これら読誦文の内容は、神祇勧請、願意申述、讃嘆荘厳、奉献供物、加供勤仕などであり、法会と在家の濃いかかわりを示す要素が多い。[14] 在家の関与の度合いが大きいのは悔過会の特色で、この形式はそれを明確に示している。

各種読誦文の挿入部分は、導入部―aの末尾という例が大多勢である。しかし［三十二相］の前、中心部の［神分］や［祈句］の前や後に挿入するかたちもあり、例外的ではあるが、終結部の終わりに配置する例もある。事例によっては［神名帳］と［諷誦文］、［勧書］［諷誦文］［縁起文］など、複数以上の読誦文が加わる場合もある。また読誦文の挿入に伴って、［仏名］［教化］や［発願］［四弘誓願］［祈句］が添えられる例もあるが、このように、挿入する読誦文の組み合わせ方や挿入部分が一定しないのは、読誦文の付加が、基本形式完成後の展開形態であることを示している。

部分的欠落型　基本形式に則りつつ、特定の部分を欠く形式で、事例は多くない。ア導入部―bを欠くかたち（薬師寺初夜）、イ導入部―b以下を全て欠くかたち（光明寺）、ウ中心部を欠くかたち（東大寺大仏殿・慈恩寺常行堂・毛越寺常行堂）がある。アの場合は、法要の性格を損う恐れのない導入部―bをカットすることで、基本形式に指摘した首部の比重の大きさを減じ、全体のバランスを整えた形式と解釈される。

これに対して、イの場合は導入部―aのみを残す、という最大限の省略によって、またウの場合は中心部の欠落という形態によって、この法要に託された「祈願」の意義は失われ、代わりに、導入部―aの［三十二相］に代表される讃嘆の意義の表明が主目的となっている、と考えるべきである。『大導師作法』という、悔過会の祈願部分を専ら表現するために作られた法要形式のバリエーションとして、悔過会の他の一面である讃嘆を主体とする形式が見出されることは興味深いが、その意味に関しては、後に触れることとなるだろう。

なお、ウの事例の中、東大寺大仏殿の場合は導入部―aで［三十二相］を省き、代わりに［荘厳文］と［諷誦文］を配している。［荘厳文］によって［三十二相］が担っていた讃嘆の意義を表現し、［諷誦文］によって中心部が担っていた諸祈願の意義が表現されると考えれば、この事例は、基本形式の導入部の意義の縮小表現形式ということもできる。ただし［三十二相］を省くのは、この系列では特殊な事例である。

仏名・教化欠落型　基本形式に則っているけれども、［仏名］［教化］を用いない。そのためにこの系列にみる特色のひとつである和文による敷衍的な表現が認められない。ただし、このかたちの伝存事例は一例（陸奥国分寺）を挙げるのみである。

三十二相移行型　導入部―aの中心的要素である［三十二相］を、他の区分に配置する形式である。そのひとつは、中心部の［祈句］の後に［三十二相］を配し、通常の［三十二相］の位置に［神名帳］を配している（醍醐寺清滝宮）。

表Ⅱ―A形式のバリエーションであるこれらのほかに、特殊例として真言宗の『金剛界唱礼』に則りながら、その最後に［三十二相］を添える例（高山寺・仁和寺・金剛峯寺大塔）がある。密教法要を基本としつつ顕教色を加味した、顕密合行の『大導師作法』であるが、このような形式にも［三十二相］が用いられているということは、『大導師作法』にとって、［三十二相］が不可欠の要素というより、それ以上の、象徴的な要素というべき存在であったことを暗示しているように思う。それと共に、この形式の眼目である『金剛界唱礼』が、仏世界を恭敬礼拝する［五悔］を中心に構成された法要形式であることを考えれば、その末尾に［三十二相］を加えたこの形式にもまた、悔過会本来の意義への回帰志向が見出されるように思う。

『大導師作法』のA形式に基づくバリエーションには、概略以上のような形態と傾向がみられる。そこには、基本形式からのかなり大幅な展開もみられ、ごく一部には、祈願的色彩の減少傾向さえ指摘された。しかし、多様な展開を見せつつも、そのいずれの形式にも［三十二相］の存在があり、単に法要の導入部に置かれた構成要素のひとつとして片付けることのできない存在感を示していることも、動かし難い事実として指摘された。『大導師作法』

における［三十二相］の役割を、さらに追求しようとする理由はそこにある。

②　B形式とその系列

ここで表ⅡにⅡ立ち戻り、表Ⅱ―Bとして掲げた形式の構成を確認する。ただし、B形式はA形式と異なり、事例は数例に過ぎず、しかも事例ごとに異同があるため、どれを基本形式とし、バリエーション形式とするかの選択が難しい。そこで、ここでは悔過会の『大導師作法』にふさわしい形式と、二つの事例が伝存している形式の二種を掲げた。

表Ⅱ―B―1の導入部は、神降ろしの吹貝作法の［貝］で始まる。続く［三礼文］［如来唄］は、三宝に帰依し如来を讃嘆する、法要開始に際しての典型的な次第のひとつである。中心部の［神分］［祈句］で、仏世界諸尊・諸神を勧請し、具体的な願意を述べるが、その間に［神名帳］［加供帳］［諷誦文］の読誦を挿入して、諸神祇を勧請し、法会の助力者の名を挙げて祈り、願主の願意を申し述べる。前述したA系列の「読誦文付加型」と、挿入要素や挿入の位置に共通性があるが、A系列では段落ごとに［仏名］［教化］を添える形態が定型だったのに対して、B―1型では段落ごとに［祈句］を添える点が相違する。終結部は［回向文］のみで簡潔に締めくくる。

右の次第の中の［貝］［神名帳］［加供帳］［諷誦文］、つまり悔過会的特色を示す構成要素を除くと、この形式は、通常、祈願や回向などの目的で勤修する経典読誦の法要の基本部分と合致する。

B―2の形式に目を転ずると、これもまた『読経法要』の次第に、終結部の［呪願］以下の加わった類似形式だということが明らかである。さらに、表Ⅱに掲出しなかった事例には、法要の首部に［礼仏頌］や［三十二相］［仏名］［教化］など、A形式の要素を付加したかたち（薬師寺後夜）や、導入部に［神名帳］［発願］［四弘］を、後半部に［仏名］［教化］はじめA形式の要素を付加したかたち（法隆寺夢殿）など、A・B両形式の折衷型ともいうべきB形式もある。

以上、『大導師作法』B系列の諸形式を検討すると、そのいずれを基本形式とし、いずれを展開形式とするか、と考えるより、『読経法要』ともいうべき既存形式に則って形成され、諸種の影響を受けつつ定着した諸形式という図式が想定されるのである。

ここで、改めてB系列に属する事例を挙げると、東大寺修二会初夜・後夜の『大導師作法』と薬師寺修二会後夜の『大導師作法』、法隆寺金堂および夢殿修正会の『半夜作法』と東大寺図書館蔵の吉祥会『半夜作法』となる。いま、第一節「法会の構成」・第二節「六時型と二時型」に立ち戻ってこの事例の法会構成を確認すると、いずれもが明らかに六時型の法会構成をとる事例であるから（二五七頁参照）、二時型の事例にはB系列の『大導師作法』は存在しないことになる。また、六時型の法会構成の事例が南都の古寺以外には見出されず（二五七頁参照）、他の大方は二時型とその展開的構成の事例であり、かつA系列に属する『大導師作法』を勤修する形態であった事実も、興味深い符合である。なお、六時型の法会構成で『大導師作法』にA形式を用いる事例（薬師寺修二会初夜、松尾寺）がある。これは、A・B両形式が定着した後の影響と考える。六時型ではあるが特殊な法会構成をとる事例（法隆寺西円堂）と共に、ここで詳述の必要はないと考え、別稿に譲ることとした。

③　仏名・教化型と祈句型

法要形式を通して二種の『大導師作法』を検討した結果は前述の通りであるが、浮かび上がった事実には、両者の対照的な特色が指摘される。両者が、同じ目的で勤修される法要であるにもかかわらず、B形式は、『読経法要』

の形式に基づきつつ部分的には悔過会にふさわしい要素を加えてかたちづくられ、一方のA形式は、既存の法要形式を踏まえながらも、新たに形成された独特の和様形式が確認された。さらに、ここに確認された形式上の対照性の他に、以下の点を挙げておきたい。

まず、B形式にみる祈願第一ともいうべき直截性と、A形式にみる耽美的ともいうべき荘厳性を挙げる。B形式の場合、導入部と終結部には必要な要素を簡潔に配し、中心部に重点を置く。その中心部では、仏神の加護を乞うさまざまの願意が具体的に述べられ、祈願に終始する。終結部が拡大したB―2の形式にしても、［呪願］［発願］は願望成就の念押し的な表現部分で、右の特色をそぐものではない。これに対してA形式の場合は、願意を表明する中心部の前後に、如来の讃美、会場の荘厳、仏世界の供養、諸神祇への法楽など、荘厳的な要素をすべて配し、しかもそれらの末尾に［仏名］［教化］を配して敷衍をはかる。必要最大限のこの荘厳性は、中心部に匹敵する比重を印象づけ、B形式とは対極的な表現手段となっている。

両者に見られる対照的な特色の第二は、大導師の役割の相違である。B形式において、大導師は中心部の［表白］［神分］以下の祈願部分を専ら独唱する。法会の趣旨を述べ、護法諸神の加護を願い、天下国家から地域社会、有縁無縁、過去現在、十方世界のすべての者の泰平安穏の願いを、いちいち具体的に述べては仏菩薩の納受を祈る。それは、一貫して諸仏諸尊に捧げる作法であり、『大導師作法』が『悔過作法』の祈願的側面を拡大し独立したという流れから生じた、当然のかたちと考えられる。

これに対して、A形式における大導師の役割は、中心部の［表白］～［祈句］以外に主要段落ごとに配された［仏名］［教化］をも独唱する。［仏名］は、当該段落によそえて供養・祈願・讃嘆などを表す偈文の声明であり、［教化］は当該段落の意義を、七五調を基本とする和文体で表明して、人々を教導する声明である。従って、主要段落ごとに［教化］を配するA形式は、仏世界に捧げる祈願の意義と共に大衆のために敷衍し教導する両義性を備えることになり、大導師の役割が大きく展開した形式となる。伝存する『大導師作法』にみる［教化］の文言は非統一的で、事例ごとの異同が甚だしい。これは、勤仕する人により時によって［教化］が新作されるものであったことの傍証と考えられるし[15]、それはまた大導師の学識・文才の表現の場であったことの証とも考えられる。対仏世界から対人世界へという展開のしかたを、大導師の学識・文才発揮の場という背景と共に振り返ると、『大導師作法』A形式には、悔過会の本質的変化が示されていると見るべきであろう。

④　異質の系譜

第一節「法会の構成」から第三節「二種の大導師作法」まで、これまでに調査収集した諸資料に検討を加えて、悔過会における祈願部分の、表現形式と表現の意図の多様性を見、その多様性の中に自ずと示される変容の方向性を見た。

法会の構成と勤修法要との組み合わせのパターンを通して、南都一帯に伝存する事例に見たのは、六時の勤行形態と、既存の法要形式に基づく祈句型ともいうべき祈願作法であった。それは六時の『悔過作法』勤修という本来の形態の、祈願部分をより強調する志向性から形成された展開形態と判断され、南都周辺に伝存する事実を頷かせるものである。

これに対して、京都の周辺はもとより、全国の処々に伝存している初・後夜二時型の事例に見たのは、祈句型の祈願作法とは異質の印象を受ける豊かな荘厳性を伴った作法であり、かつ和様の表現に彩られた形態であった。

両者が共に悔過会の祈願作法であり、かつ『大導師作法』の名を共有しながら、伝存地域や法会の形態を通して浮上したのは、明らかな異質性である。この事実から推測する限り、両者は、その形成過程で相互に影響し合うことの少ない、いわば系譜を異にする存在ではなかったかと思われる。だから、二種の『大導師作法』はそれぞれを個別に追い、その上で両者を総合的に捉えて、悔過会祈願作法の全体像を把握すべきだと思う。そこで、まず本論ではA形式の『大導師作法』を考察することとするが、以下、特に必要のない限り、『大導師作法』の名称にA・Bの区別を記さない。

二　悔過会の展開

1　三十二相

①典　拠

三十二相とは、いうまでもなく如来の身体に備わる三二の優れた特徴をいう。(16) 声明としての「三十二相」は、その三二の瑞相を具体的に連ねて三二句で構成し、末尾に四句または八句の回向句を添える長大な一曲であり、現在は拍節的な唱法を用いる例が多い。これまでに述べたように、「三十二相」を構成要素とする『大導師作法』の伝播は、広範囲かつ多くの宗派におよぶ。しかもその条件の下で長い年月を経てきたにもかかわらず、諸事例間の詞章の異同はごく少ない。それは、「三十二相」がしかるべき規範に基づいて成立したことを示しており、その典拠もすでに指摘されている。(17) しかし、後述とのかかわりを考え、ここで典拠について概観しておく。

あまたの経典の中で如来の三十二相に言及する経典は少なくないし、悔過関連の経典にも、三十二相を讃嘆すべしと説く例がある。(18) ただし、三二の相好を具体的に掲げる経典は必ずしも多くはないし、掲げられた相好の表現や

表III　声明［三十二相］の詞章

1	烏瑟膩沙無見相	
2	髪毛右転紺青相	
3	面輪端正満月相	
…………	…………	
24	両臂修直摩膝相	
25	雙腨漸次纖円相	＊1
26	足跟広長称趺相	
27	足趺修高称跟相	
28	指間鞔網金色相	
29	諸指円満纖長相	
30	手足柔軟勝余相	
31	千輻輪文円満相	＊2
32	足下平満等触相	
回向句	清浄慈門刹塵数	A
	共生如来一妙相	A
	一一諸相莫不然	A
	是故見者無厭足	A
	我今略讃仏功徳	A′（＊3）
	於徳海中唯一滴	A′
	廻此福聚施群生	A′
	皆願速證菩提果	A′
	諸一智断諸智断	B
	智中不生不思議	B
	分及分之捨功徳	B
	双照菩提證妙果	B

順序にも全く統一はみられず、なによりも声明の［三十二相］の詞章と合致する表現を見出すことができない[19]。

［三十二相］の詞章の典拠を経典以外に求めて指摘されてきたのが、天台宗『例時作法（常行三昧）』の一部である［五念門］の第二段〈讃嘆門〉の詞章である。［五念門］とは、阿弥陀浄土に生まれるための行を五段に分けて述べる偈文であり、〈讃嘆門〉は仏を念じてほめたたえる一段である。この段では、如来の三十二相を一つひとつ唱え挙げ、最後に回向句八句を添える。その詞章を『大導師作法』の［三十二相］と比べると、末尾の回向句の詞章の一部に異同があるけれども、それ以外は〈讃嘆門〉の詞章に則しており、『大導師作法』の［三十二相］の典拠が、『例時作法』の［五念門］であることは疑いない。

なお、末尾の回向句の詞章の異同には事例ごとの任意性があるわけではなく、以下の四パターンに分類される。すなわち、表IIIに掲げたように〈讃嘆門〉の回向句八句（A・A′）と、別の特定四句の組み合わせから成る、(1)A—A′、(2)A′のみ、(3)A′—B、(4)A′二巡—Bの四通りのパターンである。(1)の場合は〈讃嘆門〉の回向句をそのまま用いているから、この場合は、一曲の全詞章が〈讃嘆門〉と同一だということになる。(2)は、〈讃嘆門〉の回向句の中で、回向の意義の明確な後半四句（A′）のみを用いて詞章としている。

⑶は、A′のあとに、発願的な内容の四句（B）を新たに加える。⑷はA′を二回繰り返した後にBを添える。事例の数は、⑵と⑶に集中しており、他は二、三例に過ぎない。

以上、声明の［三十二相］が、一曲の主要部分はもとより、回向句に至るまで、天台宗『例時作法』の［五念門］を典拠としていることは明らかであり、［三十二相］が独立した一曲としての形成過程において、天台の影響を蒙っていたであろうことを示している。

『例時作法』は、周知のように天台宗における実践修行法（止観業）の基本科目たるべく宗祖最澄が定めた四種三昧の中の『常行三昧』を、化他のための作法としたものである。[20]『常行三昧』の作法次第に関しては「般舟三昧行法一巻」（『伝教大師将来台州録』）や「智者大師修三昧常行法一巻」（『慈覚大師在唐送進録』）などの請来書目がみられるし、嘉祥元年（八四八）に叡山東塔の常行三昧堂が建立され（『天台座主記』）、仁寿元年（八五一）に円仁が始修したという（『慈覚大師伝』）から、最澄の遺志の継承実行ははかられていた。そして天禄元年（九七〇）の「天台座主良源起請」には「……又籠山一十二年、修習四種三昧、雖在同式、当今所修只常行三昧也、件之三昧、殆欲陵遅、」（『平安遺文』二―三〇三）とあって、山上における四種三昧の実修が衰退に向かう中で、『常行三昧』は引き続いて修せられていたことが察せられるから、声明の［三十二相］が形成される素地は十分にあった、と考えてよい。

② 成　立

声明曲［三十二相］は、雅楽との合奏曲として「三十二相本曲」と「三十二相急曲」が存在した。本曲は雅楽「散吟打球楽《さんぎんちょうきゅうらく》」を、急曲は「迦陵頻《かりょうびん》」の急曲をそれぞれ黄鐘調に移調して［三十二相］との合奏曲としており、その編曲は鎌倉初期天台声明に新しい理論づけを行った蓮入房湛智による、と考えられているという。(21)鎌倉初期以降に著された天台の声明集にはいずれも［三十二相］が収められているし、(22)慈覚大師相承の「十箇中秘曲」の一曲ともされている。(23)しかし、同曲が［五念門］から独立した経緯については明らかにされていない。本稿でもその源にたどりつくことはできないけれども、悔過会における［三十二相］の有り様という範囲で、可能な限りの遡行を試みる。

仁和寺蔵の悔過会次第の中に、「本寺金堂修正次第」と「神分導師次第三十二相讃」と題する二本がある。前者は「右次第者、以権僧正所持本、命布衣盛栄令書写了、文久元　十月　金剛仏子花押」の奥書があり、回向句の詞章は表Ⅲに掲出のA′のみを記す。後者は奥書を欠き、回向句はA′—Bであり、Bの詞章の前に「急」と記す。そして、二本ともに左のような共通の注記が施されている。

(1)「雙牒漸次繊円相於」の句に、「頼能《ヨリタウ》説拍子ヲ上ク、南都用之」と小字で頭記（表Ⅲ　＊1）。

(2)「千輻輪文円満相於」の句に、「博雅三位説上拍子」と小字で頭記。また句の右肩に「加拍子」と記す（表Ⅲ　＊2）。

(3)回向句の初句「我今略讃仏功徳」に、「妙音院弁家寛法印説上拍子」と小字で頭記（表Ⅲ　＊3）。

［三十二相］の声明と楽の合奏の実態は、十三世紀半ばにはかなり流動的だったらしく右の諸説にもそこに至る一端がうかがわれるが、三二句で表現する三十二相の詞章に回向句を加え、六句一巡の楽曲パターンで繰り返すのをひとつの基本とする。(24)その第五巡目の初句で「拍子ヲ上」げるのが(1)、第六巡目の初句で「上拍子」にするのが(2)、終結の回向句の初句で、「上拍子」にするのが(3)である。それぞれの説の音楽的効果はさておき、その説をなしたと記される綺麗星のごとき楽家・声明家に興味が持たれる。

(1)の「頼能」とは、「……、サテ頼能ハ、宇治殿の格勤ニテ、監物ニナリ、後ニハ楽所預ニナリケリ、」(『続教訓鈔』四上)という人物で、「……玉手信近に順て横笛を習けり。信近は南京にあり。頼能其道の遠きをいとはず、時〴〵参向して拝しける。」(『古今著聞集』巻六)教えを乞うたという。[25] また「……頼能は博雅三位の墓所をしりて、」(同前)という人でもあった。[26] 藤原頼通に仕え、南都在住の玉手信近に学び、楽所預を勤めたという経歴から、十一世紀前半の秀れた楽人像が想像されるし、「南都用之」の注記とも符合する。

(2)の説を立てた、と記される「博雅三位」すなわち源博雅は、「延喜ノ御子ノ兵部卿ノ親王ト申人ノ子也。万ノ事、止事无カリケル中ニモ、管絃ノ道ニナム極タリケル。琵琶ヲモ微妙ニ弾ケリ、笛ヲモ艶ズ吹ケリ。」(『今昔物語集』巻第二四)という、抽んでた管絃の名手で、延喜十八年(九一八)に生まれ(一説十九年)、天元三年(九八〇)に没した人物である。

(3)の説の「妙音院」すなわち藤原師長は、左大臣頼長の息。琵琶の名手として知られる雅楽家であると共に、天台声明の血脈に名を連ねる声明家で、妙音院流と呼ばれる一派を立てたという。[27] 保延三年(一一三七)に生まれ、建久三年(一一九二)に没している。

同じく「家寛法印」は、生没年不詳だが、円仁以来の天台声明を悉く継承した良忍の弟子で、承安三年(一一七三)に後白河法皇に声明伝受を行い「声明集」を献じたという。[28] また十二世紀後半には、宮中はじめ諸寺の仏名会や悔過会の導師役を勤仕してもいる。[29]

院政期以降の平安京における悔過会盛行の事実から考えて、妙音院や家寛の説が仁和寺の次第本に記載させることとは、十分あり得たであろう。これに対して、十世紀に生きた博雅三位の所説の記載をどのように解釈すべきか、と思う。妥当性があれば、次第本の書写年はともかくとして、仁和寺の「三十二相」に関する伝承に、十世紀にさかのぼる片鱗を指摘し得るからである。

仁和寺は、宇多天皇が建立し、譲位後寺内の御室に居住した。その第八皇子敦実親王も天暦四年（九五〇）に出家して以後康保四年（九六七）に薨ずるまで同寺に住み、仁和寺宮と称された。その第二子寛朝も、康保四年から仁和寺の別当を勤め、仁和寺の僧正と称されたといい、代々仁和寺との縁が深い。中でも、敦実親王は「……管絃ノ道ニ極《キハメタ》リケル人也、」（『今昔物語集』巻第二四）といい、博雅に郢曲《えいきよく》を伝授するという交わりがあった。また敦実親王の室と博雅の母は、共に藤原時平の女であり、近い姻戚関係にある。博雅が会坂の関に通いつめて秘曲の伝授を受けたという伝説的音楽家蟬丸は「……比レハ敦実ト申ケル式部卿ノ宮ノ雑色ニテナム有ケル、」（『今昔物語集』巻第二四）人であったという。おろそかならぬ間柄を示すこれらのことがらから、仁和寺と博雅三位の間に敦実親王の介在を想定すると、両者の距離は思わぬ近さとなる。以上の人間関係を背景に置いたとき、仁和寺本に「博雅三位説」が投影することを、あながちに否定することはできないように思う。また博雅の関与を肯定するとすれば、雅楽家の興味の対象ともなり得る、独立した声明曲としての［三十二相］が十世紀半ばにはすでに存在し、以後諸家の説による演奏形態がさまざまに試みられつつ院政期末の盛行に至るという有り様が、仁和寺の次第本を通して推測されることになる。

仁和寺の次第本に基づいての考察は以上であり、声明［三十二相］の、天台『常行三昧』作法中の［五念門］からの独立を明らかにするにはほど遠い。しかし、現時点で二時型の悔過会が史料上に確認できるのが十世紀の末以降である。いま、それ以前の時期の［三十二相］の存否にひとつの可能性をみたことでこの問題の追求を措き、考察を先に進めたいと思う。

2　大導師作法と三十二相

①　仏名会と悔過会

仏名会は、平安初期以降恒例行事と定められた礼懺の法会である。年末の三箇夜（後に一箇夜）を限って仏名経を礼拝し、三世十方の諸仏に対して罪障を懺悔すると共に、来る年の安穏豊楽を祈願する。その趣旨は悔過会と全く異ならない。年末と年初に、同趣旨・同系の法会が重ねて行われるのは、祈年儀礼の重視を語るものである。仏名会の初修は宝亀五年（七七四）または承和五年（八三八）とする説が一般であるが、ここでは後者に従う(30)。その後八年を経た承和十三年（八四六）には、仏名懺悔を五畿七道諸国で恒例として行うべき勅が発せられている(31)。仏名会に関する記事は、九世紀半ば過ぎ以降十二世紀前半にかけて数多く見出され、その盛行がうかがわれるが、『西宮記』『小野宮年中行事』『江家次第』によれば、三箇夜の第一夜は二座（初・後夜）の法要、第二・第三夜は三座（初・半・後夜）の法要が勤修され、法要次第は初夜が重く半夜・後夜は軽い(32)。また時によって勤修形態に変化があったらしい(33)。

現在、各宗派に伝わる仏名会の法要次第は必ずしも同一ではない。それは、依拠した経典やそれに伴う作法の継承の違いを示すものであるが、天台・真言両宗と南都西大寺の次第は骨格が共通しており、さらには『西宮記』『江家次第』の記述から推定した次第とも共通する。この法要形式は、おそらく奈良時代の悔過儀礼や諸種の仏名経を典拠とする仏名礼拝を経て定着したものであろう(34)。そこで、この共通的次第を仏名会の法要形式の一典型と仮定して、天台宗における「仏名導師作法―上巻」（以下『初夜導師作法』と記す）の次第と、『西宮記』および『江家次第』から再構成した次第を表Ⅳとして掲げた。なお、右の天台宗の次第本は『魚山叢書』眼之箚第十一に所収の

表Ⅳ　『仏名会初夜導師作法』の次第

仏名会作法	西宮記・江家次第	魚山叢書
導入部―a	礼仏頌	〃
	礼仏三度	三度礼
導入部―b	唄	〃
	散華	〃
	梵音	〃
	仏名	〃
		教化
	仏名十度許	｜
中心部―a	表白	〃
	仏名	｜
	教化	｜
	神分	〃
	祈願	〃
	後誓	〃
	教化	｜
	対揚	〃
中心部―b	勧請	〃
	｜	揚経題
	仏名	〃
	教化	〃
	拝経	〃
終結部	御前頌	六種
	六種	御前頌
	仏名	〃
	教化	〃
	｜	回向句

もので、本奥書には、永享三年（一四三一）に染筆し円珠上人本を以て校合した旨が記され、「円珠本批云」として「永仁三年十一月八日賜祖師法印御房御自筆本写了、円珠」とあるから、十三世紀末の形態をうかがい知ることが可能である。

　掲出した二つの次第は、ほぼ同一の手順で進行する。導入部でまず本尊を礼拝し、続いて道場や仏世界を荘厳し、名号を唱え、[35] 中心部―aでは法会の趣旨を明らかにして仏世界の諸尊・諸神を勧請し、具体的な願意を次々と述べた後、改めて総括的な願意表明を行う。その後中心部―bで仏名経の経題を唱え挙げ、当該経典を拝し経典所載の名号を唱える。終結部では、改めて仏世界への供養と、回向を申し述べて締めくくる。以上の要所要所に「仏名」「教化」を配して、その部分ごとの敷衍をはかってもいる。

　奈良時代以来の代表的法要形式である『四箇法要』を踏まえて、通常は経典の講説を付加する部分に仏名経礼拝を配したこの法要の内容を、以上のように次第を追って確認して、思い起こすのが悔過会『大導師作法』A形式の次第である。二六六頁に掲げた表Ⅱ―Aと、上掲表Ⅳを比較すると、構成上の対応がまことに明確である。導入部―aを「礼仏頌」「三度礼」ではじめること、導入部―bに、『四箇法要』の展開的表現の「唄」「散華」「梵音」の三曲を用いること、中心部―aの祈願部分の構成要素を同じくすること、終結部に［六種回向］を用いること、［仏名］［教化］を配する位置を同じくすることなどである。なお『大導師作法』の終結部に配置されていた［錫杖］は、仏名会では『後夜導師作法』の終結部に配されているから、これも対応する部分と考えてよい。

以上のように、法要の導入部から終結部に至るまで、明確な対応を示す両作法が、全く別個に成立したとは考え難い。両作法の源となる法要形式が別にあり、それに依拠しながら両作法がそれぞれに形成された、という可能性もないわけではないが、法要形式の上で両作法と共通性のある結縁灌頂三昧耶戒の『乞戒導師作法』は、典拠と考えるには異同の差が大きくて、納得できない。法要の形式・次第から考えるかぎりでは、悔過会の『大導師作法』と仏名会の『初夜導師作法』のいずれかが先に成立し、その形式を踏まえて他の一方が形を成した、と考えるのが妥当だと思う。両作法が共に祈年を目的とする懺悔の法要だという点からも、両者の間に影響関係が考えられてよい。そのいずれを先とし、いずれを後とするかを安易に判断するわけにいかないけれども、その判断材料とするために、いましばらく両作法に比較の目を向け、その前後関係を追ってみたい。

二つの法要形式において、仏名会『初夜導師作法』に配置された中心部—bの部分と、悔過会『大導師作法』に配置された導入部—aの［三十二相］とその付随部分が、互いに有無を異にしているという相違点が指摘される。この相違点が、両者それぞれの法要としての個性を示す部分であり、その部分の意義を把握することで、相互のかかわり方がより明確になるはずである。

仏名会の次第の中心部—bは、当該経典に記載された諸仏の名号を唱える一段だから、仏名会の法要としては必要不可欠の部分である。しかし、懺悔の法要という視点から魚山叢書本を見た場合、このとき礼拝を伴わず、名号百仏のみを唱えてこの段が終了しており、懺悔の心情の表出手段としての〝礼仏行〟の側面が稀薄になっている。

またこの段は中心部―a（願意表出部分）の後に配置され、形式上は祈願部分の補完的な位置付けとなっており、そこに懺悔の法要としての本質的な転換がみられる。ただし、この中心部―bを欠落させれば、この法要形式から仏名会の法要としての性格は失われて、祈願のための普遍的な法要形式となってしまうから、この一段にこそ仏名会の法要たる意義が示されていることになる。従って、悔過会の『大導師作法』にこの部分が欠けているのは当然のことと理解される。

一方の『大導師作法』において、仏名会の次第と異なる要素である［三十二相］の一段をどのように理解すべきか、というのが次の課題となるが、それは以下に項を立てて考えることとする。近縁形式たる両者の、相違点を追う作業から、最終的に『大導師作法』形成の足どりが見出せることを期待したい。

② 大導師作法の三十二相

第一章第三節「二種の大導師作法」において、『大導師作法』のA形式とそのバリエーション諸形式を検討したとき、A形式の首部の比重の大きさを指摘した（二六七頁参照）。また、バリエーション形式のいずれにも［三十二相］が用いられ、大きな存在感を示していることを指摘した（二六九頁参照）。仏名会の『初夜導師作法』との比較において『大導師作法』を特色づける要素として確認されたのも、まさに首部の［三十二相］の存在であった。

［三十二相］が、如来のすがたに見る三二の身体的特徴を詞章としていることは先に記した。頭上の肉髻からはじめて、毛髪・面輪・白毫・まつげ・瞳・歯と、一つひとつをたどって足裏に至る。このように具体的な相好を口に唱えることの意味は、仏の容姿を心に思い讃嘆することにほかならない。それはまた、あたかも『悔過作法』の中心的な要素である［称名悔過］を髣髴させる。[36] ただし、『悔過作法』は特定の本尊を対象として勤修する法要だ

から、［称名悔過］の詞章も、当該本尊の容姿やその本誓に基づく威力の讃嘆に終始する。『悔過作法』に、薬師悔過・阿弥陀悔過・十一面悔過・千手悔過・吉祥悔過など、本尊ごとの区別があるのはそのためである。これに対して、［三十二相］は勤修対象の本尊とはかかわりなく、真理そのものというべき如来を称揚するわけだから、非限定的・普遍的な仏世界讃嘆の意義をもつ。その［三十二相］を『大導師作法』の一部に配置すれば、当然『大導師作法』に諸仏讃嘆の意義が加わり、悔過会の祈願作法にふさわしい法要となる。また、［三十二相］の属性たる普遍性のゆえにすべての『悔過作法』との組み合わせが可能になる。［三十二相］を『大導師作法』の構成要素とした理由は、そこにある、と考えてよい。

以上のごとく［三十二相］に悔過会の本質的意義との共通性を確認し、『大導師作法』に摂取される必然性を肯定した上で、改めてなぜこの一段が『大導師作法』の導入部に配置されたのか、と思う。その詞章構成・存在意義のいずれから考えても、法要の中心部に据えて然るべきである。たとえば仏名会次第の中心部—bに相当する位置に配置しても全く不都合はない。しかし、現実には［三十二相］は導入部に配されている。そのことによって、この法要が構成上のバランスを欠いているにもかかわらず、である。しかも、伝存事例の圧倒的多数がこの形式を踏襲しており、首部の比重の大きなままに、詞章の省略も行わず伝承し続けた。それは、あえてこの形式にこだわるなんらかの意図が基盤にあったことを示しているのではないかと思う。そこで、この観点に立って悔過会をもう一度振り返る。悔過会本来の勤修形態は六時の『悔過作法』の勤修にあった。その懺悔中心の法会が次第に祈願中心の法会を志向して形態を変えた結果、二時型の悔過会での『悔過作法』は、『大導師作法』の前提的作法として、一座のみを勤修する形態となった。この経緯を踏まえ、前記の［三十二相］の意義や比重を思いつつ、改めて『大導師作法』の構成を見直すとき、［三十二相］の存在意義は、『悔過作法』の一部たる［称名悔過］の象徴を超えて、

『悔過作法』そのものを象徴させることにあった、という想定が許されてよい。

『悔過作法』そのものの象徴、という意図を想定すれば、［三十二相］は一座の法要に比定され、祈願作法の前に置かれることでその意義が発揮される。そのとき、その詞章の長大さは一座の法要を象徴するにふさわしい印象を与え、その普遍性によって諸種の『悔過作法』のすべてを代表することが可能となる。もしこの一段を一座の法要たるべく仮託すれば、祈願重視に移行した悔過会が切り捨てた悔過会の本質――讃嘆悔過――の色彩が、表現形態を改めて復活する、という効果を生むだろう。首部に［三十二相］を配置する『大導師作法』の形式が、このような意図の下に形成されたとすれば、これまでこの形式に指摘した疑問はすべて解消するし、［三十二相］を用いることによってこそ、悔過会の祈願作法にふさわしい法要形式が完成したということになる。『大導師作法』における［三十二相］の存在意義は、事程左様に大きい、と思うのである。

右の想定の裏付けとなるかもしれぬ事実の一、二を、以下に書き添えておく。

まず、磬の打ち様の特殊性について。通常、法要を勤修する際に、法要の開始と終了、および段落ごとに必ず磬・鈴・金など、合図の法具が用いられ、主導者の発するその音に従って法要が進行する。開始の合図は二打、中間の区切り目は一打というのが各宗に共通の一般的作法である。『大導師作法』の場合も、まず磬（金）二打で法要が始まり［礼仏頌］を唱える。これが終わると磬一打して［三十二相］［仏名］［教化］と続けた後、磬一打して［如来唄］となるのが一般的である。ところが、［如来唄］の前で再び磬二打する特殊事例が、収集事例中の八例に見出される（本稿末表Ⅰ――備考欄参照）。基本的な次第に基づいている四一例中の八例というその数は、単なる偶然や書写の誤りとして見過ごすわけにいくまい。そしてその作法に意味づけを試みるとすれば、以下の可能性が考えられる。［礼仏頌］から［三十二相］とその［教化］までを独立性のある作法とし、続く［如来唄］から改めて一座の法要が始まるという認識があって、「如来唄」の前に磬二打する作法が存在した。その名残りが、現在に至るまで、幾つかの事例に伝存している、という見方である。

この見方に立って、それではこの一座（大導師作法）の作法の導入部を、独立性のある部分と見なす意識がなにであったか、と求めると、そこに、前述した想定、すなわち「三十二相」を中心とする一段を『悔過作法』という一座の法要の象徴とする意識というのが、可能性として浮上してくるのである。

もう一点、前章第三節で、『大導師作法』A形式のバリエーションに「読誦文付加型」のあることを記した（二六七〜二六八頁参照）。その読誦文が、悔過会を特色づける要素であり、また読誦文を配する位置が、導入部の末尾、すなわち「三十二相」の一段の直後である事実も指摘した。通常、法要の一部に他の要素を加えるとき、様式的に完成した部分に加えるより流動的な部分に挿入する方が抵抗感が少ないはずであり、また本来の要素と付加要素とに共通性がある場合はその部分への挿入がより容易となる。悔過会を特色づける性格をもつ諸種の読誦文が、多く「三十二相」の末尾に挿入されたのは、「如来唄」以下が旧来の『四箇法要』に準ずる様式性に富む部分であるのに対して、この法要の導入部は新しく考案された部分であり、かつ「三十二相」には悔過会の象徴的意義が託されていたゆえであったと解することができる。この部分への読誦文の挿入は、『大導師作法』の首部に一層の比重を加え、一段と法要全体のバランスを欠く結果となる。その不自然を冒してなおこの挿入位置が選ばれた事実には、やはり「三十二相」に『悔過作法』そのものを象徴させる意識が反映している、と思うのである。

『大導師作法』における「三十二相」は、以上のように悔過会の根本的な問題を暗示するように見える。そこから決定的な答えを導き出すには至らないけれども、『大導師作法』が「三十二相」を構成要素とすることで、悔過会の勤修法要にふさわしい性格を獲得したこと、またそれによって、仏名会の『初夜導師作法』と異なる特色をもつ法要となり得ていることは明らかになった。そして、この［三十二相］の一段に付加される要素の検討を通して、この法要形式が固定するまでの流動性もみた。

③　大導師作法の形成

仏名会と二時型の悔過会の近縁性と個性は、法要の比較を通してより明らかとなったが、ここではその近縁性に頼りつつ『大導師作法』の形成を考える。

本節の初めで仏名会の初修と考えた承和五年（八三八）の法会については、「天皇於清涼殿、修仏名懺悔、限以三日三夜、律師静安、大法師願安、実敏、願定、道昌等遞為導師、内裏仏名懺悔自此而始」（『続日本後紀』承和五年十二月十五日条）と記されるのみで具体的な法要形式はわからない。またさきに述べたように、仏名会初修の当初から二八一頁の表Ⅳに掲げた形式が定着していたか否かは疑問である。しかし以下に述べるように、少なくとも十世紀初めまでには、掲出の形式が制作され定着していたと考えることはできそうである。

『政事要略』の御仏名の項に引用する「蔵人式」には、散花机・錫杖・拝経机が用意すべきものとして指示されており、さらには教化をしたためる書手二人の座の用意も明記されている。[37]従ってこの時点で、『四箇法要』の形式に基づき［仏名］［教化］を配するという、表Ⅳ掲出の形式は明らかに存在していた。この形式にみる過不足のないバランスの良さや堂々たる構成は、先に確認したごとくで、内裏で修すべき法要形式たるに恥じない。『魚山叢書』所収の次第には、この法会が、十二巻本や十六巻本仏名経などを経て『三千三劫諸仏名経』を用いるに至ったための詞章上の不統一が見られるが、[38]その事実は、仏名会の法要形式が固定していたために、依拠経典が変わった際に、詞章の一部のみを変更して依拠経典に対応させたことを物語る。『西宮記』時代に三千三劫諸仏名経が用いられなかった可能性はあるものの[39]、法要の形式そのものに変化がなかったことは表Ⅳが示す通りである。その形式が「蔵人式」撰述の時点には定着していたであろうことは前記の通りだが、「蔵人式」について、和田英松氏は「橘広相の撰なる事は、前田本西宮記、及び侍中群要、貫首雑要略に、「蔵人式云、寛平二年、左大弁橘広相勅作之」とあり[40]」、「寛平の蔵人式も、今は伝本なけれど、古書に蔵人式として引載したるもの頗る多く、（中略）十二月荷前、御仏名（中略）御読書始等あり[41]」と解説しておられる。従って表Ⅳに掲げた仏名会の法要形式は、寛平二年（八九〇）以前には定着していた可能性が大きい。

一方、二時型の悔過会についての初見は「……初夜又出御々堂、有音楽・呪師・啄木舞・雑芸等、後夜畢還御[42]」（『小右記』永延元年正月六日条）という円融寺修正会に関する記事である。永延元年（九八七）に初・後夜二時型の法要が修され、奏楽・呪師・雑芸等も行われていたことがこれでわかるが、以後、二時型の法会構成を把握できるのは、

① 参御堂、……初夜之後、呪師次骨無、其曲取不可言尽、事了半夜御導師参入、有楽、（『左経記』万寿二年正月十日条）

② 今日円宗寺修正始也、……公卿一両参着之後、神分導師昇、次初夜導師、一切諸願〻間、仏後打敷、次宝螺、次法呪師出、次居菓子湯漬（先僧座次公卿殿上人等座）、次大導師昇、次又法呪師出、次錫杖、次大導師下座、次分散、（『太府記[43]』延久五年正月八日条）

③ （法勝寺）金堂修正結願也、……初夜導師之後御覧呪師散楽、（例終夜有呪師）、大導師了後、牛王印導師明胤取奉前大僧正、（覚円、御寺別当）（『中右記』寛治七年正月十四日条）

などであり、円融寺に類する形態の悔過会が法成寺・円宗寺・法勝寺などの年中行事として定着していたことが知

られ、十一世紀末以降その記事が頻出する。ただし掲出事例にみるように、当時の悔過会は呪師芸に対する興味によって記述される例が多く、法要の次第を確認できるのは『吉記』承安四年（一一七四）二月九日条によってであり、このとき、表Ⅱ（二六六頁）に掲出した法勝寺や大原勝林院とほぼ同一の次第で『大導師作法』が勤修されていたことが漸う確認されるのである。(44)

類似する二つの法会を史料上に概観した上でこれまでの考察を重ね合わせると、『四箇法要』の法要形式をアレンジしてまず仏名会の『初夜導師作法』が成立し、これに依拠しつつ、旧来の悔過会の理念をも反映させた新しい悔過会の『大導師作法』が形成された、と把握するのが妥当であろう。『四箇法要』という、様式性の濃い、かつ完成した法要形式を直接の範として眼目部分のみ差し替えたゆえに、仏名会の法要は形式上の大きな異同を生まず、バランスのよい形式を定着させることとなった。一方、悔過会の法要は、性格の共通する仏名会の法要形式を範としながら、悔過会としての個性を盛り込む過程での種々の試みが、導入部の異同を生み、事例による相違や特色をみる結果となった、と解釈したい。また、この解釈に従えば、『大導師作法』形成の時期は、仏名会の法要形式定着以後、二時型の悔過会初出事例以前、すなわち九世紀末から十世紀末までの間と想定することが許されるだろう。そしてまた、［三十二相］の楽と博雅三位、さらには博雅と敦実親王とのかかわりについての考察を勘案すれば、下限は十世紀半ば過ぎにさかのぼる可能性もあると思うが、その辺りは今後の課題としたい。

悔過会には、八世紀以来の伝統がある。しかし、第一章「悔過会の構成と祈願作法」における考察で、その伝統は、六時型の勤修形態として南都周辺の諸寺にのみ留められ、別の流れである二時型の勤修形態がその他の地域に確認された。いま、二時型のそれが古い伝統の名残りとしての『悔過作法』一座と、仏名会の法要形式に基づいて制作された可能性の濃い『大導師作法』の組み合わせとして確認されてみれば、『大導師作法』は悔過会の流れの大きな節目に生まれた存在と考えて差し支えあるまい。

山岸常人氏は悔過会の本来のあり方を経典の転読と悔過とのセットされた形態ととらえ、「平安時代に入って転読部分との分離がおこ」り、「九・十世紀の間に衰退し変質した悔過法要に、時の信仰・祭祀を複合した形で、呼称新たに摂関期に登場した寺院行事が修正会・修二会であったと想定される」と論じられた(45)。悔過会の衰退と変質が、いかなる要因から生じたものか、さらに追求すべき問題であるが、「九・十世紀の間に衰退し変質した」悔過会が、修正会・修二会の呼称で改めて登場したとき、それは仏名会の影響の下に形成されたであろう新しい形態を伴っていたと考えるのである。

④　大導師作法の展開

さて、悔過会の新法会形態が歴史の表層に現れたとき、［三十二相］がどのように認識されていたかを検討しておきたい。『大導師作法』の形成に無視することのできない役割を担ったと思われる部分である。その認識のあり方は、法要の性格ひいては法会の性格にもかかわると思うゆえである。また、『大導師作法』はその形式の成立経緯から考えて、当初から基本的形式は定まっていた、と思うゆえである。ところが『大導師作法』の［三十二相］に触れる記述は仁平二年（一一五二）以降に至って漸う現れるのである。左に、その二、三を掲げる。

①　入夜参法成寺修正、……次大導師俊宗昇、有楽、晶三十二相之間同前、行道了、錫杖、賜大導師布施、（『兵範記』仁平二年正月十四日条）

②　今夜高陽院白川御堂修正也、……次□神分導師、次初夜導師、此間乱声、次大導師権□□《法软》忠弼昇、有昇楽、唱卅二相文之間、又有楽、□□杖之間、賜大導師布施、（『兵範記』仁平三年正月十三日条）

③　諸寺修正始、但被停止大導師登降楽幷卅二相楽、及呪師散楽等了、是嘉承例云々、（『兵範記』久寿三年正月八日条）

右三例によって、大導師の礼盤への昇・降と［三十二相］に奏楽が伴ったことが確認されるから、十二世紀半ばには声明［三十二相］と雅楽の合奏が通例となっていたことは確実である。さらにこの事実は、例③によって、少なくとも十二世紀初頭まで遡る可能性がある。

前掲③によれば、久寿三年（一一五六）の諸寺修正において、大導師の登礼盤・降礼盤の楽と［三十二相］の伴奏楽、および呪師散楽が停止された。それは「嘉承例」に倣ってのことだという。この「嘉承例」がなにかというと、「参法勝寺修正、無音楽呪師等、依仁和寺宮□也、上卿右衛門督、新大納言以下、廊《公卿カ》十人許参入、次参尊勝寺、有楽無呪師、上卿左衛門督、暁更帰家、」「円宗寺上卿左衛門督、行幸《事カ》有右中弁、」「法成寺、楽無呪師、」（『中右記』嘉承元年正月八日条）の事態である。この前年の長治二年（一一〇五）十一月十八日に仁和寺三世覚行が薨じている。白河天皇の第三子で中御室と称され、円宗・法勝・尊勝の諸寺検校をも勤めた「仁和寺宮」の逝去によって、翌嘉承元年（一一〇六）の法勝寺修正会では奏楽・呪師など華やかな演出や行事を慎んだ。法勝寺建立の願主白河帝の直系たる覚行の逝去ゆえに、法勝寺では特にこの配慮がなされたかと思われる。例③では、右に準じて久寿三年には諸寺の「大導師登降楽幷卅二相楽及呪師猿楽等」を停止した、という。久寿二年（一一五五）七月に近衛帝が、同十二月に鳥羽皇后泰子が薨じており、例③はその忌みに伴っての措置だったと考えられるが、「嘉承例」に基づくという、通常の勤修形態との相違点がここに述べられていることによって、「無音楽呪師等」と記されるのみで具体的な記述のない嘉承元年の法勝寺修正会の勤修形態を推し量ることが可能となる。すなわち、法勝寺におけるこのときの「無音楽」は、大導師の登降楽と［三十二相］の伴奏楽が共に停止されたことを意味することになるだろう。とすれば、十二世紀初頭のこの時点で、修正会の［三十二相］が、雅楽との合奏曲であったことになる。『兵範記』は、事例③に続いて、翌保元二年（一一五七）正月八日の法勝寺修正会に関しても「導師昇降楽幷三十二相楽等被停止、呪師・散楽雖参候後戸、不勤仕其芸能之、嘉承例云々、」と、再び「嘉承例」を持ち出しており、この場合も、保元元年七月に鳥羽帝崩御のことがあるから、その忌みによっての音楽や芸能の停止だったと考えてよかろう。このように見てくると、「嘉承例」にはそれ以前とは異なる側面があり、そのことによって新しい規範と目されていたという可能性を否定できない。

一方、『中右記』には、嘉承元年以前の修正・修二会に際して「無呪師幷音楽」や「無呪師、但有音楽」と記す例が散見され、この場合も物忌みのためであることが明らかな事例があるから(46)、それらの記述の実態をどのように把握すべきかが問題となる。そこで、「無音楽呪師等」とのみ記される場合の状況を検討してみたい。

二八八頁に掲げた永延元年の二時型悔過会初出事例と万寿二年の例とは奏楽に触れている。前者は円融院の円融寺修正会御覧の記事で、初夜に院が出御されたときに「有音楽」と記し、後者は法成寺修正を皇太后姸宮が聴聞した折の記事で、半夜（後夜に相当するか）導師の参入に際して「有楽」と記している。高位者の登場を荘厳する楽で、前掲③の例にみた「大導師登降楽」の登楽に相当する。しかし登降座の奏楽は『大導師作法』に限っての作法ではなく、たとえば御斎会の場合、『小右記』長和二年（一〇一三）正月八日条の「諸僧自大極殿東西壇上参、講読師亦同、無音楽、蓋是御国忌月歟、天暦九年以後例歟、」や、『中右記』長治元年（一一〇四）正月八日条の「着大極殿、諸引列登、楽人発楽、講読師登、」、同天仁元年（一一〇八）正月□〔八日カ〕条の「乗手輿、講師東大寺兼禅、三論宗、（中略）無音楽、依諒闇也、」などにみられるように、講読師の登楽の存在や忌みによる音楽の停止が確認される。従って、『大導師作法』において初出事例当初から確認され、『中右記』の修正会の記述にも見出された「有音楽」や「無音楽」の記載も、御斎会などに準じた、その当時の常識的な作法であったために、特に「音楽」の実態を述べる必要のない、いわば定型的な記述がなされた、と解釈してよいのではあるまいか。

さて、さきに事例③の記述を出発点として「嘉承例」が意味する実態を推測した結果は、「大導師登降楽幷卅二相楽」の停止であった。従ってそれ以前の事例との相違点が「卅二相楽」の有無にあったことがここに浮上してくる。それまで、慎みの表現として通例になっていた登降楽の停止に加えて、嘉承元年には［三十二相］の伴奏楽をも停止させた。その事実が、実修上はひとつの規範となって踏襲され、「嘉承例」として記憶されるに至った。諸史料にみる奏楽の有無の記載は、このような経緯を語ると思うのである。さらに、この経緯を肯定すれば『大導師作法』の［三十二相］に関しての、以下のような認識の変化を読み取ることができるように思う。

「嘉承例」以前に「無音楽呪師等」と記される「音楽」が、具体的には大導師の登降楽を指すということは、登降楽が呪師芸等と共に娯楽性を伴うものと認識されていたことを語る。また「嘉承例」以後のそれが「三十二相楽」を含むということは、［三十二相］の伴奏楽にも娯楽性が認識されるに至ったことを語るものである。それは、嘉承元年以前の［三十二相］の楽には、登降楽や呪師芸とは異なる認識が与えられていたことを、はからずも示している。登降楽が高位の人の出退に荘厳性を添え、呪師芸が諸人の鑑賞の対象となる芸能性に満ちたものであったことは明らかであり、二時型の悔過会が、呪師への関心によって史料に残されたのも事実である。だから、これらが、物忌みの際に停止されるのは当然であったろうが、ではこれらの荘厳性や娯楽性とは一線を画すと考えられた「三十二相楽」の属性が何だったかとなると、再びさきに検討した『大導師作法』における［三十二相］の意義が思い返されるのである。

本節②項「大導師作法の三十二相」で、［三十二相］に『悔過作法』の［称名悔過］と同様の仏世界讃嘆の意義を確認し、また『悔過作法』そのものを象徴する意義があり得たことをも指摘した。これを妥当とすれば、［三十二相」を装う「三十二相楽」には、単なる荘厳性や遊戯性を超えた、仏世界讃嘆の強調という役割が与えられていたことが想定される。「三十二相」を『悔過作法』の象徴と考えれば、「三十二相」に焦点を当てた演出があって不思議はないし、それが登降楽や呪師の芸と区別して認識されるのも当然であろう。そして、もし「三十二相」から『悔過作法』の象徴という認識が失われたときには、その伴奏楽は「三十二相」を華やかに演出するための荘厳性に留まり、それ以上の意味を失うはずである。その結果、大導師の登降楽と全く同列の「音楽」としての扱いを受けることになるのは必然のなりゆきと考えられる。「嘉承例」は、まさにその意識の転換を示す事象であり、その例が規範となったとき、「三十二相」は本来の意義を失い、単に『大導師作法』に彩りを添える荘厳性豊かな一段、という認識への転換が果たされていたのではあるまいか。

右の推測を裏付ける現象として、湯漬・菓子など饗膳の記事に触れておきたい。諸寺悔過会の盛行につれて、諸僧・聴聞の公卿衆への饗膳が記されるようになる。その多くは、初夜と後夜の勤行の合間であり、呪師の芸能を鑑賞しながらという趣の例も多い。目にした限りでの初見は、『小右記』万寿四年（一〇二七）正月八日条の法成寺における「今夜大導師以前有呪師・琵琶法師等興、関白及大納言頼宗・能信、（中略）広業・兼経在座、被羞湯漬・菓子等、導師中間余退出、」であり(47)、次いで二八八頁に掲げた「太府記」延久五年（一〇七三）正月八日条に円宗寺修正での「居菓子湯漬、」が見られ、『帥記』永保元年（一〇八一）正月十三日条の法成寺修正における「導師昇後所作畢、又下、次湯漬、次呪師、夜半事訖帰来」(48)を経て、十二世紀の半ば以降、饗膳に関する記事が急激に増加する。初出事例は「嘉承例」を遡ること八〇年、急激に増加するのは、まさに「嘉承例」を引き合いにして「三十二相楽」の停止を明記する、その時期である。

右の事実が語るのは、二時型の悔過会の成立時に、『大導師作法』の首部に悔過讃嘆の象徴としての「三十二相」

を配する形式を案出するほどに認識されていた悔過会本来の意義が、漸次稀薄になり、十一世紀前半以降には、会中の饗膳というかたちの遊興性が次第に表面化し、十二世紀初めには「三十二相楽」を娯楽的な楽とする認識への転換が行われ、さらに十二世紀半ば以降には、饗膳の定着というかたちで遊興性がより顕在化する、という経緯である。

院政期における饗膳の儀礼と三十二相楽や登降楽の芸能的性格を通して、松尾恒一氏は「修正儀礼全体の中で、大導師作法が饗宴的性格を有する位相にあるものと推察された」と論じられた(49)。ここで指摘したのは、その位相に至るまでの『大導師作法』の本質と、その展開的様相である。

最後に、『大導師作法』において「三十二相」と雅楽との合奏形態が成立した背景に改めて触れておきたい。これも、悔過会の変容にかかわる一例と考えるゆえである。

「嘉承例」の検討によって、嘉承元年以前の「三十二相楽」に、仏世界讃嘆という、声明の「三十二相」が担う意義を強調する、という役割が与えられていたのであろうことを想定した。『大導師作法』の法要形式の考察からは、「三十二相」に付与された悔過讃嘆の意義と、この一段の重要性が指摘された。また第一節では「三十二相」の演奏に関して、博雅三位や頼能など、十世紀半ば以降の管絃の名手の関与の可能性についても考察した。そして、『大導師作法』が、仏名会『初夜導師作法』に基づいて成立したことは確信のある結論であった。このような考察を重ねつつ、しかし「三十二相楽」の存在を嘉承元年以前にさかのぼって確認することはできなかった。ここで、上記の考察を念頭にもう一度模索的な遡行を試みてみようと思う。

『西宮記』『政事要略』の仏名会の項に左の挿話が記されている。

①延喜十三年十二十九、有御仏名、廿一日竟夜、御導師景鈴誦錫杖之間、調琴及和琴、導師和音韻如水乳、仍給

御阿古女恒佐朝臣給之、（『西宮記』巻一一、『政事要略』巻二八）

②天暦四十二三、御仏名竟夜也、暁御導師浄蔵、錫杖之間簾中調琴音、三礼之間、蔵人頭雅信朝臣、自簾中以御
衣一襲給之、（同右）

右によって、仏名会の［錫杖］で、声明に即興的に楽を添えることもあったことがうかがわれる。事例②の、導師浄蔵は当時の天台の声明家で、糸竹の妙に富み、絶対音高で唱え得る名手であったという(50)。『続教訓鈔』にも、その音感の確かさを伝える挿話が記されている。また事例②で、下賜の御衣を取り次いだ雅信朝臣は、博雅三位とゆかりの深い敦実親王の息、仁和寺僧正寛朝の同母弟であり、これまた管絃の堪能者だったという。事例①の、導師景鈴（銓）については不明だが、恒佐朝臣は藤原冬嗣の孫で当時実在しているから、信憑性のある挿話と考えられるが、いずれの事例にも即興性を漂わせながら高度の音楽世界が現出したさまが鮮やかである。

二時型の悔過会の先行法会と考えられる仏名会に、十世紀初期から中期にかけて、このような状況があったとすれば、その法要を範として成立したと思われる『大導師作法』に、前掲のような音楽世界が投影する可能性は大きい。ことに、仁和寺の次第本に基づいて考察したように、［三十二相］の音楽に雅楽諸家の関心が寄せられていたこと、博雅三位など十世紀半ば前後の楽家による［三十二相］の音楽への関与もあり得たことを思い合わせ、いま掲出事例②に、仏名会に侍した雅信朝臣の名を見出すと、その可能性は、より確かさを加えるように思う。再び仁和寺宮敦実親王の人脈に目を向ければ、二時型の悔過会の初見として挙げた寛和三年円融寺修正会に臨幸された円融院は同寺建立の願主であるが、その受戒の戒和上と灌頂の師は共に敦実親王の息仁和寺僧正寛朝である。円融寺落慶供養の導師も勤め、円融院崩御に際しては「いみじうおぼし惑う」（『栄花物語』巻第三）たほどその間柄は密であった。敦実親王を介して博雅・雅信・寛朝・円融院の人脈を再認し、仏名会の奏楽や仁和寺次第本についての

先の考察を踏まえて円融寺の修正会（二八八頁参照）に視点を戻すと、右の初出事例の勤修時に、［三十二相］がすでに楽を伴う演奏形態をもっていた可能性を否定し去ることはできない。

二時型の悔過会が、その法要形式のみならず音楽世界をも仏名会に範を求めて形成されたとすれば、それは「和音韻如水乳」の美的音楽世界であり、旧来の六時型悔過会の構成にみられる礼仏讃嘆の「行」的な性格はすでに失われていたであろう。しかしおそらく、本義にもとらぬ精神性を伝存すべき認識は失われていなかった。『大導師作法』における［三十二相］は、おそらくその音楽性の追求を通して遊戯性に赴く一面と、悔過会の本質を象徴する精神性という、両面を付与された一段であった。悔過会が、付帯的な呪師の存在によって世の耳目を集め、芸能性への興味が増幅される趨勢の中で、［三十二相］の楽が物忌みの際に停止される結果を招いたり、「三十二相本曲」と「三十二相急曲」の別が生まれたり、「上拍子」の位置に諸説が生ずるというような諸現象を記録に残したのは、［三十二相］の遊戯的側面の展開にほかならず、その展開的諸現象は悔過会そのものの本質的変容の表れにほかならない。［三十二相］は、付与された両面性のいずれにおいても、二時型の悔過会の象徴的一段だった、というべきであろう。

おわりに

第一章「悔過会の構成と祈願作法」で、悔過会に関する収集事例の分析を通して、六時型と二時型の法会構成に懺悔重視から祈願重視へ、という悔過会の本質的な変化を指摘し、さらに『大導師作法』の法要形式二種の検討によってその傾向を確認した。第二章「悔過会の展開」では二種の『大導師作法』の中のA形式を、その一構成要素である［三十二相］の考察、および仏名会と悔過会との相関関係を柱として追求し、多くの推測を重ねつつも『大導師作法』の形成・展開を追い、悔過会の展開的諸事象を追って、その中世に向けての変容の一端を把握した。悔過会の全容を解明するにはほど遠いことではあるが、その歩みの一歩として提出することとした。

註

（1）拙稿「「唱礼」について」（『東洋音楽研究』五〇号、東洋音楽学会、一九八六年、本書三一一～三四八頁に再録）。「悔過法要の形式—成立と展開—その一・その二」（『芸能の科学』一八・一九、東京国立文化財研究所芸能部、一九九〇・一九九一年、本書六九～二五四頁に一篇として再録）。

（2）東大寺図書館一七一函八一三号。奥書に「右吉祥会悔過作法《ハ》、高野天皇神護景雲二年歳次戊申、始㆑自《リ》㆓大極殿㆒、普勅《クシテ》㆓諸国諸寺㆒被㆑令㆑修㆓此会㆒之後、至㆑今《ニ》弥ゝ以《テ》厳重也、則以南京大寺蔵本、恭敬書写畢」とある。筆者・筆写年ともに不明である。寺僧による筆写とすれば、「南京大寺」は他寺を指すことになるが、東大寺の次第を写したものが、後に図書館に蔵された可能性もないことはないし、東大寺で吉祥悔過が行われていたことは確実なので、仮に東大寺の行事と並べて掲げた。

（3）現在無住で、本尊を安置する堂も村の集会所となっている。修正会は、金剛峯寺の塔頭から僧侶を招き、徳蔵寺の作法に則って行っている。

（4）毛越寺では、現在でもこの法要を「常行三昧」と称している。その法要次第は現行のそれとは異なっており、現行の次第と区別して、慈覚大師の請来した「古様の常行三昧」であるという。

（5）前掲註（1）の拙稿「悔過法要の形式—成立と展開—」参照。

（6）前掲註（1）の拙稿「「唱礼」について」参照。

（7）金光明最勝王経講讃の法要は大講堂で勤修する。法隆寺の修正会は、本来は大講堂で勤修されたが、承暦三年（一〇七九）以降、金堂に遷して行われるようになったという（高田良信師談。『古今一陽集』にも同様の記述がある）。現在、講讃法要のみを大講堂で勤修するのは、古来のしきたりの名残であろうか。

（8）前掲註（2）参照。

（9）精進の厳重な法会で、女性の聴聞が不可能であり、実態の把握が不十分だが、「六時の勤行」は現在も行われているという事務長のご教示をもとに、旧次第を検討した結果である。

（10）前掲註（1）の拙稿「悔過法要の形式―成立と展開―」参照。

（11）西大寺蔵第四三函第五号―三・同第六号―三・第七号―三・第八号―三（以上修正会所用）、第二六函第二四号―二・同第二六号―三（以上修二会所用）などがその例である。

（12）［錫杖］には［三条錫杖］と［九条錫杖］の二種があり、事例のほとんどが［三条錫杖］を用いているが、大和松尾寺・中ノ川旧観音寺では［九条錫杖］を用いている。

（13）通常［三条錫杖］は仏世界の供養のために、［九条錫杖］は神祇法楽のために用いられている。『四箇法要』では法要の荘厳部に配して前者の意義を表明するが、この形式では法要の終結部に配して後者の意義に用いており、典拠となった『四箇法要』の次第からの展開的表現となっている。

（14）悔過会が祈年の法会として定着したために、事例の多くは一寺院の行事というより、地域行事的性格が濃い。仏名会に地域の鎮守神をはじめ日本全国の神祇を勧請して一年の加護を願う神名帳や、法会維持のための奉加物と奉加者を読み上げて祈願する荘厳文・花餅帳・加供帳、あるいは法会の維持・進行を勤める在家の当番を定め、そのために祈る勤書・差定などがその例である。読誦文以外の例を挙げれば、年占の呪的行事や、予祝の呪物がさまざまのかたちで加えられていることなども顕著な特色である。

（15）『政事要略』巻二八の御仏名の項に、「蔵人式云」として「……掃部寮鋪折薦畳、御書所書手二人同候此座書教化、」の文言がある。［教化］を書き取るための座を設ける必要があったのは、その都度に制作される［教化］を書き留めるための措置と考えられ、これも当時の状況を証す一例と考えている。

（16）仏像が制作されるに至る過程を踏まえて、美術史などでは三十二相を釈迦如来の相好の特徴とする限定的認識があるというが、経典の記述や仏教的解釈に基づいて、釈迦を含む如来一般の相好の特徴という考え方に拠った。

（17）羽塚堅子『三十二相考』（守綱寺聲明會、一九三二年）。

（18）法華経・最勝王経・金剛般若経・薬師経・弥勒上生経・維摩経などが三十二相に言及する。また悔過関連の経典で三十二相に言及するものに文殊悔過経・七仏八菩薩所説大陀羅尼神呪経・観無量寿経・七仏薬師経などがある。

（19）相好を掲げる経典には大方便仏報恩経・長阿含経・中阿含経・大般若経・方広大荘厳経など、論疏には十住毘婆娑論・大智度論・瑜伽師地論・大毘婆娑論などがあるが、表現や順序を同じくするものはなく、大般若経は巻三八一と巻五七三の二箇所に三十二相を掲げるが、それとて多少の異同があり、順序も異なる。
（20）天納傳中『天台聲明概説』（叡山学院、一九八八年）一六三頁、海老原廣伸編『坊城道澄師・声明関係遺稿論文・雑話集』（清水印刷、一九九二年）二〇七～二〇八頁参照。
（21）天納前掲書六八～七〇頁・七八頁、片岡義道「天台声明」（東洋音楽選書六『仏教音楽』、音楽之友社、一九七二年）三四頁参照。特に、片岡氏は、雅楽の楽理にも精通し、新しい声明理論を打ち立てた湛智によって、声明曲と雅楽曲の合奏が可能になった、と説いておられる。
（22）『声明目録』湛智（『魚山叢書』耳之篙第一）・『魚山目録』宗快（『大正蔵』八四巻）・『声明集二巻抄』覚渕（『魚山叢書』耳之篙第四）・『声明書目録』喜渕（同前耳之篙第一）のいずれにも収載。
（23）誉田玄昭『伝承と現行の天台声明』（芝金聲堂、一九九一年）一六頁参照。
（24）〔三十二相〕の音律や演奏法についての考察は、高橋美都「鎌倉・南北朝時代の「声明集」にみる記譜の諸相──〔三十二相〕の音高表示を中心に──」（『芸能の科学』一九、一九九一年）に詳しい。
（25）同様の記述が、『続教訓鈔　一一上』にも見られる。
（26）前掲註（25）参照。
（27）前掲註（23）の同書三一頁・五五頁参照。
（28）前掲註（23）の同書二二頁・二八頁参照。
（29）『兵範記』久寿二年二月十六日条・同承安元年十二月二十一日条、『吉記』承安四年二月九日条、『玉葉』承安四年十二月十九日条、『山槐記』治承四年二月二十四日条など。
（30）『年中行事秘抄』・『公事根源』に基づいて宝亀五年初修とする説に対して、その内容が方広悔過であることを以て仏名会とは別と考える説があり、『続日本後記』承知五年十二月己亥条の記述に拠ってこの年を初修とする。和歌森太郎『修験道史研究』（河出書房、一九四三年）三四〇～三四一・三五〇頁、山中裕『平安期の年中行事』（塙書房、一九八五年）二七六～二七七頁参照。なお、『続日本後記』承和二年十二月庚寅条にも清涼殿における仏名経礼拝三箇夜の記事があり、これを初修と考えてよいと思うが、今は和歌森氏の「それはなほ試験的の営みで」の説に従う。

(31)『続日本後記』承和十三年十月乙未条参照。

(32)初夜の法要は二八一頁掲出の表Ⅳの通り『四箇法要』に基づく次第で勤めるが、半夜・後夜には導入部や終結部の［唄］［散華］［御前頌］などを省き、荘厳性を減じた別形式で勤修する。

(33)たとえば「蔵人式」では「第一夜第二夜亦或有二半夜一、御導師、昇殿者不レ帯剣一」と記され、第一・二夜に三座の法要が勤修されることがあったらしい。また『年中行事加茂氏人保隆所伝』は、第一夜に初夜・半夜・後夜三座の勤修を、次第を追って記している。

(34)仏名会の恒例化に至るまでの、諸種の仏名経や悔過経典の伝来・受容、経説の相違などについては、前掲註(30)和歌森氏の論考に詳しい。これらに基づく儀礼が宝亀五年の「方広悔過」や弘仁十四年の「大通方広之法」(『年中行事秘抄』)であり、現在東大寺で勤修されているような一称一礼の形式だった、と考える。なお、『魚山叢書』所収の天台宗仏名会の次第本によれば、［揚経題］の段では「南無仏説仏名経、南無滅罪生善仏名経」と唱えて、経題にも、滅罪重視の姿勢にも、一二巻本ないし三〇巻本仏名経を踏まえていることがうかがわれるが、一方［拝経］の段では『三千三劫諸仏名経』の諸仏号を唱えている。また［勧請］の段には「一万三千諸善逝」の唱句があり、一六巻本を踏まえていると考えられる。この事実は、仏名会成立の経緯を語るものであろう。

(35)導入部―bで『西宮記』などに［仏名］の段が三度現れるが、第一は［梵音］に付随する［仏名］、第二は不明、第三は仏の各号を意味する、と解釈している。

(36)『悔過法要』は本尊の礼仏讃嘆を主眼とする法要であり、それを［称名悔過］の段で表現する。

(37)「蔵人式云、十二月十九日、御仏名、自今日至廿一日、但三ヶ日擇吉日初行也、（中略）帳外南面傍立経机、散花机経在西、散花在東、（中略）仏前立礼盤、其前立拝経机、（中略）掃部寮鋪折薦畳、御書所書手二人同候此座書教化、（中略）錫杖三枚置僧座前、」とある。

(38)前掲註(34)参照。

(39)『魚山叢書』所収の次第については前掲註(34)参照。『延喜式』巻一三図書寮の「御仏名装束」の項に、「一万三千仏像二鋪、十六仏名経一部、」とあり、十世紀前半の頃には一六巻本の仏名経が用いられていたと思われるから、『西宮記』選述の頃も同様だった可能性がある。

(40)和田英松『本朝書籍目録考証』(明治書院、一九三六年)より引用。

(41)前掲註(40)同書より引用。

（42）『大日本古記録』所収の『小右記』（広本）より引用。

（43）東京大学史料編纂所架蔵謄写本『進献記録抄纂　九』所収。『大府記』は『為房卿記』の別称。『太府記』の表記は、原史料に従った。

（44）「九日丙寅、臨夕雨下、今日最勝光院修二月也、（中略）次大導師権少僧都家寛昇、有楽、先打磬、次礼仏頌、次三礼、次三十二相、請僧唱之此間有楽、次導師教化、次唄、次散花行道、次梵音、次諸僧復座、次導師教化、次表白神分、次祈願、次教化、次勧請四弘六種、錫杖之間給布施、」によって、その次第が把握される。

（45）山岸常人「悔過から修正修二会へ—平安時代前期悔過会の変容—」（『南都仏教』五二号、南都仏教研究会、一九八四年）参照。

（46）寛治元年正月八日条・同六年正月八日条・同八年正月八日条・承徳二年正月八日条など。この中、寛治八年と承徳二年の場合は物忌の日であり、寛治六年の場合は「是依按察大納言事也、」と記されている。前年十一月七日に没した大納言藤原忠家にかかわる忌みと考えられる。

（47）『大日本古記録』所収の『小右記』による。同書には、この事例以前の万寿元年正月八日条に、法成寺修正において「禅閣《（道長）》相引向大堂、有座席火桶等、被羞菓子・湯漬等、半夜大導師間依明日物忌起座退出、」のことがあったことを記すが、どの時点での羞膳かが不明瞭なので挙げなかった。

（48）この記事は、能勢朝次『能楽源流考』（岩波書店、一九七二年）に引用されている。このたび原本を披見できず、同書から引用させて頂いた。

（49）松尾恒一「六勝寺、修正会儀礼の構造—饗宴・呪師・天皇—」（『日本民俗学』一八四、日本民俗学会、一九九〇年）参照。

（50）前掲註（20）の『天台聲明概説』五六頁参照。

表I　悔過会事例

地方	寺名	法会名	本尊	懺法導師	神分導師	悔過作法	大導師	牛王導師	呪師呪詞	乱声	神名帳	造花	鬼	牛王印・札・杖	備考
岩手	中尊寺	修正会 釈迦堂 金色堂	吉祥			○	★3 ○1	○2						札・杖	初夜導師・後夜導師・牛王導師ト称ス　1仏名教化型　2付仏名教化　3唄ノ前ニ金二丁
	毛越寺	修正会 金堂	阿弥陀？				★ ○1	○2				○		印・札 杖	二座合体ノ一座法要　1仏名教化型　2連日
		修正会 常行堂	阿弥陀（常行型）			○1	★2 ○					○			常行三昧・後夜導師ト称ス、延年アリ　1付教化　2礼仏頌アト三十二相前ニ金二丁
山形	慈恩寺	修正会 本堂	弥勒	○		○	★ ○1							印・札	懺法導師・初夜導師・後夜導師ト称ス　1祈句型、付教化
		▒修正会 常行堂	阿弥陀（常行型）			○1	○ ★	○							常行堂法則・修正導師・牛王加持導師ト称ス　1毛越寺常行三昧ト同ジ次第ノ末尾ニ呪的問答アリ
	若松寺	修正会	千手千眼			○	★2 ○1	○						印・札 杖	初夜・後夜・牛王作法ト称ス　1仏名教化・祈句混合型　2礼仏頌・散花・賛歎・三十二相・教化ト次第ス
宮城	国分寺	修正会	吉祥			○		★呪2 ○1		○				印・札 杖	初夜導師・後夜導師ト称ス　1祈句型　2結願ニ呪的開帳アリ
愛知	瀧山寺	修正会	薬師	△1	△2	△3	△4						○		懺法・神分導師・初夜導師・後夜導師ト称ス、田遊アリ　1和讃・心経　2陀羅尼数種　3称名悔過欠　4陀羅尼・錫杖灌頂経ニヨルカ
福井	神宮寺	修正会	薬師			○1								札・杖	水送リアリ　1付守護句
滋賀	延暦寺	▒修正会 転法輪堂	仏頂			○	★ ○1	○2						印・杖	1仏名教化・祈句混合型　2付仏名教化
		▒？ 西塔				○1				○					1付教化型、六時作法ト称ス

凡例
▒＝非現行デ次第ノミ伝存スル事例
○＝次第伝存ノ事例
△＝非定型モシクハ二次資料ニ基ヅク事例
★＝三十二相
「備考」欄ノ記入ハ法会全般ニ関ワル事例ヲ先トシ、順次個々ノ法要ニ関ワル事項ニオヨブ

地方	寺名	法会名	本尊	懺法導師	神分導師	悔過作法	大導師	牛王導師	呪師呪詞	乱声	神名帳	造花	鬼	牛王印・札・杖	備考
		修正会 常行堂	阿弥陀（常行型）			○		○1							叡山文庫所蔵般舟院寄託本、表題ニ「唱礼導師作法」トアリ内容ハ魚山叢書本ト同ジ、毛越寺常行堂悔過ト次第・唱句トモホボ同ジ 1付教化
		修正会 常行堂	阿弥陀（常行型）			○1		○2							魚山叢書第四所収、内題ニ「修正唱礼作法」トアリ毛越寺常行堂悔過ト次第・唱句トモホボ同ジ 1付教化 2牛王導師ノ変型
	長寿寺	修正会	仏頂			○1	○2	○3						印・杖	1付教化 2祈句型、次第ハ例時作法ニヨル 3付仏名教化
	長命寺	修正会	千手千眼	△1		○	△2 ★	○3						印	叡山文庫所蔵、初夜導師・後夜導師・牛王導師ト称ス 1例時作法 2仏名教化・祈句混合型 3付仏名
京都	松尾寺	修正会	如意輪			○1	○2 ★3							印	1聖如意輪悔過 2初夜作法ト称ス 3三十二相・散華・梵音ト次第ス 叡山文庫所蔵
	来迎院	修正会	仏頂			○1	○今略	○2						印・札 杖	1六時作法ト称ス、付教化 2付仏名教化
	勝林院	修正会	阿弥陀			○	○今略	○1		○2				印・札 杖	1付仏名教化 2ささら・鉦・太鼓
	西林院	修正会？	仏頂			○1									魚山叢書第四所収 1付教化、内題ニ「六時」ト表記
	愛宕山地蔵寺？	？	地蔵			○				○				杖	魚山叢書第四七所収 内第ニ「六時作法」ト表記
	高山寺	修正会	？		○	○	○1 ★3	○2						印・杖	神分導師・初夜導師・後夜導師・牛王導師ト称ス 1祈句型 2付仏名教化 3後供養作法部分ニアリ（一九七函三六）
	歓喜園	修正会	？				○★ 2	○1						印	後夜導師・牛王導師ト称ス 1付仏名 2後供養作法部分ニアリ
	善妙寺	修正会	？				○2	○1						印	1同前 2後欠
	十輪寺	修正会	千手			○		○1			○			印	1付仏名教化

	法勝寺	修正会 金堂	阿弥陀?			○	○	★○ 1	○	○	○		○	印・杖	仙院臨幸・神分導師・初夜導師・湯漬・呪師散楽・大導師ト次第ス、結願ニ牛王導師・追儺アリ　1仏名教化型
	清水寺	修正会	十一面			○	★○ 1	今略 ○ 2		○				印・札 杖	初・後夜連続ノ一座法要　1仏名教化・祈句混合型　2付仏名教化
		修二会	千手			○	★○ ?			○					初・後夜連続ノ一座法要
	仁和寺	修正会 金堂	金剛界曼荼羅		○ 1	○	3 ○ ★	○ 2						印・札	法呪師・神分導師・初夜導師・後夜・牛王加持ト称ス　1祈句型　2付仏名教化　3後供養作法前ニアリ
	醍醐寺	修正会（修二会）金堂	釈迦	△ 1		○	★○ 2	○ 3		○	○			印・杖	小導師・大導師・牛王導師ト称ス、勤行三時　1修正作法後例時アリ　2仏名教化型、世尊偈アリ　3付仏名教化
		修正会 准胝堂	阿弥陀			○	★○ 1	○ 2		○	○			印・札 杖	小導師・大導師・牛王導師ト称ス、勤行三時　1祈句型、仏名アリ、世尊偈アリ　2付仏名
		修正会 清滝宮	釈迦			○ 1	2 ○ ★			○	○			杖	小導師・大導師・小導師ト次第ス　1釈迦悔過ノ唱句ノ一部ヲ転ジ清滝権現ニ用ウ　2祈句アト二三十二相
	三福寺	修正会?	阿弥陀			○									醍醐寺所蔵
三重	観菩提寺	修正会	十一面			○	★○ 1	○ 2		○	○			印・杖	前供・後供トモ初夜導師・後夜導師トモ称ス、牛王導師ハ後供ニ付属　1仏名教化・祈句混合型、御明文・大餅帳・明頭文アリ、練込アリ　2付仏名教化
奈良	東大寺	修正会 大仏殿	如意輪			○ 1	○ 2	○ 3						印・杖	初夜導師・後夜作法・牛王作法ト称ス　1付教化　2仏名教化型　3付仏名教化
		修正会?	吉祥	?○ 1		○									1終結部ノ宝号ノアトニ懺法ト記ス観音院所蔵
		修正会?	不空羂索	○ 2		○ 1									1当行悔過ト表記　2当行例時作法ト称ス　観音院所蔵
		修二会 二月堂	十一面	○		○ 1	○ 2		○		○		達陀○	印・札 杖	授戒・一徳火・数取・懺法・例時・走リ・護摩・神供等アリ　1六時悔過　2祈句型

地方	寺名	法会名	本尊	懺法導師	神分導師	悔過作法	大導師	牛王導師	呪師呪詞	乱声	神名帳	造花	鬼	牛王印・札・杖	備考
	東大寺?	吉祥会	吉祥			○1	○2							印・杖	開白作法・結願作法・神供作法アリ　1六時悔過初・後夜以外ハ三礼・如来唄カラ入ル　2半夜作法ト称ス、祈句型、結願作法ハ付教化　東大寺図書館所蔵一七一　八一三一
		?	十一面			○									東大寺図書館所蔵一七一　七九六　六
	法隆寺	修正会 金堂	吉祥			○1	○2	○3	○					印・札 杖	開白作法・結願作法・神供・花申上アリ　1六時悔過、半夜ニ厳祈・日中ニ講経論義アリ　2半夜作法ト称ス、祈句型　3結願作法ト称ス、付仏名教化
		修正会 夢殿	十一面			○1	○	○2			○			印・札 杖	結願ニ神供アリ　1六時悔過、日中ヲ祈禱ト称ス　2結願作法ト称ス、付仏名教化
		修二会 西円堂	薬師			○1	○	○2			○		○	印3・杖	結願ニ神供アリ　1六時悔過、日中ヲ祈禱ト称ス　2結願作法ト称ス、付仏名教化　3鬼ニノミ授与
	興福寺	修正会	?			△1	○2★4	○3			○			印	1今ナシ　2仏名教化型、荘厳文・諷誦文・差帳アリ　3付仏名教化　4唄ノ前ニ金二丁
		修二会 東金堂	?				○1★	○2	○						結願作法・護摩作法・神供作法アリ　1仏名教化・祈句混合型、神名帳・荘厳文・諷誦文・祈禱アリ　2結願作法ト称ス、付仏名教化
		修正会 蓮華院	毘沙門			○1				○				杖	1付教化・呪護　興福寺所蔵
		?	弁才天			○1								杖	同前
		修正会? 蓮華院?	十一面			○1				○				杖	1付教化・呪護、三十二相ヲ末尾ニ別添　興福寺所蔵
		? 西金堂?	釈迦			○1				○				杖	1付教化　興福寺所蔵
	大御輪寺	修正会	十一面			○1								杖	1小懺悔アトニ神分、末尾ニ教化ヲ付ス　興福寺所蔵
	薬師寺	修正会	吉祥			○1	○2	○3			○			印・杖	1六時悔過ナラム　2仏名教化・祈句混合型、

	八幡宮					★								勧書・差帳アリ　3牛王加持ト称ス、付仏名教化　薬師寺所蔵
	修二会 金堂	薬師			○1	★○2	○3	○4			○		印・杖	1六時悔過　2大導師作法ニ初夜・後夜ノ別アリ、四箇ノ声明ナシ仏名教化型、仏名経・勧書・諷誦文・差帳アリ、後夜ニ三十二相ナシ　3結願作法、牛王加持ト称ス、付仏名教化　4別ニ護摩作法アリ、結願ニ神供次第アリ
薬師寺（唐招提寺）	修正会 金堂	十一面			○	★3 ○1	○2			○			印・杖	1神分導師作法ト称ス、仏名教化型　2牛王加持ト称ス、付仏名教化、勧書・事由・諷誦・差帳唐招提寺関係ノ寺院ノ事例カ？　3唄ノ前ニ金二丁
	修正会 阿弥陀堂？	阿弥陀			○1	★○2				○	○		印・札 杖	1、2二座合体ノ一座法要、神名帳・勧書・差帳・諷誦アリ　唐招提寺関係ノ寺院ノ事例カ？
唐招提寺	修正会 礼堂	舎利			○1	△2			○				札	護摩供・悔過・餅談義・結願作法ト次第ス　1付教化　2餅談義ト称スル加供ト祈句、最後ニ牛王札頒与
新薬師寺	修二会 金堂	薬師			★○1	○2	○3						印・杖	1付教化・三十二相　2後夜導師ト称ス、仏名教化型　3付仏名教化、荘厳文・諷誦文
中宮寺	修二会	十一面			○1								印・杖	1付教化
西大寺	修正会	五仏頂	○1？		○	★4 ○2	○3						印・杖	唱礼師次第・五念門・六時作法（初夜導師作法）・大導師作法・牛王導師作法ト称ス　1唱礼師次第ト称スル懺悔作法　次第ハ常行堂型ノ悔過作法ニ同ジ、導師本座ニ還ッテ後五念門アリ　2仏名教化・祈句混合型　3付仏名教化　4唄ノ前ニ金二丁
	修二会	五仏頂	○1？		○	★4 ○2	○3						印	同上、修正作法ノ転用カ　タダシ六時作法ハ表紙ニ悔過導師トアリ、唄ノ前ニ金二丁
長谷寺	修正会	十一面			○1	△2							杖	表紙ニ牛王加持作法トアルガ次第ノ記載ナシ　1本導師ニヨル唱礼作法　2二箇法要
	修二会	十一面			○1	△2							印・杖	同前
	修正会 修二会	十一面			○	△1	○2						印・杖	十一面悔過・唱礼導師・牛王導師ト称ス　1次第記載ナシ後記ノ文言ニヨル　2付仏名教化、

地方	寺名	法会名	本尊	懺法導師	神分導師	悔過作法	大導師	牛王導師	呪師呪詞	乱声	神名帳	造花	鬼	牛王印・札・杖	備考
															長谷寺住僧某氏所蔵
	朝護孫子寺	修正会（修二会）1	毘沙門			○	○2 ★	○3			○			印・杖	初夜導師作法・後夜導師作法・結願作法ト称ス 1発願ノ唱句ニヨル 2仏名教化型、諷誦・姓名帳・加燈帳・大餅華餅帳アリ 3付仏名教化
	松尾寺	修正会	十一面			○	○1 ★	○2			○			印・札	六時悔過 1仏名教化型 2大導師作法ト合体ノ一座法要、付仏名教化、荘厳勤仕帳アリ
		修二会	千手千眼			○	○1 ★	○2			○			印・札	同前
	矢田寺	修正会 修二会	地蔵			○	○1 ★	△			○				1三十二相・神名帳・錫杖アリ 現行次第ハ初夜導師・後夜導師・牛王加持合体ノ一座法要
		修正会	地蔵			○1	○2 ★	○3			○	○ 生花		印	旧次第、初夜導師・後夜導師ト称ス 1付教化 2荘厳文・諷誦・花餅帳アリ 3後夜導師作法ト合体ノ一座法要
	長弓寺	修正会	十一面		△ ★1	○	○				○			印・札 杖	二座合体ノ一座法要 三十二相カラ始行 1三礼・如来唄・三十二相ノミ
	霊山寺	修正会	薬師			○	○ ★1			○	○			札・杖	次第混在ノ一座法要 呪・香水・勧書・荘厳勧書・諷誦文アリ、悔過作法ノ末尾相当部分ニ教化アリ 1三十二相・後唄・大呪デ終結
	中ノ川 旧観音寺	修正会 修二会	十一面			○	○1 ★	○2		○	○			印・杖	初夜導師・後夜導師・牛王導師ト称ス 1仏名教化型、勤仕帳・花餅帳アリ 2後夜導師ト合体ノ一座法要、付仏名教化
	旧徳蔵寺	修正会	薬師			○	○1 ★	○	○	○2	○	○3	○4	印・札 杖	初夜導師・修正導師・牛王導師ト称ス 1仏名教化型、頭文・番帳・御明旧クハアリ 2吹貝・太鼓・アネオシ 3ハナタバリアリ 4オニオドリト称ス
和歌山	金剛峯寺	修正会 金堂	薬師	○1		○	○2 ★4	○3						印・杖	礼懺・初夜導師・後夜導師・牛王加持ト称ス 1例時トモ称ス 2仏名型 3付仏名教化 4唄ノ前ニ金二丁
		修正会 大塔	大日	○		○	○1 ★3	○2						印・杖	礼懺・初夜導師・後夜導師・牛王作法ト称ス 1金界理趣三昧ニ教化三十二相等混在 2付仏

県	寺院	法会・堂	本尊	1	2	3	4	5	6	7	8	9	10	印・杖等	備考
		西塔ニモ													名教化　3後讃ノ前ニ三十二相
	花園村中南	修正会	薬師			?○	★○1	△2			○	○		印	鎮守作法・初夜導師・後夜導師　1仏名教化型、頭番帳・御明文・千輪祭文アリ　2後夜作法ニ付属、付仏名教化
大阪	四天王寺	修正会 修二会 六時堂 薬師堂	薬師			○1	★○2	○3						印・札 杖	初夜導師・後夜導師・牛王導師ト称ス　1守護句アリ　2仏名教化型　3付仏名教化
	金剛寺	修正会	大日			○				○		○今ナシ		印・杖	香水
兵庫	多聞寺	修正会 毘沙門堂	毘沙門	△1		○2				○		○	○	杖	1朝課・晩課ト称ス　国清寺所用ノ敬礼法トイウ　2悔過作法ト牛王導師作法ノ一体型カ？
	光明寺	修正会 本堂	千手			○1	★3 ○2						○戦前	杖	近年中絶　1付教化・守護句　2神分導師作法ト称ス、仏名教化型　3三十二相カラ守護句ニナリ祈願ナシ
	近江寺	修正会	千手（如意輪）			○	★○1	○2				○	○	印・杖	1現在ハ三座合体ノ一座法要、仏名教化型　タダシ後半ハ教化ノミ、願文・頭帳・明燈申アリ　2旧本巻初ニ牛王導師作法トアリ、付仏名教化
	性海寺	修正会	如意輪（千手）			○	★○1	○2				○	○	印・杖	同前
	太山寺	修正会	薬師	△1		○2		○		○		○	○	印・札 杖	1敬礼法、朝課・晩課ト称ス　2初夜導師作法ト称ス
	一乗寺	修正会	吉祥			○1							○今ナシ	印・札 今ナシ	1初夜導師ト称ス、末尾ニ祝護句アリ　魚山叢書第四七所収
	鶴林寺	修正会	吉祥			○1	★4 ○2	○3				○	○床叩キ	印・札 杖	灯明占・餅落トシアリ　1後行道ノ前ニ守護句アリ　2仏名型、教化ハ三十二相教化ノミ、願文アリ　3付仏名教化　4唄ノ前ニ金二丁
岡山	西大寺	修正会 本堂 薬師堂	千手千眼			○1	★○2				○			杖・札	初夜導師・後夜導師ト称ス、神名帳・会陽アリ　1付教化　2仏名型、薬師堂ハ後夜導師ハ「唄・散花・梵音除之」ト軌則ニアリ
	弘法寺	修正会	千手		△1	○2	★5 ○3	○4		○	○	○生花		印・杖	例時作法・初夜導師・大導師・神祇作法ト称ス　1神祇作法ト称スル神分作法、次第トシテハ大

地方	寺名	法会名	本尊	懺法導師	神分導師	悔過作法	大導師	牛王導師	呪師呪詞	乱声	神名帳	造花	鬼	牛王印・札・杖	備考
															導師作法ノアトニ記載、諷誦・名帳・供燈明帳アリ 2守護句・秘密申アリ（今不用ト記ス） 3仏名教化型、願文・壇供帳・会陽アリ 4大導師作法ト合体ノ一座法要 5唄ノ前ニ金二丁
大分	岩戸寺	修正会	薬師	○1		○	★○2		○3				○		懺法導師・初夜導師・仏名導師・法呪師・神分導師・立役・鬼ト称ス 1呪願ニ守護句ヲ用ウ 2神分導師ト称ス、コノ間ニ縁起導師、縁起目録ヲ奉読 3法呪師ト称ス
	成仏寺	修正会	薬師	○1		○	★○2		○3				○		同前
	天念寺	修正会	薬師	○		○1	★○2	○3			○			印	懺法導師・初夜導師・仏名導師・法呪師・神分導師・立役・鬼ト称ス 1守護句アリ 2神分導師ト称スルガ次第ニハ修正導師トアリ、仏名教化型、コノ間ニ縁起導師縁起目録ヲ奉読 3今ナシ
	長安寺	修正会	薬師	○		○1	★○2	○3			○			印	同前
	弥勒寺	修正会	薬師			○1	★○2	○3			○			印・杖	初夜導師・修正導師・仏名経導師・縁起導師次第ノミ伝存 1守護句・教化ヲ用イタト思ワレル 2仏名教化型、縁起目録奉読 3修正導師作法ト合体ノ一座法要、付仏名教化
	両子寺	修正会	薬師	○		○1	★○2		○				○	印	懺法導師・初夜導師・仏名導師・法呪師・神分導師・立役・鬼 1呪願ニ守護句ヲ用ウ 2神分導師ト称ス
佐賀	竹崎観音	修正会	？			△1	★○2		○3	○			○	札・杖	後夜・日中・初夜三時ノ勤行、国東ノ縁起目録ニ相当スル加供帳アリ、水取リ・大聖棒・若者宿・餅等アリ 1初夜経ト称ス、例時作法 五念門ノ文ヲ主トス 2日中・後夜ト称ス、国東神分導師ト立役ノ一部ト同文 3鬼祭作法ト称ス、国東法呪師・立役ノ一部ト同文、末尾ニ大導師作法・牛王導師作法ノ一部ト思ワレル仏名・教化等ヲ付ス

「唱礼」について

はじめに

「唱礼《しょうれい》」という声明がある。天台・真言両宗では曼荼羅供《まんだらく》や伝法灌頂《でんぽうかんじょう》など、主だたしい密教系法要の所用声明としてしばしば用いられるし、曹洞宗や真言律宗でも、この名称の曲が用いられている。ただし、これらは必ずしも同一曲ではなく、またかなり異なる概念で同一呼称が用いられている面もある。たとえば、天台宗における「唱礼」は一曲の曲名を指すのに対して、真言宗や真言律宗では、特定の何曲かで構成された一群の呼称として用いられているし、曹洞宗の場合は、天台宗と同様に一曲の曲名として用いるが、天台宗のそれとは詞章も旋律も異なる。

しかし、いずれの場合にしても、仏世界の代表的諸尊の名号を称揚する点は、すべてに共通している。

ここでは、これらの異同を手がかりにして、「唱礼」という声明曲の本質とその表出についての来し方を考えてみたい。

一　各宗の唱礼

1　天台宗

天台宗の唱礼は、曼荼羅界諸尊の名号を順次唱誦するもので、一称ごとに礼拝を伴う。

まさに「唱（名）礼（拝）」の語義をうべなわせるものがある。通常所用のものに〔胎蔵界《たいぞうかい》唱礼〕〔金剛界《こんごうかい》唱礼〕〔合行《ごうぎょう》唱礼〕の三曲があり、伝法灌頂会《でんぽうかんじょうえ》所用のものに〔三摩耶戒《さんまやかい》唱礼〕〔胎蔵界唱礼〕〔金剛界唱礼〕〔合行唱礼〕の四曲がある。またこのほかに、京都大原勝林院ご所蔵の『魚山叢書』には、〔仏部《ぶつぶ》唱礼〕〔蓮華部《れんげぶ》唱礼〕〔金剛部唱礼〕〔尊勝《そんしょう》唱礼〕〔法華経唱礼〕をはじめ各種の唱礼が多数収載されており、これらの唱礼を用いた『法華曼荼羅供』や『阿弥陀曼荼羅供』『薬師供養法』の法要次第なども収められていて、天台宗における唱礼の多様な展開の事実を知ることができる。これらはそれぞれに詞章を異にし、旋律にも異同があるが、一曲の詞章構成原理は変わらない。

次頁に表Iとして掲げるのは、多様に展開した天台宗唱礼の基本となる胎・金両唱礼の詞章である。なお、通常、両界の次第を、天台宗では胎・金とし、真言宗では金・胎とする。ここでは両宗比較の便宜上、以後の記述は金・胎の順で行う。

表I—aに示すように、〔金剛界唱礼〕は、金剛界会の主尊毘盧遮那仏をはじめとする金剛界の五仏（①）を最初に掲げ、次いで五仏それぞれの親近諸菩薩（②）、諸仏供養の諸菩薩（③）、衆生引摂の諸菩薩（④）、最後に金剛界一切の諸仏諸菩薩（⑤）を掲げて結びとする。また〔胎蔵界唱礼〕は、表I—bに示すように、胎蔵界会の主

表Ⅰ　天台宗「唱礼」の詞章

a〔金剛界唱礼〕

詞章	区分
南無常住三世浄妙法身金剛界大悲毘盧遮那仏	①
南無金剛堅固自性身阿閦仏	①
南無福徳荘厳聚身宝生仏	①
南無受用智恵身阿弥陀仏	①
南無作変化身釈迦牟尼仏	①
南無四波羅密菩薩摩訶薩	②
南無十六大菩薩摩訶薩	②
南無八供養菩薩摩訶薩	③
南無四摂智菩薩摩訶薩	④
南無金剛界一切仏菩薩等	⑤

b〔胎蔵界唱礼〕

詞章	区分
南無清浄法身毘盧遮那仏	①
南無東方宝幢仏	①
南無南方華開敷仏	①
南無西方無量寿仏	①
南無北方天鼓雷音仏	①
南無東南方普賢菩薩摩訶薩	①
南無西南方文殊師利菩薩摩訶薩	①
南無西北方観世音菩薩摩訶薩	①
南無東北方弥勒菩薩摩訶薩	①
南無仏眼部母菩薩摩訶薩	②
南無阿利耶阿薩羅那吒菩地薩埵縛耶摩訶薩埵縛耶	③
南無縛日羅蘇婆你菩地薩埵縛耶摩訶薩埵縛耶	③
南無縛日羅軍吒利菩地薩埵縛耶摩訶薩埵縛耶	③
南無縛日羅焔曼徳迦菩地薩埵縛耶摩訶薩埵縛耶	③
南無縛日羅薬乞叉菩地薩埵縛耶摩訶薩埵縛耶	③
南無大小自在十二宮天諸宿曜等一切権現天等	④
南無三部界会一切仏菩薩等	⑤

尊毘盧舎那仏をはじめとする胎蔵界の五仏四菩薩（①）、仏性開眼の導師仏眼仏母《ぶつげんぶつも》菩薩（②）、迷蒙打破の五大明王（③）と次第した後に一切の諸天・宿曜神・権現等（④）を包括して掲げ、さらに三部界会一切の諸尊（⑤）を掲げて結びとする。いずれも、あまねく仏世界を、一部の代表的諸尊に託して表現していることが明らかである。ここに掲出しない他の唱礼も、すべて右に準じた詞章構成となっている。

注目しておきたいのは、いずれも一句ごとに「南無（帰命したてまつる）」の語句を頭記して詞章としていることであり、ことに〔胎蔵界唱礼〕の五大明王（表I—b—③）の場合は、各尊に対する礼仏の真言を以て尊名を表現する。たとえば「南無阿利耶阿薩羅那吒《ありやあざらなた》」は不動明王の、「南無縛日羅蘇婆你《ばざらそんばに》」は降三世明王の礼仏真言である。また〔金剛界唱礼〕における尊数は合計三七尊となるが、その尊名や記載順は、「三十七尊礼懺文」と通称される『金剛頂経金剛界大道場毘盧遮那如来自受用身内證智眷属法身異名仏最上乗祕密三摩地礼懺文』（不空訳）の諸尊に相当する。さらに天台宗〔唱礼〕の所作に言及すれば、頭役《とうやく》も大衆《だいしゅ》も、それぞれ一句ごとに、唱誦しながら起居の礼拝を行う。以上のことがらから、天台宗の「唱礼」が、まさしく礼仏を目的とする声明であることを確認することができる。

なお付言すれば、〔金剛界唱礼〕を用いる金剛界立ての法要では、この〔唱礼〕に引き続いて〔五悔《ごげ》〕[1]と称する声明を唱え、また〔胎蔵界唱礼〕を用いる胎蔵界立ての法要のときには、同じく〔九方便《くほうべん》〕と称する声明を唱えるのが定型となっている。後に述べるように、真言宗の場合はこの〔五悔〕と〔九方便〕が《唱礼》の中心に据えられており、「唱礼」を考える場合の重要なポイントとして見過ごすことのできぬ問題だと思うが、この点に関しては、真言宗とのかかわりで章を改めて触れることとする。

2 真言宗

真言宗では、先にも記したように「唱礼」の名目を単一の曲名としては用いない。特定の何曲かで構成された曲群の名称として用いる。この場合も金剛界と胎蔵界の別があり、それぞれに異なる曲が用いられている。この金・胎両《唱礼》の中、現在は、《金剛界唱礼》を主として用いるところが多い。いま、真言宗《唱礼》の構成原理を知るために表IIとして金・胎両《唱礼》の構成次第を掲げた。

表II 真言宗「唱礼」の構成

区分	a《金剛界唱礼》	番号	b《胎蔵界唱礼》
〈前唱礼トモ〉	敬礼三宝	①	敬礼三宝
	浄三業真言 普礼真言	②	入仏三昧耶真言 法界生真言
	五悔	③	九方便
	発菩提心真言 三昧耶戒真言	④	転法輪真言 無動金剛能成就真言
	勧請	⑤	勧請
	五大願	⑥	五誓願
	α		α
〈後唱礼トモ〉	普供養真言 三力偈	⑦	虚空蔵転明妃真言 三力偈
	小祈願	⑧	小祈願
	礼仏	⑨	礼仏
	回向句	⑩	回向句

表IIを一見して明らかなように、金・胎《唱礼》の構成の基本は同一である。最大の相違は、《金剛界唱礼》で〔五悔《ごかい》〕(2)を用いるのに対して、《胎蔵界唱礼》では〔九方便〕を用いることである。狭義にはこの〔五悔〕を「金剛界唱礼」と称し、〔九方便〕を「胎蔵界唱礼」と呼称することから考えても、この二曲が金・胎《唱礼》の中心になっていることは明らかである。さらに〔五悔〕と〔九方便〕の別に伴って前後の真言が異なり、また〔勧請《かんじょう》〕〔五大願《ごだいがん》〕〔礼仏《らいぶつ》〕などの詞章も変わる。両者の相違点は以上だが、それぞれが表現しようとする

意義は変わらない。

試みに、《金剛界唱礼》を例として、その一連の次第を追ってみる。まず三宝に対する総礼（①）にはじまり、身・口・意三業を浄めて本尊を礼拝する（②）。次いで〔五悔〕では懺悔の至情を以て諸尊に帰依・懺悔・随喜・勧請・回向を行う（③）。さらに、正覚の道を求め行う心を確認（④）した上で、金剛界の諸尊をはじめ諸神・諸賢聖を勧請し（⑤）、仏道修行の大願を述べ（⑥）、あまねく諸尊を供養し、行者と仏と法界の力が結合して供養が成就することを願う（⑦）。最後に具体的な願意を述べ（⑧）、金剛界の諸尊に礼拝を捧げ（⑨）、所修の功徳が一切世界におよぶことを願って（⑩）終了する。

以上のように次第を追って内容を確認してみると、真言宗の《唱礼》は、単に何曲かの声明の集合体というだけではなく、《唱礼》単独でも、完結した一法要に相当する形式と意義を備えていることに気付かせられる。このように特殊な形態をとる声明曲は他に例を見ないが、その依拠するところを求めると、《金剛界唱礼》は『金剛界念《ねん》誦次第《じゅしだい》』に基づき、《胎蔵界唱礼》は『胎蔵界念誦次第』に基づいて成立したと考えることができる。

『金剛界念誦次第』と『胎蔵界念誦次第』は、いずれも密教の修行者が阿闍梨となるために必修すべき四段階の修行法──四度加行《しどけぎょう》(3)──のひとつであり、またあらゆる密教修法の基本となるものである。両者ともに、荘厳行《しょうごんぎょう》者《じゃ》法─結界《けっかい》法─荘厳道場法─勧請法─結護《けつご》法─供養法─念誦法─後供養という八部分から成るが、その一つひとつの部分が、それぞれに完結した修法形式を備えているという、大がかりな修法である。真言宗の《金剛界唱礼》と《胎蔵界唱礼》の次第をこの修法の次第と比較すると、右に記した八部分の中の、導入部に当たる荘厳行者法と終結部の後供養の主要素が、《唱礼》の要素と照応する。また《唱礼》と同時進行して勤修される導師の修法は、結界法から供養法までに照応する。真言宗の金・胎両《唱礼》が、修行法である金・胎両『念誦次第』に依拠している、と考えるのは、以上のような相互のかかわりに基づいてのことである。

金・胎『念誦次第』は、もともと自らの修行（自行）のための修法だから、余人を交えず、唱えごとに旋律もなく大きな声も出さないのが本来である。その修法の導入部と終結部から主たる要素を抽出して、他を利益する（利他）ための典礼（法要）の一部とする。この転換によって、唱句には旋律が付され、多人数で唱誦する「声明」の一曲として用いられるようになった。以上のように解釈すると、真言宗の《唱礼》が、独立した法要形式と考えてもよいほどに整った形式を備えており、しかも独立しては用いられずあくまで一つの曲として用いられる、という特殊性や、《唱礼》の前後や中間（表Ⅱ—αの部分）に、各種の声明や読経・修法などを加えて、目的を異にする多様な法要形式が形成され勤修されている事実も、納得することができる。

真言宗の《唱礼》の構成形式とその成り立ちをこのように考えた上で個々の構成要素に目を向けてみると、天台宗の〈唱礼〉には明確であった唱名礼拝の意義が欠落しているように感じられる。これが両者の大きな相違点である。実はその要素が全く欠落しているわけではなく、〈礼仏〉の部分に表明されているし、その詞章は天台宗の〈唱礼〉と共通のものですらあるのだが、この問題は次章で改めて考察することとし、今はその指摘にとどめる。

3　その他の宗派

真言律宗では真言宗と全く同様の《唱礼》を伝承している。光明真言会《こうみようしんごんえ》をはじめ主要な法会で多用されるが、現在は主として《金剛界唱礼》を用い、《胎蔵界唱礼》は、伝法灌頂会など特殊な法会のみに用いるという。いずれにしても真言宗に準ずる実態[4]と考えられるので、ここでは細部を記さない。

曹洞宗の場合は、七句の詞章から成る一曲を「唱礼」と称し、略布薩《りやくふさつ》の法要に用いるという。詞章は過去七仏、釈迦牟尼仏、弥勒尊師、文殊菩薩、普賢菩薩、観音菩薩、それに歴代祖師菩薩を加え、一句ごとに「南無」の語句を頭記する。詞章の名号からは他宗派とのかかわりを見出すことができないが、一句ごとに「南無」を頭記する点に、唱名礼拝の曲としての共通性を確認することができる。

華厳宗には「唱礼」と称する声明曲はない。しかし東大寺の地蔵会《じぞうえ》で勤修する理趣経読誦の法要の、終結部の〈回向文〉は、真言宗《金剛界唱礼》の中心である〈五悔〉の終結部の「回向段」の詞章と全く同一である。真言宗の理趣経読誦法要（理趣三昧《りしゅざんまい》）で《唱礼》を用いることを考えると、東大寺地蔵会の〈回向文〉には、真言宗《唱礼》の投影がある、と考えてよいと思う。ただし、この法要の始修は明治以降のこと、という説(5)もあり、華厳宗古伝のものとは考えられない。

このほかに、浄土真宗本願寺派には、かつて「光明唱礼作法」と称する法要形式があり、明治初年に制定され明治四十年以後廃止されたという。(6)おそらく天台宗の〈唱礼〉を根幹とする法要形式であったと思われる。

浄土宗や禅系諸宗でも「唱礼」という言葉を用いる。しかしこの場合は、仏菩薩の名号を唱えながら礼拝する作法の意味で用い、声明の曲名としては用いない。

天台・真言両宗をはじめ、各宗における「唱礼」の現状は、概略以上の通りである。このほかに、記述を細部に及ぼせば、各派ごとの異同の種々もある。しかしそれらの記述は、無意味な煩雑を招く恐れがあると考え、あえて細部に立ち入ることをせず、ここでは宗単位の共通項を比較対照の要素とし、大枠での異同を記した。

二　天台・真言両宗の唱礼

第一章「各宗の唱礼」に述べたように、各宗所用の「唱礼」の形態は同一ではない。しかし通底する類似性もまた明らかである。ことに、天台・真言両宗の「唱礼」に見る相互の異同には、否定し得ない類縁性が感じられる。そこで、この章では相互の比較を試みつつ、「唱礼」という声明の本質を確認しておこうと思う。

天台・真言両宗の「唱礼」の類縁性を示すその一は、礼仏の声明という性格である。

天台宗の〈唱礼〉が、唱名礼拝という形態をとる礼仏の声明であることは、先に確認した。また、真言宗《唱礼》の〈礼仏〉の部分に、その意義が認められることも指摘した。改めて詳述すれば、真言宗の《唱礼》の主部には礼仏の直接的意義は認められない。終結部の〈礼仏〉と称する部分に至ってその意義が表明されるのである。ただし、この〈礼仏〉は、多くの場合、導師が独唱する。また詞章のすべてを唱えず、省略唱句を用いるのが定型となっている。もちろん礼拝の所作も行わない。そのために見過ごしがちになるが、実は、この〈礼仏〉の詞章は天台宗〈唱礼〉の詞章と非常に近い。真言宗の金・胎《唱礼》中の〈礼仏〉の詞章と、天台宗金・胎〈唱礼〉の詞章とは、仏名号の同体異名という程度の表現の相違が三、四句あるだけで、その他は名号・配列ともに一致する。明らかに同根の詞章である。

ここで再び表Ⅱ（三一五頁）の構成次第を参照して、〈礼仏〉の意義を確認してみよう。真言宗の場合、《唱礼》という一連の曲群にあって、終結部の〈礼仏〉は導入部の〈敬礼三宝〉と対応して、諸尊への総礼の意義を示していると考えられる。相似た詞章をもつ天台宗の〈唱礼〉が、単独で唱名礼拝の意義を十全に表明していることと、大きく相違する。しかし、導入部の〔敬礼三宝〕の唱句が「一切恭敬敬礼常住三宝」という総括的な文言であるのに対して、終結部の〔礼仏〕では、省略唱句ながらも諸尊名を十句（金剛界）、あるいは十数句（胎蔵界）にわたって順次唱え継ぎ、〔敬礼三宝〕のように総括的な唱句を用いない。ここに、〔礼仏〕の本来の意義──唱名礼拝──が明らかに残存すると考える。(7) 真言宗の『唱礼』における〔礼仏〕は、本来天台宗の〔唱礼〕と同意義のものであったろう。それが長大な修法の一部に組み入れられ、さらに修法から切り離されて一声明曲の一構成要素という性格を与えられた。その展開の間に、諸尊個々に対する唱名礼仏という本来の意義も転じて、締めくくりの総礼という新しい意義を付与された、と考える。そして意義を転換しながらも、前述のような省略唱句に、本来の意義をとどめている、と考える。天台宗の〔唱礼〕と真言宗の〔礼仏〕を通してみる、両宗「唱礼」の類縁性は以上の通りである。

両宗唱礼の類縁性を示すその二は、懺悔の声明という性格である。

真言宗の『唱礼』において、〔五悔〕と〔九方便〕がその根幹となることは、しばしば述べた。また天台宗においては、〔唱礼〕に引き続いて〔五悔〕または〔九方便〕を用いるのが定型であることも記した。金剛界には〔五悔〕を、胎蔵界には〔九方便〕を用いることも両宗に共通している。

以上のことがらは、天台宗において、〔唱礼〕と〔五悔〕または〔九方便〕の組み合わせがたまたま定型化したのではなく、必然的な意味があっての結果であることを示している。その必然性は、おそらく、〔五悔〕や〔九方便〕が「唱礼」という呼称こそ与えられていないけれども、〔唱礼〕と共通し、あるいはその意義を補足すべき性格を具備する点に発する。その親縁性によって〔唱礼〕との併用が固定化したのであろう。後に述べるように、両宗の「唱礼」はわが国で展開定着した、と私は考えるのだが、〔唱礼〕と〔五悔〕もしくは〔九方便〕の組み合わ

表Ⅲ 天台・真言両宗の〔五悔〕と〔九方便〕の構成

a〔五悔〕

天台宗	真言宗
作礼	至心帰依（身・口・意の三業障を浄めて心から仏に帰命礼拝する）
懺悔	至心懺悔（過去に犯した三業の罪を心から懺悔する）
随喜	至心随喜（一切の福智善根に、歓喜の心を以て随順する）
勧請	至心勧請（一切の諸仏を勧請して、諸仏がその悲願を捨てず衆生を救い取ることをねがう）
発願	至心回向（常に悟りを求める心を失わず努め励む功徳が回り及んで共に無上の境地に至ることを願う）

b〔九方便〕

天台宗	真言宗
作礼方便	作礼方便
出罪方便	出罪方便
帰依方便	帰依方便
施身分便	施身方便
発願方便	発菩提心方便
随喜方便	随喜方便
勧請方便	勧請方便
奉請方便	奉請方便
回向方便	回向方便

せは、祖型となる経典類にすでに存在しており、法要における併用の可能性を十分に示している。

一方、真言宗の場合はその親縁性が逆に作用していると考える。〔礼仏〕と、〔五悔〕または〔九方便〕が共通の性格をもつことは、その意義の表明を一方にゆだねることが可能だということでもある。一連の曲群において二者を併用するとき、両者の比重に差をつけ、そうすることによって全体のバランスを保つという構成理念も、当然あり得る。真言宗の《唱礼》における〔五悔〕・〔九方便〕と〔礼仏〕の比重の差は、以上の理念によるものと考えられはしないだろうか。いずれにしても、「唱礼」を考えるときに、〔五悔〕と〔九方便〕が重要な意味をもつことは明らかである。

〔五悔〕と〔九方便〕は、いずれも普賢菩薩の十大願に基づく曲で、十大願の意義を五段〔五悔〕あるいは九段（九方便）に配当して詞章としているという。いわば同根の曲である。試みに、両曲の構成を表Ⅲとして掲げた。

〔五悔〕・〔九方便〕ともに、天台宗と真言宗では構成名称を多少異にするが、詞章はほぼ同一である。相違点は、天台宗〔五悔〕の〈勧請段〉の詞章が真言宗のそれより二句多いこと、〈随喜段〉の初め二字が異なること、以上二点のみである。そしてその意義内容は、それぞれの構成名称から推測することができる。確認のため、表Ⅲに〔五悔〕の大意を添記したが、五段にわたってかくあるべしと願うそのすべては、これらの願いにそむいた過去の罪を悔い、懺悔する心に発した願意である。その意味で、五段のすべてが懺悔の意義をもつ。さらに、各段とも最終句を「帰命頂礼大悲毘盧遮那仏」の詞章で結び、礼拝の心意を表明している。〔九方便〕も全く同様で、この二曲が共に懺悔礼拝の意義をもつことを知ることができる。先に、この二曲が普賢菩薩の十大願に基づくことを記したが、普賢菩薩の誓願は虚空が尽き、衆生尽き、衆生の業《ごう》も尽き、衆生の煩悩もまた尽きるまで尽きることがない、という無限の大願だという。だから、自らの罪を懺悔してこの誓願を信じ行う功徳はより大きく、ひいてはそれぞれの滅罪成仏につながる。先に述べた、この二曲が行者の自行のために用いられること、またその修法の流れから独立して、利他のための法要の一曲として用いられること、いずれもまことに然るべき必然性がある。そしてまた、天台・真言両宗の「唱礼」において所用形態を異にしながらも、共に重要な曲として用いられている事実も、それなりの必然性によるものであることを知るのである。

以上、天台・真言両宗の「唱礼」にみる相互の異同から、いずれもが唱名礼拝と懺悔礼拝という表現形式をとる礼仏と懺悔の声明であることを確認した。次章ではこれらを踏まえつつ、史料上に「唱礼」の用例を求め、その意味を考え、「唱礼」の古態を探ってみたい。

三　奈良時代の唱礼

1　「転経」と「唱礼」

続日本紀は、養老四年（七二〇）十二月癸卯の条に左の詔を記載する。「唱礼」という文言の、史料上の初出と思われる。

詔《シテ》曰、釈典之道、教在《ハ》二甚深《ニ》一、転経唱礼先伝《ニフ》二恒規《ヲ》一、理合《ベクシテ》二遵承《ス》一不レ須二輙《タヤスク》改一、比者《コノコロ》、或《ハ》僧尼自出《ラシテ》二方法《ヲ》一妄《ニ》作《ス》二別音《ヲ》一、遂使《ニハ》二後生之輩《ヲシテ》積習成《サ》一レ俗《ヲ》、不《ンバ》二肯《アヘテ》変正《セ》一、恐《クハ》汗《ケガスコトヲ》二法門《ヲ》一従レ是始《ランカ》乎、宜《シク》下依《リテ》二漢沙門道栄学問僧勝暁等《ノ》《ニ》一、転経唱礼、余音並停《ニム》上レ之《ヲ》、

養老四年の時点で、転経唱礼に関しては恒規とすべく伝来したものがあった。にもかかわらず、これに従わず恣意的に別音をなす僧尼があり、規矩の乱れる恐れがあった。そのために統一がはかられた、という事実をこの詔は示すが、ここに記す「転経唱礼」は「転経と唱礼」の意であって、「転経」は経論の読誦を意味すると思われる。後に掲げる諸事例によっても明らかなように、当時、僧尼修学の第一条件に経典読誦が挙げられること、また講経法会の講師《こうじ》・読師《とくし》を、前囀《ぜんてん》・後囀《ごてん》と称すること、などがそれを示唆している。おそらく「転経」に関する「恒規」とは、経論の読誦に際しての、音韻を主とする規定だったと思われる。とすれば、これに対する「唱礼」をどのように解釈すべきか。少なくとも、天台宗もしくは真言宗の、現「唱礼」と同一視するのは短絡に過ぎるであろう。

そこでさらに求めたのが下記の事例である。

正倉院文書（『大日本古文書』一—二五）に、相当数の「智識優婆塞（夷）貢進文」（以下「貢進文」と記す）が

表Ⅳ　貢進文の記載例

a「智識優婆塞等貢進文」（『寧楽遺文』中巻五〇九―五一〇頁所載）

石上部忍山 年卅九 上総国天羽郡讃岐郷磐井里少初位上戸主石上部大嶋戸之口
読経　法花経一部　最勝王経一部
　方広経一部
誦経　観世音経一部　八名経
　多心経
陀羅尼　大般若陀羅尼　仏頂陀羅尼
　虚空蔵陀羅尼　方広陀羅尼
　十一面経陀羅尼　金勝陀羅尼
唱礼具　浄行十年
天平六年七月廿七日

b「智識優婆塞等貢進文」（『寧楽遺文』中巻五〇九頁所載）

葛井連広往年十八 貫右京九条三坊戸頭葛井連恵文之男
読経　法華経一部　最勝王経一部
　方広経一部　涅槃経十巻
　僧伽吒経一部　弥勒経三巻
　仏頂経一巻　阿弥陀経一巻
誦経　理趣経一巻　薬師経一巻
　不空羂索陀羅尼　仏頂陀羅尼
誦論　因明論一巻　百法論并卅唯識
　唯識論二巻 解文　唱礼具足
天平六年七月廿七日

遺されている。年月の明らかな事例は天平四年（七三二）から宝亀四年（七七三）におよぶ。これらは、「当代における仏教の急速なる普及は、大量の僧尼を必要としたので、民間から、清信廉行、僧尼たるに堪ふる者を貢挙せしめられた」ものであり、また「天平十七年からは、貢進状が著しく簡単となっている。これは、大仏造立の労働力を得るために、仏典の修行によらずとも、造仏の事業に奉仕することによって得度をみとめるに至ったため」という(8)。事実、国分寺建立の勅願（天平十三年二月十四日）の「一、毎《ニ》レ国造《リ》二僧寺《ヲ》一、必《ズ》令《メヨ》レ有《ラ》二廿僧《ヲ》一、」(9)に対応するように、天平十四年十一月から翌十五年正月に貢進が集中し、また平城京における大仏造立がはじめられた天平十七年八月と、大仏開眼（天平勝宝四年四月）に先立つ天平勝宝二年四月・五月にも貢進が集中しており、僧尼の貢進を早急に必要とした背景を物語っている。

数ある貢進文いちいちの記載形式や内容は、精粗必ずしも一定しない。ことに天平十七年以降のものは、当該人の氏名・出身・労役の期間のみを記すのが典型だが、一方、くわしいものは、氏名・年齢・出自・修学の程度・修行年数・師僧の名・貢進の期日などを記してある。そして、修学に関する具体的な記述の中に「唱礼」に関する記載を見ることができる。三二四頁の表Ⅳに掲げたのはその一例である。

貢進文の総数一一七通の中、当該人の修学の程度を記載する事例は四三通、四六人のものである。またその中の一八通、二一人のものに「唱礼」の手がかりとなる記載事項があるが、これらの記載に際しては、大まかな規定があったらしい。修学の内容を記す場合、読経、誦経、誦呪（呪・陀羅尼・誦陀羅尼・誦・頌などとも記す）、誦論または学習論、誦義などの項目を立て、項目ごとに修得した経典や陀羅尼の名目を列記する。これが典型である。そしてこの形式と共に、「唱礼」に関しても、ある共通認識による記載形式を認めることができる。

「唱礼」に関する記載の原則の第一は、「唱礼」を「読経」や「誦経」のように項目としては立てないこと。第二に、記載位置が最終項目の最末尾であること。以上二点である。第一の原則に外れるものは一例、第二の原則に外れるものは二例のみであり、他はすべてこの原則による。今、前掲の表Ⅳによってその記載形式を確認すると、表Ⅳ—a・bともに「唱礼」の項はなく、表Ⅳ—aは最終項である「陀羅尼」の名目の末尾に「唱礼具」と記され、表Ⅳ—bでは、やはり最終項の「誦論」の末尾に「唱礼具足」と記されている。この記述を、その記載形式によってのみ解釈すれば、表Ⅳ—aの「唱礼具」は「陀羅尼」に属する一名目、表Ⅳ—bの「唱礼具足」は「誦論」に属する一名目と理解される。しかし、この解釈で二一例すべてに当たると、「唱礼」は、読経、誦経、誦呪、誦論など、各種の項目に属する名目と考えねばならぬ結果となる。もし、その個々に属する「唱礼」があるとすれば、たとえば「読経唱礼」「陀羅尼唱礼」など、弁別的な表記がなされて然るべきであり、また最終項目に限って表記されねばならぬ必然性も全くないはずである。とすると、現実の「唱礼」の記載形式には、他の記載形式と異なるなんらかの意味がある、と考えるのが自然であろう。そしてその意味を、以下のように解釈することはできる。ここに記された「唱礼」は、実質的には読経・陀羅尼・誦論などに対応する一つの項目であった。しかし他の項目とは異なり、「唱礼」の類として列記すべき経典や陀羅尼などの名目に相当するものはなかった。そのために「唱礼」を項目としては立てず、最終項目の末尾に付記する、という形式を採用した。このように解釈すれば、「唱礼」に関する特殊な記載形式の意味を理解することができる。

以上の解釈を前提として、改めて貢進文に注目しよう。貢進文に項目として掲げる読経、誦経、誦呪（功力成就のための密呪を誦す）、誦論（仏教の哲学的理論を述べた聖典を誦す）、誦義（経論の意義解釈を述べた聖典を誦す）等は、いずれも広義の「転経」に属するものである。そしてこれらの項目に対応する意義を以て「唱礼」の記載があるとすれば、両者はまさしく養老四年の詔勅に言う「転経唱礼」の文言に相当する具体的な事例となり、「唱礼」の実態を探る鍵ともなるはずである。

さて、貢進文の表記に関して、これまで故意に触れなかった点がある。すでにお気付きかもしれないが、「唱礼」に関する表記は必ずしも一様ではない。表Ⅳに見られる「唱礼具」や「唱礼具足」はその一例だが、全体では、表Ⅴに示したように一一の表記例を拾うことができる。この一様ならぬ表記が、「唱礼」の具体的ななにかを知る手がかりとなりはしないか、と思う。

表Ⅴの事例の中、⑴〜⑶は、（当該優婆塞が、読経・誦経などの修学と共に）「唱礼」をも修得したことを示すが、

「唱礼」の具体的な内容は示されていない。⑷で「唱礼文」と称する特定の詞章があったことが推測され、⑸で「誦」するという唱法が示され、⑹・⑺によって、「唱礼」が幾つかの構成要素からなる、一連の次第を備えていたであろうことを知ることができる。さらに⑺の「倭」の表記を、⑻と対応させて考えると、当時、唐から伝来したもの以外に、わが国で制作された「唱礼」がすでに存在していた、と解釈することができる。さてまた⑼に記す「六時皆」の表記は、「唱礼」が一日六時《じ》の勤行所用のものであり、かつ六時のすべてが全く同一というわけではなく、時《じ》によって異同があったことを示すものである。最後の⑽・⑾二例については表記に多少の疑義がある。他の事例を参照すると⑽の「唱礼唄」は「唱礼具」の誤記、⑾の「結界唱礼具」は「結界（文）および唱礼具（足）」の意、とも考えられるからで、今は、この二例を考察の対象から除外することとする。

表Ⅴ　貢進文における唱礼の表記

記載例	事例数
⑴唱礼	4
⑵唱礼具	7
⑶唱礼具足	2
⑷唱礼文具	1
⑸誦唱礼具	1
⑹唱礼一具	1
⑺唱礼一具倭	1
⑻唐唱礼	1
⑼唱礼六時皆	1
⑽唱礼唄	1
⑾結界唱礼具	1

以上が、貢進文の「唱礼」に関する表記が語る、当時の「唱礼」の実態の片鱗である。これらを総合して想定されるその形態とは、「唱礼文」を中心に据えて構成された特定の儀礼形式を、日夜六時に勤修するという作法でもあったろうか、と思われる。

先に触れたように、「唱礼文具」（4）の表記によって「唱礼文」というものの存在を、また「唱礼一具倭」（7）と「唐唱礼」（8）の表記によって、中国伝来の「唐唱礼文」とわが国で制作された「倭唱礼文」とでも言うべきものの存在を想定することができるが、この想定を基に、そのテキストに相当する聖教類の名目を求めてみた。まず「唱礼文」については、正倉院文書神護景雲二年十二月二十日の「造東大寺司牒　奉写一切経司」に「唱礼文八巻」(『大日本古文書』一七—一二七)の記載があり、これが唯一ではあるが「唱礼文」のテキストに相当する事例と考えられる。また「唱礼六時皆」(9)の表記によって想定した「六時の勤行」とでもいうべきものに関連する聖教類としては、やはり正倉院文書天平三年八月の「写経目録」に所載の「六時行道一巻」(『大日本古文書』七—八)が見出される。この「唱礼文八巻」と「六時行道一巻」は、共に『写経より見たる奈良朝仏教の研究』の「奈良朝現在一切経疏目録」では支那撰述雑部に収載するが、『開元釈教録』等の中国における既成諸目録[10]には掲出されておらず、訳述者・巻数・存否等すべて不明である。しかし、少なくとも奈良時代にわが国に「唱礼文」が実在したことは疑いなく、六時勤行の作法が存在したであろうことも推測できる。

養老四年の詔勅→貢進文→経目録とたどって求めた奈良時代の「唱礼」とは、一定の手順に則って日夜六時に勤修すべきものであり、その中心となる「唱礼文」には、外来のもの以外にわが国で作成されたものもあり、その詞章は、時《じ》によって異同もある、と推測されるものであった。再び養老四年の詔勅に戻れば、右のように本来一様ならぬものを、「自《ラ》出《シテ》二方法《ヲ》一妄《ニ》作二別音《ヲ》一」せば、「使二後生之輩《ヲシテ》、積習成《サ》レ俗《ヲ》」の結果を生むのは必然であろう。規制の措置が講ぜられたのもゆえないことではない。また、この詔に「転経唱礼」と並べ記してある事実は、両者が共に僧尼たるべき者の修学の基本とされていたことを示すが、そのことはまた貢進文の記載によっても裏付けられた。仏の教えそのものを読誦し銘記する行為である「転経」が、僧尼修学上の必修事項であることは多言を要しない。しかし、これに対する「唱礼」にいかなる意義があったかは、以上の考察で明らかになったとは言い難い。そこで、次節以下で、さらに奈良時代における「唱礼」の意義を追い求めてみたい。

2 「唱礼」と「礼仏」

奈良時代における「唱礼」の意義を示唆するものとして左に掲げるのは、『続日本紀』天平六年十一月の条に記載する太政官奏文である。前節に述べた多数の優婆塞の貢進を促す契機ともなったと思われる事例である。

戊寅、太政官奏《スラク》、仏教《ノ》流伝《ハ》必《ズ》在《リ》二僧尼《ニ》一、度《テ》二人《ノ》才行《ヲ》一実簡《フ》二所司《ヲ》一、比来、出家《ハ》不レ審《ニセ》二学業《ヲ》一、多《クハ》由《ルコト》二嘱請《ニ》一甚乖《ソムケリ》二法意《ニ》一、自レ今以後、不レ論《ゼ》二道俗《ヲ》一、所《ノ》レ挙《スル》度人《ハ》、唯取《テ》下闇二誦《シ》法華経一部或《ハ》最勝王経一部《ヲ》一、兼解《テシ》二礼仏《ヲ》一、浄行三年以上《ノ》者《ヲ》上令二得度《セ》一者、学問弥長《ジテ》、嘱請自休《ラマン》、

当時、僧尼が、学ぶべき学業をおろそかにし、多くは実力によらず縁に頼ることを専らにして、法意にそむく者が多かった。その改善策として民間から然るべき者を推挙させようとはかった奏文だが、推挙の条件として、まず法華経・最勝王経の闇誦を挙げ、また「解二礼仏《ヲ》一」すことをも兼ね行うことを条件としている。

ここで、立ち戻って前節を確認しよう。養老四年の詔に記す「転経唱礼」は、「転経」・「唱礼」と対置される僧尼修学の基本科目であった。またこれに対応するように、貢進文には、その内容が多少の具体性を伴って記されていた。改めて天平六年の太政官奏文を前出二史料と対比すると、三者共通の対応を見出す。すなわち、太政官奏文に言う「闇二誦《シ》法華経一部或《ハ》最勝王経一部《ヲ》一」は、「転経」に関する具体的指示であり、「兼《テハ》解《ス》二礼仏《ヲ》一」は「唱礼」に関する総括的指示と考えられる。まず前者について、三二四頁に掲出した表Ⅳを再び参照したい。表Ⅳの二例は、いずれもが法華経・最勝王経の読誦を第一に記載している。しかもこの記載は表Ⅳの事例のみではなく、貢進文の、修学の実績を具体的に記してある事例の圧倒的多数に共通のことがらである。この、二経を第一に掲げる記載は、前掲太政官奏文の「闇二誦法華経一部或《ハ》最勝王経一部《ヲ》一」する者、という推挙の条件に照応するものであり、また僧

尼必修の「転経」において、なかんずく法華経・最勝王経が重視され、かつその認識が広くゆき渡っていたことを示すものである。次に、後者については、貢進文に記された「唱礼六時皆」の表記を再認し、考察したい。

貢進文の、「唱礼」に関する種々の表記の中の「唱礼六時皆」によって、「唱礼」が六時《じ》の勤行所用のものと考えられること、またその関連経典類として「六時行道一巻」が存在したことは先に述べた。一日六時に勤行すべきことを勧める経典類には『*大通方広懺悔滅罪荘厳成仏経』『*金光明最勝王経滅罪品』『*五千五百仏名神呪除障滅罪経』『薬師瑠璃光本願功徳経』『*集諸経礼懺儀』『*法華三昧懺儀』等があるが、その多くは礼懺《らいさん》・懺法《せんぼう》などと称される懺悔滅罪の経典（*印）であり、日夜受持して称名礼仏や行道を修すことの功徳を説く。なお、本論では経疏類を参照するに際して、基本的には『大正新脩大蔵経』（以下『大正蔵』と略記）に依拠するが、この場合、特に必要と認めた事例以外は典拠を注記しない。さてこれらの経典は、奈良時代にはすでに請来されており(11)、経説に則して実修された可能性は大きい。事実、左に掲げる延暦二年の太政官符(12)が、特に懺座（懺悔の場）における僧尼の濫唱を禁じていることは、それ以前の懺悔滅罪儀礼の重要性と盛行のさまを、如実に物語っている。

右、奉《ジテ》二今月廿六日勅一《ヲ》俯、修善之道《ハ》摂心為レ先《ト》、精進之行《ハ》正念為レ本《ト》、比年之間、僧尼懺座妄《リニ》発《シ》二哀音一《ヲ》、蕩逸高叫、非《ズ》三但《ニ》厭《フニ》二俗中之耳一《ヲ》、抑亦乖《ケリ》二真際之趣一《ニ》、如不《シ》二改正一《ンバ》何《ソ》粛《サム》二法門一、宜《シク》下仰《セテ》二有司一《ニ》遏《ム》中彼《ノ》濫唱《ヲ》上、

これらのことがらから、当時盛行していた懺悔滅罪儀礼は、日夜六時に称名礼仏・行道を修すものであったと考えるが、この前提に立てば、「唱礼」はまさに滅罪経典に説く「称名礼仏」に相当し、また天平六年の太政官奏文に言う「礼仏」そのものを指すことになる。当初の設問に立ち返れば、「唱礼」の意義は、悔過懺悔を目的とする称（唱）名礼仏にあったと考えてあやまりはあるまい。

「転経唱礼」の文言を出発点にして考察した奈良時代の「唱礼」の形態や意義は、おおよそ以上の通りだが、養

老四年の詔に記す転経と唱礼、貢進文に記す読経・誦経・誦陀羅尼・誦論等と唱礼、天平六年の太政官奏文に記す法華・最勝二経の闇誦と礼仏、これら、二者を対置的に表記するすべては、修学と修行という二面の研鑽を意味するものである。学・行両面を具備することが僧尼に求められた必要条件であり、その階梯の第一歩は、法華経と最勝王経の読誦からはじまった。これと並行して、「唱礼」を軸とする懺悔礼拝の行も修された。掲出の史料は、当時の僧尼修行の有り様を、相互の関連においてこのように物語っている。

3　自行と利他

これまでたどったように、「唱礼」は、本来僧尼修行の両翼たる「転経・唱礼（礼仏）」の一翼として存在した。しかし自らの修行――自行――の功徳が、巡り及んで他を利益するという仏教の教理は、自行から利他行への転化をおのずから内包しており、国家仏教的な有り様は、その展開を、より容易にしたはずである。本来自行のための礼仏悔過が、利他を目的とするそれに展開するのも必然のことである。その時点を特定することは難しく、また本稿の目的でもないが、皇極元年に祈雨のための悔過が行われた[13]というから、七世紀半ばには利他を目的とする悔過も存在したわけで、自行即利他の認識はかなり早くから定着していたと考えられる。ただし、この時に、称名礼仏という形態がとられたか否かはわからない。明らかなのは、この時に『大雲経』が読まれ、願意達成を祈る「発《ほっ》願《がん》」が唱えられたことである。そして読誦された『大雲経（大雲輪請雨経）』には、諸仏の名号を列記する一段があり、利他の称名礼仏に直結する要素は、明らかに存在していた[14]。

自行から利他に転じた時、その儀礼は形式の整斉を加え、世俗に開かれた法要という典礼の形態をとる。また法要の形式は、その勤修目的にふさわしい表現を求めて、さまざまに展開もする。称名礼仏の作法も例外ではなく、八世紀半ばから九世紀半ばまでには、「吉祥悔過」(15)・「仏名懺悔《ぶつみょうさんげ》」(16)などと記される特定の法会が祈年《としごい》という固有の目的を以て催行され、恒例化するに至った(17)。そして今日にまでその命脈が保たれている。現在、奈良県下をはじめ全国各地の古寺に伝存する「悔過会《けかえ》」がそれである。また、残念ながら中絶してしまったけれども、奈良西大寺にご所蔵の「唱礼導師《しょうれいどうし》作法」、京都大原勝林院にご所蔵の『魚山叢書』所収の「修正《しゅしょう》唱礼作法」なども、この系譜に連なる法要の次第本である。この系譜の史的展開過程については稿を改めて考察するつもりなので、今は触れない。ただ、この系譜の法要に、奈良時代の「唱礼」の面影を探っておきたい。

前記「悔過会」の法式次第伝存事例は、現行・非現行を含めて七〇例を超えるが、その勤修次第はほぼ共通している。特に、中心部分で本尊の尊容・威力・名号などを列挙し、その一句ごとに「南無」の文言を頭記する点はすべてに共通しており、一句ごとに礼拝の所作を伴うこともほぼ共通している。これはまさに滅罪経典に説く称名礼仏の作法であり、また、第一章に記した天台宗の現行〔唱礼〕を彷彿《ほうふつ》させるものがある。ただし、この部分の曲名を〔唱礼〕と称する事例はなく、〔悔過〕〔称名〕〔礼仏〕〔仏号〕〔帰敬讃嘆〕など、呼称は一定しない。またこの部分の詞章は、礼拝の対象となる本尊ごとに異なり、数多くの詞章が存在している。右に記した〔悔過〕や〔称名〕などの呼称は、前節に掲出した諸滅罪経典の所説に基づいているし、この部分の詞章が礼拝の対象となる本尊ごとに異なる点も、依拠する経典ごとに掲げる尊名や尊容が異なること、また時と共に信仰が多様化したことを思えば当然のことであろう。悔過の法要の中心部に見られるこれらの特色は、自行のための礼仏悔過の作法が、特定の法要形式を成し、利他の典礼として固定し展開したことを語っていると考える。また、この部分が天台宗の現行〔唱礼〕さながら、と思わせる形態をとりながら、曲名や詞章を異にし、所用の場を異にするのは、いずれもが悔過・礼仏という同一の性格を担いながら、一方は奈良時代もしくはそれ以前に淵源する声明、他方は平安時代に確立する正系密教の声明として、成立を異にするゆえであろう。付言すれば、前掲の「唱礼導師作法」や「修正唱礼作法」などは、天台・真言の「唱礼」が確立した後に、その意義や形態の共通性によって、旧来の法要形式の当該部分に「唱礼」の名目を冠し、その部分を眼目とする法要ゆえに法要名として定着したものと考えるが、この点に関しても別稿の考察に譲ることとする。

四　再び天台・真言両宗の「唱礼」

「唱礼」という言葉を手がかりにたどった奈良時代の「唱礼」は、第二章「天台・真言両宗の唱礼」で考察した天台・真言両宗の現行「唱礼」と同一ではなく、同類異系譜のものであった。前者は悔過儀礼専用の声明として用いられ、その詞章構成は本尊ごとに異なる。後者は各種密教法要の所用声明であり、その詞章は金・胎両界を基本としてほぼ固定している。しかし、系譜を異にしつつ、両者は、懺悔と礼拝の声明という、根本的な意義を明確に共有している。そこに「唱礼」の本質の不変性が読みとれ、また時代や宗義に左右されぬ重要性を見出すことができるのである。そこで、通底する意義を踏まえつつこの章では、天台・真言両宗の「唱礼」に立ち戻り、改めてこの系譜の成り立ちに目を向けておこうと思う。

1　密学根本経軌の記載

空海は、大同元年（八〇六）帰朝の後、着々と地歩を固めて真言密教宣揚の実を挙げるが、弘仁十四年（八二三）一月、新都の宗教的象徴ともいうべき東寺を賜与せられる。さらに同年十月十日には『三学録』[18]（『真言宗所学経律論目録』）を淳和帝に奉献し、同日の太政官符[19]によって、東寺に真言宗僧五〇口を常住せしめ習学せしむべきことが公布される。しかも、この官符をして「道《ハ》是《レ》密教《ナリ》、莫《レ》レ令二他宗《ノ》僧《ヲ》雑住《セ》一者、」と言わしめ、東寺を純粋な真言密教の道場として経営する方針を明確に打ち出している。おそらく、真言宗宣布の拠点として思い描いた空海の構想が、ここに実現したという時期であったろうと思われる。

このような事情を背景にすると、『三学録』のもつ意味は大きい。空海が自ら選出した経・律・論の聖典は、真言宗僧必学の書であり、これらの書目によって、止住の僧侶は修学に励んだはずだからである。また右の目録中には「梵字真言讃等四十巻」の部があり、「梵字吉慶讃」「梵字普賢行願讃」「百八名讃」など、現存曲名と共通する記載も見られるから、当時密教的法要専用の声明が存在したことは疑いない。そこで、天台・真言両宗「唱礼」の史的考察の手がかりを、まず『三学録』に求め、必要に応じて周辺に及ぼすこととする。

表Ⅵに、『三学録』所収の聖教の中、「唱礼」とかかわる可能性を期待しうる書目と、それに相当すると思われる空海・円仁請来の聖教書目を掲げた。なお、最澄請来の聖教類には、該当書目を見出せない。

表Ⅵ―aの中、金剛頂経根本経典とされる『金剛頂瑜伽真実大教王経』（『金剛頂一切如来真実摂大乗現證大教王経』）には、「唱礼」の詞章と直接に結びつく文言は見出せない。しかし金剛界法の根本儀軌という『金剛頂蓮華部心念誦経法』（『金剛頂蓮華部心念誦儀軌』）、また『金剛頂瑜伽三十七尊礼懺経』（『金剛頂経金剛界大道場毘盧舎那如来自受用身内證智眷属法身異名仏最上乗祕密三摩地礼懺文』）には、「唱礼」との明瞭なかかわりを見出すことができる。すなわち、『金剛頂蓮華部心念誦経法』（以下『念誦儀軌』と記す）においては、

①金剛界諸尊の供養法としての整然たる形式を備えていること。

② 〔五悔〕の詞章に相当する文言が、一連の偈文として記載されていること。

表Ⅵ—a

	金剛界法		
	三学録収載	空海請来	円仁請来
1	金剛頂瑜伽真実大教王経	・金剛頂瑜伽真実大教王経 ・金剛頂真実大経王経	・金剛頂一切如来真実摂大乗現證大教王経
2	金剛頂瑜伽中略出念誦経	・金剛頂瑜伽中略出念誦経 ・金剛頂略出経	・金剛頂瑜伽要略念誦儀軌法
3	金剛頂蓮華部心念誦経法	・金剛頂蓮華部心念誦法	・金剛頂蓮華部心念誦儀軌
4	梵字金剛頂蓮華部大儀軌	・梵字金剛頂蓮華部大儀軌	・金剛頂蓮華部心念誦儀軌梵本真言
5	金剛頂瑜伽三十七尊礼懺経	・金剛頂瑜伽三十七尊礼 ・金剛頂経金剛界大道場毘盧遮那如来自受用身内證智眷属法身異名仏最上乗祕密三摩地礼懺文	・金剛頂経金剛界大道場毘盧遮那如来自受用身内證智眷属法身異名仏最上乗祕密三摩地礼懺文

表Ⅵ—b

	胎蔵界法		
	三学録収載	空海請来	円仁請来
1	大毘盧舎那経		・大毘盧舎那成仏神変加持経
2	大日経供養儀式	・大日経供養儀式	
3	梵字大毘盧舎那胎蔵大儀軌		・梵字大毘盧舎那経真言

③〈礼仏〉（天台宗の〈唱礼〉）で唱える諸尊の名号が、真言で記載されていること。

以上が関連事項として挙げられる。また『金剛頂瑜伽三十七尊礼懺経』（以下『三十七尊礼懺文』と記す）においては、

①前半部分が称名礼仏の詞章で構成されている。すなわち〈礼仏〉（天台宗の〈唱礼〉）と同様に、毎句諸尊の名号に「南無」の文言が頭記されており、礼仏の意義が明らかに示されている。

②前項の詞章で、諸尊名が〈礼仏〉（天台宗の〈唱礼〉）と照応すること。

③後半部分が〈五悔〉に近い詞章構成となっていること。具体的には、長文の偈文を四段に分け、段ごとに「至心懺悔」や「至心随喜」などと一段の意義を頭記し、また各段末に「帰命頂礼大悲毘盧舎那仏」の文言を付している。これは『念誦儀軌』に比べて一段と〈五悔〉に近い詞章構成だが、最初の〈至心帰依〉の段の文言は全句欠落しており、〈五悔〉と全く同様とは言えない。

これらの関連性によって、弘仁十四年の時点で、真言宗僧修学の基本的聖典に、真言・天台両宗の現「唱礼」に展開する要素が存在したことは明らかである。さらに言えば、修法形式で成り立つ『念誦儀軌』と真言宗《唱礼》の構成形式、片や称名礼仏の部分および〈五悔〉に相当する部分で成り立つ『三十七尊礼懺文』と天台宗の〈唱礼〉・〈五悔〉併用の慣例、これら両者の相関関係を思うとき、両書が両宗それぞれに影響を与えたという可能性も考え得るだろう。なお、掲出書目の中『金剛頂瑜伽中略出念誦経』は擇弟子法から灌頂法に至る作法等を説くが、「唱礼」との関連は見出せず、『梵字金剛頂蓮華部大儀軌』の次第は『念誦儀軌』と一部を除いて合致するが、当然のことながら〈五悔〉等の詞章は記されていない。

『念誦儀軌』も『三十七尊礼懺文』も、表Ⅵ―ａに記したように空海・円仁いずれもが請来しており、正系密教

受容の最初期段階で、現在の両宗「唱礼」へ展開する萌芽が存在したことを確認した。ただし、弘仁十四年の頃円仁は三〇歳、師最澄の遷化（弘仁十三年）を送って間もない頃で、未だ渡唐を志すに至っていない。

目を胎蔵界に転じよう。三三五頁の表Ⅵ―bに掲げた『大毘盧舎那経』（『大毘盧舎那成仏神変加持経』。以下通称『大日経』を用いる）は、胎蔵法の根本経典である。その巻第七「増益守護清浄行品第二」に、〈九方便〉とほぼ同様の文言を見出すことができる。〈九方便〉の呼称は用いられていないが、九段に分かれた偈文が「作礼方便真言」「出罪方便真言」など、それぞれに真言と組み合わせて掲出されており、その真言の名称は〈九方便〉の段落名と一致する。ただし、〈九方便〉で段末ごとに唱える「帰命頂礼大悲毘盧舎那仏」の文言はない。またこの経典に所出の諸尊真言は、直接には〈礼仏〉（天台宗の〈唱礼〉）の文言とかかわりがない。なお、掲出書目の中『供養儀式』は『大日経』をもとにした儀軌だが、「唱礼」の次第あるいは文言との直接の関連は認められず、『梵字大毘盧舎那胎蔵大儀軌』は、『胎蔵梵字真言』（大正大蔵経一八―八五四）に相当するものであろうかと思うが、確証はない。以上が『三学録』に基づく胎蔵界経軌の、「唱礼」への影響の可能性である。

胎蔵法の儀軌としては、空海以後に円仁・円珍・宗叡の諸師によって、『摂大儀軌』『青龍儀軌』『玄法儀軌』『広大儀軌』と通称される胎蔵四部儀軌が請来されている。いずれも、基本的には前述の『大日経』の場合と大同小異である。ことに『玄法儀軌』は〈九方便〉の中〈作礼方便〉の段の詞章を欠き、『広大儀軌』は〈九方便〉の詞章に異同が多いなど、これらの儀軌が、「唱礼」の出典として『大日経』以上の親縁性をもつとは考えられない。

以上、密教の根本経軌を金・胎とたどって天台・真言「唱礼」とのかかわりを探ってみた。いずれも間接的な関連を指摘することができるし、金剛界の『三十七尊礼懺文』のように、直接的な関連要素を濃密に示すものもある。しかし全きかかわりを示すものはない。「唱礼」の成立への模索はさらに継続せねばなるまい。そこでこのたびは、密家諸師の撰述になる聖教等にその関連を求めることとする。

2 真言宗の場合

第一章「各宗の唱礼」に記したように、真言宗の「唱礼」は〈五悔〉または〈九方便〉を中心に据えた一連の声明の集合体を指す。そして〈五悔〉を中心に据える《金剛界唱礼》は『金剛界念誦次第』に依拠し、〈九方便〉を中心に据える《胎蔵界唱礼》は『胎蔵界念誦次第』に依拠する、と考えられる。ところが、典拠と考えられる金・胎両『念誦次第』をさかのぼると、撰者を異にする数多くの次第本があり、宗祖空海の撰と称するものも一、二にとどまらず、その真否も確定してはいない。これらは、すべて大綱は異なることがないものの、部分的な異同があって必ずしも同一ではない。そこで、空海撰と称するものをはじめとして左記の諸本について異同を比較した。

A 金剛界

①『金剛界黄紙次第』[20]、②『無尽荘厳三昧念誦次第私記』[21]、③『金剛頂瑜伽蓮華部大儀軌』[22]、④『金剛界大儀軌』[23]、⑤『金剛界持念次第』[24]、⑥『金剛頂経蓮華部心念誦次第』[25]

B 胎蔵界

①『胎蔵界吽字次第』[26]、②『胎蔵梵字次第』[27]、③『胎蔵略次第』[28]、④『胎蔵普礼五三次第』[29]、⑤『胎蔵界念誦次第』[30]、⑥『胎蔵備在次第』[31]、⑦『胎蔵略次第』[32]

以上の中に、真言宗「唱礼」の典拠と考え得る次第をもつものがある。金剛界では『金剛頂経蓮華部心念誦次第』(⑥)、胎蔵界では『胎蔵梵字次第』(②)と『胎蔵備在次第』(⑥)がそれである。右三本の中『胎蔵備在次第』は空海の口説に門人が手を加えたものか、というが、真偽未決で軽々に空海の関与を信ずるわけにはいかないので、ここでは除外し、残る二本について考察を試みる。

まず『金剛頂経蓮華部心念誦次第』（以下『金剛界法皇次第』と略記）は、宇多法皇が空海と益信の次第本に基づいて制作された、という。[33] 宇多法皇は空海没後三二年の貞観九年（八六七）の生誕、空海―実慧―真紹―宗叡―源仁―益信―宇多と連なる血脈[34]に名を残す存在である。前掲の諸師金剛界次第の中、①は空海撰、③は空海口・実慧撰、④は空海または宗叡の撰、⑤は益信撰、⑥は宇多法皇撰とされ、空海から宇多に至る系譜の諸師に擬せられている。[35] これらを比較すると、『金剛界法皇次第』は、明らかに空海撰『金剛界黄紙次第』に大綱を、また益信撰『金剛界持念次第』に細要を取り、さらに法皇自らの創意を加えて完成されたとうなずくことができる。益信は、法皇落飾の戒師を勤め、伝法灌頂をも授けた人で、法皇の帰依厚い師であった。宗祖空海と直接の師益信の撰に範を求めたのは必然のなりゆきであり、またさらに自らの創意を加えたという次第には、九世紀半ばから十世紀にかけての文化万般にわたる和様化の現象が密教修法にも及んだことを感じさせるものがある。真言宗《金剛界唱礼》の次第に摂取されているのは、『金剛界法皇次第』において、法皇が自ら付加された部分が主体となっている。[36]

一方、胎蔵界の『胎蔵梵字次第』は空海の撰と言い、胎蔵界念誦法の基準となるものとして五〇種を超える諸本の中でも重んじられている。これを真に空海の撰とすれば《胎蔵界唱礼》は宗祖の次第本を直に典拠として作成されたと考えられるわけである。この点に関して『胎蔵界念誦次第要集記[37]』に、撰者杲宝は次のように記す。

御作目録ニ云、胎蔵界次第三本各別云々

私ニ云、三本ト者何ノ次第乎、先師僧正云、一ハ梵字次第、二ハ作礼方便次第、三ハ吽字次第ト云々、或義ニ云、一ハ梵字次第、二ハ備在次第、三ハ吽字次第ト云々、但シ於㆓吽字次第ニ者㆒、或説ニ遍照寺僧正ノ作ト云々、或説ニハ平救阿闍梨ノ作ト云々、可㆑尋㆓決之ヲ㆒、作礼方便次第ハ、小野僧都ノ奥書ニハ大師御作ト云々、雖㆑然水尾玄静作云々是実説歟、見㆓心覚抄ニ㆒

右の文言から、『御作目録』(38)に記す空海の「胎蔵界次第三本」について、当時すでに諸説のあったことがうかがわれるが、十四世紀半ばのこの時点で『胎蔵梵字次第』の撰者を疑う説はなかったことがわかる。また梵字による記述を用いずして「梵字次第」と称するこの撰述本に関しては、真言を梵字で記してあるゆえ、等の解釈(39)によって一応の解決をみている。これらによって、『胎蔵梵字次第』を空海撰とする説に従い、真言宗『胎蔵界唱礼』は、宗祖空海の『胎蔵梵字次第』が典拠となっている、と考える。

以上が、真言宗「唱礼」の典拠を諸師撰述の聖教に求めた結果である。

さて、前節で考察した諸根本経軌に、〔五悔〕および〔九方便〕という名称は存在しなかった。それに相当する詞章は存在し、また五段もしくは九段に分割された小段落の名称は記載されながら、その包括名称である〔五悔〕も〔九方便〕も用いられてはいなかった。ところが空海撰という『金剛界黄紙次第』『胎蔵梵字次第』には、〔五悔〕も〔九方便〕も一つの段落の包括名称として用いられており、経軌から独立して固有の意義を与えられている。両者が、経軌を離れ独立して用いられるようになる、ということは、いわば両者の声明曲としての出発点でもある。そこで、〔五悔〕または〔九方便〕が、単独で用いられている事例を確認しておこうと思う。

承和二年（八三五）三月十五日の、空海遷化七日前の遺誡――御遺告《ごゆいごう》(40)――の第七条に、以下の文言がある。

一、食堂《ノ》仏前《ニ》、召《シ》ニ侍大阿闍梨《ニ》幷廿四《ノ》僧《ノ》童子等《ヲ》一、可《キ》レ令レ習《セ》ニ誦五悔《ヲ》一縁起第七
右案《ズルニ》ニ大唐青龍寺《ノ》例《ヲ》一、宗徒大阿闍梨之童子、幷《ニ》諸名徳達之童子等《ヲ》令レ会ニ集食堂一、僧達一人、童達一人、共《ニ》令レ習ニ学五悔《ヲ》一、毎夜現《ス》槧、（中略）亦九方便《ヲバ》、於ニ大阿闍梨《ノ》前《ニ》一召ニ集《シテ》諸徳弟子之《ノ》内堪能之《ノ》僧等《ヲ》一、毎夕可レ令ニ習誦《セ》一、
（後略）

この文言によって、九世紀前半に〔五悔〕と〔九方便〕がそれぞれ独立した曲として存在したことを知ることが

できるし、それは空海が学んだ大唐青龍寺で行われていた制であったことを知ることもできる。以上が真言宗における〈五悔〉と〈九方便〉の、金・胎《唱礼》に組み込まれる前後の状況である。ただし、「令習学五悔」や「九方便……可令習誦」の表現から、当時この二曲が、現在の声明曲としてのそれと同様に、豊かな旋律とリズムをもつものであったか否かはわからない。

3　天台宗の場合

天台宗における〈唱礼〉、または〈唱礼〉と〈九方便〉や、〈唱礼〉と〈五悔〉併用の用例については、真言宗の場合と同様に宗祖最澄とのかかわりで見出すことができる。まず伝最澄撰『合壇灌頂記』(41)に「……次唱礼、次驚覚、次九方便、」の次第が記され、同じく伝最澄撰『薬師儀軌』(42)には「……次唱礼、次四方四仏四菩薩、次本尊称名三遍、次三部界一切仏菩薩等、次驚覚真言、次九方便、」とある。しかし『合壇灌頂記』は作者に真偽異説ありとい(43)、また『薬師儀軌』が依拠したと考えられる『薬師如来念誦儀軌』は最澄の請来目録に記載がなく、また巻末に「伝教大師将来」(44)と付記されている『薬師儀軌一具』は、成立・伝来の経路が不明である。以上を以て両書を最澄撰とする説を直ちには信じ難い。

台密請来の功績については最澄を凌駕する円仁に目を転じてみよう。円仁撰という『延暦寺灌頂行事』(45)には、九月一日の雑事始行から十五日の儀式に至る灌頂行事の次第が記されている。「貞観元年九月十一日」の日付で「……以ニ前行事一、略記録《スルコト》如レ件、但有ニ闕漏一者、須ニ追添《テ》補《ス》耳一」とあり、「(九月)五日、請《ズルノ》ニ灌頂料《ノ》物《ヲ》一牒、可レ進ニ官家《ニ》一」とも記されているから、貞観元年(八五九)をいくばくかさかのぼる時点での、公的な意味合いを含む行事に基づく記述と思う。そしてこれに比定しうるのは、仁寿四年(八五四)十一月安慧・慧亮に三部大法灌頂を授け、三部大法阿闍梨とした折の灌頂会だが、これは『慈覚大師伝』(46)に「……是則、以二官符一《ヲ》授二三部阿闍梨位一《ヲ》之始也、」と記される特記すべき法会であった。そのゆえに、行事催行の一段階として料物を官家に請求し、また行事次第を書き留める結果にもなったのであろう。この次第に、円仁は「座主大法師円仁」と、その名をとどめている。さてこの『延暦寺灌頂行事』の「(九月)十五日儀式次第」には、表白・神分に続いて「次唱礼、次九方便」の次第が記され、この時点で現在と同様の組み合わせと、現在と同様の用法が存在していたことがわかる。また〈唱礼〉と〈九方便〉の組み合わせが存在していたとすれば、〈唱礼〉と〈五悔〉という金剛界の組み合わせも存在していた可能性が非常に濃い。すでに根本経軌の考察の折に述べたように、金剛界の場合は、円仁請来の『三十七尊礼懺文』が〈唱礼〉と〈五悔〉の組み合わせとその詞章に移行する要素を濃密に備えていたからである(三三六頁参照)。事実、円仁晩年の弟子安然の撰述『金剛界大法対受記』には、「次五悔、次推二量《リテ》時一《ヲ》、緩急礼二《ニ》称三十七尊名一《ヲ》若緩可レ行、若急不レ可レ行」(47)という記述があり、金剛界における二曲併用の事例を確認することができる。ただしこの場合、〈五悔〉と〈三十七尊名〉(〈唱礼〉)の組み合わせの順序が現在と前後しており、併用の習わしが法式として固定する前段階であった可能性をも思わせる。

以上によって、天台宗における「唱礼」は、円仁帰国後の活躍時期に定着したものと考える。しかしそれが留学中の唐の形式をそのままに移したものか、円仁自身の制作意志が加わったものであるのか、現時点では確認しがたい。

4　声明曲としての両宗「唱礼」

密教の根本経軌にはじまり、密家諸師の撰述にその存在を求めた結果は以上の通りで、真言宗・天台宗ともに、正系密教請来の立役者である空海と円仁の事績に、それぞれの「唱礼」の源を認めることができた。ただ、先にも触れたように、当時これらの曲に現在のように豊かな旋律やリズムが付されていたか否かはわからないのだが、空海・円仁が請来し（三三五頁表Ⅵ参照）、後に本文を掲げる『金剛頂瑜伽中略出念誦経』（以下『略出経』と記す）には、「金剛言詞歌詠讃誦品」の一段があり、諸尊供養の方法として「歌詠」することが述べられているし、『三学録』に所収の「梵字真言讃等四十巻」の存在や、『延暦寺灌頂行事』に見る「次《イデ》阿闍梨初《メニ》作《シ》二供養法《ヲ》一、供養法之終《リニ》即《チ》唱《フ》二種種《ノ》讃《ヲ》一、然《ル》後讃衆幷大衆発《ス》二音讃《ヲ》一、」の記述によって数多くの「讃」と呼ばれる密教声曲が用いられ、独唱・斉唱の別があったことも確かである。ただ空海撰『梵字悉曇字母釈義』[48]には、悉曇字母いちいちに四声が注されており、末尾には「……八梵音者、一不男音、二不女音、三不強音、四不奐音、五不清音、六不濁音、七不雄音、八不雌音、」と記されている。厳格な四声の発声と共に陰陽・強弱・清濁等にかたよらぬ唱法を梵音——清らかな音声——であると記すこの文言から察すると、当時、梵語の讃のたぐいも、四声に基づく音韻の規定から出発した音楽性によって演唱されていたのではなかろうか、と思う。

空海・円仁の時代を経て円仁晩年の弟子安然に至ると、彼は『金剛界大法対受記』巻第六に、『略出経』に記す讃詠法を引用し、その記述についての諸家の説を記している。[49]これによって、当時の唱法の一半を多少具体的に察知できるので、長文ながら左に引用した。

私云、略出《ハ》十六大供養後《ノ》有《ニ》二金剛言詞歌詠讃誦品一云、如レ上《ノ》結《ンデ》二印及陀羅尼《ヲ》一供二養《スト》一切如来幷聖衆《ヲ》一、「即以《テシ》二讃《ズルニ》金剛《ノ》言詞《ヲ》一、応レ作《ス》二歌詠《ヲ》一、曰、（中略）
如《ク》レ是讃《ジ》已、若有《シラバ》二余勝《ノ》妙讃頌《ノ》一、随《ッテ》レ意《ニ》讃《ス》レ之《ヲ》、其讃詠法《ハ》、晨朝《ハ》当《シ》レ以《テス》二灑臘《ノ》音《ヲ》一、午時《ハ》以《テシ》二中音《ヲ》一、黄昏《ハ》以《テシ》二破音《ヲ》一、中夜《ハ》以《テ》二第五《ノ》音韻《ヲ》一讃《ス》レ之《ヲ》、如《クバ》レ不《ル》レ解《セ》者、随以《テ》二清好《ノ》音声《ヲ》一讃詠《スト》」二云云、（中略）

又灑臘《ノ》音者、准《フ》二灌臘経一、四月八日灌《ノ》仏臘像《ニ》一、今灑臘者與二灌臘一同《ジク》、其音曲者大唐行《フ》レ之《ヲ》、即《チ》平緩音《ナリ》、次《ニ》中音者非《ズ》レ平《ニ》非《ズ》レ高《ニ》非《ズ》レ緩《ニ》非《ズ》レ急《ニ》、次《ニ》破音者是高急音《ノ》、次《ニ》第五《ノ》音韻者、弥陀念仏合殺《ノ》五声《ノ》中、第五号之六声也、（中略）又中院《ノ》説、珍和上《ノ》説《ハ》、灑臘《ノ》音《ハ》是緩声、中音《ハ》是非緩非急《ノ》声、破音《ハ》是急声《ノ》、以加《ヘ》二初見《ニ》一明了《ニ》決《スト》レ之《ヲ》（以下略）

筆者が「　」を付した『略出経』の文言と、これに関する記述によれば、本来讃詠のたぐいの唱法は、調子の高低とテンポの緩急を基本としたと考えられる。しかし安然の時代に至るまでに、経典記載の唱法の解釈に異同も生じていたもののようであり、それまでの讃詠に関する理論の未確立を思わせる。安然は、円仁の晩年に円仁の弟子として得度・受戒し、顕密を究めた碩学であるが、元慶四年（八八〇）に彼が撰進した『悉曇蔵』では、悉曇の音韻や字義はもとより、呂・律、十二調子などの楽理を論じており[50]、この方面でも傑出した存在であった。その事績を踏まえて前掲の文言に立ち返れば、少なくとも九世紀後半の頃、声明が本来の音韻の学に基づく音楽性から、楽理に則った音楽性へ展開しつつあったであろうことを推測することができる。それは、前述の空海・円仁の時代の状況に比べると、音楽面での展開を示すものであり、摂取から消化の段階を迎えたことを示すものである。さらに注目すべきは、掲出した『略出経』に記す「若有《ラバ》二余勝妙讃頌《ノ》一、随《テ》レ意讃《ニス》レ之《ヲ》、」の文言で、この経説に従い、所定の讃詠の文に代えて、しかるべき偈頌を用いるという自由選択が現実に行われたとすれば、根本経典の一部の意義深い偈頌が、讃詠の文として独立し、「随意」に用いられるに多くの時を要することはあるまいし、またそれぞれにふさわしい調子とテンポを規定され、讃詠の曲として定着する可能性もまた大きい。〔五悔〕や〔九方便〕、あるいは天台の〔唱礼〕などは、論なくこの経過を経て定着し得る曲である。先に引用した『金剛界大法対受記』巻第八の「次五悔、次推《リテ》二量時《ヲ》一、緩急礼《ニ》二称《ス》三十七尊名《ヲ》一」の文言は、まさにそこに至るまでの流動性の名残りを示すものではなかろうか。もちろん、これらの展開の発端は中国にある。しかしその音楽的側面の展開は、九世紀後半以降のわが国における文化万般にわたる和様化の流れに位置づけてよいのではないか、と考える。

以上が、奈良時代の「唱礼」とは異なる系譜をなす、天台・真言両宗の「唱礼」の成立過程に関する考察である。この考察を含め、四章にわたって、「唱礼」という通仏教的な呼称のさまざまな表現を、南都系・天台系・真言系の三系列に視点を当てて追い求めた。ただし、本稿では、その展開過程を最後まで追ってはいない。いわば成立前史の確認という段階で終えることになる。以後の展開は個々の系列ごとに追うべきと考えるからである。いまひとつ付言すれば、本稿では、金・胎両「唱礼」の定着の時期が両宗ともに異なっている点に触れなかった。ことに真言宗の場合、『金剛界唱礼』の直接の典拠を宇多法皇の『金剛界法皇次第』に、『胎蔵界唱礼』の典拠を空海の『胎蔵梵字次第』に求めた。金・胎不二の理念と、金・胎「唱礼」定着の時期のずれを考えると、次第の比較のみで典拠を求めることの可否を決しかねる。この点を今後の課題としたい。

おわりに

「唱礼」を考えてみようと思い立ったのは、「悔過会」を考えるに先立ってその周辺をすっきりさせておきたい、というごく軽い気持ちからであった。ところがいざたち向かってみると、私にはまことに手強い相手で、素直にはその顔を見せてくれない。ここまでたどって、さてこの先各宗派所用の「唱礼」への展開を思うと、道遥かという感もある。しかし、少なくとも「唱礼」が、各宗派の声明の中でしかるべき存在感を示してきたこと、儀式を荘厳する声明ではなく、心情表出の声明としての役割を担ってきたこと、そこには一貫して称名礼仏の根本義が認められることなどは確認した。ここまでの追求に不備な点もあろうと思う。ご叱正を賜わりつつ、再び「唱礼」に取り組む機会を持ちたいと考えている。

註

（1）この曲は、天台宗と真言宗で読みを異にし、天台宗では「ゴゲ」と読み、真言宗では「ゴカイ」と読む。
（2）註（1）参照。
（3）十八道、金剛界、胎蔵界、護摩の四種をいうが、宗派によって修する順序には異同がある。
（4）真言律は真言の教義を基にして密律双修を説くが、叡尊以来高野山との交流が深い。声明も南山進流の流れを汲み、現在は高野山真言宗と共通の声明本を用いている。
（5）東大寺長老橋本聖準師の談による。
（6）『声明大系―多紀道忍独唱天台声明』（法藏館、一九八三年）所収曲目解説。
（7）『仮博士所作付二箇法要法則』（真言宗豊山派宗務所、一九七七年）にも、「東密ノ唱礼ハ唱礼ノ句欠ケタルガ如キモ、経前ノ勧請経後ノ礼仏ノ句ニ唱礼ノ句ヲ籠メタルモノト知ルベシ」、「略儀ニハ単ニ回向ノミヲ唱フル例アルモ若シモ礼仏ノ句ヲ除カハ唱礼ノ意味ヲ失フモノナレバ、経後ノ普供養以下ハ略スベカラズ」と述べられている。
（8）『寧楽遺文下巻』（東京堂出版、一九八一年）所収、智識優婆塞貢進文の解説。
（9）『類聚三代格』巻第三、国分寺事の条。
（10）『大正蔵』第55冊所収。
（11）石田茂作『写経より見たる奈良朝仏教の研究』（原書房、一九八二年）に拠る。
（12）『類聚三代格』巻第三、僧尼禁忌事の条。
（13）『日本書紀』巻二十四。
（14）「南無毘盧遮那蔵大雲如来」以下五二仏名を列記し、これらの名号を受持し、称名礼敬すれば、一切の苦難を解脱して安楽を得、甘雨降りそそいで草木が豊かに成長する、と説いている。
（15）吉祥天を本尊とする称名礼仏の作法を勤修する法会。
（16）仏名経に記す過去・現在・未来の三千仏を称名礼拝する作法を勤修する法会。

（17）吉祥悔過と明らかな事例の初出は、『類聚国史』巻百七十八所載の「天平宝字三年六月丙辰」と考えられる。夏季の祈年と考えることが可能である。その恒例化に関しては、『三代実録』元慶元年八月廿二日の条の「……神護景雲二年正月廿四日、奉二官符一、画二吉祥天像一鋪一、安二置国分寺一、毎年正月薫二修其法一、」によって、神護景雲二年（七六八）前後の時期を想定することができる。仏名懺悔については、『政事要略』廿八御仏名の条「……宝亀五年十二月、嘱二請僧十口、沙弥七口一、設二方広悔過於宮中一、宮中方広自レ此始也、」を初見とし、同じく承和十三年十月の「勅、仰二五畿七道諸国一、限以二三日一令レ修二仏名懺悔一事、」によって恒例化したと考えられる。

（18）『弘法大師全集』巻第一（吉川弘文館、一九一〇年）所収。

（19）『弘法大師伝記集覧』（森江書店、一九三四年）所収。（『類聚三代格』所出の文を、金剛寺文書等により校訂した文を収めてある）

（20）『弘法大師全集』巻第五、巻第十二（吉川弘文館、一九一〇年）所収。

（21）同前。

（22）『日本大蔵経』真言宗事相章疏所収。

（23）『弘法大師全集』巻第十二（吉川弘文館、一九一〇年）所収。

（24）国会図書館所蔵。

（25）『日本大蔵経』真言宗事相章疏所収。

（26）『弘法大師全集』巻第十三（吉川弘文館、一九一〇年）所収。

（27）同巻第六所収。

（28）同巻第六所収。次第小異の二本あり。

（29）同巻第六所収。

（30）同巻第六所収。『五輪投地次第』と通称。

（31）同巻第十三所収。

（32）『日本大蔵経』真言宗事相章疏所収。『弘法大師全集』巻第六所収の一本とほぼ同一の次第で、『日本大蔵経』では「恐実慧撰」としている。

（33）『密教大辞典』（法藏館、一九八三年）による。

(34)『真言宗全書』(続真言宗全書刊行会、一九七七年)第三十九所収「血脈類集記」による。
(35)前掲『密教大辞典』『密教辞典』(法蔵館、一九七五年)などによる。
(36)表Ⅱに掲げた〈前唱礼〉の部分は、法皇の付加部分に相当する。
(37)『真言宗全書』(続真言宗全書刊行会、一九七七年)第二十五所収。
(38)『弘法大師全集』巻第十五(吉川弘文館、一九一〇年)所収「弘法大師御作書目録」が相当する。
(39)前掲『密教大辞典』による。
(40)『弘法大師全集』巻第七(吉川弘文館、一九一〇年)所収。
(41)『日本大蔵経』天台宗密教章疏一所収。
(42)同右所収。
(43)前掲『密教大辞典』による。
(44)『大正蔵』第一九冊所収のそれに記されてある。年紀等の記載はない。
(45)『日本大蔵経』天台宗密教章疏一所収。
(46)『続群書類従』八輯所収。
(47)『大正蔵』第七五冊所収の同書「閼伽印第百九十二」の項に所出。
(48)前掲『弘法大師全集』巻第七所収。
(49)『大正蔵』第七五冊所収。
(50)『大正蔵』第八四冊所収の同書の、特に「巻第二」など。

第二部

悔過会と二月堂の修二会

一　悔過会と祈年《としごい》

「悔過会」とは、「悔過法要を勤修する法会」を意味する名称である。この法会は、おそらくわが国で最も古くから行われた法会のひとつだが、現在に至るまで勤修し続けている例を五〇近く確認しており、中・廃絶して次第本のみ伝承する例を加えると八〇例近い数となる。伝存地域は東北地方から九州に至る広い範囲に及んでおり、ことに福井県小浜から京都・奈良・大阪各府県を経て和歌山県高野山に至る南北のラインと、滋賀県湖東一帯から京都・兵庫の両府県を経て岡山県西大寺に至る東西のラインという、帯状の伝存地帯が認められる。中でも、奈良県では平城京の周辺部に、京都府では平安京の周辺部に伝存事例が集中していて、東西・南北に連なる前掲の伝存地域の交差点ともいうべき地域となっているのが注目されるところである。

確認した事例すべてに共通しているのは、「修正《しゅしょう》（月）会《え》」・「修二《しゅに》（月）会《え》」という祈年の目的の法会としてとり行われている、という事実である。例外は全く、ない。またそれに付随して、民間の祈年の習俗との共通点を併せ備えていることも大きな特色である。具体的に二、三の例を挙げよう。伝存事例に見る法要の本尊は、如来部では大日・薬師・仏頂尊・釈迦・阿弥陀の諸尊、菩薩部では観音（如意輪・十一面・不空羂索・千手千眼）・地蔵・

弥勒、天部では吉祥・毘沙門・弁才天の諸尊であり、ほかに舎利悔過《しゃりけか》もあるが、薬師・観音・吉祥天など、現世利益《げんぜりやく》的な尊像を本尊としている例が圧倒的に多い。いずれも天下安穏・万民快楽・五穀豊穣など現実世界の充足を願う祈年の法会に最もふさわしい本尊であり、悔過会の性格を端的に語っている。また、豊作の予祝に連なる造花の供華を飾り、除災の呪物としての松明《たいまつ》や牛王杖《ごおうづえ》・けずりかけを用い、年占《としうら》の意味合いをもつ競技的な行事、除災招福を象徴する鬼や牛王宝印《ごおうほういん》授与の行事を取り入れ、神降ろしの神名帳《じんみょうちょう》奉読を重要な要素として加える、等々も悔過会の大きな特色で、そこに、純粋な仏教行事の枠には納まらぬ複合的な性格を明らかに見ることができる。

しかしこのような特色をすべての悔過会が併せ持っているのか、というとそうではなくて、たとえば造花を飾る例は奈良・滋賀・兵庫各県下の寺々に多く、京都や東北・九州の寺々には稀である。鬼の行事は奈良・滋賀・兵庫・九州の諸寺に多く、京都や東北ではごく少ない。神名帳の奉読は奈良に多く、大阪・兵庫・東北の寺々では行わない。おおまかに地域ごとの相違を記しても右のような傾向があるし、また同一地域の寺々でも、それぞれの特色があって必ずしも同一でない。ただ一例、悔過会のもろもろの特色を残らず備えている、と言ってよい法会がある。東大寺二月堂の修二会である。この法会の場合は、二七日《にしち》にわたって一日六回ずつ悔過法要を勤修し、潔斎のための前行を行い、法会の期間は参籠宿所《さんろうしゅくしょ》に籠って厳重に八斎戒を保つなど、悔過会の本質的な精神や形態をいまだに継承しており、その上にさまざまの付随的特色を併せ備えているから、悔過会を考える場合に決して通り過ぎることのできない法会である。(1)

二　十一面観音悔過

二月堂の修二会が、悔過会を代表する法会だという事実は周知のことで、〝お水取り〟の通称で一般にも親しまれている。しかし、親しまれている割にはわからないことが多すぎる。わからないことだらけだ、と言ってもよい。おそらく、悔過会の把握を目指すときには、二月堂修二会の把握をまず目指さねばならないだろう。

二月堂修二会の本尊は、大・小二体の十一面観音である。二体とも秘仏とされているので、その尊容を現実に拝すことはできないが、十一面観音を讃嘆して悔過礼拝する『十一面観音悔過法要』（『十一面悔過』と略称）が勤修されている。この法要は『十一面神呪心経』（玄奘訳）の所説に基づいている、という説(2)の通り、その声明《しょうみょう》の詞章に『十一面神呪心経』の文言や経説が影響している。たとえば法要の中心部の［称名《しょうみょう》悔過《けか》］と称される一段で、本尊の相好や持物などを次々と述べて讃嘆するその唱句は、この経典に拠ったものである。十一面観音に関する他の経典(3)は、それぞれに異なる訳語を用いているから(4)、それらに拠ったとは考えられない。また法要の後半部の［五仏御名《ごぶっこみょう》］と称する一段で、十一面観音の神呪の威力を述べる唱句も、同様の理由で

写真Ⅰ　東大寺修二会：［称名悔過］の本尊讃嘆

写真Ⅱ　東大寺修二会：［称名悔過］の礼拝

『十一面神呪心経』に基づいて制作されたと考えて誤りはないと思う。

ところで、先にも触れたように、二月堂修二会のほかにも十一面観音を本尊にして『十一面悔過』の法要を勤修する事例がある。法隆寺夢殿・松尾寺・長久寺・観菩提寺の修正会と、中宮寺・長谷寺・清水寺の修正会・修二会であり、その他に、廃絶してしまった興福寺と大御輪寺の修正会の次第が確認されている。以上の伝存事例の中、観菩提寺（三重県）と清水寺（京都市）以外はすべて奈良県下の寺院であり、『十一面悔過』は集中的に奈良県に伝存しているのが現状である。

二月堂と同じ奈良の地の、二月堂以外の『十一面悔過』は、どの経典に拠って成立したのか、という興味が当然生まれる。そこで、さきほどと同じように、それぞれの法要の［称名悔過］と［五仏御名］の部分の詞章を比較してみると、基本的にはいずれも『十一面神呪心経』に拠っており、二月堂の修二会を含めて、『十一面悔過』の法要形式の成立には、この経典の理解と重視の姿勢があったことが察せられる。ただし、諸寺の法要次第や声明の詞章が全く同一というわけではなく、大同小異の表現形式が用いられており、そこにそれぞれの特色が示されている。いま、その個々の小異をあげつらう必要はあるまいが、悔過会成立の根本にかかわると思われる特色について触れておきたい。

三　懺悔型・祈願型

ここに掲げるのは二月堂と松尾寺の『十一面悔過』の詞章のごく一部である。Aは、［称名悔過《しょうみょうけか》］の段で十一面の相好を讃嘆する部分であり、Bは［五仏御名《ごぶつごみょう》］の段で十一面の神呪の威力を述べる部分である。

A　二月堂

南無当前三面慈悲相
――
南無左辺三面瞋怒相
――
南無右辺三面白牙相
――
南無当後一面蓂（ママ）笑相
南無頂上一面如来相
南無頂上仏面除疫病
南無最上仏面願満足

松尾寺

南無当前三面慈悲相
南無前三慈面求如意
南無前三悲面除鬼病
南無左辺三面瞋怒相
南無左辺三面伏悪賊
南無右辺三面白牙相
南無右白（ママ）三面能救護
南無当後一面暴呪（ママ）相
南無頂上一面如来相
南無頂上仏面除疫病
南無最上仏面願満足

B　二月堂

一切恭敬南無十一面
具大威力神呪心経
一誦即除四根本罪
一誦能滅五無間罪
　中略
十一面大悲者
名号尊貴難得聞
称讃名号滅重罪

松尾寺

南無十一面具大威力
神呪心経
南無一遍（ママ）即除四根本罪
南無一誦能滅五無間罪
　中略
南無十一面具大悲者
南無名号尊貴難得聞
――

Aの詞章で、二月堂型は十一面観音の相好を経典の記載に則って列記するが、それぞれの相好の意味には触れず締めくくりの二句で総括的に仏面の功徳を述べる。これに対して松尾寺型では、一句ごとに経典が説く相好個々の威力を述べて、その功徳をより具体的に表現している。［称名悔過］は、本来、本尊を讃嘆礼拝することで自らの罪を懺悔する作法だが、悔過経典には、讃嘆礼拝を繰り返して懺悔すれば、その功力《くりき》が無限の世界に波及してさまざまの願望が達成される、と説かれており、本尊讃嘆の礼拝行が、個人の滅罪にとどまらず、願望成就を祈願する作法として展開する可能性を示している。悔過法要が祈年の法会で勤修されるとき、［称名悔過］が懺悔のための作法というよりは、願望達成の前提的作法という性格をより濃くするのは当然とも考えられる。そしてこのような視点で二月堂と松尾寺の詞章を比較すると、本尊の威力を総括的に讃える二月堂型より、相好ごとに具体的な威力を讃える松尾寺型の方が、より現実的な願望達成への期待に連なるはずである。

Bの詞章では、右の傾向がさらに顕在化する。この段を二月堂では［五仏御名］と称するが、その意味は不明だし、長久寺ではこの段を［祈願］と称し、観菩提寺では［祈請諸願《きしょうしょがん》］と称しているよ

滅除無始三業罪	
	南無天災地変令消除
無量災難令解脱	南無無量災難未然解脱
聖朝安穏増宝楽	南無聖朝安穏増宝寿
	南無国母儲君増宝寿
施主等安穏除災患	南無諸大施主除災与楽
大伽藍	南無大伽藍安穏興隆仏法
	南無所司大衆各成悉地
天下安穏興正法	南無天下安穏万民豊楽
地味	南無地味増長成五穀
三界	南無三界六道平等利益
一切	
	南無大悲護念成善願

うに、十一面観音の神呪の威力を述べ、その威力によってさまざまの願意が達成されることを祈願するのがこの段の趣旨と考えられる。「十一面大悲者」の句を境に、それ以前の抽象的な表現から次第に具体的な願意の列記に転換してゆくが「無量災難令解脱」までは『十一面神呪心経』の所説に基づく詞章となっている。

さてそこで二月堂と松尾寺の詞章を比較すると、二月堂型は経説に基づく神呪の威力の確認、という意義の延長上に具体的な願意があり、松尾寺型は願意をより具体的に披瀝《ひれき》することと、最後を「南無大悲護念成善願」という祈句で結ぶことで、祈願の意義を鮮明に表出している。このような双方の差異と先に述べた「称名悔過」の差異とを考え合わせると、同じ悔過法要でありながら、二月堂と松尾寺では法要に託す意義に明らかな相違があることがわかる。またこの相違は二月堂と松尾寺の関係だけではなく、他の諸寺にも当てはまることで、詞章の異同を前掲の部分で比較すると、二月堂と同系列に長久寺を、松尾寺と同系列にその他の諸寺のほとんどを、また第三の系列として清水寺と観菩提寺を挙げることができて、二月堂型を「懺悔型」と呼べば、その他を「祈願型」と呼ぶこともできる。

二月堂の場合は、このほかにも本尊の名号を数十回も唱えて礼拝する「宝号《ほうごう》」や、身体を地に打ちつけ[5]て懺悔の心を表明する「五体《ごたい》」の作法などがあって、悔過懺悔の色彩が際立って濃厚である。そこで思い出して頂きたいのは、悔過会と祈年の項で記した以下のことである。二月堂の修二会は二七日にわたって行われ、その間、悔過法要を毎日六回ずつ勤修し、本行の前に前行の期間を設けて別火精進し、本行の間も俗世間との接触を断って八斎戒を保つ。以上は、すべて悔過経典(6)に説く悔過懺悔の必修条件である。二月堂修二会はこれらの条件を満たし、さらに前述のように、法会の根幹である悔過法要においては、所依の経典により忠実に、しかも懺悔の色彩をより濃く保つという特色を示している。この事実には、悔過会の本来の形態――自らの修行のための懺悔法としての――が反映しており、祈年の法会として定着する以前の本質を今に残しているように思われる。

四　牛王宝印授与

法会の根本的な要素を通してみた悔過会の本質と二月堂の特色は以上の通りだが、付随的な行事にもさまざまの意味と表現形態がある。ここでは、その代表的なひとつに触れてみたい。

悔過会の結願には牛王宝印《ごおうほういん》（札）の授与を行うことが多い。悔過会の付帯行事としては最も普遍的なもので、地域や本尊にかかわらずとり行われている。

牛黄《ごおう》は特殊な病牛の肝臓や胆嚢にできる結石で、万能の解毒薬として珍重するというが、『神農本草経』にはその薬効を記すのに「除邪、逐鬼」などの表現があるという(7)から、除病の高貴薬である牛黄への信仰が除魔・除災へと展開を遂げる蓋然性は高い。祈年の法会で、その牛黄を混入した墨を用い朱印を押した牛王札を参詣の人々に配り、額に牛王印を押すのも、また柳の枝などにはさんだ牛王札を田の水口に立てたり門口にはったりするのも、牛黄から展開した牛王の、除魔・息災への呪的効果を期待した結果と考えられる。修正会・修二会の結願にこの行事が行われるのも、この法会の窮極の目的――除災招福――を、具体的に確認することができるゆえであろう。

ところで、牛王宝印の授与に際して、多くは『牛王導師作法』と称する法要をさし加えたり、または『悔過法要』の末尾に牛王加持の一段を添えて宝印や牛王札の加持をする。加持を加えることで牛王の宝印や札はより大きな呪力を発揮し、人々のさまざまの願望が達成されることを期待させたであろう。このような背景を負って、一般に牛王宝印授与の作法は、在家とのかかわりが非常に深い。

以上の一般的な形態に比べて、ここでも二月堂の場合はいささか特殊である。結願の作法のひとつとして宝印授与は行うが、『牛王導師作法』はない。『悔過法要』の末尾で香水《こうずい》加持《かじ》は行うが宝印加持はない。宝印授与に際して、額に宝印を押してもらえるのは参籠衆のみ[8]で、それ以外の者には授与されない。他の寺院では、牛王札を法会の開

写真Ⅲ　東大寺修二会：［牛王宝印授与］
額に宝印を捺してもらう練行衆

写真Ⅳ　来迎院修正会：『牛王導師作法』
牛王宝印と牛王札の加持をする導師

写真Ⅴ　来迎院修正会：［牛王宝印授与］
加持した宝印で在家の人の額に捺印する導師

始以前に用意しておくが、二月堂では法会開催中の特定の日時に、練行衆《れんぎょうしゅう》（参籠僧）が自ら版木を刷って制作する、などの諸点である。一般への牛王札の配布は、法会の終了後に行われる。[9]

牛王宝印の信仰が中世に至って盛んになったのは確かだが、院政期の平安京の修正会で牛王宝印授与の作法が行われているし、二月堂でも、十二世紀末に、尊勝院の院主弁暁が疫病人に頂戴させるための梵字（尊勝陀羅尼）の版木を刻ませた、というから、平安時代に牛王宝印は祈年の行事の一環として悔過会に摂取されていた。私は、諸寺の悔過会全体の構成を勘案して、『牛王導師作法』を伴う形態は平安京を中心に伝播したもの、『悔過法要』の末尾に牛王加持を添えるのは、それ以前の法要形式に牛王信仰の影響が加わったもの、と考えているが、二月堂の場合は牛王信仰を独自に摂取して個性的なスタイルを完成させたのではないかと思う。[10][11][12]

『十一面神呪心経』は、その神呪を成立させるために行者が修すべき作法も説いている。その中で、最終の十五日目に牛黄を取り分けて神呪を誦し、水で溶いて眉間に付ければ、行者は安心を得、所願を満たし、諸病を除くことができる、と説く一段がある。二月堂修二会で牛王宝印を参籠衆——すなわち行者——にだけ与える（眉間に押す）のは、経説に忠実な本来の作法と考えられないだろうか。牛王信仰が一般に流布する以前にこの作法が法会に存在していたとすれば、改めて別の作法を付け加える必要はあるまい。先に見た『十一面悔過』とこの経典とのかかわりを考えれば、可能性は十分あると思うのだが。この推測を肯定すれば、自らの修行のための懺悔という色彩を残す『十一面悔過』に対応する結願の作法としてこの形態はふさわしいし、一般に配る牛王札の制作がこれとは別に弁暁によってはじめられた、ということが事実としても矛盾はない。

以上のように、悔過会を構成する多彩な要素の中から二つの要素を取り出して垣間見た悔過会像から結論はなにも出せない。しかし二月堂の修二会を考察の鍵として他の要素をひとつずつ取り上げていったとき、悔過会の展開の様相が姿を現す、と期待することはできるように思う。

註

（1）悔過会を、懺悔の自修行法から利他典礼に展開して成立したと考える。その展開の必然性については「「唱礼」について」（『東洋音楽研究』五〇号、東洋音楽学会、一九八六年、本書三一一〜三四八頁に再録）、に述べた。

（2）筒井英俊「二月堂観音と十一面悔過」（『寧楽』一三号、寧楽発行所、一九三〇年）、筒井寛秀「十一面悔過」（『お水取り』、三彩社、一九六八年）参照。

（3）『仏説十一面観世音神呪経』（耶舎崛多訳）、『仏説陀羅尼集経　巻第四―十一面観世音神呪経』（阿地瞿多訳）、『十一面観自在菩薩心密言念誦儀軌経　巻上』（不空訳）がある。

（4）たとえば、玄奘訳で「当前三面作慈悲相」とする相好を、耶舎崛多訳と阿地瞿多訳は「当前三面作菩薩面」とし、不空訳は「当前三面作寂静相」とする。なお、この訳語の比較については、同志社大学文学部教授井上一稔氏のご教示に負うところが大きい。

（5）実際には「五体板」と称する撥ね板に体を落として膝を打ち、五体投地の表現とする。

（6）『大通方広懺悔滅罪荘厳成仏経』『金光明最勝王経滅罪品』『五千五百仏名神呪除障滅罪経』『薬師瑠璃光本願功徳経』『法華三昧懺儀』『集諸経礼懺儀』などに、修すべきことがらが述べられている。

（7）『本草綱目』によれば、『神農本草経』牛黄の項に記す主治の薬効は「驚癇寒熱熱盛狂痓、除邪、逐鬼」と記されているという。

（8）参籠僧である練行衆をはじめ、三役・童子・仲間など、直接行法にたずさわる人々。なお参籠衆以外には宝印授与を行わない例は、法隆寺・薬師寺にもあり、これらを含めて牛王宝印授与の古型ではないかと考えている。

（9）現在は三月八日・九日の初夜と後夜の『大導師作法』の最中に行う。かつては、学侶が八・九の両日、堂衆が十・十一の両日に行う習わしだったという。

（10）たとえば、堂司の役が代々保管する司箱に納められている文明四年の牛王誓紙には、「二月堂牛玉近年繁多而流布世間、陵遅之至、」などの文言が見られる。

（11）　たとえば『兵範記』仁安二年（一一六七）正月十四日の条には「参尊勝寺、行修正事、（中略）次受牛王、呪師授之、事了上卿以下退出、」とあり、同四年正月十一日条には「入夜参円勝寺、（中略）次大導師取木印授法呪師、々々令受上卿下官等、次供僧以下、」とある。

（12）　永村眞「平安前期東大寺諸法会の勤修と二月堂修二会」（『南都仏教』五二号、南都仏教研究会、一九八四年）参照。

二月堂『悔過作法』の変容

はじめに

東大寺二月堂修二会が、六時の『悔過作法』を根幹として構成されていることは、これまでに記した通りであるが、この六時の『悔過作法』の勤修形式は、初夜の法要形式を軸にして変化したものであり、さらに二七日《にしちにち》の間に三七八頁に掲げた表Ⅳのように何段階かに変化する。

右のような勤修形態は、各地に現存する、あるいは記録に残る、他の悔過会に全く類例がない。「当堂ノ声明者自㆓都率天常念観音院㆒伝㆑テ之ヲ余処不共ノ音曲也、」（『諸作法記』）と自負するゆえんであろう。如何なる要因が働き、どのような過程を経て、二月堂修二会悔過のみがこの形態に固定したのか、魅惑的な謎を解きほぐすには至らないが、解明へのアプローチを試みてみようというのが本稿の目的である。

一　史　料

前記の目的のために参照した史料を、以下に掲げた。内容を大別すると、『悔過作法』の次第や詞章を記した次第本、法会の諸作法について記述した作法書、年ごとに練行衆の手で書き継がれた参籠記録に分けることができる。すべて、東大寺・東大寺図書館および各塔頭に所蔵されているものを、ご好意により借覧したものである。同種の史料の判別と、後の記述の便を考慮して、それぞれに仮題を掲げ、内容のあらましを記した。また、表記には常用漢字字体を用い、引用文には必要に応じて読点を施した。訓点の有無は史料に従った。

1　次第本

1浄憲本　観音院所蔵。表紙に「二月堂時作法」、奥書に「文明十七年乙巳二月　日　浄憲」とある。『二月堂修中練行衆日記』によれば、浄憲は、文明十九年（一四八七）に二十五歳で新入、天文三年（一五三四）まで参籠の名をとどめているから、浄憲が新入の用意に書写したものと考えられる。現在、年紀のある次第本の中、最も古いものである。

2訓盛本　龍蔵院所蔵。表紙に「二月堂作法」、「相伝訓盛」とあり、奥書に「右此壱冊、英憲法印御筆跡寺門無双之重宝是也　訓盛新入刻、自明舜房順定御房与給処明白也」「于時天文十九歳庚戌正月吉日　新入訓盛法師廿二」とある。

奥書によって、この一冊が英憲法印の自筆本であり、順定から訓盛へと相伝されたことがわかる。英憲の初参籠は文明十五年（一四八三）二十一歳の時であり、天文二年（一五三三）までその名をとどめ、順定は享禄四年（一五三一）二十五歳で新入、天文二十年まで参籠を続けている。奥書の筆者訓盛は天文十九年に二十二歳で新入、慶長九年（一六〇四）までその名が見える。師資相承して重用された本であることが明らかである。以上によって、奥書の年紀は降るものの、前掲の浄憲本とほぼ同じ時代に成立したと考えられる。

3祐盛本　東大寺図書館所蔵。表紙に「初夜作法」、奥書に「新入相伝祐盛」、これに添えて、別筆で「新入慶存」とある。祐盛の参籠は元和六年（一六二〇）の新入から正保四年（一六四七）までであり、慶存は、『二月堂修中練行衆日記』に、祐盛と同じ三論宗の人として「恵存、慧存」と記されている人と同一人であろうと考えるが、寛保四年（一七四四）から天明五年（一七八五）まで参籠、長く大導師を勤め、その後暫く名を散見する。

祐盛が新入に際して誰からか伝えられたものを、時を経て、さらに慶存が受け継いだのであろう。

4英俊本　東大寺図書館所蔵。表紙に「二月堂六時作法」、「英俊」と記されてあるが、奥書はない。英俊は元禄八年（一六九五）に新入し、宝永三年（一七〇六）の参籠の翌年に没している。

5慧薫本　知足院所蔵。袖珍本で、表紙「破偈」の文字はほとんど判読し難いが、見返しに「文化七庚午年正月、大喜院生弁公慧薫法師依所望、染禿毫奉書写之、令附与者也、」とあり、文化四年（一八〇七）新入以降毎年参籠している慧薫のために、その師（前出慶存か？）が書き与えたものであることがわかる。最終頁には、「東大寺沙門　英慶法師」と、明治十四年（一八八一）に新入、明治末年まで参籠の記録のある知足院先々代住職の署名があり、明治期まで用いられていたことがわかる。

6隆海本　龍松院所蔵。表紙に「二月堂声明集」、「東大寺」とあり、奥書に「右一帖者、今年修二参籠之用、以龍松院所蔵慶存法印自筆之本書写之、于時文化八年辛未正月、東大寺宝池院隆海房浄大法師、」とある。前掲の祐盛本は、祐盛から慶存に引き継がれている。これは慶存自筆本からの書写ではあるが、［宝号］の記載形式や記譜の方式は祐盛本とは異なり、慧薫本に非常に近い。

7赤表紙本　宝珠院所蔵。表紙に「修二会声明集」、奥書に「天保八酉年十二月」と記されている。筆者は不明だが、表紙の色から「赤表紙本」と称され、現在初夜の〃称揚〃のフシは、この本の博士に拠るとされ、この本が現在の『悔過作法』の基準となると考えられている。

なおこのほかに、**宗荐本**（天保三年）、**荐海本**（弘化五年）、**英憲本**（明治二十五年）、**宗賢本**（享保十四年新入）を参照させていただいた。いずれも記名または年紀があり、比較対照の史料として貴重であるが、前掲諸本のいずれかに準ずる記載内容であるため、ここでは項目を立てず後の記述に任せることとした。

2 作法書

1時導師法則　地蔵院所蔵。表紙に「文化七年正月」、「二月堂時導師法則」、「正法院流　角之坊流」、「處世界伝灯法師隆映」と記され、見返しと最終頁に「角之坊永応」と記されている。奥書はなく、裏表紙に「文政六」とある。筆者の隆映は文化五年（一八〇八）に新入し、文化七年は二回目の参籠である。参籠二年目からは時導師役の勤仕も多い。その用意に筆録したものであろう。永応の新入は嘉永三年（一八五〇）である。

1の次第本と2の作法書の性格を併せ持つ内容のもので、時導師を勤める時の作法を、所作・声明両面から次第を追って細かく記してある。ことに、声明についての記載には、前掲1の諸本の解釈を助ける記述があり、後に折にふれて引用することが多い。

2長禄本処世界日記　東大寺図書館所蔵。表紙・内題に「二月堂処世界日記」とあり、奥書に「此一帖者、嚴海大夫公長宗延春大以二両本一書写早、別而者、於二愚意一加二故実一者也」、「于時長禄三年三月　廿二日　経弘春秋廿一」とあり、次の頁に別筆で「授与栄実」とある。会中、処世界が行うべき日日のことがらを記したものだが、処世界は浅﨟《せんろう》の役で、こまごました雑用が多いから、記述も細部に触れている。また奥書の「故実」に相当すると思われる〝行遍阿闍梨時双紙之奥云〟の一段が末尾に加えられている。

『処世界日記』は、新入の心得書として必ず携えるものだから、同類は多い。これまでに目に触れたそれらの中で、長禄本は最も古い。

筆者経弘の新入は長禄三年（一四五九）、この本のもとになった本の筆者と思われる厳海大夫公は永享七年（一四三五）に、延春房は永享八年に新入している。また行遍阿闍梨は、応永八年（一四〇一）に新入して、応永二十八年まで名をとどめている。また別筆の署名のある栄実は、延徳二年（一四九〇）以降にその名があるが、文明十三年（一四八一）に新入の「寛実」が同一人物であるらしい。以上によって、長禄本は最も古い処世界日記というだけでなく、十五世紀を通じて通用していた史料として貴重である。

3寛文本処世界日記　東大寺図書館所蔵。表題の記載はなく、見返しに二月堂内陣の図を描き、引き続いて本文となる。奥書もないが、本文の満行下堂の記述と、それに引き続く別作法の記述との間の空白に「奉寄進処世界日記」、「寛文七年正月　日」、「法師実性」と、本文とは異なる墨色だが同筆で記載してある。記述の内容は、基本的に長禄本と共通しているが、文章はかなり簡略な箇条書である。実性は寛文八年（一六六八）に新入している。新入に備えて、その前年に書写したものであろう。

4公物本処世界日記　東大寺所蔵。公物として、代々の処世界に相伝されている。表紙・内題ともに「処世界私記」と記され、内題と同じ頁に「新禅院法幢」の記名がある。奥書には「享保十二丁未年　処世界浄懐法師十四歳新入　為二初心一私日記認レ之」、「享保十一丙午年十二月日　光賢」とあり、その後に次々と新入処世界が参籠の年と名を連ねている。大正十年以降は新入の全ての署名があるから、この頃に公物となったのであろう。

浄懐は、奥書の通り享保十二年（一七二七）に新入で参籠し、内題の頁に記名のある法幢は、天明三年（一七八三）の新入である。

この公物本と、記述の体裁・内容が非常に近く、寛政八年（一七九六）新入処世界栄遵の筆になる一本が東大寺図書館に所蔵されている。以下、**寛政本**と呼称する。

5中性院本処世界日記　中性院所蔵。内題に「処世界私日記」とあり、表紙・奥書の記載はない。中性院の当代が用いられたという。内容も寛政本に近いが、多少の相違がある。

6諸作法記　地蔵院所蔵。表紙・内題・奥書等の記載がなく、成立は不明だが、会中の諸作法についての心得を、当時のことがらに、先人の書き遺した心得書からの抜粋を加えてまとめたものである。寺伝に、天平勝宝四年から六四年目に書き始められたという『本式帳』、また二四四年目から書き始められたという『新式帳』の記述をもとにしたと思われる『式帳聞書』をはじめ、重弁・実清・浄実・英證・実英・実秀・清訓・隆慶・晋因・光賢等、十五世紀から十八世紀半ばに至るまでの参籠僧の手記からの引用が半ば以上を占めるが、これらの引用例の事実関係を『練行衆日記』などと照合した限りでは、信頼するに足ると思われる。

先に記したように、この一本の編者は不明だが、享保八年（一七二三）の記事を下限としているから、この時期を余り隔たらぬ頃に編まれたと考えてよかろうと思う。

3　参籠記録

1練行衆日記　東大寺図書館所蔵。正しくは『二月堂修中練行衆日記』と称する。保安五年（一一二四）以降、文永七年（一二七〇）から文保二年（一三一八）を欠く以外は、参籠練行衆の交名と、会中の特記事項が参籠僧により年々書き継がれている。初期の頃は交名記録が主だが、追い追いに記事が増え、折々の様相がかなり具体的に記述されているので、参籠僧の出入・事件・時代による関心の在り方の変遷などを知ることができる。

表Ⅰ　参考史料一覧

西　暦	年　号	史　料　名	所出人名・参籠期間
1124	保安5	練行衆日記	
1454	享徳3	堂方練行衆日記	
1459	長禄3	長禄本『二月堂処世界日記』	
1485	文明17	浄憲本『二月堂時作法』	
1550	天文19	訓盛本『二月堂作法』	
1620	元和6	祐盛本『初夜作法』	
1667	寛文7	寛文本『処世界日記』	
1695	元禄8	英俊本『二月堂六時作法』	
1723	享保8	諸作法記	
1729	享保14	宗賢本『二月堂六時作法』	
〃	〃	公物本『処世界私記』	
1796	寛政8	寛政本『二月堂処世界私記』	
1810	文化7	慧薫本『破偈』	
〃	〃	『時導師法則』	
1811	文化8	隆海本『二月堂声明集』	
1832	天保3	宗荐本『声明集』	
1837	天保8	赤表紙本『修二会声明集』	
1848	弘化5	荐海本『二月堂声明集』	
1892	明治25	英憲本『二月堂称名集』	
	明治期	中性院本『処世界私日記』	

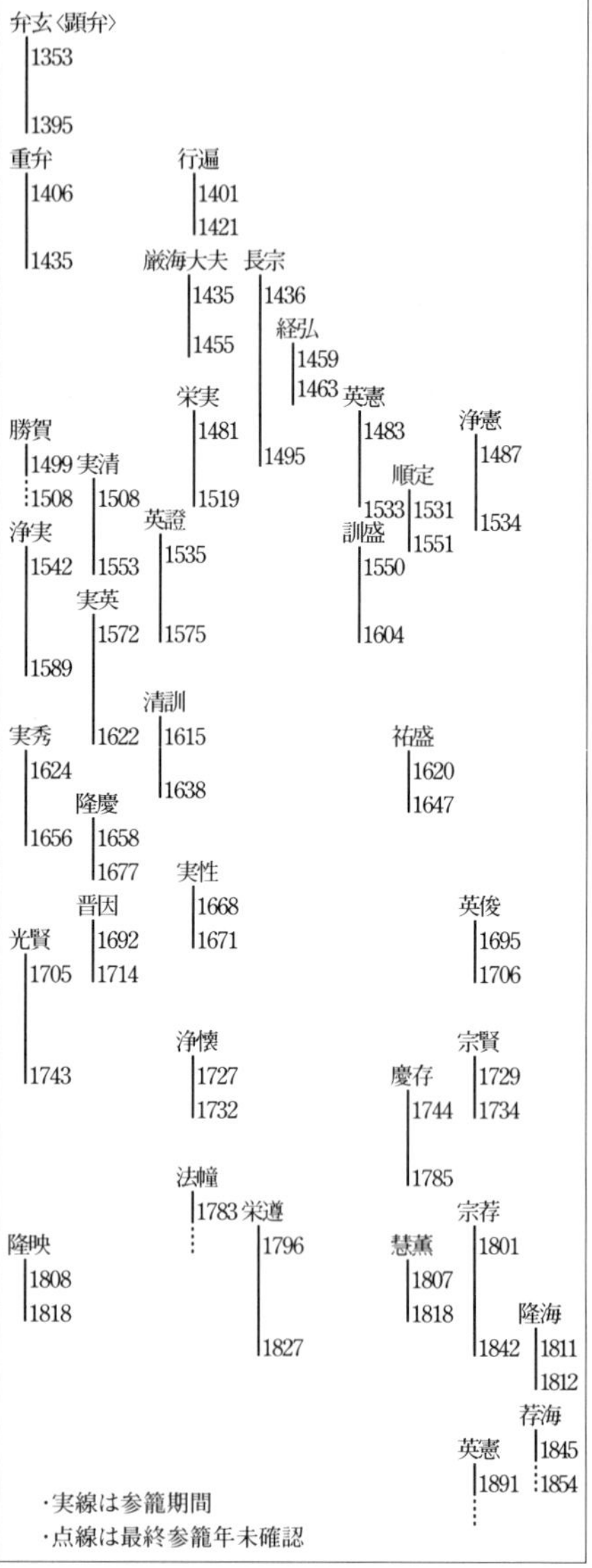

2堂方練行衆日記　東大寺図書館所蔵。前掲の『練行衆日記』と別の、両堂衆（法花堂・中門堂衆）と称される堂衆方による、享徳三年（一四五四）から文久四年（一八六四）に至る間の練行衆日記である。「二月堂修中記録」「二月堂練行衆日記」「二月堂行法日記」「二月堂修中日記」「二月堂修中記」など、巻によって表題を異にし、安永八年～寛政十一年、安政二年～文久二年の間中断もあるが、堂衆方の立場で書かれているので、前記の『練行衆日記』と比較・補足できて貴重である。

以上が、今回参照した史料である。比較対照の便のために、表Iを掲げたが、これによっても明らかなように、六時の『悔過作法』に関して、南北朝にさかのぼり得る史料は無いに等しい。反面、十五世紀半ば以降、記録・書写・相伝等の志向が明確になる。ただしそれは、必ずしもその折々の法要勤修の実態を直ちに解き明かしてくれるものではない。ともあれ、これらの史料に『悔過作法』の流れを求めてみよう。

二　法要の構成

二月堂『悔過作法』の、構成上の変遷をたどるにはまず次第本に拠らねばならず、今のところ文明十七年に書写された浄憲本以前に考察を及ぼすことは難しい。伝統的に、修二会声明は口伝で伝え継がれ、暗記して勤めるものだったからである。『諸作法記』に記す以下の文言に、その辺りの状況を推察することができる。「……中古以来正法院、角ノ坊、阿《ママ》平井坊両三流出来而、二云声明行儀諸篇相異也、但シ博士ノ之可レ為レ本不レ見レ之ヲ、只習伝覚ノ分于レ今不ルレ乱レ歟、未来定而可ノ二雑乱ス一之条、信清一流ノ之趣、博士指レ之ヲ并ニ付レ譜ヲ畢　成実末流真言兼実清」。ここに見える実清は、永正五年（一五〇八）から天文二十二年（一五五三）まで参籠しているから、現存する次第本の中で最も古い浄憲本や訓盛本も、このような状況の中から生まれたに違いない。

浄憲本以降の次第本を比較すると、『悔過作法』の法要次第は、どの時《じ》を取っても基本的に現在と変わらない。また、六時の勤行の中の初夜を基準とすること、初夜・後夜、日中・日没、半夜・晨朝と、次第に略式になることなども変わらない。さらに、他寺の『悔過作法』にみる、祈願的、あるいは悔過・祈願併修的な色彩に比べて、著しく悔過の色彩の濃い特色も、すでに浄憲本・訓盛本の時点で固定している。しかし、完全に古式を踏襲しているわけではなく、部分的にはかなり変化しているらしい。ここでは細かい変化に触れる紙幅がないので、目立たしい問題二つを取り上げて検討することとする。

1　上《あげ》南《な》無《む》のこと

表Ⅱは、六時の勤行の基本となる初夜を比較例とした諸本法要次第の対照表である。先に述べたように、基本的に十五世紀末の次第を踏襲し来っている。その中で、中心部の〔宝号〕に見られる変化を考察する。

現在、〔宝号〕は上・中・下三段に変化し、最後に「観音要文」と称する唱句（南無帰命頂礼……慙愧懺悔六根罪障）を唱えるが、前掲諸本の中でこの唱句を記載するのは慧薫本以降である。それ以前の諸本の中、浄憲本と英俊本・宗賢本では、〔宝号〕は四段構成となっていて、下段の後に「上南無」と称する一段が付加されている。しかもこの三本には唱誦回数の記載があり、「南無観自在菩薩五十遍」・「南無観自在三十遍」・「南無観二十遍」・「上南無百遍」と記されているから、上・中・下三段の終わりに、「上げ（終結）の南無を百遍唱えよ」との規定であったと考えられる。初夜だけではない。半夜・晨朝には、「南無百遍」、日中には「上南無」の記載があり、また後夜は初夜に同じ、日没は日中に同じと記されているから、六時共に「上南無」があったことになる。

表Ⅱ 初夜勤行次第対照表

史料名 ＼ 次第	浄憲本 英俊本 宗賢本	訓盛本 祐盛本	慧薫本　隆海本 宗荐本　赤表紙本 荐海本　英憲本	現在
供養文	○	○	○	○
如来唄	○	○	○	○
散華 前段	○	○	○	○
散華 後段	○	○	○	○
大呪願	○	○	○	○
称名悔過 前段	○	○	○	○
称名悔過 後段	○	○	○	○
宝号 上段	○	○	○	○
宝号 中段	○	○	○	○
宝号 下段	○	○	○	○
観音要文	観音要文ナシ	観音要文ナシ	観音要文アリ	観音要文アリ
上南無	○	他ノ時ニハ記載アリ	――	――
五体	○	○	○	○
発願（八日ヨリ）	○	○	○	○
如法念誦	○	○	――	――
五仏御名	○	○	○	○
大懺悔	○	○	○	○
小懺悔	○	○	○	○
破偈（初夜偈）	○	○	○	○
心経	○	○	○	○
後行道	○	○	○	○
香水加持（十三日ヨリ）	○	○	――	○
回向文	○	○	○	○

ところが、浄憲本と時代を同じくするであろう訓盛本と、英俊本に先行して成立した祐盛本には、初夜の項に「上南無」の記載がない。ただし、訓盛本・祐盛本ともに、他の時《じ》の「宝号」には、下段の後に「上南無」と記載されていて、「上南無」の痕跡はある。

この事実をどう解釈すべきだろう。以下に諸本の記述を引用した。引用する史料名は、第一章に掲げた仮題を用いる。なお、史料に所出の人名の中、必要と思われるものはその参籠期間を表Ⅰ（三六八頁）に掲げた。

a 「俊実者、上七日四日〻没五体出、上南無止鈴時入堂内了、」（『練行衆日記』建久六年）

b 「一、日中、時法則、……於宝号者、南無観自在𦬇之間ハ立テ礼拝、南無観自在之時蹲踞、次、南無観ノ時ハ立テ無礼拝、時始ナル故註早」（『長禄本処世界日記』行遍阿闍梨時双紙）

c 「……顕実得業者……宝号之終、諸衆之慙愧懺悔之間、内陣被入早、」（『練行衆日記』文明五年）

d 「下七日ハ、宝号上《アゲ》南无ノ終ニ発願有之、」（『諸作法記』五体ノ項ノ実秀ノ記）

e 「一、九日後夜順円行之、上南無ノ自在尊ニテ鈴フリ、又六根罪障ニテ和上ト振合了、」（『堂方練行衆日記』延宝三年）

f 「宝号ノ終ノ、上南无ノ六根罪障済テヨリ、」（『諸作法記』初夜ノ項）

事例b・cによって、浄憲本成立以前に、事実上「上南無百遍」は行われず、代わりに「観音要文」が唱えられていたことがわかる。さらにd・e・fによって、十七世紀半ば以降、「上南無」は「観音要文」を指して用いられるようになっていることがわかる。

十五世紀半ばに、上南無は、すでに伝承の実態を失いながらも、古式尊重の意識によって、多少の混乱を伴いつつ、浄憲本系・訓盛本系四本の記述となって残った。さらに、本義が不明確になるに従って、文言の意味が変化して、事例d・e・fのような記述になった。上南無の消失には、このような経過があったのではないかと考える。

それでは「上南無百遍」の痕跡を認めることは不可能か、ということになるが、事例aの「上南無止鈴」とある記述に注目したい。現在、「観音要文」の「……六根罪障」の唱誦が終わると、まず和上が振鈴し、時導師がこれに振り合わせる。これは、法要の段落ごとの区切り目の合図である。これに対して、事例aの「止鈴」の文言には、ある作法を終了させるための積極的な意味が表現されているように思う。百遍の「南無」を唱誦する時、各自が回数を数えおおせるものではない。しかるべき人の合図によって百遍を満じたと考えるのが自然である。「止鈴」は、その実態の表現ではないか。「止鈴」の文言を、現在他に見出すことができないので、推測の域を出ないが、右の推測を認めるとすれば、十二世紀末迄は「上南無百遍」の作法が行われていたことになる。以後、十五世紀初めまでの間に、その実態を失い、次第本の記述の不統一という結果を生じたのではなかろうか。

2　後夜のこと

十五世紀末から十九世紀末に至るまでに記された、十指に余る次第本に共通しているのは、六時の『悔過作法』の中の後夜を「初夜に同じ」、日没を「日中に同じ」と記載していることである。現在、「散華」「称名悔過」「宝号」などの唱句や旋律を比較すると、後夜は日中により近く、日没は初夜により近い。このような、次第本と現状との相違について、後夜の時《じ》の「称名悔過」を通して追ってみようと思う。

a 「蜜乗坊英憲ノ云、五日十二日、時《じ》急ハ声明一字宛可レ入、又宝号井ト出モハカセ之返数不〆レ満、南无観ヲ其ノ返数程可レ唱也」（『諸作法記』七日ノ項ノ式帳聞書）

b 「学衆ナレドモ、ゲニト時《じ》ノ非器ナレバ、新入ノ時キ請用ニ後夜ヲ行ト云々、」（『諸作法記』後夜ノ項ノ重弁記

応（永）十三年聞書）

事例aには、五日・十二日など、特殊行事があって急ぐ時の略作法が語られ、事例bには、新入して初夜の時導師を勤めるべき学侶が、声明を不得手とする時には、後夜の時導師を勤める習わしのあったことが語られている。十五世紀初頭から十六世紀にかけて、すでに「声明を一字宛入」れて略す作法があり、また初夜に比べて負担の軽い後夜の勤行形式があったわけである。しかし、これに相当する略節《ぶし》を記し、後夜の作法を別記する次第本はない。後夜を「初夜に同じ」と記す次第本と、事例bとの矛盾を埋めるべき記載が、次第本のどこかにあるはずだと思う。

諸本、いずれも法要の次第に従って詞章を記し、唱句の右、または左に節博士を記す。節博士は五音博士様の譜によるものと、目安博士によるものとの二系統に分けられる。その他に、唱句の右・左、または字と字の間に、傍点・圏点を朱や墨で記入したり、切り紙を貼りつけたりしてなにごとかの約束事を記してある。また本によって、礼拝の所作などを付記してある場合もある。それぞれの記載事実は、類似してはいるが同一ではない。

このように、一見収拾がつかぬと見える諸本の初夜［称名悔過］の部分を、試みに記譜法によって三分した。

1　五音博士様の記譜　**訓盛本・祐盛本・宗賢本**

2　簡略な目安博士の記譜　**浄憲本・英俊本**

3　東大寺独特の目安博士の記譜　**慧薫本・隆海本・宗荐本・赤表紙本・荐海本・英憲本**

分類の結果、1・2に属する諸本は元禄・享保以前の書写本、3に属する諸本は文化以降の書写本と、截然と分かれる。その上、節博士以外の朱点・傍点等の記載にも明らかな相違がみられる。

分類3の諸本に共通して記されている唱句ごとの区切り点は、現在の初夜＝称揚《しょうよう》＝の時導師の発音《ほっとん》部分に相当するが、その他に、荐海本には、現在の後夜の時導師の発音部分に相当する所に傍点が併記されていて、幕末に、時導師の唱句に関しては初夜と後夜の別があったことがわかる。しかし、これらの節博士から推察する旋律は、現在の初夜＝称揚＝の旋律に近く、少なくとも現在の後夜の旋律やリズムとの類似は考えられない。

前掲3のグループの次第本にみる後夜の痕跡は、以上のとおりで、この章のはじめに掲げた『諸作法記』の記述を証拠だてるものはここにはない。しかし、荐海本に見た後夜の痕跡を、1・2のグループの諸本にさかのぼって確認する必要があるだろう。そこで、次第本以外の史料として第一章に掲げた『時導師法則』の記述を媒体として用いた。

『時導師法則』は、文化七年（一八一〇）に書写されている。その記述では、［散華］は日没と初夜が同じであり、日中・後夜・半夜が同じだという。また［宝号］は日没と初夜、日中と後夜が同じであり、［称名悔過］の節は、日没と初夜が同じだという。加えて、これらの区別に「節アリ」「切声」の表現を用いている。この記述から推察される当時の勤修形態は、現状と非常に近い。ただし、後夜の［称名悔過］に関して、このたぐいの記述はない。その代わりに、「初夜称名」、「後夜称名」「後夜声明入所」という項目を立てて、それぞれに唱句を記している。そこで、その後夜に関する記述を再構成して次頁の表Ⅲに掲げた。

表Ⅲで明らかなように、『時導師法則』に「後夜称名」と項を立てて記す唱句は、前段が現在の初夜＝称揚＝の時導師の唱句に相当し、後段は現在の後夜のそれに相当する。前段も、第二句を除けば、現在の後夜と異ならない。つまりは、文化七年の時点で、現在と非常に近い形態の後夜時導師の唱句が存在したことになる。

一方、『時導師法則』に記す「後夜声明入所」が何を意味するのか、現状との比較では納得の行く推察がつかない。ところが、1・2のグループの諸本に記す傍点・圏点などを照合すると、かなり符合する。例えば、訓盛本の

表Ⅲ　後夜［称名悔過］作法（『時導師法則』ヨリ）

前段

南無毘盧舎那仏　立居
遍周法界盧舎那仏　立居
登霞聖霊成正覚　立居
恩徳広大不可量　立居
令法久住利有情　立居
補陀落山観音宝殿釈迦尊　立居
〈中略〉
十一面神呪心経
十一倶胝諸仏所説神呪心経　立居

後段

南無一切諸仏同讃随喜　立居
（南無）一切如来憶持守護　立居
（南無）居士生死超四万劫　立居
（南無）娑婆世界能化主　立居
（南無）十一面大悲者　立居
（南無）当前三面慈悲相
〈中略〉
（南無）大慈悲説根本等呪　立居
（南無）利益安楽諸有情　立居

——後夜称名（時導師ノ唱句）
━━後夜声明入所

唱句の左に記された○印は、全三八句の中三六句まで「後夜声明入所」と符合するし、浄憲本の唱句の左に記された傍点は三一句まで符合する。他の諸本も大同小異である。右の事実から「後夜声明入所」を、節博士通りに唱誦すべき部分と解釈し、その他は略節で唱誦すると仮定して節博士を見直すと、後夜の実体がおぼろげながら形を成してくる。

初夜＝称揚＝では、概して一句のはじめはユリの多い旋律、中間で割合単純となり、終わりは、ユリが多いがかなりパターン化した旋律が多出する。「声明入所」は、この傾向を利用して、節博士通りの唱誦から略節へ自然に移行するための接点を規定したものではないか。諸本の記載の異同は、「声明入所」が固定するまでの模索の姿ではないか、と思う。この仮定に立てば、唱句の後半を発音唱誦する時導師は、表Ⅲに見るようにほとんど切節（略節）で勤仕することになり、初夜に比べて負担が軽くなる。三七三頁記載の事例bにいう「学衆ナレドモ、ゲニト時ノ非器ナレバ」後夜で新入の責を果たしたという勤修方法も具体性を帯びて納得できるように思う。

さらに想像を巡らせて、三七三頁記載の事例aにいう「時急バ声明一字宛可レ入」の意味を想定するなら、時導師の唱句の、はじめ一字ずつを節博士通りに唱誦し、以下は略節とする唱法を指すのではないかと思う。表Ⅲに見るように、後段の時導師の唱句の多くは「声明入所」の終わりの一字と重なる。特殊行事があって急ぐ時、時導師は毎句この一字のみ節博士通りに唱誦し、以下を切節として略した。この臨時の措置が次第に固定化して、表Ⅲの後段の形式が確立した。後夜の初夜からの分化の第一歩は、［称名悔過］後段からはじまったのかもしれない。

以上のようにたどると、次第本には記載されない後夜の『悔過作法』の、初夜からの分化はかなりさかのぼることとなる。少なくとも、十五世紀初頭にすでに実体を確立していた。その頃の旋律やリズムが、現在の後夜の旋律やリズムに固定する経緯はまだ推測もできないが、初夜勤行自体の変化とのかかわりで再検討すべきと考えている。

三　勤修形式

前章で、六時の『悔過作法』の構成にかかわる変化を取り上げた。この章では、六時それぞれの経時的変化形式を取り上げる。

現在、『悔過作法』の勤修形式は、次頁の表Ⅳのように変化する。開白から、平衆が一人ずつ順に時導師を勤めて、一巡する間の作法である〃次第時《しだいじ》〃を基準とすると、〃称揚〃はそれより重い勤修形式であり、それ以外は軽い勤修形式である。晨朝の〃名残《なごり》〃は、微声と静かな所作で勤修するので、修二会閉幕の名残惜しさが演出される

表IV　六時勤行変化一覧

中　時	日　中	／　次第時（1・2日）――モミ（3～14日）
	日　没	／　次第時（1日）――常（2～7日）――引上（8～14日）
大　時	初　夜	称揚（塔頭の新入のある年の3日）――次第時（1日）――常（2～4，6・7日）――引上（5，7～14日）
	後　夜	称揚（末寺の新入のある年の3または4日）――次第時（1日）――常（2～14日）　／
小　時	半　夜	／　次第時（1日）＝＝常（2～14日）　／
	晨　朝	／　次第時（1日）＝＝常（2～13日）――名残（14日）

が、形式としては〝常《つね》〟とほぼ同様である。

これら、正―略関係にある変化形式が、現在のように固定した時期は明確にされていない。ことに〝モミ日中〟は、東大寺慣用の呼称であるにもかかわらず、これまで目に触れた史料に全く記されていない。これらの事実は、変化形式のいずれもが、本来、臨時の便法的な勤修形態であり、しかるべき勤修形式としては認められていなかったのが、次第に定着して市民権を獲得した、ともいうべき過程を示していると思う。以下個々の勤修形式について考察を加えることとする。

1　次第時・常のこと

〝次第時〟は、先に述べたように、開白の日中から二日の日中まで、平衆がひと通り時導師を勤める、その勤行形式を指す。この時は礼拝を丁重にし、声明の唱法も次第を取って丁寧に唱える。また〝常〟と表記した形式は、法会を再構成して記録するに際しての造語で、これに相当する従来の用語はない。この時は礼拝が軽くなり、声明も、ガワ（大衆）が時導師の唱誦を追いかける唱誦法になる。

「次第時」の文言が史料に見えるのは、十五世紀末以降である。左にその用例を掲げた。

a 「一 参籠練行衆廿二人、次第時四日〻没ニテ終〻、」(『堂方練行衆日記』長享二年)
b 「一 新堂司少将得業、三日後夜時《新入乗観房次第時》、後行道之二反目之時、」(『堂方練行衆日記』天文廿一年)
c 「一 永禄三年庚申二月二日ノ初夜ノ時、願教房次第時ニ相当リ畢、」(『諸作法記』五体ノ項ノ清訓記)
d 「一 於訓英法師者、二日之日没次第時以前発病故、」(『練行衆日記』正保四年)
e 「一 朔日晨朝、新入良真房次第時ニテ被行、」(『堂方練行衆日記』元禄十一年)
f 「……次第時并請用、无《ママ》悉被相勤者也、」(『練行衆日記』元禄十五年)
g 「一 四聖坊性覚法師、次第時称揚共無事勤仕也」(『練行衆日記』享保三年)

右の用例の「次第時」は、いずれも「次第に時(導師)を勤めること」を意味する表現で、勤修形式を意味してはいない。f・gにおいて、多少意味合いが変化しているかとも思われるが、勤修形式を意味すると考えるべき証拠はない。ただ、記憶に残るのはgの記載形式で『練行衆日記』の享保期以降の記事には、新入のあるたびに必ず事例gに準ずる記述があり、享保以降、新入の時導師勤仕に、特別の意義を求めていたことがわかる。

前述の諸例によって、「次第時」の記述が勤修形式を意味するものでなかったことは明らかである。しかし次第時の作法を正式とし、それを略す勤修形態は存在していた。

「一 次第時ノ間ハ四識也ト云トモ、礼拝五体投地ニシテ丁寧ニスル也、次第時過ハ、四職ハ安座ゾ時ヲ取テモ不苦敷、平ハ四識ノ許可ヲ得テ後、礼拝ヲ軽クスル也、但横枕ノ座ノ分ハ安座ハセザレドモ、多分四識ナミ也、中燈以下ハ、五体投地ハセ子ドモ横枕ヨリハ丁寧ニスベキ也」(『諸作法記』浄実聞書)

現在〝次第時〟には全員が五体投地の礼拝を行い、〝常〟になると、四職と平衆の北二以上は坐ったままで数珠を揉み、平衆の南二以下は起居礼をする。『諸作法記』の記述は、まさしく現在の〝常〟の形式を思い起こさせる。

つまり、〃次第時〃から〃常〃に移行する現在の勤修形態は、江戸中期のそれの、忠実な伝承ということになる。現在の〃常〃の形式が江戸中期に確立していたことは確認できたが、それがいつ頃から行われていたかは不明である。『練行衆日記』文亀三年（一五〇三）の条に「順圓法印者、自二十日比一令発病之間……一称一礼尚不相叶、」の記述がある。この年順圓は和上を勤めているから、少なくとも十六世紀初頭には、四職たりといえども下七日に及ぶまで一称一礼の礼拝を勤仕していたことがわかるが、それ以後、二〇〇年余りの空白はまだ埋められない。

2　称揚のこと

〃称揚〃は、〝新入〟と称する初参籠の練行衆がはじめて時導師を勤める、晴れの勤修形式である。塔頭の子弟の場合は三日の初夜の時導師を、末寺の子弟の場合は三日または四日の後夜の時導師を勤め、新入の年は、この一回以外は時導師を勤めない。基本的には〃次第時〃と変わらないのだが、声明は、非常にユリの多いフシを、極端にゆっくりと唱誦する。所作も、これに応じてゆるやかに、重々しくなる。後夜の〃称揚〃は、初夜の〃称揚〃に比べて、〃称揚〃独特のフシで唱える部分が少なく、それだけ軽い勤行形式となっている。

　このように特殊視される勤行形式だが、記録に頻出するようになるのは、前節に記したように享保初期以降であり、「称揚」の文字を当てるのも、この時期以降である。元禄期までは、単に「新入」、時に「請用」と記す。本来の語義は、「請用（請じ用いる）」であろう。しかし新入を祝賀する意味合いがなかったわけではない。十五世紀に参籠した練行衆の言葉として記述された左のような表現もある。

　a　「新入ヲ賀スル事ハ堂先達ヲ賀スル間、新入ハ別ノ宿所ニ有リトモ堂先達ヲ賀スト云々、」（『諸作法記』二七日覚悟ノ項）

b 「新入ヲ賀スル、五日若ハ七日ナルベシ、晴ノ夜有二此義一云々、」（『諸作法記』二七日覚悟ノ項ノ勝賀記）

ここに言う、新入を賀する晴れの勤行とは、どのようなものだったのだろうか。左の史料を再び参照しよう。

「学衆ナレドモ、ゲニト時ノ非器ナレバ、新入ノ時キ請用ニ後夜ヲ行ト云々、少納言僧都弁玄新入ノ時キ、時不レ出間、参籠難儀タル間、後夜ヲ請ズベシトテ惣ヨリ申サル、間、参籠シテ即請用ニ後夜ヲ行畢云々」（『諸作法記』後夜ノ項ノ重弁記応（永）十三年聞書）

（学侶の新入の時は、請用に初夜の時《じ》を勤めるべきなのだが）学侶であっても、げにと人も思うほど声明が不得手な場合には、請用に後夜の時《じ》を行うのである、という。そして過去の実例を挙げているわけだが、この記述に見るかぎり、請用の勤行は、通常の初夜の勤行であり後夜の勤行であって、現在のように特殊視されるものではなかったと判断される。

この記事の出典は『重弁記』の応永十三年聞書であることが明記されているが、重弁は、応永十三年（一四〇六）に新入しており、弁玄も実在して、おそらく文和二年（一三五三）顕弁の名で新入、延文六年（一三六一）から応永二年（一三九五）まで弁玄の名で参籠している。重弁が新入の際に伝聞した実話として不自然ではない。とすると、十四世紀末から十五世紀にかけて、「請用」は新入僧の初役勤仕を指す言葉であり、六時の勤行の主軸となる初夜または後夜の時導師に請じ用いることを以て、新入を賀する晴れの儀としたということになる。

現在のような、最も重い勤行形式を以て「称揚」と称する習わしの源は、主要時を以て新入を賀する儀としたこの習わしにあり、諸種の略形式の発生・定着の過程にあっても、この基本的な意識が常に働き、「称揚」を現在のような特殊形式として伝える結果になったのではあるまいか。

なお『重弁記』所出の事例から推測すると、学侶は初夜の時《じ》を勤仕するのがたてまえであった。文脈から推して、後夜の時《じ》はこの頃から主として堂衆が担当していたと思われる。時と共に、時《じ》を分け持つ意識は明確となり、元禄期には開白の次第時と結願を除いて、後夜の時導師はすべて堂衆が勤仕している記録もある。現在、塔頭の子弟が新入する時は初夜＝称揚＝を、末寺の子弟の場合は後夜＝称揚＝を勤仕する習わしは、学侶・堂衆を分かって初・後夜を勤仕した旧制の名残りである。

3　引上《ひきあげ》のこと

初夜・日没の勤行の略形式を＝引上＝と称する。それ以外に神名帳奉読の略節も＝引上＝と称する。『悔過作法』の略形式の＝引上＝では［散華］と［宝号］が、＝次第時＝や＝常＝の作法とかなり相違する。

「引上」に関して、『諸作法記』の記述は以下のように詳しい。「一　初後夜ノ散花ハ縦ヒ引アゲノ時ニテモ華篭ノ花ハ如レ常ノ大分ニ可レ入也、但シ日没ノ散花引上ケナラバ花少ゝ入ル、也、五日七日十二日ハキハメテ引上ケ也、其外不時ノ引上ケハ皆大導師ノ意次第也、神名帳ノ引上同之、牛玉日ハ日没大形引上也、」（初夜ノ項）

右の記述から、特殊行事の加わる日には『悔過作法』を＝引上＝とした他、大導師の裁量で臨時に＝引上＝とすることもあった様子がうかがわれるが、この事例は出典が記載されていないので、年代を確定することができない。

以上の状況を今少し明確にするために、「宝号菩薩也」と記述する例を求め、左に掲げた。先にも述べたように、＝引上＝になると［宝号］の部分が変化して、特色あるリズムをきざむ。その結果、唱句の最後の「ボサ（菩薩）」の音が非常に耳立つ。「宝号菩薩也」は、この特色を表現しているからである。

a　「一　十四日詰時无人故、雖為下座二年目秀覚被レ行之　但宝号菩薩也、」（『練行衆日記』元禄五年）

b　「一　詰時雖為二年目、従衆一依為第四人目任例晋回被行之、但宝号菩薩也」（『練行衆日記』元禄六年）

c「一　八日初夜、中将公弐年目ニテ菩薩ヲ被レ行候、」（『堂方練行衆日記』宝永四年）

右の事例は、元禄期以降の［宝号］に＝引上＝の勤修形態が存在したことを示す。『諸作法記』の成立に先んじての事例である。ただしこの時点では、まだ勤修形式としての＝引上＝の名称は確立していなかったと考えられる。

次いで、＝引上＝を［散華］の作法から追ってみる。前掲『諸作法記』の記述が触れていたように、＝引上＝になると［散華］の作法が変化する。唱句は節をつけずに微誦し、通常床にまき散らす散華の花を、この時には散らさない。作法がこのように変化するため、華籠を準備する時に花を少ししか入れないのが準備役の心得となる。そこでこの点に関しての心得の条々を、時代を異にする『処世界日記』によって比較した。

まず、各種の『処世界日記』の中で、最も古い年紀を有する長禄本は、次のように記す。

「（一日）日没ノ時、花籠ニ花ヲ入テ置。初夜ノ時ト、余時ヨリ多ク入ベシ」

一日の心得として、日没の時《じ》と初夜の時《じ》は、他の時より多く華籠の花を準備せよと言う。これは現状とも合致する。＝引上＝以外の勤修形式の時、日没・初夜の花は他の時《じ》より多く用意するのだが、この記述の後、日没・初夜の華籠については最後まで何も記していない。つまりこの頃は、二七日《にしちにち》を通して日没・初夜の勤修形式に変化がなかったことを示しているわけで、十五世紀半ばの時点では＝引上＝の勤修形態は存在しなかった、と推量される。

十七世紀半ば過ぎ、寛文本になると、記述は左のように変化する。

「（一日日没）花多入テ南北ニ置」

「（一日初夜）花多入テ北ニヲクベシ」

「（五日初夜）経ヲ読終時分ニ立テ花ヲ~~多~~少入テ北ニ置ヘシ」

＊「（八日日没）日没此時ヨリ散花ノハナ如日中チトツヽ入ルベシ」

＊「(十二日初夜) 散花ノハナチトツ、入ルベシ如日中」

右の中、五日初夜の場合は、先に「多」と記した上、見せ消ちにして「少」と同筆で添え書きをしている。また、＊印を頭記した項目は、この時になすべき多くのことがらの最後に小字で書き加えてある。

右の記述が語るのは、寛文の頃、五日の『実忠忌』、十二日の『水取り』など、特殊行事のある日には初夜の勤行を＝引上＝としたこと。また下七日は日没を＝引上＝で勤めたこと。そしてその習慣が定着しつつも、なお定着以前の〝揺れ〟を、用意する花の多寡や追記するという記載方法に、名残としてとどめている姿である。日没を＝引上＝とする日数も、前掲『諸作法記』の記載より増えている。

寛文本から、さらに半世紀余り下って享保期の公物本になると、寛文の頃の〝揺れ〟の面影は消失する。五日初夜の花は明確に「チトツ、」と記され、前掲＊印を頭記した項は、すべて記載されるべき位置に、大きな字で記されている。この記載内容は、寛政本に至っても変わらない。

さらに下って、中性院本の記述は、

「(八日) 日没初夜ノ散花ノハナ、今日如日中少入也。但今日ヨリト有之共、七日ノ初夜ヨリ引上ニテ少也ト」

と変わり、上七日の中、『実忠忌』と『小観音』のある日は、初夜を＝引上＝で勤め、下七日は、初夜・日没ともに＝引上＝の勤修形式で通すこととなる。ここに至って、現状通りの規定となるわけである。

ここでこの節の初めに引用した『諸作法記』の文言に戻る。ここには初・後夜には引上の時でも花を多く用意し、五日・七日・十二日は必ず引上にすると記されていて、相前後して成立したと思われる公物本の記述と相違する。この点を今は次のように解釈している。花の多寡に関する相違は、寛文本に見た〝揺れ〟の側面を示すものであり、七日を引上とするか否かの相違については、修二会における小観音尊重の精神が、時間を約めるための略作法の勤修という便法を拒否する姿勢に連なり、対立意見を生じていたことを示すものと考える。七日を〃引上〃にすることの可否については、昭和初期に至っても不統一であったことが、地蔵院先代の記された『修中私記補遺』の、以下の記述にもうかがわれる。

「初夜引上　五日（七日）引上ニアラズ（晋清師修中日記ニハ引上トアリ）」

「八日以後日没初夜引上」

以上によって〃引上〃が、本来の臨時的略作法から次第に特定日の作法として定着した経緯を、ある程度把握し得た。その流れからこの場合もまた、現行の勤修形態への定着の分岐点が、公物本の記された享保期辺りにあったという結論が生まれる。

第二章「法要の構成」・第三章「勤修形式」を通して、東大寺二月堂修二会の変容のさまを、『悔過作法』の勤修形態に探った。どの問題を取り上げても、そこに、基本的には伝統を踏まえながら、機に応じて流動する修二会の姿が浮かんでくる。ことに、江戸中期には明らかに勤修形態の節目を見出し、この節目で確立したものが、現在まで忠実に伝承され来ったと考えられる。この事実は、単に『悔過作法』の変容のみにとどまらぬであろう背景への興味を新たにかき立てる。緒についた『悔過作法』の分析を核に、法会の背景の種々相をも見極めねばなるまい。

東大寺修二会の伝承基盤
――伝統芸能の保存組織のあり方の研究

はじめに

第二次大戦後の社会的・経済的変動は、わが国における伝統芸能の伝承基盤を大きく揺るがす因となった。催行母胎の多くは人的・経済的支えを失い、価値感の転変によって催行の意義を見失い、その結果、中絶・休止など、継承の危機に陥った事例も少なくない。このような状況に際して、伝統芸能の伝承組織を確立し、その充実した活動をすみやかに実現させるべく研究課題が与えられた。ここでは、わが国の伝統的諸芸能の母胎ともいうべき寺院行事の中から東大寺二月堂の修二会《しゅにえ》を取り上げ、過去におけるその伝承形態を通して保存組織のあり方を考えてみようと思う。この行事の継承に注がれた先人の努力と知恵とが、現代の伝統芸能保存の問題に資する点がある、と確信するゆえである。

東大寺修二会が、わが国の伝統的諸行事の中で、その歴史・規模・内容において第一級の行事であることは論をまたない。現時点にあっても東大寺最大の行事であり、年ごとに世間の耳目を集めてもいる。東大寺では、古来継承し続けた規矩を保ち、精神性を失わぬことを以て自戒とし自負としている。その自戒と自負のよりどころは、この法会を、全国各地に伝存する同種の法会――悔過会《けかえ》――の源流とする古来の認識であり、天平勝宝四年（七五二）

の創始以来不退の行法であったと伝える伝統であり、天下万民に代わって、天下万民はもとより宇宙に生あるすべてのものの至福を祈るという、法会の壮大な目的にある。

前記のような現状は、一見、東大寺修二会が伝承の危機とは無縁の恵まれた長い道のりを歩んできたような印象を与えるかもしれない。しかし、後に掲げることがらにも明らかなように、その歩みは決して平穏だったわけではない。行事の規模が大きく、たずさわる人が多いだけに、物心両面にわたる行事の維持・経営の努力も並ならぬものがあったと思われる。ここでは、この法会の消長を法式作法によってのみではなく、僧団のあり方やその意識、法会運営の形態やその背景などを主眼として考察し、折々の社会状況や不測の災いに対処しつつその生命力を保ち続けた東大寺修二会の在り方を考えてみたい。

一　二月堂修二会——輪郭と記録

東大寺図書館に、練行衆《れんぎょうしゅう》（修二会参籠僧）によって書き継がれた平安末以降の参籠記録が所蔵されている。連続数百年におよぶ一連の記録も単年の記録もあり、部分的な欠損もあるが、参籠の実態を伝える貴重な記録である。本論では、主としてこの記録に基づいて考察を行う。

右の参籠記録（以下『練行衆日記』と記す）は、A保安五年（一一二四）から宝暦十一年（一七六一）に至る一群、B元禄八年（一六九五）から大正七年（一九一八）に至る一群、C享徳三年（一四五四）から文久三年（一八六三）に至る一群、以上三群に大別できるが、Aの中、保安五年から文永六年（一二六九）までの一冊は焼損甚しく、現在原本は公開されていない。また文永七年から文保二年（一三一八）までの部分は失われている。従ってこの一群で現在披見可能なのは、文保三年以降のものである。Bは元禄八年を上限とする江戸中期以降の記録である。この中、元禄八年から宝暦十一年まではAと重複するが、記事には異同がある。Cは堂衆《どうしゅう》方(1)による記録であり、A・Bと並行しつつ堂衆方の視点に立って記述されている。これらは、いずれもほぼ共通の記載形式を有し、まず当該年の参籠僧名を列記し、必要に応じて主要な諸役や会中の特記事項などを精粗さまざまに記述する。概して時代が下るに従って記述の量は増加している。

以上の中、Aについては元興寺文化財研究所による翻刻『東大寺二月堂修二会の研究』史料篇が刊行されており(2)、このたびは主として同書を参照させて頂いた。またA・B・Cともに、東京大学史料編纂所にご所蔵の影印帖、および東大寺図書館ご所蔵の原本を必要に応じて参照させて頂いた。本論の『練行衆日記』からの引用は、前記『東大寺二月堂修二会の研究』史料篇に負っている。ただし、読点とルビは筆者が付し、また、影印帖あるいは原本によって訂正した箇所も二、三ある。

さて、前記に明らかなように、現存する『練行衆日記』は保安五年を上限とする。東大寺修二会の創始を天平勝宝四年とする寺伝に従えば、この間三七〇余年の歳月を経ている。天平勝宝四年の創始についてはほぼ容認し得る(3)と考えられるが、以後十二世紀の初期に至るまで、その実態は明らかでない。ただし、『練行衆日記』Aの巻第一、保安五年から治承四年（一一八〇）までの記述には、法会の根幹となる六時《ろくじ》の勤行（悔《け》過《か》法要）について、日《にっ》中《ちゅう》・日没《にちもつ》・初夜《しょや》・半夜《はんや》・後夜《ごや》・晨朝《じんじょう》の呼称をすべて確認できること、法会の重要な構成要素である達陀《だったん》・小観《こがん》音《のん》・水取《みずと》り・実忠忌《じっちゅうき》・涅槃講《ねはんごう》などの付帯行事にかかわる記述があること、神名帳《じんみょうちょう》の奉読が定着していること、練行衆の上席者四名の職名である和上《わじょう》・大導師《だいどうし》・呪師《しゅし》・堂司《どうつかさ》の呼称、およびその総括呼称である「四職《ししき》」がすべて確認できること、などから、十二世紀半ばまでに現在に近い法会の形態が確立していたことは疑いない。また保

延六年（一一四〇）に南都を巡拝した大江親通が記した『七大寺巡礼私記』には、

一、羂索院三昧堂一宇、（中略）、件寺在大仏殿東山、世俗呼之号南無観寺云々、此堂修二月行法事、口伝云、毎年二月朔日、開当院宝蔵、舁出小厨子、置本仏前之壇上、其厨子内十一面観音像云々、堂衆十五六人、自二月朔日籠堂中、二七箇日之間、白地不出住房所勤行也、至十四日夜、堂衆等皆執金剛鈴、又以炬火逆挾腋、火炎出後、相烈唱南無観之宝号、疾是(足)カ廻仏壇奔是(走)カ之、（以下略）（『校刊美術史料』寺院篇上巻所引）

の記述があり、堂の名称を混同したり『達陀』と『走り』の行法を一部混同していると思われる部分はあるものの、その具体的な記述から、同書成立の十二世紀半ばに、二月堂修二会の存在が一般社会にかなり広く認識されていたことを知ることができる。しかもその認識は「南無観寺と号」したという表現によって察せられるように、本尊讃嘆の声明の迫力に基づくものであり、「炬火《たいまつ》を逆《さかさ》に挾腋《わきばさ》」んで「疾足して仏壇を廻」ったと記す火の行の鮮烈さに基づくものであった。それは、まさに二十世紀末の現代の、二月堂修二会に対する一般的認識と相通ずるものであって、そこに時代を超えて一貫したこの法会の有り様を読み取ることができるように思う。

悔過会の根幹である悔過法要の眼目は、本尊讃嘆の礼拝行にある。本尊讃嘆の礼拝が諸罪を消滅し、諸願を成就させる、と説くのは、多くの悔過経典に共通のことであり、悔過法要はこの経説に則って成立したと考えられる[4]。「南無観寺」の呼称のもととなった「南無観（自在菩薩）」の称名号も、本尊十一面観音の名号を繰り返し唱えながら礼拝を重ねる法要の中心部の作法に相当する。二月堂修二会が、法会の根幹部の法要の、中心部の作法によって世に認識され来ったということは、この法会が法会の本質を埋没させることなく伝承され来ったという証となるだろう。これと同様のことは、松明を挾腋んで仏壇の回りを疾走する『達陀』にも言い得る。『達陀』は、火によって諸罪を浄化し諸悪を焼尽する、という火の呪力を確認させる行である。称名礼拝の行が、それによって心身の諸罪を消滅させるのに対応して、『達陀』は火の呪力によって不可視的な諸災を除去するのがその意義と考えてよい。ということは、『達陀』もまた法会の本質を示すものと言える。『達陀』を媒体として一般社会に二月堂修二会が認識され来ったということは、称名礼拝の勤行による認識と同じく、この法会がその本質を埋没させることのなかった証と考えることができるだろう。

以上概観したように、二月堂修二会は、法会の構成要素あるいは人的構成や名称などにおいて、また法会催行の本質的意義において、少なくとも十二世紀前半以降今日まで、その大綱を変えることなく継承し続けてきたと思われる。そこで次章以下では、このような継承を可能ならしめた原因や継承の実態について、二、三の考察を加えてみたい。

二　継承のかたちと意識

すべて、行事を催す場合には、催行母胎となる組織や人、催行にふさわしい場、催行を支える経費、を確保することが不可欠の条件となる。二月堂修二会の場合もその例外ではなく、法会の催行に際して『練行衆日記』が法会継続の難儀を記すのは、参籠衆の減少、火災による会場《えじよう》の焼失、料米の不足などの場合である。

現在二月堂修二会の催行母胎は東大寺である。法会開催に伴う所用の一切をまかない、東大寺の僧侶を主体として練行衆が選ばれ、二月堂を会場としてとり行う。ただし、練行衆には、一山の僧侶のみではなく末寺の僧侶も選ばれ、一宗挙げての行事となっている。練行衆選出指名の役は華厳宗管長としての東大寺別当であるが、宗祖の忌日に宗祖像の前で発表する形式を維持しており、その指名は宗祖良弁の意向によるもの、と認識されている。人数は定数の一一人で、二七日《にしちにち》の法会（前行を含めるとほぼ一箇月）をこの集団が勤修する。

特記すべきは、右のような形態をとりながら、行事がはじまるとその運営はすべてその年の参籠衆にゆだねられ、寺内外の他の権限が一切及ばなくなる習わしがあり、全く独立した組織・運営が行われる点である。また、二月堂内陣の鍵は、練行衆の役職の一である堂司が、指名を受けて以後一年間管理するしきたりになっており、通常でも、堂司の許可なしに開扉することはできないし、開扉しても、修二会参籠の経験をもたぬ者は寺僧といえども内陣への参入を許されず、ことに修二会催行中は、練行衆以外のいかなる人も参入することはできない。このようなしきたりは、東大寺における他の堂舎や法会には存在せず、二月堂修二会のみの特色となっている。そこに、ある種の宗教性を指摘し得るし、それを維持し続けてきた強固な意志をも感じ取ることができる。しかし、現状から直ちにこの特色の原因を知ることはできない。

以上の現状を踏まえた上で、二月堂修二会の過去に立ち戻る。過去の推移が、その由《よ》って来るところを語るかもしれない。

1　参籠口数の推移

参籠口数

先に記したように、二月堂修二会参籠の練行衆は現在一一人を定数とし、年によって増減することはない。しかし、後述するように、本来は二〇数人におよぶ規模で組織され、しかも前半七日間（「上七日《じょうしちにち》」）と後半七日間（「下七日《げしちにち》」）では一部メンバーの交代を行うのが常態であった。

三九三頁の表Ⅰは、『練行衆日記』A・B・Cから作成した参籠数の推移である。ここでは、十二世紀以降七〇〇年を超える流れのおおよその推移を知るべく、全体をほぼ一〇〇年単位で七区分に区切り、その区分ごとに参籠数の実態を四段階に分けて把握した。第一区分は保安五年から文永六年に至る約一五〇年間で、『練行衆日記』が「大双紙《おおぞうし》」と呼ぶ最古の一冊に相当する時期である。前述のようにこの部分は焼損甚しく、人数も正確に把握し難いが、「以上〇〇名」の記述および判読し得る実数に基づいている。第二区分は「大双紙」から半世紀を隔てた文保三年から南北朝統一の明徳三年に至る七〇年余の期間、第三区分は明徳四年以降、上七日と下七日のメンバーが交代する習わしがほぼ消滅する明応末年までの一〇〇年余り、第四区分は文亀元年から慶長五年の関ケ原の役に至る一〇〇年、以下は江戸時代をほぼ三分して、慶長六年から元禄末年までを第五区分とし、宝永元年から享和末年までを第六区分、文化元年から文久末年までを第七区分とした。

表Ⅰによって以下の傾向を知ることができる。

①練行衆二〇人以上の参籠が、第四区分の十六世紀末までは常態であった。

②第一区分から第三区分までは二〇人以上二五人未満の参籠数を主体としているが、この間に二五人を超える回数は漸減し、代わりに二〇人以下の回数が増加する。

③第四区分では参籠口数が増加し、②の傾向からの回復が看取される。

④第五区分以降は減少傾向が時を追うに従って顕著になる。その結果、第四区分までには稀だった一四人以下の参籠が常態となり、表には示されないが、第七区分では、現在同様の参籠数一一人という事態が急激に増加する。

以上のように、練行衆の人数にはかなりの起状がある。その起状は決して偶発的な現象ではなく、背景にある催行母胎の変化を映し時代の様相を映すものと考えられる。

表Ⅰ　参籠数比較

年代区分	西暦	期間区分	25口以上 回数	25口以上 対年数比	20口〜24口 回数	20口〜24口 対年数比	15口〜19口 回数	15口〜19口 対年数比	14口以下 回数	14口以下 対年数比	備考
1 保安五年〜文永六年	一一二四〜一二六九	上七日	40(43)	29%	65(66)	45%	32(29)	20%	3(5)	3%	この間146年
		下七日	54(60)	41%	80(75)	51%	4(9)	6%	0(0)	0%	
2 文保三年〜明徳三年	一三一九〜一三九二	上七日	15(13)	18%	44(44)	59%	14(16)	22%	0(0)	0%	この間74年
		下七日	16(14)	19%	44(46)	62%	13(13)	18%	0(0)	0%	
3 明徳四年〜明応九年	一三九三〜一五〇〇	上七日	7(5)	5%	68(60)	56%	33(42)	39%	0(1)	1%	この間108年
		下七日	8(5)	5%	67(60)	56%	33(43)	40%	1(1)	1%	
4 文亀元年〜慶長五年	一五〇一〜一六〇〇	上七日	45(40)	40%	43(48)	48%	11(11)	11%	0(0)	0%	この間100年
		下七日	44(40)	40%	44(47)	47%	12(13)	13%	0(0)	0%	
5 慶長六年〜元禄一六年	一六〇一〜一七〇三	上七日	0(0)	0%	8(8)	8%	75(75)	73%	20(20)	20%	この間103年
		下七日	0(0)	0%	9(8)	9%	74(74)	73%	20(21)	20%	
6 宝永元年〜享和三年	一七〇四〜一八〇三	—	0(0)	0%	0(0)	0%	12(12)	12%	83(83)	83%	この間100年
7 文化元年〜文久四年	一八〇四〜一八六四	—	0(0)	0%	0(0)	0%	0(0)	0%	54(54)	89%	この間61年

凡例

◇括弧外は『練行衆日記』に記載されている参籠数によって数えた回数を記した。ただし参籠数の記載がない年に関しては実数を数え、また焼損部分については人名を確認できた参籠数によって回数を記した。

◇括弧内は途中退出などなんらかの理由でその名を抹消されたり『練行衆日記』の記載数に誤りがあるとみられる場合に訂正した実数。

◇記録のない年及び損傷され確認できない年があるため年数と回数は一致しない。

◇対年数比は四捨五入の数値を記した。

◇年代区分6・7は『練行衆日記』に上七日・下七日の別を記さない。従って当該欄は上・下七日を一括して記載してある。

2　第一区分の時期

籠衆多勢

『練行衆日記』が参籠の人数に言及するのは、長承三年（一一三四）の左の記事が初見である。その頃、堂の広さに比べて練行衆が多いため、参籠数を二六人以下に制限する必要を生じたらしい。

御堂狭籠衆多、仍行法之間超
行業乱、仍広定廿六人不可過之

この時（長承三年上七日）の参籠数は「已上廿八人」と記されているが、おそらく右の規制のゆえであろう、以後二六人を超える参籠は皆無となる。右の記事は、十二世紀前半における二月堂修二会を担う参籠集団の層の厚さを語るものであり、その集団が、修二会運営に関する自律的機能を発動し得る集団であったことを語るものである。

十二世紀前半における右の状況に至るまでの寺内における二月堂修二会の位置、法会催行の財源、法会勤仕の僧団などについては、すでに永村眞氏が論じておられるが[5]、東大寺における諸法会の中で、最も重視される一群――十二大会――には加えられなかった二月堂修二会に勤仕したのは、金鐘寺以来上院地域に止住していた上院僧団であり、十二世紀初頭以前は法華堂衆を中心とする堂衆層が主たる担い手であった、という。また寺内華厳宗の本所たる尊勝院の上院支配によって、華厳宗と修二会とのかかわりが緊密になったこと、学侶の堂衆に対する参籠比率が時代を下るに従って高くなる傾向などを指摘されている。このような経緯を経て第一区分に属する十二世紀前半に至るわけであるが、前述のように、それは層の厚い勤仕集団に担われていた時期であった。

南都焼亡

治承四年（一一八〇）十二月、平重衡の兵火によって、南都は東大寺・興福寺の諸堂塔廊はじめ村邑郷里ことごとく焼失し果てる。二月堂も、本堂は焼失を免れたものの湯屋・閼伽井屋を失い、本堂の東の戸を切り破って小観音を抱え出す有様であった。この災いは「寺領皆停廃、本供等更不可叶」の結果を生み、寺家別当と当院院主は「仏已焼失、仏事皆断絶、庄園□（顚）倒、一寺如無、至当□行法何強可勤行乎、若寺複本者、可修後年云〻」という意向を示した。おおかたの堂舎のみならず本尊まで灰燼に帰し、経済的基盤を支える庄園も失った時期、いわば時代の転換期の大波を真っ向から受けた時期に、別当や院主が、行法を無理して継続せず寺の復旧を待って再修すべきと判断するのも、苦渋の末の一つの決断であったろう。

しかしこの時、練行衆はその意向に従わなかった。不退の行法の断絶を哀しみ、一時の中断は後悔を生む、と判断した「同心之輩十一人」が自ら食料《じきりよう》を負担して継続を試みる。諸事不如意の中ではじめられた治承五年の修二会は、「依練行衆不足、至二月一日早旦、重勤人〻之間四人又相加、其内一人者食堂着座之後始来、都盧《すべて》十五人也」というありさまで、有志の熱意のみが法会の中絶を救ったさまをまざまざと知ることができる。以上は『練行衆日記』治承五年の条に記す当時の状況であるが、「未曾有」と記すこの困難は翌年も続き、料米の不足のために、寺家は参籠の人数を制限したり[6]、下七日の取り止めを提示しており[7]、容易ならぬ苦慮のさまをうかがうことができる。しかしこの年も、「雖然及四百余歳行法趣、不可断絶之故」に、二七日の行法は中絶を免れて無事翌年に引き継がれることとなった。

『練行衆日記』の記述に依拠する限り、平安最末期の、寺の存亡にかかわるアクシデントの中で法会の継続を決断し実行したのは、寺の管理経営にたずさわる層ではなく、法会実修の集団であった。ここにも、長承三年の事例に見たと同様の、参籠集団による自律的行動力を認めることができる。修二会の現状において述べたその独立性は、十二世紀におけるこれらの事実の延長上にある、と思われる。また、修二会の中断を防ぎ止めたこの事例は、実修者の熱意と行動が伝統の継承にいかに大きく作用するかを語っている。その行動に駆り立てたのは、ひとたび断絶してしまえば「設《たとい》修後年更何甲斐」という、行法不退に賭ける意識であった。湯屋が焼失したために「破凍行水」して身を浄め、本供米が届かぬために「各傾一鉢令結構」て食料を調達してはじめた行法には、その後随伴の諸役も次第に集まり、粥料を寄進する者も現れた(8)という。そこには、練行衆の不退転の熱意と行動に触発された周辺の反応が見られるのだが、このような対応関係は、時代を超え対象を超えてさまざまのことがらにあてはまることであり、伝統的諸芸能の保存継承に際しても最も重要と考えるべき要素であろう。

七寺強訴

十二世紀末の波を乗り切った後、参籠数は旧に復し、『練行衆日記』はさしたる大事を記すことなく年を重ねるが、嘉禎二年（一二三六）に至って南都七寺の大衆による強訴が行われ、神輿を宇治にとどめたまま大衆は退散し、東大寺も閉門蟄居して神仏事すべて退転する事態を生ずる。しかし「此行法者鎮護国家之大法薫修不退之修行也、治承回禄之次年猶以不退、況於余年乎」とする「二月堂講衆(9)」は、会合を開いて内密に修二会を勤修する決定を行う。具体的な決定内容は、練行衆を一八人にとどめ、法螺・鐘・五体《こたい》(10)などの大きな音を約《つづ》め、堂の四面や南北の造合《つくりあい》の戸の外でこれらの音が聞こえないようにし、参堂の人をとどめる塞を作る、など厳重を極めるものであった。事の是非の議論はありつつ、嘉禎二年の条は「猶悦行法之不退、為後代大概記之」と結んである。

強訴による閉門蟄居は、公家に対する寺院側の示威行為であり、いわば作戦の一手段である。その最中に法会をとり行うというのは、自ら共同戦線の一角を崩すものであろう。だからこそ前述のような厳重な規制の下にひそかに勤修したのであろうが、このような場合に、このような方法を用いても法会を継続させようとした意志の強さは並ならぬものである。しかもこの年、内聞にするために一八人と規制した参籠の実数は、上七日二四名、下七日二二名におよんだ。「有参籠志参集宿房之人〻及廿余人、面〻慇懃取捨不趣〔赴〕カ」の結果の参籠だったという。先に引用した文章が、その前半で「此行法者鎮護国家之大法薫修不退之修行也」と大上段に構えた感があるのは、強訴のルールに反する行為を正当化するための表現と考えられぬこともなく、おそらくは後半の「治承回禄」云々こそが参籠集団の本音であったろう。以上のことがらは、参籠集団の修二会護持に対する熱意と行動力が、治承の難の時点と変わらぬものであったことを示している。

この後、康元二年（一二五七）に堂内から出火して仏壇の水引を焼き、正元二年（一二六〇）に興福寺とのいさかいによって大仏殿の門を閉ざすなどの事件はあったものの、修二会はつつがなく催行され、二〇余名を下らぬ参籠数を維持したまま第一区分の時代を終えることとなる。

3　第二区分の時期

籠数漸減

文永七年から文保二年まで、『練行衆日記』が失われた半世紀の推移は空白であり、いま触れることはできない。そして、再び『練行衆日記』の記事に接する文保三年（一三一九）は、南北朝併立直前の持明院・大覚寺両統抗争の時期であった。以後明徳三年に至るまで、第二区分に属する時期は皇統争いによって世情は不穏に終始していた。その影響は陰に陽に寺院社会にも及んでいたと思われるが、三九三頁の表Iに見るように、この時期の修二会参籠数は二〇人から二四人の人員構成が中心となり、第一区分の時期に比べると、二五人以上の参籠の割合が明らかに下降している。十二世紀前半に、参籠数は「廿六人不可過」と規制しなければならなかった事実を思い起こすと、修二会の周辺になんらかの変化があったことが予想されるであろう。

食料欠如

元徳二年（一三三〇）は全国的な大飢饉に襲われ、修二会にもその影響は及んだらしい。元徳三年の条は左のように記す。

抑依去年天下一同之大飢饉、薗原庄役修中粥粁忽及闕如之間、以此旨触申当院〻務雯、則為院務御沙汰、彼闕如之分被入置早

この年、大飢饉による修二会の食料不足は、尊勝院院務の裁量で補われた。しかしその後、建武三年（一三三六）・康永三年（一三四四）・文和三年（一三五四）・文和五年（一三五六）・延文四年（一三五九）・貞治五年（一三六六）など、相次いで本供米や年貢の不足に関する記事が出現する。同時に天下動乱して寺務・院務の補任が遅滞し、責任の所在が不明確となっている情況も語られている。本供米の不足は、参籠の練行衆・諸役人・随伴の諸役など、合わせて六〇人を超えたであろう集団による法会の催行を支えるために、さし迫った大問題だったはずであり、再三にわたる難儀とその対策への苦心も決して少なかろうはずはない。しかし、困難のうち続くこの時期、練行衆はその打開のために自ら行動することをしていない。前掲引用例では「当院（尊勝院）院務」に実状を申し出、院務の沙汰によって解決しているし、同様に惣寺（寺門・寺家とも記す）の沙汰（建武三年・文和三年・文和五年）や政所の沙汰（康永三年）が解決の手段となっている。「当御堂事異他之間」（建武三年条）という意識は引

き継がれているけれども、練行衆自らが食料を負担し、法会の催行を外部には内密にする工夫をしてまでも続行を果たした十二世紀の自主性・独立性はこの時期の記述にうかがうことができない。この両者の対応の差は、一時的なアクシデントと慢性化したそれに対する対応の差とばかりは考えられず、法会を支える組織の根本に関わる問題を暗示するもののように思われる。

「東大寺尊勝院院主次第」によれば、十三世紀後半から十四世紀前半にかけて、二月堂は尊勝院による支配と惣寺による支配を交互に受ける〝揺れ〟を経験したらしい。

a　（前略）文応元年月日補二東大寺別当一、有二拝堂一、自二此時一寄二進二月堂一、於二寺中別当職一尚留二当院一、（僧正宗性の項）

b　此時二月堂重返二付于尊勝院一（法印貞助の項）

c　建武三年月日補二東大寺別当一、二月堂重寄二附于満寺一、別当職尚留二当院一（法印権大僧都定暁の項）（以上『大日本仏教全書』東大寺叢書　第二所引）

天暦四年（九五〇）に東大寺別当に補せられた光智によって尊勝院が建立され、「為二日本華厳宗之本所一、故法華堂二月堂等之別当職、蒙二勅裁一管領、」（伝燈大法師光智の項）の形態が確立して以後、二月堂は尊勝院の支配下にあった。しかし右に掲げたように、文応元年（一二六〇）に至って惣寺に寄進され（a）、貞助が尊勝院院主の時代にいったん尊勝院支配に戻った（b）ものの、建武三年（一三三六）に再び惣寺に寄進された（c）。「東大寺尊勝院院主次第」に拠ってその経緯をたどれば、以上のごとくである。

二月堂支配が尊勝院から惣寺にはじめて移った文応元年は本稿における第一区分の時期の最末期に当たる。尊勝院支配に戻ったのは、第一区分と第二区分の中間の史料欠如の時期に相当する。最後に再び惣寺支配となったのが、第二区分において本供米欠如が頻発する初期の頃に相当し、この間八〇年近い歳月が経っている。初めに二月堂を惣寺に「寄進」したのは宗性だが、宗性の師弁暁は治承の兵火で焼失した尊勝院を再興した人であり[11]、二月堂修二会とも深いかかわりがあったという[12]。その直弟たる宗性が、軽々に二月堂を寄進してしまうとは考えられず、おそらくはよんどころない事のなりゆきがあったものと思われる。その明確な理由を指摘することを、今はできないけれども、以下にひとつの可能性を提示しておきたい。

宗性による寄進の行われた前年、正嘉三年（一二五九）に『練行衆日記』は左のように記す。

僧綱烈行法事上古無其例、爰勝延星霜七十三廻参籠今年卅一ケ年為綱維参籠、為御堂為珍事歟

本来、二月堂の修二会には僧綱に任じられた者が列する例がなかったのに、この年、勝延は僧綱位にありながら参籠した、と特記し、それを「珍事」と表現する。先にも記したように、修二会は上院地域の堂衆層を中心とする僧団によって担われ、尊勝院支配の下で学侶層の増加をみながらも、独自の結束を崩すことなく継承が行われていた。寺内統轄の職にある僧綱が練行衆として列する例がなかった、という習わしも、寺内における二月堂の決して高からぬ地位を語り、この法会独特の性格を語るものである。ところが、この年永年の習わしを破って僧綱が参籠するという「珍事」が起こった。それは、従来の二月堂に対する認識の変化を示すものではないか、二月堂が、惣寺にとって注目すべき存在となっていたことの、ささやかな表れと考えることはできないだろうか、と思う。この年の前後に、当時の貴顕による修二会聴聞の事実が記されている[13]ことは、二月堂に対する世俗の関心の高まりを推測させるものだが、その現象も含めて、二月堂修二会の寺内における比重の変化を感じさせる。尊勝院支配の二月堂から惣寺支配の二月堂へという転換が、双方になにをもたらしたかはわからないけれども、宗性による二月堂寄進は、右のような状況を背景にして行われた可能性があり得るように思う。

初度の寄進後、貞助の院主時代に、二月堂が尊勝院支配に戻った経緯は全くわからない。そして建武三年に至って二月堂は再度惣寺に寄進され、その支配を受けることになるわけだが、この項のはじめに記したように、その頃、世情は皇統争いによる不穏の渦中にあって秩序も乱れ、修二会は本供米の不足によって催行もままならぬ困難にしばしば陥る。建武三年はその困難を記す諸事例の初期に当たっており、上七日の記事には、

抑於上七日本供米者、自去年窮冬之比、当今与足利御合戦于今不徳、〇《天下令牢籠》之上、西室先院主者寺門去年秋之比停廃之、於当院主者未被補之間、碓井之雑掌聊雖令難渋、為先院主為寺院無改替之色之上、当御堂事異他之間、任先規諸下無違乱、仍為後覧記之

とあり、下七日には、

(前略)如此寺務院務未補之時、若為雑掌令難渋之時者、承之為例可為惣寺沙汰者也、仍為向後記之

と記すなど、天下の不穏、組織や秩序の混乱のさまが推察される。そのような状況に対応して寺務・院務等命令権者不在の時は惣寺が裁断して事を行うことを再確認した。それは惣寺の責任と権限の増大を招くはずだが、それを裏書するように、以後本供米不足時の調達にはすべて寺家が関与している。二月堂寄進はまさにこのときに行われたわけで、第一区分に属する文応元年の宗性寄進の頃とは全く事情を異にする選択だったと思われる。

堂衆減少

法会経営上の問題とは別に、この時期、練行衆の組織に見過ごし難い変化が現れる。「持経者」と記される読経役の不足がそれである。読経役というのは、六時の勤行の中の初夜と後夜に、法華経(抜粋)を唱える役で、正規の唱誦法に従えば最低三名を必要とするはずである。またこの役は本来堂衆が担当する所役で、現在にもその名残

りをとどめている。ところが、康永四年（一三四五）には「持経者人〇《数》減少」して順清が一人で担当したが、五日目からは南面の礼堂に座を設けて、非参籠の僧が読経の役を勤めたという異例の処置が記されている。さらに貞和六年（一三五〇）にもこれと同様の処置が行われ、嘉慶三年（一三八九）には処世界《しょせかい》を勤めるはずの定懐の所役を変更して読経役とする便法を用いたことが記されている。これらの事例が語るのは、練行衆の中の堂衆の減少のみではなく、参籠集団における堂衆層の薄さである。本来、この法会を結衆的性格で支えていた堂衆層が、二月堂の尊勝院支配という事態の下で学侶の参籠を増し、惣寺支配を経験することで本来の結衆的性格が薄れるであろうという想像はつく。しかしそれにしても、第二区分の初期に当たる十四世紀初めには堂衆の参籠数が学侶の半数ほどとなり、以後さらに減少の度を加えるという事実は右の想像を超えるものであり、参籠集団の本質的な変化を意味するものと言わざるを得ない。その上その変化は、堂衆の問題にとどまらず全体に波及して、修二会における参籠総数の減少という結果をも招いている。すなわち、明徳二年（一三九一）に「当年練行衆以《もつてのほかの》外無人」のゆえを以て新入《しんにゅう》（修二会初参籠の練行衆）を募ったという記載は、減少が堂衆のみに限定されぬことを示す事例である。これらの事例が指し示す傾向は、十二世紀末までは思いも及ばなかったであろう参籠集団の組織の変化に集約されるが、それはとりもなおさず修二会催行の基盤の不安定を意味するものである。

式帳講説

二月堂修二会をめぐるこの時期の外的・内的変化は、あらまし以上の通りであるが、これら一連のことがらと無関係ではない、と思われる文和五年（一三五六）の記述に触れておきたい。この年、参籠を前にして、「近年之練行衆、今此式帳之旨無存知之間」四職が評議の上で内陣の朱唐櫃に納めてある式帳を取り出し、美濃僧都を読師《とくし》として二十余人が聴聞したという。この記事は「自今以後、弥〻可被守式帳之旨者也」と結んでいるが、参籠の式(規範)を講義して周知させ、その式を守るべきことを確認する必要があったことを示すこの記述は、反面、それを必要としなかった時代との へだたりをも暗示する。それを、先に挙げた諸事例と重ね合わせて考えると、時代の流れが引き起こすさまざまの現象にあらがう術なく巻き込まれ、伝統保持の困難さに直面した練行衆が、またそれゆえにこそ規範を確認し、あるべきかたちを見失うまいと努力した、その表れとして式帳講説の事実を把握することができる。そして、それこそが法会の本質を受け継ぐための当時における最良の方法であったと思われる。

4　第三区分の時期

籠数減少

十四世紀末の明徳四年から十五世紀最末の明応九年に至る一〇〇年余りのこの時期、練行衆の参籠数は第二区分の時期に見た傾向に拍車がかかる。社会が秩序を失ったいわゆる下剋上の真っ只中である。寺院社会も安穏だったはずはなく、参籠数二〇人から二四人という人員構成が中心となっているのは前期と同様であるが、二五人以上の参籠の割合はいちだんと減少し、逆に一五人から一九人による参籠の度合が急増する(表Ⅰ対年数比参照)。参籠口数の多寡のみで法会の盛衰を推量することはできないけれども、『練行衆日記』文安五年(一四四八)の条には、

一、当年参籠衆上下同十六人、剰於下七日者十五人而、従治承乱逆之翌年其衆減少、誠行法之零落歟、

と記し、練行衆の減少を「行法之零落歟」と嘆いており、第二区分の時期以降の下降気運を否定することはできない。

右の事例以外にも、応永八年(一四〇一)には「以外無人」による「行法之違乱」を恐れて、新入四名を参籠さ

せるという、特例を実行したり、[14]永享八年（一四三六）・文明十六年（一四八四）には読経役の不足を便法で解決する事例が記されるなど、[15]概して第二区分の時期の延長ともいうべき情況が看取される。

後入衆《ごにゅうしゅう》

本章第一節のはじめにも記したように、この法会では、上七日と下七日で練行衆が一部交代するのが習わしであった。また上七日と下七日では参籠数が異なり、下七日の参籠数が上七日のそれを上回ることが多かった。しかし十二世紀最末の頃から、上七日の参籠者が引き続いて下七日も参籠する傾向が増大し、また上七日と下七日の参籠数の差も少なくなって、十四世紀半ば頃からは人体の変動なしに上・下七日を通して参籠する形態がほぼ定着し、上七日のみ、あるいは下七日のみの参籠という例は稀になる。以上の推移は三九三頁の表Ⅰによってもあらまし理解できるはずである。

さて、練行衆交代の習わしの中で、下七日のみ参籠する練行衆を「後入衆」と称するが、『練行衆日記』に「後入衆」としての参籠を書き留められた下限は永正七年（一五一〇）である。堂司順助が別火中に発病し、養生のため上七日の参籠を見合わせて下七日に後入衆として参籠したという。またそれ以前の文明十年（一四七八）の事例は、堂司延念が触穢のため後入衆として下七日のみ参籠した、というもので、いずれも臨時の便法的措置としての後入衆である。そのほかには文正二年（一四六七）に長宗が、明応二年（一四九三）に実友が下七日のみ参籠しており、この両者は本来の後入衆としての参籠だった可能性もあるから、一五〇〇年前後を境に後入衆の制は廃れたものと思われる。この事実もまた、本来の制の消滅という意味で二月堂修二会の下降気運を示す変化と言えよう。

不退の行法

以上、練行衆の参籠数と後入衆の推移を通して概観した限りでは、この時期は前の時期以来の下降気運を回復し得ずに終始した感があるが、その状況を、練行衆はどのように受け止め対処していたのだろうか。

応永三十三年（一四二六）、東大・興福両寺の間に争いが生じ、興福寺側が東大寺別当坊（尊勝院）を「悉破却」するという事件が起きる。そのため寺中大小の勤行は退転し、老若の住僧も逐電してしまう有様で、「当堂行法将退転」と危ぶまれた。このとき僅かの練行衆が集まり「（前略）不退之勤行、至今年退転、歎有余者哉、設雖寺門及逐電、彼勤行相続者治承嘉禎等例也、如何様可有勤行旨」評議一決して、発起者一五人で法会は遂行された。勤行は嘉禎のときと同様に、法螺・鐘・五体などは「微音」にしてとり行った、という。その後、文安元年（一四四四）には兵庫北関寺の訴えによって、文安五年（一四四八）にはまたも興福寺とのいさかいによって催行が危ぶまれ、僧房も破却され寺僧の多くは不住となって練行衆も例年以上に「闕少」するのだが、いずれも最終的には断絶を免れ催行を果たして「満七百年行法、以不断絶為歎中之喜斗也」と安堵する。

存亡の危機に立たされたとき、二月堂修二会は必ず存続を果たす。治承の兵火や嘉禎の強訴のときがその例であり、いま掲げた諸事例も同様である。しかも十五世紀のこの時期、法会内外の諸情勢の沈滞は覆い難いものがあり、その状況の中で法会の存続が果たされたことの意義は大きいと思う。そしてその原動力となったのは、やはり法会実修の立場にある練行衆の「当堂の行法不退」の意識であった。時を超えて浸透しているこの意識が、時代の転換と共に押し寄せる大小のマイナス要素に囲まれながらも、法会継続を決断させ、決断を実行させたと言える。法会の意義や目的を云々する意義づけはそこになく、なにはともあれ中絶させぬことが催行の意義であった、とさえ感じられる。参籠集団に受け継がれる「行法不退」の意識の強固さは、集団の組織が変わり、支配が変わり、情勢が変わっても変わることがなかったのである。その意識を培った根源を明らかにすることは、別の新たな課題であるが、今は伝統の継承に関する重要な意識として、ここに指摘しておきたい。

5　第四区分の時期

籠数復活

文亀元年（一五〇一）から慶長五年（一六〇〇）に至る一〇〇年のこの時期、参籠口数は十四世紀以降の減少傾向を押し返すように増加する。ことに、二五人以上参籠の対年数比が非常に高い数値を示し、前期（第三区分の時期）に増大した一五人から一九人という人員構成による対年数比は急減して、明らかに流れの方向を転じた趣がある。ただし、この流れの中にもおのずから起伏はある。文亀元年（一五〇一）から大永二年（一五二二）までは、前期に比べて際立った増加と指摘すべき傾向は見られないのだが、大永三年から永禄八年（一五六五）に至る時期、参籠数は長承三年における参籠数制限の記事（三九四頁参照）を想起させるように、二五人・二六人の参籠が相次ぎ、参籠集団の充実の再来かと思わせる状況となる。事実、大永八年（一五二八）には、参籠二九人が予定されたため、「吼子《くじ》」によって二五人を定める、という処置がとられている[16]。引き続く永禄九年以降になると、参籠数は一定せず、多い年は二六人、少ない年は一五人と、年によって大きく変動しながら、次第に減少の傾向をたどりはじめ、文禄二年（一五九三）以降は二〇人を超えることなく第四区分の時期を終えることとなる。

堂舎炎上

この時期、参籠数がいったん増加し、その後不安定に増減しながら再び減少に向かう原因を『練行衆日記』は記さない。従ってここでは推測するにとどまるのだけれども、参籠数増加に転ずるきっかけとして永正五年（一五〇八）の講堂・僧房の焼失と永正七年の二月堂炎上という事件があり、再び減少に転ずるきっかけとして、永禄十年（一五六八）の大仏殿炎上と永禄十二年の二月堂出火という事件があるのではないか、と思う。

永正五年三月十一日、大仏殿・講堂炎上の風聞が広がり、ために名残りを惜しむ貴賤道俗の参詣人が市を成す有様となった。しかも風聞通り東室の門から出火して、講堂・僧房は灰燼に帰し、練行衆の過半も住居を失う結果となる。しかし翌永正六年は一七名（実は一六名）が参籠して「一事而無改反之儀」勤修されたという。ところが永正七年二月十四日、修二会結願の日に二月堂は内陣から出火、炎上する。食堂での昼食の作法が終わろうとする頃であった。駆けつけた練行衆をはじめ大勢の人々の協力で、二体の本尊の中、小観音の御厨子は堂外に奉遷し、大観音は幸いなことに焼失を免れ、仏壇上の屋根の南端を焼失しながらも法会は「為一事無違于例、行法令相続早」という結果となった。以上は、『練行衆日記』永正六・七年の条に記す経緯のあらましである。

永正の火難から六〇年を経た永禄十年（一五六七）十月、南都は松永弾正と三好三人衆の交戦の場となり、松永方の夜討によって大仏殿およびその周辺は焼亡し、二月堂はその災難を免れはしたものの、翌永禄十一年の修二会は「勤行断一粒毛無之」の打撃を蒙った。しかし練行衆は評定の上、不退の行法の相続を決定し、「奉加寄進之輩連〻不絶、用途如例年調」って一六人が参籠し、無事結願を迎えることができた。しかし諸衆の努力で漸う災難を乗り切ったその翌年の永禄十二年二月十四日に、またも二月堂は内陣から出火する。練行衆が下堂して入浴を済ませた時分の出来事だったという。幸いなことに、この時は適切な処置で被害を最小限に食い止め、参籠宿所に下って入浴、呪師の祓いを受けた後は通常に戻る程度で一段落した。火事の原因は、納所の重服者の坊舎から菜汁の具を運んだためであり、その穢れを禁ずべく「依大聖之御方便、如此令示現者歟」と評議一決したという。『練行衆日記』は、永禄十一・十二年の条に、以上のことがらを記している。

さて、永正五年の大仏殿炎上の風聞とそれを裏書きするような災難にしても、永禄十年の戦乱による災難にしても、戦国の世の安定を欠いた社会情況が直に反映していると思われるのだが、そのような情勢下で追い打ちをかけるように出来《しゆったい》した二月堂の出火という事件を、練行衆はどのような意識で受け止め、如何に対処したのであろう。

危機意識

永正七年の二月堂炎上の後、『練行衆日記』がその修復に関して触れるのは永正十六年（一五一九）に至ってのことである。炎上からすでに九年を経ている。焼損した錦の御帳を、「先年火事出来之時、可奉懸之由雖及沙汰、不相調、」勧進の年月を重ねてこの年に新調成ったという。錦の御帳とは、本尊大観音の御厨子の覆いであり、その修復は可及的早急に実現すべきことだったはずである。しかし実現には九年の歳月を要した。この事実の背景に、寺の、社会の、国の疲弊が想像されるのだが、講堂と僧房の大半を焼失して日々の生活と学習のよりどころを奪われた現実を考えれば、九年の歳月を要したことも練行衆集団の精一杯の努力の成果と見ることができるのではあるまいか。そして、御帳の新調成ったこの年から四年を経た大永三年（一五二三）以降、先に述べた参籠衆の増加という現象が発生する。

論旨が脇道にそれるようだが、ここで、しばらく東大寺地蔵院ご所蔵の『諸作法記』（筆者仮題）に目を向けてみたい。この史料は、会中の諸作法についての心得を、先人の書き遺した心得書からの引用を加えて一冊に編んだものだが、編者・成立年ともに不明である。しかし、江戸中期以前に成立した心得書を博捜したものと見え、法会全般に関して心得べきこと注意すべきことが二五一項にわたって記載されている。その記述の中には、修二会創始

表Ⅱ　『諸作法記』の引用した史料

年　号	西暦	事項・史料名等	所出人名・参籠期間
		『式帳聞書』	
		『二帖双紙』	
治承4年	1180	南都焼亡	
嘉禎2年	1236	七寺強訴	
文応元年	1260	宗性二月堂を寺家に寄進	
元徳2年	1330	大飢饉	
建武3年	1336	定暁重ねて二月堂を寺家に寄進	延海
			重弁　1398
		『重弁記』	1406
		『延海記』	
			1435　1439
			勝賀
		『勝賀記』	1499
		『実清記』	実清
永正5年	1508	講堂・僧房焼失	1508　1508
7年	1510	二月堂炎上	英證
16年	1519	錦御帳新調	浄実　1535
		『英證記』	1542
		『浄実記』	1553
永禄11年	1568	大仏殿炎上	
12年	1569	二月堂出火	
			実英　英助
		『英助日記』	1572　1575　1572
		『実英記』	
			1589　清訓　1582　恵範
		『清訓記』	実秀　1615　1612
		『実秀記』	1624　1622
		『恵範記』	
			隆慶　1638
		『隆慶口説』	1656　1658
寛文7年	1667	二月堂炎上・焼失	晋性　1662
			1677　1673　栄貞
		『晋性日記』	晋因　1681
		『栄貞演説』	光賢　1692
		『晋因堂司記』	1705　1709
		『光賢記』	1714
		『諸作法記』	1727
			1743

後六四年目に書き始められたという『本式帳』と、同じく二四四年目に書き始められたという『新式帳』の記述をもとにしたと思われる『式帳聞書』をはじめ、前頁の表Ⅱに掲げる一〇数人の先人の記が引用されており、貴重な史料である。

表Ⅱによって明らかなように、『諸作法記』が引用する『重弁記』『延海記』の筆者重弁・延海の参籠期間は十五世紀前半で、他を引き離して古い。注目したいのは、その後の引用が、勝賀・実清・英證・浄実など、十六世紀前半の参籠経験者およびそれ以降に集中する点である。第二区分の時期で触れたように、二月堂修二会に関しては「式帳」が内陣の唐櫃に納められており、これが行法の規範書となっていたらしい。文和五年（一三五六）に、式帳を講読して練行衆への周知徹底をはかったのは、「此式帳之旨無存知」の練行衆が増えたための処置であり（四〇二～四〇三頁参照）、とりたてて講説などする必要もなく体得し伝承し得た従来の伝承形態を保持し難くなったための対応策であった。『重弁記』『延海記』の成立も、このようなことがらと無関係でなかったのではないか、と思う。そして今、十六世紀初めの大きな災難を見、その時期以降に急増したと思われる諸心得書の存在を見た。ここで本筋に立ち戻れば、右の諸心得が急増したと考えられる時期は、まさしく参籠衆の増加の時期に相当するのである。

十二世紀前半の盛時以降、特に十四世紀以後は次第に減少傾向をたどってきた参籠数が増加に転じたのは、前述のように錦の御帳を漸う新調し終えた直後であり、練行衆自身の筆になる行法の心得が急増した時期に当たる。申し合わせたように符合するこの事実は、おそらく、当時の練行衆の危機感を語るもの、と思う。練行衆は講堂・僧房の焼失によって生活のよりどころも学習のよりどころも失い、二月堂の災上によって修行のよりどころまで失うところであった。堂の修復さえ極めて困難な現実が厳然と存在している。しかし二月堂の行法は不退であらねばならぬ。降って湧いたような災難の中での練行衆の危機感や緊張感が、行法への参加に駆り立て、後に伝え遺すための筆記に駆り立てた、と考えれば、これまで述べてきた経緯は理解できる。その危機感に基づく結束が、次に襲来する大きな災難までの半世紀近くを、最大限の参籠数で勤修する結果を生んだのではないか、と思う。弘治三・四年（一五五七・一五五八）の両年にわたって、災旱のために一粒の勤行料も納入されぬ、という事態を生じたにもかかわらず、地方に出掛けて勧進し寄進を得て、二六口の参籠を果たしているのも[17]、その結束がもたらした行動力によるものであろう。

しかし、永正期の大きな災難を乗り越えて、いったんは行法を盛行に導いた努力も、永禄十年の戦火による被害を、結束だけで乗り切ることはさすがに困難だったらしい。「寺中寺外之斬所者、悉以荒分」したために、前記のごとく「勤行料一粒毛無之」の有り様となった。いかに結束は堅くとも、いかに参籠の意思はあっても、法会運営の困難は明白である。永禄十年以降の参籠数の動きは20・15・15・23・22・26・24・21・24・22・24・26・23・19・24……と推移しており、上昇の傾向を見せては下降に赴く動きが、苦闘の姿を暗示するように思われる。天正三年（一五七五）の左の記事なども、法会運営の困難の一端を示すものである。

一、就新入積銭之儀、近年減少之間、以其例只少分可相出云々、為御堂不興隆之間、拾石之内者無勿躰旨、出大宿所評定一決早、

以上が第四区分の時期における推移である。推論の域を出ないけれども、時代の渦に巻き込まれながら行法のあるべき姿を継承するために行動した練行衆の有り様をうかがうことができる。また、そこには口伝から筆録へという伝承方法の転換が、急速に根付いてゆく姿を見ることもできる。不退の行法を中絶させまい、と、さまざまに試みる努力と共に、東大寺修二会も中世の幕を閉じることになるわけだが、その終幕では再び参籠数の減少傾向をた

どらねばならなかったのである。

6　第五区分の時期

減少加速

慶長五年の関ケ原の役で天下の趨勢は定まり徳川二六〇年の治世を迎える。ここでは、その初期の慶長六年（一六〇一）から元禄十六年（一七〇三）まで、約一〇〇年を展望する。この時期、参籠口数の減少は急激である。二五人以上の参籠を見ることは一回もなく、一五人から一九人の参籠の対年数比が七三パーセントという高率を示し、一四口以下の対年数比二〇パーセントと合わせて、二〇人に満たぬ参籠の年が九〇パーセントを超える有り様である。前期に見た練行衆の結束という文柱が外れ、雪崩を打って下降線をたどったか、と思わせる変化である。しかしこの傾向は、先に述べたように第四区分の時期の末期にすでに萌しており、その傾向が徐々に、しかし着実に深まったというのが実情である。そしてその傾向は、この時期のみならず江戸時代の末期に至るまで回復することのない傾向となった。

二月堂焼失

この時期、二月堂にとっての最大の打撃として、寛文七年（一六六七）の出火焼亡を挙げなければなるまい。永禄の火災からほぼ一〇〇年を経過している。

この年は、破損した二月堂の修理を幕府に訴えて許可されたため、明春、行法結願以後に修造すべく衆議決定が行われていた。ところが、二月十三日の勤行も終わって下堂した後、辰の刻頃に内陣から出火した。まず駆けつけた堂司が、火煙に満ちた内陣から小観音だけは漸う袈裟に包んで抱え出したものの、火勢は激しく、「各空《むなしく》退去」せざるを得ない有り様であった。これまでは火災のたびに「不思議風来而払之奇異」が起こったのに、このたびは「瓦甍梁棟紛綸倒落、銅鉄金銀蕩々涌沸」という壊滅的な惨状となり、巳刻に至って漸う鎮火したという。前代未聞の大事に見舞われながら、結願の作法は小観音を法華堂に奉遷してとり行い、とにもかくにも行を満ずることはできた。

本堂焼失によって行法退転に追い込まれるかに見えた二月堂だが、幸いにも造営の命令が郡代官に下り、大導師英性が江戸に赴いて不退の行法について弁じた末、寛文八・九年は仮堂で勤修すべしとの幕府の意向によって、修二会は中断することなくとり行われた。以上のことがらは『練行衆日記』寛文七・八年の条に詳しい。

寛文七年の災上の際に、興福寺衆徒宗政から牛王が寄進され[18]、翌八年には小観音御厨子の新調、九年には「法皇」[19]の計らいによって四座講式の寄進があり、同年十二月には新堂の造営が完了する。以下、年を追って涅槃像の寄進[20]、涅槃経料紙の寄進[21]、焼け残った八十華厳経の修復[22]、など僧俗の助力が相次いで次第に旧に復してゆく。その後はとびとびに観音の御帳奉懸[23]、神名帳寄進[24]、本尊御厨子の荘厳具寄進[25]、御正体寄進[26]などが行われ、当期を通じて寛文七年の火難の復興という営為は続く。多方面から寄せられる援助があったということは、当時の二月堂信仰の存在を証すものではある。しかしながら痛手は深く復興の道程は遠かった、と言わざるをえない。

以上が二月堂焼失にかかわるなりゆきであるが、その経緯の中に見過ごし難い点がある。

老朽した二月堂の修理が決定されるについて、『練行衆日記』寛文六年条は次のように記している。

一、当堂依破損、従公重《かさねて》源家綱公可被加修覆□而、則為内見南都奉行土屋忠次良既被及見聞、以外大破不及是非、此旨早速達上聞可有修理旨治定早、満寺喜悦不斜事

翌寛文七年条に「当堂依為破損、修理之事、遣四聖坊英性法印於江府、訴于将軍左大臣源家綱公之処」とあり、二つの記事の時期的前後関係にいささか紛らわしい点があるが、事の次第は、まず東大寺から大導師職に在った英性を江戸に派遣して、二月堂修理の必要を将軍に訴えた。これに対して幕府は南都奉行に現状の検分を求め、南都奉行はもってのほかの大破で議論の余地なし、と報告し、この報告を将軍に上奏した後、修理すべき旨が決定した。これによって東大寺は大いに喜んだ。ということでもあったろうか。

さらに焼失後の寛文八年には、左の記述がある。

一、焼失已後、傷行法之退転、満寺含悲、未訴武家之処、先而如前〻可有造営之由、自将軍源家綱公被申付当郡代官土屋忠次郎畢、不思議之事、偏為大聖之威神歟、諸人同所嘆也、其後英性法印下江府、訴造営於将軍家、

焼失以後、行法の退転を寺挙げて悲しみつつも、再興を幕府に訴えることをせずにいたところ、先年の計画通り造営すべき旨、将軍家から代官に申し付けられた。思いがけぬ計らいを、本尊の威神力のゆえかと、人々は感嘆したというが、東大寺からはその後になって大導師英性が出府嘆願している。この時、英性は老中・寺社奉行・南都代官八名の前で「千歳不退之規儀、国家安全之洪基」たる行法について弁じ、幕閣の重臣も「造営可有之旨評議決定」したという。

二月堂の焼失にしても大修理にしても、練行衆にとって最大の大事件であり関心事だったはずである。しかしこの時、練行衆は自ら起ち自ら行動することをしていない。修理工事については、「以外大破」を身体で受け止めているはずの練行集団からは大導師が出府して陳情した以外、すべて幕府の裁量のみで事が運んでいるし、焼失の後は、退転するであろう行法を傷み嘆くのみで積極的な対策に踏み出すこともなく、幕府からの造営の通達を「大聖之威神歟」と受け止めるだけである。その姿勢からは、もはや治承・嘉禎の例に見た「行法不退」に賭けるすさま

じいばかりの熱意も、永正の例に見た傾斜を支えようとする結束力も汲み取ることはできず、徳川幕府の体制下に完全に組み込まれ、かつての自主性を全く失った練行集団の姿を見出すのみである。

越度宥免

伝存する『練行衆日記』の最初期、大治六年（一一三一）の条に、新入参籠衆の覚印が謗言の罪過によって数百返の懺悔礼拝を課されたことが記されており、「有重過時、被□戒者□御堂例也」とある。参籠衆の交名以外の記述としては初出の記事が、犯過に対する罰則としての礼拝行であることは象徴的だと思うのだが、「御堂例也」の言葉通り二月堂修二会の規則は厳しく、規範を犯した者には学侶であれ四職であれ、罰として懺悔の礼拝を課すのがしきたりであった。過失の軽重を勘案し、評定によって一〇〇〇返から五〇〇〇返の数を定め礼拝の場所を定めてとり行う。(27) また時には重科を重ねて僧団から放逐される場合もあった。(28) 堂や内陣への出入りや手順を間違えること、作法を乱すこと、体調を崩すこと、常燈を誤って消すこと、法具を隠したり紛失したりすること等々が評定の対象となり、十六世紀初めまではかなり頻繁に記録されている。その後次第に罰則適用の事例は減少するのだが、この時期に至ると罪過を免じ不問に付す事例が急増する。

寛永十五年（一六三八）二月五日、和上真快が『走り』の手順を間違えた。前代未聞の過失、と評議一決したところ、老体ゆえの失念とて「達《たつて》而被懇望」ため、許された。また四日には、禅衆の英澄が和上の前を横切るという無礼があったが、和上本人がその越度《おつと》を「令宥免」たため許された。ただし「努々《ゆめゆめ》不可後例者也」と註記してあり、この処置があくまで特例であったことを知ることができる。さらに五日の『実忠忌』において、古来の堂司の作法について堂方から異議の申し立てがあった。しかしその異議は「前代未聞之依為曲事」と評議一決して重科に処すべき旨を堂方に申し渡したところ、和上から、若輩の無分別を「可願御宥免之旨、重〻依為懇望」、これも了承している。ただし「重而如此義出在之者、堅可及厳重罪科者也」と述べ、今回限りの処置であることを明記してある。この年は問題続出の年だったとみえて、十四日の『走り』の際にまたまた和上が手順を間違えた。この時は呪師が内証であれこれ和上のために許しを請うたため、これも許されている。

「重科」に処すべき行為が右のように続出することもさりながら、それらが片端から宥免されることは、この時期以前には例のないことである。ただし、右の四件にはいずれも和上真快がかかわっている。和上の人柄や実力が働いて右の特例に結びついたこともあり得ぬことではない。しかし和上自身の越度には経験不足による迂闊さが感じられるし、真快は法華堂衆であるから寺内で重い地位にあったとも思えない。また、この年を限りに真快は参籠しなくなっているから、失態の責任をとったと考えられないこともない。これらを考え合わせると、寛永十五年の諸越度宥免の事実には、個人的事情や配慮を超えた、当時の練行集団のある側面が表出されているのではないか、と思う。この後、寛文三年（一六六三）には『走り』で走りの回数を間違えた亮覚に対して「諸衆加憐愍」えて宥免し、延宝四年（一六七六）には食堂への入堂作法を間違えた良尊・盛祐を「不便《ふびん》仁存寄」の大導師のとりなしで「今度者免除可有之評定」が行われ、天和三年（一六八三）には『晨朝』の作法で思い違いをした相性を「諸練彼僧耻若輩、令免除」など、心情的な対応を示す事例が散見するのをみても、寛永十五年の事例は集団全体の傾向を示唆する、と考えてよかろうと思う。これらの事例を経て元禄三年（一六九〇）の条には修中の作法の違乱について「近年泊《すぎる》無沙汰故、未決科之経重」、そのゆえに「已来於娑婆遂吟味、可決定由」を学侶方から堂方へ申し遣わしたり、散華行道の時に華籠を持たず入堂の時に灑水しなかった過失について「軽科故近来無沙汰也」の記述を見る。このように辿ってくると、練行集団における自律的規制の緩みが、江戸時代の初期から中期にかけて次第に明確化し固定化してゆく階梯は明らかと考えざるを得ない。ことに、修中の作法の違乱を練行衆自身が解決せず、娑婆（非参籠の寺僧）に吟味をゆだねて決定すべきことを記す元禄三年の記述には、かつての参籠集団にみた結衆的性格と行動の片鱗すら見出すことができない。それは寛文七年の二月堂焼失という事件とのかかわりで考察した結果と軌を一にしており、紛れもなくこの時期の参籠集団の在り方やその性格にはこれまでの流れからの転換が見られるのである。

新法議定

寛永九年（一六三二）以降、参籠数は二〇人を超えることがなくなった。修二会は厳しい運営を余儀なくされたと思う。先に記した越度宥免の措置なども、練行衆減少の現実と無関係ではなかったかもしれない。ともあれそのような情勢の続く延宝八年（一六八〇）に、『練行衆日記』は左の記事を掲げている。

一、性憲者大宿所江可参由、堂司与約話（ママ）雖在之、今年者学侶方当参籠以之外無人故、五日七日十二日之役義新法就在之、雖為性憲法師者処世界、大導師宿所江遣了、

参籠宿所の部屋割りで、処世界の性憲を、堂司を筆頭とする大宿所《おおじゅくしょ》に所属させるべく約束があった。ところが、学侶の参籠がことのほか少なく、五日・七日・十二日の行事の所役を「新法」によってとり行うことになった関係で、性憲を大導師宿所に所属させることにした、という内容である。

右の「新法」の具体的なことがらは、この文面からはわからない。五日の『実忠忌』・七日の『小観音』・十二日の『水取り』の行事をとり行うに際して、学侶の中、処世界以外の何れかが担当すべき所役を、処世界の所役とした。それに伴う処置として、参籠宿所の部屋割りにも一部変更が行われたということであろう。この年、参籠数は

一四人、内訳は学侶八人・堂方六人であった。

延宝八年から八年後の貞享五年（一六八八）は学侶に忌服・病気を申し立てる者が多く、練行衆は学侶七人・堂方五人の計一二人という事態となった。これによってこの年も「新法及六ケ条」こととなり、新法を敷くについては正月十七日に「満寺諸練会合」して評議したという。その結果は「雖然人数依不足、新法之義、或者役替、或重役仁相究、各退散」ということになり、後に残った当年の練行衆は、新法を定めるに至った現状に「悲歎徹骨髄」の思いで、なんとかしてあと一人の参籠を老僧衆に説得することにして散会した。しかし説得は成功しなかったらしく、遂に左のように行法の継続か中断かを神意に問うて決断する、というのっぴきならぬ事態にたち至った。

一、十九日晩、於堂司当練会合、右之趣談合及深更、此上者於観音御宝前、雖為練十二口、後代行□（法）相続スル也否、或不相続否神点、於上者照覧、其上人数雖為不足、相続之相有之上者不及余義任神意、若不相続之相有之者老僧衆江詔《つげ》、設雖為病身、今一人参籠被致様仁申、此上是非於無参籠者、公儀江詔《おし》江後代行法不相続之義歎可申由、相談相窮、即於二月堂、神点於上畢

この時点で、参籠一二口というのは、所役を変更したり他の役と兼務したり、という「新法」で補ってもなおかつ催行不可能と判断せざるを得ない口数だったらしい。参籠一口の増減を巡って、九〇〇年来の「不退の行法」は継続の可否を「神点」に賭けることとなる。

呪師が宝前で「神点」を上げた結果は「十二口新法不相続之点上留」であった。神意を畏み怖れてさらに相談の末、上生院晋英が七八歳の老体ながら大導師として参籠することとなった。

以上のような紆《う》余曲折を経て二月堂修二会は中絶を免れ、大導師晋英は老齢ながら「一塵之無落度」大任を果たし、「当堂行法、雖為末代、相続繁栄之霊験与、不残祝悦無極者也」と、諸衆安堵して落着したのであった。

寺家と籠衆

空前の危機を回避した後も、参籠数は一三人から一五人の間を往復して数年を経るが、元禄期の後半には一八人から二〇人の参籠が続き、小康状態を迎えて第五区分の時期を終えることになる。二月堂焼失、越度宥免、新法議定の項目を立てて瞥見したこの時期の二月堂の有り様は、暗く、痛ましく、またもどかしい。元禄期後半の参籠口数の増加は、その気運に多少の光明を与える傾向であるようにも思える。しかし、視点を拡大してこれらの情況を当時の東大寺の有り様の中に置いてみると、後述するように二月堂運営の苦悩は惣寺運営の苦悩と少なからず連動しており、それは中世から近世への転換の中で自らの立場を確保するための苦闘のひとこまだった、と見ることができるように思う。

永禄十年の大仏殿焼亡の時、大仏殿はもちろんのこと、本尊盧舎那大仏も焼損のため御頭が落ちてしまった。東大寺では翌永禄十一年（一五六八）から綸旨を奏請して勧進をはじめ、山田道安が願主となって大仏御頭の仮修復も行われた。その後、織田信長も全国勧進を許可し、豊臣秀吉の命によって豊臣秀長が大仏修理を保護する、などのこともあったが、慶長十五年の大風雨で仮屋が倒壊し、大仏は露座の姿を歎かれながら年を経る有り様で、修復は滞るばかりであった。二月堂の焼失した寛文七年の頃も、大仏は露座のままであった(29)。この事実は、永禄の戦禍が東大寺に与えた打撃の大きさを物語るものである。

大仏および大仏殿の修復工事に本格的な始動がかかるのは、永禄の焼亡から一二〇年足らずを経た貞享元年（一六八四）のことである。この年五月、公慶は大仏の修理を幕府に願い出、六月に許可されると翌二年から勧進を開始し、同三年に大仏の鋳掛始め、元禄元年（一六八八）に大仏殿の釿《ちような》始めを行う、という精力的な行動力を発揮する。釿始めが行われたのは、二月堂では、修二会の存続か中絶かを命運賭けて神意に問うた年である。元禄五年（一六九二）、遂に大仏の開眼供養が実現し、元禄十年には大仏殿の立柱式が行われるが、あまりの難事業のため、幕府は元禄十一年以降五箇年にわたって資金を援助し、諸侯もまた三箇年の援助を命ぜられることとなった。東奔西走してこの大事業を進める一方で、公慶は元禄十一年に二月堂大観音の御帳と小観音の玉幡・宝幢を寄進している。かつて、公慶のこの行為を、当時存在していた小観音信仰を宣揚することによって大仏殿造営の進展を意図した行為である可能性を指摘したが[30]、修二会の参籠数が公慶による二月堂本尊への御帳や幡・幢の寄進前後（元禄八年から元禄十五年）に増加し、公慶の没した宝永二年（一七〇五）以後はまたも減少の傾向をたどる事実を思い合わせると、大仏殿再興に際して、二月堂修二会をも視野に取り入れていた公慶の意図を、改めて思うのである。ともあれ、このような経過を経て、宝永六年（一七〇九）大仏殿の落慶供養は果たされた。

さて、大仏殿再興の過程をたどり、改めて寛文の二月堂焼失とその前後の事情を思い起こすと、惣寺の疲弊・不如意と共に二月堂の疲弊・不如意もあったことがわかる。当然とも考えられるその事実と同時に、一面では大仏殿の再建と二月堂の再建が別個に進められ、二月堂再建に関しては修二会の大導師が幕府との交渉に当たり、独自の対応が行われたことがわかる。十四世紀前半以降、惣寺の支配下にありながら、二月堂は「不退の行法」を自覚の柱に、実修者が主導権を維持して法会の催行を果たしてきた。その伝統が十七世紀のこの時期にも存在していたことを、この事実は示している。強固な伝統である。しかし反面で、この時期を通観して思うのは、動乱の世にあって次々と襲いかかる不測の危機よりも、泰平の世のなりゆきの中で生ずる危機こそが、より危機的な結果を導くことになるのではないか、ということである。

7　第六・第七区分の時期

過少固定

十八世紀初頭の宝永元年（一七〇四）から享和三年（一八〇三）まで、第六区分の一〇〇年間は、時に一五人、一七人の参籠を見ながらも、一三人、一四人をベースとして年を重ねた末、安永三年（一七七四）に至って遂に一二人の参籠という事態が出現した。一二人というのは貞享五年に「神点」によって否定された人数である。しかも、この年以降趨勢は止め難く、一二人の参籠が大勢を占めることとなり、十八世紀末を迎える。そして天明二年（一七八二）・五年・九年に一一人の参籠という現実を迎えて以後は、第七区分の一九世紀を通して、一五人を超える参籠はおろか一三人を確保する年もまれになり、一一人または一二人で勤修するのが常態となり、現在と同様の人員構成が次第に定着しつつ江戸時代の終幕を迎えることとなる。ここでは籠数減少に遂に歯止めをかけ得ぬまま終始した二つの時期を、とりまとめて概観することとする。

この時期の『練行衆日記』に「無人」を記す年は多い[31]。代役のやりくりに関する記事も散見する[32]。しかし、本稿においてそれらはすでに取り上げたことがらであり、伝統的な行事の伝承保存という側面に新たな問題を投げかけるものではない。だから、ここではあえてそれらのことがらを考察することは避けようと思う。それよりも、厳しい事態に耐えつつ新しい方向や手段を模索した姿を、一、二の事例を通して確認しておきたい。

考案工夫

本論のはじめにも記したように、この法会は「六時の勤行」と称される悔過法要を根幹として成り立っている。

「六時の勤行」の呼称が語るように、悔過法要が連日六回ずつ繰り返して勤修されるのが本来の形態である。悔過法要を根幹とする法会（悔過会《けかえ》と称する）は、現在二月堂以外にも五〇例近く伝存しているが、それらの勤修形式を比較すると、二月堂に見る多彩な勤修形式に比肩し得る例は一例もない。連日六回ずつ繰り返す法要の、次第を取捨し、唱句の広略・節付の差異・所作の異同などを勘案して、六時のそれぞれに特色を与え、また二七日という長期間の大法会の、日によって正略の形式を配することで、群を抜いて多彩な勤修形式が用いられているからである。

しかし、現存するその勤修形式がすべて二月堂修二会の草創期から存在したわけではなく、継承し続けた長い歴史の中で次第に展開形成されたものと考えられる。その勤修形式個々の成立に関してはかつて考察を行った(33)ので、ここでは触れない。ここで記しておきたいのは、江戸中期に至ってなお勤修形式に工夫が加えられていた事実である。史料から得た経緯の、たとえば「引上《ひきあげ》」と呼ばれる初夜と日没の勤行の略形式は、江戸初期に実態として確認され江戸中期には「引上」という呼称が定着し、「引上」で勤修すべき日も現行と同様に固定したと考えられた。固定に至るまでには準備作法の〝揺れ〟や呼称の〝揺れ〟、あるいは「引上」を勤修すべき特定の日の〝揺れ〟などを経ており、ひとつの形式の案出から固定に至る過程をうかがい知ることができる。またそれらを通して、継承すべき本質の部分と改変可能な枝葉部分の選択、という視点を看取することもできる。催行困難な情勢にあって、あるいはその情勢ゆえにこそ案出されたそのことがらに、無形の伝統芸能の伝承方法について、学ぶべき一端が示されているのではあるまいか。

いま一例、『小観音』の行事を挙げておきたい。二月堂の二体の本尊の中、小観音は修二会後半の本尊と考えられている。そのため、法会の前半を終了するときに小観音を二月堂に勧請し、さらに内陣に奉迎する作法を行う。これが『小観音』の行事である。この行事は、はじめにも触れたように『練行衆日記』の巻第一の記述に見出されるから、十二世紀半ば以前からとり行われていたことがわかるが、中世以降、内外に小観音信仰が浸透すると共に、小観音にかかわる行事も種々の展開を果たすこととなった。その展開の様相については過去に考察を行った(34)が、ここでは小観音を内陣に奉迎する『小観音後入《ごにゅう》』の作法に見る江戸後期の変化に触れておきたい。

小観音は、修二会の創始者実忠和尚が補陀落山から勧請した本尊だという。『小観音後入』は、勧請に応じて来臨された小観音を大導師が出迎えて祈りを捧げ、その後御厨子ごと内陣に迎え入れる作法である。大導師は、まず二月堂外陣の北面におもむいて勧請の祈りを捧げる。その後御厨子は御輿役にかつがれて外陣の北面から東面・南面を巡った後南正面から内陣に迎え入れられる。この時御厨子に供奉するのは、旧例では堂童子《どうどうじ》であり、大導師はすぐ内陣に戻るしきたりであった。二月堂の堂童子は、僧侶ではないが小観音に随伴して二月堂に来たと伝えられる家柄の当主である。御厨子に供奉するにふさわしい役と言える。ところが、文化十年（一八一三）にその年の大導師永宣が、常の通り北面で祈りを捧げた後、そのまま御厨子に供奉して外陣を巡るという新演出を行った。堂童子の所役を大導師という法会の統率者が勤めたわけで、旧来の作法からの際立った改変であった。堂童子は驚き、不満でもあったようだが、大導師であり寺内の実力者でもある永宣の考案になるこの作法は定着し、現在に至るまで引き継がれることとなった。永宣の意図は、小観音信仰に基づくこの作法に、より荘厳性を加えて修二会前半のクライマックスを内外に印象づけることにあった、と推測される。それは、前節で触れた公慶による小観音の荘厳具寄進などとも共通する、対社会的な意図による考案であり、必ずしも法会の本旨の宣揚とは言えないけれども、非常に効果的な工夫であったと考えられる。

悔過法要の勤修形式と小観音奉迎の作法に、江戸期に至ってなお流動する法会のすがたの一端を見た。いずれも、二月堂修二会を構成する重要な要素である。二つの例から明らかなように、改変の手を加える事情は個々に異なる。

また二つの事例は、共にある種の効果を発揮する役割を果たした。そしてその形態が新たな伝統を形成する基ともなったことになる。無形の文化財の伝承において、不変ということはあり得ないし、形式の保持のみの伝承は形骸化をもたらす因となるだろう。この時期の二月堂修二会は、一貫して下降気運の中にあったと言ってよい。その中で考案工夫の動きがあったということは、少なくとも形式の保持のみをよしとせず、修二会の置かれた立場を生き抜こうとする意欲を示すものであり、伝統の正しい継承に努めるひとつの有り様であった、と思う。

三　伝統芸能継承保存への指針

前章で、東大寺修二会における伝統継承の実態と意識を、練行衆の参籠口数の消長を縦軸とし、七分割した時代ごとの様相を横軸としてたどってみた。平安時代末期から江戸時代末期までのその動向には、実に多くの実に厳しい情勢を耐えてきた姿がある。七四〇年にもおよぶ時の流れを思えばあるいは当然のことであるかもしれない。しかし、その長い時の流れの中であらゆる災難を経験しながらも、この行事が常に〝生きて〟存在していた、ということは、やはり驚嘆すべきことだと思う。伝統行事は、実修者の精神的燃焼があるとき、生気に満ちた息吹きを発し、行事催行の意義を広く強く訴えかけるのだが、二月堂の修二会は、その長い生命を生きる過程で、それを失わなかった。そこには、おそらく精神的燃焼の持続を促す〝なにか〟があったはずである。

二月堂が危機的状況に陥ったとき、『練行衆日記』がしばしば書き留めるのは治承四年の重衡焼打の難のことである。「治承回禄の翌年でさえ行法をとり行ったのである。その難に比べれば……」という認識で行法の中断を回避した記述は、嘉禎二年の七寺強訴や、応永三十三年の東大・興福両寺の争いのときに見出されるし、永禄十年の大仏殿炎上に際して二月堂が危く難をまぬがれた時も、治承の回禄を引き合いに出している。練行集団にとって、「不退の行法」が存亡の危機に立たされたときの回帰点は治承の回禄だったと考えてよい。治承五年の記述にはすでに「自天平勝宝四年至干□之間、未断絶之行法也、」とあり、八世紀半ば以来不退であった伝統をよりどころとしていたことは明らかだが、八世紀半ばにさかのぼるよりどころもさりながら、治承の衝撃的な回帰点をもつことで、後代の練行衆は、事あるごとに障害を乗り切ることができたということではないか、と思う。あらゆる伝統的な行事において、指標とすべき存在があるかないかは、伝統保持の姿勢を左右する大きな要因となるはずだが、修二会の存亡を分けたこの事件は、まさに指標的存在となったと言えるだろう。

再び治承の回禄に立ち戻る。この危機に直面した時、法会の存続を決断し実行したのは、先にも述べたように練行衆であった（三九五頁）。寺の管理運営にたずさわる者の催行不可能という判断をよそに、「同心之輩」の熱意と結束が、とにもかくにも行法の中断を救う結果となった。またそれ以後の数々の危機を救うのも、やはり行法の実修者たる練行衆である。前掲の嘉禎二年のとき（三九六〜三九七頁）も、応永三十三年や文安元年・文安五年の他寺との争乱のとき（以上、四〇五頁）も、永正・永禄の火難のとき（四〇七頁）も、すべて練行衆の積極的な行動が法会を存続させている。経済的な基盤を失って勤行料も不足し、本堂が焼失して催行の場を失うなど、行事催行の基本的な条件すら欠く情況で、法会の中絶を阻止し得た事実を、この法会の長い歴史の上に数多く見出すとき、実修者の結束と行動が、どれほど大きな力となるかを改めて感ぜずにはいられない。伝統芸能の保存のための方策を求めるとき、当事者の意識の有り様は、なによりも重視すべきことがらであろう。

第一章に記したように、東大寺の修二会は、十二世紀半ば以前に、現在に近い形態が確立しており、その形態が現在まで継承されている。しかも、その当時に認識されていたこの法会の本質的意義は埋没することなく伝存され続けてきた。この事実は、東大寺二月堂修二会が、伝承すべきこととの選択を誤らず忠実な継承を果たしてきたことを示している。一方、江戸期の事例に見たように、籠衆不足による催行困難の危機を迎えて、所役を変更し兼務を余儀なくされた事実もあり、また折々の状況や意図に従って改変の手を加えた事実も明らかである。法会草創の時期から現在に至る歳月を思えば、展開変化の様相はかなりのものがあったと推測される。伝統の正しい継承保存というこの問題を体現的な芸術にあてはめて考えるとき、伝承すべき要素と然らざる要素について判断の基準を定めるのは難しい。体現的な芸術は必ず変化を伴うものであり、変化するところに生命がある、とも言えるからである。その意味で、東大寺の修二会が、本質的意義を保ち続け基本的形態を保ち続けながら、部分的には大胆な改変を試み、それを新しい伝統の形成に結びつけている事実などは、参考とするに足るひとつの例であろうと考える。伝統の継承保存という営為が、様式や形式の温存のみにとどまっては正しい継承となり得ず、本質を失う変化もまた正しい継承とはなり得ないからである。

おわりに

本論では、東大寺二月堂の修二会という伝統行事の有り様を歴史の流れの中にたどり、折々ごとの姿勢を確認した。そのさまざまな様態の一つひとつに、わが国の伝統的諸芸能が直面している継承保存の問題を具体的に重ね合わせてみると、この問題への問いかけや解決への方向性をより多く発見できるのではないかと思う。あるいはまた、より充実した継承形態の確立を促す契機ともなるのではないかと思う。この一文が、その動きへの一助ともなれば幸いである。

註

（1）寺院の諸堂に所属して雑務にもたずさわった僧侶。東大寺には法華堂衆と中門堂衆が存在した。
（2）一九七九年、中央公論美術出版刊。
（3）山岸常人「東大寺二月堂の創建と紫微中台十一面悔過所」（『南都仏教』四五号、南都仏教研究会、一九八〇年）参照。
（4）拙稿「「唱礼」について」（『東洋音楽研究』五〇号、東洋音楽学会、一九八六年、本書三二一～三四八頁に再録）参照。
（5）永村眞「平安前期東大寺諸法会の勤修と二月堂修二会」（『南都仏教』五二号、南都仏教研究会、一九八四年）参照。
（6）「依不叶本供米、於練行衆者不可過十六人之由、自寺家被示遣之、」とある。
（7）「依料米不具、於下七日者不可有之由、□□」とある。
（8）「至膳部役、雖無□□家沙汰各相語大膳令勤仕之、於駈士者上七日三□役一人不見来、仍各用所従、五日七日幷湯毎朝□□等勤仕之、（中略）覚順至下七日奉加粥料一石、」などとある。
（9）文面から、二月堂講衆と修二会練行衆は同一集団に属していたと思われるが、実体はわからない。現在、毎月十八日の観音縁日に、二月堂で講経論義法要が勤修されているが、これが、あるいは「二月堂講」の名残りでもあろうか。
（10）五体を地になげうって懺悔の心を表現する作法であるという。具体的には長さ六メートル、幅六〇センチほどの檜の板に体を落として膝を打ちつける。板の一端を固定し、一端を浮かせてあるので、膝を打ちつけると大きな音がする。
（11）「東大寺尊勝院院主次第」によれば、弁暁は尊勝院を建久七年（一一九六）に再興している。
（12）前掲註(5)永村論文参照。
（13）寛元二年（一二四四）に法性寺禅定殿下北政所准后の参詣、文永三年（一二六六）に大宮女院参詣、文永六年（一二六九）に再び大宮女院参詣の記事がある。
（14）「一、於当年者、新入四人令参籠、聊雖似背内陳後戸壁書之面、近年練行衆以外無人之間、動欲及行法之違乱歎

而有余、仍致尽理之評定、四人令参籠畢、」とある。
(15)「一、於長宗者、雖可為処世界、可読初後夜経之仁無人数故、与権処世界厳海居替於座席、着南座訖、厳海者即処世界役勤仕畢、」(永享八年条)。
「(前略)将又読経之仁躰近年減少之間、良英依為能読大功之子細有之、是又参籠之潤色者也、此等之条〻、曽以不可為自余之類例之間、堅評定訖、」(文明十六年条)とある。
(16)「一、当年之練行衆廿九人之間、(中略)仍任彼旧記、四職幷成業除吼子早、幷於英運与甚経両人者、雖非成業往年参籠之間、任良寛例、月探可除之旨評定畢」。
(17)「一、依為去年同様勤行斩一様毛取納無之、(中略)于時練行衆之上衆浄芸栄賀二人河州江相越、(中略)歎右之趣雯、則万疋奉施入、依之修二無悉相続、」(弘治四年条)。
(18)牛王は結願作法の必要物ゆえ、炎上の際に寄進されたことは望外の喜びだったと思われるが、寛文七年条には「満寺之喜悦不過之者也」と記している。
(19)明正帝(徳川秀忠女)。寛永二十年(一六四三)譲位。
(20)寛文十一年(一六七一)条に、江戸益田栄寿院耀誉妙林大姉から寄進の旨が記されている。
(21)寛文十二年(一六七二)条に、西村源右衛門後室妙徳尼から寄進の旨が記されている。
(22)延宝六年(一六七八)条に、残存の経を修復し、上生院晋英・宝厳院実賢が尽写した旨が記されている。
(23)天和四年(一六八四)条に、四聖坊晋性が奉懸した旨記されている。
(24)元禄四年(一六九一)条に、尊勝院道然が書写寄進した旨が記されている。
(25)元禄十一年(一六九八)条に、大観音御厨子の御帳と宝鐸、小観音御厨子の玉幡二流と宝幢を公慶上人が寄進した旨が記されている。
(26)元禄十二年(一六九九)条に、寄進の施主があって奉掛した旨が記されている。
(27)山岸常人「中世仏堂における内陣・礼常の性格—主として寺院法から見て—」(『建築史学』六号、建築史学会、一九八六年)参照。
(28)久安四年(一一四八)に維順が本尊の宝殿を打ち敷いた罪で僧団から追放されているが、文明五年(一四七三)の顕実、文明九年(一四七七)の宗順などは、内陣出入の作法を誤って擯出されており、内陣の出入は非常に重視されていたらしい。

(29) 『東大寺史』(東大寺刊)・平岡定海『東大寺』(教育社、一九七七年)参照。

(30) 拙稿「小観音のまつり」(『南都仏教』五二号、一九八四年、本書五三〇〜五七〇頁に再録)参照。

(31) 宝永二年(一七〇五)・同七年(一七一〇)・享保元年(一七一六)・同二年・享保十年(一七二五)・十一年・天明二年(一七八二)〜同九年(一七八九)・寛政五年(一七九三)・同七年(一七九五)など。

(32) 宝永六年(一七〇九)・同八年・享保四年(一七一九)・同十一年(一七二六)・同十二年などには小観音の御輿役不足による代役の件を、元文二年(一七三七)・同三年・同四年などには小観音の暁松明役の代役の件を記している。また、天明三年(一七八三)には平練行衆の不足により、通常は新入練行衆には配されぬ五体の役を、新入に配した旨が記されている。

(33) 拙稿「二月堂『悔過作法』の変容」(『東大寺修二会の構成と所作』別巻、平凡社、一九八二年、本書三六二〜三八五頁に再録)参照。

(34) 拙稿「小観音のまつり」(前掲註(30))参照。

神名帳——その性格と構成

はじめに

古代社会は、神と人との密接なかかわり合いによって展開している。太陽をはじめとする天体、山川木石等の自然物、風雨等の自然現象から、氏の神、田の神、屋敷神、かまどの神に至るまで、事物・事象に神の存在を認め、社を設けてこれらの神を斎き祀った。

これらの神々の祭祀が、古代社会の日常生活にも、国家行政にも不可欠のものであったことは周知のことであるが、その神々の名を、一定の目的に従って列記したものを「神名帳」と称する。本来は、官用の祭祀台帳として作成されたものが、次第にその性格を変えて、寺社の法会・神事の場に諸神を勧請し、法味を捧げ祈願をこめるための勧請用神名帳を生むに至ったと考えられる。

しかし、その変化の過程は、これまでに具体的にはとらえられていない。そこで、ここでは、現在南都古寺の法会の場で唱誦されている数種類の神名帳を中心として、神名帳の各種を対比し、神名帳の性格および神名帳の各種についての特色とその関連性などを明らかにしてみたいと思う。

一　各種神名帳

諸種の「神名帳」の分類には、その所管上の分類で、〔官用神名帳〕と〔寺社神名帳〕、その用途上の分類で、〔祭祀事務用神名帳〕と〔神祇勧請用神名帳〕などに分類することができる。ここでは所属上の分類、〔式神名帳〕〔国内神名帳〕〔寺社神名帳〕によって、考察を進める。

右三類の神名帳の内容・特色は、次のとおりである。

1　式神名帳

全国多数の神社の中から、特に由緒正しく霊験あらたかな社が、国家的祭祀の対象として官社に列せられる。その官社名を記載した台帳が〔式神名帳〕である。

この種のものは、奈良朝初期以来「神帳《しんちょう》」あるいは「官帳《かんちょう》」などと称されて存在し(1)、次第にその記載神数を増しつつ『弘仁式』『貞観式』を経て、延長五年（九二七）撰出の『延喜式』に至り、二八六一所、三一三二座に及ぶ神名を記載するに至った。

『延喜式』は、その巻第九と巻第十を神名帳に当て、巻第九「神名上」に、宮中・京中・五畿内・東海道の諸国に奉祀の官社名を、巻第十「神名下」に、東山・北陸・山陰・山陽・南海・西海道諸国に奉祀の官社名を記載している。

記載の形式は、前述の各地方ごとに、国・郡と地域区分を行い、単位区分ごとに奉祀座数を記し、郡単位で社名を列記する。さらに、大社・小社の別、奉幣にあずかる祭祀の別などを注記してある。『延喜式』に先立つ『弘仁式』『貞観式』にも、「延喜式神名帳」に先行する部分（『弘仁式』第七〜第十、『貞観式』第三〜第五）があったが、残念ながらその部分は失われて現存しないため、〈式神名帳〉に該当するものは、現在「延喜式神名帳」が唯一のものである。従って、「延喜式神名帳」は、神社研究の基礎資料とみなされ、所載の神社を「式内社」、それ以外の神社を「式外社」と称している。

2　国内神名帳

国ごとに、国内鎮座の神々を記載した神名帳である。律令制による、国司の着任報告の神拝《しんぱい》、その他、国内における祭祀の台帳として用いられたのが本来の形態で、いわば国ごとの神祇簿である。

〈式神名帳〉が国家的性格を示すのに対して、〈国内神名帳〉は地方的な性格が強く、式外社をも多数[2]記載している。

〈国内神名帳〉も、全国六八箇国（六六箇国二箇島）の中、現存しているのは、和泉・尾張・三河・駿河・伊豆・美濃・上野・若狭・越前・加賀・隠岐・播磨・備前・安芸・紀伊・筑後・大隅・対馬の一八箇国のもののみであるというが、この中、越前・筑後・大隅のものは、一部を失って完全ではない。加賀・駿河・安芸・対馬のものは、今回参照することができなかった。

〈国内神名帳〉は、記載形式が一定せず、その内容も、祭祀事務に用いたと思われるもの、神祇勧請用に用いたと思われるもの、あるいは、祭祀事務用のものが、神祇勧請用に転用されたと思われるものなど、さまざまである。

これを、おおよその記載形式によって、次の四類に分類した。

ⓐ　郡別に、神名を列記するもの。

郡ごとに、高い神階の神から順に列記する。この場合、神階をいちいち頭記する場合と、同一神階ごとに一括して列記する場合とがある（和泉・若狭・隠岐・大隅）。

ⓑ　首部または終結部に、国内鎮座の別格神を別記するもの。

ⓐと同形式のものの、首部または終結部に、当国総鎮守神・行疫神など、別格の神名を抜き出して列記する（伊豆[3]・上野・越前・播磨・備前）。

ⓒ　首部または終結部に、諸国鎮座の国家的な別格神を別記するもの。

ⓑに近い形式であるが、別格神の規模が拡大され、国家的な著名神を列記する。別格神は、記載数も多くなり、独立した一段を構成する。

また、勧請のために奉読する旨を明記してあり、勧請用神名帳としての性格が明らかである（尾張・美濃）。

ⓓ　特殊なもの。

イ　ⓐに近い形式ではあるが、授位に関する注記を、任意に施す（筑後）。

ロ　地域区分によらず、大明神・明神・天神・小初位神と、神号別に分類し、首部に国内別格神を記す（三河）。

ハ　郡別に、まず官知社を天神と地祇に分け、それぞれ神階順に列記する。次に未官知社の神数のみを記す。終結部に諸国別格神を記す（紀伊）。

右の分類の中、ⓓについては、個々の特殊性を二義的なものと考えれば、ⓓ―イ（筑後）はⓐに属し、ⓓ―ロ（三河）はⓑに属し、(d)―ハ（紀伊）はⓒに属することになる。

右に示した〔国内神名帳〕の諸形式は、相互に無関係な形式ではなく、ⓐからⓒへの発展形式としてとらえられる。なぜかというと、ⓐからⓒへの形式上の変化が、その性格上の変化と対応して、一つの方向を示すからである。

このような〔国内神名帳〕の存在は、〔式神名帳〕に代表される祭祀行政用の事務台帳と、〔寺社神名帳〕に代表される特定行事用の勧請神名帳という、目的を異にする神名帳の、双方の性格をつなぐ橋渡し的な存在として注目される。

3　寺社神名帳

寺社の法会・神事に際し、祈願を捧げるために、行事執行の場に神々を勧請する。その神名を記したものが、〔寺社神名帳〕である。

行事を執行する寺社が、その行事の場に、特に神の影向を願うという目的の神名帳であるから、前二者に比べると私的性格が強く、寺社個々の特色、あるいは法会・祭祀の性格などを示すものであることが考えられる。これから主として取り上げる神名帳は、この分類に属するものである。

現在、この類の神名帳は、法隆寺・法輪寺・東大寺・新薬師寺などで実際に用いられており、また、現在は中絶しているが、半世紀余り以前には、薬師寺にも奉読の事実があったという。

右の他に『続群書類従』には、「清滝宮勧請神名帳」「神名帳戒壇院公用」「恒例修正月勧請神名帳」（寺社名不詳）の三本が記載されているが、これらについては、奉読についての具体的な状況は、全く不明である。

〔寺社神名帳〕の特色は、
(1)　所用の場が、修正会《しゅしょうえ》・修二会《しゅにえ》と称される特定法会の場であること。

(2) 記載形式に、ほぼ一定の型があり、〔国内神名帳〕における©の形式と共通点があること。
(3) 記載に際して、特定地域の神々に勧請の重点が置かれること。
(4) 勧請唱誦用の神名帳にふさわしく、博士《はかせ》（フシ付け）を施したもの、あるいは特定のフシ・息を納める部分などを規定したものがあること。

などの諸点である。

以上、神名帳の各種について、その概略と特色を記したが、以下、右に記した〔寺社神名帳〕の諸特色を踏まえて、各種の神名帳の性格を比較考察してみようと思う。

二　悔過会と神名帳

前章で、〔寺社神名帳〕の特色の第一に、その奉読の場が、修正会《しゅしょうえ》・修二会《しゅにえ》と称される特定行事においてであることを記した。この章では、右の特色から神名帳奉読の背景、およびその意味を考える。

1　神名帳奉読の場

前記の特色は、〔寺社神名帳〕のみに限らず、〔国内神名帳〕の一部にも指摘される。

そこで、現在、寺社における神名帳奉読の事例として判明しているものを、表Ｉ（四三七頁）に掲げた。

表Ｉの諸例によって、神名帳が、修正・修二会と密接なかかわりを持つことが明らかである。

修正（月）会・修二（月）会とは、その名の示すように、年の初めまたは春の初めに執行される祈年《としごい》の仏教行事であるが、神名帳と修正・修二会についてはこれまでにも論じられているので[4]、ここでは触れない。ここでは、修正・修二会行事に勤修される法要——悔過法要《けかほうよう》について考察を加える。

2 悔過会《けかえ》

表Ⅰ記載の諸例において、修正・修二会に勤修される法要が、ほとんど悔過法要であることが注目される。法要の内容が不明のものを除くと、例外は法輪寺修二会のみで、他はすべて悔過法要を勤修している。例外である法輪寺の場合も、現在の星供《ほしく》法要を勤修するようになったのは、真言宗に改宗以後、江戸中期頃からであるといい、それ以前は悔過法要を勤めていたという[5]。

そこで、悔過法要と修正・修二会との関係を知るために、現在、悔過法要を勤修している事例を、表Ⅱに掲げた。表Ⅱの諸例の中、長谷寺の修正・修二会は、真言宗に改宗以後、法要形式に変化をきたし、現在、悔過の色彩が薄れてはいるが、悔過法要の性格を失ってはいない。

毛越寺の修正会は、現在法要名を「常行三昧供《じょうぎょうざんまいく》」と称しているが、その次第・内容は、常行三昧供を取り入れた阿弥陀悔過法要であって、これも天台宗に所属して、次第に変化したものと思われる。

観音寺修正会・西大寺（大和）修二会は、現在、悔過法要の意識はなく、「特殊な法要」として勤修しているが、その内容から、観音寺のは「千手千眼観音悔過」、西大寺のは「五仏頂悔過」と考えられる。

岩戸寺修正会は、国東半島の独特な地方文化の中に生成・伝承されたもので、仏事法要というよりは、民俗行事としての色彩が濃厚であるが、薬師悔過法要が根幹となっている。

以上によって、悔過法要が修正・修二会にのみ勤修される法要であり、南都を中心として、奈良朝以来の伝統を

表Ⅰ 神名帳奉読事例

○印は寺社神名帳
△印は国内神名帳

区分	寺社名	行事名	法要名	類別
現行	法隆寺	修正会 修二会	十一面観音悔過 薬師悔過	○
	観音寺（備前西大寺）	修正会陽	（千手千眼観音悔過）	△
	法輪寺	修二会	星供	○
	東大寺	修二会	十一面観音悔過	○
	新薬師寺	修二会	薬師悔過	○
	貫前神社	鹿占神事	—	△
中絶	薬師寺	修正会	吉祥悔過	○
	熱田神宮*	修正会	悔過法要？	△
	大国霊神社**	難負神事（修正会）	吉祥悔過	△
	狭投神社***	（修正会）	—	△
	甚目寺***	修正会	—	△
	伊勢観音寺***	鬼押神事（修二会）	—	○
	伊勢神宮***	比谷神事（修正会）	—	？
	厳島神社****	—	—	△

＊　『熱田神宮史料』年中行事編による
＊＊　『尾張名所図会』後編巻二による
＊＊＊　『国内神名帳集説』による
＊＊＊＊「中世以降社寺に於ける神名帳の奉読に就いて」による

表Ⅱ 悔過会執行事例（現行）

括弧内は筆者注記

宗派名	寺院名	法会名	法要名
華厳	東大寺	修正会 修二会	如意輪観音悔過 十一面観音悔過
	新薬師寺	修正会 修二会	薬師悔過
法相	興福寺	修正会 修二会	薬師悔過
	薬師寺	修二会	薬師悔過
聖徳	法隆寺	修正会 〃 修二会	吉祥悔過 十一面観音悔過 薬師悔過
	中宮寺	修正会 修二会	十一面観音悔過
天台	四天王寺	修正会	薬師悔過
	岩戸寺	修正鬼会	薬師悔過
	毛越寺	修正会	常行三昧供
真言	長谷寺	修正会 修二会	十一面観音悔過
	観音寺（備前西大寺）	修正会陽	（千手千眼観音悔過）
真言律	西大寺	修二会	（五仏頂悔過？）

もつ古大寺において勤修され続けてきた法要であることを知ることができる。

悔過法要とは、人類すべての過ちを一身に担って本尊の前に悔過懺悔し、心身清浄となって、改めて仏・菩薩の加護を祈願するという内容の法要である。表Ⅱに記したように薬師悔過・十一面観音悔過・吉祥悔過等、種類はさまざまであるが、その相違は、対象となる本尊によって部分的に唱句を異にするという点であって、法要の構成・次第、およびその意味するところは全く異ならない。そこでこの法要を根幹として組織された法会を、一括して悔過会と称している。

悔過法要が、修正・修二会という、祈年の行事にのみ勤修される法要であるということは、悔過法要が、祈年の法要として理解されてきたことを意味する。

しかし、上代の悔過会の記録をたどると、必ずしも当初から祈年の法要として勤修されていたわけではない。初期においては祈雨・止雨（『日本書紀』皇極元年・『日本書紀』持統五年）、天皇不例の場合の平癒祈願（『日本書紀』朱鳥元年・『続日本紀』天平十七年）、豊作祈願（『続日本紀』天平十一年）、八幡宮勧請（『続日本紀』天平勝宝元年）、懲戒（『続日本紀』天平宝字三年）等、さまざまな具体的事実に対処する臨時の法要として勤修されており、天下安穏・五穀成熟・万民快楽等、当年の平安を祈願することを目的とする恒例的な「正月悔過」[6]となり、国家的な規模で、諸国諸大寺あるいは国庁において勤修せしめられるようになったのは[7]、奈良朝後期以降のことと思われる。

初期の段階における各種の悔過法要が、具体的かつ現世利益的願望により勤修されたものであることを記録は語っているが、出発点において、除災招福、現世利益を目的とした法要が、農耕民族のもっとも切実な願望である風雨順時・年穀豊穣の祈りと結びつくのは、必然のなりゆきである。そして具体的には、悔過と鎮魂の習俗とが合体した修正（修二）会という法会の形式として、定着したものと思われる。

新春を迎えるにあたり、神々の来臨を仰いで、人々の衰えた魂に神々の威力に満ちた魂を譲り受けてよみがえる。また、降臨された大いなる神々の威力によって、悪しきものを大地に封じ込め、退散させて、来る年の安穏と豊穣を祈るという、古来の鎮魂の祭りを主とする春迎えの習俗は、現在でも各地に幾多の民俗行事として伝承され続けているが、この春迎えの習俗と、悔過法要との合体を象徴的に示す事例として、東大寺修二会の開白《かいはく》に行われる『一徳火《いっとくび》』の儀式を挙げておこう。

三月一日から、二七日《にしちにち》十四日間にわたって繰り広げられる東大寺修二会は、三月一日午前一時をわずかに過ぎた時刻から、開白の作法が行われる。

二月堂に上堂した練行衆が、内陣の荘厳などを整え終わると、すべての扉が閉ざされ、厳粛に静まりかえった二月堂で、旧年一年間、絶えることなく燃え続けた常燈の灯がいったん消されると、堂内は真の闇となる。居並ぶ衆僧は、二七日《にしちにち》の法会の間、連日、身を清め心を清く保って悔過の行に励む参籠僧である。その面前で、堂童子《どうどうじ》（その家筋を継ぐ当主。半僧半俗の役人）が、新しく火打石で火をきり出し、常燈に点火する。この時、一打ちで火がともれば、その年は五穀豊作となると言い伝えられ、堂童子の責任と栄誉を担う儀式である。息づまる一瞬と共にきり出された新しい年の魂とも言うべきこの灯は、(8) 以後一年間を絶えることなく守られ続けてゆく。この、魂の復活を象徴する『一徳火』に続いて、開白の悔過法要が勤修され、法会は、二七日《にしちにち》の間、壮大に繰り広げられる。

右の事例は、悔過と春迎えの習俗との関連を端的に示す事例であるが、東大寺修二会に限らず、各寺院の悔過会と呼ばれる法会には、付帯行事・所作・道具などに、春迎えの習俗との関連を示すものが多い。

一例を挙げれば、鬼追い・水取り等の付帯行事、床を踏む・霊力あるもので床や柱を打つ等の所作、貝・鈴・錫杖など、呪力をもつと言われる道具を用いるなど。在家の関与する部分の多いこともまた、その一例であろう。

奈良朝以前に源を発する悔過会の伝統が、現在にまで伝承され続けてきた事実の底には、この法会が、国家的要請によって、全国的な規模で執行されたことのほかに、自然発生的民間習俗を包摂した行事であった点が大きく作用していることを見逃すことができない。

3　神名帳と神降ろし

以上、神名帳―修正（修二）会―悔過会とたどって、神名帳奉読の背景を考察してきた。ここで、再び神名帳に戻り、神名帳奉読の意味に触れてみようと思う。先に、悔過会と春迎え習俗との関連を示す幾つかの例を挙げたが、神名帳奉読にもまた、その投影を見ることができるように思われる。

たとえば、三信遠国境付近の村々をはじめとして、全国各地に分布している春迎えの祭りに、『湯立《ゆたて》』を中心とする神事がある。土地土地によって、雪祭り・花祭り・霜月祭りなどと名称は異なるが、その次第は、

「……要は、最初に神迎えの歌と動作があり、次に来臨する神への湯の献上、そして来臨した神が実際に姿をあらわして、神意のこもる湯を人々にあびせ、また悪霊を部落から追放する神態《かみわざ》を演じるという順序次第をとっているのである。(9)」

というものである。

春迎えの祭りで最も重要なことは、神々が村々を訪れて祝福を与えるということであって、神々の来臨は絶対条件となる。ここに「神降《かみお》ろし」の儀式・作法が生まれるわけであるが、湯立を中心とする祭りには、必ず神名帳が読み上げられるという。それは「神名帳《じんみようちよう》」と称されている場合もあり、また「神下《（ママ）》ろし祭文《さいもん》」「宣命《せんみよう》」などと称されている場合もあるが、神々の名を連ねて読み上げることには変わりない。

次に掲げるのは、この祭りの代表的な一つである雪祭り（長野県下伊那郡阿南町大字新野）の、「宣命」と称する神降ろしの詞章の一部である。

雪祭りの「宣命」は、「さんや」という囃し言葉のあとに、短歌形式の神歌が続く。この詞章の、上の句を禰宜が唱えると、周囲の者が下の句を唱和して、神々の降臨を願うという。(10)

一　白山と志やうじられたのうれしさよ神諸共に御座参らす。
一　住吉の風尾の松はねは志げくうらかきわけて御座と参らす。
一　君が代乃久しかるべきためしにはかねそろへし住吉乃松。
一　春日山おろすあらしが志げければ風尾の松につゆはぬらさじ。
一　御多賀としやうじられたのうれしさよ神諸共に御座と参らす。(11)

などであって、一首ごとに主として初句に神名を織り込み、これを唱え継いで、諸国の神々の降臨を願うわけである。

遠山祭りでは「延喜式神名帳」をはじめ、もろもろの神の名を連ねて「神名帳」を読むというが、前述の雪祭りにおける神降ろしに、神名帳奉読という形式による神降ろしの、素朴な原型を想定することができるのではなかろうか。

次に、修正会の神名帳奉読が、神降ろしの意識で行われていたと思われる事例として、尾張国大国霊神社（尾張国府宮）における難負《なおい》神事（四三七頁表Ⅰ参照）を挙げよう。難負神事とは、追儺《ついな》の神事であり、『尾張名所図会』に、「是は吉祥悔過の祭にて、上古国分寺にて行われしなり」とあるから、(12)悔過会と追儺の合体した修正会であったと思われる。同書によれば、この神事は、以下の次第で行われたという。

「……同夜丑刻に至って七度半の使にて神事始る。神主、社僧政所へ出仕、神主は吉祥天女の像を供奉し、政所黒木の神殿に於て神供を献じ、神主祝詞をよむ。社僧両寺は国内神名帳を読上ぐる。祠官の長、大宮の殿上より白紙祝詞を持ち、白洲に下り、宮福太夫に渡す。夫より宮福太夫心中に読み終って後、拝殿にて翁舞あり。[13]

（以下略）」

以上から、神降ろしのための神名帳奉読を行う社僧と、降臨する神々に祝詞を奏上する神主、降臨した神（宮福太夫）によって舞われる祝福の舞という、神仏習合のまつりの一形式を垣間見ることができる。奏上する祝詞は、おそらく、来る年の平安豊楽を請い願う内容のものであったと思われる。

右の例ではすでに、村里に降臨して、自ら人々に託宣を下し、祝福を与える神の存在は薄れているが、なお神を勧請し、それに応じて降臨した神が祝福の舞を舞うという形式は、明らかに伝えられている。

最後に、修正・修二会以外の春迎え行事における神名帳奉読の例として、貫前神社（群馬県富岡市一宮町）における鹿占《しかうら》神事（表Ⅰ参照）を挙げる。

この行事は、現在十二月八日に貫前神社で執行されており、修正・修二会との関連はないし、春迎え行事の意識もないという。その次第は、拝殿の前にひもろぎを置き、拝殿において神名帳の奉読を行う間に、忌み火で火鉢に火を起こし、この火で焼いたきりを鹿骨に刺して、その穴の具合で火災状況を占うという。[14]

右の行事が、春迎えの行事と思われる理由は、この神事が本来御戸《みと》闢《びらき》神事（現行。三月十四日、十二月十二日の御戸闢祭を中心として、前後二四日間にわたる行事）の、一連の行事の一つとして行われていた[15]ということによる。

御戸闢神事は、注連行事―神酒作り―神酒注ぎ行事―鹿占―御機織り神事―御戸闢祭―鎮め祭という次第をとる神事であって、鎮魂を主旨とする春迎え行事である。従って、この神事における神名帳奉読は春迎えの神降ろし、鹿占は、新しい年を占う年占の行事であったと考えて差し支えないと思われる。

以上の諸例によって、神名帳の奉読に、春迎え行事における神降ろしの投影を認めることができると思われる。

春迎えの民俗行事において、神の来臨は絶対条件であった。そこで、神降ろしが儀式として定着し、神名帳の奉読という形式にまで発展する。一方、民間習俗と深くかかわり合いながら、春迎えの仏教法会として定着した悔過会においても、神降ろしの重要性が当然反映したことであろう。それが法会の場に神々を勧請する作法として、神名帳の奉読を定着させる。そして、神仏習合の思想の浸透に伴う寺社交流の間に、神名帳は次第に形式を整え、現在の〔寺社神名帳〕の諸形式が確立し、まつりの場における奉読の伝統を伝えていると考えるのである。

三　神名帳の構成㈠──〔式神名帳〕から〔寺社神名帳〕へ

〔寺社神名帳〕の特色の第二として、記載形式に一定の型があり、それが〔国内神名帳〕ⓒの形式（四三五頁参照）に共通する点を挙げた。

この章では、〔寺社神名帳〕存在の記録、〔国内神名帳〕存在の記録を挙げ、次に、神名帳の諸形式を相互に比較することによって、〔式神名帳〕から〔寺社神名帳〕に至る構成上の変化、およびその定型化を考察してみようと思う。

1　〈寺社神名帳〉と〈国内神名帳〉

〈寺社神名帳〉がいつ頃成立し、修正会・修二会に組み込まれたかは明らかでない。

『二月堂絵縁起』には、

「実忠和尚、二七ケ日夜の行法の間、来臨影向の諸神一万三千七百余座。其名をしるして神名帳を定しに、」

と記され、また寛文七年（一六六七）の二月堂炎上の折に、弘法大師・菅原道真筆の神名帳が焼失したとの伝説もあって、伝説の上では、奈良朝から平安朝初期に二月堂の神名帳は存在したことになる。また、悔過会と民間習俗との関係から、「延喜式神名帳」以前に、〈寺社神名帳〉の原型が存在した可能性を想定することも可能である。

〈寺社神名帳〉の存在の確実な記録は、「大草紙」[16]と呼ばれる『二月堂修中練行衆日記』[17]の記載が初出であろう。「大草紙」大治三年（一一二八）の参籠衆交名《さんろうしゅうきょうみょう》の中に、「禅海神名帳」「定祐神名帳」の記載があり、以下大治四年・大治六年・天承二年などの記録にも、神名帳奉読役として、政延・禅海などの名が記されている。以上の記載によって、平安朝末期には、二月堂修二会における神名帳奉読の事実があったことは確実である。

一方、地方官用の神祇簿としての〈国内神名帳〉は、『三代実録』貞観五年九月二十五日の条、

「勘解由使起二請二条一、其一曰、神社帳准二官社帳一、勘了之日、令レ移二式部省一」

によって、平安朝初期にはすでに、官社帳に準じて作成されていたと考えられる。

そして、『更科日記』[18]『今昔物語集』[19]『中右記』[20]『壬生家文書』[21]『薩摩旧記』[22]等の記載によれば、〈国内神名帳〉に基づいて行われた国司神拝《しんぱい》のことは、平安朝から鎌倉末期に至るまで制度としては続いていたと思われるから、〈国内神名帳〉は、少なくとも平安朝後期以降、〈寺社神名帳〉と並行して存在していたものと考えられる。

この制度における神祇簿としての〔国内神名帳〕の有り様は、以下の『今昔物語集』の記述に、あざやかに描かれている。

「(前略)任国ニ始テ下テ、神拝ト云フ事ストテ、国ノ内ノ所々ノ祇ニ参リ行キケルニ、□ノ郡ニ、道辺ニ、木三四本許有ル所ニ、小サキ仁祠有リ。(中略)思ヒ不懸ヌ事出来テ、事大ニ罷成テ、公ケニ被奏ナドシテ、神拝モ浮カレ朔弊ナドモ被止テ後、社モ倒レ失テ、人参ル事モ絶テ久ク罷成ニタル也ト、(中略)其ノ郡ニ仰セテ、忽ニ社ヲ大キニ造ラセテ、朔弊ニ参リ、神名帳ニ入レ奉リナドシケリ。[23]」

右の記述によって、社の栄枯盛衰と共に、神名帳にも付加・削除の手が加えられ、神拝・朔幣《さくへい》などの停止・復活が行われるなど、〔国内神名帳〕が、常に新しい台帳として、機能を発揮していたことを知ることができる。

2 〔式神名帳〕から〔寺社神名帳〕へ

前述のように、〔国内神名帳〕に随時書き替えの手が加わるということは、自然、神名帳の記載形式そのものの流動性にもつながってゆく。しかし、〔国内神名帳〕のもつ他の一面――勧請用神名帳としての性格――を示す形式が、〔国内神名帳〕自体の性格上の変化に従って生まれたものであるか、あるいは、〔寺社神名帳〕の影響によって形成されたものであるかは、まだ明らかにされていない。

ここでは、〔式神名帳〕の流れを汲む〔国内神名帳〕が、それ自体、祭祀台帳から勧請奉読用へと性格上・形式上の変化を生じたと考え、その延長線上に〔寺社神名帳〕が位置するのではないかという仮定に立って、神名帳の各種の構成形式を比較検討する。

比較対照に用いた神名帳は、次頁の表Ⅲに掲げたとおりである。

表Ⅲ　各種神名帳

類別	表題	所蔵者・所載本	奥書年紀・記名　その他
式	延喜式神名帳	新訂増補：国史大系第二十六巻	文亀三年十二月廿六日　神道長上従二位行神祇大副兼侍従卜部朝臣兼倶」後書　寛文七年十二月廿六日　浪速後学松下見林書
国内　ⓐ	和泉国神名帳	続群書類従：巻第六十二	正応二年正月廿九日　書写之大鳥禰宜朝臣高信
	若狭国神名帳	続群書類従：巻第六十二	右一巻者、元禄七甲戌年九月八日……上下宮神主笠朝臣へ……相伝也、今于予免書写謹而認畢」千時享保十乙巳年九月二日　大中臣朝臣近房
	隠州神名帳	続群書類従：巻第六十二	—
	大隅国神階記	神祇全書：第五輯	……参議正三位大弐源朝臣」正六位上行大典山宿禰」天喜弐年二月廿七日
ⓑ	伊豆国神階帳	群書類従：巻第廿三	康永二年辛亥十二月廿五日」　右伊豆国神階帳一巻、以当国在庁伊達某蔵本書写一校畢
	（一宮本）上野国神名帳	群書類従：巻第廿三	……以奈佐勝皐蔵本書写一校畢
	総社本上野国神名帳	神祇全書：第四輯	于時永仁六年十二月二十五日　如正本書写之」上野国群馬郡総社郷　総社大明神之神主　赤石氏中清」維時貞和四年正月二十九日、任永仁六年之写本、再写之　総社大明神司官　赤石氏中春」茲時　弘治三年丁巳二月二日、任貞和四年之写本、又書写之」……総社大明神之神主　赤石氏中喜
	越前国惣神分	神祇全書：第五輯	安政五戊午年五月　神祇権少副中臣連胤
	播磨国内鎮守大小明神社記	神祇全書：第五輯	此神社記者、増位山地蔵院善栄、天正拾九年辛卯十一月九日、令奉納于当社者也
	備前国神名帳	神祇全書：第五輯	右本応永年中ノニテ余リ見エ兼候故、承応三年二月中旬書写畢」……明治十一年二月七日　中講義新居正道
ⓒ	尾張国内神名牒	群書類従：巻第廿三	于ㇾ時貞治三年甲辰正月七日酉剋読上　右筆行範」　右以熱田座主

	延暦寺本美濃国神名帳	神祇全書：第四輯	天文十九年正月二日、以弘誓寺本書写之……」恵光院末流定賢元禄二年己巳春正月上元日、以飯室谷山本坊蔵古本、雞頭院南軒謄写畢……
ⓓ	筑後国神名帳	続群書類従：巻第六十二	天慶七年四月廿二日」守従五位□吉志宿禰正六位上行掾秦宿禰
	三河国内神明名帳	続群書類従：巻第六十二	三州賀茂郡猿投大明神前」宝樹院周海書之
	南海道紀伊国神名帳	続群書類従：巻第六十二	寛□九二月下旬」正徳三癸巳季秋三日写之」朝散大夫丹生康澄
寺社	（法隆寺）西円堂修正月 二月勧請神名帳	法隆寺	于時天保十二辛丑年正月五日　謹書徳基 （巻子本）
	（法隆寺）上宮王院修正月勧請神明帳	法隆寺	千時明和六己丑年正月六日書写之者也　禅徒衆橘院寛専大 （巻子本）
	法輪寺大講堂修正月 金堂修二月勧請神名帳	法輪寺	天文三甲午年」年次元禄十六癸未年」年次享保七壬寅年十二月吉祥日写 （巻子本）
	（東大寺二月堂修二月勧請神名帳）	『東大寺』（上司海雲著）	藤原功長写之
	（東大寺）二月堂神名帳	東大寺持宝院	昭和二十八年一月二十一日書写畢　権律師永慶 （巻子本）
	（東大寺）神明帳　戒壇院公用	宮内庁書陵部	文明十一年己亥正月　日」為且興隆、為且祈禱、勧諸人令新調之、所寄付也維那良津右筆叡義 （半紙本）
	（薬師寺）八幡宮恒例修正月 吉祥悔過神名帳	東大寺龍松院	享保拾弐丁未稔正月十一日書之　円実末資基範 （巻子本）
	（？）恒例修正月勧請神名帳	続群書類従：巻第六十一	右恒例修正月勧清神名帳一巻、以僧頓阿手跡本写之」寛政元年己酉仲冬　無仏幹
	（醍醐寺）清滝宮勧請神名帳	続群書類従：巻第六十一	以永正古書写之

なお この他に、未撮影のため、現地における録音資料によった新薬師寺所用の神名帳がある。

比較の方法は、第一に、〔式神名帳〕と〔国内神名帳〕ⓐの代表的記載例を挙げ、これを中心として〔式神名帳〕と〔国内神名帳〕の比較を行い、第二に、〔国内神名帳〕ⓑとⓒの代表的記載例を挙げて〔国内神名帳〕相互の比較を行い、第三に、〔寺社神名帳〕の記載例を挙げて〔国内神名帳〕と〔寺社神名帳〕の比較を行う。

1 〔式神名帳〕と〔国内神名帳〕

第一の比較例Aは、〔式神名帳〕を代表する「延喜式神名帳」の一部であり、Bは〔国内神名帳〕ⓐの形式に属する「和泉国神名帳」の一部である。

「和泉国神名帳」は、〔国内神名帳〕の中で、もっとも〔式神名帳〕に近い記載形式をとっている。

比較例A・Bは、共に地域区分ごとの鎮座数を記し、次に社格別(または神階別)の座数を記し、さらに、社号を列記する。記載形式としては、基本的に同形式である。

このように、単位区分ごとに几帳面に鎮座数を記し、社号を列記する形式には、まさしく台帳であることの性格が示されている。

基本的な共通点に対して、両者の相違点としては、次の諸点が挙げられる。

(1) Aが、社格を記すのに対して、Bは、神階を記すこと。

(2) Aが、奉祀にあずかる祭祀の別を記すのに対し、Bは、それを記さないこと。

(3) Aが、社格・神階の順による記載を行わないのに対し、Bは、神階順による記載を行っていること。

右の相違で問題と思われるのは、第一に挙げた、Aで全く記さない神階を、Bでは漏れなく記している点である。

この特色は、Bすなわち、「和泉国神名帳」に限ったことではなく、天慶七年の奥書をもつ「筑後国神名帳」をはじめとして、〈国内神名帳〉すべてに共通の特色である。

神験著しい神に、神位を授け奉ることは、天平勝宝元年の、宇佐八幡への授位がその始まりとされるが、平安時代に入ると、文徳天皇仁寿元年[24]（八五一）以降、貞観元年[25]（八五九）・寛平五年[26]（八九三）・天慶三年[27]（九四〇）等、しばしば天下諸社に贈位のことが行われている。

A「延喜式神名帳」

畿内神六百五十八座（大二百卅一座　小四百廿七座）

山城国一百廿二座

大五十三座（並月次新嘗。就中十一座預㆓相嘗祭㆒。）

小六十九座（並官幣）

乙訓郡十九座（大五座　小十四座）

羽束師坐高御産日神社（大。月次新嘗。）

与杼神社

大井神社

乙訓坐大雷神社（名神大。月次新嘗。）

石作神社

走田神社

〈以下略〉

B「和泉国神名帳」

合五百参拾肆社

一位六社　二位一社　三位九社　四位五十七社　五位三百三十二社

前百三十三社

大鳥郡三百八拾四社

一位二社　三位四社　四位卌社　五位百五拾二社

正一位大鳥大社

正一位大鳥爾波比社前

正三位中津尾社

従三位大鳥鍪靫社

〈以下略〉

諸社贈位のことが、伝統的な国家的祭祀と直接関係を生じたとすれば、延喜式撰上以前の贈位のことは、当然

「延喜式神名帳」の記載にも反映するはずである。その反映がみられないということは、国家的祭祀に、神階の制が大きく作用しなかったことを示している。

一方、すべての〈国内神名帳〉に神階を明記してあるということは、〈国内神名帳〉において、神階を記すなんらかの必要性があったのではないかと考えられる。その必要性を示す一つの事例として、以下に引用するのは、筑後国一宮高良大社に伝わる『高良玉垂宮神秘書』の一節[28]であるが、高良大社は、現存最古の〈国内神名帳〉と言われる「筑後国神名帳」を所蔵する社でもある。

一、九州ノ神々クハンシヤウノ時ハ、大祝ニクライノコヘイヲコイトリモウシ、イツカタヱナリトモ、クハンシヤウモウヘシ(ス脱カ)、ソノキシキハ天下ヨリノ大祝イヱ、ツタハルシンミヤウチヤウニミヱタリ。

一、九州 本社ヲヨケス 隣国マテモ、クハンシヤウシタモウニハ、大祝職ニ、ソノヌシヨリ アンナイアリテ、社人ヲ ソウシツカハシケレハ、ソノ神ノクライニヨリテ、ウツシノヘイヲカキ、大祝職ヨリソノヤシロノ社人ヱワタシ、大祝職ヨリモ社人一人アイソヱラレテ、クハンシヤウノトコロヱツカハス、位ノシタイハ 神名チヤウニシルサレタリ、一位ノ神ヲ クハンシヤウナラハ 二位ノクライノウツシノヘイ、二位ノ神ヲ クハンシヤウナラハ 三位ノウツシノヘイ、シタイフトウトコ、ロヱヘシ、コレニヨツ(テ脱カ)神社トモニ、大祝職シンタイナリ。

一位ノウツシノヘイ五ヘイナリ、二位ニハ二ヘイ、三位ニハ三ヘイ、五位ニハミタレヘイ、ヘイクシハ一シヤク五寸、天神七代 地神五代 天地 クハコ ケンサイ ミライヲヒウス。

『高良玉垂宮神秘書』の成立は、文禄五年(一五九六)以後の頃と推定されている[29]から、右の祭祀規定は、中世における神道祭祀の事例として考えねばならないが、右の引用例によれば、諸神の分祀勧請の際に、神階による具体的かつ明細な祭祀規定のあったことが明瞭であり、地方においては、国家的祭祀とは別の重要儀式に、神階がかなりの重要性を占めていたことが察せられる。

〔国内神名帳〕に、神階を明記する記載形式が用いられているのは、高良大社の引用例に見たような、地方における祭祀の特殊性を反映した結果とみることができるのではあるまいか。

なお、「和泉国神名帳」の属する〔国内神名帳〕ⓐの形式には、他に、若狭・隠岐・大隅と、特殊形式ⓓの中、ⓐに近いものとして筑後の各神名帳が挙げられるが、ここでは細部の比較は行わない。ただ、「和泉国神名帳」以外は、社号を用いず、神号を以て記載することと、国・郡・神階ごとにそれぞれの神数を記すものから、神数の記載をすべて省くものまで、精粗の段階を異にし、簡略になるに従って、〔式神名帳〕との形式上の関連が薄くなる点を記しておく。

要するに、〔国内神名帳〕ⓐは、形式上〔式神名帳〕にもっとも近く、神祇台帳としての性格にも〔式神名帳〕との共通点を残しているが、一方、〔国内神名帳〕としての独自の性格をも明らかに示している点に、特色がみられるのである。

2 〔国内神名帳〕ⓑとⓒ

次頁に掲げた第二の比較例Cは、〔国内神名帳〕ⓑの形式に属する「上野国神名帳」（一宮本）の一部であり、Dは、〔国内神名帳〕ⓒに属する「尾張国内神名牒」の一部である。

Cは、第一の比較例Bにおける、地域区分ごとの神階順記載という基本形式をふまえながら、国内における特定の別格神を、地域にこだわらず抜き出して一段を構成した形式であり、Dは、その方式を拡大して、全国的な規模で、著名神を列記した形式である。

C・D共に、中心部の国内諸神の記載形式については、第一の比較例Bと共通の形式をとっている。

C「上野国神名帳」（一宮本）

上埜国総五百七十九座

鎮守十二社

正一位　抜鉾大明神　　赤城大明神

伊香保大明神　　榛名大明神

甲波宿禰大明神

従一位　小祝大明神　　火雷大明神

倭文大明神　　大国玉大明神

加茂大明神　　美和大明神

宇芸大明神

甘良郡。三十三社

正一位　抜鉾大神

従一位　宗岐明神

従三位　丹生明神　　秋山明神

鳥総明神

従四位下　抜鉾若御子明神

D「尾張国内神名牒」

正月十一日有下座主読二国内神名帳一神事上

熱田大神宮　奉レ唱二王城鎮守諸大明神一

伊勢二所梵尊　比叡山王　三聖大菩薩　八幡

三所大菩薩　宇佐大菩薩　金峰山金剛蔵王

大菩薩　熊野三所大権現　白山妙理大権現

〈中略〉

滝蔵大明神　伊福貴大明神　三島大明神

尾張国内諸神社

海部郡　二十座

従二位上　大国玉名神　憶感名神　甘楽名神

従三位上　諸桑天神　塗部天神　宇多須天神

藤島天神　生桑天神　夜擔［檐カ］天神

新屋天神

〈中略〉

奉レ始二武塔天神并八王子一

右神名帳所レ奉レ唱如レ件

〈以下略〉

C、およびDが、Bと明瞭な相違を示すのは、首部と終結部との記載形式であり、この部分において、地域区分による並列的な記載という台帳的性格が薄れてゆく傾向を示している。

とりわけDにおいては、別格神が全国的規模に広がるばかりではなく、その数も二〇座を超え、優に一段を構成する規模となり、首部の比重が大きくなる。そこには、明らかに、一国の〈国内神名帳〉からの変質がみられるわけで、それを裏書きするように、奉唱云々と、祭祀の場に諸神を勧請する旨の詞章が加えられている。

例C「上野国神名帳」の属する〈国内神名帳〉ⓑの形式には、他に、伊豆・播磨・越前・備前・上野（総社本）と、特殊形式ⓓの中、ⓑに近いものとして三河の各神名帳が挙げられる（四四六〜四四七頁表Ⅲ参照）が、この中、上野（一宮本）と備前の神名帳は現在に至るまで、群馬県貫前神社・岡山県観音寺[30]（通称西大寺）において各々奉読が行われており、三河の国内神名（明）帳も、愛知県狭投神社における奉読が有名であったという（四三七頁表Ⅰ参照）。

右の事実は、〈国内神名帳〉の、事務用から勧請用への性格の移行を示すものであり、ことに、この形式に属するものに奉読の事例が多いということは、〈国内神名帳〉が、それ自体の必然性に従って、祭祀台帳から勧請奉読用へと、性格上・形式上の変化を生じたのではないかという、前述の仮定を裏付けることになる。

例D「尾張国内神名牒」の属する〈国内神名帳〉ⓒの形式には、ほかに「美濃国神名帳」（延暦寺本）と、特殊形式ⓓの中、ⓒに近いものとして「南海道紀伊国神名帳」があるが、三本とも、諸神を勧請し奉る旨の詞章が加えられているので、勧請用に用いられたことは確実である。

〈国内神名帳〉ⓒにおける首部および終結部の拡大化と多彩化は、〈国内神名帳〉ⓑの発展形式であり、勧請奉読用神名帳としての定着を示すものと解釈できる。このことは、後に述べる〔寺社神名帳〕の、ある種の形式の首部および終結部が、冗長なまでに長大化したもののあることが、逆の面からの証明となろう。

以上、〔国内神名帳〕が、本来の〔式神名帳〕に近い性格・記載形式から次第に変質し、当初と異なる形式・内容を示すに至る過程を、幾つかの代表的形式の比較によって考察した。

もちろん、右の過程は、〔国内神名帳〕の画一的な変化を示すものではなく、ⓐからⓑへ、ⓑからⓒへと新しい形式を生む現象と共に、ⓐ・ⓑの両形式も並行して存続していたものであろう。奥書に、平安朝初期から鎌倉中期の年紀を有するものの多いⓐの形式に、江戸時代の年紀を有するものが混在し、また、ⓑ・ⓒの形式に属するものの奥書の年紀が並行しているのは、それを示している。

3 〔国内神名帳〕と〔寺社神名帳〕

第三に、〔国内神名帳〕と〔寺社神名帳〕との関連性について考察する。

比較例Eは、〔寺社神名帳〕の一つ、法隆寺の「西円堂修正（二）月勧請神名帳」である（〈 〉内は、筆者注記）。

E　法隆寺修正（二）月勧請神名帳

〈勧　請　ノ　句〉　西円堂修正月二月勧請神名帳於毛

〈別　格　神　B〉　当年太歳八将神　三界諸天　二類神祇　閻魔王界　五道将軍　太山府君　司命

司禄　牛頭天王　頗利采女　八王子等　蛇毒気神　八万四千六百四十神等　行

疫神等於毛

〈当所鎮守神〉当所鎮守五所大明神
〈別格神Ａ〉金峰大菩薩　熊野大菩薩　八幡大菩薩　白山大菩薩　那智大菩薩　走湯大菩薩
竺生島大菩薩　気比大菩薩　気多大菩薩　高天大菩薩　滝蔵大菩薩　月輪大菩薩
妙見大菩薩　比叡大菩薩　住吉大明神《菩薩》
〈諸国諸神〉春日大明神　竜田大明神　河合大明神　小杜大明神　奈良大明神　今木大明神
和邇大明神　率河大明神　大神大明神　大和大明神　笛吹大明神
〈中略〉
小野大明神　葛城大明神　大中臣大明神　宇禰部大明神　伊勢布留大明神　穴師
大明神
〈総神〉大日本国有官智未官智一万七千七百余所大明神等
〈天神〉摩訶伽羅大黒天神　天満天神等
〈御霊〉先生御霊　八島御霊　猪鍋御霊　普光寺御霊　檜室御霊　木辻御霊　霊安寺御
霊　塚上御霊　葛下郡御霊　笠目御霊　西寺御霊　鏡見御霊　橋寺御霊於毛

例Ｅに頭記した構成要素を、先に掲げた例Ｄ（四五二〜四五三頁参照）に求めると、両者とも、ほぼ同じ要素で組み立てられていることがわかるが、比較の便のために、例Ｄの属する〔国内神名帳〕と、例Ｅの属する〔寺社神名帳〕の諸本の構成要素を、次頁の表Ⅳに掲げた。

表Ⅳによって明らかな共通点は、

(1)　〔国内神名帳〕Ⓒと、〔寺社神名帳〕における基本的な構成要素が共通していること。

表Ⅳ 勧請用神名帳の構成

区分	神名帳	構成
国内神名帳ⓒ	尾張	当所鎮守神 **勧請ノ句** **別格神A** **国内諸神** 別格神B **結句**
	美濃	**勧請ノ句** 地方別神数 **別格神A** **国内諸神** **結句**
	紀伊（特殊形式ⓓに所属）	**勧請ノ句** **国内諸神** 別格神B **別格神A** 当所鎮守神
寺社神名帳	清滝宮本	**勧請ノ句** 当所鎮守神 **別格神A** **諸国諸神** **結句**
	東大寺系	**勧請ノ句** 当国鎮守神 当所鎮守神 **別格神A** **諸国諸神** 別格神B 総神 御霊 **結句**
	法隆寺系	**勧請ノ句** 別格神B 当所鎮守神 **別格神A** **諸国諸神** 総神 天神 御霊
	貞幹本（寺院名不詳）	当所鎮守神 別格神B **別格神A** **諸国諸神** **結句**
	薬師寺本	**勧請ノ句** 当所鎮守神 別格神B **別格神A** **諸国諸神** 天神 御霊 護法諸神 総神 **結句**

(2) 首部・中心部・終結部に位置する構成要素が同じであること（表Ⅳゴシック書体の部分参照）。

であり、これに対して、相違点には、

(1) 〔寺社神名帳〕の構成が、〔国内神名帳〕ⓒに比べて多様化していること。

が挙げられる。

つまり、〔国内神名帳〕の変化の、最終形式において、もっとも主要な要素であった〈勧請ノ句〉〈別格神A〉〈諸国著名神〉、〈国内諸神〉が、そのまま〔寺社神名帳〕の要素として存在しており、しかもその存在位置も変わらずに〔寺社神名帳〕の形式の中に移行しているということになる。

また、相違点である〔寺社神名帳〕の多様化を示す構成要素は、天神・御霊・護法神等であり、加えて〈別格神B〉〈陰陽道を主とする天界・地界・冥界の諸神〉の規模の拡大による多様化も挙げられる。これらの諸神は、信仰形態の複雑化によって生じた人格神、あるいは眷属神などであって、本来の神祇の観念の外に属する。

本来の神祇の観念に従って成立した神名帳に、神名を付加するにあたって、新時点における付加神名で一段を構成するという方法は、もっとも簡便であり、ことに体系を異にする神々を、区別して記載することによって、形式上の整美感も与えるという有効な方法である。このような事情を、表Ⅳの相違点は語っていると思われる。

以上、共通点・相違点の両面から、〔寺社神名帳〕が、〔国内神名帳〕の変化の延長線上に存在するという、前述の仮定を証明することができると思う。

再び記載例DとEに戻り、中心部の〈別格神A〉にあたる諸国著名の別格神と〈国内諸神〉（Eにおいては〈諸国諸神〉）の神号に注目してみよう。

例Dの、〈別格神A〉における神号表記には、梵尊・大菩薩・大権現・大明神等を用い、続く〈国内諸神〉の神号表記には、大明（名）神・名神・天神等を用いている。この場合、名神・天神等の表記は、必ずしも神階と関連せず、従一位の名神・天神、従二位の大明神・名神・天神などが、例示部分以外に混在している。

これに対して、例Eの神号表記は、〈別格神A〉には大菩薩の神号を、〈諸国諸神〉には大明神の神号を用いており、明らかに、神号による段構成がなされている。

表V 神号表記対照表

神名帳		社号				神号										
		宮	大社	神社	社	大神	神	大菩薩	大権現	権現	大明神	名(明)神	天神	御霊	その他	特殊
式	延喜式	○		○			○									
国内ⓐ	和泉		○(一)	○	○					○						社前
	大隅										○	○				
	隠岐						○				○	○				
	若狭					○(二)					○	○	○(一)			
国内ⓑ	伊豆							○(一)			○(一)	○	○(一)			きさきの宮 み子 (達) 王子
	上野(一宮)					○(一)					◎	◎				
	〃(総社)										◎	◎				
	播磨					◎						◎	○			別宮
	越前				○(一)	○(一)	○			○(一)	○		○(一)		別格神B	
	備前	○									○	○				一品吉備彦命宮 天神八王子月尾宮
国内ⓒ	尾張			○(一)				○	○		○	○	○		別格神B	梵尊 弁才天女
	美濃				○(一)	○	○	○(二)		○	○	○	○			天王
国内ⓓ	筑後			○	○		○					○				
	紀伊					○	○	○(二)	○(一)						別格神B 護法神	大神宮
	三河					○(一)	◎	○(二)			◎	◎	◎			若御子
寺社	清滝宮	○(一)				○(一)		○(二)			○	○	○	○(二)	別格神B	吉備彦聖霊 天皇神 大神宮 鏡尊明
	薬師寺							◎			◎		◎	◎	護法神	大神聖霊
	法隆寺							◎			◎		◎(二)	◎	別格神B	
	法輪寺							◎			◎		◎(二)	◎	別格神B	
	東大寺							◎			◎		○	◎	別格神B	
	貞幹本							◎			◎		○(一)		別格神B	大神宮

◎印はその神号のみで一段を構成するもの。
( ) 内は表記の数。少ないもののみ記した。

神号表記についての、例Dと例Eにみられる相違が、〔国内神名帳〕と〔寺社神名帳〕の全般にわたって、どのような傾向として表れるかを、表Ⅴに掲げた。

表Ⅴによれば、〔国内神名帳〕ⓐの形式において、神号の表記は、神・大明神・明神などがおおかたで、その他の神号の表記は稀である。具体的には、おおよそ二位以上は大明神、四位以下は明神、三位は大明神と記すものと明神と記すものとが混在しているという、神階と関連した表記を行っている。

これが、ⓑ・ⓒと形式が変化するにつれ、神号の表記が多彩となる。多彩となるに従って、神階と神号との関連性が明確でなくなり、神階の高い神に明神と記し、神階の低い神に大明神と記すような例が混入してくる。また、特定の神名帳（上野・播磨・三河）においては、神号によって一段を構成するという場合も現れる。

さらに、これが〔寺社神名帳〕になると、ほぼ神号による段構成が確立し、神号は、神階と関係のない尊称・美称として用いられ、神号の統一によって、全体の構成形式を整えることに重点が置かれる。

以上によって、前述の、表Ⅳにおける考察の結果と同じく、表Ⅴから導き出された結果もまた、〔寺社神名帳〕が、〔国内神名帳〕諸形式からの発展形式であることを示している。

四　神名帳の構成（二）——〔寺社神名帳〕

最後に、前述の過程を経て変化してきた神名帳の、〔寺社神名帳〕における諸形式について考察してみる。

すでに、前章に、〔寺社神名帳〕の構成、および〔寺社神名帳〕の〔国内神名帳〕に対する全般的特色を述べたので、ここでは、〔寺社神名帳〕各種の異同、およびそれぞれの特色について述べる。

1　各種〔寺社神名帳〕

現存の〔寺社神名帳〕は、四四七頁の表Ⅲに掲げたように、六箇寺九本（内一本は寺院名不詳）を披見することができたが、これに、録音資料に拠った一本を加えて、左の四系統に分類することができる。

⑴**法隆寺系**「西円堂修正月二月勧請神名帳」「上宮王院修正月勧請神明帳」「法輪寺大講堂修正月金堂修二月勧請神名帳」

右三本の中、法隆寺西円堂所用本と上宮王院所用本は、当所鎮守の神名が異なるのみで、他は同文。ただし、上宮王院所用本は、本来は、末寺で用いていたものを転用しているという[31]。法隆寺所用本と法輪寺所用本とは、勧請の神名が多少異なるのみで、構成は全く同じである。

記載神数は、法隆寺所用本一一一項一一八所（内、天神二、御霊一三、陰陽神等一三）。法輪寺所用本は一一九項一三九所（内、天神二、御霊一二、陰陽神等一三）である。

⑵**東大寺系**「東大寺二月堂修二月勧請神名帳」「二月堂神名帳」「神明帳戒壇院公用」「新薬師寺修二月神名帳」

右の中、新薬師寺本は録音資料に拠ったが、二月堂所用本と、新薬師寺所用本は全く同文である。同じく二月堂所用本と戒壇院所用本は、二月堂所用本の記載神数四四九項五二二所（内、天神七、御霊一一、陰陽神等六八）に対し、戒壇院所用本は二六八項三三八所（天神以下の記載数は、右と同）であり、記載神数に大きな差があるが、神名を省略しただけで（例外として、一箇所だけ記載の前後するところがある[32]）、構成は全く同じである。

⑶**薬師寺系**「八幡宮恒例修正月吉祥悔過神名帳」「恒例修正月勧請神名帳」

右二本の中、薬師寺八幡宮所用本と、寺院名不詳の一本は、構成・記載神名とも一箇所を除いて同一である[33]

が、八幡宮所用本には、終結部に天神・御霊・あまたの護法神等が付加されている。

記載神数は、薬師寺八幡宮所用本（以下、薬師寺本と表記）三〇四項三〇六所（内、天神九、御霊七、陰陽神等一二、護法神三三）、寺院名不詳本は、二五五項二五七所（内、天神一、陰陽神等一二）である。

(4) 清滝宮系「清滝宮勧請神名帳」

類本はなく、所用の法会も不明である。(34) 記載神数は一五〇項一五八所（内、天神五、御霊二、聖霊一）である。

以下に、右の各系列ごとの特色を述べる。なお諸本の名称は、以下「法隆寺系本」「二月堂本」「清滝宮本」のごとく、一括名称あるいは個々の略称を用いる。薬師寺系に属する寺院名不詳の一本は、筆者名を用いて仮に「貞幹本」とする。(35)

(1) 法隆寺系

法隆寺系諸本の特色の第一は、〔寺社神名帳〕として小規模ではあるが、まとまった形式を示している点である。第二は、記載神の総数に対して、〈別格神B〉と〈御霊〉の占める比重が、比較的大きいという点である。

第一の特色について。

まず他の系列の諸本に比べて記載神数が最も少ないが、すべての構成要素を備えている点が挙げられる（四五六頁表Ⅳ参照）。

さらに部分的に見ると（四五四～四五五頁比較例E参照）、その中心部分では〈当所鎮守神〉をまず勧請し、続いて〈別格神A〉すなわち全国諸所の名神大社を勧請する。この場合、〈別格神A〉はすべて、大菩薩の神号で統一している。

〈別格神A〉の段に引き続く〈諸国諸神〉の段では、その記載順に、ある種の傾向がみられる。まず、「春日大明神」・「竜田大明神」と、宗雍の神・当寺鎮守の神を挙げ、次に、「河合大明神」以下、大和国に鎮座の大社・名社におよぶ。そして、次第に勧請の範囲が広がり、近江・山城・紀伊・若狭など、他の地方の諸神におよんでゆく。

このような、所在国中心の記載形式は、〔寺社神名帳〕に共通の特色であって、所在地、あるいは所在国の神からはじめて、次第に他の国々の神に範囲を広げてゆく傾向が、この小規模な神名帳にも明確に表れている。最後に、「大日本国有官智未官智一万七千七百余所」と、全国に鎮座のすべての神々を一括勧請して、中心部を終了するが、この〈諸国諸神〉の段はすべて大明神の神号で統一し、〈別格神A〉の段と共に形式上の統一を図っている。

第二の、〈御霊〉〈別格神B〉の比重が大きいという特色について。

前章（四五七頁）で、〈天神〉〈御霊〉等のさまざまが付加されるのが〔寺社神名帳〕の特色であると述べた。その〈御霊〉の神数が、法隆寺本は一三柱、法輪寺本は一二柱を記載し、その記載数が他の諸本に比べて多い。また、〈別格神B〉、すなわち陰陽道を主とする天界・地界・冥界の諸神および眷属神が、二〇座を超えて一段を構成し、神名帳の首部に位置している。この記載形式は、薬師寺系諸本が同様の形式を用いているが、〔国内神名帳〕ⓒおよび東大寺系諸本では、中心部の末尾に記載してあり、その数も少ない。

第二の特色である〈御霊〉〈別格神B〉など、本来の神祇の系列外の諸神を数多く取り入れ、しかも、これを重視するという傾向には、なんらかの理由がなければならないが、おそらく、これも祈年の行事との関連を示すものであろう。

すなわち、祈年の行事の目的は除災招福にある。来る年の平安は、神々の加護によってもたらされるものではあるが、一面において、たたり神を鎮めて災いを防ぐことも重要なことであって、〈御霊〉をはじめ、行疫神・蛇毒鬼神等を含む〈別格神B〉は、祈年の行事において、恐れあがむべき大きな存在であったはずである。その反映が、〔寺社神名帳〕におけるこれらの神々の、顕著な存在となったものと思われる。

しかし、この部分の規模や記載の位置が、〔寺社神名帳〕の各系列によって異なるのは、この部分に関して、寺社個々の事情と判断が働いていたことを示すものであり、これらの部分が、〔寺社神名帳〕の形式の成立過程において、次第に挿入された部分であることを示している。

(2) 東大寺系

東大寺系諸本の大きな特色は、〔寺社神名帳〕の中で最大の規模をもつ二月堂本をはじめとして、規模の大きさにふさわしい整った形式を示していることである。その特色は、以下の諸点に明らかである。

(1) 多数の記載神の、段組織による整理。
(2) 所在地中心の記載形式の明確化。
(3) 段ごとに、重点区域を置く傾向。
(4) 天神系諸神の、特殊な記載形式。

以上であるが、本稿の末尾に、二月堂本の全文を掲げて、「諸寺神名帳一覧」を付したので、実例を参照しながらその特色を確認してみよう。

第一の特色、段組織について。

全体の構成は四五六頁の表Ⅳに示したとおりであるが、その中の〈当国鎮守神〉以下〈御霊〉までを、全九段に組織する。首部の〈当国鎮守神〉〈当所鎮守神〉〈別格神A〉を一段とし、中心部の〈諸国諸神〉を六段に分ける。終結部は、〈別格神B〉と〈総神〉で一段、〈御霊〉を一段とする。

現在の奉読において、唱誦のテンポもフシも段によって変化するが、おそらく基本的には、作成の当初から、段組織の意識が働いていていたものであろう。

第二の特色。所在地中心の記載形式については、すでに、法隆寺系の特色で述べたとおりであるが、東大寺系諸本では、この傾向がさらに顕著な特色となる。

他の系列の諸本においては、〈当所鎮守神〉の記載数は一項だけであり、また〈当国鎮守神〉の「金峰大菩薩」は〈別格神A〉の冒頭に挙げるにとどめている。これに対して、東大寺系諸本では、〈当国鎮守神〉〈当所鎮守神〉と記載順を転置して「金峰大菩薩」を筆頭に掲げ、続く〈当所鎮守神〉には、「八幡三所大菩薩」以下、寺内の結界神八所(36)の名をすべて記載している。

このように、寺域内に鎮座する神の記載数が多いのに対して、諸国著名神の記載数、および神名は、他の系列の諸本とほぼ共通であるから、東大寺系諸本では、初段において、所在地中心の傾向が著しく明瞭になったということになる。

初段の神号を、すべて大菩薩で統一している点は、他の諸系列の形式と同様である。

二段目以下が〈諸国諸神〉の段となる。まず二段目では、最初に「廿五所大明神」以下、寺域内あるいはその周辺に鎮座する神々を七項連ねたあと、「布留大明神・大和大明神・大神大明神……」と、大和国内の大社名神にお

図Ⅰ

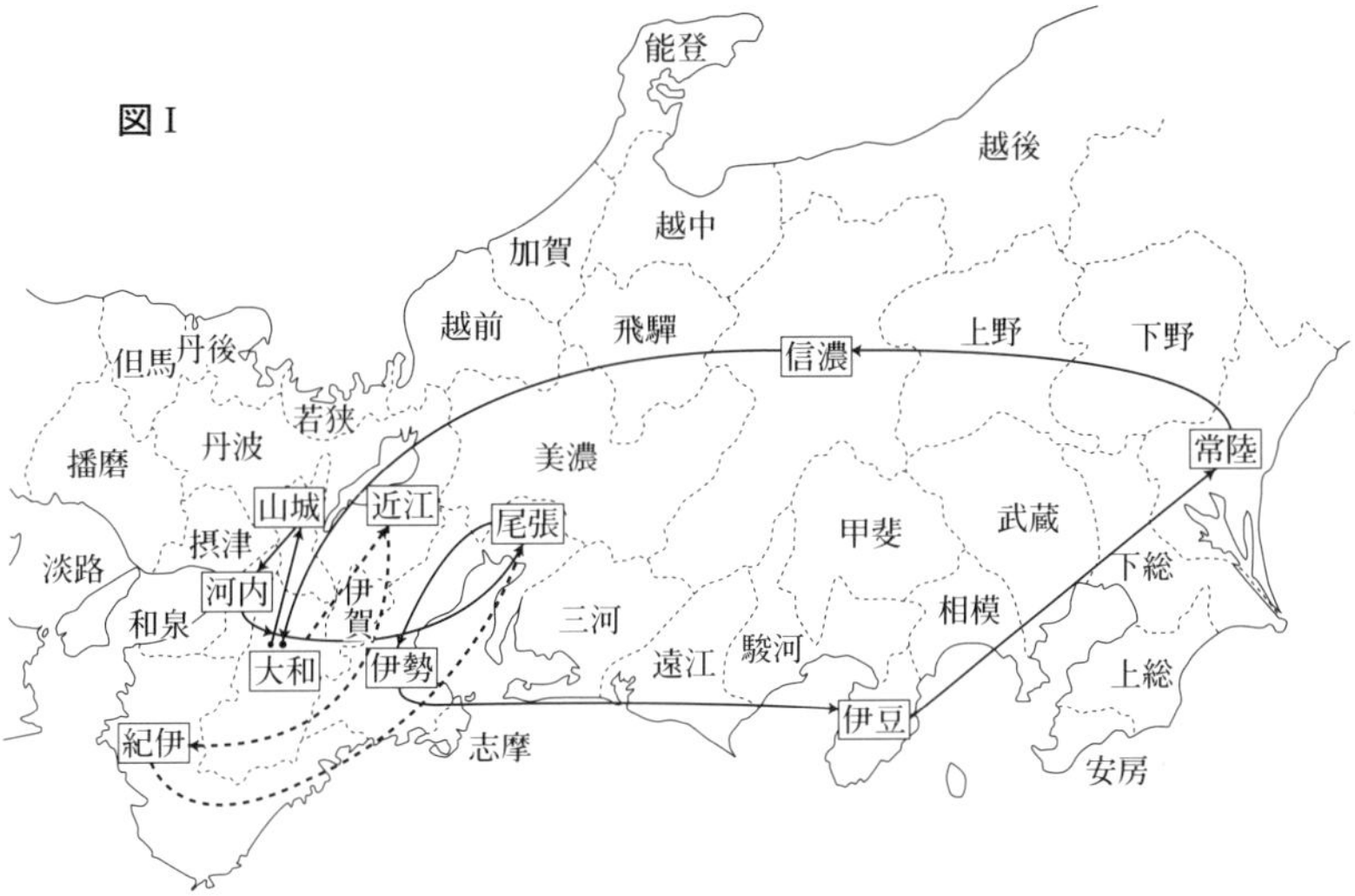

図Ⅱ

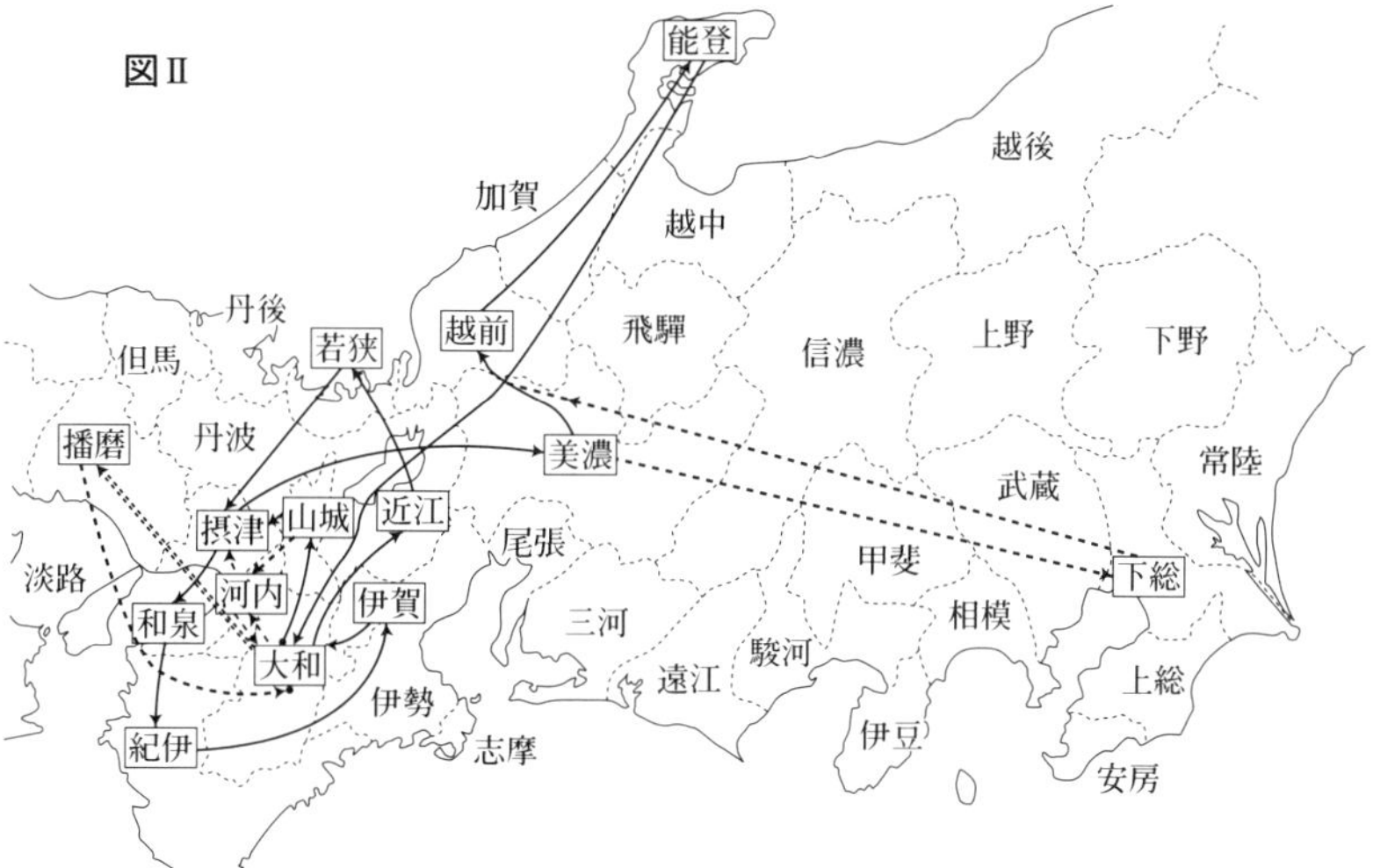

二月堂本と戒壇院本共通の経路
二月堂本のみの経路(戒壇院本に記載のない部分)
二月堂本の経路(複雑になるので戒壇院本との比較を行わない)
所在不確定の神名の多い部分
出　発　点
終　着　点

図Ⅲ

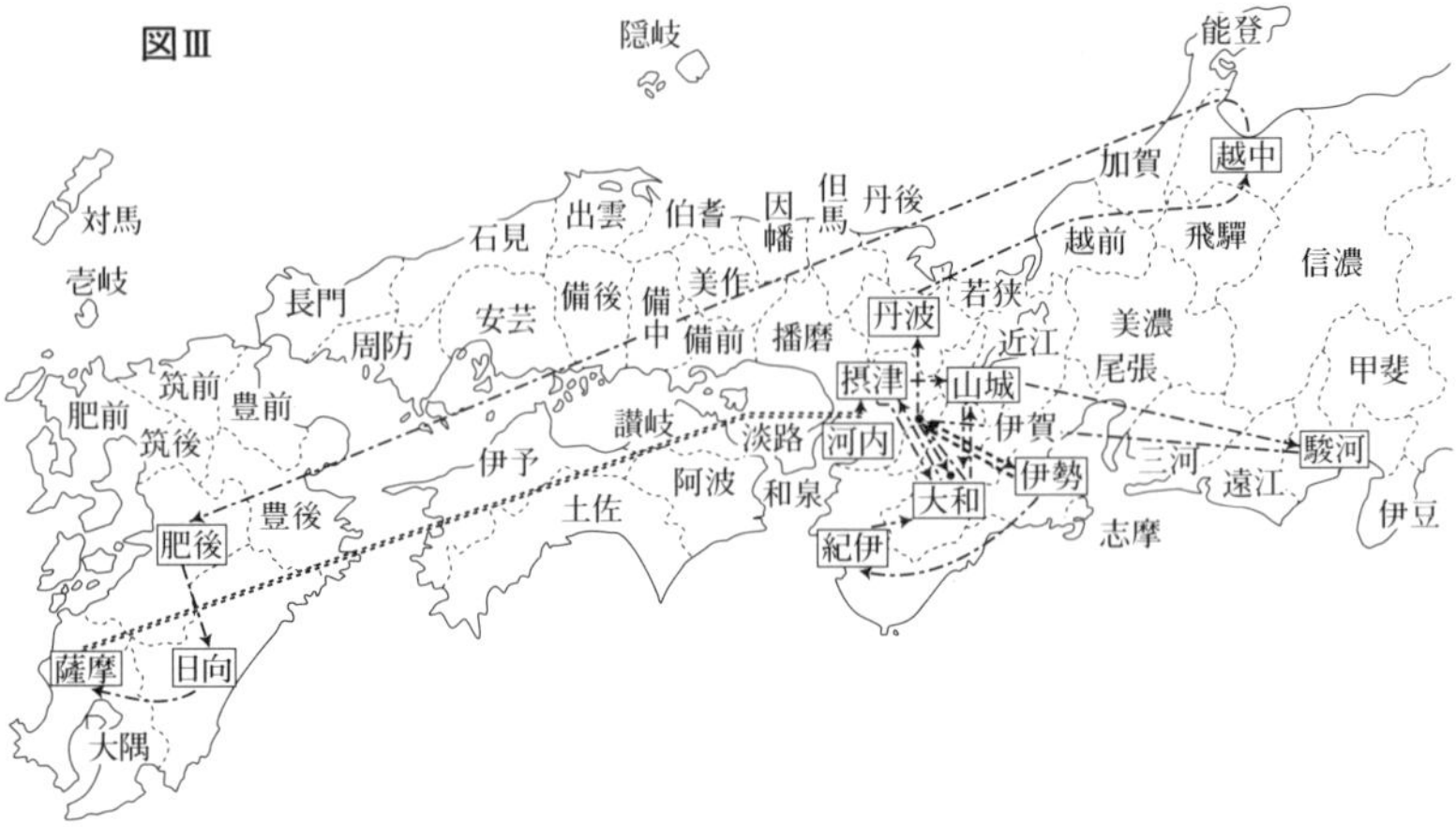

よび、次第に、山城・河内・近江と地域が広まるが、段の最後は「和邇・楢・巻向……金村・槻田」と、大和の神々で締めくくる。

三段目は、大和から始まり大和で終わるが、寺域の遠近にはこだわらない。

四段目は、河内国鎮座の神から始まる。つまり、所在地中心の傾向は、段が進むにつれて次第に薄くなるわけで、このような点にも、形式を整えることへの一貫した意図が感じられる。

第三の特色。段ごとに重点区域を置くという傾向については、まだ、これを決定的な特色と言い切ることができない。次章で述べるように、記載神の所在地不明なものが多く、現在までに一応所在地を決定したものが五割にしかならないからである。しかし、現時点における一つの資料として提出する意味はあるかと思われるので、あえて、特色の一つとして述べることとした。

図Ⅰ～Ⅲは、二月堂本と戒壇院本の〈諸国諸神〉の初めの段から三つ目の段までの記載順を、経路図として表したものである。

図Ⅰ（初めの段）では、大和を起点として、山城・河内を経ていったん大和に戻る。次に近江・紀伊を経て（戒壇院本は、この部分を省略する）尾張に延び、以下伊勢・伊豆・常陸・信濃と、東海道から東山道を巡り、再び大和に戻って終わる。つまりこの段は、大和・山城・河内という、古代国家の成立発展の地域を中心として、東国に勧請の範囲を広げた段と思われる。

図Ⅱ（二つ目の段）では、前段と同じく、大和を起点として山城・河内（戒壇院本は、河内を省略する）・摂津・和泉と、畿内を一巡した後紀伊に延び、伊賀・大和・近江・若狭と、渦巻状に範囲を広げ、摂津を経て、美濃・下総（戒壇院本では、下総を省略する）・越前・能登と、北陸に延びた末、大和に戻る。このあとは所在地を決定できない神名が多く、正確な経路をたどれないが、二月堂本では再び河内と大和を往復した後、播磨に延び、大和に戻る（戒壇院本は、この経路を省く）。この段では、古代国家勢力の中心地域を主として、北陸道に勧請の範囲が広がっている。

図Ⅲ（三つ目の段）になると、経路が複雑になるので、二月堂本の経路のみを記したが、この複雑な経路はあまり問題ではなくて、前段までの地域で、記載漏れの名社を集めたと思われる。しかし、勧請の範囲が九州に延びた点が、新たな拡大範囲として注目される。

以下の段は、あまりにも所在地不明の神名が多いので、記述を控えるが、以上の傾向から、段ごとになんらかの意味で、重点的な記載がなされていると考えることができるように思われる。

第四の特色。天神系諸神の、特殊な記載形式というのは、東大寺系諸本では、天神の記載数は七所を数えるが、法隆寺系諸本や薬師寺本のように、天神だけを列記して、一段を構成するという方法をとらない。しかし、〈別格神A〉は大菩薩、〈諸国諸神〉は大明神という、神号の統一表記は厳然と守られている。

それでは、天神はどう表記されているかということになるが、これは、「祇園天神清原氏大明神」「竜泉天神我南寺天神篠田大明神」という具合に、天神はすべて、次の大明神と接続させて記載し、形式の上では、大明神で統一した記載方式をとっている。まことに巧みな方法と言えよう。

以上四点の特色が、すべて形式上の整美感を与える要素となって、東大寺系諸本の大きな特色を示している。

以上で、東大寺系神名帳の特色についての考察は終わるが、最後に戒壇院本と二月堂本との関係について付け加えておきたい。

戒壇院本については、これまで、二月堂修二会において奉読されたもの、あるいは、二月堂修二会の稽古用の節略本という解釈[37]が行われている。この解釈は、二月堂修二会での神名帳奉読が余りにも有名であることと、戒壇院での神名帳奉読の記録がないこと、戒壇院が、二月堂修二会の別火坊にあてられること、などが根拠とされている。

しかし、両本を対照してみると、幾つかの疑問が生じる。

第一に、仮に戒壇院本を二月堂本の節略本と考えた場合、現在、第二段の中で、唯一の特徴のあるフシ付けをされている句、「日前国県両所大明神」が抜けること。

第二に、第三段で、一句を六拍に当て、テンポを早めて唱誦する部分（「早馳ケ」と称される）の第一句、「池咩大明神」が抜けること。

いま一つ。二月堂本と戒壇院本において、記載順の変わる唯一の例として「今木大明神」がある。これが、二月堂本では三段目の段末に記載され、戒壇院本では、四段目の第三番目に記載されている。節略本の場合、段末の句が移動することは考えられない。

以上のように、特殊なフシ・フシの変わり目・段落などの部分に相違のある両本を、完本と節略本の関係と考えるわけにはいかない。また、戒壇院を別火坊にあてるようになったのは近年のことであって、別火坊にあてられたために戒壇院本が伝存したとは考えられない。

逆に戒壇院本を原型と考え、二月堂本は、これをもとに神数を増加して成立したと考えることは可能かと思われる。左に、両本の記載に異同のある部分の一部を掲げる。「大明神」の記載は省き、代わりに所在国名を記した。さらに、戒壇院本に記載のない神名には、＊印を付してある。

脇杜山城　祝園山城　＊水主山城　栫山山城　＊樺井山城
＊弓削河内　＊榎本河内　広田摂津　垂氷摂津　＊居炊摂津
＊大鳥和泉　聖　和泉　神上不明　＊丹生紀伊　＊鳴　紀伊

右の例で、戒壇院本という原型に、神名を加えて二月堂本が成立したと考えるとき、まず原型に記載された神と同じ国内の神を加える（山城・摂津・和泉）。あるいは、前後の釣り合い上、記載を必要とすると思われる他国の神を加える（河内・紀伊）。ということは、当然行われ得る方法ではなかろうか。右の例については、以上の解釈が成り立つと思われる。

ここで改めて図Ⅰ・Ⅱを眺めると、二月堂本の記載経路に比べて、戒壇院本の経路はやや単純であり、第三の特色として挙げた「重点地域」を設ける傾向が、より明瞭にみられる。ということは、戒壇院本という原型の成立当初には明確であった記載順に関する意図が、規模を拡大する時点で薄れて、二月堂本の形式に定着したと見ることができはしまいか。以上の疑問なり解釈なりは、本論で扱った範囲内での疑問であり解釈であるが、この問題については戒壇院の組織・法儀、あるいは東大寺における律宗の在り方などとの関連において、いずれ改めて考察を進めてみたいと思う。

(3) 薬師寺系

薬師寺系には、四五六頁の表Ⅳで明らかなように、最も構成要素の少ない貞幹本と、最も構成要素の多い薬師寺本とが存在する。

東大寺系における、戒壇院本と二月堂本との場合は、構成要素は全く同じであり、同一構成の、対応部分における規模に相違があった。これに対して、薬師寺系における貞幹本と薬師寺本とは、対応する部分の内容は同一であるが、構成そのものの規模が異なる。

具体的には、貞幹本が当所鎮守神―別格神B―別格神A―諸国諸神を掲げ、「已上二百六十余所奄毛」で結ぶという、主要中心部で構成されているのに対し、薬師寺本には、首部に〈勧請ノ句〉が加わり、終結部に、天神―御霊―護法諸神―総神―結句、という要素が加わって、神数は五〇余所の増加を示す。著しい規模の拡張である。

それでは、そのどちらが原型かということになるが、おそらく貞幹本が原型であろう。

薬師寺本における拡大部分は、天神・御霊・護法諸神など、すでに法隆寺系の特色において述べたように、本来の神祇の系列外の諸神である。ことに護法諸神の内容は、梵・釈・四王の仏法守護神、法華経護持の十羅刹女、薬師眷属の十二神将、大般若守護の十六善神であって、すべて仏教守護の神々である。

これは、仏教法会における勧請神名帳であることの意識から加えられた一段であって、そのために、これら三〇余の神名をいちいち記載するという、終結部にあっては冗長と思われるような形式になったのではあるまいか。

終結部の〈結句〉を、「各増威光　離業證果　證菩提果奄毛」という、仏教法会における神分《じんぶん》の祈句的表現で結んでいるのも、その意識の表れと思われる。

薬師寺系二本の相違を以上のように解釈した上で、改めて薬師寺系本の、他の系列の諸本に対する特色を挙げると、第一に、中心部の〈諸国諸神〉を、地方別に列記する点が挙げられる。

右の特色は、他系列の諸本の記載形式との基本的な相違点であるが、地方別といっても、均一な地方別ではなく、五畿内は国別とし、これに地方別の七道を加えて、合計一二段の構成とする。そしてその記載順は、大和・山城・河内・摂津・和泉・東海道・東山道・北陸道・山陰道・山陽道・南海道・西海道となっており、五畿内を除いては、「延喜式神名帳」の記載順と一致する。

五畿内の記載が、まず大和から始まるのは、他の系列にみられたと同様、所在地中心の特色の表れと考えられる。右の一二段の構成には、一段ごとに「大和国為正月守護」「山城国為二月守護」と注記があり、各段ごとの記載神を、一箇年一二箇月の守護に当てている。これを、番神思想によるものとする説(38)は、妥当と思われるが、他の神名帳にはみられない薬師寺系神名帳の特色である。

第二に、記載神名に、諸国一宮の多い点が挙げられる。

五畿内は国ごとに一段を構成するから、記載神数も多いが、その段ごとの筆頭に、一宮を記すのが基本となっている。大和国は例外で、まず宗雍の神「春日大明神」を記し、次に、一宮の「大神大明神」を記す。摂津国は、一宮である「住吉大明神」が、すでに〈別格神A〉に記載されているので、同郡に鎮座の名社「依羅大明神」を第一に記す。

七道諸国は地方ごとに一段を構成するから、一国について一所から数所の神数を記載するにとどまる。そこで当該地方に鎮座の各国一宮を選択記載している傾向が強い。また、この場合も大和・摂津両国の例と同じく、すでに一宮が〈別格神A〉に挙げられていたり、他国の一宮と同神であるなど、特殊な理由のある場合は一宮の代わりに別神をあてている。

右の場合、一段ごとの神名の記載順序は、おおむね「延喜式神名帳」の記載国順を踏襲している。

このように、薬師寺系諸本の記載形式は、前述の法隆寺系・東大寺系とは異なる発想によるものであり、それなりに完成した形式を示している。部分的には、他の系列の諸本と、〔寺社神名帳〕としての特色を共有しながら、個性的な形式を発展させ得る点に、〔寺社神名帳〕の私的な性格を知ることができる。

(4) 清滝宮本

〔寺社神名帳〕の中で、もっとも異色の存在である。

その構成は、勧請ノ句―当所鎮守神―別格神A―諸国諸神―結句という、主要な要素をすべて備えている。

しかし、前述の三系列に属する諸本にみられた特色――その一は、神号による明瞭な段構成。その二は、所在国を中心にして、勧請の範囲を広げる――を備えていない。そして、他の諸本にみられない特色――勧請神の所在国郡を記載する――を備えている。

第一の、神号による段構成の意思がみられない点については、たとえば一〇〇所を超える大明神の記載のあとに、一〇余所の明神を列記し、そのあとに、再び大明神を列記するが、その記載方式には全く必然性が感じられず、きわめて随意な記載方法であると思われる。

さらに、この神名帳では、四五八頁の表Vに示したように、大神・大菩薩・大明神・明神・天神・御霊・聖霊等、〔寺社神名帳〕の中で最も多くの神号を用いているが、大明神・明神以外はその数も少なく（大菩薩二項四所・天神五所・御霊二所など）、これらの神号のみで一段を構成するには至らない。

第二の、所在国を中心にして範囲を広げる特色がみられない点については、それでは別に、中心となる特定の地域があるかというと、その傾向もみられず、この点もすこぶる随意である。その結果、〈別格神A〉と、〈諸国諸神〉の区切り目が判然とせず、清滝宮本に限っては、〈別格神A〉の神数を決定的に記すことができない。

次に、清滝宮本のみの特色である、所在国郡の記載については、これも、記載神すべての所在国郡を記しているわけではなく、国・郡とも記載してあるもの、国名のみ記載してあるもの、全く記載のないもの、とさまざまである。そして、その記載方式にも国別・地方別という一定の方針が見出せない。要するに、まことに不統一な記載を行っている。

右のような任意性・不統一性は、ある意味では、あらゆる神名帳の中で、最も形式の整わぬものとも言えるが、構成上の骨組みは、明瞭に〔寺社神名帳〕の骨組みであり、〔国内神名帳〕のある種の形式の名残りをとどめた、初期段階の〔寺社神名帳〕の一形式を示すものと考えてよいかと思う。おそらく、他の系列の〔寺社神名帳〕諸本にしても、本来は清滝宮本にみられるような不統一な部分を含んでいたものと思われる。それが、年々の奉読の繰り返しの中に、各寺社それぞれの形式が整えられ、本寺末寺の関係などによる系列化が行われ、これまで述べてきたような系列ごとの特色をもつ〔寺社神名帳〕として固定化し、伝承されたものであろう。

五　神名帳の地域性

第一章で、〔寺社神名帳〕の特色の第三として、特定地域の神々に勧請の重点が置かれることを挙げた。〔国内神名帳〕の場合は、一国内の鎮座神を記載するという地域上の規制が前提となるが、〔寺社神名帳〕にはその規制がないから、個々の立場や意図に応じて、地域的な特色も生まれることが予想される。そこで、この章では

〔寺社神名帳〕の地域性についての考察を行う。

ただし、前章にも触れたように、〔寺社神名帳〕においては、神々の所在国郡を記載する例が少ないので、現在までの調査では、所在国郡不明の神名が、かなり多い。そこで、現時点では、ごく大まかな傾向を指摘するにとどまる。

1　所在国重視

各神名帳ごとの、記載総数（この場合は、別格神Ｂ・御霊・護法諸神は省く）に対する所在地判明数の割合は次のとおりである。

清滝宮本九一％　薬師寺本八四％　法隆寺本七六％　法輪寺本七四％　戒壇院本五三％

二月堂本五二％

右の現状を前提として、表Ⅵに「延喜式神名帳」と〔寺社神名帳〕の各種における、国ごとの記載神数を掲げた。表Ⅵによって指摘される特色は、当該寺社の所在国の神数が多いことである。大和国に所在する東大寺・法隆寺・法輪寺・薬師寺諸本は、すべて大和国鎮座の神数が第一位を占め、山城国に所在する清滝宮本は、山城国鎮座の神数が第一位を占める。これは当然予想されることではあるが、各神名帳について、所在地の明確な神数に対する、当該国鎮座の神数の割合を示すと、次のとおりとなる（小数点以下四捨五入）。

法隆寺本五一％　法輪寺本四九％

戒壇院本四四％　二月堂本三七％

薬師寺本二四％　清滝宮本一五％

表Ⅵ 記載神数比較表

類別		延喜式	二月堂本	戒壇院本	法隆寺本	法輪寺本	薬師寺本	清滝宮本
記載総数		2861	432	251	85	94	251	148
所在判明数	国別／総神数	2861	225	134	65	70	211	136
	1	大和 286	大和 83	大和 59	大和 33	大和 34	大和 50	山城 20
	2	伊勢 253	山城 25	山城 17	山城 8	山城 8	河内 33	大和 17
	3	出雲 187	河内 17	河内 8	近江 6	近江 6	山城 17	近江 13
	4	近江 155	紀伊 13	紀伊 8	河内 4	河内 5	摂津 14	上野 9
	5	但馬 131	摂津 9	摂津 6	摂津 2	摂津 2	紀伊 10	伊予 7
	6	越前 126	近江 9	近江 4	伊豆 2	伊豆 2	近江 9	播磨 5
	7	山城 122	和泉 9	伊勢 3	〈以下略〉	筑後 2	和泉 7	紀伊 5
	8	尾張 121	伊勢 6	和泉 3		日向 2	越前 4	土佐 5
	9	河内 113	若狭 4	伊豆 2		〈以下略〉	播磨 4	伊勢 4
	10	陸奥 100	越前 4	越前 2			筑前 3	出雲 4
	11	伊豆 92	能登 3	伊賀 2			〈以下略〉	日向 4
	12	摂津 75	伊賀 3	〈以下略〉				河内 3
	13	丹波 71	日向 3					摂津 3
		〈以下略〉	〈以下略〉					〈以下略〉

右の数値は前章に述べた〔寺社神名帳〕の特色——所在国中心の記載形式——との対応を示すものである。所在国の神名に始まり、次第にその範囲を拡大してゆくという記載形式をとる神名帳においては、圧倒的に当該寺社の所在国の神が多いということになる。逆に右の記載形式をとらない「清滝宮本」の場合は、所在国に鎮座の神数と、その他の国に鎮座の神数との差が少ない。

「延喜式神名帳」においても、大和国鎮座の神数が最も多いが、これは「延喜式神名帳」における大和重視の傾向と、たまたま一致したと考えるべきであろう。たとえば、「延喜式神名帳」において、記載神数の上位を占める出雲・但馬・尾張等の諸国が、〔寺社神名帳〕においては一〇位以下であること、「延喜式神名帳」で、記載神数が三一座に過ぎない紀伊国が、〔寺社神名帳〕の記載数ではいずれも上位に挙げられていることなどによって、前記の特色が、〔寺社神名帳〕独自の立場による記載の傾向であることがうかがわれる。

2 狭域性

第二に指摘される特色は、記載神名の狭域性である。「延喜式神名帳」における国別の記載神数は、二八六座（大和）から二座（薩摩）まで、記載数に多寡はあるが、神名の記載は六八箇国すべてにわたっている。

これに対して、〔寺社神名帳〕の場合、記載神数ゼロという国の数がかなり多い。以下は、各神名帳における記載神数ゼロの国の数と、その総国数比である。

法隆寺本五二（七六％）　法輪寺本五一（七五％）　戒壇院本三七（五四％）　清滝宮本三二（四七％）

二月堂本二九（四二％）　薬師寺本一〇（一四％）

薬師寺本を除いては、日本全国の四割から八割の国が〔寺社神名帳〕の勧請の対象外ということになるわけで、著しい狭域性を示している。右の傾向を具体的に示すと、図Ⅳのとおりとなる。

すなわち、〔寺社神名帳〕における勧請の範囲は、大和・山城を中心として、東限は能登・加賀・尾張を結ぶ線、西限は出雲・播磨を結ぶ線内に集中していることがわかる。さらに、図Ⅳと、表Ⅵとを対照して、勧請の範囲と勧請数との相互関係をみると、右の範囲外の諸国においては、複数以上の神を勧請することは稀であって、この場合は、香取・鹿島・三島・中山・杵築等の名社、あるいは富士・浅間・二荒・立山等の霊山などを、一所だけ勧請している場合が多い。

この点に関しても、清滝宮本は異色を示し、右の勧請範囲の外の国々の中、上野・伊予・土佐などに鎮座の神名

図IV

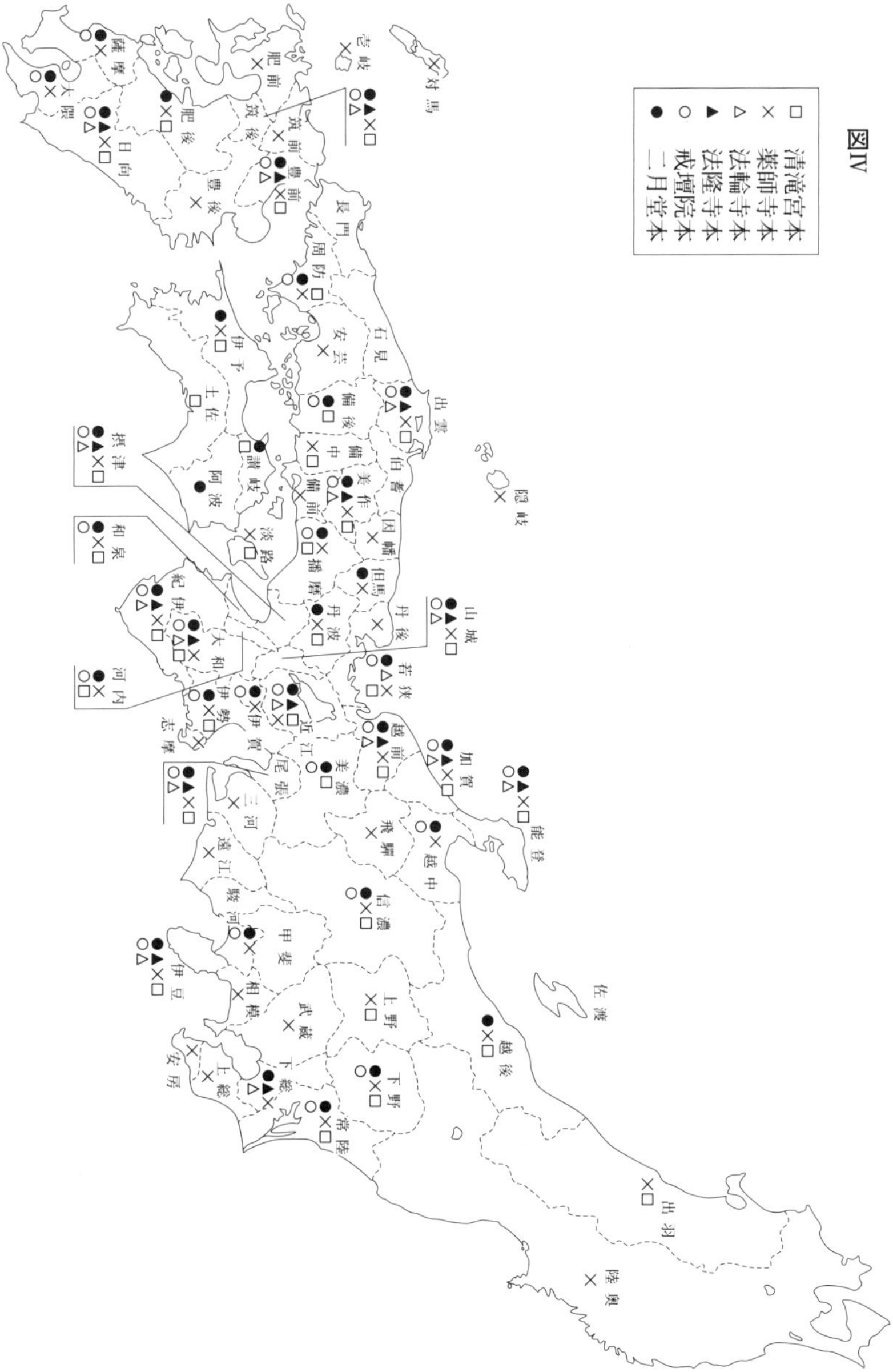
□ 清滝宮本
× 薬師寺本
△ 法輪寺本
▲ 法隆寺本
○ 戒壇院本
● 二月堂本
対馬
壱岐
薩摩
大隅
肥前
肥後
日向
筑前
筑後
豊前
豊後
長門
周防
安芸
石見
伊予
土佐
備後
出雲
讃岐
阿波
備中
伯耆
美作
隠岐
備前
因幡
淡路
播磨
但馬
摂津
和泉
紀伊
丹波
丹後
山城
大和
河内
若狭
伊賀
伊勢
近江
志摩
越前
加賀
美濃
尾張
能登
三河
飛騨
越中
遠江
駿河
信濃
甲斐
伊豆
相模
佐渡
上野
武蔵
越後
下総
上総
安房
下野
常陸
出羽
陸奥

を、かなり数多く記載している。この点については後に触れることになる。

以上によって、〔寺社神名帳〕における狭域性が具体的となった。

例外として中国・四国を飛び越えて、九州に勧請の範囲が広がっている点が指摘される。記載数から考えて、宇佐・宗像・阿蘇・霧島等の名社・霊山が存在すること以外になんらかの理由があると思われる。畿内を中心とする文化圏と、それに対する特殊な文化圏としての認識によるものであろうか。現在のところ、明確な解釈はできない。

これに関連して、先にも触れたように、紀伊国の勧請神数の多い点も共通の特色として挙げられる（表Ⅵ参照）。「延喜式神名帳」においては、記載数わずか三一、記載数による順位二九位にある紀伊国が、〔寺社神名帳〕の法隆寺系を除いては、数多くの神数を記載している。これらをどのように解釈するか、この点も今後の課題である。

3　諸国一宮の勧請

第三に指摘される特色は、諸国一宮の勧請例が多いこと。

これは、直接地域性を示す問題ではないが、勧請する地域における勧請神の条件という意味で付け加えておく。以下は、各神名帳における勧請神の所在する国の数と、括弧内はそれに対する一宮の数である。

薬師寺本五八（四二）　二月堂本三七（三二）　清滝宮本三六（二六）　戒壇院本二九（二二）

法輪寺本一九（一三）　法隆寺本一八（一一）

右の数値は、各神名帳とも、取り上げた国の六割から九割近くは一宮を記載していることを示している。

諸国一宮の制度は、平安初期から漸次整った制度であるといわれるが、『神祇志料附考』には、

「……延喜の神名式定られたる後の御世に、諸国の神社へ神祇官或は国守などより、移送布告すべき事などの

状によりては、豫て各国に一社を定め置て、まず其社司に告知らせ、その社司奉り専当して、国内の諸社司に伝達せさせ、又諸社司より申す事をも執達せさする為に、そのかみの神社の在かたにつけて、便宜にまかせ、或は時勢によりなどして、定められたる新式なりしなるべし。……専当して公事に預れるが故に、おのづから勢ありて、然はうつろひ来れるものなるべし。」

とあって、一宮が単に諸国における名社・大社というだけでなく、中央と地方をつなぐパイプの役を果たす存在であり、さまざまの公事にたずさわったこと。それによって勢力が大きかった（大きくなった）ことなどがわかる。

このような性格をもつ社が、数多く記載されているということは、各神名帳の記載神の選択規準に独自性が少なく、知名度、あるいは社格などという、一般的な認識を規準にしていることを示すと思われ、〔寺社神名帳〕が形式上ではそれぞれに独自性を示しながら、本質的には共通の性格をもつものであることを語っている。

以上、地域性についての考察からは、〔寺社神名帳〕に共通の特色は指摘できたが、個々を特色づける地域性は、現段階では指摘できず、この章の始めに記した「個々の立場や意図に応じ、地域的な特色も生まれることが予想される」という点は否定せざるを得ない。わずかに清滝宮本が、他の諸本と同様に記載神の狭域性を示しながら、その狭域性に、他の諸本との相違を示す点が指摘されただけである。おそらく、個々の特色は、現在所在地不明の神々の所在が明らかになった時点で解明されることと思う。

4 〔寺社神名帳〕と荘園

地域性については、以上のとおりであるが、〔寺社神名帳〕の地域性を考える場合、当然当該寺社の荘園との関係が予想される。しかし、これまでの調査では、この点についても積極的な関連性が発見できなかった。

たとえば、清滝宮本において、前述のように他の諸本に記載数の少ない上野・伊予・土佐諸国の神を数多く記載する点などは、荘園との関連がまず考えられる。しかし、直ちに荘園と関連づけられるかというと、必ずしもそうとは言い切れない。

『醍醐寺雑事記』『醍醐寺文書』等によれば、阿波・讃岐・伊予など、四国には醍醐寺の荘園が存在する。しかし清滝宮本には、荘園の存在する阿波国に鎮座する神の記載はなく、上記の資料には荘園の存在しない土佐国において五所の神名を記載する。また、他の神名帳に比べて、かけはなれて記載数の多い上野国に、醍醐寺の荘園は見当たらない。

東大寺の場合をみると、『東大寺要録』『東大寺続要録』等によって、畿内・北陸道・南海道に東大寺荘園の多いことがわかる。そして、神名帳における右の地方の記載神数は、他の地方に比べて確かに多い。しかし、北陸道を例にとれば、荘園の多い越前・越中各国の記載神数が、四所・二所であり、荘園数の少ない若狭国は四所、荘園のない能登国は三所の神名を記載している。荘園数と記載神数が比例する必要はないが、少なくとも右の数字から、荘園と神名帳との直接的な関連を指摘することはできない。

清滝宮・東大寺の例からは、むしろ、荘園の所在する地方については他の地方に比べて認識が深く、その結果、その地方の著名神が数多く記載されたと考えるほうが自然であり、妥当であると考える。

神名帳と荘園の関連性については、現在、右のような消極的関連性を指摘するにとどまる。

しかし、東大寺の神名帳の場合、前章（四六三～四六九頁）に述べたように、非常に形式の整美を意識する傾向がみられるから、現在所在地不明の五〇％近い数の神々の所在が判明した時点で、この点に関するなんらかの傾向が指摘されるのではないかと考えている。

六　神名帳の唱誦

〔寺社神名帳〕の特色の第四に、勧請唱誦用の神名帳にふさわしく、博士《はかせ》（フシ付け）を施したもの、あるいは、特定のフシ・息を納める部分などを規定したものがあることを挙げた（四三五頁参照）。

この点に関しては、前述〔国内神名帳〕ⓑとⓒ（四五一〜四五四頁）に記したように、〔寺社神名帳〕に限らず、〔国内神名帳〕の一部にも、勧請のための奉読事例があり、その場合は当然フシをつけて唱誦することが考えられるので、それらを含めて考察する必要がある。例えば『国内神名帳集説』によれば、狭投神社における「三河国神名帳」の奉読には「大明神の部は一声に一神づつ、天神の部は三神づつ、小初位の部は一神づつ読上る古例」があったといい、この場合などは、特定のフシ付けがあった可能性も考えられるから、〔国内神名帳〕を除外して考えるわけにはいかない。

しかし、本稿執筆にあたって、〔国内神名帳〕については刊本を参照し、原本にはあたっていないので、不十分ではあるが、右の特色についての記述は控えようと思う。

ただ、明瞭なことがらとして、その奉読には、例えば東大寺修二会におけるそれのように、段ごとにフシも、リズムも、テンポも変化して、「唱誦する」というにふさわしい性質のものから、貫前神社鹿占神事の、フシなしに読み下すという「読誦する」方式に至るまで、さまざまの唱誦法のあることを記しておこう。これは、当該行事の規模・その行事における神名帳奉読の回数・神名帳自体の構成規模など、奉読の条件が、個々に異なるところから生ずる相違であろう。

実例として、最も変化のある唱誦を行う東大寺修二会の神名帳全九段の唱誦の次第を記すと、まず、初段の唱え出しは、一字に一拍を当てて、緩やかに唱誦し始め、そのまま初段を端正に唱誦し納める。二段目以降は段を追うに従ってテンポを早めてゆく。この間に、一句を六拍の当てる唱誦から、一句四拍、さらには拍を当てず息も継がず読み進む唱え方となる。これに従って、明快なリズム感が、次第に畳みかけて唱えるスピード感に移行する。

こうして初段から七段目まで、大菩薩・大明神をすべて勧請し終わると、息を整え、改めて、八段目〈総神〉の段をゆっくりと明快に唱え、続く九段目の〈御霊〉を、調子を低め、声を落として唱誦し、全九段の奉読を終わる。

試みに、各段ごとの所要時間、および一項あての平均所要時間を記すと、次のようになる。

初段三分二〇秒――七・五秒　二段目五分五〇秒――六・二秒　三段目七分〇秒――四・二秒
四段目一分三七秒――二・五秒　五段目二分二五秒――一・六秒　六段目〇分三七秒――一・三秒
七段目一分二一秒――〇・九秒　八段目一分三〇秒――一五秒　九段目一分四〇秒――九秒

もちろん、個人差もあり、本節《ほんぶし》と略節《りゃくぶし》（「引上《ひきあげ》」と称する）とでも異なってくるが、唱誦法に意を用いていることは、非常に明瞭に知ることができる。

これに対して、法隆寺系の場合は右のような変化はない。フシの基本的な型も少なく、唱誦の緩急も、始めから終わりまでほとんどないと言ってよい。そこに一種の味わいはあるが、前者の味わいとは根本的に異なる性質のものである。

ひと言にフシのある神名帳奉読と称しても、右の例のように、個々さまざまの唱誦法がある。この点に関する、神名帳各種にわたっての比較対照も、将来行われねばならぬ課題の一つと思われる。

おわりに

以上六章にわたって、祈年行事における神降ろしの儀式に源を発する〔寺社神名帳〕の存在と、現在の〔寺社神名帳〕の形式に至る、神名帳各種の構成形式上の発展過程を軸として、神名帳各種における関連性・特殊性などを比較考察した。

しかし、なおフシ付けの問題・地域性の問題など、〔寺社神名帳〕を特色づける面での考察を、し残す結果となった。機会を得て、不足を補うことができればと考えている。

註

(1) 「至二大宝年中一。初有二記文一。神祇之簿猶無二明案一。望秩之礼未レ制二其式一。至二天平年中一。勘二造神帳一。」(『古語拾遺』)

「一管度会郡神社行事　合四十処之中。官帳社廿五処。未〔入〕官帳社十五処。」(『皇太神宮儀式帳』)

「一未二官帳入一田社事」(『皇太神宮儀式帳』)

「一所管度会郡神社事　合弐拾肆処。載二官帳名一社十六処。未レ載二官帳名一社八処。」(『止由気宮儀式帳』)

(2) 「延喜式神名帳」に記載の神数の二倍(三河)から、五十倍(筑後)にも及ぶ神名を記載している。

(3) 「伊豆国神階帳」は、神階順の記載に多少の乱れがある。また神名を仮名書きにする点に特殊性がある。

(4) 池田源太「神名帳と修正」(『神道学』二五号、神道学会、一九六〇年)。

近藤喜博「中世以降社寺に於ける神名帳の奉読に就いて」(『神社協会雑誌』第三五年第五号、神社協会、一九三六年)。

(5) 法輪寺住職井上康世氏談。
(6) 『続日本紀』二十二「天平宝字三年……伏見、天下諸寺、毎年正月悔過、稍乖二聖願一」
(7) 『続日本紀』二十八「神護景雲元年正月己未、勅二畿内七道諸国一、一七日間、各於二国分金光明寺一、行二吉祥天悔過之法一」。
『続日本紀』三十一「宝亀二年正月辛未、停二天下諸国吉祥悔過一」
『続日本紀』三十二宝亀三年「……宜下於二天下諸国国分寺一、毎年正月一七日之間、行二吉祥悔過一、以為中恒例上」
『続日本後紀』八「承和六年九月己亥、勅、如聞所下以神護景雲二年以還、令中諸国分寺一、毎年起二正月八日一、至二于十四日一、奉レ読二最勝王経一、幷修上二吉祥悔過一者……宜下停レ行二国分寺一、而於二庁事一修上レ之、自今以後、立為二恒例一」
(8) 二月堂は、修二会の期間と、月例法要の時間以外は内陣の扉を開かない。そのため、礼堂には常燈の控えの燈明が置かれている。この燈明は、「一徳火」の儀式のあとで常燈から点火されるというが、これをおたままたはたまびと称している。本来は「一徳火」の儀式で点火した火を、たまびと称したのではあるまいかと考えている。
(9) 三隅治雄著『日本民俗芸能概論』(東京堂出版、一九七二年)一二二頁。
(10) 中村浩・三隅治雄編『雪祭り』(東京堂出版、一九六九年)七四頁。
(11) 前掲『雪祭り』から抜粋。同書には、その詞章の全文が掲載されている。
(12) 『尾張名所図会』後編巻二(大日本名所図会刊行会、一九七〇年復刻)。
(13) 前掲書同所所載。
(14) 古くは、ひもろぎを置かず、楼門の回廊の一室で奉読したという。以上、貫前神社宮司三嶋通雄氏談。
(15) 貫前神社宮司三嶋通雄氏談。
(16) 東大寺図書館蔵。表題はなく、途中に「上院二月堂練行衆日記」とあり、「大草紙」とも称されている。この類のものの中では最も古く、原本は傷みが激しいため、現在披見することができない。
(17) 二月堂修二会の記録。東大寺図書館蔵。参籠衆の交名、あるいは会中の特記事項などが記されている。
(18) 「東より人きたる、神拝といふわざして、国のうちありきしに……」
(19) 陸奥国神報二守平維叙恩一語第三二。

(20)「保安元年九月廿九日……尾張守近日依二神、拝一下二向任国一也」「長承四年。保延元年五月六日……大和国司重時、下向欲二神拝一処……」

(21)「建仁三年十月……是為二神拝一……」

(22)「……初任神拝庁宣事任レ例不日可レ致二其沙汰一之由……六月。元弘三年四日」

(23)新日本古典文学大系『今昔物語集　四』巻一九―三二（岩波書店、一九九四年）より引用。

(24)『文徳実録』仁寿元年正月の条「庚子、詔。天下諸神、不レ論二有位無位一、叙二正六位上一」など。

(25)『三代実録』貞観元年正月の条「……廿七日甲申、京畿七道諸神進レ階及新叙、惣二百六十七社、」

(26)『日本紀略』寛平五年十一月の条「三日甲辰、五畿七道神社各増二位一階一」ほか。

(27)『太神宮雑事記』第一「天慶三年庚子三月七日。……又七道諸国神社被レ増二奉位階一了。」ほか。

(28)荒木尚・川添昭二・古賀寿・山中耕作編著『高良玉垂宮神秘書同紙背』（高良大社、一九七二年）八八頁。

(29)前掲同書一九三頁。

(30)観音寺においては、同寺に伝わる「（西大寺本）備前国神名帳」を用いている。

(31)法隆寺高田良信氏談。なお、同神名帳は、巻頭の〈勧請ノ句〉の冒頭、旧寺名の記載部分に貼り紙をして、「上宮王院」と書き入れてある。

(32)二月堂本では、一〇〇番目に記載の「今木大明神」を、戒壇院本では、一〇三番目に記載してある。

(33)薬師寺本では、山城国の最後に記載する「岩原大明神」を、寺院名不詳本（貞幹本）では、記載しない。

(34)『醍醐寺雑事記』寿永三年の条に「修二月大湯屋粥……」とあるから、修二会が勤修されていたと思われるが、内容は不明である。

(35)『群書解題』「恒例修正月勧請神名帳」の解題「……寛政元年（一七八九）に藤井貞幹（一七三二―一七九七）が頓阿の手跡本に拠って書写したものであることが知られる。」による。

(36)森蘊『奈良を測る』（学生社、一九七一年）によれば、興文・興剣・興進・興高の四所は、大仏殿を中心とした伽藍部の結界、興成・興松・興明・興児の四所は、法華堂関係の結界と見なすことができるという。

(37)近藤前掲註（４）論文。『群書解題』「神名帳戒壇院公用」（続群書類従完成会、一九六三年）等。

(38)近藤前掲註（４）論文。『群書解題』「恒例修正月勧請神名帳」。

参考文献

近藤喜博「中世以降社寺に於ける神名帳の奉読に就いて」(『神社協会雑誌』第三五年第五号、神社協会、一九三六年)。

池田源太「神名帳と修正」(『神道学』二五号、神道学会、一九六〇年)。

続群書類従完成会編『群書解題』第一上・下(続群書類従完成会、一九六三年)。

栗田寛著『神祇志料』上・下巻(皇朝秘笈刊行会、一九二七年)。

栗田寛著『神祇志料附考』上・下巻(皇朝秘笈刊行会、一九二七年)。

池辺彌著『和名類聚抄郷名考證』(吉川弘文館、一九六六年)。

『奈良県高市郡神社誌』(高市郡教育会、一九七一年)。

北島葭江著『万葉集大和地誌』(筑摩書房、一九五六年)。

神社本庁調査部編『神社名鑑』(神社本庁、一九六四年)。

諸寺神名帳一覧

凡例

一 「東大寺二月堂神名帳」の全文を掲げるとともに、他の主な神名帳との異同を一覧し得るように、本表を作成した。

二 最上欄には、「東大寺二月堂神名帳」の全文を掲げた。以下「二月堂神名帳」と呼称する。

1 「二月堂神名帳」は、九部分に区切って唱えられるので、その区切りごとに、〔第一段〕〔第二段〕などの見出しを付けた。

2 本文は一項目ごとに改行し、各段ごとに一連の項目番号を付けた。

3 一項目には一神名を当てるのを原則としたが、次のように一括して扱われる神名は、そのままで一項目とした。

八幡三所大菩薩　紀三所大明神　日前国県両所大明神　船八部斗野部
法童法護両所大菩薩　大歳八神　金峰卅八所大明神　建介国中
廿五所大明神　室生竜穴隼　出雲両所大明神　天一太白
賀茂下上大明神　中山高屋

4 本文は、塔頭の持宝院所蔵の巻子本（前住職故上司永慶氏筆）により、文字使いは底本のままとしたが、旧字体の字や異体字は、特殊なものを除き、現代通行の字体に改めた。改めた異体字の主なものは次のとおりである。

峯→峰　敘→叙　𦱳→荒　嶋→島　兩→両　熱→熱　滅→滅　迩→邇　率→率　拃→柞　頚→頸　囙→因
釼→剣　﨑→崎　秦→秦　礒→磯　薗→園　蘓→蘇　湏→須　桒→桑　祢→禰　舩→船　鶵→雛　祚→祚
茅→茅　俻→備　耳→甘　咲→鮮　鴈→雁　栢→柏　堰→堰　呉→呉　宂→穴　薦→薦　楯→楯　鹿→鹿
荅→答　虵→蛇　刕→州

次の字もこの本文では異体字と考えられるので改めた。

計→斗（伊斗・船八部斗野部の二箇所）。

また、左の二箇所は誤字と見なして他本によって改めた。

串嶋→串崎　栗→粟

なお、「大明神」は底本の記載に従い、踊り字「々々々」を用いたが、「天神」「八大竜衆」の次の一項だけは「大明神」と記した。また底本で「々々」と表記されている「大菩薩」と「御霊」は、「々」を用いずに全部原字に改めた。

三　第二欄には、「二月堂神名帳」の読ミを記した。これは東大寺の「修二会」での唱え方に従い、左の例のように発音どおりに記した。

コー　ミョー　「コ」「ミョ」を延ばして長母音に発音する。

キウ　ミョウ　「キ・ウ」「ミョ・ウ」と二音節に分けて発音する。

ッ　いわゆる内破音のッで「(tn)」と発音する。能などで「含ム」または「呑ム」と称する発音である。

また、二種以上の唱え方がある場合は、持宝院所蔵本による読ミに従い、その他の読ミは最下欄に掲げた。

四　第三欄には、二月堂以外の神名帳のうち、対照を必要とする五種を取り上げて、神名の存否と配列の相違を一覧できるようにした。なお、対照史料には「神明帳」と表記するものもあるが、凡例では「神名帳」の統一表記を用いた。

(1)「法隆寺神名帳」（西円堂修二会の薬師悔過所用）と、「薬師寺神名帳」（八幡宮修正会の吉祥悔過所用、現在中絶）「清滝宮神名帳」（現在不使用、『続群書類従』所収）については、左のように記した。

(a)「二月堂神名帳」と同じ神名が掲げられている場合は、三種の神名帳それぞれにおける項目番号をそこに記し、掲げられていない場合は、・印を記した。

(b)項目番号は、三種の神名帳ともに、大菩薩の部分の最初に記載する神名を「1」とし、御霊の部分の最後まで、全巻を通して一連番号とした。法隆寺・薬師寺本の初めにある「三界諸天　二類神祇……」の部分と、薬師寺本の終わりにある「六天五社　大梵天王　帝釈天王……」の部分は、対照を行わなかった。

(c)「二月堂神名帳」にない神名が、右三種の神名帳のいずれかに掲げられている場合は、それを一括して、「二月堂神名帳」が全部終わったあとに列記した。

右の場合、各欄ともそれまでと同じ要領で記したが、現在その神名帳が使用されておらず、かつ読ミが付されていない場合は、第二欄のその部分には――印を記した。また、読ミが付されている場合でも、その発音を推定で記したものには：印を付記した。

(2)「戒壇院神名帳」(現在不使用、宮内庁書陵部所蔵)は、「二月堂神名帳」と対照して、一箇所の例外を除いては、配列が逆転している例がないので、同じ神名が掲げられている場合は単に○印を記し、掲げられていない場合は・印を記した。なお、「二月堂神名帳」にない神名が、「戒壇院神名帳」に掲げられている例は全く見当たらない。

(3)「延喜式神名帳」(『新訂増補国史大系』所収)は、諸寺の神名帳と全く系統を異にするので、○印と・印で存否を示し、存否に疑問のある場合、あるいは同名神多数などの理由で、所在を決定できぬ場合は△印を記した。

五　第四欄には、各項の神の鎮座する国名・郡名が確認される場合にそれを記した。その確認は主として「延喜式神名帳」『神祇志料』によって行い、『神社名鑑』『神道辞典』『和名類聚抄郷名考証』『万葉集大和地誌』等を参照した。ただし、同名の社が数箇地に存在する場合があり、この欄の記載は、将来変更せねばならなくなる可能性がある。

六　最下欄には、諸本における神名呼称の相違、文字の相違、読ミおよび現行の唱え方の相違を掲げ、「二月堂神名帳」の項目番号を上に添え、左記の略号と記号を下に添えた。

(法)「法隆寺神名帳」

（薬）「薬師寺神名帳」
（龍）「二月堂神名帳」（龍松院本、『東大寺』所収）
（戒）「戒壇院神名帳」
（清）「清滝宮神名帳」
（延）「延喜式神名帳」
（＊）現行二月堂修二会

右の場合、「延喜式神名帳」については、享保八年の板本以外の諸本の相違には、左の略号を付記した。

九（九条公爵家所蔵本）
タ（武田祐吉氏所蔵本）
カ（内閣文庫所蔵本）
コ（金剛寺所蔵本）
キ（雲州家校本所引京本）
テ（雲州家校本所引貞享本）
リ（神祇志料）

(1) 文字の相違は、全くの別字を含んでいる場合のみを掲げ、異体字の使用については、「爾—邇」「県—懸」など別字と考えることもできる場合のほかは掲げなかった。

(2) 呼称の相違は、次の要領に従って掲げた。

(a) 略称と正称の関係にあって、記載不要と思われる呼称および読ミの相違は掲げなかった。

例　多大明神（「多坐弥志理都比古」を掲げない）

白山大菩薩（「白山比咩」を掲げ、読ミの相違は掲げない）

(b) 全くの別名は、その呼称の相違のみを掲げ、読ミは記さなかった。

(3) 読ミの相違、および現行の唱え方の相違は、次の要領に従って掲げた。

(a) 現在所用の諸本に関しては片仮名を用いて現行の唱え方を記し、その表記は第二欄の要領に従った。

(b) 現在使用されていない諸本に関しては平仮名を用い、その表記は各神名帳の記載に従った。ただし、読ミが付されていない場合は、その神名またはその部分に‥印を付した。

(c) 「延喜式神名帳」に関しては(b)に準じて記したが、二通り以上の読ミがある場合は、第二欄と相違する読ミのみを掲げた。また、読ミに漢字を当てている場合は、その記載に従い、濁点の有無に関しては相違として掲げなかった。

七 なお最下欄には、右のほかに必要な注記を記したが、その場合は〔 〕で括った。

諸寺神名帳一覧

二月堂本神名帳本文	同上読ミ	諸本(記載順)比較 戒壇院本	法隆寺本	薬師寺本	清滝宮本	延喜式本	国郡名	
〔第一段〕								
依例　奉勧請								
大菩薩大明神等								
1―1金峰大菩薩	キンブダイボサ	○	2	1	87	○	大和吉野	1金峰山(清) 1キンプウ(法)　きむぶうせむの(清) かねのみたけの(延)　かねのみね(延九コ)
2八幡	ハ川マン	○	4	3	3	○	豊前宇佐	2八幡(法・薬)　八幡大菩薩宇佐宮(延) 2ハチマン(法)　‥(薬)　‥まむ‥しょ(清)
三所大菩薩	サンジョノ							
3興文大菩薩	コーモ	○	・	・	・	・	大和添上	3コーモン(＊)
4興成大菩薩	コージョー	○	・	・	・	・	大和添上	

5興松大菩薩	コーソ	○	・	・	・	・	大和添上
6興明大菩薩	コーミョー	○	・	・	・	・	大和添上
7興児大菩薩	コーニ	○	・	・	・	・	大和添上
8興叙大菩薩	コージョ	○	・	・	・	・	大和添上
9興進大菩薩	コーシン	○	・	・	・	・	大和添上
10興高大菩薩	コーコー	○	・	・	・	・	大和添上
1―11気比大菩薩	ケイノ	○	9	173	14	○	越前敦賀
12気多大菩薩	ケタノ	○	10	174	15	○	能登羽咋
13高天大菩薩	タカマノ	○	11	41	61	○	大和葛上
14熊野大菩薩	クマノノ	○	3	2	80	○	紀伊牟婁
15走湯大菩薩	ハシリユノ	○	7	15	138	○	伊豆賀茂
16竹生島大菩薩	チクブシマノ	○	8	9	69	○	近江浅井
17二荒大菩薩	フタラノ	○	・	160	16	○	下野河内
18住吉大菩薩	スミヨシノ	○	16	6	12	○	摂津住吉
19阿射大菩薩	アザカノ	○	・	・	79	○	伊勢壱志
20白山大菩薩	シラヤマノ	○	5	8	86	○	加賀石川
1―21名智大菩薩	ナチノ	○	6	4	・	・	紀伊牟婁
22月輪大菩薩	ツキノワノ	○	13	・	・	・	

11気比大明神(薬)
11キビノ(法)　けひの(清・延タ)　きひ(延九)
12気多大明神(薬・清)
12キタノ(法)　けいたの(薬)　：た(清)
13高天彦(延)　高天大明神(薬・清)
14ユヤ(法)　ゆうや(薬)　：(清)
15走湯大明神(清)　伊豆奈比咩(延)
16竺生島(法)　都久夫須麻(延)
16竹生島大明神(清)
16つくふしまの(延九)　つくふすまの(延カ)　ちくぶ：の(薬)
17二光大明神(清)　二荒大明神(薬)
17二荒山(延)
17にっくわう(薬)　：の(清)　ふたあらの(延タ)
〔17フは無声化して唱える〕
18：の(薬)　すみのえ(延リ)
19阿䠶賀大明神(清)　阿射加(延)
19あさかの(清・延コ)
20白山大菩薩(清)　白山比咩(延)
20ハクサン(法)　：(薬・清)
21那智(法・薬)

23滝蔵大菩薩	タキノクラノ	○	12	5	64	・	大和城上
24賀和良大菩薩	カワラノ	○	・	233	19	○	筑後三井
25小峰大菩薩	オミネノ	○	・	・	・	△	
26法童法護 両所大菩薩	ホードーホーゴ リョウジョノ	○	・	14	・	・	和泉和泉

23滝倉大明神（清） りう：（薬）
24高良（薬） 高和良大明神（清） 高良玉垂命（延）
24かうらん（薬） たかんらのたまたれの（延） かわら（延九）
〔25伊賀伊賀「乎美禰」（延）か〕
26法憧法護大菩薩（薬）
26：の（薬）

〔第二段〕

2―1廿五所大明神	ニジウゴショノダイミョウジン	○	・	・	・	・	大和添上
2飯道大明神	イイミチノ	○	36	171	62	○	大和添上
3水分大明神	ミゴマリノ	○	・	90	132	○	大和
4小入大明神	オニウノ	○	・	・	・	・	大和添上
5智々部々々	チチベノ	○	・	・	・	・	
6水屋々々	ミズヤノ	○	・	・	・	・	大和添上
7春日々々	カスガノ	○	17	21	6	○	大和添上
8布留々々	フルノ	○	28	25	9	○	大和山辺
9大和々々	オオヤマトノ	○	26	26	21	○	大和山辺
10大神々々	オンマノ	○	25	22	11	○	大和城上
2―11宗像々々	ムナガタノ	○	31	234	108	○	大和城上

〔2（清・延）は近江甲賀。（薬）は東山道と記す〕
3ミグマリノ（＊） みつもの（清）
〔3（薬）は河内と記す。大和に「水分神社」四所あり〕
7春日四所（清） 春日祭神（延）
7：の（薬）
8石上坐布都御魂（延）
9をうやまとの（薬） おほわの（清）
10大神大物主（延）
10ミワノ（法） みはの（薬） おうわの（清） おほわの（延九） おほむ和の（延コ）
11宗形（薬）
11むなかたの（清・延コ） むねかたの（薬）

12多　々々々	オオノ	・	35	35	59	○	大和十市	12オオノノ(法)　おほのかみ(延九コ)
13笛吹々々々	フエフキノ	○	27	31	・	○	大和忍海	13葛木坐火雷(延)
14長屋々々々	ナガヤノ	・	・	・	・	・	大和山辺	
15桧皮々々々	ヒワダノ	○	・	・	・	・		
16一言主々々々	ヒトコトヌシノ	○	34	33	17	○	大和葛上	16：ごん：の(薬)　：ごんすの(清)　いち言すの(延コ)
17高賀茂々々々	タカカモノ	○	・	29	43	○	大和葛上	17高鴨阿治須岐託彦根命(延)　17たかがもの(薬)
18下賀茂々々々	シモツカモノ	○	・	・	・	○	大和葛上	18鴨都波八重事代主命(延)
19三歳々々々	ミトシノ	・	・	・	・	○	大和葛上	19葛木御歳(延)
20竜田々々々	タツタノ	○	18	23	・	○	大和平群	20：の(薬)
2—21河合々々々	カワイノ	○	19	24	57	○	大和広瀬	21川合(清)　広瀬坐和加宇加売命(延)　広瀬坐和加宇加乃売命(延キテ)
22賀茂下上々々々	カモゲジョーノ	○	33	69	5	○	山城愛宕	22賀茂大明神(法・薬)　賀茂別雷、賀茂御祖(延)　：の(薬)
23稲荷々々々	イナリノ	○	37	71	83	○	山城紀伊	23稲荷三所(清)　23たうか：(清)
24松尾々々々	マツノオノ	・	38	70	8	○	山城葛野	24マリノオノ(＊)　マツノノ(法)　まつをの(清)　：の：の(薬)
25木島々々々	コノシマノ	○	・	76	63	○	山城葛野	25この：の(薬)
26大原野々々々	オハラノノ	○	・	・	7	・	山城乙訓	
27平野々々々	ヒラノノ	○	41	72	10	○	山城葛野	27平野祭神(延)　27：の(薬)
28恩智々々々	オンジノ	○	・	87	22	○	河内高安	28おむちの(延)　をん：の(薬)　：(清)
29平岡々々々	ヒラオカノ	○	・	86	23	○	河内河内	29枚岡(延)

30片岡々々	カタオカノ	○	60	・	・・	○	大和葛下
2—31比叡々々々	ヒエノ	・	15	7	20	○	近江滋賀
32比良々々	ヒッラノ	・	・	・	68	・	近江滋賀
33内外々々	ナイゲノ	・	・	・	・	・	
34日前国県	ニ川ゼンコクゲン	・	45	212 213	77 78	○	紀伊名草
両所々々々	リョウジョノ						
35熱田々々	アッタノ	○	51	141	85	○	尾張愛智
36多度々々	タドノ	○	・	17	84	○	伊勢桑名
37三島々々	ミシマノ	○	52	・	35	○	伊豆賀茂
38鹿島々々	カシマノ	○	・	151	・	○	常陸鹿島
39諏訪々々	スッパノ	○	・	19	76	○	信濃諏方
40天滅々々	アマゲシノ	○	・	・	・	・	
2—41串崎々々	クシザキノ	○	・	・	・	・	
42松本々々	マツモトノ	○	・	・	・	・	大和添下
43大原々々	オオハラノ	○	62	73	・	・	大和高市
44和邇々々	ワニノ	○	23	53	・	○	大和添上
45楢　々々	ナラノ	○	21	34	117	○	大和添上
46巻向々々	マイムクノ	○	・	・	・	○	大和城上

31比叡大菩薩(法・薬)　日吉(延)
31ひよしの(延カ)　:(清)
32ひらの(清)
34日前大神宮、国懸大神宮(薬)　日前、国懸(清・延)
34ニチゼンコッケンリョショノ(法)　:せむ、こくけむの(清)　ひのくまの(延リ)　ひのまへ(延九タ)、くにかゝすの(延九)　くにかゝす(延タ)
35アッタノ(＊)　あつ:の(薬)
36多度大菩薩(薬)　:どの(薬・清)
37伊豆三島(延)　:しまの(延)
38鹿島神宮(延)
39諏訪大菩薩(薬)　南方刀美(延)
39すわの(薬)　すはの(清)
〔41串崎は(龍)による。原本は串嶋〕
43:の(薬)
〔43(薬)は山城と記す〕
44和爾(龍・延)
44わち(薬)
45奈良(法)　奈良豆比古(延)
46まきむくの(延九コ)

47 高屋々々	タカヤノ	・	32	・	135	○	大和城上	47安陪（法）　高屋安倍（延）
48 山口々々	ヤマグチノ	・	74	・	・	○	大和	〔48大和諸郡一四所にあり〕
49 間苫々々	ハイトンマノ	○	・	・	・	・		49ハイトマノ（＊）
50 大汝々々	オオナンジノ	○	・	43	101	○	大和吉野	50大名持（薬・延） 50おほなむちの（清）　おほなもちの（延コ）
2—51 小汝々々	スクナンジノ	○	・	・	118	・		51小汝明神（清） 51すくなむちの（清）
52 比曽々々	ヒソノ	・	・	・	・	・		〔52大和吉野に比曽の地名あり〕
53 崎山々々	サキヤマノ	・	・	・	・	・		〔53大和添下に佐紀山あり〕
54 委文々々	シットンノ	○	・	・	53	○	大和葛下	54葛木倭文坐天羽雷命（延） 54しとむの（清）　：しとりの（延九コ） 〔54（清）は上野と記す〕
55 金村々々	カナムラノ	・	・	・	・	・	大和葛下	
56 槻田々々	ツキタノ	○	・	・	・	○	大和葛下	56調田（延）

〔第三段〕

3—1 雨師々々	アメシノ	○	40	28	148	○	大和吉野	1丹生川上（延）
2 墓西々々	ハカニシノ	○	・	・	・	・		
3 池咩々々	イケヒメノ	・	・	・	・	○	大和城下	3池坐朝霧黄幡比売（延）
4 小鷲尾々々々	オワシオノ	○	・	・	・	・		
5 須智々々	スジノ	○	・	・	・	・	大和	〔5大和式外に「須知神」あり〕
6 曽我々々	ソガノ	○	・	39	・	○	大和高市	6宗我（薬・延）

7忌部々々々	インベノ	○	73	・	・	○	大和高市	7太玉命(延)
8鏡作々々々	カンゴーズクリノ	○	30	40	・	○	大和城下	8カガミツクリノ(法)　：みつくりの(薬) かゝみつくり(延)　かゝむつくりの(延九コ)
9雲手々々々	ウナテノ	○	・	・	・	○	大和高市	9高市御県坐鴨事代主(延)
10杜屋々々々	モリヤノ	○	29	・	・	○	大和城下	10村屋坐弥富都比売(延)
3―11畔　々々々	ナワテノ	・	・	・	・	・		
12率河々々々	イザカワノ	○	24	・	89	○	大和添上	12率川(清・延)
13脇杜々々々	ワキノモリノ	○	42	・	・	○	山城相楽	13脇森(法)　和伎坐天乃夫支売(延)
14祝園々々々	ハワソノモリノ	○	43	・	・	○	山城相楽	14祝園森(法) 14ホオソノモリノ(法)　はふそのの(延)　は ふそののかみ(延九コ)
15水主々々々	ミヌシノ	・	・	・	・	○	山城久世	
16柞山々々々	カセヤマノ	○	・	74	・	○	山城葛野	16梅宮(薬)　梅宮坐神(延) 16：の：の(薬)
17樺井々々々	カバイノ	・	・	・	・	○	山城綴喜	17樺井月(延) 17カワイノ(＊)　かはゐの(延九コ)
18弓削々々々	ユンゲノ	・	・	89	・	○	河内若江	18ゆげの(薬・延九コ)
19榎本々々々	エノモトノ	・	・	92	・	・	河内	
20広田々々々	ヒロタノ	○	49	11	13	○	摂津武庫	20広田大菩薩(薬)　ひろ：の(薬)
3―21垂氷々々々	タルヒノ	○	・	194	37	○	摂津豊島	21垂見(薬)　垂水(清・延) 21タルイノ(＊)　たるみの(薬・清・延九コ) 〔21(薬)は山陽道。(清)は播磨明石と記す〕
22居炊々々々	イガシキノ	・	・	124	・	○	摂津西成	22坐魔(薬)　坐摩(延) 22くがしまの(薬)　さかすりの(延)　ゐかす り(延九コ)
23大鳥々々々	オオトリノ	・	・	131	・	○	和泉大鳥	
24聖　々々々	ヒジリノ	○	・	133	74	○	和泉和泉	24信太(薬)　信太聖(清)

25神上々々々	カムカミノ	○	·	·	·	·		
26丹生々々々	ミブノ	·	46	218	60	○	紀伊伊都	26丹生高野両所(法)　丹津咩(薬)　丹生都比女(延) 26ニウコオヤリョショノ(法)　にうつびめの(薬)　にうの(清)　‥(延)
27鳴　々々々	ナルノ	·	·	216	·	○	紀伊名草	27鳴神(薬) 27なるみの(薬)
28溝口々々々	ミズグチノ	○	57	153	·	·		28ミゾグチノ(＊) 〔28(薬)は東海道と記す〕
29伊佐清々々々	イザキヨノ	○	·	·	·	·		〔29紀伊名草「伊太祁曾」(延)か〕
30玉出島々々々	タマデシマノ	○	·	·	·	·	紀伊海部	
3―31御椅々々々	ミザキノ	·	·	·	·	·	紀伊日高	
32中言々々々	ナカゴトノ	·	·	·	·	·		
33淡島々々々	アワシマノ	○	·	140	·	○	紀伊名草	33栗島(薬)　加太(延)　くり‥の(薬) 〔33(薬)は東海道と記す〕
34国津々々々	クンズノ	·	·	137	139	△		34くにつの(薬)　くつの(清) 〔34(薬)は東海道、(清)は伊豆と記す。諸国に同名社多し〕
35佐佐々々々	ササノ	·	·	·	·	○	伊賀阿拝	
36猪田々々々	イタノ	○	·	139	·	○	伊賀伊賀	36いの‥の(薬)
37伊斗々々々	イドノ	○	·	·	·	·		
38応感々々々	オーカンノ	·	·	·	·	△		〔38諸国に同名社多し〕
39火明々々々	ヒアカシノ	○	·	·	·	·		
40宇禰奈々々々	ウネビノ	○	·	38	·	○	大和十市	40宇禰美(薬)　畝尾(延) 40うねみの(薬)　うねをの(延九)
3―41穂積々々々	ホズミノ	·	75	·	·	△		〔41伊勢朝明「穂積」(延)か。大和・摂津・美濃・播磨諸国に穂積郷あり〕
42七国々々々	ナナクニノ	○	·	·	·	·		

43伊勢馬立々々々	イセマタテノ	○	・	102	・	・		〔43(薬)は河内と記す。大和式外に「馬立伊勢部田中」あり〕
44三上々々々	ミカミノ	○	65	154	33	○	近江野洲	44御上(延) 44：しよの(薬)　みかむの(延九)
45伊吹々々々	イブキノ	○	47	157	34	○	近江坂田	45伊福貴(清)　伊夫伎(延) 45いふうきの(清) 〔45(清)は美濃不破と記す〕
46武部々々々	タケンベノ	○	59	・	38	○	近江栗太	46建部(法・清・延) 46タケベノ(法)　たけべの(清・延九)
47若狭彦々々々	ワカサヒコノ	○	・	175	82	○	若狭遠敷	47若狭比古(薬・延) 47わかさびこ(薬)
48小潤生々々々	オニブノ	・	・	・	・	○	若狭遠敷	48丹生(延) 48にふの(延タ)
49生田々々々	イクタノ	○	・	122	・	○	摂津八部	
50名田々々々	ナタノ	○	・	・	・	・		〔50若狭遠敷に名田郷あり〕
3—51頸田々々々	クビタノ	・	・	・	・	・		
52中山々々々	ナカヤマノ	○	・	105	18	○	美濃不破	52金山比古(薬)　仲山金山彦(延)
53因幡々々々	イナバノ	・	・	・	・	・	美濃厚見	
54浮山々々々	ウキヤマノ	・	・	・	・	・		
55香鳥々々々	カトリノ	・	64	150	・	○	下総香取	55香取(法・薬)　香取神宮(延)
56剣　々々々	ツルギノ	○	・	65	54	○	越前敦賀	56織田剣(薬) 〔56(薬)は大和と記す〕
57木津咩々々々	コツヒメノ	○	・	・	・	・		
58鈴　々々々	スズノ	○	・	・	・	○	能登珠州	58須須（延）
59熊代々々々	クマシロノ	・	・	・	・	・		
60殊戔烏々々々	ソサノオノ	・	・	・	・	△		60スサノオノ(＊) 〔60(延)は備後と記す。大和・出雲・尾張諸国式外にもあり〕

3—61千築々々々	チツキノ	・	・	・	・	・		
62金峰	キンブ	○	・	・	・	・	大和吉野	
卅八所々々々	サンジウハッショノ							
63八大竜衆	ハ川ダイリウシウ	○	・	・	・	・		
64引田大明神	ヒキタノダイミョージン	○	・	46	・	○	大和城上	64短田(薬)　曳田(延) 64ひき・・の(薬)
65宗墓々々々	ウネツカノ	○	・	・	・	・		
66東大々々々	アズマノ	○	・	・	・	○	大和高市	66東大谷日女命(延)
67石蔵々々々	イワクラノ	○	・	・	・	△		〔67諸国に同名社多し〕
68賀高々々々	カタカノ	・	・	・	・	・		
69草水々々々	クサミズノ	・	・	・	・	・		
70宮県々々々	ミヤガタノ	・	・	67	・	○	大和	70県(薬)　70あがたの(薬) 〔70大和に「御県神社」六所あり〕
3—71高杜々々々	タカノモリノ	○	・	・	99	○	大和十市	71目原坐高御魂(延) 71たかもりの(清)
72巨勢咩々々々	コセヒメノ	○	・	・	・	・		〔72大和高市に巨勢郷あり〕
73天見々々々	アマミノ	○	・	・	・	・		
74夢崎々々々	ユメザキノ	・	72	・	・	・		74夢前(法) 74ユメサキ(法) 〔74播磨式外「射目埼」か〕
75枇杷本々々々	ビワモトノ	○	・	・	・	・		
76藻原々々々	モッパラノ	○	・	・	・	・		
77七社々々々	ナナヤシロノ	○	・	49	・	・	大和	

78国見々々	クニミノ	○	・	・	・	△		〔78伊勢度会「度会国御神」(延)か〕
79尾秦々々	オハダノ	・	・	・	・	・		
80両岐々々	フタマタノ	・	・	・	・	・		
3―81盛本々々	モリモトノ	・	・	93	66	○	河内安宿	81杜本(薬・清・延) 81ほりもとの(延コ)
82多治比々々	タチビノ	・	・	・	・	○	河内丹比	82丹比(延)
83小守々々	コモリノ	○	20	・	・	○	大和吉野	83小杜(法)　吉野水分(延)
84寺畠々々	テラバタケノ	○	・	・	・	・		
85佐保々々	サッポノ	・	・	・	93	・		85さほの(清) 〔85(清)は播磨賀茂と記す。大和添上に佐保の地名あり〕
86隠岐々々	オキザキノ	・	・	・	・	・		〔86大和城上に置崎の地名あり〕
87白石々々	シライシノ	○	・	・	・	・		〔87大和山辺に白石の地名あり〕
88椿本々々	ツバイモトノ	○	・	・	・	・		
89打示々々	ウチジメノ	・	・	・	・	・		
90大殿々々	オートノノ	○	・	・	・	・		
3―91伊勢布留々々	イセフルノ	○	82	・	・	△		〔91伊勢多「伊蘇上」(延)か〕
92蕪　々々	カブラノ	・	・	・	・	・		
93子柿々々	ネナシガキノ	○	・	・	・	・		
94伊和々々	イワノ	・	・	196	55	○	播磨宍粟	94・の(薬)
95狼　々々	オーカミノ	○	・	・	・	・		〔95大和高市に真神原あり〕

96磯園々々	イソノノ	・	54	・	・	○	大和葛下	96石園(延)
97殖槻々々	ウエツキノ	・	・	・	・	・	大和	
98坂戸々々	サカドノ	・	・	・	・	○	大和十市	98坂門(延)
99家杜々々	ヤケノモリノ	○	・	・	・	・		
100今木々々	イマキノ	○	22	・	・	・	大和高市	

〔第四段〕

4—1酒屋々々	サカヤノ	○	・	・	・	○	河内丹比	
2玉寝屋々々	タマネヤノ	○	・	88	・	○	河内高安	2玉祖(薬・延)　2たまその(薬)　たまのおやの(延)　たまのやの(延九コ)
3熊鞍々々	クマクラノ	・	・	・	・	○	丹波多紀	3熊桉(延)　3熊のみの(延タ)
4高野々々	タカノノ	・	・	・	・	△		〔4式内近江・但馬・因幡諸国にあり〕
5日向天神	ヒウガノテンジン	○	・	・	・	・		
6立山大明神	タチヤマノダイミョージン	○	55	10	・	○	越中新川	6立山大菩薩(薬)　雄山(延)　6タテヤマノ(法)　たて：の(薬)
7阿蘇々々	アソノ	・	・	232	41	○	肥後阿蘇	7阿蘇大菩薩(薬)　健磐竜命(延)
8霧島々々	キリシマノ	・	76	・	130	○	日向諸県	8霧島明神(清)
9開聞々々	ヒラキキノ	○	・	239	・	○	薩摩頴娃	9平聞(薬)　枚聞(延)　9ヒラギキノ(＊)　ひらぎきの(薬)
10入羅々々	ニッラノ	○	・	・	・	・		
4—11高来々々	タカクンノ	・	・	・	・	・		〔11肥前・豊前・常陸諸国に高来郷あり〕

12神殿々々々	カントノノ	○	・	・	・	・		12カンドノノ（＊）
13息社々々々	オキヤシロノ	・	・	・	・	・		
14新屋々々々	ニイヤノ	・	・	42	・	○	摂津島下	〔14（薬）は大和と記す〕
15下部々々々	シモベノ	・	・	・	・	○	大和山辺	
16霜姫々々々	シモツヒメノ	○	・	・	・	・		
17賀須比々々々	カスヒメノ	○	・	・	・	・		
18生玉々々々	イクタマノ	・	・	120	・	○	摂津東成	18難波坐生国咲国魂（延） 18いくだまの（薬）
19狛杜々々々	コマノモリノ	○	・	・	・	・		
20藤杜々々々	フジノモリノ	○	・	・	・	・	山城紀伊	
4—21富士々々々	フンジノ	○	・	144	144	○	駿河富士	21朝間（薬）　浅間（清・延）
22志貴宮県々々々	シキミヤガタノ	○	・	・	・	○	河内志紀	22志貴県主（延）
23赤早々々々	アカワセノ	・	・	・	・	・		
24閉佐子々々々	ニンザコノ	・	・	・	・	・		24ニザコノ（＊）
25滋野々々々	シゲノノ	・	・	・	・	・		
26水口々々々	ミズグチノ	・	・	・	・	△		〔26式内大和・近江両国にあり〕
27大塩々々々	オーシオノ	・	・	・	・	・		
28塩田々々々	シオダノ	○	・	・	・	・		〔28相模・肥前両国に塩田郷あり〕
29星河々々々	ホシカワノ	・	・	・	・	○	伊勢員弁	29星川（延）

30竈山々々々	カマドヤマノ	○・・・○	紀伊名草	30かま：（延九） かまやま（延夕）
4—31他田々々々	オサダノ	・・・・○	大和城上	
32綱越々々々	ツナコシノ	・67・・○	大和城上	32ツナゴシノ（＊・法）
33岳田賀茂々々々	オカタカモノ	○・・・○	山城相楽	33岡田鴨（延） 33オカダカモノ（＊） をかたのかもの（延九コ）
34角　々々々	ツンノノ	○・・・・		〔34大和山辺に東大寺荘園「角庄」あり。式内日向児湯に「都農」あり〕
35疋束々々々	ヒキツカノ	○・・・・		
36殖栗々々々	ウエクリノ	・・・・○	大和城上	36えくりの（延九コ）
37下居々々々	オリイノ	・・・・○	大和十市	37したゐ（延） しもゐ（延九コ）
38津島々々々	ツシマノ	・・・・○	河内茨田	38津島部（延）
39桑内々々々	クワウチノ	・・・・○	大和城上	

〔第五段〕

5—1狭竹々々々	サタケノ	○・・・・		
2室生竜穴	ムローリューケ川	○・・・○	大和宇陀	2室生竜穴（延） 2むろふのりう穴の（延コ）
隼　々々々	ハヤブサノダイミョージン			
3伊久禰々々々	イクネノ	○・・・○	大和城上	3忍坂坐生根（延）
4井戸々々々	イドノ	・・・・・		
5手力尾々々々	タチカラオノ	○・・・○	紀伊牟婁	5天手力男（延） 5タジカラオノ（＊）

6	大佐々々々	オサノ	○	・	・	・	・	紀伊牟婁	
7	小佐々々々	コサノ	・	・	・	・	・		
8	内裏々々々	ナイリノ	・	・	・	・	・		
9	津峰々々々	ツミネノ	・	・	・	・	・	阿波那賀	
10	市杜々々々	イチノモリノ	・	・	・	・	・		
5—11	梅本々々々	ウメモトノ	○	・	・	・	・		
12	島杜々々々	シマノモリノ	○	・	・	・	・		
13	多爾々々々	タネノ	・	・	・	・	○	越前坂井	
14	小倉々々々	オグラノ	・	・	・	・	○	山城乙訓	
15	唐遊々々々	カラソイノ	・	・	・	・	・		15カラソヒィノ(＊)
16	海津咩々々々	アマツヒメノ	○	・	・	・	△		〔16阿波名方「和多都美豊玉比売」(延)か〕
17	瓦山々々々	カワラヤマノ	○	・	・	・	・		
18	飛鳥々々々	アスカノ	○	・	・	・	○	大和高市	
19	収納使々々々	スノシノ	・	・	・	・	・		
20	船　々々々	フネノ	・	・	・	・	・		
5—21	鈴杜々々々	スズノモリノ	○	・	・	・	・		
22	向　々々々	ムカエノ	・	・	・	・	○	山城乙訓	22むかふの(延コ)
23	上　々々々	カミノ	・	・	48	・	○	大和城上	23上宮(薬)　神坐日向(延) 23かみの：の(薬)

24錦凝々々	ニシコリノ	○	・	・	・	・		24ニシゴリノ(＊) 〔24山城・河内・近江・美作諸国に錦凝郡あり〕
25雛杜々々	ヒナノモリノ	・	・	・	・	△		〔25美濃厚見「比奈守」(延)か〕
26糺　々々	タダスノ	・	・	79	71	○	山城愛宕	26鴨川合坐小社宅(延)
27安部々々	アベノ	・	・	37	・	・	大和城上	
28正宗々々	マサムネノ	・	・	91	・	○	河内志紀	28当宗(薬・延)
29弥彦々々	ミヤビコノ	・	・	18	・	○	越後蒲原	29八孫大菩薩(薬)　伊夜比古(延) 29やびこの(薬)　いやひこの(延カ)
30甘柞々々	アマガシノ	・	・	・	・	○	大和高市	30甘樫(延)
5—31山畠々々	ヤマバタケノ	・	・	100	・	・	河内高安	31：はたけの(薬)
32勝杜々々	カツノモリノ	○	・	・	・	・		
33神居々々	カムナイノ	○	・	・	・	△		33カナイノ(＊) 〔33「神奈備」か。式内丹波・隠岐・備後諸国にあり〕
34伊勢分々々	イセワカレノ	・	・	・	・	・		
35穂多木々々	ホタキノ	・	・	・	・	・		
36三河々々	ミカワノ	○	・	・	・	・		〔36下野に三川郷あり〕
37麻紬々々	オツムキノ	・	・	・	・	・		37オツムギノ(＊)
38賀茂河々々	カモガワノ	○	・	・	・	・		
39高蔵々々	タカクラノ	・	・	52	・	△		〔39諸国に同名社多数あり〕
40椎村々々	シイムラノ	・	・	・	・	○	若狭遠敷	40しひのむら(延タ)
5—41大西々々	オーニシノ	・	・	・	・	・		

42笠　々々々	カサノ	○	・	・	・	・		〔42大和城上に笠の地名あり〕
43牟佐々々々	ムサノ	○	・	・	・	○	大和高市	
44忌穴々々々	インナナノ	○	・	・	・	・		
45忌寸々々々	イミキノ	○	・	・	・	・		
46水氷天神	ミズゴオリノテンジン	○	・	101	・	・	河内	46水郡大明神(薬) 46ミズゴオリテンジン(＊)　みごをりの(薬)
47玉祖大明神	タマソノダイミョージン	○	・	210	・	○	周防佐波	47：のおやの(延九タ)
48茅早々々々	チワヤノ	○	・	・	・	○	備後三谿	48知波夜比古(延) 48ちはやひこの(延カ)
49守屋々々々	モリヤノ	○	・	・	・	△		〔49長門豊浦「村屋」(延)か〕
50石城々々々	イワシロノ	・	・	・	・	○	周防熊毛	50いはきの(延九タ)
51高水々々々	タカミズノ	・	・	・	・	・		
52四出々々々	シッデノ	・	・	・	・	・		
53吉備津咩々々々	キビツヒメノ	○	・	203	・	・		53きびつびめの(薬)
54宇墓々々々	ウネハカノ	・	・	・	・	・		
55荒木	アラキノ	・	・	・	・	△		〔55式内大和・伊豆・飛驒・丹波諸国にあり〕
56粟　々々々	アワノ	・	・	148	・	△		56安房(薬) 〔56粟は(龍)による、原本は栗。式内山城・和泉・伊賀・伊豆・安房・下野諸国にあり〕
57村山々々々	ムラヤマノ	・	・	・	29	○	伊予宇摩	
58於須智々々々	オスジノ	○	・	・	・	・		
59中山高屋々々々	ナカヤマタカヤノ	○	48	200 201	105 106	○	美作苫東	59中山高尾(法)　仲山、高野(薬)　中山、高野(清・延) 59ナカヤマタカオノ(法)　なか：の、：の(薬)　ちうさん(清)　ちうさんの、かうやの(延)

60甘口々々々	カングチノ	・	・	・	・	・		
61池　々々々	イッケノ	○	・	・	・	・		〔61大和吉野に「池神社」あり〕
62佐鮓々々々	サビノ	○	・	・	・	△		62佐美(龍) 〔62近江伊香「佐味」(延)か。式内河内石川に「佐備」あり〕
63竜泉天神	リューセンテンジン	○	・	・	・	・		
64我南寺天神	カナンジノテンジン	○	・	・	・	・		64カナジノテンジン(＊) 〔64土佐式外に「神奈地祇神」あり〕
65篠田大明神	シノダノダイミョージン	○	・	・	・	・		〔65近江に篠田郷あり〕
66豊海々々々	トヨウミノ	○	・	・	・	・	紀伊那賀	
67風杜々々々	カゼノモリノ	○	・	・	・	・		〔67大和葛城に風森峠の地名あり〕
68長良々々々	ナガヨシノ	・	・	・	・	○	河内志紀	68志紀長吉(延)
69鳥井々々々	トリイノ	・	・	・	・	・		
70野中々々々	ノナカノ	・	・	99	・	・	河内丹比	70：の(薬)
71岩船々々々	イワフネノ	○	・	107	・	・	河内	71石船(薬)
72雁氏々々々	カリウジノ	・	・	・	・	・		
73栢本々々々	カエモトノ	・	・	・	・	・		
74大野々々々	オーノノ	○	・	・	・	△		〔74式内尾張・近江・丹後・伊予諸国にあり〕
75小柴々々々	コシバノ	○	・	・	・	・		
76大石々々々	オーイシノ	・	・	・	・	・		〔76備中・筑後に大石郷あり〕
77御杖々々々	ミツエノ	・	・	・	・	○	大和宇陀	

78平城々々	ヒラシロノ	・	・	・	・	・		
79岡本々々	オカモトノ	・	・	・	・	△		〔79式内近江・越前両国にあり〕
80藤江々々	フジエノ	・	・	・	・	・		
5—81積河々々	ツミカワノ	・	・	134	・	○	和泉和泉	81積川(延) 81つ：の(薬) つがはの(延)
82大堰々々	オーザキノ	・	・	135	・	・	和泉日根	82大井世岐(薬) 日根(延) 82：せきの(薬)
83大杜々々	オーノモリノ	・	・	・	・	○	和泉日根	83男神(延)
84旧府々々	クンブノ	・	・	・	・	○	和泉和泉	84ふるふの(延九コ)
85桜本々々	サクラモトノ	○	・	・	・	・		
86福良々々	フクヨシノ	○	・	・	・	・		
87布勢田々々々	フセダノ	○	・	・	・	・		
88善坂々々	ヨシザカノ	・	・	・	・	・		
89清坂々々	キヨサカノ	・	・	・	・	・		89キヨザカノ(＊)
90黒島々々	クロシマノ	・	・	・	・	△		〔90式内讃岐・伊予両国にあり〕
〔第六段〕								
6—1八島々々	ヤシマノ	○	・	・	・	・		〔1讃岐屋島か〕
2摩訶羅大国天神	マカラダイコクテンジン	○	85	251	・	・		2摩訶伽羅大黒天神(法) 大黒天神(薬)
3神野大明神	カンノノダイミョージン	○	・	・	・	△		〔3式内丹波・讃岐両国にあり〕

4鹿稲々々	ロクドーノ	○	・	・	・	・		
5水前々々	ミッサキノ	・	・	・	・	・		5ミズサキノ(＊)
6吉田々々	ヨシダノ	○	・	・	・	・	山城愛宕	
7出雲	イズモ	○	61	186 187	81	○	出雲意宇	7杵築(清・薬)　宇須賀(薬)　熊野坐杵築大社(延)
両所々々	リョーショノ						出雲出雲	7イズモリョージョノ(＊)　イズモリョショノ(法)
8槇尾々々	マキノオノ	・	・	・	・	・	和泉和泉	
9高野々々	コーヤノ	○	46	215	・	○	紀伊伊都	9丹生高野両所(法)　丹生(薬) 9ニウコオヤリョショノ(法)
10水光々々	ミッヒカリノ	○	・	・	・	・		10ミズヒカリノ(＊)
6—11市辺々々	イチノベノ	○	・	・	・	・	和泉和泉	
12楠本々々	クスモトノ	・	53	・	30	△		〔12(清)は伊予と記す。式内河内・和泉・伊予諸国にあり〕
13高岡々々	タカオカノ	・	・	・	・	△		〔13式内伊勢・播磨両国にあり〕
14稲村々々	イナムラノ	・	・	・	・	○	常陸久慈	
15大居々々	オースミノ	○	・	238	・	○	大隅桑原	15賀古島(薬)　鹿児島(延)
16坂本々々	サカモトノ	○	・	・	94	△		〔16(清)は播磨賀茂と記す。式内近江・美濃・越後・土佐諸国にあり〕
17船八部斗野部々々	フナヤベトノベノ	○	・	・	・	○		
18久米々々	クメノ	○	・	・	・	△		〔18式内越中・出雲両国にあり〕
19唐呉々々	カラソヒコノ	○	・	・	・	・		
20大木々々	オーキノ	・	・	・	・	○	伊勢河曲	

6―21 田村々々	タムラノ	・	・	・	36	○	讃岐香川	
22 清滝々々	キヨタキノ	○	・	・	1	・	山城宇治	22 当所清滝大明神（清） 22 たうしょせいりゃう（清）
23 高伏々々	タカフシノ	・	・	・	・	・		
24 佐那見々々	サナミノ	○	・	・	・	・		
25 祇園天神	ギオンノテンジン	○	・	244	136	・	山城京中	
26 清原氏大明神	キヨワラウジノダイミョージン	○	・	・	・	・		26 キヨハラウジノ（＊）
27 葛木氏々々	カツラキウジノ	○	79	・	・	○	大和葛上	27 葛城（法）　葛木大重（延） 27 カツラギウジノ（＊）
28 上河々々	カミカワノ	○	・	・	・	○	山城乙訓	28 神川（延） 28 かむかはの（延）
〔第七段〕								
7―1 大園々々	オーソノノ	○	・	・	・	・		
2 秦　天神	ハダノテンジン	○	・	114	・	・	河内	2 秦氏大明神（薬） 2 はだ：の（薬）
3 大酒大明神	オサケノダイミョージン	○	・	・	・	○	山城葛野	
4 坂上氏々々	サカノエウジノ	○	・	・	・	△		〔4 和泉大鳥「坂上」（延）か〕
5 大伴々々	オートモノ	・	・	・	・	△		〔5 式内山城・大和・信濃諸国にあり〕
6 摩訶賀茂々々	マカカモノ	○	・	・	・	・		
7 国長々々	クニオサノ	○	・	・	・	・		
8 子乞々々	コゴイノ	・	44	・	・	・		

9小馬方々々々	コマカタノ	○	・	・	・	△	伊賀名張	9コマガタノ(*) 〔9陸奥胆沢「駒形」(延)か〕
10宇名禰々々々	ウナネノ	○	・	・	・	○		10宇名根(龍) 宇流富志彌(延) 10うなねのふしみの(延)
7—11魚住々々々	オスミノ	・	・	・	・	・		
12赤穂々々々	アカホノ	・	・	・	・	△		〔12式内大和・近江両国にあり〕
13和多志々々々	ワタシノ	・	・	220	24	○	伊予越智	13三島(薬) 大山積(清・延)
14蒔田々々々	マイタノ	・	・	・	・	・		
15都久間々々々	ツクマノ	○	・	・	・	△		〔15伊豆賀茂「竹麻」(延)か。式外近江坂田「筑摩神」か〕
16鵜留々々々	ウトマリノ	・	・	・	・	・		
17黒滝々々々	クロタキノ	・	・	・	・	・		〔17大和吉野に黒滝の地名あり〕
18稲穂々々々	イナホノ	・	・	・	・	・		
19事玉々々々	コトタマノ	・	・	・	・	・		19コトダマノ(*)
20喜布利々々々	キブリノ	・	・	・	・	・		〔20山城愛宕「貴布禰」(延)か〕
7—21鹿久美々々々	シカクミノ	・	・	・	・	・		
22武尾々々々	タケオノ	○	・	・	・	△		22タケノオノ(*) 〔22式内駿河安倍に「建穂」あり。因幡巨濃「恩志呂」を武王明神という〕
23岩野辺々々々	イワノベノ	○	・	・	・	・		
24紀三所々々々	キサンジョノ	・	・	217	・	○	紀伊名草	24伊達、静火、志磨(延)
25子安々々々	コヤスノ	・	・	・	・	・		
26穴師々々々	アナシノ	・	83	132	・	○	大和城上	26あな‥の(薬) 〔26(薬)は和泉と記す〕

番号・社名	訓						国郡
27大窪々々々	オークボノ	・	・	・	・	・	
28馬栄々々々	マサカエノ	・	・	・	・	・	
29三宅氏々々々	ミヤケウジノ	・	・	・	・	△	
30賀屋々々々	カヤノ	・	・	・	・	・	
7—31大粟々々々	オアワノ	・	・	・	・	・	
32大麻々々々	オアサノ	・	・	・	・	○	阿波板野
33椙尾々々々	スギノオノ	○	71	・	・	△	
34伊与村々々々	イヨムラノ	・	・	・	27	○	伊予伊予
35浦戸々々々	ウラドノ	○	・	・	・	・	
36石上園尾々々々	イワカミソノオノ	○	58	・	・	・	
37椿　々々々	ツバキノ	○	・	・	・	○	伊勢鈴鹿
38比子野々々々	ヒコノノ	○	・	・	・	△	
39三山々々々	ミヤマノ	○	・	・	・	・	
40鎮　々々々	シズメノ	○	・	・	・	△	
7—41拝里宮々々々	ハイリクンノ	○	・	・	・	・	
42澄足々々々	スミタリノ	○	・	・	・	・	
43賢　々々々	カシコシノ	○	・	・	・	・	
44薦枕々々々	コマクラノ	・	・	45	・	○	大和添上

〔29丹波桑田「三宅」(延)か。諸国に三宅郷は多数あり〕

31オワワノ(＊)

32大麻比古(延)
32おほあさひこの(延カ)
〔33式内阿波勝浦「勝占神社」を杉尾明神という〕

34伊予(延)

36岩上園尾(法)
36イワガミソノオノ(法・＊)
37椿大(延)
〔38越前坂井「比古奈」(延)か〕

〔40式内大和・但馬両国に「志都美神社」あり〕

〔43大和に恐坂「かしこのさか」あり〕
44宇奈太理坐高御魂〔延〕
44こもまくらの(薬)

45高橋々々々	タカハシノ	・	・	84	・	△		45：の（薬） 〔45（薬）は山城と記す。式内山城・大和・伊豆・下総諸国にあり〕
46清井々々々	キヨイノ	・	・	・	・	・		
47高上々々々	タカカミノ	○	・	・	・	・		
48棚蔵々々々	タナクラノ	・	・	・	・	○	山城綴喜	48棚倉孫（延）
49為秦津咩々々々	イハタツヒメノ	○	・	・	・	・		49イハタツメノ（＊）
50河外々々々	カワドノ	・	・	64	・	・	大和吉野	50河戸（薬）
7—51高原々々々	タカハラノ	○	・	・	・	・		
52高田咩々々々	タカタビメノ	○	・	・	・	△		52タカダヒメノ（＊） タカタヒメノ（＊） 〔52式内飛驒・丹後両国に「高田神社」あり〕
53村木本々々々	ムラギモトノ	○	・	・	・	・		
54木山々々々	ソマヤマノ	○	・	・	・	・		
55水谷々々々	ミズタニノ	・	・	・	・	○	但馬養父	
56石出々々々	イワデノ	○	・	・	・	・		
57粟塵々々々	チスリノ	○	・	・	・	・		
58鎧　々々々	カブトノ	・	・	・	・	○	能登能登	58加夫刀比古（延）
59建介国中々々々	タケスケクニナカノ	○	・	・	・	○	越前今立	59国中（延） 59くなかの〈延タ〉
60奈呉造々々々	ナキズクリノ	○	・	・	・	・		60ナキツクリノ（＊）
7—61甘備々々々	カンビノ	・	・	82	147	○	山城綴喜	61甘南備（薬・清） 61かんなんびの（薬） かむなひの（清・延九コ） かんなひの（延）
62坂　々々々	サカノ	・	・	・	・	・	近江	〔62式外近江に「坂神」あり〕

63柳 々々	ヤナギノ	○	・	・	127	○	山城宇治	63楊枝(清) 許波多(延)
64矢田々々	ヤタノ	○	・	・	・	○	大和添下	
65江田々々	エタノ	○	・	237	125	○	日向宮崎	65依田(薬) 65：の(薬)
66妻万々々	ツマノ	・	・	・	124	○	日向児湯	66都万(延) 66さいまの(清)
67大比介々々	オーヒゲノ	・	・	・	・	・		
68野宮々々	ノノミヤノ	・	・	・	・	・		
69高瀬々々	タカセノ	・	・	104	・	△		〔69式内河内・伊賀・越中諸国にあり〕
70由留木々々	ユルギノ	・	・	・	・	○	近江高島	70与呂伎(延) 70よろきの(延)
7—71浮田々々	ウキタノ	・	・	・	・	○	近江高島	71宇伎多(延)
72楯鉾々々	タテホコノ	・	・	・	・	・	越中射水	
73奈良井々々	ナライノ	・	・	・	・	・		
74広浜々々	ヒロハマノ	・	・	・	・	・		
75生根々々	イクネノ	○	・	・	・	○	摂津住吉	
76粟鹿々々	アワカノ	・	・	・	・	○	但馬朝来	
77絵島々々	エシマノ	○	・	・	・	○	播磨揖保	77家島(延) 77いへしまの(延カ)
78水越々々	ミズコシノ	・	66	・	・	・		
79竹島々々	タケシマノ	・	・	・	・	○	阿波勝浦	79建島女祖命(延) 79たち：(延タ)
80佐原々々	サワラノ	・	・	・	・	○	美作大庭	80佐波良(延) 80さはらの(延タ)

7—81 鵜古曽々々	ウゴソノ	・	・	・	・	△		〔81越前坂井「鵜屎」（延）か。伊豆那賀「宇久須」（延）か〕
82 立石々々	タテイシノ	○	・	・	・	・		〔82大和吉野に立石の地名あり〕
83 志呂々々	シロノ	・	・	・	・	・		
84 夏身々々	ナツミノ	・	・	・	・	△		〔84能登羽咋「奈豆美比咩」（延）か。伊賀・近江に夏身郷あり。大和に夏身の地名あり〕
85 牟呂岐々々	ムロギノ	○	・	・	・	○	山城久世	85室城（延）
86 賀茂月々々	カモツキノ	・	・	・	・	・		
87 久須夜々々	クズヤノ	・	・	・	・	○	若狭遠敷	
88 両神々々	フタガミノ	○	50	36	95	○	大和葛下	88二上（清） 葛木二上（延） 88リョーガミノ（法） フタカミノ（＊）：（清）
89 宇那牟々々	ウナムノ	・	・	・	・	・		
90 林前々々	ハヤシザキノ	○	・	128	・	・	摂津	90・・ざきの（薬）
7—91 小楊々々	オヤナギノ	○	・	・	・	・		
92 脇岡々々	ワキオカノ	○	・	・	・	・		
93 河蔭々々	カワカゲノ	○	・	・	・	・		

〔第八段〕

8—1 天一太白	テンニッタイハク	○	・	・	・	・		
2 牛頭天王	ゴズテンノー	○	・	・	・	・		〔2（法・薬）は対照外の部分にあり〕
3 武答天神	ムトウテンジン	○	・	・	・	・		

4 蛇毒気神王	ジャドッキジンノー	○	・	・	・	・		〔4(法・薬)は対照外の部分にあり〕
5 大歳八神	ダサイハ川ジン	○	・	・	・	・		〔5同右〕
6 日本州 有官知未官知 万三千七百余 所大明神等	ニッポンシウ ウカンジミカンジ マンサンゼンシチ ハクヨショノ	○	84	・	・	・		6大日本国有官智未官智一万七千七百余所(法) 6シチハクヨソノ(＊) 〔6(薬)は対照外の部分にあり〕

〔第九段〕

9—1 八島御霊	ヤシマノゴリョウ	○	88	253	・	・		1・・(薬)
2 霊安寺御霊	リョーアンジノ	○	93	255	・	・		2・・(薬)
3 西寺御霊	サイジノ	○	97	・	・	・	山城	
4 普光寺御霊	フコージノ	○	90	254	・	・		4・・(薬) 〔4播磨賀茂「普光寺」か〕
5 天満天神	テンマンテンジン	○	86	246	137	・	山城	5北野天神(清)
6 先生御霊	センジョウゴリョウ	○	87	・	・	・		6センショノ(法)
7 氷室御霊	ヒムロノ	○	91	・	・	・		7檜室(法)
8 木辻御霊	キツジノ	○	92	・	・	・	大和	
9 大道御霊	オオミチノ	○	・	・	・	・		
10 塚上御霊	ツカノウエノ	○	94	256	・	・		10墓上(薬) 10ツカガミノ(法) つか・・の(薬)

11葛下郡御霊 等申給	カ11ゲクンノ	○	95	・	・ ・	大和	11カツゲノコーリノ(法)
〔東大寺本ニナイ神名〕	同上読ミ	法隆寺本	薬師寺本	清滝宮本	延喜式本	国郡名	
△当所鎮守五所大明神	トーショチンジュゴショ	1	・	・	・		
△妙見大菩薩	ミョーケン	14	20	・	・		‥(薬)
△大智明大菩薩	タチミョー‥	・	12	・	・		
△頭隠大菩薩	トガクシノ	・	13	・	・		
△興願大菩薩	コーガン‥	・	16	・	・		
△天照大神	アマテルダイジン	・	・	2	○	伊勢度会	太神宮(延)
△水滝大明神	ミズタキノ	39	・	・	・		
△能摩々々々	ノマノ	56	・	・	△		〔伊予野間「野間」(延)か〕
△御船々々々	ミブネノ	63	・	・	・		
△飯守々々々	イイモリノ	68	・	・	・		
△大河原々々々	オオカワハラノ	69	・	・	・	山城相楽	
△長尾々々々	ナガオノ‥	70	27	・	○	大和葛下	‥をの(薬)

△飯高々々	イイタカノ	77・・・		〔伊勢に飯高郡あり〕
△小野々々	オノノ	78・166・40・	山城愛宕	を‥の（薬）〔（薬）は東山道と記す。（清）は近江滋賀と記す〕
△大中臣々々	オオナカトミノ	80・・・	大和	
△宇爾部々々	ウネベノ	81・・・	大和	
△勝手々々	カッテノ	・30・・	大和高市	
△生馬々々	イクマノ	・32・○	大和平群	往馬坐伊古麻都比古（延） ゆくまの（延コ）
△石神々々	イワ——ノ	・44・・	大和	
△仲峰々々	ナカミネノ	・47・△	大和	〔大和添上「神波多」（延）か〕
△勝馬々々	カツマノ	・50・・	大和	
△忍海々々	オシウミノ	・51・・	大和	〔大和に忍海郡あり〕
△妻階々々	ツマシナノ	・54・・	大和	
△赤坂々々	アカ——ノ	・55・・	大和	
△旧宅々々	フルヤケノ	・56・・	大和	
△尾上々々	——ノ——ノ	・57・・	大和	
△大宅々々	オオヤケノ‥	・58・・	大和	〔大和添上に大宅郷あり〕
△吹田々々	フキ——ノ	・59・・	大和	
△五百井々々々	イオノイノ‥	・60・・	大和	
△金刺々々	カナザシノ	・61・・	大和	

△速津女々々	ハヤツビメノ	・	62	・	・	大和	
△小野中々々々	オノナカノ‥	・	63	・	・	大和	
△法器々々々	――キノ	・	66	・	・	大和	
△三氏々々々	――ウジノ	・	68	・	・	大和	
△北野々々々	――ノ	・	75	・	・	山城葛野	
△貴船々々々	キブネノ	・	77	70	・	山城愛宕	貴武禰（清）　貴布禰（延）
△赤山々々々	セキサン	・	78	・	・	山城	〔近江式外に赤山神あり〕
△江文々々々	エブミノ	・	80	・	・	山城	
△富尾々々々	トガノ――ノ	・	81	・	・	山城	
△石原々々々	イシハラノ	・	83	・	・	山城	〔山城紀伊に石原郷あり〕
△岩原々々々	イハラノ	・	85	・	・	山城	
△飛鳥部々々々	アスカベノ	・	94	・	○	河内安宿	飛鳥戸（延）
△白坂々々々	――ノ	・	95	・	・	河内	
△長野々々々	――ノ	・	96	・	○	河内志紀	
△殖松々々々	ウエ――ノ‥	・	97	・	・	河内	〔河内若江に植松の地名あり〕
△高宮々々々	――ノ	・	98	・	○	河内讃良	
△雄黒々々々	オグロノ‥	・	103	・	・	河内	〔河内石川に大黒の地名あり〕
△石切剣箭々々々	イシキリツルギヤノ	・	106	・	○	河内河内	石切剣箭命（延）　いはきりの（延九コ）

△積組々々々	ツミクミノ	・108・	・	河内	〔河内高安「都夫久美」(延)か〕
△津原々々々	ツバラノ	・109・	○	河内河内	
△葉草々々々	ハグサノ	・110・	・	河内	
△交野々々々	カタノノ	・111・	○	河内交野	片野(延)
△春日戸々々々	――ベノ	・112・	○	河内高安	天照大神高座(延)
△茨田々々々	マツダノ	・113・	・	河内	〔河内に茨田郡茨田郷あり〕
△大狛々々々	オオコマノ‥	・115・	○	河内大県	
△紀氏々々々	キウ――ノ	・116・	・	河内	
△東山寺々々々	トーセンジノ‥	・117・	・	河内	
△墓本々々々	ツカモトノ	・118・	・	河内	
△依羅々々々	ヨウラノ‥	・119・	○	摂津住吉	大依羅(延)　おほよさみの(延九)　よさみの(延コ)
△十妙々々々	トタエノ‥	・121・	・	摂津	
△長田々々々	――ノ	・123・	○	摂津八部	なかたの(延コ)
△金剛院々々々	コンゴー――ノ‥	・125・	・	摂津	
△伎人々々々	ワザ――ノ	・126・	・	摂津	〔摂津住吉に伎人郷あり〕
△湯　々々々	ユノ	・127・	○	摂津有馬	温泉(延)
△八戸々々々	ヤベノ	・129・	・	摂津	〔摂津に八部郡八部郷あり〕
△沢　々々々	サワノ	・130・	・	摂津	

△天高金草々々々	アマタカカナグサノ	・136	・	・	和泉	〔隠岐穏地に「天健金草」（延）あり〕
△伊勢熊野々々々	イセクマノノ	・138	・	・		
△智立々々々	――ダテノ	・142	・	○	参河碧海	知立（延） ちりうの（延カ） ：りふ（延九）
△柳姫々々々	ヤナギヒメノ	・143	・	○	遠江磐田	矢奈比売（延） やなひめの（延九）
△寒河々々々	サブガワノ	・145	・	○	相模高座	寒川（延） さむかはの（延）
△物部々々々	モノノベノ	・146	・	△		〔式内伊勢・尾張・甲斐・武蔵諸国にあり〕
△氷河々々々	ヒ――ノ	・147	・	○	武蔵足立	氷川（延） ひかはの（延）
△玉崎々々々	――ザキノ	・149	・	○	上総埴生	玉前（延） たまさきの（延カ）
△小真弓々々々	オマユミノ：：	・152	・	△		〔信濃小県「子檀嶺」（延）か〕
△兵主々々々	ヒョージュ：：	・155	39	○	近江野州	ひやうすの（清・延九）
△新羅々々々	――ノ	・156	・	・	近江滋賀	
△水無々々々	スイブノ	・158	・	○	飛騨大野	：なしの（延九）
△赤城々々々	セキジョー：：	・159	46	○	上野勢多	あかきの（清・延）
△塩竈々々々	シオガマノ：：	・161	・	・	陸奥宮城	
△浮島々々々	ウキ――ノ	・162	・	○	陸奥宮城	多賀（延）
△鳥海々々々	――ノ――ノ	・163	32	○	出羽飽海	大物忌（延） とむのみの（清）
△月山々々々	ツキ――ノ	・164	31	○	出羽飽海	つきやまの（清・延夕）
△志賀々々々	シガノ	・165	・	・		

△火鷹山々々々	ヒタカヤマノ	167	・	・		
△方峰々々々	マサ――	168	・	・		
△葛河々々々	カツラ――ノ	169	・	・		
△走水々々々	ハシリ――ノ	170	・	・		
△山田々々々	――ノ	172	・	△		〔式内近江犬上・坂田両郡にあり〕
△久比木々々々	クビキ	176	58	・	越後	久比岐（清）〔越後に頸城郡あり〕
△大虫々々々	――ムシノ	177	・	○	越前丹生	おほむしの（延夕）
△阿栖波々々々	アスバ	178	・	○	越前足羽	足羽（延） あすはの（延） あしは（延九）
△幡多々々々	ハッタノ	179	・	・		
△雨夜々々々	アマヨノ	180	67	○	越前丹生	あめよの（延夕）
△貫箭々々々	ヌキヤノ	181	・	・		〔上野甘楽「貫前」（延）か〕
△出雲々々々	イズモノ	182	・	○	丹波桑田	
△大宮咩々々々	オオミヤビメノ	183	・	○	丹後丹波	大宮売（延） おほみやめの（延） おほみやのへの（延夕）
△出石々々々	イズイシノ‥	184	・	○	但馬出石	伊豆志坐（延） いつしの（延）
△宇倍々々々	ウベノ	185	133	○	因幡法美	うへの（清）
△由良売命々々々	ユラマユメノ	188	・	○	隠岐知夫	由良比女（延） ゆらひめの（延）
△川合々々々	カワイ‥	189	・	△		〔式内越後魚沼・沼垂両郡にあり〕
△奥雲々々々	オクモノ‥	190	・	・		

△楊原々々	ヤナギハラ	・191	・	・		
△恩津咩々々	オキツヒメ‥	・192	・	○	能登鳳至	奥津比咩(延) おくつ(延夕) ふかつの(延九夕)
△島　々々	――ノ	・193	・	△		〔丹波船井「島物部」(延)か〕
△生目々々	イク――ノ	・195	・	・		
△荒田々々	アラタノ	・197	・	○	播磨多可	
△酒見々々	サガミノ	・198	・	・	播磨賀茂	
△垂島々々	タル――ノ	・199	・	・		
△東天々々	トーテン‥	・202	・	・		
△天津社々々	アマツヤシロノ	・204	・	△		〔備前御野「天神社」(延)か〕
△大滝々々	オオタキ‥	・205	・	・	備前和気	
△在木々々	アリキ	・206	・	・		
△火巻々々	ヒマキ	・207	・	・		
△吉備津宮々々	キビツミヤノ	・208	4	○	備中賀夜	吉備彦聖霊(清) 吉備津彦(延)
△伊津久島々々	イツクシマ	・209	107	○	安芸佐伯	厳島(清) 伊都伎島(延) いつきしまの(延)
△松屋前々々	マツヤザキノ	・211	・	・		
△伊多岐々々	イタキソノ	・214	65	○	紀伊名草	伊太祁曾(清・延) いたぎその(清)
△石屋々々	イワヤノ	・219	131	○	淡路津名	
△栗井々々	クリイノ‥	・221	・	△		〔讃岐苅田「粟井」(延)か〕

△中臣大島々々々	ナカトミオオシマノ‥	・	222	・	・		〔河波式外「中臣大島」か〕
△塔立々々々	トータテ‥	・	223	・	・		
△御厨々々々	ミクリヤノ	・	224	・	・		〔御厨戸安満(清)か〕
△大屋津比売々々々	――ヤツビメ	・	225	・	○	紀伊名草	大屋都比売(延) おほやつひめの(延九タ)
△火鳴竃々々々	ヒナリガマ	・	226	・	・		
△完人氏々々々	シシトノ	・	227	・	・		〔駿河に完人郷あり〕
△宝満大菩薩	――	・	228	109	○	筑前御笠	豊満(清) 竃門(延) とよみつの(清) 〔(清)は近江愛智と記す〕
△火御前大菩薩	ヒイノミサキノ	・	229	・	△		〔出雲出雲「御碕」(延)か〕
△比彦大菩薩	ヒコノ	・	230	・	・	豊前田川	
△六所大菩薩	――ノ	・	231	・	○	豊後海部	早吸日女(延)
△背振大明神	セフリ	・	235	・	・	筑前早良	
△河上々々々	――ミノ	・	236	・	○	肥前佐嘉	与止日女(延)
△月読々々々	ツキヨミノ	・	240	・	○	壱岐壱岐	‥の(延)
△大行々々々	ダイ――	・	241	・	・	豊後大野	
△和多津美々々々	ワタズミノ‥	・	242	・	○	対馬上県	和多都美(延) ‥(延)
△与坂々々々	ヨサカ	・	243	・	・		
△磯野々々々	イソノノ	・	・	25	○	伊予伊予	伊曾能(延)
△濃満天皇神	ノーマン‥	・	・	26	○	伊予野間	野間(延)

△滝　大明神	タキノ	・・28	○	伊予越智	多伎(延)
△抜鋒々々々	ヌキサキノ	・・42	○	上野甘楽	貫前(延)　ぬきのさきの(延)
△大谷々々々	―	・・44	・	土佐香美	
△小村々々々	オムラノ‥	・・45	・	土佐長岡	
△伊賀古々々々	イカコノ	・・47	・	上野	
△宿禰々々々	シュクネノ	・・48	○	上野群馬	甲波宿禰(延)　かはすくねの(延九)
△榛名々々々	―	・・49	○	上野群馬	はるなの(延リ)
△火雷々々々	カライ‥	・・50	○	上野那波	ほのいかつちの(延九)
△若伊賀保々々々	ワカイカホノ	・・51	・	上野群馬	
△小祝々々々	オハウリノ‥	・・52	○	上野片岡	おはふりの(延九)
△伊須岐々々々	イスルギノ	・・56	○	能登能登	伊須流支比古(延)
△神島々々々	カムシマノ	・・72	・	備中小田	
△愛頂護々々々	アタコノ	・・73	○	丹波桑田	阿多古(延)
△田中々々々	タナカノ	・・75	・	山城愛宕	
△佐久奈度々々々	サクナドノ	・・88	・	大和吉野	
△由良々々々	ユラノ	・・90	△		〔由良比女(延)か〕
△保良々々々	ホラノ	・・91	・	近江滋賀	
△神於々々々	カムオノ‥	・・92	・	和泉和泉	

△波多々々	——	・・96・	大和添上	
△為奈々々	——	・・97○	摂津豊島	為那都比古（延）　ゐなつひこの（延九コ）
△小田々々	——	・・98・	近江野洲	
△宮道々々	ミヤミチノ	・・100・		
△稲生々々	イナフノ	・・104○	伊勢奄芸	伊奈富（延）
△離宮々々	リクー‥	・・110・	山城宇治	
△長浜大菩薩	——ハマノ	・・111・	近江神崎	
△御厨戸安満大菩薩	ミクリトノアマン‥	・・112・	土佐	〔御厨（薬）か〕
△中神大菩薩	ナカツカノ	・・113・	土佐	
△紫野大菩薩	ムラサキノノ	・・114・	山城	
△藤尾大菩薩	フジノオノ‥	・・115・	山城	
△筑波明神	チクバノ	・・119○	常陸筑波	筑波山（延）　つくはの（延九）　つくばやま（延カ）
△大杜明神	オオモリノ‥	・・120・		
△与比明神	ヨヒノ	・・121○	播磨宍粟	
△智保明神	チホノ	・・122・		
△都野明神	トノノ	・・123○	日向児湯	都濃（延）　つの（延九）
△石間明神	イワマノ‥	・・126・	山城	
△鴦　明神	オシノ‥	・・128・		

△剣　明神	ツルギ	・	・	129	○	周防佐波	
△大山大明神	タイサンノ	・	・	134	○	伯耆会見	大神山（延）
△佐草々々	サクサノ	・	・	140	○	出雲意宇	佐久佐（延）
△佐陀々々	サダノ	・	・	141	○	出雲秋鹿	
△揖屋々々	シリヤノ	・	・	142	○	出雲意宇	揖屋（延）　いふやの（延九タ）
△若狭姫々々	ワカサヒメノ	・	・	143	・	若狭遠敷	
△大神日宮	――	・	・	145	・	安房	
△近津尾天神	チカツオノ‥	・	・	146	・	近江栗太	
△飯岡天神	イイオカノ‥	・	・	149	・	山城	
△井出天神	イデノ‥	・	・	150	○	尾張丹羽	
△森山天神	――	・	245	・	・		
△惣賀天神	――	・	247	・	・		
△浦部天神	――ベノ	・	248	・	・		
△国津天神	――ノ	・	249	・	・		
△千城咩天神	ヤクラビメノ	・	250	・	・		〔阿波名方「天石門別八倉比売」（延）か〕
△猪鍋御霊	イナベノ	89	・	・	・		
△笠目御霊	カサメノ	96	・	・	・		
△鏡見御霊	カガミノ	98	257	・	・		鏡尊明（薬）　：の（薬）

小観音のまつり

はじめに

二月堂の修二会は、東大寺における最大の行事である。修二（月）会の名が示すように、本来は二月一日から十四日まで、二七日《にしちにち》の法会であった。現在は三月一日から十四日まで勤修され、時間的にも内容的にも〝壮大〟と形容するにふさわしい行事として知られている。寺伝では、その創始を天平勝宝四年（七五二）とし、以来、年々不退の行法として伝承し続けたとするが、これにはかなりの信憑性があり[1]、一二〇〇年以上を経てきた生命と、その生命を支え続けた基盤の解明は大きな意義をもつはずである。しかしこれまでに、行法の変遷もその基盤についての実態も具体的には把握されていない。ここでは、二月堂修二会における本尊としての小観音の有り様を、小観音に関する行事作法を通してたどってみようと思う。

一　二月堂修二会の本尊

二月堂修二会の本尊は、大小二体の観世音菩薩だという。一体は須弥壇上の大観音、一体は御輿様の厨子に納められた小観音である。また、この法会では、二七日の期間を前後に分かって、前半を上七日《じょうしちにち》、後半を下七日《げしちにち》と称し、上七日の本尊を大観音、下七日の本尊を小観音としている。事実、小観音の御厨子は、上七日は須弥壇の裏正面に安置されてあり、三月七日の夜半に至ってはじめて須弥壇正面に奉迎して安置する。この奉迎作法が上七日のクライマックスとなるが、以後、小観音の御厨子は正面に据えられたまま下七日を終了する。

この小観音について、修二会伝説は次のように物語る（読点・読み仮名は筆者が付した）。

天平勝宝三年辛卯十月、実忠和尚笠置寺の龍穴より入て、北へ一里はかりを過るに都率の内院なりけり、四十九院摩尼宝殿を巡礼す、其内諸天殊集て十一面の悔過を勤修する所あり、常念観音院と云、聖衆の行法を拝して、此行を人中に模して行へき由を伺（中略）、又生身の観音をはしまさすは、争《いかで》か人間輙《たやす》く模へきと云、（中略）実忠和尚摂津国難波津に行て、補陀洛山にむかひて香花をそなへて海にうかへ、懇誠をぬきいてて祈精《（ママ）》勧請す、かの閼伽の器はるかに南をさして行て又かへり來る、かくする事百日はかりを経て後、つゐに生身の十一面観音まのあたり補陀洛山より閼伽の器にのりて来給へり、和尚是を当寺の羂索院に安置し奉る、今は二月堂といふ、（以下略）（『二月堂絵縁起』）

天上界における悔過の行法を人界に移し行うためには、生身の観世音菩薩を本尊とせねばならぬと言われた実忠和尚の、丹誠を籠めた祈請に応えて補陀落の浄土から来臨されたのが小観音だというわけだが、この物語で、小観音は恒常的な礼拝の対象としてではなく、悔過会という特定の法会の本尊という性格を付与されて描かれている。この点に関しては後に改めて述べることとするが、この伝説を記載する『二月堂絵縁起』については、天文十四年（一五四五）に制作されたものの詞書が知られており、またこの詞書は建武四年（一三三七）の成立か、とされている『東大寺縁起絵詞』に拠っているというから、伝説の発生はそれ以前にさかのぼる。今、伝説の源を追求することはさしおくとして、このような伝説を生み、あるいは伝説に触発されて確立したであろう小観音信仰の一面に触れておきたい。

東大寺図書館に、『二月堂修中練行衆日記』が所蔵されている。修二会参籠の練行衆によって年々書き継がれた参籠記録であり、現存するものは保安五年（一一二四）から現代に至っている。この参籠記録は、ほぼ次の三系列から成り立つと考えられる。その一は保安五年から宝暦十四年（一七六四）に至るもの、その二は享徳三年（一四五四）から慶応三年（一八六七）に至る堂衆方の記録、その三は元禄八年（一六九五）から現代に至るもの、である。それぞれに欠損があるが、相互に補い合って貴重な記録である。本稿では、以上をそれぞれ、『練行衆日記』―A・B・Cと仮称する。[2]

以下は、『練行衆日記』Aに記す久安四年（一一四八）の事例である。小観音信仰についてうかがい知ることのできる、初出事例だろうと思う。

……維順者（中略）至第五日走時、於仏後、本師観音御宝殿打敷也、仍六日食堂以前追却免了、諸衆議定、永以停止籠衆矣

練行衆の維順が、五日の『走り』の時に観音の宝殿を打ち叩いた咎によって罷免され、衆議によって、以後の参籠を永久に停められた、ということの文言から、十二世紀半ばにはすでに小観音が本師観音すなわち修二会の根本本尊と認識されていたことがわかる。また、小観音の宝殿（厨子）を「打敷」くことは、生涯参籠の資格を失うほどの重科であって、小観音が修二会にとっていかに重要な存在となっていたかを知ることもできる。これらのことがらが語るのは、この時期に、小観音信仰とでもいうべきものが確立し、参籠集団に浸透していた状況である。おそらくそれは、修二会創始にまつわる伝説を背景として芽生え、徐々にかたちづくられ、固定したものであろう。

久安四年から三〇年余を経た治承四年（一一八〇）に、平重衡南都焼打の不幸な事件が発生する。この時、二月堂周辺も湯屋・閼伽井屋が焼失の災に遇う。幸い二月堂は危うく難を逃れるが、この緊急時の処置は

……切破御堂東戸、奉抱出小観音畢、（『練行衆日記』A）

であり、不測の事態に、なにはともあれ小観音を守ろうとする姿勢を具体的に知ることができる。なお、この記事は一部焼損しているが、判読可能な部分に、大観音についての記述はない。さらに下って永正七年（一五一〇）、会中の二月十四日、二月堂は出火焼失の難に遇う。

『練行衆日記』Aは、この時のさまを次のように記している。

……為和上大導師之計略、御厨子出礼堂江奉搔出、猶以火焔不消滅故、重而飯道之山江奉遷時、拝於御輿成於渇仰男女、群集而不能禁制之処、当国住人平群嶋并中川等自然参合奉守護、

ここに描かれている小観音は、単なる参籠集団の信仰の対象にとどまってはいない。御輿を拝そうと、渇仰の男女が群集して制止不可能だったという記事は、あるいは文飾があるとしても、当時小観音信仰が、参籠集団のみならず世間一般にかなりの規模で浸透していたことを示している。

小観音信仰の確立に伴って渕源し確立したに違いない小観音のまつりは、右に見たように、大観音の存在とかかわりなく明確化し広がってゆく小観音信仰の軌跡と共に、そのかたちを変えもしたであろう。その起伏の末にあるのが、現在の小観音のまつりである。

二　小観音のまつりの現状

〝小観音のまつり〟と言うとき、常には、先にも記した三月七日の奉迎作法を指す。伝説を模して、来臨された小観音をまず難波津に迎え、その後改めて二月堂に迎請する様態だという。この日は〝小観音さん〟と親しまれて、近在の人々の参詣も多く、古風な絵巻物をひもとくように展開する行事次第は、法会前半のクライマックスと称されるに恥じぬ典雅な趣がある。この日、小観音にかしずく練行衆の態度は粛々としてこの上なく敬虔なものであり、小観音への信仰が現代に生きている、とさえ感じさせられる。小観音のまつりを考えるとき、この奉迎作法に視点を集中せねばならないことはいうまでもない。しかしこのほかに、小観音のまつりと取り立てては言わないけれども、会中の節目となる日にとり行われる、小観音に関するさまざまの作法があり、それらはすべて小観音の存在を重視する精神の発露と考えられるから、その脈絡の中に、小観音のまつりの意義と表現意図を見るべきだと思う。そこで、ここでは三月七日の作法と共に、小観音に関する他の作法にも言及する。

現在、小観音に関する作法としては以下のようなことが行われている。なお、この法会では参籠衆の構成に独特のものがあり、通常の法会とは異なるので、記述の便宜のために参籠衆の構成を表Ｉとして掲げ、役名と職掌の概略を記して、本文での記述を省いた。

①　**御輿洗《みこしあら》い**（二月二十一日）

二月二十日の夕刻、別火坊に参集した参籠衆は、以後二月末日まで別火精進の前行《ぜんぎょう》を行う。その初仕事が、小

表I　参籠衆の構成

- 参籠衆《さんろうしゅう》
  - 練行衆《れんぎょうしゅう》
    - 四《し》職《しき》
      - 大導師《だいどうし》（導師《どうし》）……修二会の最高責任者として法会を統轄する。かつては学侶の所役であった。
        - 仲間《ちゅうげん》
        - 童子《どうじ》
      - 和《わ》上《じょう》（和上）……戒和上。練行衆に戒を授ける。かつて、四職の中で、堂衆が勤めることのできる唯一の役であった。
        - 仲間
        - 童子
      - 呪《しゅ》師《し》（呪師）……呪禁師。結界・勧請などの密教的修法を司り、神道的な作法も行う。かつては学侶の所役であった。
        - 仲間
        - 童子
      - 堂《どう》司《つかさ》（司《つかさ》）……法会進行上の監督責任者。かつては学侶の所役であった。
        - 加供奉行《かくぶぎょう》（加供）
        - 仲間
        - 童子
    - 平《ひら》衆《しゅ》
      - 総衆之一《そうしゅのいち》または北衆之一《きたのしゅのいち》（衆之一）……平衆の統率役。かつては学侶方平衆の頭。
        - 童子
      - 南衆之一《みなみのしゅのいち》（南衆《なんしゅ》）……平衆の次席。かつては堂衆方の頭。
        - 童子
      - 北衆之二《きたのしゅのに》（北二《きたに》）……
        - 童子
      - 南衆之二《みなみのしゅのに》（南二《なんに》）……
        - 童子
      - 中灯之一《ちゅうどうのいち》（中灯《ちゅうどう》）……会中の書記役。かつては中灯之二・中灯之三……と複数以上の中灯がいた。
        - 童子
      - 権処世界《ごんしょせかい》（権処《ごんしょ》）……処世界の補佐役。かつては堂衆方の末席。
        - 童子
      - 処世界《しょせかい》（処世界）……平衆の末席。かつては学侶方の末席。法要勤修に関する雑用役。
        - 童子
  - 三《さん》役《やく》
    - 堂童子《どうどうじ》……礼堂・外陣・閼伽井屋等の掌握。練行衆の勤行に付随する外縁部の作法の担当者。
      - 童子
    - 小綱《しょうこう》兼木守《こもり》……法会の会計、雑法務の担当者。かつては「算数の小綱」「行事の小綱」「木守」それぞれ別役であった。
      - 童子
      - 大《おお》炊《い》
      - 院《いん》士《じ》
    - 駈《く》士《し》……湯屋を掌握し、雑法務にたずさわる。
      - 庄駈士《しょうのくし》

観音御厨子の清拭である。二月二十一日午前八時頃、堂司と平衆全員(3)が二月堂に出向き、須弥壇の正面に、大観音の前立《まえだち》のかたちで安置されている御厨子を、ひとまず礼堂に舁き出す。衆之一から南二までの、平衆の上座四人が、ここで御厨子を掃き浄め拭い浄めた上で、荘厳の金銅幡・幢を会中専用のものに取り替える。この間に、中灯・権処・処世界の下座三人が宝前の仏具を堂童子に渡し、内陣を掃き清め、別火坊で必要とする道具類を内陣から搬出するなどのことを済ませる。内陣の清拭も御厨子の荘厳も完了すると、再び御厨子を内陣に舁き入れる。この時に、元の位置には安置せず、須弥壇裏正面の机上に安置する。要するに、昨年の三月七日夜半に須弥壇正面に安置された御厨子は、そのまま当年の『御輿洗い』まで正面にあり、『御輿洗い』で清拭・荘厳が済むと裏正面に移され、三月七日までは裏正面に安置されることになるわけである。

以上述べた御厨子安置の位置や段取りから考える限り、現状では小観音が大観音と共に二月堂の恒常的な本尊の座にあり、修二会上七日の間だけ、大観音に座を譲るかたちをとっていることになる。

② 小観音宝前荘厳（三月一日）

開白の法要を勤修する直前に行う。食堂での『授戒』を終えて、練行衆が二月堂に上堂する。午前一時四〇分頃である。まず、平衆が全員で内陣の掃除と須弥壇四面の荘厳、法具の準備、香・華・燈明の油の用意など、開白の法要に必要な諸準備を整える。準備完了すると、四職は礼堂に着座し、平衆は内陣に残留する。

処世界が、内陣から「最上箱《さいじようばこ》」(4)を捧げ行き、大導師の前に置く。次に折敷を捧げて行き大導師の前に置く。大導師は最上箱に収納されている小観音荘厳用の仏具をまず取り出し、点検しては折敷に並べて置く。処世界は、大導師が点検した仏具を内陣に捧持して、内陣に待ち受けている平衆に渡す。内陣の平衆が、これを受け取って小観

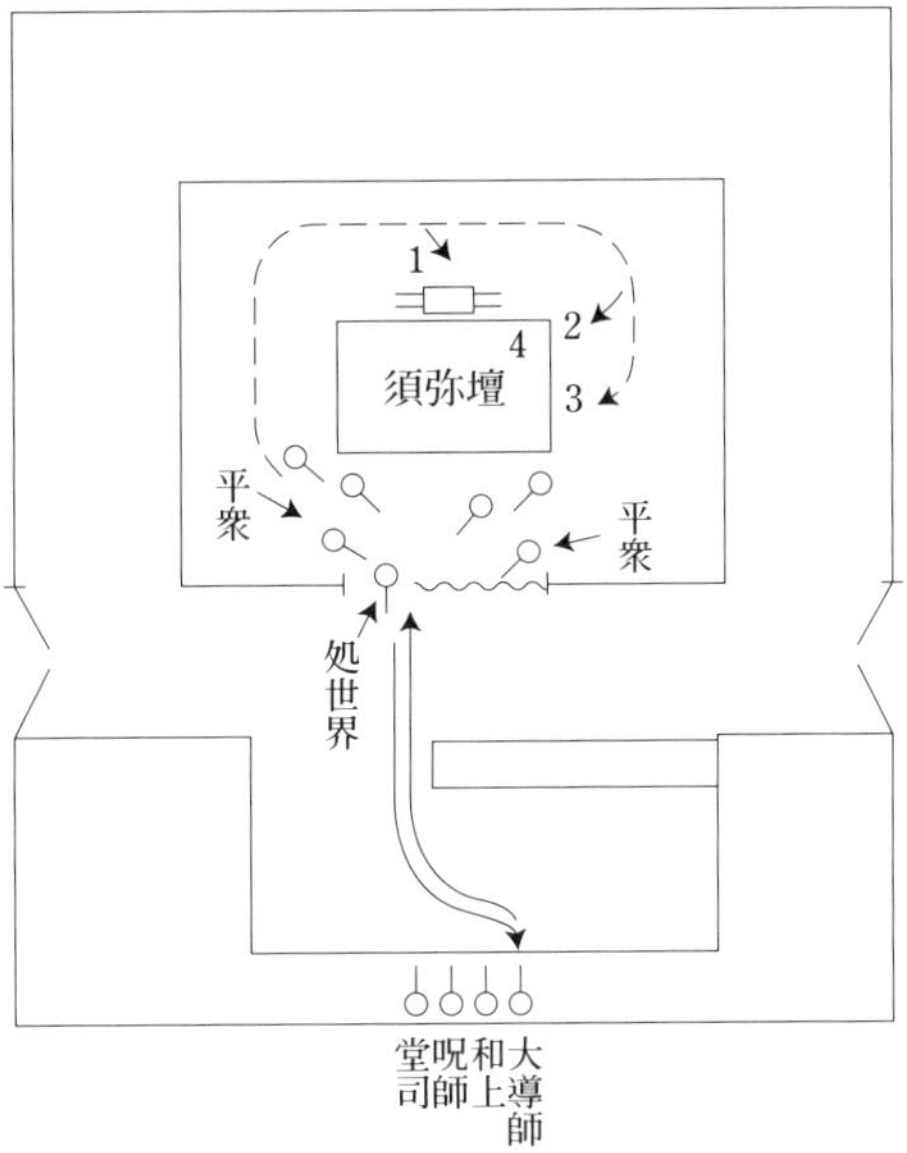

1. 小観音宝前荘厳
2. 時香ノ串ヲ立テル
3. 牛王ノ牛ヲ納メル
4. 最上箱ヲ返納スル

図Ｉ　[小観音宝前荘厳]

音の宝前にかざり、荘厳を整える。処世界は再び大導師の点検した「時香《じこう》の串《くし》」(5)と「牛王《ごおう》の牛《うし》」(6)を捧持し、それぞれが定位置に置かれると、最後に最上箱を内陣に持ち帰り、須弥壇上に返納する（図Ｉ参照）。以上で、開白の法要の準備がすべて整う。この法会の、上七日の本尊を大観音とする通説に従えば、法会開白に際しての小観音宝前荘厳作法の丁重さは、通常考えられる域を超え、手を尽くし心を籠める趣がある。

③　小観音当役指名・出御準備（三月七日）

〝小観音のまつり〟の当日、『日没』の勤行の直後に堂司が練行衆の前に立って書付を読み上げ、『小観音出御』と『小観音後入』に奉仕する諸役の担当者を指名する。松明役《しょうみょうやく》二名、荘厳役《しょうごんやく》三名、宵御輿役《よいみこしのやく》四名、暁御輿役《あかつきみこしのやく》四名、以上であるが、現在は担当が固定的になっていて、松明役には衆之一・南衆、荘厳役には中灯・権処・処世界、宵御輿役には衆之一・南衆・北二・南二、暁御輿役には南衆・北二・中灯・権処が指名される。

当役の指名が終わると、堂司と平衆全員とで『小観音出御』のための準備をする。小観音宝前の荘厳具は唐櫃の蓋に取り下ろし、御厨子を内陣の南西角に仮安置して、掃き浄め拭い浄める。荘厳具も浄め、新しく作った供華(7)と共に唐櫃の蓋に並べておく。

これらの準備と並行して、礼堂では、堂童子をはじめ小綱・駈士・湯屋童子たちが、御厨子出御の座を礼堂にしつらえ、松明や御厨子荘厳の餅(8)を用意するなどして、万端の準備を整える。

この頃、非参籠の寺僧（娑婆古練《しゃばこれん》）は、聴聞のために参集し待機する。

④ 小観音出御（三月七日）

夕刻六時頃、練行衆が内陣に入り、非参籠の寺僧が聴聞のために礼堂に着座すると、小綱と駈士が宵御輿松明《よいみこしのたいまつ》を一本ずつ抱えて内陣に差し入れる。衆之一と南衆がこれを受け取って、内陣の燈明で点火し、小綱と駈士に渡す。伶人の奏する楽の音と共に、宵御輿役が御厨子を舁き上げ、静かに礼堂に舁き出す。宵御輿松明を抱えた小綱と駈士が先導し、四職が随伴する。御厨子を礼堂の設けの座に奉遷すると、堂司が荘厳の証明役として御厨子の正面に立ち、その背後に大導師以下南二までの諸練が一列に並び立つ（以上図Ⅱ—a参照）。

荘厳役は、以上を確認してから礼堂に出る。御厨子の荘厳具一式を載せた唐櫃の蓋を中灯が捧げ、権処と処世界が随伴して、静かに宝前に進み、中灯が当役となり、他の二人は介添えとなって、香・華・燈明・六器・供物等を供えて荘厳する。また引き続いて、前机に、二三〇面の壇供を規定に従って供える。この間、証明役の堂司をはじめ、他の練行衆も聴聞の寺僧も、静かにこれを見守り、松明を抱えた小綱と駈士も、蹲踞して会場《えじょう》を照らしている（以上図Ⅱ—b参照）。

御厨子の荘厳が済むと、荘厳役も練行衆の列に連なり、一列になっていったん内陣に引き上げる。松明は堂外に搬出して消火する。

ここで改めて、練行衆が一人ずつ内陣から礼堂に出てくる。御厨子の前に進み出ては恭しく礼拝し、礼拝が済むと下堂する。一人が出堂すると次の一人が出て来て礼拝する。礼拝の順は大導師を第一に、上座順であり、四職は五体投地《ごたいとうち》三礼《さんらい》、平衆は五体投地一礼《いちらい》の礼拝を行う。無上最上の礼を尽くして奉仕するわけである。

練行衆が全員礼拝を終えて下堂すると、続いて聴聞の寺僧が一人ずつ礼拝して出堂する。その後手向山八幡宮司と堂童子が礼拝し、この二人は御厨子の傍に侍して警護する。

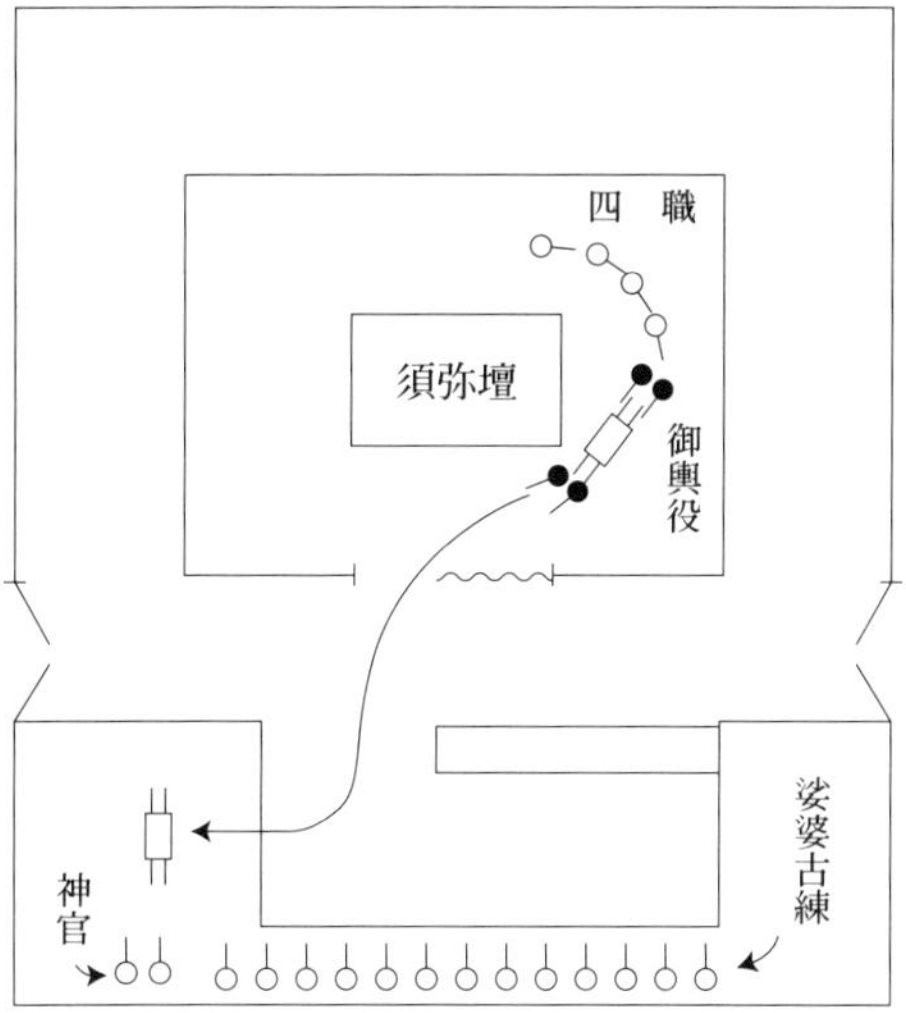

図Ⅱ—a 〖小観音出御〗：御厨子の動き

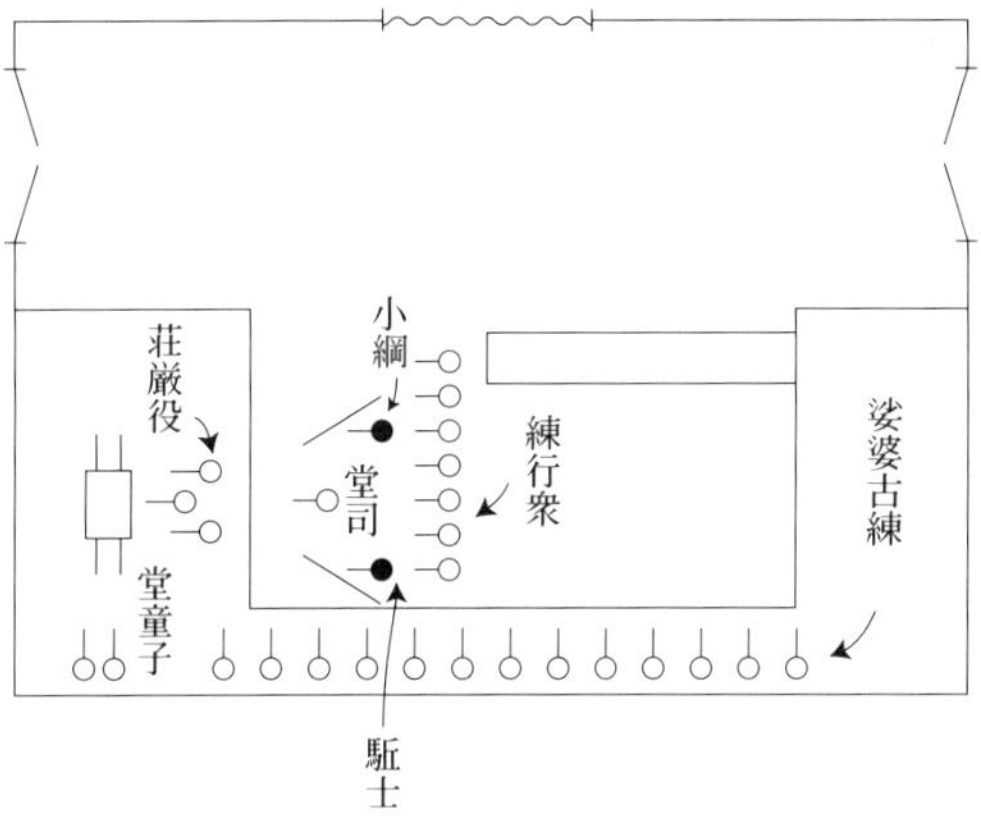

図Ⅱ—b 〖小観音出御〗：御厨子荘厳

⑤ 小観音後入《ごにゅう》（三月七日）

『後夜』の勤行の間に、礼堂では堂童子が主となって、小観音宝前の荘厳を片付ける。壇供は桶に入れて下げ、荘厳具は唐櫃の蓋に移して内陣の堂司に渡し、外陣の北正面に奉遷の仮座をしつらえるなど、内陣以外の準備をすべて整える。

非参籠の寺僧は、『小観音後入』の聴聞のために、再び礼堂に出仕して列座している。

『後夜』の時作法《じさほう》(9)が終わると、大導師が処世界と暁御輿役四人を従えて礼堂に出、他の五人は内陣に残留する。

このとき小綱が暁御輿松明に点火し、小綱と堂童子がそれぞれ松明を抱えて、御輿の傍に控える。

暁御輿役が御厨子を舁き上げると、松明を抱えた小綱と堂童子が先導して、御厨子は外陣北正面に向かう。大導師と処世界は随伴し、内陣に残留した五人の中、和上・呪師・堂司・衆之一が、内陣の北正面に集まる。聴聞の寺僧は、礼堂に列座したままで、北面に向かう御厨子の行列を、数珠を揉んで見送る。

御厨子は、外陣北正面にいったん安置され、ここで大導師が勧請の祈りを捧げる。他の練行衆は、外陣・内陣を問わず御厨子に向いてうずくまり、迎請の心を表す。短い祈りが終わると再び御厨子は舁き上げられ、松明の先導に従って、外陣の北面から東面、南面と巡り、南正面から内陣に迎え入れられる。大導師と処世界は御厨子に随伴して外陣三面を巡る。内陣の四人は法螺貝を吹いて内陣を巡った後、南正面で暁御輿役から御厨子を受け取り、須弥壇の正面に安置する。

暁御輿役は、南正面で御厨子を渡すと、大導師と処世界に続いて、正面の出仕口から内陣に帰参し、以上で『小観音後入』の作法が終了する（以上図Ⅲ参照）。

出御から後入に至るまで、御厨子の奉遷は、練行衆はもとより非参籠の寺僧すべてが立ち会い、恭敬の念と手厚

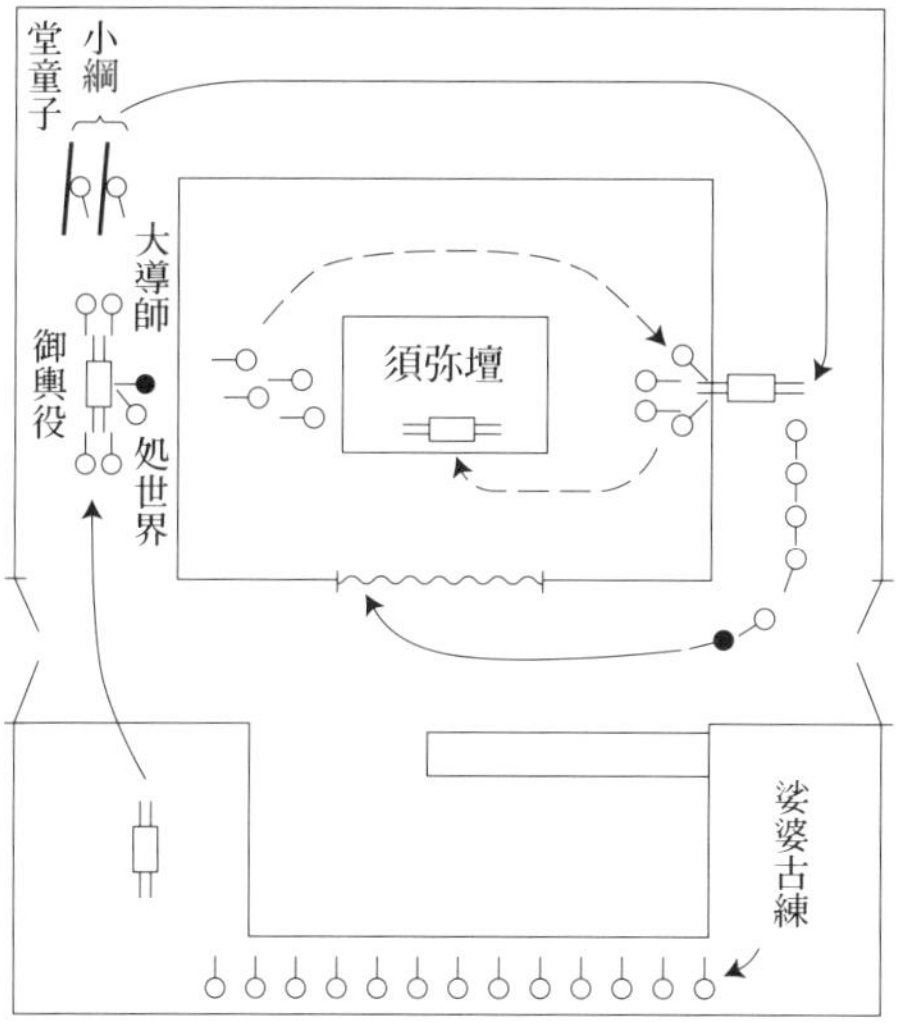

図Ⅲ　『小観音後入』：御厨子の動きと練行衆の動き

い扱いを捧げ、ここで、二月二十一日の『御輿洗い』以来、半月ぶりに御厨子は常の座（須弥壇の正面）に還り、ここで下七日の供養を受けることになる。

⑥　小観音仏具収納（三月十五日）

結願の作法の直前に、開白（三月一日）の『小観音宝前荘厳』に対応して、仏具を収納する作法が行われる。三月十五日午前二時頃、破壇して会中の荘厳をすべて取り払い、内陣のしつらえを通常のしつらえに戻し、丹念に掃除をする。この時に、小観音御厨子の金銅幡や幢も、荘厳の仏具も、会中所用のものから通常のもの（『御輿洗い』で外したもの）に取り替える。

内陣のしつらえが整うと、四職が礼堂に着座し、平衆は内陣に残留する。まず、処世界が内陣から「最上箱」を捧げてゆき、大導師の前に置く。次に、「時香の串」と「牛王の牛」を載せた折敷を捧持してゆき、大導師の前に置く。大導師が、これらを確認しながら最上箱に収納すると、折敷を内陣に持ち帰り、会中、小観音宝前を荘厳していた仏具を載せて、再び大導師の前に置く。大導師が仏具を確認して最上箱に収納すると、それを捧持して内陣に戻り、壇上に返納する。この間、内陣の平衆は、処世界の出入のたびに折敷を渡したり受け取ったりして手伝う。こうして内陣が通常のしつらえに戻ると、いよいよ結願の作法がはじまり、二七日の大法会の終幕を迎えることになる。

以上が小観音に関する会中の諸作法の概略である。首尾照応して間然するところがない。またこれで明らかなように、現在小観音は別火入りから結願に至るまで、会中の節目ごとに、崇敬の念を以て大観音に勝るとも劣らぬ扱いを受けている。また会中のみならず当年の修二会から来年の修二会までの間、常に大観音の宝前に安置され、二月堂の「二体の本尊」と認識され遇されている。それはまた、十二世紀半ばまでさかのぼって確認した小観音信仰の、枯渇せぬあかしでもある。ただし今昔の基本的な相違がある。それは、『二月堂絵縁起』に記された小観音は、悔過会の本尊という臨時的な性格を付与されて描かれているのに対して、現在の小観音は、恒常的な本尊という性格を、事実を以て示している点である。

三　小観音のまつりの旧態

前章に述べたような小観音のまつりの勤修形態が、現状に固定するまでの変遷をたどってみよう、というのがこの章の目的だが、その実態をどこまで具体的にさかのぼりうるかというと、残念ながら十五世紀以前にさかのぼることは非常に難しい。これまでに引用した『練行衆日記』にしても、文保二年（一三一八）以前のものは焼損があり、記述の内容も参籠衆の交名《きょうみょう》を主としているため、作法の具体的な推測が困難である。また法則《ほっそく》・次第本《しだいぼん》、役々の心得書なども、十五世紀以前に書写されたものは、全く、ない。

以上の状況ではあるが、堂司・処世界・堂童子など、会中、要所要所で仕事の多い諸役や、練行衆一般の勤めるべき仕事の心得を記したもの（「日記」と称するものが多い）が、東大寺図書館および各塔頭や堂童子家に所蔵されており、ご好意で借覧させて頂いた。『練行衆日記』と共に、これらの記述の比較を糸口にして、少しでもその作法の変遷をたどってみようと思う。参照させて頂いたのは左記の諸本である。なお、本来学侶が新入《しんにゅう》（初参籠）の時必ず勤める役であり、こまごまとした仕事の最も多い処世界の心得書――『処世界日記《しょせかいにっき》』――は、年代を異にする数本を比較することができた。記述の便宜上、『処世界日記』に関しては、それぞれの奥書の年紀、または執筆者の新入の年を以て史料名に代えることとする。その他の史料については、引用に際して括弧内の略称を用いる。

▩『処世界日記』

長禄本　長禄三年（一四五九）経弘筆　東大寺図書館所蔵

寛文本　寛文七年（一六六七）実性筆　東大寺図書館所蔵

享保本　享保十一年（一七二六）光賢筆　東大寺所蔵

宝暦本　成範筆　宝暦四年（一七五四）新入　龍松院所蔵

寛政本　寛政七年（一七九五）成宥筆　東大寺図書館所蔵

明治本　公海筆　明治四十年（一九〇七）新入　中性院所蔵

▩『堂司日記』

『二月堂堂司私日記』上・下（『司日記』）天文九年（一五四〇）英訓写、寛政五年（一七九三）英宣筆　東大寺所蔵

▩『修中日記』

『新入心精進之事』　宝永六年（一七〇九）光賢筆、享保三年（一七一八）寛盛写　東大寺図書館所蔵

『二月堂修二会私記』（『修中日記』）奥書なし　観音院所蔵

▩『堂童子日記』
『修二会略要記』(『略要記』)文化元年(一八〇四)堂童子延清筆　稲垣家所蔵
『二月堂修中日記』(10)(『延清日記』)文化十年(一八一三)〜文化十五年　東大寺図書館所蔵

1　御輿洗い

現在別火入りの翌朝、二月二十一日に行われる『御輿洗い』は、前章に述べたような手順で小観音の御厨子を清拭・荘厳し、内陣の裏正面に安置し直す。これが主目的で、ついでに、内陣の掃除と別火坊で必要とする道具を搬出する趣がある(以上五三四〜五三六頁参照)。しかし「御輿洗い」の呼称は新しく、幕末までの『練行衆日記』には用いられていないし、諸種の作法書にも見当たらない。ただし、これに相当する行事はある。正月二十三日に行われていた『煤払《すすはらい》』がそれである。文化元年(一八〇四)堂童子延清の筆録した『略要記』には『煤払』の次第が記されてあり、その内容が、現在の『御輿洗い』とほぼ同様であったことがわかる。また、「廿三日」の字を見せ消ちにして別筆で「廿一日」と書き入れてあり、二十三日の恒例行事が変更されて、二十一日になったことも確認できる。

さてこの「煤払」の文言は、現在目に触れた限りでは『練行衆日記』永和二年(一三七六)が初出である。以後、『煤払』と『御湯』が一連の行事として記述されることが多いが、いずれも具体的な次第や作法には触れていない。しかし、左の事例からも推察されるように、当年参籠の結衆確認のための、重要な行事であったらしい。

a　抑於寛成者、依為要人可有参籠之由、廿三日御湯之時相触之処、有他行不知在所云〻、何況不及参、御煤払之間不可思議振舞言語道断之上ハ可被処重科之旨、及諸衆一同評定、(『練行衆日記』A　永和二年)

b　一、於快春得業者、可為今年二七ケ日之堂司間奉行、廿三日之御煤払并参御湯加交名乎、（『練行衆日記』A
　永享五年）

また、文安元年（一四四四）・永正六年（一五〇九）には、大仏殿はじめ七堂伽藍閉門の事態があっても、「煤払」と「御湯」の慣習は実行すべき決定がなされていて、寺中でこの一連の行事には、特殊な意義を認めていたこともうかがわれる。

第一章に引用した、維順が仏後の宝殿を打ち敷いた事件（五三二頁参照）は、久安四年三月五日のことである。この記事から、久安四年には、上七日に小観音の御厨子が堂内にあり、しかも現在と同様に裏正面に安置されていたことが明白だから、当然永和・永享の頃も御厨子は堂内にあったはずである。しかし、前掲a・bの事例をはじめ、『煤払』と『御湯』についての記述は、御厨子には全く触れていないし、この後江戸初期まで、正月二十三日の行事に関して、御厨子に言及した記事は見当たらない。少なくとも、御厨子の清拭荘厳が行事の主眼という、現在のような扱いを受けていなかったことは確実であろう。

延宝六年（一六七八）に至って、『練行衆日記』Bが『煤払』における御厨子の扱いに言及し、以後、『練行衆日記』A・B共に、学侶と堂衆の職責分担明示の記事として目に触れることが多くなる。そしてこの場合、御厨子の扱いは学侶方の所役とされている。その二、三例を左に掲げる。

a　……廿三日ススハキニハ浄詮ハ不被登也、非学侶故歟、近年如此也、但一年、雖被登道具ノ手伝迄ニテ御厨子江ハカマワレス、此年ハ学方ヨリ五人被登也、（『練行衆日記』B　延宝六年）

b　廿三日御輿役義无人故、蜜宗英空法師勤役、以后雖為蜜宗可被出御輿役者也、新入除之訖（『練行衆日記』A
元禄五年）

この後元禄十一年（一六九八）に、

c　一、小観音御厨子ノ玉幡二流并宝幢四方ニ掛之、同公慶上人為寄進者也

の記事があり、さらに元禄十六年（一七〇三）に至って、

d　一、今年練行十四口、正月廿三日煤掃両堂ヨリ末座三人、実鑑・照海・盛秀出、御輿役学侶ヨリ末座四人、英俊・英範・光秀・公祐出、但公祐壹人内陣道具手伝、無異儀相済早、日中後御湯如例相済早（『練行衆日記』A）

の記事となる。以後、幕末までdに準ずる記載が年ごとに繰り返され、記述の定型となるが、『御湯』に関する記載は、享保九年（一七二四）を最後に、省かれるのが例となる。堂衆の記録である『練行衆日記』Bの場合も、元禄十四年以降の『煤払』の記述は、左の記載形式に定着してゆく。

一、正月廿三日煤掃（中略）諸道具出入共ニ学方義山房此方義観房両人被致早、此方ノ役御厨子大仏具二面取出シ堂童子渡ス、御厨子、ハク、礼堂ヘ出、寺方ゟ御厨子被出、掃除被致、此方ニ者獅子ノ座入ル、

このように、かつては『煤払』・『御湯』と並記されていた慣行行事から、『御湯』の記述が姿を消し、『煤払』の記述には御厨子に触れる記述が多くなることから、この二行事の実態に変化のあったことが察せられる。まず『御湯』の記述の消滅は、永和二年と永享五年の事例（五四四〜五四五頁a・b）に見たような結衆確認の意義が、江戸中期以降非常に薄れたことに起因するであろう。修二会参籠衆は、江戸初期以降次第に口数減少の傾向をたどり、延宝八年・貞享五年には「新法」によって運営せねばならぬ状況にたち至っていた。[11]本来は修二会執行を目前にして堂内外を清拭し、参籠衆を選択・決定することが目的であった『煤払』と『御湯』の行事も、おそらく練行衆を選択して決定する余裕のない状態に陥り、必然的に『御湯』の催行意義が薄れ、実質を失い、元禄期には例年の記

録にとどめる必要がなくなったのではあるまいか。

一方、『煤払』に関して御厨子に言及する記述の多出するのは、学侶と堂方の職掌分担を明確化する姿勢から生まれたと思われる。注目したいのは、このような背景の中で、元禄十一年に公慶上人が大小本尊の荘厳具を寄進した事実である（前掲引用例c）。この寄進は、おそらくそれまでは堂内掃除の一環に過ぎなかった御厨子清拭を、清拭から荘厳へと、意義を転ずる役目を果たした。学侶が御厨子の役を担当する、という慣例を生じたことが拍車をかけたのかもしれない。その方向性が明確になるに従って、また参籠衆の口数減少という現実問題が並行することによって、本来の結衆確認という側面はより稀薄にならざるをえなかった。荘厳具を寄進した公慶上人の意図がいずれにあったかは記されていない。しかしその寄進は、明らかに一つの転換を促したのだと思う。公慶上人の荘厳具寄進後一〇年を経た宝永六年、学侶光賢の記した『新入心精進之事』には「……御輿掃除シ宝幢ヲ掛替ル……」と記されているから、おそらく公慶寄進以後、その荘厳具は会中の所用具と定められたに違いない。

練行衆の会中の心得を記した『修中日記』には、二十三日の作法に関して、現在と非常に近い次第が記されてあり、もちろん御厨子の宝幢を会中所用のものに掛け替えることも明記されている。筆録の年代は不明だが、安永二年初例のことがらに「近来」と記し、交名などの認め方の文例に「天明」の文字を用いてあり、これを下限とするから、天明期（一七八一～一七八八）をあまり下らぬ時期に成立したと考え得る。かれこれを勘案し、『煤払』から『御輿洗い』への展開は、以下のような経過をたどったと考える。すなわち、十七世紀末に学侶の担当となった御厨子清拭が、十八世紀初頭以降、清拭から荘厳への色彩を加え、十八世紀半ば過ぎには現在と同様の作法として定着した。さらに、定着した作法が慣習化する間に、本来の『煤払』の呼称は忘れ去られ、幕末以降には、御厨子の扱いに重きを置く実態にふさわしい『御輿洗い』の呼称が用いられるようになって現在に至った。以上である。

なお蛇足ながら、『練行衆日記』の記述から姿を消した『御湯』の行事は、全く実態を失ったわけでなく、形式化してはいるが、現在二月二十三日午後の『試みの湯』の行事に名残りをとどめている。

2　小観音宝前荘厳

五三六〜五三七頁に記したように、『小観音宝前荘厳』の主役は、大導師と処世界である。ことに、処世界は前述の通り内陣と大導師の間を往復して、荘厳具を運搬する重要な役を勤めるから、『処世界日記』にその心得が記されて然るべきである。しかし、長禄本と寛文本には、これに関する記述が全くない。記述は享保本に至ってはじめて出現し、

「最上ノ箱大導師ノ前ェ持チ行キヲク」

の記述をはじめ、現状と同様の作法を記す。以下宝暦本・寛政本・明治本と、ほぼ同文の心得が、一つ書きで四箇条にわたって記されている。

明らかに寛文七年（一六六七）から享保十二年（一七二七）までの半世紀余りの間に、『小観音宝前荘厳』の作法が変化したと考えられる。しかも、心得を記載した諸本の中で最も古い享保本には、作法の手順を追って、記入されるべき位置に、番号を頭記して四箇条の心得が整然と記されてあり、変動期の書き物に見られる、あとからの書き入れの痕跡はない。以上から、『小観音宝前荘厳』の作法は、享保十二年よりかなりさかのぼった時点に始修されたと考えてよいと思う。その時点を、今特定することはできないが、以下に、及ぶ限りの推測を試みた。

『修中日記』の「二月朔日法則」と題する記述に、以下の文言がある。

……夫ヨリ内陣掃除壇上荘厳禅衆勤之、唐櫃役北座衆一衆二ノ役也、丙人（ママ）唐櫃ヲ内陣ヨリカキ出シテ礼堂ノ北ノ方

畳ノ前也、差懸ハキナカラ櫃ヲ前ニ置キ蹲踞シテ居ルト禅衆仏具請取ニ来ル、数ヲ改相渡、

右の事例は、壇上荘厳の段取りを具体的に記したものである。この記述によると、開白の壇上荘厳役は禅衆の所役であった。また荘厳具の入った唐櫃から、荘厳具を出して禅衆に渡すのは学侶衆之一と衆之二の役で、これを「唐櫃役」と称している。唐櫃役と禅衆の連携によって荘厳が行われていたわけだが、「数ヲ改相渡」の表現に、現在の大導師による仏具点検との共通性を見ることができる。そこで、この「唐櫃役」を手がかりにしようと思う。「唐櫃役」の名称は、『練行衆日記』Aの元禄四年以降に頻出する。左に、その事例を二、三掲げた。

a　一、朔日唐櫃役十二日松明役者、除古職、衆二已下勤之也、（元禄四年）

b　一、唐櫃役者、雖為上座蜜宗除之、但十二日松明役被勤之、七日松明役除之、（元禄五年）

c　一、唐櫃役七日松明役幷五日七日初夜時、衆一衆二如例勤之、（元禄六年）

d　一、唐櫃役七日松明幷五日七日初夜時、衆一衆二如去年勤之、密《（ママ）》宗除之、（元禄八年）

e　一、朔日唐櫃役、学侶衆一晉因衆二秀学相勤早、（元禄十七年）

翌宝永二年以降は、元禄十七年の形式を踏襲して毎年書き継がれ、学侶衆之一と衆之二の所役として固定したと確認できる。

右の事例の推移を見ると、唐櫃役の担当が学侶の衆之一と衆之二に固定するまでの揺れがあることに気付くだろう。衆之二以下の所役とする年（a）、上座といえども蜜宗は除くとする年（b・d）、という浮動する状態から学侶の衆之一と衆之二の二人に固定してゆく（c〜e）経緯にも、また前年に「如例」（c）と記し翌年に「如去年」（d）と記す表記法にも、確定的な規則となるまでの揺れがある。この揺れは、おそらく宝前荘厳という作法に様式化を加え、儀礼性を強調するという志向に伴う揺れを示すものである。

さらに時代が下って文化十三年（一八一六）に、『練行衆日記』Bは次のように記している。

一、朔日……学方衆一ゟ大壇仏具等請取、不残供花等此方ゟ致候事、但し御厨子之仏具ハ処世界ゟ請取、此方ニ荘厳致ス

大壇（大観音）の仏具は（堂衆が）唐櫃役の衆之一から請け取り、小観音の仏具は、その荘厳に際して（大導師の手を経て）処世界から請け取る、という段取りである。仏具改めの役は、先に指摘した揺れを経て、学侶上﨟の役となった。さらに、小観音の仏具改めのみを切り離して、練行衆統括の最高位にある大導師の所役とした。宝前荘厳にかかわる一つの作法の完成に至る経緯がここに見られる。以上のようにたどってくると、『小観音宝前荘厳』における大導師の仏具点検は、須弥壇荘厳における衆之一・衆之二の仏具点検の作法から分化し、次第に形成されていった、と考えて誤りあるまい。とすると、『小観音宝前荘厳』の作法は、唐櫃役の確立と雁行して形作られていった可能性が濃い。おそらくは元禄末から享保初期のことであろう。

時あたかも公慶上人による大仏開眼と、引き続く大仏殿造営の最中である。『御輿洗い』といい『小観音宝前荘厳』といい、小観音の扱いの手厚さと儀礼化への志向は軌を一にしている。手繰り寄せたこの事実は、単に偶然の事実ではなく、一般に滲透していた小観音信仰と大仏開眼の難事業を重ね合わせて企てられた、いわば意図された事実であったのかもしれない。

3　小観音当役指名・出御準備

『小観音出御』に備え、諸役の配役を行い、内陣のしつらえを整え、御厨子を清拭する。これらについては、左によって十五世紀末から十六世紀半ばに、現状とほぼ同様の手順が定まっていたことがわかる。『御輿洗い』や

『小観音宝前荘厳』に比べて、その定着の時期は早い。

a　一、日没（中略）観音経了テ松明役幷宵御輿役暁御輿役、差帳ヲ以テ次第ニ可指事(12)（『司日記』）

b　一、七日之日没以後観音経同音終、御輿外陣御出之前者、内陣辰巳角奉移時、禅徒役而、卅講時用長机後戸江直置事為彼役焉、（『練行衆日記』A　天文十二年）

c　一、日没終テ人々ワ御ヅシノゴ井被申共、処世界ワ我シ事ヲスヘシ（『長禄本』）

堂司が「差帳ヲ以テ」諸役を指名する、その配役の具体例を知ることができないのが残念だが、松明役・宵御輿役・暁御輿役を指名すること、御厨子を内陣南西の角に仮安置することなどは現在にそのまま継承されているし、学侶、堂衆、処世界などの責任分担が明確であった点も、現在の職責分担方式に連なっている。ただし上記の事例から現在に至る間の社会変動は大きく、学侶と堂衆という、練行衆を含む僧団組織上の変動や、参籠口数の大幅な変転など、参籠集団の基盤にかかわる変遷があるから、個々の所役の担当にもおのずから変化があったはずである。ここでは『小観音出御』に備えての手順の共通性を指摘するにとどめ、役々の担当者を通して見るまつりのかたちの変遷は、それぞれの項で取り上げることとする。

4　小観音出御

この作法は、小観音の〝まつり〟のメイン・イベントであり、東大寺修二会上七日のメイン・イベントでもある。上七日の間、須弥壇の裏正面に安置されていた御厨子が、内陣から礼堂に出御し、種々の供物や楽の供養を受け、練行衆はもとより非参籠の寺僧の礼拝供養を受ける。夜半の『小観音後入』で内陣に還御されるまでのひとときの饗宴である。ここでは、この作法に勤仕する諸役のあり方を考えてみようと思う。

さて、これまで二度にわたって取り上げた維順が宝殿を打ち敷いた事件によって、小観音が、少なくとも久安四年（一一四八）には上七日から内陣に安置されていたことが確認された。この点に関しては、川村知行氏が『南都仏教』五二号掲載論文「東大寺二月堂小観音の儀礼と図像」で、魅力的な論を展開された。すなわち、二月堂小観音は本来二月堂安置の像ではなく、会中のみの客仏であったものを、大治四年（一一二九）頃に二月堂の常置仏とした、という論考である。『小観音出御』は、右の論と最も深くかかわる作法である。しかし、この作法は、御厨子の内陣常置という条件によって成り立っている作法だから、そのゆくたてをたどる作業は、内陣常置という事実が確認できる久安四年を出発点としなければならない。

久安四年から六年後の仁平四年（一一五四）に、左の事例がある。

　抑上七日衆中以出衆、奉送本（師カ）（欠損）御宝殿者例也、而今依無出衆、礼堂（欠損）撰古練行、奉送而已

（『練行衆日記』A）

右によれば、当時、御厨子を内陣から奉遷する役（＝宵御輿役）は、上七日の練行衆の中、出衆《でしゅう》（上七日のみ参籠して、退出する練行衆）が勤仕するのが習わしであったらしい。この年は、その出衆がなかったため、代役として古練行《これんぎょう》（当年非参籠の、参籠経験者）が選ばれて、奉送の任に当たった、という。小観音の内陣常置を大治四年とする川村説に従えば、四半世紀来の習わしだった可能性のある奉送役に、この時点で特例が生じたわけだが、この奉送役のあり方に、状況を把握するなにかがありはしないか、と思う。そこで、奉送役（宵御輿役）の変遷に目を向けてみた。

『練行衆日記』には、年ごとに練行衆の交名が記されている。その最も古い保安五年から文永五年までの記録は「大双紙」と称され、焼損のために判読不可能な部分も多いが、それによると、仁平四年上七日の参籠衆は一九名、

下七日はおそらく二、三名である。この中、上七日の出衆は少なくとも一名はあったと考えられる。おそらく古練行衆による代役は、二名もしくは三名であり、宵御輿役の全員が代役だったわけではないらしい。またこの年以降の参籠衆の出入と人数を見ると、この後、承安年中あたりまでは、出衆による宵御輿役の担当はほぼ可能であった、と考えられる。しかし、平安最末期の養和年中あたりから、上七日のみで退出する練行衆が減少する傾向が見られ、上七日に参籠した者が二七日を通して参籠する例が多くなる。一方、上七日と下七日の参籠者数を比較すると、上七日より下七日の参籠者数の多い年が圧倒的に多く、時代をさかのぼるほどその差が大きい。一例を挙げれば、保安五年から寿永三年までの約六〇年間に、下七日の参籠者数が上七日のそれを三名以上上回った年が二四回、文治元年から寛元四年までの約六〇年間に一八回、宝治元年から文永六年までの二三年間には、なし、という具合である。これに対して、上七日の参籠者数が下七日を一名以上上回ったのは、全てを通して一〇回しかない。このような過程を経て、貞和年中（一三四五～一三四九）あたりからは、人数の変動なく二七日を通して参籠する、という形態が、ほぼ定例化する。

二七日を通して参籠する例が多くなれば、「出衆」による宵御輿役の担当という習わしは継続し難くなるはずだし、上七日と下七日の参籠者数の差が縮まるという条件が加われば、諸役担当の制も固定化の方向に傾くはずである。しかし、この推測を裏付ける明らかな事例は見当たらない。わずかに応永十二年（一四〇五）の左の事例によって、十五世紀初頭には、宵御輿役を古練行衆が勤めることが、特例としてではなく行われていたと判断されるから、仁平四年に特例とされたことがらが、右に述べた推測の過程を経て、応永年中には通例となっていたのだ、と判断する。

……然而七日夕、古練行数輩、被□《（参カ）》于御輿御役之時、（『練行衆日記』A）

このようにたどって逢着した疑問がある。仁平年中に、なぜ出衆を以て奉送役としたか。また出衆がない年に、他の練行衆に代役を求めず、古練行衆を以て奉送役としたのはなぜか、という疑問である。仁平四年上七日の参籠口数は一九名、応永十二年のそれは二二名である。いずれの場合も、奉送役に割く人数がなかったとは考えられない。また当時は、後代に見られる、学侶と堂衆の役柄を峻別する姿勢も際立ってはいない。だからこれらの理由とは別の理由があったに違いない。その理由はなにか。

〝下七日の本尊〟と言い伝えられる小観音が、川村説のように本来二月堂外にあったとすれば、毎年七日の小観音のまつりの時に、外部から二月堂に奉迎するのが本来の作法だったはずである。事情が変わって堂内に常置されるようになったとすれば、その時、奉迎作法だけは、旧例を重んじ旧例に則して行われるという可能性はある。もし旧例にのっとって、小観音をいったん堂外に奉遷し、改めて二月堂に奉迎する方式を用いたと仮定すれば、参籠中は堂域以外の土を踏むことを許されぬ練行衆が堂外への奉送の任に当たることは不可能となる。担当可能なのは退出する出衆であり、出衆が不足の場合、古練行衆が担当するのが最適の処置となろう。これは川村説に触発された仮説であり、今、これを証拠だてることはできない。また、応永年中に堂外奉送の事実が存在したか否かの確証もない。しかし、今後への課題ともなる捨て去れぬ仮説として記した。

宵御輿役に関して、次に確認できるのが、第3節にも引用した『司日記』の記述である（五五一頁事例a）。日没の勤行が終わった後、堂司が差帳を読み上げて松明役・宵御輿役・暁御輿役の担当者を指名する、という記述から、『司日記』の原本が書かれた時点（天文九年）に、これらの役は練行衆が担当することになっていたことが明らかである。従って、宵御輿役も古練行衆の所役から当年参籠の練行衆の所役へと再び移行していたわけで、応永十二年の前掲事例から一三〇余年を経た十六世紀半ばには新しいしきたりが定着していたことになる。ただし、練行衆の中の誰が宵御輿役を担当したのかは、十七世紀末の左の事例までは確認できない。

ａ　一、七日、御厨子礼堂江御出之時、松明持出ル事、御輿カキ出ル事、学方之沙汰、荘厳等者此方之定役也、後夜茂同前（『練行衆日記』Ｂ　元禄十二年）

右の事例では、宵御輿役を学侶が担当したことを明記しているが、この事例に先立って、次の事例がある。

ｂ　一、七日之夜、御厨子役者之事、依為無人、外陣之役、娑婆之古練実海得業・実秀得業両人、被為勤役早、（『練行衆日記』Ａ　寛永二十一年）

ｃ　一、七日、宵御厨子御出ノ時、松明ノ役、堂司与衆一ト也、御厨子、処世界浄詮房ト已上四人也、（『練行衆日記』Ｂ　延宝六年）

事例ｂの寛永二十一年（一六四四）に、御厨子役（宵御輿役）の人数不足を補うため、外陣で練行衆に代わって御厨子役を勤めた実海・実秀は、それぞれ大導師・呪師を勤めたことのある得業の学侶であり、応永十二年の記述と比較すると、御厨子役の比重は際立って重い。一方事例ｃの、延宝六年（一六七八）に御厨子役を勤めた浄詮房は堂衆であり、「已上四人也」という無造作な記述にも、特例的な配役という気配は感じられない。

宵御輿役を「学方之沙汰」と明記するようになる元禄十二年という時期、またそれまでに、この所役が学侶と堂衆の間を揺れ動くことなどは、先に見た『御輿洗い』や『小観音宝前荘厳』の場合と、またも符合する。これら一連の現象を、偶然とは言えぬ共通の背景――大仏開眼等の事業に伴う一般への宣揚志向――から生じた試行錯誤的な現象と考えるのはあやまりだろうか。

宵御輿役のほかに天文九年の時点で、堂司が指名する所役に松明役がある。上掲ａ・ｃの事例でも明らかなように、学侶が担当している。その推移も当然取り上げるべきだが、この役は『小観音後入』の松明役とのかかわりで、次節に譲ることとする。

最後に、『小観音出御』に関して見過ごすわけにいかない役として、御厨子荘厳の役がある。現在『小観音出御』の作法に勤仕する最も晴れがましい役である。並み居る練行衆や寺僧、聴聞の諸人の注目を浴びて宝前に荘厳具を一つひとつかざり、壇供を供える。当然堂司の所役指名の時には「荘厳役、何某……」と指名を受けている。ところが前掲の『司日記』には、荘厳役を、指名すべき所役とはしていない。また他の日記類にも、具体的な記述がなく、前頁に掲げた事例a（元禄十二年）まで、荘厳役に関しては空白である。

元禄十二年の「荘厳等者此方（堂衆）之定役也」の記述によって、小観音出御の際の荘厳役を堂衆が担当したことを確認することができるが、以後この記載形式は定型化する。また、元禄十二年から四半世紀を経て、当日の状況をより具体的に示す記述を見ることができる。

一、七日御厨子出御、荘厳如例年、此方ゟ花等相勤候、松明持事学侶衆ノ一衆ノ二被相勤𪜈、但シ人無之時者、司松明被持事也、御厨子出御之時、御輿舁出事者学侶衆之所役也、荘厳之一通者此方之定役也、毎年往古より相勤来也（『練行衆日記』B　享保九年）

右の事例は、元禄十二年の事例aを確認し補足するものだが、この後、これに類する記述[13]が増加する。荘厳役に関しての認識が四半世紀の間に次第に高まり、自負の色合を漂わすまでに至ったのでもあろうか。ここに記す「往古」の概念がいずれの時代を指すかはわからないが、この記述までに少なからぬ年月を経ていることは確実だし、また、長禄本の『処世界日記』には、すでに学侶と堂衆の職掌分担を示す記述があるから、荘厳役の分担なども思いのほかにさかのぼることができるのかもしれない。

このように、荘厳役の存在は、さかのぼる可能性を諾わせながら、確認の一歩を踏み出すことが難しい。そこで、ここでは他の役を媒体にして今一押しを試みてみようと思う。『司日記』に以下のような記載がある。荘厳役の荘厳作法の時に立ち会い検分する証明役についての記述である。この証明役を、荘厳役確認の媒体とした。

　一、酉尅、観音礼堂ェ御出ノ時、堂司水晶ノ念珠持チ御輿ノ跡ニ付キ出テ、礼堂ニテ司一人ハ松明ノ中間ニ一足程去リ、證明ニ立ツ、但無人ニテ司松明ノ役ナラハ大導師證明ニ立ツ、

ここに記す証明役の作法は現在と全く同様である。証明役の作法が定着していたとすれば、『司日記』の書かれた天文九年の時点で、荘厳作法も荘厳役も当然存在していたと考えてよい。享保九年をさかのぼること一八〇余年もの昔のことである。「往古より」の表現は、正確な伝聞に基づくものであった。役柄が存在しながら、前述のように荘厳役について触れられることが少なかったのは、以下の理由によるものでもあろうか。荘厳は堂衆の所役であり、本来は現在ほど華々しい役ではなかった。(14) また堂衆の所役という程度の分担意識で、堂衆何某の所役ではなかった。そのため、堂司が指名すべき所役としては扱われなかった。時代が下って、学侶と堂衆の役割分担を意識的に明確化するに伴い、堂衆方が、荘厳役を自らの所役として確認し、書きしたためる意識と習慣を定着させたのではないか。

以上、御輿役にしても荘厳役にしても、『小観音出御』に関する旧態の把握には多くの仮定を必要とするほど模糊とした部分が残されている。小観音のまつりのメインとなる作法が、このように捉え難いというのは一見不可解のようだが、小観音のあり方自体に変化があり、その扱いに揺れがあったとすれば、あるいは当然の結果と言えるかもしれない。

5　小観音後入

夕刻の『小観音出御』に対する夜半の作法なので「後入」と記されるが、本来は「御入」であろう。事実、古くは「御入」と記すことが多い。夜半に行われるため、現在は夕刻の出御の作法に、より耳目が集まるが、下七日の本尊として内陣に奉迎する作法だから、小観音のまつりにおいて『小観音後入』は最も重要な作法である。

小観音を奉迎するに際して、御厨子を礼堂から外陣の北面に奉遷し、ここで大導師が勧請の祈りを捧げる現状は、すでに記した。「後入」に触れた事例の初出も、この大導師の作法に関するものであり、その後の事例もこの点に関しては具体的である。

a　……仍七日夜、為御厨子御迎大導師被出之時、持導師之宝螺等而北面出後、（『練行衆日記』A　嘉吉三年）

b　一、暁、観音経《ママ》内へ有御入、其時大導師被出、処世界ハ、時導師鈴、香炉、大導師ノ宝螺取テ、大導師ノ跡ニ付テ出ヘシ、帰ニモ大導師ニツレテ可入、鈴、香炉、宝螺、本所可置（『長禄本』）

c　一、此時、後入衆ハ跡ニ付テ入也（『長禄本』）

事例aによって、大導師が北面に出たことがわかるし、事例bによって、作法の手順や処世界の動き・所持の法具などが、現在と全く同様であったことがわかる。また事例cによって、現在廃絶した後入衆（下七日のみ参籠する練行衆）が、この時、大導師と処世界の後について内陣に参入したことがわかる。十五世紀半ばから末にかけてのことである。さらに、英憲自筆本を、浄実が永禄十一年に筆写したと記す『七日小観音奉迎作法』[15]を見ると、この時の大導師の勧請作法の次第が現在と全く同じであったこともわかる。浄実は永禄十一年（一五六八）に新大導師を勤めている。その用意のために書写したものであろう。原本の筆者という英憲は、文明十五年（一四八三）に新入、永正十五年（一五一八）に新大導師、以後天文二年（一五三三）まで毎年大導師として参籠しているから、原本の成立は、おそらく永正十五年、あるいはその直前と考えてよかろうと思う。

　このように、後入の作法は、十五世紀までさかのぼってかなり具体的な実態を知ることができるが、大導師の勧請が終わって内陣に奉迎する作法には変化があったらしい。文化十年（一八一三）、堂童子延清は二月七日の事件を次のように記している。

　一、御輿御入堂之叓、北三面ニテ大導師作法有之、例年礼堂被出之処、当年ハ其儘三面ヲ供奉シテ被回、正面ゟ内陣ヘ入堂有之叓、堂童子ハ例年之通供奉ス也、大導師処世界供奉之義ハ珎叓也、（『延清日記』文化十年）

　右の文面によれば、勧請の作法を終えると、大導師は処世界を従えて礼堂に戻り、御厨子は外陣三面を回って内陣に奉迎されるのがそれまでの通例であったらしい。この年に限って、大導師が処世界を従え、御厨子に供奉して外陣三面を回った。つまり、この年の作法が現在に継承されているのだが、延清は、この時よほど驚いたらしく、「珎叓」と表現しているし、この後数年にわたってこの方式が繰り返されるたびに、文化十年以降の事例であることを特記し、「……清涼院計有之候」などとも記している。清涼院永宣の大導師勤仕は文化十年にはじまり、文政三年まで八年間続いている。それ以後の参籠は断続的で、天保二年を最後としているが、天保四年の正倉院開封の儀には学侶の筆頭[16]にその名が記されているから、寺内の実力者として、新機軸を案出しそれを押し通すことも可能だったのだろう。ともあれ、大導師と処世界が御厨子に随伴して三面を巡る作法は、文化十年に案出され、それが定着して今日に至っていると考えられる。

　御厨子の内陣奉迎について、いま少し探ってみたい。文化元年に記された『略要記』に、延清は次のように記している。

一、次ニ御輿三面北ノ正面ニ御迂（遷カ）リ大導師作法有、終テ礼堂ニ被出次第ニ三面入口ノ戸闔テ供奉シテ廻ル、南正面ヨリ内陣ニ御入堂也、正面ニ廻リテ祈念ス

大導師が勧請作法を終えて礼堂に行くと、堂童子は北正面の入口（大導師が勧請作法を行った所）の戸を閉じ、御厨子に供奉して三面を回り、南正面から御厨子が内陣に入るのを見送り、礼堂に来て正面から祈念する。これが文化十一年以前の堂童子の手順である。

『略要記』に記された堂童子の勤仕のしかたは、現在の堂童子の作法——松明を抱えて御厨子を先導する——とは両立しない。御厨子供奉の役から、御厨子先導の松明役へと堂童子の役割が変化して現在に至ったことに、なにか意味があっただろうか。そこで、後入作法の松明役（暁御輿松明の役）に目を向けてみる。

『練行衆日記』に暁御輿松明の役が初めて記載されるのは元禄十七年（一七〇四）だが、享保十二年（一七二七）以降、七日暁御輿松明の勤仕者名を記載するのが通例となる。それによると、原則としては小綱が勤仕しており、(17) 小綱が病気や忌服で参籠不可能な場合は、駈士か木守が代役を勤めている。(18) 堂童子は松明に関知せず、供奉の役に終始していたことになる。ここで、改めて後入作法の手順を考え直してみよう。大導師は、勧請の祈りのためにだけ内陣を出、終わるとすぐ内陣に帰る。長禄本によれば、この時、後入衆も大導師と処世界について内陣に入ってしまう（五五八頁事例c）。御厨子に供奉する練行衆は、御輿役だけということになる。一方、堂童子は供奉の役に終始し、外陣三面を巡って御厨子を内陣に無事奉遷すると、わざわざ礼堂正面に来て祈念する。以上の手順から考えると、『小観音後入』の作法は、本来堂童子が宰領する作法だったのではないかと思う。堂童子を勤める稲垣家は、小観音が二月堂に影向された時、随伴して来た家柄と称し、小観音とのかかわりは非常に濃いという。大導師永宣が御厨子に供奉して三面を巡った時の「弥亘」と記す驚き方や、その後も毎年注記をほどこす姿勢には、単

純に作法の改変を記すというより、自らの自負を、予測せぬかたちで攪乱された当惑と不本意が籠められているのではないか、と思う。学侶筆頭の大導師の所業を、あえて記した背景に、『小観音後入』の作法の根本に触れる以上の事情があったとすれば、『延清日記』の記述は納得できる。

ここで、再び松明役に視点を戻そう。先に記したように、暁御輿松明の役は、小綱の所役であり、代役を必要とする場合は駈士か木守が担当した。これに対して『小観音出御』の時の松明役――宵御輿松明役――は、練行衆、しかも学侶の所役となっていた。五五五頁に掲げた事例a・cがその一例であり、学侶の中でも、堂司・衆之一という上﨟が担当している。また後掲のように、作法の流れとしては非常に不自然なことまでして、堂司が松明役と証明役を兼ねるという事例もあって、学侶上﨟の役という認識は、かなり強固だったらしい。

一、七日礼堂霊輿出御之時、人数不足故、堂司松明役被相勤、呪師江證明被相頼、御輿奉居之後衆二光秀江松明相渡、堂司従夫證明被相勤者也、向後可被任此例者也（『練行衆日記』A　宝永二年）

このようにして学侶が担当した宵御輿松明の役が、一転して小綱の所役となる。安永三年のことという。

一、西刻御厨子礼堂出御之時、……松明役両小綱勤之例也、堂司ハ為証明、小綱松明役勤仕之事、安永三年之例也（『練行衆日記』c　安永五年）

右の事例以降、同様のことがらを記す記事を散見するから(19)、安永三年を境に、学侶から小綱へと所役が移ったことは間違いあるまい。

所役変更の直接の原因は、参籠口数の不足だったと思われる。安永四年から七年までの参籠口数は一四口・一二口・一二口・一二口である。『練行衆日記』に「…無人故…」と記されるのは一三口前後の場合が多く、堂司が松明役と証明役を兼ねた事例として掲げた宝永二年の場合も一三口の参籠であった。一二口は最少限の口数であり、この状態が連続しては慣例を支えることが困難だったのであろう。

遂には小綱の所役となったにしても、宵御輿松明役が本来は学侶の所役とされ、これに対する暁御輿松明役が小綱の所役であったのはなぜか、と思う。そして、今、論拠となる史料を持たないけれども、次のような可能性を考える。現在私どもの目には、小観音の「出御」と「後入」という一対の行事として定着している二作法が、実は成立を異にするものだったのではないか。その原因となったのは御厨子の安置場所の変化という事態で、堂外常置から堂内安置の像となったための、まつりの形態の変化や調整の手段の名残りが、ある種の異和感を誘うのではないか。具体的に記せば、『小観音後入』は、小観音の堂外常置時代からの行事であり、『小観音出御』は内陣安置を契機として成立した行事ではないか、と思う。前節にも述べたように、『小観音出御』の旧態を探って、模糊として解決しかねる問題を残したのも、このことと無関係ではあるまい。たびたび記すように、この問題はあくまで推測の域を出ない。しかし小観音のまつりの根本に触れることだから、第四章にもこの問題を持越して触れるつもりである。

6　小観音仏具収納

第二章の⑥に記したように、この作法は開白の『小観音宝前荘厳』に対応する作法である。法会開白に際して、会中の荘厳具で小観音を荘厳し、法会結願に際してはこれを撤収して通常の荘厳に戻す。首尾照応した現状に接すると、当然この二作法は相前後して成立したものであるように思う。しかし、実際にはそうではないようだ。『小観音宝前荘厳』が、現在と同様に行われたと確認できた『処世界日記』享保本の、二月十五日の項には、仏具収納について細字の書入れがあり、次のように記されている。

堂方ヨリ御厨子花皿等請取、堂童子ニ巾ハシ箱江入、

右の記述に従えば、開白の宝前荘厳の時には最上箱を大導師の前に持参し（五四八頁参照）、いちいちに大導師の点検を受けて仏具を飾ったのに、結願の仏具収納の時には、堂衆から受け取った仏具を堂童子に拭わせ、そのまま箱に納めてしまい、儀式めいたことは全く行われなかったことになる。宝暦本になると、この項目が書き入れとしてではなく記載されてあり、大導師が点検して収納することは記されていない。『処世界日記』に、現行と同様の仏具収納作法が記されるのは、漸う明治本に至ってからである。

以上のように、『小観音仏具収納』の作法は、明らかに『小観音宝前荘厳』の作法に遅れて成立している。『小観音仏具収納』の作法が確立した時期を示唆するのは、『練行衆日記』Ｃに記載する左の事例である。

一、御厨子荘厳、右両人取置而処世界江相渡所、処世界、大導師之所江持参、最上之箱江納也、尤最上之箱如朔日令持参也

一、時香串、実算、処世界江相渡所、是又大導師之前江持参、箱江納、箱本所江直置也、牛茂同時納置早（延享三年）

右の事例で、延享三年（一七四六）に、現在と同様の作法で仏具収納の作法が行われたことがわかるが、この前年までは、このような記述は行われていない。そしてこの後、宝暦・明和年代の記録には、右と同様の記述が繰り返される。

『処世界日記』の「宝暦本」（宝暦四年筆）に、右の作法についての記載がないことは、先に記した。宝暦四年に先立つ延享三年・宝暦二年・宝暦三年の、『練行衆日記』にすでに記載され、しかも処世界が主役となる作法を、『処世界日記』が記載していないのは一見矛盾するようだが、実はそのことが、この作法の成立年代を示している

と思う。処世界は、初参籠の練行衆が勤める役である。そのために、参籠を前にして師匠や古練の所持する『処世界日記』を書写し、参籠に備える。原本には、ごく最近変更された作法についての改訂記述がない場合が当然ありうるわけで、それをそのまま書写する、という可能性は非常に大きい。宝暦本の筆者成範の初参籠は宝暦四年である。おそらく、この年を余りさかのぼらぬ時点に、仏具収納の作法は現行と同様のかたちになった。そのために宝暦本には記述されるに至らず、年々の参籠記録である『練行衆日記』には特記事項としてしたためられたのだと思う。事例として掲げた延享三年がその転換の時点かもしれない。少なくとも、それにごく近い時期に仏具収納の作法は確立したと考える。それは『小観音宝前荘厳』の作法の確立から半世紀近い隔たりの後のことである。

以上、六節に分けて、あるいは移ろいあるいは固定し継承してきた小観音のまつりの足跡を追ってみた。壮大を以て他に抽んでたこの法会が、壮大なだけではなく、首尾照応し整斉された構成美を備えることは、小観音のまつりひとつを取り上げても明らかなことだが、それぞれを追ってゆくと、必ずしも当初からの勤修形態だったわけではないし、江戸中期に至ってかなり意図的に形成されたものであるらしいこともわかった。しかし、それもこれも漠たるものではある。ここに取り上げた以外の役柄やことがらを通して、追求する方法はまだある。この後折を得て、再び三たび考察を加え集約したとき、小観音のまつりをより確実に見通すことができるかもしれない。

四　小観音のまつりの古態

第二章「小観音のまつりの現状」・第三章「小観音のまつりの旧態」とたどってきた小観音のまつりの勤修形態で、一貫して軸となっているのは、御厨子を内陣から礼堂に奉遷（出御）し、そこで種々の供物を捧げて供養した後、再び内陣に還御（後入）するという七日の行事であった。そしてこれは、神輿のお旅所への渡御―種々の献饌―還幸という次第をとる、神事におけるまつりの定型を想起させる。しかも、御厨子は「宝殿」とか「神輿」「霊輿」などと記されるように、宝形造りの屋根をもつ屋形に、轅《ながえ》を取り付けた神輿型の厨子である。その上、修二会伝説に描かれた小観音は、恒常的な礼拝の対象としてではなく、悔過会という特定の法会の本尊として来臨する、来訪神の性格を付与されている。これもまた、季節の節目ごとに訪れて人々を祝福する神と、その神の祝福を恒例のものとなすべく、神来臨のさまをなぞらえて演ずる、という神祭りの一類型との共通性を思わせる。二重、三重に神祭りとの共通性を思わせる行事を、単に仏事としてのみ考えるわけにはいくまい。本論の題目を「小観音のまつり」としたゆえんである。この章では、この神祭りの定型との類似性を手がかりにして、小観音のまつりの古態を探ってみたい。

第三章の第4節・第5節で、小観音が、本来は堂外常置の像であり、伝説が語るように、修二会下七日の本尊としてのみ二月堂に奉迎された、という仮定を援用しつつ推測を試みた。この推測は先にも述べたように、川村氏の考察に触発されたものではあるが、それ以外に史料上の根拠がないわけでもない。

『処世界日記』（長禄本）の末尾に、「行遍阿闍梨時双紙之奥云」という一篇が添えられていて、その中に、

一、十五日作《つくり》略《りやく》頌《じゅ》
火火《ねはん》、清《きよめ》、懺悔《さんげ》、互為《ごい》、次第香水《しだいこうずい》、牛玉《ごおう》、神《じん》、日没《にちもつ》、神所《じんじょ》、初夜時《しよやのじ》、五誓《ごせい》、水丁《かんじょう》、還宮《げんぐう》、出《しゅつ》、（読み仮名は筆者が施した）

という一項がある。十五日の結願諸作法の次第を記したもので、現行の次第とほぼ同一である。相違するのは『懺悔』『互為』『還宮』だが、前二者は混乱して一つの作法に定着しており、追求する必要はない。ただ『還宮』のみ

は、内容不明のまま、現行次第との相違点として残されている。その上、この作略頌は、『司日記』と『修中日記』にも採録されているのだが、ここでは『還宮』までが記載され、『出』が省かれている。そして『司日記』には「還宮退出之事」という記述があって、還宮＝出（退出）と理解されていたことがわかるから、天文九年（一五四〇）の時点で、『還宮』の作法は、本来の意義も次第も忘れ去られていたと考えられる。しかしながら、退出作法という、実態の残る作法の名称が失われ、逆に還宮という実態を失った作法の名称が残ったという事実は、『還宮』が本来は非常に重要な作法であったことの証左だと言えないだろうか。長禄本の、本篇とも言うべき部分にも、『還宮』に相当する作法は記されていないから、おそらく長禄三年（一四五九）の時点ですでに消滅していたであろう。前掲「行遍阿闍梨時双紙」の編者と考えられる行遍の時代に、『還宮』の実態が残存していたか否かは不明であるが、行遍は、応永八年（一四〇一）から応永二十八年（一四二一）まで、参籠衆交名にその名があり、応永十七年に阿闍梨になっている。

以上たどった「還宮」の言葉が、小観音の堂外常置の古態を暗示しているのではないか。この推測は、すでに横道萬里雄氏が提示しておられるが[20]、前章でも折々に述べたように、小観音のまつりの変遷を追い、模糊たる部分、不自然な部分を解きほぐそうと思うたびに、この問題は浮上する。

「還宮」の言葉にもまた、神事との親近性が感じられる。来臨された神の還幸を連想する言葉だ。作略頌に記すそれを、小観音のまつりにかかわる作法と仮定すれば、これに対応する会中の作法は、当然「後入（＝御入）」の作法ということになる。すなわち、『小観音後入』で二月堂内陣に渡御された小観音が、修二会下七日の間内陣に留まって、香、華、燈、楽（声明）の供養を受け、『還宮』で本所に還幸される、という次第をとって首尾完結する。これはまさに神祭りの次第と照応する。もし、このようなまつりのかたちが存在していたとすれば、小観音を下七日の本尊とする通説とまつりの形式も合致する。現在、『小観音出御』で小観音が礼堂に渡御され、ここで供養を受け、『小観音後入』で内陣に還幸されるという形態をとるのは、堂外から迎え堂外に還御するという、まつりの行動の場が極端に縮小されたものであり、本来の行動の場は、寺内某所にある本所とお旅所である二月堂を往復するという、広い地域にわたるものだったのではないか。小観音が二月堂に常置され、小観音信仰が広く深く浸透するにつれて、臨時に来臨する本尊という記憶も急速に失われたのではないか。小観音のまつりの古態を、「還宮」をなかだちにして推測した結論である。

以上の推測に従って第三章を振り返ると、『小観音出御』で取り上げた仁平四年の事例（五五二頁参照）に記す「以出衆奉送」の表現に見る疑問と、この表現を、小観音をいったん堂外に奉送する必要があったための記述と考える仮定に蓋然性が加わる。また、『小観音後入』で提出した宵御輿松明役と暁御輿松明役の担当者の不均衡についての疑問と、『小観音出御』と『小観音後入』を、成立の時を異にする一対の作法と考える推論にも説得力が加わる。

さらに、前章で『小観音後入』は本来堂童子が宰領する作法だったのではないか、と記した。小観音のまつりの古態を、神まつりの定型に重ね合わせて理解したとき、練行衆を宰領役としない行事が存在する可能性もありうると思う。もっとも、この点については、後入衆についての考察を加えなければなるまい。本稿ではあえて後入衆に触れなかったが、後入衆の実態を明らかになしえたとき、『小観音後入』の実態について、次の一歩を踏出すことができる、と考えている。

以上、小観音にかかわるまつりの形態を、現状から旧態、古態へとたどり、時代の趨勢を陰に陽に映し、盛衰を重ねながら、徐々に整斉の度を加えてきた姿を見てきた。大摑みであり遺漏も多いけれども、流れの輪廓をいささか手繰りとどめたつもりである。

おわりに

この稿を執筆するに際して、当初私の頭には後入衆の消長や娑婆古練の聴聞の実態をたどる作業を付け加えることが、なすべきこととしてあった。それを切り捨ててしまったのは、脱稿の大幅な遅れと予定枚数の超過という、全く申訳の立たぬ理由による。しかし一面には、小観音を追求して一度や二度で解明できるはずはない、という確信に近い思いがある。だから、折を得て二度、三度と、この問題に取り組むことになるのではないかと思う。小観音のまつりの変遷を、いつかすっきりと納得できるようにあとづけてみたいと、今、推論を重ねたおぼろげなものを提出することを恥じながらねがっている。

註

（1）山岸常人「東大寺二月堂の創建と紫微中台悔過所」（『南都仏教』第四五号、南都仏教研究会、一九八一年）。

（2）『練行衆日記』Aに相当する部分は、元興寺文化財研究所により翻刻が行われ、『東大寺二月堂修二会の研究史料篇』（中央公論美術出版、一九七九年）として刊行されている。本稿における『練行衆日記』Aの引用に際しては、大部分右に拠って引用させて頂いた。

（3）新入のある年は、新入を除く平衆全員。

（4）東大寺修二会で、非常に重要とされるものを納めてあるので、この名があると思われる。小観音の仏具（会中所用のもの）、須弥壇の四周を結界する「牛王の燈心」をつなぎとめる牛の置物、会中時計の役を果した「時香盤《じこうばん》」に差し立てる標識の串、以上が納入の物である。通常は須弥壇上南東寄りに置いてある。「最上箱」の名称は『処世界日記』享保本以前には見当たらない。

（5）前掲註（4）参照。

（6）前掲註（4）参照。

（7）東大寺修二会では、須弥壇上の供華として造花の椿と竹串に結んだ南天の実を用い、会中取り替えることをしない。また須弥壇四周の六器には樒の葉を用い、これは日々内陣掃除の時に新しくする。小観音宝前の供華は、これとは別に梅・水仙・椿の生花を用い、三月一日と三月七日の午後に和上宿所が担当してこしらえ、それぞれ当日の供華とする。

（8）御厨子が礼堂に出御されている間だけの壇供として用いる。そのゆえに「一夜餅」の名がある。一面約七匁どりの小餅だが、二三〇面を供える。

（9）この法会では、連日六時（日中・日没・初夜・半夜・後夜・晨朝）に「悔過作法」と称する法要を勤修する。これを「時作法」とも称している。

（10）この史料は実見することができず、『東大寺二月堂修二会の研究史料篇』を参照させて頂いた。

（11）「……今年者、学侶方当参籠以之外無人故、五日七日十二日之役義新法就在之、雖為性憲法師者処世界、大導師宿所江遣了、」（『練行衆日記』A　延宝八年）

「今年当堂参籠之義、於学侶服者多有之、……参籠無之、然処学侶練行七人、於禅衆者和上共五人、両方漸十二口、依之新法及六ケ条、確自当堂草創之昔至澆季之今、於敷新法故、即正月十七日、於堂司満寺諸練会合各有評議、雖然人数依不足新法義、或者役替或重役仁相究、各退散、」（『練行衆日記』A　貞享五年）

（12）差帳（差定）を以て指名するという記述から、当時は、時に応じて諸役の担当者を定め指名したと考えられる。

（13）『練行衆日記』Bの、享保十年から十二年までは、掲出事例とほぼ同文の記述があり、『練行衆日記』Cの延享三年には、荘厳担当者三名の名も記し、記述はより細かくなっている。

（14）現在は娑婆古練も列座し、楽人の奏楽裡に荘厳を行うが、左の例によれば、娑婆古練の聴聞は必要に応じて、または任意のものであり、十九世紀以降になって次第に聴聞のしきたりが確立する傾向を見せる。奏楽に関する記述には接していない。

「七日夜御輿役、依為無人、娑婆古練登被相勤早」、（『練行衆日記』A　宝永六年）。

「同日没、御輿礼堂ニ御出行暮六ッ時過也、娑婆ヨリ宝厳院実弁、見性院訓賢幷兒三人等出仕有之事、」（『延清日記』文化九年）。

「同日没、御輿礼堂ニ出御暮六ッ時也、娑婆ヨリ龍松院公般、深井坊公弁、浄眼院澄祐、金殊院公常御上堂有之、」（『延清日記』文化十年）。

（15）年ごとに、大導師を勤める人に引き継がれる公物の祈願集に所収。表題は判読不能。享保十二年新大導師懐賢の奥書があるが、その一部として「七日小観音奉迎作法」が収められており、末尾に「以上以英憲自筆写之　永禄十一正月廿二日　浄実」と記されている。

（16）「正倉院宝物御開封事書」に、
「天保四癸巳年十月十八日御開封勅使。坊城蔵人左少弁藤原俊克、寺務勧修寺無品済範入道親王、奉行兼検使梶野土佐守藤原良村、証明清凉院法印権大僧都一臈永宣、」（『続々群書類従第十六』所収）とある。

（17）「七日、暁三面松明役、当年小綱玄賀病気ニ付、任先例、駈士力春、小綱玄慶、両人相勤𠀋）（『練行衆日記』A 元禄十七年）。

（18）「両小綱共故障有之ニ付、……七日之夜、三面御前松明、駈士木守相勤畢、」（同　宝永二年）
「七日、暁松明役、小綱玄賀代、木守法師相勤」（同　享保九年）など。

（19）「酉刻御厨子礼堂ヘ出御之時……松明役両小綱勤之但小綱勤之事安永三年之例也」（『練行衆日記』C　天明六年）。
「（七日）宵御松明役、安永三年より両小綱所役、今年モ一口付、木守道貞助勤、但ニ先例也」（同　寛政四年）。

「（七日）宵松明役、安永三年ヨリ両小綱所役ニ相成、今年者、森岡立哲、赤井寛頂勤之𠀋」（同　文化五年）。

（20）横道萬里雄「二月堂処世界日記注解」（『芸能の科学』三、東京国立文化財研究所、一九七二年）。

達陀の道

〝お水取り〟と通称される東大寺二月堂の修二会《しゅにえ》は、また〝二七日《にしちにち》の行法《ぎょうぼう》〟とも〝火と水の行法〟とも称される。〝二七日の行法〟の名は、二七日（一四日間）にわたる大行事であることの端的な表現であり、〝火と水の行法〟の名称のゆえんは、神聖な火と神聖な水を象徴する、印象的な行事が行われることによる。『達陀《だったん》』と『水取り』が、その代表的な行事である。

三月一日午前零時から三月十五日未明まで、勤行《ごんぎょう》に明け暮れるこの法会《ほうえ》の本質的意義は、天下安穏・五穀成熟・万民豊楽を祈る祈年《としごい》の祈願にある。六時《ろくじ》の『悔過作法《けかさほう》』を軸として、連日行われる行事は、斎戒《さいかい》・懺悔《さんげ》、勧請《かんじょう》・祈願、除魔・消災など一つひとつ意義を異にしている。しかし、それは修二会という法会全体の中では、祈願達成のための心身浄化―願意表出のための祈願―願望成就のための呪法という階梯を示すものであり、窮極的には祈年の祈りに集約されると考えられる。またこれらの行事は、それぞれに顕教・密教・修験道・神道・民俗などの諸要素を織り込んで構成されており、そのダイナミックな複合性は二月堂修二会の特色ともなっている。そこに、現代の私どもが問いかけるべき多くの問題が内蔵され、問いかけに応じて示される貴重な反応があるはずだと思う。そこで、ここでは、これまで解明されない部分を残してきた『達陀』を取り上げて、『達陀』とは何だろう、と問いかけてみようと思う。

一　『達陀』のいま

『達陀《だったん》』は、二月堂修二会で最も印象に残る行事として、しばしば挙げられる火の行である。法会終幕の三日間——三月十二日から十四日まで——だけに行われる。それにはそれなりの理由があると思われるが、ここでは、まず現状のあらましを記し、具体的なイメージを共有することから出発することとしたい。

二月堂修二会では、練行衆《れんぎょうしゅう》（参籠僧《さんろうそう》）の数が毎年一一名と決まっている。『達陀』の場合は、その中の上席者二名（大導師《だいどうし》と和上《わじょう》）が松明《たいまつ》点火の役、法会の呪的部分を司《つかさど》る呪師《しゅし》が『達陀』でも宰領役となり、残る八名が「八天《はってん》」と称される加持《かじ》（神秘的な霊力による呪法）の役を勤める。

八天の身仕度

後夜《ごや》の『呪師作法《しゅしさほう》』で呪師が内陣を結界《けっかい》し、仏法守護の諸尊を勧請し、再び厳重に内陣を結界する。これで、内陣は完全な浄域となる。この時、参詣者のいる礼堂《らいどう》と内陣の境の戸帳《とちょう》は巻き上げられ、人々が俗界から浄界を目のあたりに拝す、という場面が設定され、『達陀』の幕が開くこととなる。

内陣では、八天が袈裟《けさ》や衣の袖を身に巻きつけ紐で縛り上げ、金襴《きんらん》地の兜《かぶと》型で前立に金属の鏡がとりつけられた達陀帽《だったんぼう》をかぶって身仕度をする。その姿は通常とは一変して、まさに異形《いぎょう》ともいうべき風体となる。

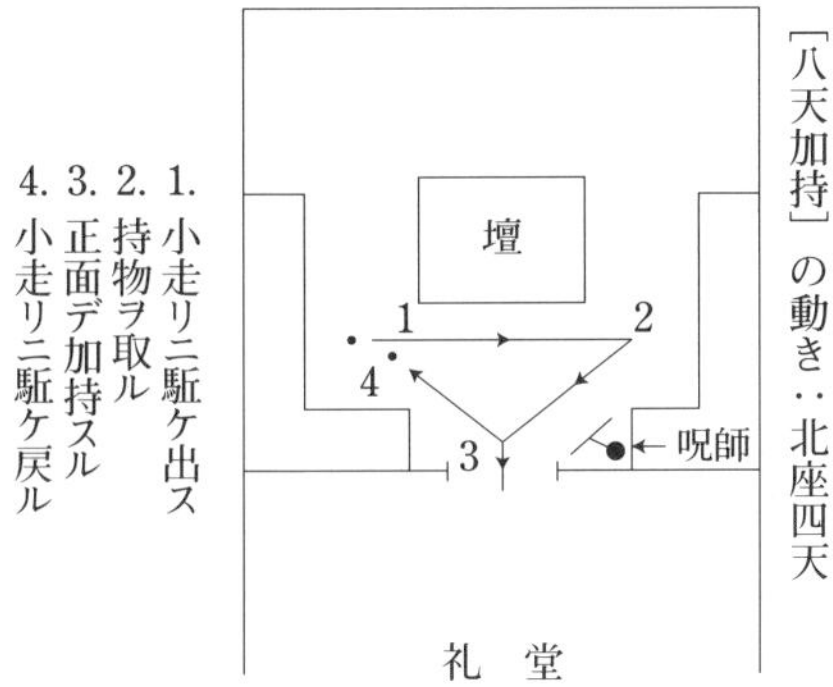

図Ⅰ　［八天加持］の動き

写真Ⅰ　八天の身仕度

写真Ⅱ　［八天加持］芥子（けし）の役がハゼを撒く

写真Ⅲ　［八天加持］水天が香水（こうずい）を撒く

八天加持

身仕度を終えた八天は、内陣で南北二手に分かれて集まり、八種類の呪物《じゅぶつ》の呪力で加持《かじ》を行う。まず南側から水天《すいてん》の役が、身をかがめ小走りに駈け出て洒水器《しゃすいき》（浄水を入れた器）を取り上げ、礼堂に向かい、はずみをつけてピョンと跳び上がりながら香水《こうずい》（『水取り』で若狭井から汲《く》み上げた浄水）を撒《ま》き、小走りに駈け戻る。次に北側から火天《かてん》の役が柄香炉《えごうろ》を持って走り出、水天と同じようにして赤々と起こった火の粉を撒いて駈け入る。以下、南北から交互に駈け出ては芥子《けし》の役が華籠《けこ》に盛ったハゼ（もち米を炊《い》ってはぜさせたもの）を撒き、楊枝《ようじ》の役は楊枝を飛ばし、大刀・鈴・錫杖《しゃくじょう》の役はそれぞれの呪物を持って跳び上がる。最後に法螺《ほら》の役がはずみをつけながら法螺貝を吹き、ピョンと跳び上がって駈け入ると、「八天加持」が終わる。南から北から、身をかがめて小走りに出入するさまも、一、二、三とはずみをつけて跳び上がるさまも、その扮装と同様に人間の日常的動作とはかけ離れており、また厳粛さを連想する宗教行事とは思えない一種の滑稽味《こっけいみ》もあり、異風な趣が際立《きわだ》っている（以上、五七三頁図Ⅰ参照）。

松明加持

八天の呪物による加持が終わると、呪師は内陣の裏側の達陀松明《だったんのたいまつ》に点火したことを確認した上で「奉請《ぶじょう》火天・水天・芥子・楊枝・大刀・香炉・鈴・錫杖・法螺」と、おごそかに唱える。これに応じて法螺が吹き鳴らされ、火天が燃え上がる松明を引きずって内陣の正面に現れる。水天は洒水器と散杖《さんじょう》（洒水器の中の香水をふりかけて浄めるための棒）を持ち、鈴・錫杖の役が鈴と錫杖を振り鳴らしながら火天の後に従う。

正面に来ると、火天は松明を小脇に抱え水天と斜《はす》かいに向き合って、法螺貝のリズムに合わせて躍り上がり、礼

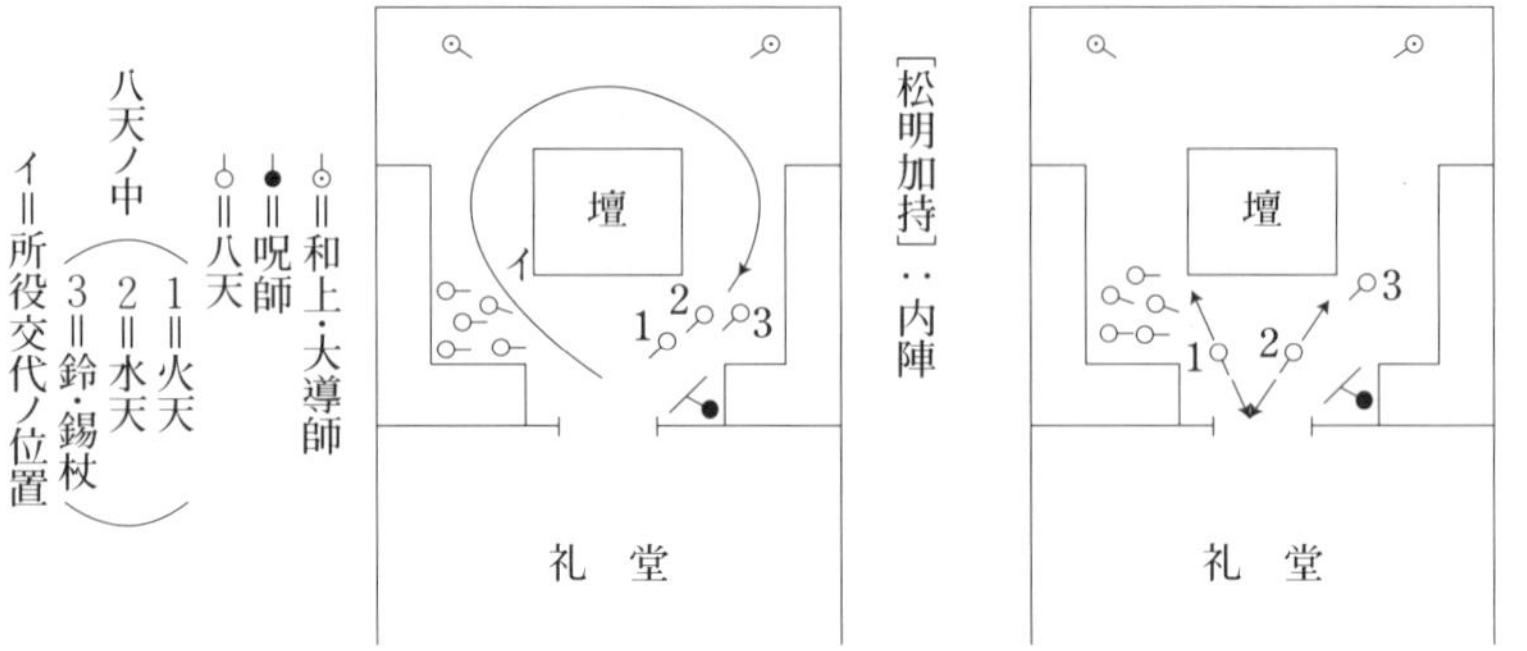

図Ⅱ　[松明加持] の動き

写真Ⅳ　松明をはこび入れる

写真Ｖ　火天が松明を引きずって内陣を巡る

写真Ⅵ　松明を礼堂に向けて投げ倒す

堂に向けて松明を突き出し・引き入れる所作を繰り返す。水天も、洒水器と散杖を構えたまま、火天と一緒になって躍り上がり、香水の霊力で松明に加持を加える。達陀松明は、長さ三メートル近く重さ四〇キロほどもある。それを抱えての跳躍は、苦行《くぎょう》というべきか荒行《あらぎょう》というべきか、人々はかたずをのんで見守るばかりである。

礼堂に向かって突き出し・引き入れる所作を十数回繰り返すと、火天は再び松明を引きずって内陣を一周する。水天と鈴・錫杖も火天の後を追ってひと巡りし、正面に来ると、再び礼堂に向けての跳躍が繰り返される。松明は輝く火の玉となり、燃え上がる炎は長押《なげし》に届くほどにもなって、諸悪を焼き尽くす浄火の威力を実感させる（以上五七六頁図Ⅱ参照）。

堂内を巡っては跳躍し、巡っては跳躍して松明の加持が一〇回余り繰り返され、火勢が衰えてくると、頃合いを見計らって呪師が「ハッタ」（一切の魔障を摧破する、という意味の梵語）と声をかける。火天と水天は跳躍をやめ、内陣と礼堂の境に松明を垂直に立て、それを礼堂に向けて傾けては立て、傾けては立て、と三回繰り返した後、礼堂に向けてドッと投げ倒す。あたり一面に火の粉が飛び散り灰が舞い立つ中で、火天は松明を取り入れると、また礼堂との境い目に垂直に立て、松明の株で床をドン・ドン・ドンと三回打った後、裏堂に引き入れて消火する。

松明の加持が終わり戸帳が元のように巻き下ろされると、興奮した礼堂のざわめきをよそに、内陣では中断した後夜の『呪師作法』の終結部の勤行が勤められ、いつもの通りの修二会の手順に戻ることになる。

以上が〝火の行〟といわれる『達陀』のあらましであるが、これまでにも述べたように、『達陀』には通常の仏教儀礼には見られない特色が指摘される。第一に八天の扮装の特異性、第二に内陣を駈け巡ったり跳びはねたりする所作の特殊性、第三にさまざまの呪物や呪的所作に表現される呪術性、第四に「ダッタン」という他に例のない名称、などである。『達陀』とは何だろう、という疑問は、すべてこれらの特色が基になって提出されるのである。

二　『達陀』のむかし

二月堂の修二会は、東大寺の開山良弁《ろうべん》僧正の高弟であった実忠《じっちゅう》和尚が、天平勝宝四年（七五二）に創始したといわれている。そしてそのよりどころとなった経典は『十一面神呪心経《じゅういちめんじんじゅしんぎょう》』だといわれている。これまでの研究によって、実忠創始説も『十一面神呪心経』を所依の経典とする説も、ほぼ誤りはないと思われるから、この法会は、現在まで一二〇〇年余の歳月を生き抜いた歴史をもつ。しかし、その具体的な実態は不明な点が多く、その解明は今後にゆだねられている。

『達陀』に関して知り得るのは十二世紀半ば近い保延五年（一一三九）の、参籠僧の記録『二月堂修中《しゅちゅう》練行衆日記』（以下『練行衆日記』と略称する）が最も早い例であろう。寛文七年（一六六七）の二月堂の火災で、『練行衆日記』も一部は焼失してしまったが、保延五年の焼け残った部分に「十三日の夜に於いて、達陀十四返呪（焼損）、」などの文言があり、この年の二月十三日に『達陀』が行われていたことがわかる。また、その翌年の保延六年に南都の寺々を巡拝した大江親通は、その巡拝記『七大寺巡礼私記』に「十四日の夜に至り、堂衆等は皆金剛鈴を執《と》り、又炬火《たいまつ》を以て逆《さかさ》に挟腋《わきばさみ》、火炎出ずるの後、相烈《つらな》りて南無観の宝号を唱え、疾足して仏壇を廻《めぐ》り奔走する也、」と記している。この記述には、一部分に『走り』との混同と思われる点があるけれども、当時の具体的な状況を知ることができるし、先に挙げた『練行衆日記』の記述と併せて考えると、『達陀』が修二会の終幕の行事で、少なくとも二日間（おそらくは三日間）行われていたこと、呪師の宰領で練行衆が松明を抱え、鈴を鳴らして仏壇の周囲を駈け巡ったこと、加持が一四、五返《へん》繰り返されたことなど、現在と基本的に変わらない形態を思い浮かべることができる。さらに、この法会で読み上げる「過去帳《かこちょう》」の十三世紀前半の時期と思われる部分に、「達陀の冒《ぼう》子《し》奉れる比丘尼見阿弥陀仏」と記されていて、この時期に達陀帽が用いられていたことがわかるから、保延五・六年の頃の八天の扮装も、現在見るような特殊な姿であった可能性が濃い。

現存する『練行衆日記』は保安五年（一一二四）から記されており、先に引用した保延五年の記事は、その巻第一に記されている。記録として現存する最初期の『達陀』の勤修形態が、現在と基本的に変わらないということは、『達陀』が保延五年の時点で行事としての形式や内容をすでに確立していた、と考えてよい。従って、この行事の源をさらに古い時代に想定することも可能である。『練行衆日記』の巻第一には平安時代最末期の治承四年（一一八〇）までのことがらが記されているが、その中には、修二会の基本的な勤行である六時の『悔過作法』をはじめとして、『達陀』『水取り』『小観音《こがんのん》』『実忠忌《じっちゅうき》』『涅槃講《ねはんごう》』など主要な付帯行事についての記述を見出すことができるから、少なくとも平安末期までには、現在に近い法会の構成が確立していたことが明らかである。八世紀半ばに種を播《ま》かれた二月堂の修二会は、十二世紀末には堂々たる大法会となり、『七大寺巡礼私記』にうかがわれるように、世間の注目を浴びる行事となっていた。そして驚くべきことに、この法会は、二十世紀最末の現在に至ってもなお、その伝統的な姿を変えることなく、生気ある存在感を保って私どもに感動を与え続けている。

以上のように、基本的には伝統を忠実に受け継いでいる行事だが、時と共に変化する部分が出てくるのは当然であり、さまざまな面にそれは見られる。『達陀』の場合も、たとえば八天の中の「火天」は、かつては堂司《どうつかさ》（練行衆の中、上席四人の役職者の一人。法会の進行を司る役）が担当する役であり、水天以下の諸役もそれぞれに担当が決まっていたらしい。そして、火天を除く水天以下の八名を「達陀衆」と称していた。従って、火天と達陀衆八名の、合わせて九名が加持の作法を担当したと考えられる。その形態はおそらく十五世紀半ばまでは続いたと思われるが、練行衆の人員構成が次第に変化するに従って、火天の役と香炉の役が合体する経緯の中で、加持の作法は堂司以下の八名が担当することになり、また、かつて火天役・水天役・芥子役……と、担当の役が決まると交替はせずに勤めた形態から、松明加持のときは八人が所役を交替し合って勤める、という方式に変化して今日に至っている。また、達陀松明は、かつては三本の松明を内陣に取り入れた後、三本とも内陣に置いて日ごとに一本ずつ使用したが、元禄時代になって、いったん内陣に取り入れた三本の中、当日使う一本を残して他の二本を外陣に出すしきたりとなった、など、時代の流れと状況に応じた変化を挙げることができる。

三　さまざまの解釈

さて、これまでみてきたような『達陀』の、寺院行事としてはあまりに個性的な特色は、それゆえに多様な解釈をうながし、以下に記すような諸説が示されている。

1. サンスクリット語の「タプタ」から転訛《てんか》した、火の苦行を意味する呼称。
2. イラン起源の「(火を)通過する」行を意味する「widardan」を象徴的に漢字表記した呼称。
3. 韃靼《だったん》人の踊りを模した行事を意味する呼称。
4. 地を踏み鳴らす意味の「ダダ」から転訛した呼称。
5. 追儺《ついな》の意味合いをもつ行事。
6. 兜率天《とそつてん》から舞い降りた天人のさまを模した行事。

以上六通りの解釈のそれぞれを、いま少し詳しく述べてみよう。

①タプタ説　サンスクリット語で「焼く」の意味をもつ「タプ（tap）」の過去受動分詞「タプタ（tapta）」（焼かれたる者）は、語系を同じくする南方仏教語（パーリ語）で「タッタ」という。この「タッタ」から転訛して「ダッタ」→「ダッタン」となり、「火による苦行」を意味する、という。東大寺の、故橋本聖準師の説である。

②イラン起源説　イラン・ゾロアスター教徒が、年末から年初にかけて火を燃やして一年の区切りを祝う習わしと、『達陀』の火の行とを共通の意義と考え、またペルシャ語の「人々は通過する（widerēnd）」の動詞の不定詞「widardan」を象徴的に漢字で表記した場合、dardan＝達陀とすることが可能と考えた上で、「達陀」は「通過する・渡る」の音を写したものとして、イラン起源の、火を通過する行、すなわち火渡りの行を意味する、という。伊藤義教氏の説である。

③韃靼人の踊り説　エキゾチックな扮装や独特な所作からの連想で、トルコ・タタールすなわち韃靼人の踊りを模したもの、という。

④ダダ説　松明を抱えて跳躍し、あるいは松明で床を打つ印象的な作法を重視し、地を踏み鳴らして大地に眠る力を奮《ふる》い立たせ、邪悪なものを退散させる民俗的呪法の「ダダ」との共通性を指摘し、「ダダ」→「ダッタン」と転訛した、という。五来重氏など、民俗学研究者の説である。

⑤追儺説　大晦日《おおみそか》の夜に疫病・悪鬼を追い払う追儺《ついな》の行事との共通性を指摘する説。追儺の夜、宮中では方々に燈火をともし、黄金四つ眼の仮面をかぶり、黒い衣に赤い裳をまとい、桙《ほこ》と楯《たて》を持った方相氏《ほうそうし》が、侲子《わらわ》を従え、振り鼓の音と大声を挙げて、目には見えない悪鬼を追い払う行事を行った。この行事は、平安時代の末には、本来鬼を追うはずの方相氏が追われる鬼となり、また宮中から平安京に、さらに各地の寺社にと広がって一般的な年中行事として定着した。『達陀』の八天の扮装と方相氏の扮装の特異性や、八天がさまざまの呪物を用いるように追儺

でも桃弓・葦矢・桙・楯・振り鼓などが用いられること、宮中（堂内）を駈け回って悪鬼を払うこと、などの共通性がある。東大寺の、故上司海雲師などの説である。

⑥天人の踊り説　『二月堂絵縁起』に記されている「都卒《とそつ》の八天練行の道場へくだりて種々の神変《じんぺん》を現し仏閣をめぐりき、其《それ》より天人影向《ようごう》の儀式をうつせり」の文言にみるように、実忠和尚が笠置《かさぎ》の龍穴《りゅうけつ》から入って兜率天《とそってん》に至り、常念観音院に参詣したときに拝した天人の行法を、誠を尽くして地上に持ち帰り、二月堂で行うこととしたのが二月堂の修二会で、その行法の場に影向した天人の摩訶不思議《まかふしぎ》な儀式のさまを真似て『達陀』の行事とした、という。修二会創始伝説にもとづいた説である。

『達陀』についての解釈は、わが国の民間習俗はもとより、他国の宗教や民俗に起源を求める説から伝説に基づく説に至るまで、広汎に多様に提示されている。「ダッタン」の語義や音韻から考察した説（1・2・3・4）、呪的な作法から考察した説（4・5）、八天の扮装や所作の特異性から考察した説（3・6）のいずれもが、それぞれに説得力をもち、そうもあろうか、と思わせる点があるけれども、決定的解釈を採択するには至っていないのが現状である。ことに、「火の行」を表す言葉からの転訛説などは、行事そのものが火の行というにふさわしい内容をもつだけに、また二月堂の修二会成立前後のわが国における外国文化の摂取が意欲に満ちたものだっただけに、示唆に富むものがあると思う。一方、修二会という法会の成り立ちや性格から考えて、わが国の民俗とのかかわりを無視することはできない。また、火や水に対する信仰とそこから生まれた習俗は、特定の国や地域に限定し得るものではなく、国や民族を超えて共通する心意と表現法があって不思議はない。これらのことを考え合わせると、『達陀』についての、決定的な解釈の提出は慎重にならざるを得ない。しかし、決定的な解釈を見出すべく、行法との対話を、常に心掛けるべきであろう。

四　ひとつの試み

前章に列記した『達陀』の解釈は、すべて『達陀』という行事を包括的に捉えた上で、特に［松明加持］の部分の意義に主眼を置いて説かれている。諸説のいずれも、説得力はありながら決定的な説がないことは先に述べた。そこで、ここでは視点を少し変えて、冒険的な推論を交じえながらもう一度この行事を見直してみようと思う。

前記「『達陀』のいま」の章に記したように、『達陀』の作法は［八天加持］と［松明加持］の二部分で成り立っている。「加持」とは、神秘的な呪力で衆生《しゅじょう》を護《まも》ること、あるいはその作法をいう。またそのために用いる呪物を浄め、呪力を加えることをもいう。この意義に基づいて先に述べた『達陀』の作法を思い返してみると、［八天加持］の部分は八天それぞれが持つ呪物の呪力で場を浄め、外界の邪魔者から衆生を護る作法と考えられ、［松明加持］は、火天の持つ松明の呪力で災難を除き浄め、またその他の役々の持つ呪物で、松明の呪力をより強め浄めて松明加持の効果をいっそう確実なものとする作法と考えられる。

八天加持再見

『達陀』の作法を以上のように解釈した上で、先に述べた現状に目を向けてみたい。内陣の正面に、南北から交互に駈け出て加持を行う順序は、水天（洒水器の香水）・火天（香炉の火）・芥子（華籠のハゼ）・楊枝・大刀・鈴・錫杖・法螺であった。その呪物によって、水天・火天の加持は浄水と浄火による浄め、芥子・楊枝は豊穣《ほうじょう》と生命力の獲得、大刀以下は除魔の呪と理解できる。しかし、この中の火天の呪物は、先にも触れたように本来香炉役の呪物であり、芥子役の呪物は現在芥子を用いずハゼを用いている。呪的であることは変わらないけれども、本来の作法からは変化したと思われるのが、この二点である。その二点を、本来の姿に戻して考え直すと、なにかヒントが与えられはしないだろうか。

芥子は、からし菜の実のことでごく小さいもののたとえに用いられ、その辛香ゆえに、密教修法では降魔《ごうま》・結界《けっかい》の目的で用いる。だから、［八天加持］で他の呪物と共に用いられることも不思議ではない。また香炉は、香炉そのものではなく、香炉に盛られた灰を指すと思われるが、雑部密教《ぞうぶみっきょう》経典に、灰は結界の呪物として登場するから、これも［八天加持］の呪物としてふさわしい。

さて、先にも記したことだが、二月堂の修二会は『十一面神呪心経』をよりどころとしている。それは六時の『悔過作法』の主要部分にこの経典に基づいた文言が用いられていることで証明できるのだが、その経説によれば、一一という多数の顔を持つ観世音菩薩《かんぜおんぼさつ》は、その相貌と同様に多面的な神呪《じんじゅ》（不思議な力をもつ呪文）の威力によって人々の一切の苦難を消滅させ、人々が心に願うことをすべてかなえる、という。『悔過作法』では、その一一の相貌を讃美しながら礼拝懺悔すること、その神呪の威力による現世の安穏豊楽を祈願すること、さらに結界の神呪——タニヤタ　イリミリ　ヒリチリ　シリキリ　ソワカ——を秘めやかに唱えて、害悪が入らぬように結界すること、が経説に則して行われる。

前記のような経説に伴ってこの経典には八種類の神呪とその意義や作法が具体的に記されているが、その順序は、まず根本の神呪、次に身を浄める呪、以下仏前荘厳の呪・本尊供養の呪と続き、第六番目の神呪「タニヤタ　マシタシ　シャリシャリ　コロコロ　シュロシュロ　ソロソロ　ホロホロ　ソワカ」の意義を、「世尊此《これ》は是《これ》薪を呪する呪なり、若《も》し以上の根本の神呪を、事に随って作《な》す所有らんと欲する時は、先ず此の呪を以て闍底花木《じゃだいかぼく》を呪すること一遍」」と述べ、また七番目の神呪「タニャタ　イリミリ　ヒリチリ　シリキリ　ソワカ」については、「世尊此は是結界の呪なり、結界せんと欲する時は、先ず此の呪を以て水を呪すこと七遍して四方に散灑《さんしや》し、或《あるい》は芥子を呪し或は浄灰を呪し、皆七遍に至りて四方面に散じ、心に随いて遠く近く、即ち界畔を成して防護を為《な》せ」」と述べている。最後の八番目の神呪は、なすことを終えて自らの宮に還るべきときの呪を説いている。

以上のように、『十一面神呪心経』には、六番目の「事に随って作す所有らんと欲する時」すなわち眼目の部分では薪を呪すべきことを説き、七番目の仏法をさまたげる者が入らぬよう結界して浄域を区切る部分では、浄水・芥子・浄灰を呪すべきことを説いている。薪（火天の松明）を眼目の呪物とし、水（水天の香水）・芥子（ハゼ）・灰（香炉の火）を結界の呪物、とする構図は『達陀』の所役と照応し、その意義もまた照応する。しかも、この神呪を「呪すこと七遍にして四方面に散じ、心に随いて遠く近く」と述べる文言には［八天加持］の所作を彷彿《ほうふつ》させるものがある。これらのことがらから、［八天加持］の作法に、『十一面神呪心経』の経説の投影がある、と考えられはしないか、と思う。二月堂の修二会は、正純密教《せいじゅんみつきょう》摂取以前の、雑部密教経典に属する『十一面神呪心経』をよりどころとして成立している。しかし、これまでにこの経典をよりどころとしている、と証明できたのは『悔過作法』と称される顕教的法要においてであって、その一部分に、密教的性格の投影を見出すのみであった。いま、『達陀』の八天加持に、この経典の投影を見ることができるとすれば、雑密経典の本質にある呪術的側面を修二会における呪術的行事に投影させた事例となり、『達陀』の成立に関して、いくばくかの示唆を与えることになるだろう。［八天加持］は、その可能性を求めての問いかけのひとつとなりはしないか、と思う。

なお、その他の呪物――楊枝・大刀・鈴・錫杖・法螺――はすべて邪を払う威力があり、特に山林修行の僧侶が身につけたものである。修法の呪物としても経典に現れる。ただし、『達陀』における用法に対応する呪法を記す経典を特定することは、まだできない。この問題を含めて前記の問いかけを続けなければなるまい。

『達陀』と『呪師作法』再見

再度「『達陀』のいま」の章に立ち戻る。この章に記したように、『達陀』は後夜の『呪師作法』の結界が終わった後、終結部の直前に行われる。いわば『呪師作法』の一部として挿入された作法と把握し得る。通常、ひとつの法会で幾つかの法要や行事が行われるときは、完結した法要を幾つか連ねたり、別々の場で同時進行的に行う形式をとるのが一般的で、『達陀』と『呪師作法』の関係のように挿入形式で構成することはない。

二月堂修二会の場合は、『達陀』のほかに『実忠忌』や『小観音』『水取り』も、他の作法に挿入する構成形式がとられており、この法会のひとつの特色となっている。それは、すでに定着した法会の流れの中に、新たな要素を付け加える際の工夫の結果ではないかと思う。以下は、そのような視点からの『達陀』再見である。

『達陀』の場合、現在の法会構成から考えると、明らかに完成した法要構成をもつ『呪師作法』の終結部に『達陀』をさし加えて構成したと考えられる。その意味では『呪師作法』の成立を先とし、『達陀』の成立を後としてもおかしくはない。しかし、『呪師作法』の修法の手順は、体系化された密教の最も基本的な修法――十八道《じゅうはちどう》――の手順を踏まえており、おそらくは平安時代初期の正純密教摂取以後に形式上の完成をみた、と考えられるから、『呪師作法』の成立を『達陀』より早いと考えるには疑問がある。『達陀』は、これまでに述べたことがからもわかるように、原始的な呪物を主として用いる素朴な呪法であり、ことに前項で述べたように、雑密経典の影響を思わせる面をもつ。これまでに『達陀』に寄せられた諸説にしても、その古い起源を疑う説はない。

これらを考え合わせると、『達陀』の成立は『呪師作法』の成立より早い、と考えるのが順当であろう。ではその場合、『呪師作法』の終結部に『達陀』が挿入されているという、構成形式上の事実をどう解釈すべきか、ということになるのだが、この点に関する推論――全く推測の域を出ないのだが――を用意できないわけではない。

これまでに、二月堂の『悔過作法』の懺悔と祈願と結界の作法が、『十一面神呪心経』の経説に則ったものであることを述べ、また『達陀』の［八天加持］に、同じ経典に説く結界の呪法の投影があり得ることを指摘した。いま仮に、その［八天加持］への投影を肯定すれば、『悔過作法』における結界の作法は、『十一面神呪心経』の結界の神呪を、ひそかに唱えるという表現形式による結界であり、『達陀』におけるそれは、結界の呪物を用い、あからさまに呪術的所作を行う、という表現形式による結界ということになる。願望達成のためには浄域をけがすものを排除することが非常に重要であることを考えると、『達陀』は、二月堂修二会の中軸である『悔過作法』の成就《じょうじゅ》を願って、結界の意義を敷衍《ふえん》し視覚的に確認するための作法ではなかったか、と思う。そしてまた、『悔過作法』の目的を達成させるための作法という重要な意義を担うゆえに、体系化した密教修法に基づく『呪師作法』が成立し、別立ての法要として二月堂修二会に付加されたときに、『達陀』は切り捨てられることなく、『呪師作法』を分断するかたちで本来あるべき位置に置かれたのではないか、と思う。以上が、『達陀』への問いかけの第二点である。

松明加持再見

『達陀』という行事で、参詣の人々が、なににも増して鮮烈な印象を刻みつけられるのは［松明加持］の部分である。それは、『七大寺巡礼私記』の時代から変わらない。大きな炎を上げて大松明が内陣を巡り、正面で躍り上がるさまは人々の血を湧き立たせずにはおかない。火の呪力が働くからであろう。

この「松明加持」の部分に関して、『七大寺巡礼私記』が、「相烈《つらな》りて」仏壇を駈け巡るさまを記していることは先に述べた。この記述を含めて、十五世紀から十六世紀初期頃までの事実を伝えていると思われる史料を見ると、「堂司につれて行道《ぎょうどう》の時は、」(『重弁記』)、「呪師呼立てらるゝ時、其(声)を聞て廻るなり」(『二月堂時作法』『二月堂作法』)のように、内陣を巡ることは記してあるけれども、正面で跳躍して加持することには触れていない。また、「松明加持」の終わりの時も、「呪師ハッタと言わるゝ時、面々に持物を本の如く置きて、初《はじめ》正面へ出でし方へ帰る可《べき》也」(『重弁記』)、「呪師ハタと云々《うんぬん》、此時持物面々本の如く置きて、前へ行きて火天の跡で本座へ返る也」(『二月堂時作法』)、「呪師ハタと云々、此時持物本処に置きて、火天の跡に随って本座に入る也」(『二月堂作法』)などと記され、松明を礼堂へ投げ倒したり床を突いたりする作法については記されていない。

前記のように、現在、かなり目立たしく、また大きな意味をもつと思われる作法について明確な記述がないことを、どのように解釈すべきか。たとえば、達陀松明に関する作法は火天(堂司)のみが把握すべきこと、という認識によって前記の史料には記述されなかった、という解釈や、松明を投げ出したり床を突いたりする作法を、自明のこととして記述の必要を認めなかった、という解釈があり得る。しかし、堂司の作法にしても「後戸にてわいかけを取り、正面にて三度たてをろしして、内陣にて一度立て、かぶを南え水天に引かせて後戸の船に置く」(『堂司日記』)とのみ記されており、床に投げたり突いたりのことは記されていないから、それらの作法が本来は存在しなかった、という解釈も成り立つ。

迎春の民俗行事や、それと習合した仏教行事——修正会・修二会——には、しばしば、床を踏み鉦・太鼓を叩いて大きな音を立てたり、呪物で物を打ち叩いたり大地を突いたり、という作法が見受けられる。〝成り木責め〟〝嫁叩き〟〝鎮花祭〟などの民俗行事や、修正・修二会の「乱声《らんじょう》」「雷声」「本尊の肩叩き」などと称される部分がそれである。これらは、ものにひそむ災厄を退散させ、大地に眠る生気を呼びさます呪的習俗にもとづく行事であり作法である、と言われている。『達陀』の［松明加持］にみる、松明を抱えて跳躍したり、松明を投げ倒し、あるいは床を突く、などの作法は、おそらくその系譜に連なるものである。しかし、もし「八天加持再見」の項で指摘した『達陀』における雑密の影響を肯定するとすれば、また跳躍や床を突く作法が本来は存在しなかった、とすれば、［松明加持］は、まさに火を持って結界すべき場を走り回る苦行と考えるのがふさわしい。推測を重ねて結論づけるとすれば、［松明加持］は、松明の火を持って走ることが目的の本来の形態に、わが国の民俗的呪法が加えられて定着した、ということになるのではあるまいか。現状にみる限り、走り巡る作法と跳躍したり床を突いたりする作法に、全く違和感はない。その作法に、あえて成立を異にする要素を想定したのは、前掲の僅かな史料に触発されてのことである。これもまた、明確な結論づけには至らない、『達陀』についての問いかけの第三点ということになる。

冒険的に思いを巡らせて『達陀』への問いかけを試みてきて、遂に確実な見通しを得るには至らないけれども、試みの結果としては、インドあるいはイランに至るかもしれない外《と》つ国《くに》の火の信仰と行法を根源とし、雑密経典の経説に影響されながら形成された呪法が、はるばるとわが国に渡来し定着した。しかも定着の過程で、わが国の民俗信仰に基づく呪法をも取り入れ、それらの諸要素が混然と融合した行事となり、正純密教にも影響されながら存続を果たし、今日に至っている、というのが『達陀』の姿だといえるのではないだろうか。

二月堂の修二会は、まことに不思議な法会である。〝お水取り〟と聞けば、ほとんどの人が華麗な籠松明を思い浮かべ、お水取りが終われば春が来る、という言い習わしを口にする。〝だったん〟と聞けば「二月堂の火の行法」と答える人が多い。古くから広く親しまれ、参詣する人も絶えない行事である。にもかかわらず、『達陀』ひとつを取り上げただけでも、その成立・定着の経緯、行事の意味、よりどころなど、本質的なことで明らかにされていない点があまりに多いことがわかる。それは『達陀』に限らず、他のどの部分を取り上げてもいえることである。さらに、ひと足分け入って壮大な二月堂修二会に相対してみると、日本の仏教行事という枠に納まりきらない広がりが随所に現れることに気づかされ、驚かされるだろう。この一文の最初に記した「ダイナミックな複合性」を常に念頭に置きながらこの法会と接することが、二月堂の修二会を理解する上で最も必要なことではないか、と思う。

悔過会と牛王宝印

一　祈年の仏教行事

悔過会《けかえ》と呼ばれる法会《ほうえ》がある。『悔過法要』を勤修するのでこの名があるが、おそらく、わが国で最も古い歴史をもつ法会のひとつである。現在も全国各地に五〇例以上が伝存しており、また、中絶して作法書だけを伝えている事例も四〇例ほどある。これらの伝存地域は東北地方から九州までの広い範囲に及ぶが、ことに奈良県北部の平城京周辺部と、京都府中央部の平安京周辺部には伝存事例が集中していて、悔過会の伝播に大きな示唆を与えている。特に東大寺二月堂のそれは、伝承の確かさや歴史の古さで際立っており、ここでテーマとする牛王についてもその存在を見過ごすことはできない。

悔過会は新年または新春に祈年《としごい》を目的として催されるので、「修正《しゅしょう》（月）会《え》」・「修二《しゅに》（月）会」とも呼ばれている。仏教行事でありながら、民間の祈年の習俗をさまざまな面で取り入れているために在家とのかかわりも深い。祖霊を迎え、あるいは豊作を予祝する象徴として餅や造花を数多く供え、除災の呪物となる松明や牛王杖《ごおうづえ》・けずりかけを用い、年占《としうら》の意味合いをもつ綱引き・舟漕ぎ・物奪いなどの競技を加え、神々の加護を祈る神名帳《じんみょうちょう》奉読を行い、除災招福の呪物として牛王の宝印や札を授与し、火祭り・鬼追いの行事を加える。これらはその一例だが、いずれもが、純粋な仏教行事の枠に納まらぬ複合性を示すものである。

二　牛王宝印・牛王札

前記のように悔過会と習合した民間の習俗はさまざまだが、中でも法会の終幕に牛王宝印を授け、また牛王札を頒つ事例は地域や宗派を問わず最も普遍的に見受けられる。

牛黄《ごおう》は特殊な病牛の肝臓や胆嚢《たんのう》にできる結石で、万能の解毒薬として珍重するというが、『本草綱目《ほんぞうこうもく》』には『神《じん》農本草経《のうほんぞうきょう》』の説として、牛黄には「除邪、逐鬼」などの薬効があると記してあるから、高貴薬である牛黄への信仰が除魔・除災へと展開する必然性は大きい。牛黄をすり混ぜた墨や朱に呪力が加わる、と信ずるのも当然だろう。その墨や朱を用いて捺印した札や、牛王の宝印を須弥壇に供えて加持《かじ》すると、札も宝印も、より大きな呪力を発揮し、人々の災厄を除き願望をもたらすことが期待されるだろう。このように考えると、祈年の法会である悔過会と牛王の信仰が習合して各地に定着し、伝承され続けたのは、当然の帰結と納得できる。

悔過会の結願《けちがん》の日に、在家の人々が集い詣でて額に牛王宝印を頂き、頒たれた牛王を家々の門口に貼り、また牛王杖に挟んで田の水口に立てる。これらの習俗は、牛黄の薬効から展開した牛王の、除魔・息災の呪的効能への期待に基づくものである。

三　牛王作法のさまざま

牛王宝印（札）の授与が、法会の終幕――結願《けちがん》――の行事として行われるというのは、すべての事例に共通しているのだが、その具体的な作法は、事例ごとに共通性・特殊性があってさまざまである。その共通性や特殊性を注意深く整理することが、牛王作法の移り変わりや牛王信仰の展開過程を知る手がかりとなるはずだが、ここでは糸口となり得る二、三のことがらを紹介してみよう。

数多い伝存事例を概観すると、牛王の宝印や札・杖の加持を『悔過法要』の末尾に添えるかたちと、『牛王導師作法』と称する独立した法要として行うかたちが見られ、後者の数が圧倒的に多い。『牛王導師作法』は、法要の形式などから考えると、『悔過法要』に添えた加持の部分が重視され、独立して一座の法要となったと思われる。院政期に、平安京諸大寺で悔過会が盛行し、そこで大導師による牛王宝印授与が行われていた事実などを考え合わせると、『牛王導師作法』は院政期以降の悔過会盛行にともなって形成・定着した可能性が大きい。

いまひとつ、牛王宝印の授与に際して、法会に直接たずさわった人だけが額に宝印を授かる形態と、参詣した在家の人々にも同様に授けられる形態がある。これも後者の例が圧倒的多数で、前者の例は東大寺・法隆寺・薬師寺など、南都を主とする僅かの例しか見られない。院政期の悔過会でも、公卿・役人への宝印授与が記されている。宝印授与は、おそらく、『悔過法要』という懺悔の苦行を行った者が、その功徳によって授与される、というのが本来の有り様だったろうと思う。法要を勤仕したその功徳を他に及ぼす、という仏教的思想に基づいて形成された展開形式が、参詣者に対する宝印授与であり、それゆえに普遍的な伝播と定着を果たしたものであろう。

以上の二点には、それぞれ二つの系列が指摘された。そこで注目したいのが、「お水取り」とも呼ばれる東大寺二月堂の修二会である。はじめにも記したように、この法会は多くの悔過会の中で最も注目すべき存在だが、この法会では『牛王導師作法』は行わず、宝印加持の作法もない。代わりに、結願の前に牛王の牛の像を須弥壇の一隅に飾り、牛の角につないだ燈心──牛王の燈心──をむすび伸ばして須弥壇の四周の長押《なげし》に巡らせ、この燈心を切らぬように細心の注意を払う。また宝印授与は、法会に参籠した者だけが額に捺《お》してもらって満行の証しとするが、法会開催中に「牛王日」と称して参籠僧自らが牛王札を刷り、一般にはこの牛王札を分け与える。これは、前述し

写真Ⅰ　東大寺修二会　牛王宝印授与

写真Ⅱ　東大寺修二会　牛王日の牛王札刷り

写真Ⅲ　東大寺修二会　牛王の版木

写真Ⅳ　東大寺修二会　牛王の牛

た形態の中、少数派の系列の中でさらに特殊な例というべき形態である。

二月堂の修二会は、基本的に『十一面神呪心経《じゅういちめんじんじゅしんぎょう》』をよりどころとして成立しているが、その経説に、行者が牛黄を取り分けて本尊の前に置き、神呪を誦し、水で溶いて眉間に付ければ行者は安心を得、所願を満たし、諸病を除くことができる、と説く一段がある。また種々の災いを除くために、行者が神呪を誦しながら糸を結び、その糸を本尊に繋ぐ作法を説く段もある。二月堂修二会の牛王の作法がこの経説に則して成立したことを前提とすれば、参籠衆（行者）のみの宝印授与や、牛王の燈心を重視する意味が理解できる。牛王作法が雑密経典に基づいて成立し、牛王信仰の顕在化と共に展開し、中世の盛行を招き、各地にさまざまな形態の定着をみた、その流れの源に二月堂の作法が位置する、という想定は妥当性に欠けるだろうか。二月堂修二会で、一般の人々に頒つ牛王刷りが承安二年（一一七二）に成立した、とする説も、二月堂における牛王信仰の一展開を示すものであろう。なお、牛王の牛の像は、法隆寺・西大寺・松尾寺・新薬師寺などでも用いている。この牛も、牛王作法の系譜のなにかを語るはずである。

二月堂修二会の声明

一　南都の法会と声明

南都を代表する法会の双璧《そうへき》は、講経会《こうきょうえ》と悔過会《けかえ》である。前者は、経典の意義を講じ論ずるものであり、推古十四年（六〇六）聖徳太子による『勝鬘経《しょうまんぎょう》』と『法華経』の講説が初見である。後者は、人間が、意識・無意識の中に犯す六根《ろっこん》の罪を懺悔し、その功徳によって招福を願うものであり、皇極元年（六四二）の祈雨のための大乗経典転読《てんどく》・悔過の事例が初出である。いずれも、わが国の法会史と共に歩み続けてきた意義深い法会であり、その伝統を担って、現在、東大寺でも〝聖武祭《しょうむさい》〟〝華厳知識供《けごんちしきく》〟〝良弁忌《ろうべんき》〟〝二月堂観音縁日〟など、数多くの講経会が勤修《ごんしゅ》され、また〝大仏殿修正会〟〝二月堂修二会〟と、悔過会の勤修も怠りなくとり行われている。

講経会にしても悔過会にしても、その勤修の最初期において、現在と同様の法要形式にのっとり、儀礼としての形式を整えていたか否かはわからない。まして、法要で唱えられる声明《しょうみょう》（仏教声楽）の旋律やリズムがどのようなものであったかを確認することはできない。しかし、『日本書紀』崇峻元年（五八八）三月「……蘇我馬子の宿禰、百済の僧等を請《こ》ひて戒《いむこと》を受くる法を問ひ、」の記述によれば、必要最小限の儀礼形式は、仏法受容の志向と共に求められ伝えられたと考え得ようし、また『続日本紀』養老四年（七二〇）十二月の詔「……転経唱礼、先に恒規を伝ふ、……比者《このころ》、或は僧尼自ら方法を出して妄《みだり》に別音を作《な》す、遂に後生の輩をして積習俗を成さしめ、肯《あへ》て変正せずんば、恐らくは法門を汗《けが》さんこと是より始まらむか、宜しく漢の沙門道栄《どうえい》、学問僧勝暁《しょうぎょう》等に依り、転経唱礼して余音並びに之を停むべし」によれば、奈良時代初期には、転経唱礼に関して、伝来した規範があり、その規範に外れて「妄りに別音を作す」者も現れる状況を生じたゆえに、統一が計られたことがわかる。「転経唱礼」の表現は、おそらく経典の読誦と声明の唱誦を意味すると思われるから、この頃には、法要の次第に則した声明を唱えることが、かなり一般化していたと考え得る。そして天平勝宝四年（七五二）の東大寺大仏開眼供養会には、顕教的な法要の中で最も大規模であり華やかでもある「庭儀舞楽付四箇法要《ていぎぶがくつきしかほうよう》」[1]による講経が行われ、万余の僧尼による空前絶後の盛儀が勤修されている。『東大寺要録』の記述に従えば、唄《ばい》・散華《さんげ》は各一〇〇人、梵音《ぼんのん》・錫杖《しゃくじょう》は各二〇〇人の僧侶が勤仕した、というから、その合唱は大仏殿を揺るがすばかりであり、さながら現世に浄仏国土を現出する様相でもあったろう。この時点で、南都仏教界における声明唱誦の事実を、その曲名と共に確認することができるわけだが、何百という僧侶による声明の斉唱が可能であったのは、おそらく旋律やリズムも唱誦法も共通の規範があり、仏教界挙げての統一的勤修が可能だったからだと思われる。

平安初期入唐諸僧によって日本天台宗・日本真言宗が樹立され、新しい法要形式が伝来し制作された。これに伴って、当然新しい声明も伝わり、生まれた。しかし、当時はまだ、宗派を別にしてはいても共通の声明を唱えることが可能だったらしい。たとえば、承和元年（八三四）の延暦寺西塔院落慶の供養会には、天台宗の僧侶だけではなく南都・真言の僧侶も参加して法要が勤修されているし、承和五年（八三八）に入唐して彼地に在った円仁《えんにん》が、聴聞した後唄《ごばい》の曲について「音勢は頗る本国に似たり[2]」などと記しているのを見ると、宗派による別を意識する必要は、当時あまりなかったのではないかと推測される。

その後、南都の声明がどのような消長をたどって現在に至ったのかはわからない。少なくとも、主流の座は天台・真言両宗の声明に譲って、長い年月をひっそりと経てきている。天台・真言の声明のような呂・律の旋法を言わず、絶対音高を言わず、楽理に依拠せず実習によって伝承してきたそれは、奈良時代の面影をどれほどに残しているのか、探ることは難しい。

以上のような状況の中で、二月堂修二会の声明は特筆すべきものがあったようだ。たとえば『七大寺巡礼私記』で、大江親通《ちかみち》は二月堂と三月堂を混同してはいるものの「……件の寺大仏殿の東山に在り、世俗之を呼びて南無観寺と号すと云〻、」と記している。ここに言う「南無観寺」の呼称は、二月堂修二会で、本尊十一面観音を讃嘆する声明の唱句「南無観（自在菩薩）」に由来するものであり、平安時代末に、この法会の声明が、その鮮烈な印象によって堂の俗称を生むほど世上に広まっていた状況を知ることができる。また『声明源流記』で、凝然《ぎょうねん》は諸宗の代表的な声明について記述する中に「……実忠和尚の修二月、観音の一院において習し、単《ひとえ》に東大寺に行う、」と述べて二月堂修二会の声明を掲げている。この文言から、鎌倉時代に、諸宗の声明に比肩し得るものとしての評価が、二月堂修二会の声明に与えられていたと推察することができる。

二　悔過会と二月堂修二会

ここで暫く二月堂修二会を離れ、悔過会一般に触れておこうと思う。悔過会の呼称は、この法会が『悔過法要《けかほうよう》』を軸とする法会であるところから生まれている。冒頭に記したように、その始修は古い。また七世紀末から九世紀末にかけて、文献上にかなりの事例を拾うこともできる。しかし、当初から悔過法要という法要形式にのっとっていたか否かはわからない。むしろ、否と考えるべきであろう。悔過にしても講経にしても、本来、仏道修得のための必修事項である。受戒《じゅかい》・安居《あんご》・布薩《ふさつ》など、僧尼の修行の折目節目で、必ず懺悔して身口意三業《さんごう》の過ちを振り返り、経典の講説を聞いて仏の教えを学ぶのもその表れである。その心意を礼仏・誦経《ずきょう》・行道などの作法によって表出したときに、自行のための法要形式が生まれる。自行を重ねて得た悟りの境地を以て利他の働きを行う。その働きを儀礼形式として表出したときに、利他のための法要形式が生まれる。以上のような基本的な図式を念頭に置いて、文献上の悔過事例を一覧すると、わが国で悔過法要を軸とする悔過会が定着するまでに、かなりの時を要したのではないか、と思う。さらに、悔過法要と呼ばれる法要形式は、本来自行のための修懺作法として伝来したものを基にしてわが国で手を加え、利他の法要形式として完成させたものではないか、と考えている。その時期は八世紀半ば、法要形式の上で最も依拠したのは、唐の智昇《ちしょう》撰述になる『集諸経礼懺儀《しゅうしょきょうらいさんぎ》』上巻であろう。ただし、この問題は本稿の趣旨から外れるので、ここでは立ち入らない。ここでは以上を踏まえて、現状に目を移すこととする。

現在全国各地に残存する悔過会の事例は多くない。しかし次第本のみ伝えて実際の伝承は絶えたものも含めて九〇余の件数を確認した。残存事例は大和に最も多く、大和を中心に山城・若狭、河内・紀伊へ延びる南北の線上と、伊賀・近江、摂津・播磨・備前へ延びる東西の線上の地域に集中しており、その余は、九州や東北の一部などに点在している。これらのどの事例も、修正会・修二会と称される祈年《としごい》の祈願を目的とする法会として勤修されており、例外はない。法会の構成には地域によってそれぞれの特色を指摘することができるが、いずれにしても『悔過法要』を軸としているし、その法要の次第はほぼ共通しており、定型を大きく外れるものはごく少ない。ただし、法要の中心部の詞章は、対象とする本尊によって異なる詞章を用いている。現在も実際に悔過会を勤修し続けている寺院は、由緒正しい古寺が多く、所属宗派も華厳・法相・律・天台・真言など、鎌倉開宗以前の各宗派にわたっている。しかし、その多くは、唱句に節をつけず棒読みにしたり、黙誦・微誦するという勤修形態を取っており、音楽的な意味での宗派的特色を現状から確認することは不可能である。

これら残存諸事例の、次第本の書写年代は、おおかたは江戸中期以降であり、十五世紀にさかのぼるものは九点、十三世紀以前にさかのぼるものは一点のみである。従って『悔過法要』の具体的内容をたどり得るのは、現在、十三世紀の末を上限としなければならない。ただ、院政期末に盛行した修正会・修二会に関して、当時の史料から法要の次第を抽出すると、ほぼ現存の次第と合致するから[3]、当時の修正会・修二会における勤修法要は『悔過法要』であり、現存する『悔過法要』の存在を院政期までさかのぼらせることは可能である。

再び視点を東大寺二月堂の修二会に戻そう。二月堂の修二会は、改めて記すまでもなく〝お水取り〟の名で著名な大行事であり、先に述べた現存悔過事例の中でも際立った存在である。「際立つ」ことの意味をひと言で表現すれば、他の諸寺の悔過会が個々に備え持つ悔過会的な特色を、二月堂修二会はすべて具備しており、しかも、他の諸寺にない特色をも備えている、ということになるだろう。たとえば、主として大和・山城諸寺に残存する神名《じんみょう》帳《ちょう》奉読の特色、摂津・播磨・九州を主として大和・近江にも点在する鬼の行事が付随する特色、伊賀・摂津・備前に点在する競《きそ》いの行事が付随する特色、九州に多い火祭りの特色、地域を問わぬ造花の荘厳《しょうごん》、乱声《らんじょう》、牛王宝印《ごおうほういん》の作法等々、これらの要素はすべて二月堂修二会に見出すことができる。一方、完全な別火《べっか》、古風な授戒《じゅかい》、二七日《にしちにち》六時《ろくじ》の勤行などは、現在他の諸寺に見ることのできない特色であり、ことに、六時の勤行が非常に変化に富み、同一の次第による法要でありながら、唱句も旋律もリズムも時《じ》によって異なり、また日を追って変化するという特色は、全く比肩するものがない。これら法会の構成や法要の内容についての特色に加えてその歴史を問えば、天平勝宝四年（七五二）に実忠和尚が創始して以来、年ごとに勤め続けて一年たりとも欠かすことがなかった、という、これも他に類例のない特色を伝えている。創始の年に関しては説得力のある肯定説があり[4]、年々不退の行法であったという伝えに関しては、少なくとも平安末の保安五年（一一二四）以降は、一部焼失はあるものの、参籠記録が伝存していて、その事実であることを証明している。

三　史料にみる二月堂声明の伝承

二月堂修二会を、他の悔過会の中に置いて以上のように概観した上で、以下焦点をその声明に絞って考察を加えようと思うが、先にも記したように、現在の節《ふし》を直ちに古来の節と結びつけるわけにはいかないし、現存する他の悔過会との比較によってその音楽的特色を抽出するわけにもいかない。そこで、ここでは二月堂修二会『悔過法要』の次第本などをよりどころとし、その勤修次第上の変化を通して声明の変化をたどることとする。

二月堂修二会は、年ごとに指名される参籠衆の集団によって運営執行されるが、参籠の僧侶を練行衆《れんぎようしゆう》と呼び、練行衆による参籠日記が年々に書き継がれている。以下、これを『練行衆日記』と呼ぶが、先にも記したように保安五年以前の記録はない。また文永七年（一二七〇）から文保二年（一三一八）までは欠失している。しかし、その第一巻（保安五年〜治承四年）の記述の中に、六時（日中《につちゆう》・日没《にちもつ》・初夜《しよや》・半夜《はんや》・後夜《ごや》・晨朝《じんじよう》）の名称をすべて拾い出すことができるし、達陀《だつたん》・走り・小観音・水取り・涅槃講《ねはんこう》など、主要な付帯行事の存在を確認することもできるから、平安末期に、この法会の構成要素は現在とほぼ同様に備わっていたと考えることができる。また六時の勤行に関しても、散華《さんげ》・五体《ごたい》・称名《しようみよう》などと、悔過法要の主要な要素の名称が記されてあり、現在の法要形式と基本的に同一であったことがわかる。しかし、その具体的な次第や作法の詳細を知ることはできない。

法要の次第を具体的に知ることができるのは『悔過法要』の次第本によってであり、この類は漸《ようよ》う室町時代半ば以降になって書き記されるようになったらしい。先にも記したように、南都の声明は楽理によらず実習によって伝承されてきているが、二月堂の声明は、ことに暗記で勤修するのをたてまえとし、書き物に頼ることを禁じているから、その傾向は特に著しかったと思われる。左に掲げるのは、東大寺地蔵院ご所蔵の『諸作法記』[5]（仮称）に記載する文言だが、十六世紀半ば頃の状況を端的に伝えていると思うので、長文ながら全文を引用し、読み仮名を付して掲げた。

当堂の声明は、都率天常念観音院より之を伝へて、余処《よそ》と共ならざるの音曲也、中古以来、正法院、角坊《すみのぼう》、阿平（ママ）井坊両三流出来而、声明行儀諸篇の相異を云ふなり、但し博士《はかせ》之本となすべき之を見ず、只習伝して覚《おぼゆる》の分、今に乱れざる歟《か》、未来定めて雑乱すべきの条、信清一流之趣、博士之を指し、幷に譜を付し畢んぬ

成実末流真言兼　実清

原文の筆者実清は、永正五年（一五〇八）から天文二十二年（一五五三）まで参籠している。右の奥書を記した原本は、失われて伝存しないが、文面から、博士《はかせ》（直線や曲線を用いて表現した旋律譜）を付した次第本だったと考えられる。右の文言によって、二月堂声明の伝承形態と当時の状況をうかがい知ることができるし、また、その伝承についての自負と危惧《ぐ》とを読み取ることもできる。そしてこの実清の危惧は、以下に述べるように、同時代の寺内一般の危惧ではなかったかと思う。

塔頭《たっちゅう》観音院にご所蔵の次第本『二月堂時作法』は、浄憲筆、文明十七年（一四八五）の奥書があり、龍蔵院ご所蔵の『二月堂作法』は訓盛相伝、天文十九年（一五五〇）の奥書がある。この二本が、これまでに私の拝見した次第本の中で最も古い。ことに後者は、奥書に英憲自筆本を順定から訓盛に相伝したことが記されてあり、その成

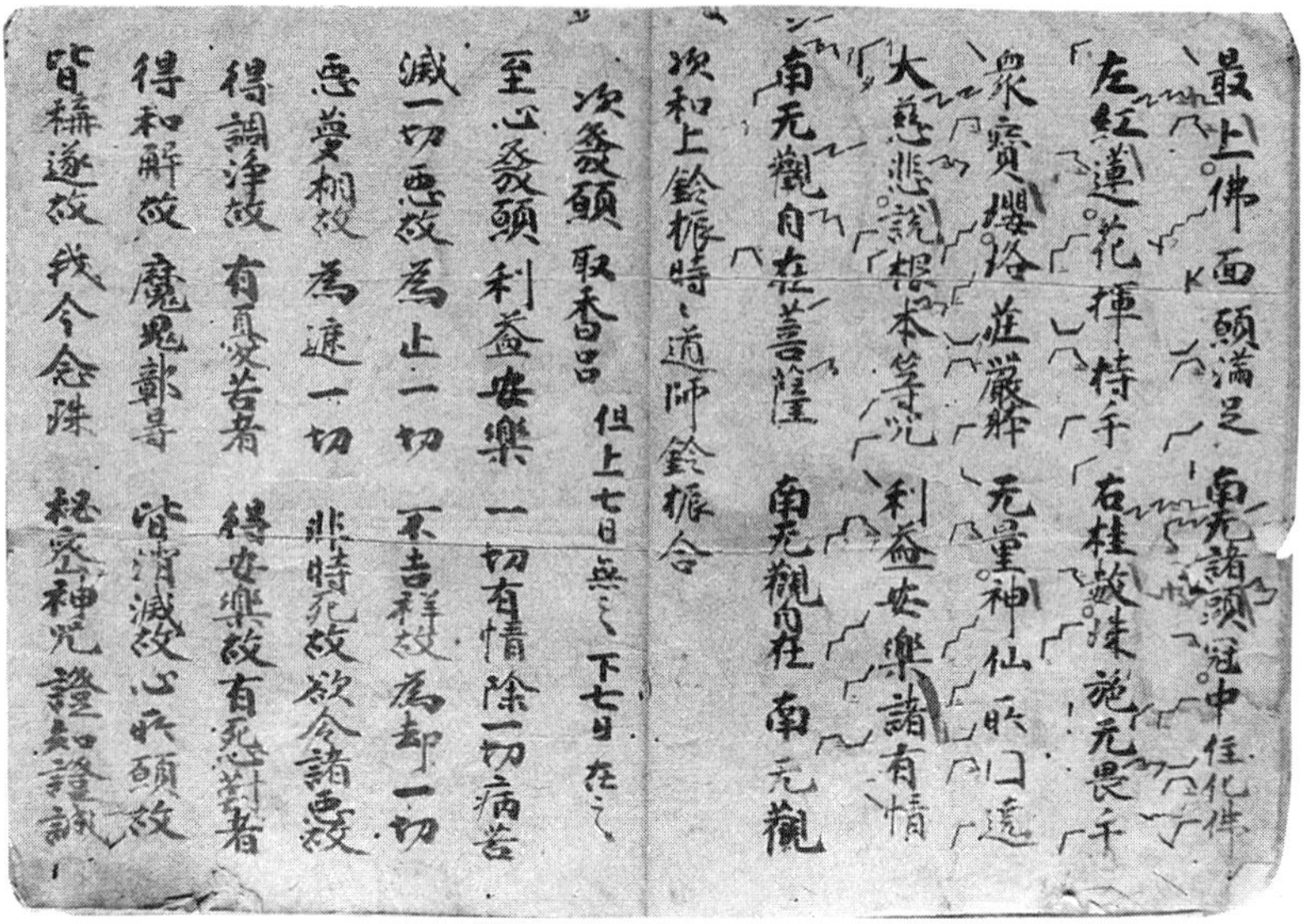
最上佛面頭滿足 南无諸頂冠中住化佛
左紅蓮花揮持手 右桂[illegible]珠施无畏手
衆寶瓔珞莊嚴身 无量神仙眠圍遶
大慈悲説根本等咒 利益安樂諸有情
南无觀自在菩薩 南无觀自在 南无觀
次和上鈴振時ヽ道師鈴振合
次發願 取香呂 但上七日無ヽ 下七日在ヽ
至心發願 利益安樂 一切有情除一切病苦
滅一切悪故 為止一切 不吉祥故 為却一切
悪夢相故 為遮一切 非時死故 欲令諸悪
得調淨故 有[illegible]若者 得安樂故 有悪對者
得和解故 魔鬼[illegible]毒 皆消滅故 心所願故
皆稱遂故 我今念珠 秘密神咒 證知證誠

写真Ⅰ　「二月堂作法」(龍蔵院蔵)

天文十九年の奥書があるが、成立はさらにさかのぼる。現存する次第本の中で最も古いものの一つであり、真言系の博士を付す。この博士から当時の旋律を復元することは容易なことではない。また時導師の発音《ほっとん》部分の指定と思われる圏点や丸印なども記されているが、現状と一致する部分もあり相違する部分もあって断定はできない。

立は奥書の年紀よりさかのぼる。英憲は文明十五年(一四八三)に二一歳で初参籠、以後天文二年(一五三三)まで五〇年にわたって参籠を経験している。初参籠の用意のために認めたのか、後に続く者のために筆を染めたのか、その辺りの経緯は知る術がないが、十五世紀末から十六世紀初期に成立したものであろう。

ここで、先に引用した実清の言葉を思い起こして頂きたい。「……但し博士之本となすべき之を見ず、……未来定めて雑乱すべきの条、」と書いた実清と、右二本の筆者、浄憲・英憲は同時代の人である。しばしば参籠を共にもしている。この三人が期せずして次第本を書き遺した。実清本は不幸にして失われたが、貴重な奥書の文言が残った。これらのことがらを重ね合わせると、この伝存の事実は偶然のことではなく、ひとつの時代相の

写真Ⅱ　「二月堂声明集」（龍松院蔵）

弘化五年の奥書がある。南都独特の博士を付し、時導師の初夜発音部分には朱点を、後夜発音部分には朱圏点を施してある。博士は現在の初夜「称揚」の博士に近く、時導師の発音部分は現在のそれと同一である。

表れと考え得るのではないかと思う。ひたすら口伝によって習い伝えてきた二月堂声明の、正しい伝承についての危惧、あるいは一種の危機感が、この時期寺内に顕在化し、次第を書きとどめ博士を付して伝承する必要を痛感した時期ではなかったか。先に掲げた『続日本紀』養老四年の詔が、「妄《みだり》に別音を作《な》」し、「法門を汗《けが》す」基となることを恐れて統一をはかったように、三流鼎立《ていりつ》して「諸篇の相異を云ふ」状況が、遂には「雑乱」を招くことを恐れての執筆につながったのだと思う。ことに、二月堂は永正七年（一五一〇）出火の災に遭う。この前後、三人は互いに練行衆の交名に名を連ねており、ことに英憲は、出火の時、推されて堂司の職にあった。堂の管理責任者という職責上、身を以て事の処理に当たったはずである。内外のこのような情勢が無関係であったとは思えない。おそらく、二月堂修二会の声明の流れの中で、十五世紀末から十六世紀初めにかけての時期は、重要なポイントとなる時期であったに違いない。

室町時代の後半に至って、ある種の危機感を背景にしつつ、正しい伝承を願って書き記されたと思われる前記次第本の、法要次第は現在とほとんど変わらない。しかし、〔宝号〕《ほうごう》と〔如法念誦〕《にょほうねんじゅ》と称される部分には現在との相違がある。〔宝号〕は本尊の御名を唱えて讃嘆する部分で、先に掲げた「南無観寺」の呼称を生む基となった、法要の主要部分である。六時の勤行の中の初夜を例にとれば、浄憲本・英憲本では〔宝号〕が四段構成となっている。また浄憲本には唱誦回数の記載があり、「南無観自在菩薩」五〇遍、「南無観自在」三〇遍、「南無観」二〇遍、「上南無」一〇〇遍、と規定してある。これに対応する江戸後期の唱誦回数は、それぞれ三二回、二六回、二〇回ほどで「上南無」がなく、現在のそれは二四回、二〇回、一八回ほどで、「上南無」はない。宝号唱誦の回数は時代と共に減少し、室町後期に比べて著しく少なくなっている。もっとも四段構成の最終段である「上南無」に関しては、十二世紀末までは実際に行われていたと考えられ、また参照した両本にも共に記載があるけれども、両本の成立時点にはすでに消滅して実修されていなかったと考えられるから、[6]〔宝号〕に関してはかなり早くから唱誦回数を減ずる傾向があったわけである。十六世紀初頭に、すでに勤修の実態を失いながら、次第本に記載が行われたのは、おそらく古式を尊重する精神によるものであろう。「上南無」の段を記載する慣習は、その後江戸中期までに書写された次第本まで引き継がれるが、十九世紀初頭以降に成立した次第本からは完全にその姿を消す。

これが〔宝号〕に関する今昔の相違点であり、推移の概略である。なお、他寺の悔過法要で、本尊の宝号を三段構成四段構成で唱誦する例はなく、繰り返しの回数も、三回あるいは六回という程度である。従って、この部分は二月堂修二会の特色を示す部分であり、そのリズムや旋律も変化に富んだ面白さがあるが、前記二本のこの部分には、第一句の博士を付してあるだけで、唱誦の繰り返しの間に旋律やリズムがどのように変化したかは不明であり、現状に至る異同の比較を行うことはできない。

今昔の相違の第二点である［如法念誦］は、法要の後半部分で本尊の真言を呪誦する作法である。数珠を爪繰りながら真言を繰り返し繰り返し微誦するだけで、通常の声明のような旋律もリズムもなく、各自が思い思いに規定の回数を念じ誦すのが一般である。二月堂修二会の場合、その回数を、浄憲本も英憲本も「百遍」と記している。しかし、現在は全く行われていない。真言は、本尊の真実絶対の言葉である。［如法念誦］は、これを繰り返し念じ誦し、真言の呪力で願意の達成を願う作法であり、他の諸寺の悔過会では、現在でも［如法念誦］の作法を行うところが多い。東大寺修二会でも、『練行衆日記』をはじめとする諸史料に、「初夜念誦の間……」という表現がしばしば見受けられるから、ある時期までは当然行われていた。次第本から［如法念誦］の記載が姿を消すのは、十九世紀初頭に成立した諸本以後であり、それ以前にこの作法は中絶したものと考えられる。

先に述べた［宝号］の「上南無」の段の記載にしても、今ここに記した［如法念誦］の記載にしても、十九世紀初頭を境に、それ以前とそれ以後では記載上の相違が明らかである。もちろん、大筋においての変化はなく、相違点を挙げるにしてもここに述べた程度の部分的な変化を指摘し得るに過ぎない。また「上南無」に関して触れたように、次第本の記載と実態には、時間的なずれがあるから、次第本の記載の変化を、実態の変化と直結させるわけにはいかない。しかし十九世紀初頭までのある時期に、実質上の変化があったことは確実である。ところで、本稿では、参照の次第本については、煩雑になることを恐れ、前出二本のほかはいちいちに史料名を記さなかった。しかし、観音院・龍蔵院ご所蔵のもの以外に知足院・龍松院・宝珠院・東大寺図書館それぞれにご所蔵の次第本、併せて一一本を参照させて頂いている。その約半数の五本は文化七年（一八一〇）から弘化五年（一八四八）の間に書写されたものであり、［宝号］や［如法念誦］に見られる記載事項の変化は、文化七年の奥書をもつ知足院ご所蔵の『破偈《はげ》』以降の諸本に見られるものである。

この章の記述で、すでにお気付きの方があるかもしれない。先に『悔過法要』の次第は、どの宗派どの寺院のものもほぼ共通している、と述べたが、［宝号］や［如法念誦］などのように、法要の構成要素の一部を取り上げて他寺のそれと比較すると、それぞれに異同がある。つまりその程度の差異はある、ということなのだが、個々の差異を比較し、相互の異同の意味を考えると、そこにおのずからある傾向を見出すことができる。二月堂の修二会の場合、［宝号］は四段構成が三段構成となり、唱誦回数が減少したとはいえ、他寺のそれに比較すると群を抜いて［宝号］に力点が置かれている。一方、［如法念誦］は本来一〇〇遍の念誦を行うべきところを、名残りなく切り捨ててしまい、他寺に引き比べてその比重はきわめて軽い。［宝号］は『悔過法要』の中心部にあって、名号を讃え礼拝を尽くして懺悔の真情を吐露する一段であり、［如法念誦］は、中心部のしめくくりの位置にあって、利他のための願意のさまざまが達成されるように、本尊の真言を誦して呪力を発動させる部分である。この二つの部分が、法要の中で軽重いかように扱われるかによって、法要が表現しようとする意義が異なってくるのは明らかなことであろう。二月堂修二会の『悔過法要』は、他に比べてさまざまの面で悔過の色彩が濃く祈願の色彩が薄い。［宝号］と［如法念誦］の扱い方にもその特色を指摘することができるので、言及した。

四　二月堂『悔過法要』における勤修形式の展開

前章では、二月堂修二会『悔過法要』の史的展開と特色を、その構成要素一、二例についてたどり、ささやかに考察を加えた。ここでは、勤修形式の種々を通して、その展開の様相を概観してみようと思う。

第二章で触れたように、二月堂修二会では、六時の勤行のそれぞれに独特の勤修方式があり、その上、時《じ》ごとに幾つかの展開形式があったりするので、日により時《じ》によって変化があり、視覚的にも聴覚的にも異なる印象を受ける。一つの法要が、ある基準の形式から展開して、正略幾通りかの勤修形式をもつことは、他寺の『悔過法要』にも、また他の法要にもしばしば見受けるところである。ただし多くの場合、基本の形式から一部の構成要素を省いたり、特定の構成要素の一部をカットしたり、旋律をつけて唱えるところを棒読みにしたり黙誦したりという方法で別形式を作成していることが多い。これに対して二月堂の修二会では、別形式への展開の手法に独特のものがあり、その点での特殊性が顕著である。その概略を記すと、法要の構成次第は、六時とも基本的に変わらない。しかしこの六時を、大時《だいじ》（初夜・後夜）、中時《ちゅうじ》（日中・日没）、小時《しょうじ》（半夜・晨朝《じんじょう》）に分かち、大時から小時へと略形式を形成している。この場合、法要の主要部分ごとに、基本となる原詞章から、それぞれの時《じ》に応じた長短の別唱句が作られ用いられている。また、それぞれの時《じ》にふさわしい長短の旋律と、異なるリズムを付し、時《じ》ごとの独自性を明確にしている。さらに、大時は所作を含めて丁寧に、ゆっくり、繰り返しを重ね、小時の場合は簡略に、流れるように、繰り返しも少なくと、所作に至るまで、対応が計られている。以上の配慮に立って形成されている勤修形式だから、同一の次第からの展開とは思えぬほどの相違を感じさせる。以上のような時《じ》による変化を、便宜上「縦の変化」と私は呼んでいるが、これに対して、特定の時《じ》が、日によって変化するのを「横の変化」と呼んでいる。この場合は、主として同一の唱句の、旋律の有無、リズムの転換、所作の緩急などで変化が計られている。縦と横の変化の中、縦の変化では、初夜と日没、後夜と日中に親縁関係があり、横の変化では、初夜と日没、特殊な場合の初夜と後夜に親縁関係がある。

縦の変化に関して、初夜と日没、後夜と日中が親縁関係にある、と記したが、それは、この二組の組み合わせがそれぞれに、唱句・旋律・リズムなどに類似性をもつことによる。ところが伝存の次第本には、すべて後夜は「初夜に同じ」、日中は「日没に同じ」と記載され、現状との著しい相違がある。この点に関しては、かつて考察を加え、特殊行事が加わるため、時間を短縮すべき時の初夜の略作法から分化して、後夜の作法が確立した、という推論を述べた。[7] その実態は、すでに十五世紀初頭に存在している。日没と日中の関係も、同様の経緯によるものと思われる。初夜から後夜が分化し、日没から日中が分化し、その結果、初夜と日没、後夜と日中に類似性が濃いとなると、源となる旋律やリズムは一つのパターンに帰納される。次第本の日中や日没の部分に、初夜と全く唱句を異にする句にのみ博士を施してあるのは、右の推測を裏付けるものと思う。二月堂の六時の『悔過法要』における縦の変化を、法要の中心部分の声明唱句で比較すると、明らかに原詞章—大時—中時—小時という簡略化の流れをたどることができる。この流れと以上に述べた作法上の展開を重ね合わせると、大時の中の初夜の時《じ》が、すべての展開の初めとなっていることが明らかとなる。

横の変化に関しては、各時《じ》ごとの変化のしかたを一覧すべく、次頁に表を掲げた。

表に記載した個々の勤修形式については、後夜の発生などと共に、かつて考察を行った[8]ので、ここでは、その発生定着の経緯などには触れず、法要形式の展開に視点を置くこととする。

表で明らかなように、「次第時《しだいじ》」が、六時の勤行のいずれの場合にも基準となる。本来、次第時は勤修形式を意味するものではなく、平衆全員が上座から順に時導師《じどうし》役を勤めて一巡する、そのことを意味したと思われる。これまでにたびたび引用した浄憲本・英憲本成立の時期には、まだ本来の意味にのみ用いられていた。以後十六世紀初期から十八世紀初頭頃までの間に、次第時の作法を正式とし、それに対する略作法としての「常」の作法が確立し、

六時勤行変化一覧

中時	日中	／ 次第時（1・2日）——モミ（3～14日）
	日没	／ 次第時（1日）——常（2～7日）——引上（8～14日）
大時	初夜	称揚（塔頭の新入のある年の3日）——次第時（1日）——常（2～4、6・7日）——引上（5、7～14日）
	後夜	称揚（末寺の新入のある年の3または4日）——次第時（1日）——常（2～14日） ／
小時	半夜	／ 次第時（1日）＝常（2～14日） ／
	晨朝	／ 次第時（1日）＝常（2～13日）——名残の晨朝（14日）

現在に至っている。「次第時」と「常」の正略関係の多くは、中心部における所作と唱法の軽重で表現され、(9)声明の旋律やリズムは、特定の一部分以外は変わらない。

初夜と日没には「引上《ひきあげ》」という略形式がある。「引上」になると、「散華」や「宝号」の部分で、所作も声明の旋律やリズムも、かなり変化する。この形式は、元禄初期にその勤修形態を確認することはできるが、その当時は臨時的な略作法として記されてあり、「引上」の名称はまだ用いられていない。「引上」の名称の初見は、かつて、享保八年（一七二三）頃に成立したと思われる『諸作法記』としたが、宝永六年（一七〇九）に光賢が記したものを享保三年（一七一八）に寛盛が書写したという『新入心精進之事』（東大寺図書館所蔵）にすでに記載がある。この一本は、寛盛が、私見を交えず、忠実に光賢本を書写したもの、と思われるから、宝永六年の時点で「引上」の名称も存在し、臨時の措置としてではなく、特定の日に勤修する略作法として定着していた、と考える。この後、現状と同様の作法——日没と初夜における、会中後半の勤修形式——として固定するまでにはまだ曲折があるが、江戸中期に発生し固定した勤修形式と考えて間違いはあるまい。

初夜と後夜の勤行の特殊な勤修形式である「称揚」は、現在は特に重く扱われ、初参籠の練行衆がはじめて時導師を勤める時だけに用いられる。所作の丁寧さ重々しさはもちろんのこと、声明も、通常は唱えぬ唱句を唱えたり、節も極端にユリ（一つの音節を、波状に揺すって引き伸ばす装飾的な唱法）の多い緩やかな節を用いたりする。そして、その節を「本節《ほんぶし》」と称して、『悔過法要』の基本とする認識もある。しかし、この場合も、それを諾《うべな》う史料はなく、元禄期まで、「称揚」は「請用」と記され、勤修形式としてではなく、初めての時導師勤仕を指して用いられている。「称揚」の文字を用いる表記は享保期以降に頻出し、その場合「新入何某、次第時称揚、越度無く之を勤む」という記述のしかたで新入練行衆の初勤仕を特記する姿勢が目立つようになる。しかし、「称揚」所用の声明譜の出現は天保八年（一八三七）の奥書をもつ『修二会声明集』（宝珠院所蔵）を待たねばならない。このような経緯から、特殊な勤修形式としての「称揚」の発生は江戸中期をさかのぼることはないし、その定着も江戸後期以降になってのことかもしれぬ、と考える。十八世紀初頭に入って数を増す次第本の類に「称揚」の博士の記入はなく、前記『修二会声明集』以降にその記入が現れることも、右の推測に傾く理由である。

日中の略形式である「モミ日中」は、不思議なことに、これまで接した史料には全く記載がなく、その名称の由来や実態の推移をたどることはできない。私の独断と偏見による推測で、第三章で触れた「上南無」が「モミ日中」と何らかのかかわりをもつのではないか、と思うのだが、手懸りも得られぬ状況である。

最後に結願日の晨朝《じんじよう》の形式である「名残りの晨朝」を取り上げておこう。これは、これまでに見た諸形式のように正略の関係において展開したものではなく、通常の、非常に動的な作法を、ほぼそのままの手順で極度に静的に勤修するものである。現在までその名称は史料上には見出せない。しかし、前出『新入心精進之事』には現在と非常に近い実態が記されているから、少なくとも江戸中期にこの演式は存在したし、処世界《しよせかい》という役の行う作法に関しては、現在「名残《なごり》の晨朝」の時にのみ行う所作が、すでに十五世紀半ばにさかのぼってあったことを確認することができるから、その実態がかなり早くから存在した可能性もある。

以上、二月堂修二会における勤修形式の展開を大まかに述べたが、数多くの勤修形式の展開・定着に従って、所用声明にも多くのバリエーションが生まれた。その生成の時期は十五世紀以前にさかのぼり得るものから、江戸中期、あるいは江戸後期に至るまでの幅をもつ。この一事を以てしても、二月堂修二会の声明を規定することの困難さは明らかである。一方、奈良時代から現代に至る一二〇〇年余りの歳月を生き続けた法会が、基本的には決して根幹を崩すまい、という姿勢に貫かれ、しかもある面では、単なる護持にとどまらず、創り出すという積極的な姿勢によっても支えられてきた、という事実は驚嘆に値する。第三章に記した十六世紀初期前後の危機感と同様の危機感は、一再ならず訪れたはずである。特に十七世紀末、貞享期から元禄期にかけての参籠練行衆減少という事態は、修二会の続行も危うく、旧来の方式では勤修不可能なほどに深刻なものであった。この章で取り上げた展開諸形式の中、江戸中期に至って生ずるいくつかの形式も、参籠口数の減少という当時の寺内事情と無関係ではなかったろう。変転する時の流れの中で大小さまざまの困難を通過しながら、今に至るまで、他に抽《ぬき》んでて厳然と存在しているその生命力の陰には、いかに伝承すべきかについて、うかがい知ることのできぬ努力の数々が尽くされたに違いない。そしてこれからもその努力に裏打ちされて、二月堂修二会の声明は伝え継がれるに違いない。

註

（1）庭上での儀式を伴い、かつ法要の次第に舞楽を織り込んで勤修する四箇法要。四箇法要とは、唄・散華・梵音・錫杖の声明四曲を用いる法要形式を指す。
（2）『入唐求法巡礼行記』開成四年（承和六年）十一月二十二日の項の、赤山院講経儀式聴聞の記述。
（3）たとえば『吉記』承安四年（一一七四）二月八日の条に記す最勝光院修二会の記述や、『兵範記』久寿二年（一一五五）二月八日最勝金剛院修二会、同仁安三年（一一六八）二月八日法勝寺修二会の記述などによって、法要の次第や法会の構成のあらましを知ることができる。

（4）　山岸常人「東大寺二月堂の創建と紫微中台十一面悔過所」（『南都仏教』第四五号、南都仏教研究会、一九八一年）。

（5）　表題・内題・奥書の記載がないため、仮称を付した。会中の諸作法についての心得を、先人の書き遺した心得書からも抜粋してまとめたものである。

（6）　拙稿「二月堂『悔過作法』の変容」（『東大寺修二会の構成と所作　別巻』平凡社、一九八二年、本書三六二～三八五頁に再録）。

（7）　前掲註（6）論文。

（8）　前掲註（6）論文。

（9）　たとえば、「次第時」では五体投地の礼拝を行い、正しく次第をとって唱誦するという唱法をとるのに対して、「常」の作法では、起居の礼拝を行い、追いかけて唱誦するという唱法をとる。

初出一覧

【序　論】

懺悔と祈願の法会
　書き下ろし
法要の形式と内容
　聲明大系特別付録『声明辞典』、法藏館、一九八四年

【第一部】

呪術から芸能へ——能・狂言の母胎
　『国文学』六月号、學燈社、一九七八年
悔過法要の形式——成立と展開
　『芸能の科学』一八・一九号、東京国立文化財研究所芸能部、一九九〇年・一九九一年
悔過会　中世への変容
　『中世寺院と法会』、法藏館、一九九四年
「唱礼」について
　『東洋音楽研究』五〇、東洋音楽学会、一九八六年

【第二部】

悔過会と二月堂の修二会
『月刊百科』三一八、平凡社、一九八九年

二月堂『悔過作法』の変容
『東大寺修二会の構成と所作』別巻、平凡社、一九八二年

東大寺修二会の伝承基盤――伝統芸能の保存組織のあり方の研究
『芸能の科学』一七、一九八九年、「伝統芸能の保存組織のあり方の研究――東大寺修二会の伝承基盤」を改題

神 名 帳――その性格と構成
『芸能の科学』五、一九七四年

小観音のまつり
『南都仏教』五二、南都仏教研究会、一九八四年

達陀の道
『大系　日本歴史と芸能』三、平凡社・日本ビクター、一九九一年

悔過会と牛王宝印
『牛王宝印』、町田市立博物館図録七八、町田市立博物館、一九九一年

二月堂修二会の声明
『東大寺お水取り』、小学館、一九九六年

写真一覧

呪術から芸能へ——能・狂言の母胎
写真Ⅰ　東大寺の呪師作法(1)
写真Ⅱ　東大寺の呪師作法(2)
写真Ⅲ　国東成仏寺の法呪師
写真Ⅳ　国東天念寺の立役
写真Ⅴ　薬師寺の呪師作法
写真Ⅵ　薬師寺の呪師走り
＊以上の写真は、『国文学』六月号、学燈社、一九七八年より転載した。

悔過会と二月堂の修二会
写真Ⅰ　東大寺修二会　［称名悔過］の本尊讃嘆
写真Ⅱ　東大寺修二会　［称名悔過］の礼拝
写真Ⅲ　東大寺修二会　［牛王宝印授与］
写真Ⅳ　来迎院修正会　『牛王導師作法』
写真Ⅴ　来迎院修正会　［牛王宝印授与］
＊以上の写真は、『月刊百科』三一八、平凡社、一九八九年より転載した。

達陀の道
写真Ⅰ　八天の身支度
写真Ⅱ　［八天加持］芥子の役がハゼを撒く
写真Ⅲ　［八天加持］水天が香水を撒く
写真Ⅳ　松明を運び入れる
写真Ⅴ　火天が松明を引きずって内陣を巡る
写真Ⅵ　松明を礼堂に向けて投げ倒す

悔過会と牛王宝印
写真Ⅰ　東大寺修二会　［牛王宝印授与］
写真Ⅱ　東大寺修二会　牛王日の牛王札刷り
写真Ⅲ　東大寺修二会　牛王の版木
写真Ⅳ　東大寺修二会　牛王の牛

二月堂修二会の声明
写真Ⅰ　「二月堂作法」（龍蔵院蔵）
写真Ⅱ　「二月堂声明集」（龍松院蔵）
＊以上、「達陀の道」「悔過会と牛王宝印」「二月堂修二会の声明」の写真は、『芸能の科学』六・七・一一・一三、東京国立文化財研究所、一九七五～八二年から使用した。

あとがき

「寺事《てらごと》をやってみないか」とお勧め下さったのは、当時の上司であった横道萬里雄先生だった。「寺事」という造語を、先生ご自身もまだ公には使っておられなかった頃のことである。以来三十数年、曲りなりにも研究活動を続けて来られたのは、ひとえによき出会いの賜物だったと思う。

横道先生の、天馬空を行く趣のある研究は日本の伝統芸能万般に深くおよんで凡庸の追随を許さぬものがある。長年身辺に接しながら、わたくしも遂に不肖であった。しかし、対象と直に向き合い、自分の眼で分析・判断する姿勢だけは常に見習い、心掛けてきたつもりである。先生との出会いがなければ、おそらく別の道をたどっていただろう。今に至るまで指標として追い続ける存在に恵まれたしあわせは、かけがえがない。

法会の調査に一人で出掛けた最初が東大寺の修二会だった。別火坊から参籠宿所に移動する練行衆の行列が目に入った時の、手足の爪先がヒリヒリするような緊張感と感動は忘れ難い。さらに、授戒・上堂・一徳火・悔過作法と続く深夜の開白諸行事が、悔過会にのめり込む種となり、研究テーマの柱ともなったことを思うと、この出会いの意味は大きい。

各宗派の法会を通して知遇を得た方々の中に、北河原公海・橋本聖準・上司海雲・中山玄雄・水尾真寂・青木融光など、今は亡き諸師がおられる。いずれも、それぞれの宗派の重鎮というべき方々だったが、共通して思い出されるのは、常に平らな眼を以て温かく受け入れ惜しみなく与えて下さる姿勢だった。時に、人界を超えておられる、と感じたりした敬慕すべきお人柄に、自分を顧みること多かったことが思い出され、せめて成果をお目通し頂くことで御礼に代えたい、という思いがかなわなかった自分の怠慢が口惜しい。

研究仲間との出会いもまた、かけがえなく貴重な賜物であった。歴史・美術史・建築史・教学史・音楽学・国文学・芸能史と、専攻分野を異にする研究者が寄り集い、永村眞氏を中心に、共通テーマを設け、関連史料の読解とレポートを並行させながら論を闘わせる研究会だった。小規模ながら、時に激しくぶつかり真剣に論じ合い、夜を徹して語りかつ食すという刺戟的なこの研究会で培われたものの大きさを、折々ごとに感じさせられる。当時大学院に在籍したり卒業したてだったメンバーも、今はそれぞれの分野で活躍著しく、突出して年長だったわたくしは、すでに退官して久しい。現在中断しているこの研究会活動が再開した時、正面からぶつかって吸収し合うあの活力が再現することを切望し、その輪に加わる意欲を失いたくない、と思う。

またとない出会いに恵まれ多大のご恩にあずかる中で、御礼の気持は成果をお目にかけることでしか表わせない、という漠然とした思いを生じながら時が過ぎていた。今回、この刊行を強力に推進して下さったのは、前記研究会の東京在住の仲間、永村眞・藤井恵介・副島弘道の諸氏で、出版の段取りから原稿の選定、進行の督促と、多忙な時間を割いて親身に事を運んで下さった。ともすれば自己嫌悪に陥り勝ちなわたくしのために、辛抱強くお力添え頂いたお蔭で形を成した、という経緯も記しておきたい。

本書には、これまで発表したものを主に、悔過会に関わる論考を収めた。序で、悔過会の流れと仏教儀礼としての法要形式について概観し、第一部に、悔過会の史的展開に関わる四篇を、第二部には、伝存する諸悔過会の雄ともいうべき東大寺修二会についての考察八篇を収めた。

序論の、「懺悔と祈願の法会」を除いてはすべて再録であり、初出は初出一覧に掲げた通りである。再録に当たっては原則として手を加えず、事例の追加や論旨の手入れなども再考時にゆだねることとした。手を加えたのは以下の諸点である。

・用字・仮名遣い・記号など、表記上の統一を行い、一部表現上の不備を補った。
・「悔過法要の形式—成立と展開—」は、当初二篇に分けて発表したが、再録に当たって一篇にまとめ、多少の手を加えて整合を図った。
・右論文に付属する詞章比較表は別添とせず、論文の最末に組み込んだ。一覧表が分割されたため比較の便は欠くが、散逸を防ぐことを優先した。
・「「唱礼」について」は、一部補足の手を加えた。
・論文成稿時の謝辞は、本著の謝辞として以下にまとめた。

なお、幾つかの論文に掲載した写真も、原則として初出時のものを転載使用した。堂内の状況や人体など、多少の違和を伴うカットに関してはご海容願うこととした。

長い年月にわたり、多宗派・広域におよんだ調査研究は、数多のお力添えを被って積み重なったものである。まず、先にお名を挙げた横道先生をはじめ各宗派の諸師や研究会の仲間、当時の所長・故関野克先生、当時の奈良国立博物館次長内藤和美氏、同館山口京子氏から受けた有形無形のご恩に対して、心からの感謝を捧げたい。

次に、精進の厳しい悔過会の調査に際して、聴聞や史料の披見等に便宜をはかり、ご教示を頂いた諸寺のご住職や、法会を担う僧俗の皆様。ことに、薬師寺・法隆寺をはじめ南都の諸寺ではご厄介をかけることが多かったが、中でも狭川宗玄・守屋弘斎両師をはじめとして東大寺の諸師・諸役の皆様には言葉に尽くせぬ感謝の思いがある。また、東大寺図書館・（大和）西大寺・叡山文庫・魚山叢書・（日光）輪王寺・高山寺・醍醐寺・仁和寺・上野学園・東京大学史料編纂所等でご所蔵の関連史料調査・撮影には、新藤佐保里・田原亮演・渡辺恵孝・福恵英善・天納傳中・柴田立史・高山寺史料調査団・加来大忍・福島和夫・永村眞・林譲・松尾恒一・鹿谷勲の諸氏をはじめ、ご担当の方々に一方ならぬご協力とご教示を賜って多くの知見を得ることができた。

収集した諸資料の整理には、井口規・太田有喜子・仁尾洋子・根岸啓子・林文子・深津裕子・山本絹子の諸氏にご助力を頂いた。ことに、太田有喜子・仁尾洋子のお二方には長期にわたってご助力頂き、作図・作表に至るまで、わたくしの分身のようにご苦労を願った。本巻末の索引も、仁尾氏をお煩わせして作成したが、的確に作業を進めて下さった上記の方々のお力添えに負うところは大きい。

長年にわたって仕事を見守り、執筆をお勧め下さった平凡社の菅原慶子と故内山直三氏には、お約束を果たせなかった悔いを残しつつ、お励ましへの感謝の気持を込めてお名を記したい。

本書の刊行に際しては、法藏館社長西村七兵衛氏、編集長上別府茂氏に種々ご配慮を頂き、編集を担当して下さった大山靖子氏には多大のご苦労をおかけした。厄介な図表の処理などに加えて、途中、わたくしが体調を崩して延引を重ねたこともあり、種々ご迷惑をおかけする結果となった中で刊行に漕ぎつけて下さったことに、お詫びと御礼を申し上げる。

最後に、客観的には親不孝を重ねた娘の行動を黙って見守り支えてくれた両親と、勝手な生活サイクルを持ち込むわがままを許し気遣ってくれた義姉にも感謝の言葉を記しておきたい。

佐藤　道子（さとう　みちこ）

1930年　台湾台中州生まれ
1951年　東京女子大学専門部国語科卒業
1955年　東京国立文化財研究所芸能部　臨時筆生
以後行政職，研究職，芸能部長を経る
1992年　同所同職を退任
現　在　独立行政法人東京文化財研究所名誉研究員
編著書　『東大寺修二会の構成と所作』全4巻（平凡社，1975～82年），『中世寺院と法会』（共著　法藏館，1994年），『東大寺修二会　観音悔過』（共編・共著　日本ビクター，1971），『聲明大系』（共編・共著　法藏館，1983～84年）ほか

悔《け》過《か》会《え》と芸能《げいのう》

二〇〇二年　五月一五日　初版第一刷発行

著　者　佐藤　道子
発行者　西村　七兵衛
発行所　株式会社法藏館
京都市下京区正面通烏丸東入
郵便番号　六〇〇-八一五三
電話　〇七五-三四三-〇〇三〇（編集）
〇七五-三四三-五六五六（営業）

印刷・製本　亜細亜印刷株式会社

ISBN 4-8318-6216-9 C3015

索　引

・複合的な索引項目の中，必要と思われるものは親項目の子項目としてまとめた。この場合，親項目に相当する部分は――で示した。
・同義異字や補足を必要とする場合は，当該表記を（　）で囲んで記した。
・名称の正略，異称など，複数の表記のある項目は，一項にまとめて掲出した。この場合，立項した項目以外の表記には，→を頭記して立項項目を示した。
・同名異義など紛らわしい項目には，個々の意義を〈　〉で囲んで添記した。
・掲出表中の記号や番号は，その意味する文字に読み換えて索引に採用した。

あ行

か行

さ行

た行

な行

は行

ま行

や行

ら行

わ行